Que voir dans le centre de Londres

St Paul's Cathedral	Exceptionnel	★★★
Tower of London	Très intéressant	★★
Southbank Centre	Intéressant	★

Voir le plan général détachable et les plans détaillés de chaque promenade

Londres

guides•bleus

Sommaire

Découvrir Londres

Londres en 20 promenades	6
Les Top 10 de Londres	15
Londres sur mesure	16

Partir

Adresses utiles	20
Quand partir ?	21
Se documenter	21
Formalités	22
Le voyage par avion	24
Le voyage par le train	25
Le voyage par la route	25
Le voyage organisé	26

Séjourner

Se loger	28
Arriver à Londres	29
Se déplacer	31
Se restaurer	33
Vivre au quotidien	39
Sortir	50
Fêtes et manifestations	51

Comprendre

Qui sont les Londoniens ?	54
Vivre à Londres	64
Deux mille ans d'âge	75

THÉMA — Table des thémas

Pour aller plus loin, des sujets traités de façon approfondie et largement illustrés

- La bière et les gens 36-37
- Shopping pour tous les goûts 46-47
- La mode « made in London » 60-61
- La course aux gratte-ciel 68-69
- Le baroque selon Wren 80-81
- « Railwaymania » 86-87
- Sur le devant de la scène 102-103
- Parades royales 130-131
- Turner, ou l'embrasement 142-143
- La campagne à la ville 156-157
- Balade au fil de l'eau 184-185
- Les temples du droit 218
- Jusqu'au bout de l'angoisse 236-237
- Un long fleuve pas si tranquille 270-271
- L'esthétique Arts and Crafts 290-291

Visiter Londres

1 Trafalgar Square,
   Covent Garden et Soho 94
   - Trafalgar Square 94
   - Covent Garden 98
   - Soho 105

2 La National Gallery 109

3 Westminster et Whitehall 120

4 La Tate Britain 136

5 Buckingham Palace
   et Saint James 148
   - Buckingham Palace 148
   - Saint James 154

6 Piccadilly et Mayfair 162

7 Marylebone et Camden Town 174
   - Marylebone 174
   - Camden Town 182

Classification des villes, sites, monuments, musées…

- *** Exceptionnel
- ** Très intéressant
- * Intéressant

Autres symboles et abréviations

- → se reporter à
- ►◄ Début et fin de détour
- ♥ Adresse coup de cœur de la rédaction
- h. pl. hors plan
- r. dates de règne
- Ave. Avenue
- Pl. Place
- Rd Road
- Sq. Square
- St. Street

---

8 Bloomsbury et Saint Pancras 187

9 Le British Museum 195

10 Le Strand et Holborn 206
   - Le Strand 206
   - Holborn 215

11 La City 221

12 Le nord de la City et l'East End 231

13 La Tour de Londres,
   le Tower Bridge et les docks 243

14 La rive sud de la Tamise 254
   - Lambeth et South Bank 255
   - Southwark et Borough 261

15 Chelsea 272

16 De Knightsbridge
   aux Kensington Gardens 281
   - Knightsbridge 281
   - Le Victoria & Albert Museum 287
   - Kensington Gardens 294

17 Notting Hill et Holland Park 298

18 L'Isle of Dogs et Greenwich 306
   - L'Isle of Dogs 306
   - Greenwich 311

19 Hampstead et Highgate 316

20 Escapades autour de Londres 324
   - Kew Gardens 324
   - Richmond 327
   - Hampton Court Palace 329
   - Windsor Castle 333

En savoir plus

- Lexique 338
- Bibliographie 342
- Filmographie 345
- Index des Bonnes adresses 347
- Index des encadrés 352
- Index général 354
- Plan du métro 364

Cartes et plans

Plan général détachable   en fin d'ouvrage

Que voir dans le centre de Londres
en début de volume

Que voir en dehors du centre
en fin de volume

Plan I (promenade 1) :
Trafalgar Square, Covent Garden
et Soho   96

Plan II (promenade 2) :
la National Gallery   110

Plan III (promenade 3) :
Westminster et Whitehall   122

Plan IV (promenade 5) :
Buckingham et Saint James   150

Plan V (promenade 6) :
Piccadilly et Mayfair   164-165

Plan VI (promenade 7) :
Marylebone et Camden Town   176

Plan VII (promenade 8) :
Bloomsbury, Saint Pancras, Fitzrovia   188

Plan VIII (promenade 10) :
le Strand et Holborn   207

Plan IX (promenade 11) :
la City   223

Plan X (promenade 12) :
Barbican et Smithfield   232

Plan XI (promenade 12) :
Whitechapel et Spitalfields   238

Plan XII (promenade 13) :
autour du Tower Bridge   244

Plan XIII (promenade 14) :
Lambeth, South Bank, Southwark
et Borough   258-259

Plan XIV (promenade 15) :
Chelsea   273

Plan XV (promenade 16) :
Knightsbridge, Brompton
et South Kensington   283

Plan XVI (promenade 17) :
Notting Hill et Holland Park   299

Plan XVII (promenade 18) :
l'Isle of Dogs et Greenwich   307

Plan XVIII (promenade 19) :
Hampstead et Highgate   317

Plan du métro   364-365

À nos lecteurs

Aussi scrupuleusement établi soit-il, ce guide n'est pas à l'abri des modifications de dernières minutes, d'erreurs ou d'omissions. Ne manquez pas de nous faire part de vos remarques par courrier (43, quai de Grenelle, 75905 Paris Cedex 15) par e-mail (bleus@hachette-livre.fr) ou sur Facebook (www.facebook.com/GuidesBleus). Informez-nous aussi de vos découvertes personnelles : nous accordons la plus grande attention au courrier de nos lecteurs.

▶ Trépidante et étourdissante, Londres peut être aussi un havre de paix grâce à ses nombreux parcs et jardins. Affiche du London County Council Tramways de 1933 vantant la lande de Hampstead Heath, le plus grand espace vert de Londres ; au fond, la Kenwood House.

Découvrir

LES PRINCIPALES RICHESSES DE LONDRES

Londres en 20 promenades	6
Les Top 10 de Londres	15
Londres sur mesure	16

Découvrir Londres

Cosmopolite, libre, euphorique et débonnaire, tolérante bien qu'impertinente à ses heures, excentrique et stylée... Londres résiste à toute tentative de classification. Parler de contrastes en ce qui la concerne n'est qu'un pâle euphémisme car cet extraordinaire incubateur de modes et de nouvelles tendances revendique haut et fort sa fidélité aux traditions qui la rendent si attachante.

Découvrir Londres, c'est assister au passage incongru d'une calèche d'où pointent les chapeaux colorés des *ladies*, arpenter les ruelles cossues aux sages maisons de brique et les quartiers populaires aux murs couverts de graffitis, s'initier aux délices de l'*afternoon tea*, au rituel des *happy hours* et aux arcanes de l'humour britannique. Mais c'est aussi s'extasier devant les chefs-d'œuvre des musées, musarder dans les parcs, déambuler sur les rives de la Tamise en grignotant un *fish and chips*, dénicher des trouvailles aux étals des marchés... : bref, se mêler au formidable brassage ethnique et culturel de cette ville étourdissante et ô combien séduisante.

Londres en 20 promenades

❶ Trafalgar Square, Covent Garden et Soho★★ *p. 94*

Un premier bain de foule sur **Trafalgar Square★★**, au pied de la célèbre colonne de Nelson, vous permettra de vous familiariser avec le formidable panachage de la population londonienne. Laissez-vous ensuite griser par l'animation de **Covent Garden★★** où les théâtres se disputent le trottoir avec les boutiques et les pubs historiques, puis lancez-vous à la découverte de **Soho★★**, un quartier effervescent à la réputation sulfureuse, qui contribua à faire de Londres la capitale de la culture pop. Les petites et grandes faims trouveront de quoi de sustenter dans l'un des innombrables restaurants de **Chinatown★**.

❷ La National Gallery★★★ *p. 109*

Une superbe collection qui rend compte de l'évolution de la peinture européenne entre le XIIIe et le XIXe s. (à l'exception de la production anglaise, présentée à la Tate Britain). L'occasion de se laisser envoûter par la beauté de chefs-d'œuvre mondialement connus comme *Les Époux Arnolfini*★★★ de **Jan Van Eyck**, *Jeune Femme debout à l'épinette*★★★ de **Vermeer**, une *Vierge aux rochers*★★ de **Léonard de Vinci** ou *L'Embarquement de la reine de Saba*★★ de **Claude Lorrain** qui inspira si bien Turner.

Londres en 20 promenades • 7

▲ Regent Street pavoisée. Tracée au XIXe s. par l'architecte John Nash, cette élégante rue délimite les quartiers de Soho (promenade ❶) et de Mayfair (promenade ❻).

❸ Westminster et Whitehall★★★ *p. 120*

Synchroniser sa montre au son des cloches de **Big Ben★★** et admirer les élancements gothiques du **palais de Westminster★★★** est déjà un grand moment, mais franchir les portes du temple de la démocratie britannique et pénétrer dans les chambres du Parlement confine à l'inoubliable. Et que dire de la visite de la somptueuse **Westminster Abbey★★★** où reposent, dans de magnifiques tombeaux, de nombreuses têtes couronnées du pays ? Pas question non plus de rater la **relève de la garde montée** sur la Horse Guards Parade, ou d'oublier de jeter un coup d'œil dans **Downing Street** sur la porte la plus célèbre de Londres !

❹ La Tate Britain★★★ *p. 136*

Elle abrite la plus riche collection d'art britannique au monde et donne donc l'occasion de découvrir la variété de styles d'une peinture souvent méconnue. À côté des grands noms – Hogarth, Gainsborough, Reynolds, Constable, Millais, Bacon ou Damien Hirst –, on appréciera les œuvres des artistes étrangers appelés à la cour de Londres par les souverains des XVIe et XVIIe s. et celles de peintres moins renommés mais néanmoins talentueux comme Joseph Highmore, George Stubbs ou John Singer Sargent. Le clou de la visite ? La **Clore Gallery★★★**, qui resplendit des toiles lumineuses et incandescentes du grand **Turner**.

❺ Buckingham Palace et Saint James★★★ *p. 148*

Trônant au bout du **Mall★**, l'artère triomphale qui lui sert de vestibule, **Buckingham Palace★★★** réserve les fastes de ses **State Rooms★★★** aux visiteurs estivaux. Les autres se consoleront en découvrant les superbes expositions de la **Queen's Gallery★★** et la richesse des carrosses princiers des écuries de la couronne, les **Royal Mews★★**. En poursuivant la promenade dans les allées du **Saint James's Park★★**, le long du Mall et dans les rues avoisinantes, on découvre les élégantes demeures que l'aristocratie, attirée par la proximité du **Saint James's Palace★**, s'y fit construire ; certaines, comme la **Spencer House★★**, ouvrent leurs portes au public.

❻ Piccadilly et Mayfair★★ *p. 162*

Après avoir assisté, sur **Piccadilly Circus★**, à l'incessant ballet des autobus à deux étages qui, par une sorte de miracle, se frôlent sans jamais se percuter, on ira faire provision de thé et de biscuits chez **Fortnum & Mason★**, s'adonner au lèche-vitrines dans **Old Bond et New Bond Streets★**, les rues les plus glamours de la capitale, s'attabler à une terrasse du charmant **Shepherd Market★★** qui semble tout droit issu d'un livre d'images victorien, explorer l'**Apsley House★★**, l'ancienne demeure du duc de Wellington – le héros de Waterloo –, avant d'aller converser avec les canards du lac de **Hyde Park★**.

7 Marylebone et Camden Town★★ *p. 174*

Radicalement différents, les deux quartiers de cette promenade sont séparés par **Regent's Park★★**, où il fait bon flâner en admirant les alignements de maisons blanches du XIXe s. qui le bordent. Avant de vous immerger dans les univers fictifs du musée **Madame Tussauds★** ou du **Sherlock Holmes Museum★**, vous apprécierez le calme discret des belles rues de **Marylebone★★** qui se déploient autour de la **Wallace Collection★★★**, où les arts décoratifs rivalisent avec les peintures de maîtres. Vous vous laisserez peut-être ensuite tenter par le **London Zoo★**, mais ne manquez surtout pas d'aller faire un tour dans la psychédélique **Camden Town★★★** et ses marchés bouillonnants.

8 Bloomsbury et Saint Pancras★ *p. 187*

Sur les traces de l'intelligentsia contestataire du début du XXe s., on déambulera parmi les maisons georgiennes et les hôtels victoriens de cet ancien quartier résidentiel bourgeois jusqu'à la maison qui abrite le **musée Charles Dickens★**, où l'écrivain vécut quelques années. On retrouvera l'agitation citadine autour de la **British Library★★** et de l'University College London où les amateurs d'égyptologie ne manqueront pas le **Petrie Museum★★**, un peu poussiéreux mais passionnant.

9 Le British Museum★★★ *p. 195*

De la préhistoire à l'ancienne Égypte, de l'Antiquité grecque et romaine à l'Europe médiévale, des anciennes civilisations proche-orientales à celles de l'Extrême-Orient sans oublier les collections d'ethnographie des continents africain et américain, ce formidable musée est un véritable voyage dans le temps sur les traces de l'humanité. Parmi les fleurons des collections : la **pierre de Rosette★★★**, les **sculptures du Parthénon★★★**, les trésors de **Sutton Hoo★★★** (VIIe s.) et d'**Oxus★★★** (Ve-IVe s. av. J.-C.) et les **tablettes sumériennes★★★** sur lesquelles on verra les premiers exemples d'écriture (IVe millénaire av. J.-C.)…

10 Le Strand et Holborn★★ *p. 206*

Derrière leur aspect peu avenant, ces deux quartiers recèlent quelques trésors à ne pas manquer : la **Courtauld Gallery★★★**, une magnifique collection réunissant des chefs-d'œuvre de Robert Campin, Botticelli, Bruegel l'Ancien, Manet, Monet, Van Gogh… ; le **Temple★★**, constitué de deux collèges du XVIIe s. et d'une église dont le noyau remonte au XIIe s. ; le **Lincoln's Inn★★**, du XVe s., une des quatre institutions de Londres pour les étudiants en droit, qui abrite le **Sir John Soane's Museum★★★**, l'ancienne maison d'un architecte au caractère excentrique.

11 La City★★ *p. 221*

Autour de la **cathédrale Saint Paul★★★**, le chef-d'œuvre absolu de Christopher Wren (→ *théma p. 80-81)*, voici un quartier plein de contrastes : d'une part, les édifices néoclassiques de la **Bank of England**, de la **Mansion House★** et du **Royal Exchange★** ; de l'autre, le **Guildhall★** – avec sa crypte du XIe s. et la belle collection de peintures d'époque victorienne de l'**Art Gallery★★** –, et le charmant **Leadenhall Market★**, lové au pied de gratte-ciel contemporains de plus en plus nombreux.

---

1 Leicester Square, dans Soho, au moment de Noël (promenade **1**).
2 Armoiries du Royaume-Uni sur la grille de Buckingham Palace (promenade **5**).
3 Au département égyptien du British Museum (promenade **9**). **4** Le palais de Westminster, côté Tamise (promenade **3**).
5 Covent Garden Piazza (promenade **1**).
6 Gorille du London Zoo (promenade **7**).

⑫ Le nord de la City et l'East End* — p. 231

Une promenade qui rassemble deux quartiers bien différents l'un de l'autre. Dans le premier, qui s'étend autour du **Barbican Centre** – un complexe architectural brutaliste où le béton règne en maître –, le **Museum of London**** raconte l'histoire de la ville depuis ses origines, tandis que **Saint Bartholomew the Great**** est l'une des plus vieilles églises de Londres et des plus filmées ! Dans l'East End, arpentez les environs de **Brick Lane*** à la découverte du *street art* et des marchés populaires qui y fleurissent, puis introduisez-vous sur la pointe des pieds – et si possible à la nuit tombée – dans l'étonnante **Dennis Severs's House*** où le temps semble avoir suspendu son vol.

⑬ La Tour de Londres, le Tower Bridge et les docks** — p. 243

Dominant la Tamise, la **Tour de Londres**** sert de coffre-fort aux **joyaux de la Couronne*****, tandis que les **docks Saint Katharine****, aménagés en marina, abrite quelques vieux gréements. En traversant le **Tower Bridge****, arrêtez-vous pour admirer la **vue**** de l'autre rive où, de part et d'autre de la promenade **Shad Thames****, d'anciens entrepôts aux noms évocateurs ont été reconvertis dans les années 1980-1990. C'est le cas de celui qui abrite (jusque fin 2015) le **Design Museum****, où le design industriel des années 1900 à nos jours est à l'honneur.

⑭ La rive sud de la Tamise** — p. 254

Trop souvent négligée par les visiteurs, cette rive de la Tamise offre pourtant de nombreuses attractions qui comptent dorénavant parmi les incontournables de Londres : embrasser la capitale à 360° depuis les cabines transparentes du **London Eye****, flâner le long des berges au milieu des joggers et des artistes de rue, découvrir les œuvres de Hans Hartung, Francis Bacon ou Mark Rothko à la **Tate Modern*****, plonger en plein XVIe s. au **Shakespeare's Globe*****, se glisser dans la peau d'un officier de la Royal Navy à bord du *HMS Belfast****...

⑮ Chelsea** — p. 272

Si ce quartier mythique a quelque peu perdu son label pop, il n'en vibre pas moins d'une animation permanente. La vie de quartier que vous découvrirez au détour du square de **Chelsea Green*** et l'atmosphère villageoise des ruelles où vécurent de nombreux peintres contrastent avec le bouillonnement commerçant de **King's Road** et la hardiesse des expositions de la **Saatchi Gallery****. Et pour un dépaysement complet, allez donc faire un brin de causette avec les pensionnaires en uniforme du **Royal Hospital**** !

⑯ De Knightsbridge aux Kensington Gardens** — p. 281

Formidable évocation de l'ère victorienne, ces quartiers cossus issus en grande partie de l'imagination de la reine Victoria et de son mari Albert sont ponctués d'institutions emblématiques de Londres telles que le célèbre magasin **Harrods**** ou le **Victoria and Albert Museum*****, le plus grand musée d'arts décoratifs au monde. Moins célèbre mais tout aussi fascinant, le **Natural History Museum**** rassemble la quasi-totalité des végétaux, animaux et minéraux de notre planète ! La promenade peut s'achever dans les **Kensington Gardens**** ; les amateurs d'art contemporain y visiteront les **Serpentine Galleries****, tandis que les nostalgiques se lanceront à la découverte du **Kensington Palace**** : c'est là que Lady Diana vécut jusqu'à la fin de sa vie.

---

1 *L'Homme à l'oreille bandée* de Van Gogh à la Courtauld Gallery (promenade ⑩).
2 Pause dans la belle salle du café du Victoria and Albert Museum (promenade ⑯). **3** Statue de la reine Victoria devant le palais de Kensington (promenade ⑯). **4** Le Tower Bridge un soir de fête (promenade ⑬). **5** *Street art* dans l'East End (promenade ⑭).
6 La chapelle baroque de Christopher Wren au Royal Hospital (promenade ⑮).
7 La Serpentine Sackler Gallery (2013), extension des galeries Serpentine réalisée par Zaha Hadid (promenade ⑯).

⑰ Notting Hill et Holland Park** *p. 298*

Rendu célèbre par le film de Roger Michell, le charme des rues en arc de cercle de ces quartiers où cohabitent « bobos » et milliardaires reste entier. Un samedi au **Portobello Road Market** s'impose, tout comme une visite à la **Linley Sambourne House*** – qui permet de se familiariser avec les goûts de la bourgeoisie londonienne de la fin du XIXe s. – et au **Leighton House Museum*** où l'on restera sans voix devant la décoration de l'**Arab Hall***.

⑱ L'Isle of Dogs et Greenwich** *p. 306*

Cette balade révèle deux facettes radicalement opposées de Londres, reliées par un tunnel piéton. D'une part, **Canary**

1 Le *Cutty Sark* (promenade ⑱). **2** L'Arab Hall du Leighton House Museum (promenade ⑰). **3** Dans les allées du Borough Market (promenade ⑫). **4** Sloane Square (promenade ⑮). **5** London Eye, sur la rive sud de la Tamise (promenade ⑭). **6** Chelsea Green et l'église Saint Luke (promenade ⑮).

Londres gratuit

Musées et galeries

Bonne nouvelle : en dehors des expositions temporaires, l'accès à bon nombre de musées est gratuit. Certains proposent aussi des visites guidées gratuites. Voici les principaux :

- National Gallery*** ②
- Tate Britain*** ④
- Wallace Collection*** ⑦
- British Museum*** ⑨
- Sir John Soane's Museum*** ⑩
- Tate Modern*** ⑭
- Victoria and Albert Museum*** ⑯
- National Portrait Gallery** ①
- Trésors de la British Library** ⑧
- Guildhall Art Gallery** ⑪
- Museum of London** ⑫
- Saatchi Gallery** ⑮
- Science Museum** ⑯
- Serpentine Galleries** ⑯
- Natural History Museum** ⑯
- National Maritime Museum** ⑱
- Museum of London Docklands** ⑱
- London Film Museum* ①
- Whitechapel Art Gallery* ⑫
- Geffrye Museum of the Home* ⑫
- Museum of the Order of Saint John* ⑫
- V&A Museum of Childhood* ⑫
- Imperial War Museum* ⑭
- National Army Museum* ⑮
- White Cube Gallery ⑤
- Clockmakers' Museum ⑪
- Bank of England Museum ⑪

Autres visites :

- Royal Institute of British Architects** ⑦
- Somerset House** ⑩
- Royal Hospital** ⑮
- Kenwood House** ⑲
- Royal Courts of Justice* ⑩
- Royal Exchange* ⑩
- Cérémonie des clés à la Tour de Londres le soir *(sur rés. écrite préalable)* ⑬
- Brompton Oratory* (+ vis. guidées) ⑯
- Old Royal Naval College* ⑱
- Queen's House* ⑱
- Burgh House* ⑲
- Savoy Chapel ⑩
- Royal College of Music ⑯

Concerts :

- Saint Martin in the Fields *(lun., mar, ven. à 13 h)* ①
- Saint James's Church *(à 13 h 10, sur libre participation)* ⑥
- Saint Lawrence Jewry *(piano lun. à 13 h, orgue mar. à 13 h)* ⑪
- Royal Festival Hall *(midi et fin d'a.-m.)* ⑭
- Cinéma *Rich Mix (35-47 Bethnal Green Rd, E1 ; pl. XI A1 • M° Shoreditch High Street • jazz dim. 14 h-17 h).*

▲ Swain's Lane, une rue typique de Highgate Village.

Wharf**, un quartier d'affaires high-tech bâti à l'emplacement des anciens docks dont le **Museum of London Docklands**★★ relate le passé. D'autre part, une ancienne villégiature royale semée d'édifices classiques où le superbe **National Maritime Museum**★★ a trouvé sa place définitive. Après avoir visité le *Cutty Sark*★★, un ancien clipper de la marine marchande, ne manquez pas de grimper la colline de **Greenwich Park**★ jusqu'au **Royal Observatory**★★ : c'est là qu'est matérialisé le méridien d'origine.

⓴ **Hampstead et Highgate**★★ *p. 316*
Ces deux quartiers résidentiels prestigieux s'étendent au N.-O. du centre-ville, de part et d'autre de l'espace vert le plus vaste et le plus sauvage de Londres : **Hampstead Heath**★★★, où l'on visitera la belle villa néoclassique **Kenwood House**★★.

À Hampstead, on flânera dans la très victorienne **Flask Walk**★, une ruelle bordée de pubs et de boutiques anciennes, avant de visiter la **Fenton House**★★, une riche résidence bourgeoise du XVIIe s.

À **Highgate Village**★, l'une des banlieues les plus chères de Londres, on se baladera dans le **Highgate Cemetery**★★★ au romantisme suranné.

⓴ **Escapades autour de Londres** *p. 324*
Dominant les larges boucles de la Tamise, voici deux formidables témoignages des résidences d'agrément où les souverains aimaient se retirer : le **château de Windsor**★★★, où la reine Elisabeth réside deux mois par an, et le **palais de Hampton Court**★★★, dont la construction remonte au règne d'Henri VIII.

Au sud-ouest de Londres, la paisible cité de **Richmond**★★ a perdu son château mais elle a conservé une partie de son formidable parc : **Kew Gardens**★★★, de magnifiques jardins botaniques royaux qui datent du XVIIIe s. ; leur visite pourrait prendre une demi-journée à elle seule !

Les Top 10 de Londres

■ Les musées incontournables
- British Museum★★★ *(p. 195)*
- National Gallery★★★ *(p. 109)*
- Sir John Soane's Museum★★★ *(p. 219)*
- Tate Britain★★★ *(p. 136)*
- Tate Modern★★★ *(p. 261)*
- The Courtauld Gallery★★★ *(p. 210)*
- Victoria and Albert Museum★★★ *(p. 287)*
- Wallace Collection★★★ *(p. 175)*
- Museum of London★★ *(p. 232)*
- National Portrait Gallery★★ *(p. 96)*

■ Les plus beaux parcs
- Highgate Cemetery★★★ *(p. 322)*
- Hampstead Heath★★★ *(p. 320)*
- Kew Gardens★★★ *(p. 324)*
- Holland Park★★ *(p. 302)*
- Kensington Gardens★★ *(p. 294)*
- Regent's Park★★ *(p. 181)*
- Saint James's Park★★ *(p. 154)*
- Hyde Park★ *(p. 172)*
- Chelsea Physic Garden★ *(p. 279)*
- Richmond★★ *(p. 327)*

■ Les quartiers les plus animés
Le jour :
- Camden Markets★★ *(p. 183)*
- Covent Garden Piazza★★ *(p. 98)*
- Portobello Road Market★★ le samedi, jour du grand marché *(p. 301)*
- Seven Dials★★ *(p. 104)*
- Borough Market★★ les jours de marchés *(p. 266)*
- Oxford Street et Saint Christopher's Place★ *(p. 175)*
- Fitzrovia★, autour de Charlotte Street *(p. 193)*

La nuit :
- Camden Town★★★ *(p. 182)*
- Old Compton Street★★ *(p. 106)*
- Brick Lane★ *(p. 239)*

■ Les plus belles maisons-musées
- Leighton House Museum★★★ *(p. 303)*
- Linley Sambourne House★★★ *(p. 305)*
- Apsley House★★ *(p. 170)*
- Fenton House★★ *(p. 317)*
- Kenwood House★★ *(p. 320)*
- Spencer House★★ *(p. 159)*
- Thomas Carlyle's House★ *(p. 276)*
- Two Willow Road★ *(p. 319)*
- Freud Museum★ *(p. 323)*
- Handel House Museum★ *(p. 169)*

■ Le Londres royal
- Les joyaux de la Couronne★★★ à la Tour de Londres *(p. 245)*
- Les State Rooms★★★ de Buckingham Palace *(p. 151)*
- Hampton Court Palace★★★ *(p. 329)*
- Westminster Abbey★★★ *(p. 126)*
- Windsor Castle★★★ *(p. 333)*
- Kensington Palace★★ *(p. 295)*
- Royal Hospital★★ *(p. 279)*
- Les Royal Mews★★ *(p. 150)*
- Banqueting House★ *(p. 133)*
- Old Royal Naval College★ *(p. 312)*

■ L'art contemporain
- Tate Modern★★★ *(p. 261)*
- Saatchi Galleries★★ *(p. 274)*
- Serpentine Gallery★★ *(p. 295)*
- Whitechapel Art Gallery★ *(p. 239)*
- Institute of Contemporary Arts★ *(p. 155)*
- Barbican Centre *(p. 233)*
- Gagosian Gallery *(p. 191)*
- Hayward Gallery *(p. 259)*
- Pump House *(p. 278)*
- White Cube Gallery *(p. 161)*

■ L'architecture moderne
- 30 Saint Mary Axe★★, le « Cornichon » *(p. 230)*
- Le Lloyd's★★ *(p. 230)*
- Shad Thames★★ *(p. 251)*
- The Shard★★ *(p. 267)*
- City Hall★ *(p. 269)*
- Heron Tower★ *(p. 230)*
- Leadenhall Building★ *(p. 230)*
- Millennium Dome★ *(p. 314)*
- Southbank Centre★ *(p. 257)*
- One Canada Square★ *(p. 310)*

■ Hors des sentiers battus
- Lincoln's Inn★★ *(p. 217)*
- La promenade sur Regent's Canal★★ *(p. 184-185)*
- Shepherd Market★★ *(p. 170)*
- Chelsea Green★ *(p. 275)*
- Dennis Severs' House★ *(p. 241)*
- Le cinéma *Electric*★ à Notting Hill *(p. 299)*
- Flask Walk★ *(p. 318)*
- Glebe Place et Cheyne Row★ *(p. 275)*
- Neal's Yard★ *(p. 104)*
- Roman Bath★ *(p. 213)*

Spécial « kids »
- Le croiseur HMS *Belfast*** (p. 268)
- La grande roue London Eye** (p. 257)
- Natural History Museum** (p. 283)
- London Zoo* (p. 181)
- Madame Tussauds Museum* (p. 180)
- Pollock's Toy Museum* (p. 194)
- Sea Life London Aquarium* (p. 256)
- V&A Museum of Childhood* (p. 242)
- Le galion *Golden Hinde II* (p. 266)
- Une promenade en bateau-bus (London Duck Tours, p. 49)

Londres sur mesure

Avant de partir, il est indispensable de **réserver les principales visites** (spécialement pendant les vacances scolaires) : vous éviterez ainsi les queues interminables qui vous feraient perdre un temps précieux.

Londres en 3 jours

Trois jours ne suffisent évidemment pas pour explorer tous les quartiers et à visiter tous les musées, mais ils permettent de se familiariser avec la ville et d'en découvrir quelques facettes emblématiques.

1er jour : Commencez la visite au pied de la colonne de Nelson sur **Trafalgar Square**** (p. 94), une des places mythiques de Londres, puis empruntez **Whitehall** (p. 132) pour aller assister à la **relève de la garde** sur **Horse Guards Parade** (p. 134). Profitez-en pour jeter un coup d'œil sur les toiles que Rubens peignit pour le plafond de la **Banqueting House*** (p. 133). Continuez sur **Parliament Street**, où la présence de bobbies indique l'entrée de **Downing Street** (p. 132). Après avoir admiré **Big Ben**** (p. 120) et le **palais de Westminster**** (p. 121), rejoignez l'**abbaye de Westminster**** (p. 126 ; pause grignotage possible sous les voûtes du *Cellarium Cafe*). L'après-midi, découverte de **Buckingham Palace**** (p. 148) avec la visite des **Royal Mews*** et, en été, des **State Rooms****.

Une promenade le long du **Mall*** (p. 155) et dans **Saint James's Park*** (p. 154) terminera agréablement la journée avant de partir à l'assaut des chaudes nuits de **Soho*** (p. 105).

 Attention, les State Rooms du palais de Buckingham ne se visitent que de fin juillet à fin septembre (sur rés. uniquement).

Vivre à la londonienne

Commencez la journée en prenant le petit déjeuner dans un bar ou, tout au moins, en attrapant au vol un café à emporter dans un des innombrables *coffee shops* qui tournent à plein régime à l'heure d'ouverture des bureaux. Pour la pause déjeuner, n'hésitez pas à envahir les pelouses des squares et des parcs : au moindre mini-rayon de soleil, tous les Londoniens s'y retrouvent, entre collègues pour un sandwich rapide à midi, entre amis ou en famille le dimanche. Si la pluie est au rendez-vous, le déjeuner dominical aura lieu au pub autour du traditionnel *sunday roast* (qui a valu aux Britanniques leur surnom de *rosbifs*).

Consacrez quelques heures à une flânerie dans l'un des innombrables marchés en tout genre que compte la ville, interrompue au besoin par une pause *fish and chips* ou autre cuisine du monde vendue dans la rue. À moins que vous ne préfériez courir les *charity shops* pour refaire votre garde-robe à peu de frais... N'en oubliez pas pour autant l'*afternoon tea* (qui remplace souvent le lunch les jours chômés) ou, un peu plus tard, l'*happy hour* dans un pub, autour d'une bière fraîche et mousseuse : bien plus sociaux que les *frogs* que nous sommes à leurs yeux, les Anglais la pratiquent avec ferveur !

Enfin, ne quittez pas Londres sans avoir assisté un soir à l'une des sacro-saintes comédies musicales jouées à Soho : vous n'aurez que l'embarras du choix !

▲ Le musée Sherlock Holmes : une visite pour les petits et pour les grands !

2ᵉ jour : Après une promenade à **Covent Garden**★★ *(p. 98)*, rejoignez **Blooomsbury**★ pour visiter le **British Museum**★★★ *(p. 195)* ; n'y passez pas plus de 2 h pour pouvoir aller déjeuner au cœur de **Fitzrovia**★ *(p. 193)*, dans la très vivante **Charlotte Street**. Une fois restaurés, en route pour le nord de la ville, au-delà de **Regent's Park**★★ où vous attend l'univers déjanté de **Camden Town**★★★ *(p. 182)*.

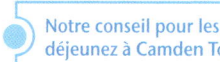
Notre conseil pour les petits budgets : déjeunez à Camden Town.

Après une déambulation dans **Camden High Street**★★ et la visite du **Stables Market**★★, reposez vos jambes en optant pour un retour en bateau le long du **Regent's Canal**★★ jusqu'à la délicieuse **Little Venice** *(p. 184-185)*. Soirée comédie musicale ou théâtre dans le West End, où vous aurez pris soin de réserver.

3ᵉ jour : Débutez la journée parmi les *yuppies* et *brokers* de la **City**★★ en allant visiter la **cathédrale Saint Paul**★★★ *(p. 221)* puis en flânant dans le quartier jusqu'au **Leadenhall Market**★ *(p. 299)* ; vous y trouverez forcément un restaurant à votre goût pour la pause déjeuner.

Rendez-vous ensuite à la **Tour de Londres**★★ *(p. 243)*. En chemin, n'oubliez pas de lever la tête pour apercevoir les nouveaux gratte-ciel qui poussent le long de **Bishopgate** *(p. 230)*. Traversez ensuite **Tower Bridge**★★ *(p. 250)* pour revenir vers l'O. par la **Queen's Walk**★★ *(p. 251)* au moins jusqu'au **Shakespeare's Globe**★★★ *(p. 265)*.
Si c'est un vendredi ou un samedi, profitez de l'ouverture nocturne de la **Tate Modern**★★★ *(p. 261)* pour y faire un tour, même rapide. Sinon, allez dîner à **Notting Hill**★★ *(p. 298)*, dans **Portobello Road**, pour découvrir une autre facette de la ville.

■ Londres en 5 jours

1ᵉʳ jour : Même itinéraire que celui du 1ᵉʳ jour de la proposition précédente, à l'exception de la visite de Buckingham Palace que l'on remplacera par celle du **Westminster Palace**★★★ *(p. 121)*.

2ᵉ jour : Depuis **Piccadilly Circus**★ *(p. 162)*, traversez le quartier **Saint James**★★ *(p. 154)* pour rejoindre et visiter **Buckingham Palace**★★★ *(p. 148)*. Déjeunez dans **Mayfair**★★ *(p. 163)* ou **Marylebone**★★ *(p. 174)* pour reprendre des forces avant la visite de la **Wallace Collection**★★★

(p. 175) ou, selon vos préférences, du **Madame Tussauds Museum★** *(p. 180)* et du **Sherlock Holmes Museum★** *(p. 181)*.

3ᵉ jour : Identique à celui du programme précédent.

4ᵉ jour : Visite de la **National Gallery★★★** *(p. 109)*. En sortant, ceux qui ne souffrent pas de vertige pourront traverser la Tamise par les passerelles suspendues du **Golden Jubilee Bridges** *(p. 206)* et grimper dans une nacelle du **London Eye★★** *(p. 257)*. Les autres emprunteront le **Strand★★** *(p. 206)* jusqu'à la **Courtauld Gallery★★★** *(p. 210)* et **Temple★★** *(p. 213)*. Le soir, rejoignez l'animation de **Brick Lane★** *(p. 239)*, sans oublier de lever le nez pour découvrir les œuvres éphémères qui recouvrent chaque parcelle de mur aveugle.

> Notre conseil : pour le London Eye, réservez vos places à l'avance.

5ᵉ jour : Identique à celui du 2ᵉ jour du programme précédent. Votre séjour arrivant à son terme, vous pourrez dépenser les éventuels excédents de votre budget aux étals des marchés !

■ Londres en une semaine

1ᵉʳ au 5ᵉ jour : Identiques à ceux du programme précédent.

6ᵉ jour : Combinez la visite de la **Tate Britain★★★** *(p. 136)* ou du **Victoria and Albert Museum★★★** *(p. 287)* avec une balade à **Hampstead★★** *(p. 317 ;* avec la visite de la **Fenton House★★**) ou à **Highgate★★** (avec la visite du **Highgate Cemetery★★★**). Finissez la journée à **Hampstead Heath★★★** *(p. 320)*, d'où, au point culminant, la vue englobe toute la capitale britannique.

> Bon à savoir : Hampstead Heath est ouvert 24 h/24.

7ᵉ jour : Optez pour la visite de l'**Isle of Dogs★★** et de **Greenwich★★★** *(p. 311)* ou bien carrément pour une excursion en dehors de Londres jusqu'au **château de Windsor★★★** *(p. 333)* ou jusqu'à **Richmond★★** *(p. 327)* et aux **Kew Gardens★★★** *(p. 324)*.

■ Séjour plus long ou 2ᵉ séjour ?

Quelques suggestions de visites si vous avez la chance de rester plus longtemps ou de ne pas en être à votre premier séjour :
- les Churchill War Rooms★★ ❸ *(p. 135)*
- la Spencer House★★ ❺ *(p. 159)*
- l'Apsley House★★ (Wellington Museum) ❻ *(p. 170)*
- le Petrie Museum★★ ❽ *(p. 193)*
- le Lincoln's Inn★★ ❿ *(p. 217)*
- la Guildhall Art Gallery★★ ⓫ *(p. 226)*
- la Mansion House★ ⓫ *(p. 228)*
- le Museum of London★★ ⓬ *(p. 232)*
- l'église Saint Bartholomew the Great★★ ⓬ *(p. 234)*
- la Tate Modern★★★ ⓮ *(p. 261)*
- le croiseur *HMS Belfast*★★ ⓮ *(p. 268)*
- le Design Museum★★ ⓮ *(p. 252)*
- le Royal Hospital★★ à Chelsea ⓯ *(p. 279)*
- le Kensington Palace★★ ⓰ *(p. 295)*
- le Natural History Museum★★ ⓰ *(p. 283)*
- le Leighton House Museum★★★ ⓱ *(p. 303)*
- la Linley Sambourne House★★★ ⓱ *(p. 305)*
- la Kenwood House★★ ⓳ *(p. 320)*.

Partir

TOUT POUR PRÉPARER VOTRE VOYAGE

Adresses utiles	20
Quand partir	21
Se documenter	21
Formalités	22
Le voyage par avion	24
Le voyage par le train	25
Le voyage par la route	25
Le voyage organisé	26

Partir

Adresses utiles

■ Office de tourisme
www.visitlondon.com : l'office de tourisme de Londres, qui ne dispose pas de bureaux ouverts au public en France, en Belgique, en Suisse ou au Canada, met à disposition ce site Web très riche en informations avec itinéraires conseillés, carte interactive, plans téléchargeables des transports en commun, adresses utiles et conseils aux voyageurs.

■ Ambassades et consulats

• En France
Ambassade de Grande-Bretagne, 35, rue du Faubourg-Saint-Honoré, 75008 **Paris** ☎ 01.44.51.31.00, fax 01.44.51.31.09 ; www.gov.uk/government/world/france ; ouv. du lun. au ven. 9 h 30-13 h et 14 h 30-18 h.

Consulats : 16, rue d'Anjou, 75008 **Paris** ☎ 01.44.51.31.00, fax 01.44.51.31.27 ; ouv. du lun. au ven. 9 h 30-12 h 30 • 353, bd du Président-Wilson, 33073 **Bordeaux** Cedex ☎ 05.57.22.21.10, fax 05.56.08.33.12 ; ouv. lun., mer. et ven. 9 h-12 h 30 • 24, av. du Prado, 13006 **Marseille** ☎ 04.91.15.72.10, fax 04.91.37.47.06 ; ouv. lun., mer. et ven. 9 h-12 h 30.

• En Belgique
Ambassade de Grande-Bretagne, 10, av. d'Auderghem, 1040 **Bruxelles** ☎ [02] 287.62.11, fax [02] 287.62.50 ; www.gov.uk/government/world/belgium ; ouv. du lun. au ven. 9 h-17 h.

Consulat de Grande-Bretagne, 9-31, av. des Nerviens, 1040 **Bruxelles** ☎ [02] 287.62.11 ; ouv. lun., mar., jeu. et ven. 9 h-12 h 30, sur r.-v. seulement.

• En Suisse
Ambassade de Grande-Bretagne, 50, Thunstrasse, 3005 **Berne** ☎ [031] 359.70.00, fax [031] 359.77.01 ; www.gov.uk/government/world/switzerland ; ouv. du lun. au ven. 9 h-12 h 30 et 13 h 30-16 h 30.

• Au Canada
Consulats généraux de Grande-Bretagne : 2000, av. McGill College, Suite 1940, **Montréal** (Québec) H3A 3H3, ☎ [514] 866.5863, fax [514] 866.0202 ; www.gov.uk/government/world/canada • 777, Bay Street, Suite 2800, **Toronto** (Ontario) M5G 2G2, ☎ [416] 593.1290, fax [416] 593.1229.

Quand partir

Les saisons les plus agréables sont le **printemps** et l'**été** : les journées sont douces, l'ensoleillement est à son maximum et il peut faire jusqu'à 25 °C en juillet. Un pull reste indispensable, car les températures peuvent considérablement baisser la nuit. L'**automne** est boudé par les touristes, car il fait un peu plus frais, mais Londres est alors ensoleillée et paisible. L'**hiver**, la nuit tombe très tôt, et si la neige est peu fréquente, la pluie l'est beaucoup plus. Le mois de janvier est le plus froid avec un mercure avoisinant les 5 °C.

☞ CONSEIL
Quelle que soit la saison, toujours avoir un **parapluie** sur soi : il pleut très souvent, même pour une courte durée. Londres reçoit de la pluie au moins 10 jours par mois !

Se documenter

■ Librairies spécialisées

Abbey Bookshop, 29, rue de la Parcheminerie, 75005 **Paris** ☎ 01.46.33.16.24, fax 01.46.33.03.33 ; www.abbeybookshop.wordpress.com Une librairie pas très grande, mais dans laquelle on trouve une grande variété d'ouvrages neufs ou d'occasion.

✎ MÉTÉO
• www.metoffice.gov.uk (en anglais) : prévisions du service national britannique de météorologie.
• www.meteofrance.com ☎ 3250 (1,35 €/appel puis 0,34 €/mn).
• fr.weather.com (The Weather Channel).

London on Line

● www.cityoflondon.com (anglais) : site officiel de la ville. Informations touristiques et carte interactive très utile : affichage personnalisé des pistes cyclables, des stations de métro, des monuments historiques, etc.

● www.bbc.co.uk (anglais) : site de la célèbre société de radio et de télédiffusion, avec radio en ligne. Des rubriques très riches pour améliorer son anglais (« Learning English ») ou sa connaissance de l'histoire britannique (« History »).

● www.royal.gov.uk (anglais) : site officiel de la monarchie britannique. Actualités et articles historiques très complets.

● www.londontown.com (anglais) : des idées à foison pour préparer son voyage – événements, cartes, restaurants, hôtels. Une rubrique « London for Free » référence les sorties gratuites.

● www.thesun.co.uk et www.thetimes.co.uk (anglais) : les deux quotidiens britanniques les plus lus.

● www.caplondon.com (français) : une foule d'infos pratiques : hébergements, calendrier d'événements, description des quartiers et bonnes adresses.

● www.bealondoner.com (français) : propose de nombreuses idées d'itinéraires et d'adresses thématiques dans la capitale (restaurants, shopping, pubs...). Agenda très complet des événements en cours et à venir.

● www.100questions.net (français) : tenu par l'ambassade de Grande-Bretagne, un petit site explicatif sur des sujets aussi variés que les coutumes britanniques, la gastronomie ou encore le sport.

● www.londrescalling.canalblog.com (français) : un blog très instructif et amusant, tenu par une journaliste installée à Londres. Pour découvrir Londres d'une manière plus intime et plus originale.

● www.millechosesalondres.com (français) : nombreux articles sur des visites à faire hors des sentiers battus et des thématiques particulières (« Les personnages ayant rendu Londres célèbre », par exemple).

Galignani, 224, rue de Rivoli, 75001 **Paris** ☎ 01.42.60.76.07, fax 01.42. 86.09.31 ; www.galignani.com Spécialisée en ouvrages anglo-américains et beaux-arts. Propose aussi un service de recherche de livres épuisés.

Shakespeare & Company, 37, rue de la Bûcherie, 75005 **Paris** ☎ 01.43. 25.40.93 ; www.shakespeareandcompany.com Dans cette boutique chaleureuse et historique, un choix minutieux d'ouvrages de tous genres. Événements culturels réguliers.

WHSmith, 248, rue de Rivoli, 75001 **Paris** ☎ 01.44.77.88.99, fax 01.42. 96.83.71 ; www.whsmith.fr *La* librairie de langue anglaise. Plus de 70 000 références en littérature anglophone et américaine. Choix de magazines et de DVD, épicerie.

■ Informations culturelles

Association France - Grande-Bretagne, 59, rue Vergniaud, 75013 **Paris** (une trentaine d'antennes dans toute la France) ☎ 06.27.63.45.60, fax 01.53. 62.81.82 ; www.association-france-grande-bretagne.fr Conférences, dîners-débats, concerts, sorties, cinéma.

British Council, 9, rue de Constantine, 75007 **Paris** ☎ 01.49.55.73.00 (deux autres centres à Lyon et à Marseille) ; www.britishcouncil.fr Cours d'anglais pour tous les âges, événements culturels réguliers (conférences, concerts, ateliers...). Visiter, sur leur site, la rubrique « Nos actions dans les arts » pour découvrir le cinéma, la musique et la littérature britanniques.

Centre culturel britannique, 3, rue Jean-Bart, 59000 **Lille** ☎ 03.20.54.22.79 ; www.ccb-lille.com Bibliothèque, soirées cinéma et littérature, clubs de conversation.

Centre culturel franco-britannique, 1, rue Du Guesclin, 44000 **Nantes** ☎ 02.40.35.39.43, fax 02.40.12.05.41 ; www.ccfb-nantes.org Nombreuses activités autour de la culture britannique : conférences, dégustations de thé, ateliers linguistiques.

Formalités

■ Change

Il est généralement plus intéressant de changer vos euros en livres sterling directement sur place, dans les bureaux de change ou de poste *(Post Office)*, situés un peu partout.

Pratiquement tous les magasins acceptent les cartes **Visa** et **MasterCard**. L'**American Express** et la carte **Diners Club** sont un peu moins répandues. Vérifiez avant de partir si votre banque facture une commission pour chaque transaction. Si c'est le cas, il vaut mieux faire un retrait de temps en temps dans un distributeur automatique de billets (commission de 2 à 3 % selon votre banque) et payer ensuite en liquide. Par précaution, évitez toutefois d'avoir des sommes importantes sur vous.

■ Papiers d'identité

Pour les ressortissants de l'Union européenne et les citoyens suisses, une **carte nationale d'identité** ou un passeport en cours de validité suffit. Si vous venez du Canada, vous devez présenter un passeport valide et votre séjour ne pourra excéder six mois.

■ Douane

La circulation des marchandises s'effectue sans droits aux frontières de l'Union européenne : vous pouvez voyager librement avec vos biens et achats personnels sans limitation de montant. Sauf pour les alcools et le tabac, qu'il faudra déclarer (avec paiement des taxes correspondantes) au-delà des quantités suivantes : pour le **tabac**, la franchise est équivalente à 800 cigarettes ou 200 cigares (ou 1 kg de tabac) ; pour l'**alcool**, 10 l d'alcool fort de type whisky, 20 l d'alcool intermédiaire (porto, madère, vermouth), 90 l de vin (dont 60 l maximum de mousseux) et 110 l de bière.

Renseignements : *Infos Douane Service* ☎ 0811. 20.44.44 ; www.douane.gouv.fr

■ Santé

Aucun **vaccin** n'est obligatoire. Si vous suivez un **traitement**, munissez-vous de vos ordonnances, qui peuvent être exigées par la douane pour l'introduction de certains médicaments et seront nécessaires pour leur renouvellement.

Procurez-vous auprès de votre caisse d'assurance-maladie la **carte européenne d'assurance-maladie** (gratuite et individuelle, valable un an • www.ameli.fr) qui vous permettra de bénéficier de la prise en charge des soins médicaux au cours de votre séjour selon la législation et les formalités en vigueur au Royaume-Uni. Pensez à en faire la demande deux ou trois semaines avant le départ, pour chaque personne participant au voyage, y compris les enfants de moins de 16 ans.

■ Assurances

Un contrat d'assistance peut être utile pour diverses autres prestations de santé (hospitalisation, rapatriement…), pour l'assistance juridique ou pour couvrir les vols de bagages, d'effets personnels, etc. Lors de l'achat d'un vol sec ou d'un voyage organisé, la plupart des compagnies aériennes et des agences de voyages proposent une assurance en plus du billet.

■ Animaux domestiques

Les chiens, les chats et les furets doivent être identifiés par puce électronique (tatouages acceptés seulement pour les animaux identifiés avant le 3 juillet 2011). Faites établir avant le départ un passeport européen sur lequel figure la preuve de la vaccination antirabique valide et qui doit dater de plus de 21 j. Les chiens doivent subir un traitement antiparasitaire (certifié par votre vétérinaire) 1 à 5 j. avant l'arrivée sur le sol britannique. Les animaux de compagnie sont admis dans certains hôtels, mais pratiquement jamais dans les restaurants.

✍ ENFANTS EN VOYAGE

Pour les mineurs voyageant seuls, une autorisation de sortie du territoire n'est désormais plus nécessaire : un passeport ou une carte d'identité suffit. Toutefois, une autorisation parentale est requise au moment de l'achat du titre de transport.

☞ DOUANE FACILE

Pour faciliter votre passage à la douane, procurez-vous une carte de libre circulation (gratuite, valable 10 ans) dans un bureau de douane avant le départ. Vous pouvez y faire figurer, en présentant les justificatifs d'achat, tous vos objets personnels : appareils photo, téléphones portables, etc.

✍ ASSURER SON VOYAGE

De nombreuses assurances de voyage sont comprises dans la cotisation de certaines cartes bancaires et de votre assurance auto ou habitation : renseignez-vous sur les risques et le capital pour lesquels vous êtes couvert.

MAL DES TRANSPORTS

Train, auto, bateau, avion… Le mal des transports n'est plus une fatalité ! Pour voyager sereinement : ne voyagez pas l'estomac vide, un repas léger est recommandé tout comme le port de vêtements amples et confortables. Si ces précautions ne suffisent pas, il est toujours possible de recourir à un médicament type MERCALM qui prévient et traite le mal des transports, à prendre une demi-heure avant votre départ.

Le voyage par avion

☞ **RÉDUCTIONS AIR FRANCE**
• « Stay » : non remboursable, modifiable avec frais, si vous passez la nuit du samedi au dimanche, ou trois nuits, sur place.

• « Semaine » : achat possible jusqu'au jour du départ, combinable avec le tarif « Stay ».

• « Jeunes » : pour les moins de 25 ans, modifiable sans frais, remboursable sous conditions.

• Promotions ponctuelles, à suivre sur : www.airfrance.fr

Des vols réguliers sont assurés par les grandes compagnies nationales. Si vous êtes prêt à vous passer de certains services, surtout pour des vols de courte durée, les compagnies *low cost* proposent des liaisons à très bas prix.

■ Liaisons régulières avec Londres

Air France, ☎ 36.54 ; www.airfrance.fr Une quinzaine de vols par jour, directs (Paris-Orly W) ou *via* Amsterdam (Roissy - Charles-de-Gaulle 2F).

British Airways, ☎ 0825.825.400 ; www.british airways.com Vols au départ de toute la France, la Suisse et Bruxelles.

Brussels Airlines, ☎ 0902.51.600 (en Belgique) ; www.brusselsairlines.com 2 ou 3 liaisons quotidiennes avec Londres Heathrow depuis Bruxelles.

Easyjet, ☎ 0820.42.03.15 ; www.easyjet.com/fr 2 à 6 départs/j. depuis Bruxelles, Genève, Paris et Zurich, et au moins 1 vol/j. au départ des villes de province (Lyon, Marseille, Nantes, Toulouse…).

Lufthansa, Belgique ☎ 70.35.30.30 ; Suisse ☎ 0900.900.922 ; www.lufthansa.com Départs de Bruxelles, Genève et Zurich pour Londres Heathrow.

Ryanair, ☎ 0892.56.21.50 ; www.ryanair.com/fr Pas de vol pour Londres au départ des grandes villes françaises, mais la compagnie fera des heureux dans les villes plus petites : entre autres, départs de Bordeaux (3 vols/sem.), Dinard (1 vol/sem.), Poitiers (4 vols/sem.) et Tours (5 vols/sem.).

Swiss, ☎ 0848.700.700 (en Suisse) ; www.swiss.com Nombreux vols quotidiens au départ de Genève et Zurich.

✍ **VOLS CHARTERS**
Attention : les tarifs charters, soumis aux aléas du marché, peuvent s'avérer plus élevés que ceux, souvent avec réduction, des vols réguliers. Les contraintes (confort à bord, coût des bagages en soute, éloignement des aéroports) sont aussi beaucoup plus grandes.

■ Vols à tarifs négociés, charters et promotions

Easyvoyage, ☎ 0899.199.879 ; www.easyvoyage.com Comparatif très complet des vols, circuits et hôtels.

Ebookers, ☎ 0892.234.235 ; www.ebookers.fr Séjours, hôtels, location de voiture, vols.

Expedia, ☎ 01.57.32.49.86 ; www.expedia.fr Vols, réservation d'hôtel, location de voiture. Grâce à la rubrique « À voir, à faire », réservation de visites guidées, musées, spectacles, restaurants.

Go Voyages, ☎ 0899.860.860 ; www.govoyages.com Promos voyages, vols charters et vols réguliers, circuits et séjours.

Lastminute.com, ☎ 0892.686.100 ; www.fr.lastminute.com Vols et séjours, spécialiste des départs de dernière minute.

Look Voyages, ☎ 01.45.15.31.70 ; www.look-voyages.fr Solutions d'hébergement, vols, circuits, offres de dernière minute.

Nouvelles Frontières, ☎ 0825.000.747 (voyages) ou ☎ 0826.285.385 (vols secs) ; www.nouvelles-frontieres.fr Vols charters et réguliers, séjours et promotions ponctuelles.

Opodo, ☎ 0899.653.655 ; www.opodo.fr Moteur de recherche sur plus de 550 compagnies aériennes traditionnelles et *low cost*. Offres de dernière minute et promos, réservation d'hôtel, location de voiture.

Voyages-sncf.com, ☎ 0899.500.500 ; www.voyages-sncf.com Le site très complet de la SNCF propose vols réguliers, promos et séjours.

Le voyage par le train

Le train à grande vitesse *Eurostar* relie en 2 h 15 Paris-gare du Nord à **Saint Pancras International** (2 h 45 au départ de Marne-la-Vallée, 1 h 20 depuis Lille, 2 h depuis Bruxelles). Les prix ne sont pas beaucoup plus intéressants que l'avion, à moins de réserver longtemps à l'avance ou de voyager tôt le matin : offres mises à part, comptez 300 € A/R pour deux adultes. Et il faut se présenter en gare 45 mn avant le départ, muni d'une carte d'identité ou d'un passeport, pour l'enregistrement et le contrôle de sécurité.

Réservation : jusqu'à 6 mois à l'avance ; en gare ou sur les sites d'*Eurostar* (www.eurostar.com) et de la SNCF (www.voyages-sncf.com).

☞ **TARIFS TRAIN**
• N'hésitez pas à **comparer les offres** entre *Eurostar* et SNCF : les écarts de prix peuvent être de 50 % sur le même train !

• Les **cartes de réduction** SNCF (www.voyages-sncf.com) offrent des tarifs intéressants sur les trajets internationaux : Jeune, Senior +, Week-end...

• Attention : le **Pass InterRail** ne fonctionne pas pour l'*Eurostar* (rens. : www.interrail.eu).

Le voyage par la route

■ **Voiture + train**

La navette ferroviaire *(Shuttle)* relie Calais et Folkestone par le tunnel sous la Manche en 35 mn (4 départs/h en période de pointe). Ensuite, Londres est à 110 km (1 h 30 *via* la M20 puis l'A20). La formule est avantageuse à condition de vivre dans le nord de la France, de ne pas partir pour un court week-end (Paris-Londres : env. 5 h) et de voyager à plusieurs, puisque le coût pour la navette s'entend par véhicule et non par passager (compter 100 €).

Réservation : *Eurotunnel*, ☎ 0810.63.03.04 (du lun. au sam. 9 h-17 h 30) ; www.eurotunnel.com

✐ **LONDRES SANS VOITURE**
Sur place, la voiture est peu utile : les transports en commun londoniens sont rapides, sûrs et sans tracas.

✐ **CALCULER SON ITINÉRAIRE**
• http://fr.mappy.com
• www.viamichelin.fr
• www.google.fr/maps

■ **Voiture + bateau**
Plus long mais souvent meilleur marché que le *Shuttle*. Liaisons entre Calais (1 h 30) ou Dunkerque (2 h 10) et Douvres. Comptez ensuite 1 h 30 pour rejoindre Londres. Entre autres compagnies :
P&O Ferries, ☎ 0820.90.00.61 ; www.poferries.com
DFDS Seaways, ☎ 02.32.14.68.50 ; www.dfdsseaways.fr

■ **En car**
Bon à très bon marché, mais long et fatigant : comptez 8 h de voyage entre Paris et Londres.

Eurolines, gare internationale de Paris-Gallieni, 28, av. du Général-de-Gaulle, BP 313, 93541 **Bagnolet** Cedex ☎ 0892.89.90.91 ; www.eurolines.com/fr Départs quotidiens de Paris et Calais.

iDBUS (service de bus de la SNCF), immeuble Lumière, 40, av. des Terroirs-de-France, 75012 **Paris** ☎ 0892.68.00.68 ; http://fr.idbus.com Départs réguliers de Lille (durée : 5 h 40) et Paris-Bercy (7 h 40). Un départ/j. de Bruxelles (7 h 30).

Megabus, compagnie britannique représentée en France par *Dumont Voyages* ☎ 0825.88.14.88 ; www.megabus.com 2 départs/j. depuis Paris, Lille et Boulogne-sur-Mer. Prix très compétitifs.

Le voyage organisé

La plupart des formules incluent le voyage aller-retour en *Eurostar*.

Arts et Vie, 251, rue de Vaugirard, 75015 **Paris** ☎ 01.40.43.20.21 (agences à Grenoble, Lyon, Marseille et Nice) ; www.artsetvie.com Divers circuits thématiques : « Le Londres de Winston Churchill » (4 j.), « Londres des expositions » (3 j.) et « Londres des jardins » (4 j.).

Clio, 34, rue du Hameau, 75015 **Paris** ☎ 01.53.8.82.82 ; www.clio.fr Un séjour « Londres, art et histoire » (4 j.). Peuvent s'ajouter d'autres circuits en fonction des expositions et des événements artistiques.

Intermèdes, 60, rue La Boétie, 75008 **Paris** ☎ 01.45.61.90.90 ; www.intermedes.com Nombreuses offres de courts séjours culturels (2 à 5 j.), dont « Escapade lyrique à Londres » (2 j.) ou « Résidences royales de Londres » (4 j.). Séjours ponctuels selon les événements culturels annuels.

Terres d'aventure, 30, rue Saint-Augustin, 75002 **Paris** (agences dans toute la France) ☎ 0825.700.825 ; www.terdav.com Un circuit non accompagné « De Paris à Londres à vélo » (7 j. ; avec *road book* détaillé).

Voyageurs du monde, 55, rue Sainte-Anne, 75002 **Paris** ☎ 01.42.86.16.00 (agences dans toutes les grandes villes) ; www.voyageursdumonde.fr Séjour « Dans les coulisses de *Harry Potter* » (3 j.) et « Londres, le temps d'un week-end au *Arch* à Marylebone » (3 j.). Séjours personnalisables avec réservation de spectacles et de musées.

We Londres, 38, rue des Renouillères, 93285 **Saint-Denis** Cedex ☎ 01.40.10.03.64 ; www.welondres.com Choix très varié de week-ends, thématiques (chic, en Mini Cooper, gourmand…) ou plus classiques : découverte de la ville, week-end culturel…

▶ Avec ses cafés, ses restaurants et ses boutiques, le Leadenhall Market, marché couvert du XIXe s., est l'un des QG des employés de la City.

Séjourner

TOUTES LES INFORMATIONS UTILES SUR PLACE

Se loger	28
Arriver à Londres	29
Se déplacer	31
Se restaurer	33
Vivre au quotidien	39
Sortir	50
Fêtes et manifestations	51

Séjourner

Urgences

- ☎ 112 (n° européen gratuit). En cas d'accident, d'urgence médicale, d'agression ou de détresse quelconque, vous serez accueilli dans votre langue et conseillé dans vos démarches. Cela peut aussi accélérer l'intervention des secours.
- ☎ 999 (n° gratuit). Service de secours.
- ☎ 101. Pour obtenir le poste de police le plus proche et faire une déclaration de vol. N'oubliez pas d'en demander une copie pour votre assurance.

Se loger

Londres est la ville la plus chère d'Europe, son hôtellerie tout particulièrement. Mais la large gamme des modes d'hébergement permet encore de se loger à relativement bon marché, à condition de s'y prendre assez à l'avance !

■ Hôtels

À catégorie égale, les prix sont supérieurs aux français, mais la plupart des hôtels ont des offres intéressantes pour le week-end. Les établissements traditionnels sont répartis en cinq catégories, dont les étoiles sont attribuées officiellement par Visit Britain, l'organisme touristique national, et la célèbre Automobile Association. La situation géographique a évidemment une influence sur les tarifs : les hôtels du West End (Leicester Square, Covent Garden, Holborn, Soho, Mayfair, Knightsbridge), de South Kensington et de Holland Park sont les plus chers. C'est à proximité des gares (Victoria, Paddington) ou dans des quartiers légèrement excentrés (Marylebone, Earl's Court, Hammersmith, Fulham, Southwark, Tower Hamlets, Pimlico) que l'on trouve les hôtels meilleur marché.

■ Résidences hôtelières

La formule des *serviced apartments* permet de louer un appartement bénéficiant des services d'un hôtel traditionnel.

Citadines (www.citadines.com) : résidences bien équipées à Trafalgar Square, South Kensington, Barbican, Covent Garden, Islington • *Think Apartments* (www.think-apartments.com) : appartements clairs, fonctionnels et joliment décorés à Earl's Court, Tower Bridge, London Bridge, Bermondsey • *Supercity's Aparthotels* (www.supercityuk.com) : plus contemporains, à Earl's Court ou Clerkenwell • également : www.apartmentsapart.com

✐ HÉBERGEMENT : BON À SAVOIR

- Fêtes et festivals, manifestations sportives, événements royaux... Avec les nombreux événements qui ponctuent le calendrier (→ *Sortir, p. 50*), les hôtels affichent vite complet.

- Lors de la réservation, vérifiez bien si le petit déjeuner est compris dans le prix de la chambre.

■ B & B, chambres d'hôtes

Bed and breakfast, guesthouse, private home, home from home… autant d'appellations pour un hébergement plus économique et plus convivial que l'hôtel. Mais attention, B&B désigne aussi de petits hôtels de quartier au confort souvent médiocre. Réservez longtemps à l'avance, en particulier en mai-juin et de novembre à janvier.
Alastair Sawdays : www.sawdays.co.uk • *London Bed & Breakfast Agency* : www.londonbb.com

■ Auberges de jeunesse

Sans condition d'âge, elles ne sont pas réservées aux seuls membres. Toutefois, la carte d'adhérent permet de profiter de réductions (jusqu'à 3 £ par nuit) et du WiFi gratuit ; disponible lors de la réservation, elle coûte 15 £ par personne, 5 £ pour les moins de 26 ans. Réservation fortement conseillée, surtout pendant la haute saison touristique.
Youth Hostel Association (YHA) : ☎ 01629/592.700 ; www.yha.org.uk

■ Locations d'appartements

La formule est devenue vraiment concurrentielle et facilitée par le Web. Entre autres sites : www.9flats.com • www.abritel.fr • www.airbnb.fr • www.housetrip.com • www.only-apartments.fr • www.wimdu.fr

■ Résidences universitaires

L'**University of London** propose de nombreux logements dans plusieurs *halls*, à quelques minutes du British Museum : ☎ (00.44) 020.7862.8881 ; www.halls.london.ac.uk

Arriver à Londres

■ En avion

Avec 5 aéroports et 134 millions de passagers en 2013, Londres est la plus grande plate-forme aéroportuaire au monde. **London-City Airport**, sur les berges de la Tamise, est le plus petit : peu de compagnies s'y posent. **Heathrow**, le plus important, est très rapide d'accès mais accueille peu de vols à bas coûts *(low cost)*. Pour ceux-là, il faut viser les aéroports les plus lointains : **Gatwick**, **Luton** et **Stansted**.

• **London-City Airport** (☎ 020.7646.0088 ; www.londoncityairport.com).
– Pour rejoindre Londres : Docklands Light Railway (DLR) jusqu'à Bank pl. gén. A3, puis métro • toutes les 10 mn • 5 h 35-0 h 17 (dim. 7 h 07-23 h 17) • 22 mn de trajet • 4,70 £ (2,70-3,20 £ avec une *Oyster Card*).

☞ CONSEILS B & B
N'hésitez pas à choisir une adresse plus éloignée du centre, moins chère, souvent plus spacieuse : Greenwich ou Wimbledon ne sont qu'à 15 mn en train…

✎ HÔTELS :
RÉSERVATION EN LIGNE
• www.booking.com
• www.expedia.fr
• www.hotels.com
• www.visitlondon.com
(site officiel de l'office de tourisme de Londres).

✎ HÔTELS DE CHAÎNE
• Économiques : *easyHotel* : www.easyhotel.com • *Holiday Inn Express* : www.ihg.com/holidayinnexpress • *Ibis* : www.ibis.com • *Premier Inn* : www.premierinn.com • *Travelodge* : www.travelodge.co.uk

• Plus haut de gamme : *Best Western* : www.bestwestern.fr • *Hilton Hotels & Resorts* : www3.hilton.com • *Radisson Blu* : www.radissonblu.co.uk • *Soho House* : www.sohohouse.com (minichaîne d'hôtels glamour et hyperbranchés) • *Thistle Hotels* : www.thistle.com

☞ EN SAVOIR PLUS
Le Lexique *(p. 338)* vous propose un vocabulaire de base utilisable dans différentes situations de la vie quotidienne.

À NOTER
Les reports au plan de ce chapitre renvoient au **plan général détachable**, en fin d'ouvrage.

TARIFS
Les prix mentionnés sont ceux appliqués en 2014.

TRANSPORTS DEPUIS L'AÉROPORT
• Les trains express reliant les aéroports à la capitale sont relativement chers (sauf London-City Airport, desservi par le DLR).

• Réductions jusqu'à 50 % sur les titres de transport achetés en ligne, que l'on peut imprimer ou recevoir par texto : il suffit alors de montrer votre mobile au contrôleur.

• Les minicabs sont meilleur marché que les taxis officiels *(black cabs)*. Mais pensez à réserver : → *p. 32.*

• **Heathrow** (☎ 0844.335.1801 ; www.heathrowairport.com).
– **En métro :** les 5 terminaux sont desservis par la ligne Piccadilly • toutes les 5-10 mn • 5 h 12-23 h 45 (dim. 5 h 56-23 h 28) • 50 mn jusqu'à Piccadilly Circus C3 • 5,70 £ (3-5 £ avec une *Oyster Card*, → *encadré p. 31*).

– **En train :** *Heathrow Express* (☎ 0845.600.1515 ; www.heathrowexpress.com) • toutes les 15 mn • 5 h 07-23 h 42 (5 h 10-23 h 25 dans l'autre sens) • 15-25 mn de trajet, arrivée gare de Paddington A3 • 21 £ l'aller, 34 £ A/R au guichet et en ligne (à bord du train, 26 £ et 39 £).
National Rail (☎ 0845.748.4950 ; www.heathrowconnect.com) • toutes les 30 mn • 5 h 07-22 h 33 (23 h 12 ven.-sam., 22 h 48 dim.), dans l'autre sens de 4 h 42 (6 h 27 dim.) à 23 h 07 • 30 mn de trajet • 9,90 £ l'aller, 19,80 £ A/R (achat en ligne).

– **En bus :** *National Express* (☎ 0845.600.7245 ; www.nationalexpress.com) • toutes les 30 mn • 7 h-23 h • de 40 mn à 1 h 30 jusqu'à Victoria Coach Station B4/5 • à partir de 5,50 £ l'aller, 11 £ A/R.
De nuit (23 h 45-5 h 05), bus N9 : 65 mn jusqu'à Trafalgar Square C3 • 2,40 £ (1,45 £ avec l'*Oyster Card*).

– **En taxi :** env. 70 £ selon la destination et la circulation.

• **Gatwick** (☎ 0844.892.0322 ; www.gatwickairport.com).
– **En train :** *Gatwick Express* (☎ 0845.850.1530 ; www.gatwickexpress.com) • t.l.j. 4 h 35-1 h 35 (3 h 30-0 h 32 dans l'autre sens) • une rame toutes les 15 mn de 5 h à 23 h 45 • 30 mn jusqu'à Victoria Station B4, puis métro • 18,70 £ aller, 32,80 £ l'A/R (acheté en ligne).

– **En bus :** *National Express* (☎ 0845.600.7245 ; www.nationalexpress.com) • 1 bus/h le matin • 1 h à 1 h 30 jusqu'à Victoria Coach Station B4/5 • à partir de 15 £ A/R (moins cher en ligne).

– **En taxi :** env. 100 £ • de 50 à 70 mn de trajet.

• **Luton** (☎ 015/8240.5100 ; www.london-luton.co.uk).
– **En train :** *First Capital Connect* (☎ 0845.026.4700 ; www.firstcapitalconnect.co.uk) et *East Midlands Trains* (☎ 0845.712.5678 ; www.eastmidlandstrains.co.uk) • toutes les 15 mn • 30 mn jusqu'à Saint Pancras C2 (terminus) • à partir de 14 £ l'aller.

– **En bus :** *National Express A6* (☎ 0870.574.7777 ; www.nationalexpress.com) • toutes les

15-20 mn • 24 h/24 • env. 1 h 20 jusqu'à Victoria Coach Station B4/5 • à partir de 20 £ A/R.
Easybus (www.easybus.co.uk) • départs (arrêt de bus nº 9) toutes les 10-20 mn en journée, toutes les 30-50 mn la nuit.

– **En taxi** : env. 100 £ • de 30 à 60 mn de trajet.

- **Stansted** (☎ 0844.335.1803 ; www.stanstedairport.com).
– **En train** : *Stansted Express* (☎ 0845.850.0150 ; www.stanstedexpress.com) • toutes les 15 mn • 6 h-0 h 30 (4 h 40-23 h 25 dans l'autre sens) • 50 mn pour Liverpool Street Station E2/3 • ou 40 mn jusqu'à la gare de Tottenham Hale h. pl. par E1, puis métro (Victoria Line) • 23,40 £ aller, 33,20 £ A/R (en ligne).

– **En bus** : *National Express A6* (☎ 0870.574.7777 ; www.nationalexpress.com) • toutes les 15-20 mn • 24 h/24 • env. 1 h 50 jusqu'à Victoria Coach Station B4/5 • à partir de 18 £ A/R.
Easybus (www.easybus.co.uk) • départs toutes les 15-30 mn • t.l.j. 4 h 30-1 h • plus vous réservez tôt, moins c'est cher (de 2 £ à 12 £ l'aller) !

– **En taxi** : comptez 100 £ • env. 1 h 15 de trajet.

■ **En train**
Le train à grande vitesse *Eurostar* arrive en centre-ville (au nord), à la gare **Saint Pancras International** C2, qui est desservie par six lignes de métro (comptez 10 mn pour rejoindre Piccadilly Circus).

Se déplacer

Rien de tel que la marche à pied pour profiter de l'atmosphère de Soho, Covent Garden ou Oxford Circus. En revanche, préférez les transports en commun pour rejoindre les grands musées, qui sont éloignés les uns des autres.

■ **En voiture**
Si vous ne disposez pas d'un parking à l'hôtel, le **stationnement** est rare et cher. Circuler dans le centre vous expose aux fréquents embouteillages et nécessite d'acquitter la *congestion charge* (10 £/j. lun.-ven. • rens. : www.tfl.gov.uk).

■ **Transports en commun**
● **Renseignements.** *Transport for London* (www.tfl.gov.uk).

● **Tarifs.** Le prix d'un ticket de **métro** étant de 4,70 £ en 2014 (près de 6 €), à raison de plusieurs trajets par jour il est rentable d'opter pour l'*Oyster Card* (→ *encadré*). La formule est également économique

L'Oyster Card

En 2014, moyennant un dépôt de 5 £ (remboursable en fin de séjour si vous payez par carte bancaire), ce pass magnétique permet de voyager à prix réduit dans les transports publics : bus, métro, ligne DLR (Docklands Light Railway, sans conducteur), trains de banlieue. Vous pourrez le créditer d'un forfait hebdomadaire (*Travelcard* • 31,40 £) ou l'approvisionner en fonction de vos trajets. Dans ce dernier cas *(Pay As You Go)*, vous ne paierez jamais plus de 2,80 £ par trajet (en zone 1-2) ni plus de 8,40 £ par jour.

La carte est en vente au wagon-bar de l'Eurostar, à Londres aux guichets du métro, aux caisses automatiques et chez les marchands de journaux portant l'enseigne bleue *Oyster Card*. L'idéal est de l'acheter en ligne avant votre séjour : www.visitbritainshop.com • http://visitorshop.tfl.gov.uk (comptez 2 semaines d'acheminement).

Attention : le pass doit être validé à l'**entrée** *(touch in)* et à la **sortie** *(touch out)* du **métro** ou du **train**, à la borne jaune des portillons automatiques • les stations de la **ligne DLR** ont bien les bornes jaunes, mais pas de portillons • dans le **bus**, valider seulement à la montée.

☞ PIÉTONS, ATTENTION
La circulation automobile à gauche perturbe aussi les repères du piéton continental et constitue un vrai danger. Veillez aux marquages au sol indiquant d'où arrive la circulation : « Look right » (à droite) ou « Look left » (à gauche).

☞ PLAN DU MÉTRO P. 364-365.

⊘ DANS LE MÉTRO
• Le message « Mind the gap ! », avant chaque départ de rame, invite à la prudence : l'espace *(gap)* qui sépare le quai des voitures est source d'accidents.

• En cas de fermeture partielle ou totale d'une ligne pour travaux, un service de bus gratuit effectue le parcours (rens. : www.tfl.gov.uk).

⊘ EN VOITURE, LES ENFANTS !
• Dans le **métro**, les moins de 11 ans voyagent gratuitement. Au-delà, ils bénéficient de tarifs réduits grâce à une *Oyster Card* standard (→ p. 31) ou avec photo (à demander 3 semaines à l'avance sur www.tfl.gov.uk).

• Dans le **bus**, les enfants de moins de 16 ans accompagnés d'un adulte ne paient pas.

dans les **bus** (1,45 £ le trajet, contre 2,40 £), et d'autant plus pratique depuis qu'on ne peut plus payer les **tickets** en espèces. Sinon, il existe aussi un forfait journalier à 9 £, *One Day Travelcard*.

• **Métro (***Underground* ou *Tube*). Ses 270 stations, souvent fort éloignées les unes des autres, sont réparties en six zones ; les principaux monuments se trouvent en **zone 1**. Les rames circulent de 5 h 30 à 0 h 30 du lundi au samedi et de 7 h à 23 h 30 le dimanche ; l'heure du **dernier métro** est affichée aux guichets. Les trains et les quais sont identifiés par leur **direction** : *eastbound* (vers l'est), *westbound* (l'ouest), *northbound* (le nord), *southbound* (le sud).

• **Bus.** Certaines lignes (9, 15, 24, 390) passant par les monuments emblématiques sont plus économiques et plus authentiques que les bus touristiques. Les bus fonctionnent de 5 h à 23 h 30 ; de minuit à 4 h 30, le relais est assuré par les **bus de nuit** signalés par un « N » devant le numéro de la ligne. L'**itinéraire** est affiché aux différents arrêts. À bord, la station suivante est annoncée et affichée.

■ **Taxi**
• **Black Cab.** Le célèbre **taxi noir** est désormais de toutes les couleurs et couvert de publicité ! Il reste le moyen le plus flexible pour parcourir la capitale, mais pas le plus économique, à moins de voyager à plusieurs (jusqu'à 5 personnes). Vous pouvez le héler directement dans la rue (libre lorsque le signal lumineux TAXI s'affiche) ou l'emprunter aux stations (gares, aéroports). La **prise en charge** est fixe (2,40 £), aucune surtaxe pour un passager ou un bagage supplémentaire. Le **prix de la course** s'affiche au compteur (env. 9-14 £ le quart d'heure en journée).
Renseignements : www.londonblackcabs.co.uk

• **Minicabs.** Ce sont les taxis banalisés de compagnies privées ouvertes 24 h/24. Si les chauffeurs connaissent parfois moins bien Londres que ceux des *black cabs*, les **tarifs** sont aussi moins élevés. Pour des raisons de sécurité – et de concurrence avec les taxis officiels –, ils doivent être **réservés** par téléphone. Le prix de la course est fixé lors de la réservation.

◀ Depuis qu'elle a été rejointe par l'hyperdesign New Bus 4 London (NB4L), conçu par le designer Thomas Heatherwick, la flotte des bus rouges à impériale est plus populaire que jamais !

Pour obtenir les numéros de *minicabs* licenciés dans votre quartier : *Cabwise*, envoyer « CAB » au ☎ 60835 (0,35 £) • *Dial-a-Cab*, ☎ 020.7426.3420 (paiement par carte bancaire) ; ☎ 020.7253.5000 (en espèces) ; www.dialacab.co.uk

■ Bateau
Thames Clippers (☎ 0870.781.5049 • www.thamesclippers.com) affrète de puissants catamarans entre le centre de Londres et les quartiers est • départs toutes les 20 mn • lun.-ven. 6 h 58-23 h 08, sam.-dim. 9 h 33-23 h 08 • embarcadères d'Embankment C3, de London Eye C4, London Bridge E3, Tower Millennium E3 (Tour de Londres), Canary Wharf h. pl. par F3, Greenwich h. pl. par F4 et Royal Arsenal Woolwich h. pl. par F4 • comptez 15 mn entre Embankment et la Tour de Londres, 35 mn pour Greenwich • 6,50 £ (5,85 £ avec l'*Oyster Card*).
La même compagnie assure les services *River Bus* et *Tate to Tate* (→ *prom.* 14).

Londonwater Bus Company (☎ 020.7482.2550 • www.londonwaterbus.com), pour une promenade sur Regent's Canal B1 : par exemple, de Camden Lock à Little Venice en passant par le London Zoo (→ *p. 185*).

■ Vélo en libre service
Dix mille *Boris Bikes* (du nom du maire, Boris Johnson ; → *p. 72*), à louer par carte bancaire à la borne des 720 stations. Aux frais d'accès (2 £/j.) s'ajoute le coût de l'utilisation : gratuit durant 30 mn, 1 £ entre 30 et 60 mn, 6 £ pour 2 h. Des cartes, disponibles dans les centres d'informations touristiques, indiquent les itinéraires tranquilles *(quiet pathways)* et les *superhighways* permettant de traverser la capitale plus rapidement.
Renseignements : ☎ 020.8216.6666 • www.tfl.gov.uk

Se restaurer

À en croire Joël Robuchon, Londres est désormais une capitale de la gastronomie ! Peu de villes attirent autant de chefs de haute volée venus des quatre coins du monde. Peu mêlent avec autant de bonheur avant-garde et cosmopolitisme culinaires, qualité et business. Des petits restaurants de Soho aux chaînes de restauration, la passion de la cuisine est partout.

■ Les horaires des repas
Le soir, dès 18 h vous pourrez profiter des *Early bird menus* (ou *Pre-theatre menus*), formules bon marché servies rapidement qui permettent d'être à l'heure au théâtre. Attention, pour le déjeuner les grands restaurants ne servent que jusqu'à 14 h. Les pubs sont ouverts pour la plupart jusqu'à 23 h, certains ferment entre 15 h et 17 h, respectant les horaires traditionnels.

■ Les types d'établissements
● **Haute cuisine.** Qu'ils soient dans l'enceinte d'un hôtel prestigieux ou indépendants, ces restaurants allient toujours sophistication du décor et élégance du service, la décontraction et l'humour anglais en plus ! Leurs prix sont élevés, mais les offres découvertes nombreuses *(→ encadré p. 35)*.

● **Gastropub.** Pour découvrir une cuisine anglaise à la fois traditionnelle et inventive : on commande au bar et on dîne dans la même salle, sur des tables sans nappe. Le menu change tous les jours, et le nombre de bières à la pompe est grand (comptez 12-18 £ pour un plat).

● **Pub.** L'emblématique *public house* reste un incontournable de la vie sociale *(→ théma p. 36-37)*. Attention, les enfants ne sont admis que dans les établissements dotés d'un jardin (couvert ou non), d'une terrasse extérieure ou d'une salle spéciale *(family room)*.

• **Restauration rapide.** Pour grignoter *(snack)* à toute heure. L'omniprésente enseigne *Prêt à manger* a redonné au sandwich originalité et goût, de même que les rayons dédiés chez *Marks & Spencer*. Parmi les meilleures chaînes de cuisines du monde : *Wagamama* (japonaise), *Busaba Eathai* (thaïlandaise), *Masala Zone* (indienne), *Byron (burgers)*, *Comptoir libanais*, pour de bons mezze et tajines, enfin *Pizza Express*.

■ Les spécialités

Si la cuisine de Londres reflète le cosmopolitisme de sa population, la cuisine anglaise reste enracinée dans la tradition et met en valeur des produits du terroir de qualité. Mais toujours avec un *twist*, cette petite originalité qui fait la différence…

• **Les viandes.** Le **bœuf** est un symbole et une source de fierté nationale depuis des siècles. Ici les races de choix s'appellent Longhorn, Hereford et South Devon (Angleterre), Galloway et Aberdeen Angus (Écosse). Ces viandes sont parfaites pour le *roast beef*, accompagné de sauce au raifort *(horseradish sauce)* et du traditionnel *Yorkshire pudding* (sorte de pâte à crêpe soufflée) servi avec de la *gravy* (sauce épaisse à base de jus de viande) et des pommes de terre rôties. L'**agneau** est aussi un classique, souvent servi rôti *(roast lamb)* et accompagné de sauce à la menthe *(mint sauce)*. Autres spécialités d'outre-Manche : le *steak and kidney pie* (tourte au bœuf et aux rognons de porc ou d'agneau) et le *cottage pie*, équivalent du hachis parmentier au bœuf.

• **Les poissons.** Spécialité populaire et désormais *trendy* de la cuisine anglaise, le *fish and chips* est une sorte de beignet de poisson frit dans une pâte à la bière, puis arrosé de vinaigre et accompagné de frites épaisses, de sauce tartare et de *mushy peas* (petits pois grossièrement écrasés). On y retrouve du **cabillaud** *(cod)*, de l'**églefin** *(haddock)* ou du **carrelet** *(plaice)*. Bien que mis en péril par la surpêche, le **saumon d'Écosse** reste très prisé, à côté de la **truite de mer** *(sea trout)* et de la **sole de Douvres**.

• **Les fromages.** Menacé d'extinction à la fin des années 1960, le fromage britannique a connu une véritable résurrection grâce à la passion de quelques fromagers. On compte aujourd'hui plus de 400 spécialités fermières. Parmi les *blue cheeses* (pâtes persillées), citons le *stilton* de Colston Bassett, doux et crémeux, et le *stichelton*, plus puissant en bouche. Le *caerphilly* (pays de Galles) de Gorwydd, l'*Appleby's*

⌀ RÉSERVER OU PAS ?
• Le vendredi soir et tout le week-end, ne comptez pas vous attabler dans les quartiers de Soho ou de Covent Garden sans réservation préalable.

• Dans les restaurants branchés, vous pouvez tenter votre chance en arrivant vers 18 h 30, avant le premier service officiel.

• Top Table (www.toptable.co.uk) : rés. en ligne avec réductions dans certains restaurants (de 20 % à 50 %).

♥ BONNES ADRESSES
Les restaurants, bars ou magasins de spécialités alimentaires que nous recommandons sont signalés au fil du texte des différentes promenades. Consultez aussi l'Index des bonnes adresses en fin d'ouvrage *(p. 353)*.

☞ EN SAVOIR PLUS
Le Lexique *(p. 338)* vous propose un vocabulaire de base utilisable dans différentes situations de la vie quotidienne.

▲ À découvrir absolument, l'anguille en gelée *(jellied eel)* arrosée de *liquor* (sauce au beurre et au persil) et accompagnée de purée *(mashed potatoes)*, l'un des derniers témoins culinaires de la culture populaire cockney.

double gloucester à la pâte orange, et bien sûr le **cheddar** (celui des Montgomery est excellent) comptent parmi les pâtes dures les plus populaires. Si vous aimez les fromages puissants et crémeux, goûtez un **Stinking Bishop** ou un **Indian Blanket**. Toutes spécialités à accompagner de xérès, de porto (→ *encadré p. 39*) ou de vin, tout simplement.

• **Les desserts.** C'est la grande spécialité de la cuisine anglaise : tarte meringuée au citron, pain perdu, tourte aux pommes *(apple pie)* ou pudding aux raisins secs cuit à la vapeur et arrosé de crème anglaise (naturellement), sans compter le délicieux *cheese-cake* (gâteau au fromage), *bakewell tart* (tarte à la confiture et aux amandes), *treacle tart* (tarte au sirop de sucre roux), *rice pudding* (riz au lait). Le *trifle* est l'un des desserts favoris des Anglais : une génoise imbibée de sherry, mélangée à de la *custard cream* et à de la confiture, le tout décoré de crème et de fruits. Au menu de tous les bons gastropubs, le *sticky toffee pudding*, une génoise à base de dattes, parfumée à la cannelle, recouverte de caramel fondant et accompagnée de crème ou de glace.

• **Les cuisines d'Asie.** La **cuisine chinoise** offre ses spécialités : *dim sum* (petites bouchées frites, poêlées ou à la vapeur, à la viande, aux légumes ou au poisson), canard laqué, sautés de viande ou de *noodles* (nouilles)… Celle du **sous-continent indien** (Inde, Pakistan, Bangladesh) est un héritage de l'Empire britannique ; si le célèbre curry, un plat de viande (poulet ou agneau) accompagné d'une sauce épaisse au curry, est une invention purement anglaise, les restaurants indiens ont fini ▶▶▶

✎ À NOTER
Les reports au plan de ce chapitre renvoient au plan général détachable, en fin d'ouvrage.

Des étoilés abordables

Les restaurants de haute cuisine ont vu pleuvoir les étoiles ces dernières années. Les menus dégustation proposés en semaine, le midi, affichent des prix plus abordables (*set lunch menu* : 3 plats).

• **Anthony Demetre** à l'*Arbutus* : 63-64 Frith St. H6, W1D ; M° Tottenham Court Road ☎ 020.7734.4545 ; www.arbutusrestaurant.co.uk ; 1 étoile ; 20 £.

• **Hélène Darroze** au *Connaught* : Carlos Pl., Mayfair B3, W1K ; M° Bond Street ☎ 020.7499.7070 ; www.theconnaught.co.uk ; 2 étoiles ; 35 £ (→ *aussi p. 170*).

• **Heston Blumenthal** au *Dinner* : 66 Knightsbridge B4, SW1X ; M° Knightsbridge ☎ 020.7201.3833 ; www.dinnerbyheston.com ; 2 étoiles ; 38 £.

• **Brett Graham** au *Ledbury* : 127 Ledbury Rd h. pl. par A3, Notting Hill, W11 ; M° Westbourne Park ☎ 020.7792.9090 ; www.theledbury.com ; 2 étoiles ; 38 £.

• **Alain Ducasse** au *Dorchester* : Park Lane B3, W1K ; M° Hyde Park Corner ☎ 020.7629.8866 ; www.alainducasse-dorchester.com ; 3 étoiles ; 55 £.

• **Gordon Ramsay** au restaurant du même nom : 68 Royal Hospital Rd A5, SW3 ; M° South Kensington ☎ 020.7352.4441 ; www.gordonramsay.com ; 3 étoiles ; 55 £.

THÉMA
La bière et les gens

Pub, inn, tavern, boozer, local, tap room : quel que soit son nom, le pub (de *public house*) est indissociable de l'histoire et de l'art de vivre anglais. Chaucer, Shakespeare, Dickens, H. G. Wells ou T. S. Eliot ont chanté ses vertus… ou dénoncé ses vices. Hérité de l'ancienne *alehouse* saxonne, qui brassait sur place la bière *(ale)*, le pub s'est adapté à toutes les modes au fil des siècles, du *gin palace* du XVIIIe s. au *gastropub* contemporain. Rien ne vaut une *afterwork pint*, la bière entre collègues après le travail, pour vérifier la vigueur de cette institution.

■ Pas de pub sans bière

La naissance du pub britannique est indissociable de la généralisation de la bière comme boisson de base, dans un pays dépourvu de vignes. Bien avant la conquête normande (XIe s.), chaque village disposait déjà d'une petite brasserie rudimentaire dotée d'une salle commune, le seul lieu où les villageois pouvaient se réunir : la *alehouse* est née à cette époque, avec sa fonction sociale. C'est au XVIIe s. seulement que les pubs cessent de brasser sur place pour s'approvisionner auprès des grandes brasseries commerciales qui voient alors le jour.

Le **gin**, arrivé en 1688 des Pays-Bas dans les valises de Guillaume III d'Orange (r. 1689-1702), va rapidement éclipser la bière, et le pub devenir un *gin palace* : vers 1740, les distilleries produisent six fois plus de gin que les brasseries de bière ! Londres compte alors pas moins de 15 000 établissements, bientôt dénoncés comme autant de lieux de débauche et de dépravation.

◀ Au XVIIIe s., c'est le gin qui inonde Londres, avec son cortège de ravages dans la population (William Hogarth, *Gin Lane*, 1751, British Museum).

■ Pour toutes les occasions

Le *Beer Act* de 1830 et la campagne en faveur de la bière, jugée bien moins nocive, ouvrent l'ère du pub victorien et des grandes brasseries du XIXe s., qui ont tant fasciné Gustave Doré (*London : A Pilgrimage*, 1872). Du *gin palace* est conservée la tradition de la ségrégation sociale, avec un *saloon* et de petits box privatifs *(snugs)* réservés aux plus aisés ainsi qu'aux femmes, et le bar public ouvert à tous.

Les pubs actuels ont beau proposer un grand choix de *spirits* (whisky, rhum, gin, vodka…) et de vins, la bière reste la boisson de prédilection. Mariages, anniversaires, enterrements, sorties entre amis ou collègues, *sunday lunch*… le *local pub* est associé à tous les moments de la vie sociale et familiale. D'autant

☞ REPORTEZ-VOUS AUSSI À L'ENCADRÉ P. 319 ET AUX ADRESSES SIGNALÉES AU FIL DES PROMENADES...

■ Passer commande au pub

Pinte (568 ml) ou demi-pinte *(half pint)* ? C'est bien sûr selon le goût et la soif, mais la demi-pinte permet de goûter plus de bières... On commande et on paie au bar, puis on emporte sa consommation à table. Le choix d'une pression *(draught beer)* peut paraître un peu ésotérique quand on ignore tout des marques. Si vous aimez les bières blondes pétillantes, légèrement fruitées et sans amertume, préférez une *lager* (aussi en bouteille). La *stout* est brune et lourde, souvent un peu sucrée et avec un goût prononcé de malt : la Guinness irlandaise en est l'exemple le plus célèbre. La *porter* est semblable à la *stout*, mais moins forte et avec une mousse très crémeuse. On appelle *ale* une bière typiquement britannique, faiblement gazeuse, servie à température ambiante : la *bitter ale* est plus amère en raison d'une plus forte proportion de houblon, tandis que la *pale ale*, à la couleur proche de celle de l'armagnac, est moins réglissée.

plus que, le domicile restant un lieu très privé, les invitations se font souvent au pub : dans ce lieu mi-public mi-privé, à l'abri des regards, les Britanniques se libèrent de leur réserve coutumière.

■ Qui brasse la bière ?

Les pubs dits *tied houses* sont liés à un brasseur industriel et ne vendent que ses bières. Une London Porter, une Chiswick ou une Lancer à la pression ? Vous êtes chez *Fuller's*. Une London Gold ou une Bombardier ? Vous êtes chez *Wells & Young's*. Et quand les grands brasseurs sont dans la place, standardisation du goût, du décor et de l'expérience ne sont jamais loin. Contre cette tendance, de nombreux pubs indépendants *(free houses)* s'approvisionnent auprès de petites brasseries artisanales, comme la Portobello Brewery ou la London Fields Brewery. Certains gérants de pubs n'hésitent pas à devenir brasseurs à leur tour, comme au Moyen Âge ! Une quarantaine de brasseries artisanales ont ouvert dans la capitale... et il s'en crée de nouvelles chaque année.

Si, au cours des années 1970, les rénovations n'ont pas toujours été très heureuses, on trouve néanmoins encore des pubs offrant un décor remarquablement préservé. Il faut dire que, derrière leurs vitres à petits carreaux en verre dépoli, bon nombre cultivent l'atmosphère d'« intimité historique ».

par l'inclure dans leur menu ! Côté **cuisine thaïlandaise**, très présente ici, il faut goûter le *pad thaï* (sauté de *noodles* à base de poisson ou de viande, de tofu, de cacahuètes et de germes de soja), mais aussi les *stir-fry* de poulet, de bœuf ou de poisson relevés d'épices. Outre les incontournables sushis et *udon noodles*, la **cuisine japonaise** mérite que l'on découvre son barbecue *robata*.

■ Les boissons

• **Le vin.** Ici, pour choisir une bouteille, on ne s'intéresse pas au domaine, seulement aux cépages et au producteur. On achète donc un chardonnay de Nouvelle-Zélande, un merlot d'Afrique du Sud ou un alliage *(blended wines)* de deux cépages. Grand importateur de vins, le Royaume-Uni est aussi devenu un (petit) producteur ! Le sud de l'Angleterre, qui offre un climat et des sols calcaires très proches de ceux de la Champagne, produit des vins pétillants *(sparkling wines)* de qualité, élaborés selon la méthode champenoise… À tel point que de grands vignerons français achètent des terres ici ! Parmi les vins à découvrir : Blanc de Blancs de **Ridgeview Grosvenor** (East Sussex), Première Cuvée de **Nyetimber** (West Sussex) ou **Camel Valley** Brut de Cornouailles ; côté vin rouge, goûtez au pinot noir de **Gusbourne Estate** (Kent).

• **Le gin.** Cet alcool de grain parfumé au genièvre peut contenir jusqu'à 50 plantes et ingrédients, l'angélique, la coriandre, la réglisse, l'orange ou le citron étant les plus courants. Parce qu'il est aujourd'hui très prisé, de nouvelles distilleries sont créées et des bars lui sont entièrement dédiés. Un bon gin doit titrer au minimum 37,5°, mais les connaisseurs estiment qu'il est meilleur à 43°. Le **Bombay Sapphire**, au goût de réglisse et de cannelle, est l'un des plus populaires. Fabriqué à Londres, le **Sipsmith** est doux et riche en saveurs botaniques.

• **La bière.** Elle reste la boisson favorite des Britanniques. *Pale ale, lager, stout, bitter…* les variétés sont nombreuses, d'autant plus que les grandes brasseries font preuve d'inventivité, proposant toutes sortes de bières peu connues (→ *théma p. 36-37*). Dans les restaurants, la bière a tendance à être belge, française, allemande, espagnole ou américaine et en bouteille, plutôt que britannique et à la pression.

• **Le thé.** Malgré le succès grandissant du café, la *cup of tea* est toujours aussi populaire. En Angleterre, l'*English breakfast tea* est le plus apprécié. Ce thé noir puissant (mélange de thés d'Inde, de Ceylan et du Kenya) se consomme toute la matinée avec du lait et très souvent avec du sucre.

Le porto, une invention britannique

Dans la guerre de la Succession d'Espagne (1701-1714), qui l'oppose à la France de Louis XIV, l'Angleterre trouve un allié important dans le petit royaume du Portugal. Les liens entre les deux couronnes étaient déjà anciens, Charles II ayant épousé en 1661 Catherine de Bragance, princesse héritière du Portugal. Privés par Louis le Grand de leur vin favori, le clairet de Bordeaux, les Anglais achètent de grandes quantités de vin de la vallée du Douro, en amont de Porto. Pour le faire monter en alcool et le conserver pendant le voyage en mer, ils ajoutent du brandy local. Cela aura pour effet de stopper la fermentation et de laisser une grande quantité de résidus de sucre dans le vin. Le porto était né.

Le *vintage port*, issu des meilleurs raisins de l'année et vieilli deux ans en fût, est excellent avec du chocolat noir et du fromage *stilton*. Les portos blancs se boivent jeunes et peuvent être servis avec du tonic et du citron, ou purs avec des crustacés.

Comme le porto, le **xérès** est un vin fortifié, mais cette fois produit dans la région de Jerez de la Frontera, en Espagne. Après anglicisation, il deviendra le célèbre sherry.

Afternoon tea désigne moins un type de thé que le rituel de sa consommation, entre 16 h et 17 h, souvent accompagné de biscuits (scones, *shortbread*…) ou de petits canapés salés. Préférez les thés noirs darjeeling et earl grey pour cette occasion.

Vivre au quotidien

■ Adresses utiles
• Informations touristiques
City of London Tourist Information Centre, St Paul's Churchyard D3, EC4M • M° Saint Paul's • ☎ 020.7332.1456 • www.visitlondon.com • ouv. lun.-sam. 9 h 30-17 h 30, dim. 10 h-16 h, 1er janv. 11 h-15 h ; f. 25-26 déc.

• Représentations diplomatiques
Ambassade de France, 58 Knightsbridge B4, SW1X 7JT • M° Knightsbridge • ☎ 020.7073.1000.
Consulat de France, 21 Cromwell Rd A4, SW7 2EN • M° South Kensington • ☎ 020.7073.1200 ou 1250 • e-mail : ecrire.londres-fslt@diplomatie.gouv.fr
Ambassade de Belgique, 17 Grosvernor Crescent B4, SW1X 7EE • M° Hyde Park Corner • ☎ 020.7470.3700 • e-mail : London@diplobel.fed.be
Ambassade de Suisse, 16-18 Montagu Pl. A/B3, W1H 2BQ • M° Baker Street • ☎ 020.7616.6000 • e-mail : lon.vertretung@eda.admin.ch
Ambassade du Canada, Canada House, 1 Grosvenor Sq. B3, W1K 4AB • M° Bond Street • ☎ 020.7258.6600 • e-mail : ldn.consular@international.gc.ca

• Hôpitaux.
La plupart assurent un service de garde 24 h/24.
Charing Cross Hospital, Fulham Palace Rd h. pl. par A4, W6 • M° Hammersmith • ☎ 020.3311.1234 ; www.imperial.nhs.uk
Chelsea and Westminster Hospital, 369 Fulham Rd A5, SW10 • M° South Kensington • ☎ 020.3315.8000 ; www.chelwest.nhs.uk
Guy's and Saint Thomas' Hospital, Great Maze Pond E4, SE1 • M° London Bridge • ☎ 020.7188.8801 ; www.guysandstthomas.nhs.uk
University College Hospital, 235 Euston Rd C2, NW1 • M° Warren Street • ☎ 020.3456.7890 ; www.uchl.org

• Dentiste *(Dental Emergency Care Service)*
Eastman Dental Hospital, 256 Gray's Inn Rd C2, WC1X • M° King's Cross Saint Pancras • ☎ 020.3456.2300.

CÉRÉMONIE DU THÉ
Boire le thé à l'anglaise ne se fait pas sans règles. L'écrivain George Orwell en a édicté pas moins de 11, la première étant de n'utiliser que du thé d'Inde ou de Ceylan (jamais de Chine), la dernière de ne jamais ajouter de sucre. Verser le lait avant ou après le thé ne fait pas l'unanimité, mais pour l'auteur de *1984*, c'est *tea first* !

Petit déj' à l'anglaise
Les Anglais sont les maîtres du solide petit déjeuner, même si le *breakfast* traditionnel perd du terrain. Au menu de tout *English cafe* digne de ce nom, le *full English breakfast* constitue souvent le principal repas de la journée, en particulier pour les ouvriers. C'est pourquoi, malgré son nom, il se consomme aussi bien au déjeuner ou au dîner. Ce repas copieux est aussi appelé *fry-up*, car tous ses ingrédients ou presque sont frits : œufs, bacon, saucisses, tomates, champignons, *baked beans* (haricots blancs à la sauce tomate), toasts, et un *mug* de thé fort ou de café.

Pour l'option sans cholestérol, préférez le *continental breakfast*, servi le matin seulement : croissant, toasts, confiture, céréales, jus de fruits, yaourt, thé ou café. Le *brunch*, petit déjeuner tardif à l'américaine, est de plus en plus proposé dans les restaurants londoniens.

Séjourner

🖉 À NOTER
Les reports au plan de ce chapitre renvoient au **plan général détachable**, en fin d'ouvrage.

☞ HORAIRES D'OUVERTURE
Nous les donnons à titre indicatif, car ils peuvent être modifiés d'une saison à l'autre. D'autre part, pour diverses raisons, certaines salles ou établissements sont susceptibles de fermer sans avertissement particulier.

• **Pharmacies ouvertes la nuit**
Bliss Chemist, 5 Marble Arch B3, W1 • M° Marble Arch • ☎ 020.7723.6116 • ouv. t.l.j. jusqu'à minuit.
Boots, 44-46 Regent St. H7, W1B • M° Piccadilly Circus • ☎ 020.7734.6126 • www.boots.com • ouv. lun.-ven. 8 h-24 h, sam. 9 h-24 h, dim. 12 h-18 h.
Boots, Saint Pancras C2, N1C • M° King's Cross Saint Pancras • ☎ 020.7833.0216 • ouv. lun.-ven. 7 h-24 h, sam. 8 h-24 h, dim. 9 h-21 h.

• **Objets trouvés.** Faire une déclaration de perte au commissariat le plus proche (Local Police Station).
London Transport Lost Property Office, 200 Baker St. B2, NW1 • M° Baker Street • ☎ 0343.222.1234 • ouv. lun.-ven. 8 h 30-16 h • objets égarés dans les transports en commun.
Metropolitan Police Lost Property Office, 15 Penton St. D1, N1 • M° Angel • ☎ 020.7833.0996 • ouv. lun.-ven. 9 h-16 h • objets oubliés dans les taxis.

■ Argent et change

• **Monnaie.** L'unité est la livre sterling, *pound* (prononcer « paound » ; 1 £ = 1,20 € env.). Elle équivaut à 100 *pence* (abrév. *p* ; prononcer « pi »). Les pièces en circulation sont de 1 p *(one penny)*, 2 p *(two pence)*, 5 p, 10 p, 20 p et 50 p, ainsi que de 1 £ et de 2 £. La Banque d'Angleterre émet des billets de 5 £, 10 £, 20 £ et 50 £.

• **Change.** Les taux proposés dans les agences de voyages, les bureaux de change ou à l'accueil des grands hôtels étant médiocres, le plus simple est de payer vos achats par **carte bancaire** (acceptée partout) ou de retirer de l'argent aux distributeurs automatiques de billets (ATM). Votre banque prélevant à chaque opération un montant fixe (de 1 à 5 €) ainsi qu'une commission (2-3 % de la somme), vous avez intérêt à limiter le nombre de retraits.

■ Budget

Bonne nouvelle : les grands musées publics sont **gratuits**, ainsi que le Sir John Soane's Museum ou Wallace Collection, parmi d'autres *(→ encadré p. 12)* ! Pour les expositions temporaires, prévoir de 11 à 16 £. D'une manière générale, les attractions privées, musées et monuments royaux sont chers (London Eye 20 £, Westminster Abbey 18 £, Kensington Palace 17 £). Une course en taxi d'Oxford Circus à Westminster Abbey revient à 9 £, un trajet en métro à 4,70 £ et en bus à 2,40 £. Un *full English*

Poids et mesures

Ounce, pint, inch, mile... Que vous vouliez faire un gâteau, acheter du lait, boire une bière, circuler sur les routes, vous ne pourrez pas échapper aux unités de mesure « impériales ». Ce système, hérité du Moyen Âge anglais et formalisé pour l'Empire britannique par une loi en 1824, est toujours utilisé, malgré son interdiction légale en 2000 et l'utilisation croissante du système métrique. Un vrai casse-tête ! À tel point que les problèmes de conversion sont devenus la marotte de l'enseignement des mathématiques à l'école.

Longueurs : 1 inch = 2,54 cm • 1 foot = 30,48 cm • 1 yard = 91,44 cm • 1 mile = 1,609 km.
Poids : 1 ounce = 28,35 g • 1 pound = 453,6 g • 1 stone = 6,35 kg.
Volumes : 1 fluid ounce (floz) = 28 ml • 1 pint = 0,57 l • 1 quart = 1,13 l • 1 gallon = 4,55 l.

breakfast vous coûtera 10 £, un plat unique dans un gastropub, entre 12 et 18 £, une pinte de bière dans un pub, 4-5 £, un cocktail en soirée, 9-13 £. Pour une place de cinéma, comptez 10-12 £, pour une comédie musicale, de 40 à 80 £.

■ Courrier

Pour une lettre ou une carte postale ne dépassant pas 20 g, un timbre à 0,88 £ suffit pour l'Europe. Compter 5 j. d'acheminement.

Poste centrale : *Trafalgar Square Post Office*, 24-28 William IVth St. I7, WC2 • M° Trafalgar Square • ☎ 0845.722.3344 • www.postoffice.co.uk • ouv. lun.-ven. 8 h 30-18 h 30, sam. 9 h-17 h.

Autres bureaux (ouv. lun.-ven. 9 h-17 h 30, sam. 9 h-12 h 30) : 17/21 Euston Rd C2 (face à Saint Pancras), NW1 • 118 Gloucester Rd A4, SW7 • 120 Oxford St. H6, The Plaza (centre commercial), W1D • 19a Borough High St. E3 (London Bridge), SE1.

■ Fumeurs

Hormis dans la rue, il est strictement interdit de fumer dans tous les lieux publics, y compris sous un Abribus, ou sur un quai de gare.

■ À l'heure londonienne

• **Banques.** La plupart ouvrent de 9 h à 17 h du lundi au vendredi ; certaines agences également samedi jusqu'à 12 h 30.

• **Magasins.** Les commerces sont ouverts du lundi au samedi de 9 h-10 h à 18 h, dimanche de 10 h-12 h à 16 h-18 h. Le jeudi, de nombreuses enseignes proposent une nocturne *(late night shopping)* jusqu'à 19 h, 20 h et même 21 h. Les supermarchés de quartier ouvrent leurs portes vers 7 h et ferment vers 23 h ou minuit.

• **Musées, monuments, sites touristiques.** En général de 10 h à 17 h, avec nocturnes le jeudi ou le vendredi. Tous ferment les 24, 25 et 26 décembre et parfois le 1er janvier. La vente des billets cesse 30 mn à 1 h avant la fermeture.

■ Jours fériés

Durant les huit jours de fêtes légales *(bank holidays)*, les bureaux sont fermés et les communications extrêmement réduites : **1er janvier** *(New Year's Day)* • **Vendredi saint** *(Good Friday)* • **lundi de Pâques** *(Easter Monday)* • **1er lundi de mai** *(Early May bank holiday)* • **dernier lundi de mai** *(Spring bank holiday)* • **dernier lundi d'août** *(Summer bank holiday)* • **25 décembre** *(Christmas Day)* • **26 décembre** *(Boxing Day)*.

CODES POSTAUX

NW5 0RH ? Pour indiquer une adresse à un taxi, trouver un hôtel ou un restaurant, pensez à noter son *postcode* : ces chiffres et lettres, au nombre de cinq à sept, permettent non seulement d'identifier l'une des grandes aires géographiques (N pour nord, SW pour sud-ouest...), mais aussi le district (Chelsea, Hampstead, Fleet Street...) et jusqu'à la rue recherchée. Pour se repérer dans Londres, le premier groupe alphanumérique suffit.

DÉCALAGE HORAIRE

La Grande-Bretagne est à l'heure du méridien de Greenwich (GMT), soit 1 h de moins qu'en France. Les changements d'heure saisonniers se font au même moment qu'en France.

Perte ou vol de votre carte de crédit

Avant de partir, n'oubliez pas de noter le numéro à 16 chiffres de votre carte bancaire et sa date de validité, utiles pour faire opposition en contactant l'organisme approprié.

• **Visa International** : ☎ 0800.89.17.25 ; www.visa-europe.fr

• **Eurocard/MasterCard** : ☎ 0800.96.47.67 ; www.mastercard.com/fr

• **American Express** : ☎ 01273.696.933 ou +33 1.47.77.72.00 (n° en France) ; www.americanexpress.fr

Médias

☞ EN SAVOIR PLUS
Le Lexique *(p. 338)* vous propose un vocabulaire de base utilisable dans différentes situations de la vie quotidienne.

● **Internet.** Le WiFi est disponible, souvent gratuitement, dans la plupart des pubs, restaurants, musées, hôtels, gares… Ceux qui ont besoin d'un ordinateur peuvent encore s'asseoir dans un cybercafé ; *Econnective UK* (3-4 Little Portland St. H6, W1 • M° Oxford Circus • ☎ 020.7409.0083 • lun.-ven. 8 h-22 h, sam.-dim. 10 h-20 h) reste un local de bonne qualité.

● **Journaux en anglais.** Deux titres, plébiscités par les Londoniens, sont très utiles aux visiteurs. L'*Evening Standard*, fondé en 1827, est une mine d'informations culturelles et people sur Londres : cinémas, spectacles, expositions, critiques gastronomiques. Depuis 2009, ce journal du soir est distribué gratuitement à la sortie des stations de métro en fin d'après-midi. Le vendredi, il est accompagné du magazine de mode et de tendances *ES*.
Time Out, magazine hebdomadaire créé à Londres en 1968, est gratuit depuis 2012 et distribué le mardi en fin d'après-midi à la sortie du métro. Incontournable, il propose le listing le plus complet des pièces de théâtre, films, expositions, concerts et soirées en club.

● **Presse internationale.** Vous trouverez des journaux et des magazines français dans toutes les grandes gares, dans la plupart des kiosques des quartiers touristiques et dans un grand nombre de *newsagent* (maison de la presse) des quartiers résidentiels.

● **Librairies françaises.** La plupart sont situées dans le quartier du lycée français.
La Page, 7 Harrington Rd A4, SW7 • M° South Kensington • ☎ 020.7589.5991 • http://librairielapage.wordpress.com
The French Bookshop, 28 Bute St. A4, SW7 • M° South Kensington • ☎ 020.7584.2840 • www.frenchbookshop.com

● **Radio.** Pour connaître les longueurs d'onde et les programmes, consultez la presse spécialisée, notamment *Radio Times* (www.radiotimes.com).

● **Télévision :** **BBC1**, chaîne généraliste dont les actualités de 22 h *(BBC News at Ten)* sont réputées pour leur professionnalisme • **BBC2** propose des émissions culturelles et de bons documentaires • **ITV** enchaîne variétés, jeux, feuilletons et actualités • **Channel 4** programme des émissions sérieuses ou audacieuses ainsi que des séries américaines cultes ; les actualités de 19 h *(Channel 4 News)* sont de grande qualité.

Le *London Pass*

Cette carte donne un accès gratuit, parfois coupe-file, à plus de 60 musées et attractions majeures. Avec l'option *Travel*, elle permet de voyager gratuitement en métro, bus et train. La formule n'est réellement rentable que si vous êtes capable de visiter au moins 4 attractions par jour (et encore, parmi les plus chères) : ce qui est rarement possible, *a fortiori* avec des enfants. Pour les transports, comparez avec l'offre de l'*Oyster Card (→ encadré p. 31)*. Et rappelons que les musées publics sont gratuits !
Renseignements : www.londonpass.fr (également au *City of London Tourist Information Centre, → p. 39*).
Tarifs adulte (2014) : 1 j. 49 £, 2 j. 68 £, 3 j. 81 £ • enfant : 1 j. 33 £, 2 j. 49 £, 3 j. 56 £. Avec l'option *Travel* : 1 j. 58 £, 2 j. 87 £, 3 j. 110 £ (enfant, respectivement 37 £, 57 £ et 67 £).

Parmi les nombreuses chaînes par satellite ou câble se détachent **Sky News** (actualités permanentes) et **MTV** (musique). De nombreux hôtels reçoivent **CNN** ainsi que la chaîne française internationale **TV5**.

■ Pourboire

Comptez 10 % du prix de la course aux chauffeurs de **taxi** (arrondir pour les petites courses). Il convient de donner également un *tip* aux porteurs des **hôtels** (2-5 £) et aux femmes de chambre (1 £/j.). Au **restaurant**, le service est généralement compris (*service included* : 12,5 %). Mais si vous estimez qu'il n'a vraiment pas été correct et que vous l'avez signalé au manager du restaurant, vous pourrez ne pas le payer. À l'inverse, si vous êtes satisfait et que le service n'est pas compris, c'est à vous de laisser l'équivalent de 10 à 15 % de la note. Il n'est pas d'usage de donner un pourboire aux ouvreuses de **cinéma**, ni même aux serveurs dans les **pubs**.

■ Santé

Pour être soigné gratuitement, vous devez vous adresser à un **médecin généraliste** *(general practitioner)* appartenant au National Health Service (NHS) et présenter votre carte européenne d'assurance maladie *(→ Partir, p. 23)*. Les frais médicaux ne seront pas pris en charge si vos soins ne sont pas urgents, si votre maladie est antérieure au séjour ou si vous vous adressez à un médecin du secteur privé. À la **pharmacie** (*chemist* ou *pharmacy*), vous aurez à payer la part forfaitaire de chaque médicament prescrit, comme les assurés anglais (7,85 £) – sauf pour un enfant de moins de 16 ans.

■ Savoir-vivre

• **Formules de politesse.** Contentez-vous d'un *Hello !* suivi d'un *How do you do ?* auquel on vous répondra par un autre *How do you do ?* Dans les magasins et les transactions de la vie courante, on engage la conversation avec *Hello* ou *Good morning* (voire simplement *Hi !* ou *Morning !*) jusqu'à midi, *Good afternoon* jusqu'à 18 h, *Good evening* au-delà. On se quitte sur un *Goodbye* ou *Bye bye* pour le soir ; mais si l'on doit se revoir le lendemain, on préférera *Good night*. En relations d'affaires, les gens s'appellent très facilement par leur prénom dès le premier ou le deuxième entretien.

• **Conversation.** Il est mal vu d'interrompre son interlocuteur ou de parler fort, que ce soit lors d'une soirée entre amis, dans les transports en commun ou autres lieux publics. En présence de personnes que l'on ne connaît pas bien, éviter les sujets portant sur la famille royale, la politique et l'argent, ainsi que les descriptions physiologiques détaillées.

LA POIGNÉE DE MAIN

Si la réserve anglaise n'est plus ce qu'elle était, se serrer la main n'est pas encore passé dans l'usage. Dans un contexte d'affaires, il est fort possible que votre interlocuteur vous tende la main : cela signifie que la discussion ou les négociations ont commencé. Aussi, ne vous vexez pas s'il ne réitère pas ce *shake-hands* à la fin de la réunion ou le lendemain : une fois suffit…

CONSEIL MÉDICAL

Les médecins généralistes sont réunis en cabinets médicaux *(medical group practice)*. Pour trouver le plus proche, entrez le code postal de votre hôtel ou de votre lieu de résidence sur le site : www.nhs.uk/Service-Search

Chasseurs d'images

En règle générale, il est **interdit** de photographier **dans les églises**, pendant les services ou en dehors. D'un musée à l'autre les règles varient.

Photos autorisées (sans flash ni pied) : British Museum, Courtauld Gallery, Design Museum, Kensington Palace, Madame Tussauds (sauf *Scream* et *Spirit of London*), Museum of Natural History, Tate Britain, Tate Modern, Tower of London (sauf *Jewel House*, *Martin Tower* et *Chapel Royal*), Victoria and Albert Museum.

Prises de vue interdites : Buckingham Palace *(State Rooms)*, National Gallery, Royal Academy of Arts, Saint Paul's Cathedral, Westminster Abbey (sauf cloître et jardin), Westminster Palace (sauf *Westminster Hall*).

■ Sécurité

Londres est une ville très sûre, mais elle a son lot de vols à l'arraché et de pickpockets. Évitez les foules compactes, les sacs à dos faciles à ouvrir, ne laissez pas visibles les porte-monnaie, smartphones et appareils photo… et tout ira bien.

■ Shopping

• **Mode.** À la fois traditionnelle, rebelle et fun, la mode anglaise n'en finit pas de conquérir le monde (→ *théma p. 60-61*). Londres fourmille de talents. Il y a ceux qu'on ne présente plus : Paul Smith, Vivienne Westwood, Stella McCartney, Alexander McQueen (marque aujourd'hui pilotée par Sarah Burton) ou encore Philip Treacy et Stephen Jones, les plus célèbres modistes *(milliners)* de la place. Et il y a les jeunes turbulents : Christopher Kane, Ozwald Boateng, Jonathan Saunders, Christopher Bailey (le designer en chef de Burberry) ou Matthew Williamson. Chacun, à sa façon, crée du neuf avec de l'ancien.

• **Vêtements.** Pas besoin de s'appeler Roger Moore ou d'être un joueur de cricket pour porter l'indémodable **blazer**, droit ou croisé, rayé ou uni, avec ou sans ganse… L'invention du **trench-coat**, rendu célèbre par Humphrey Bogart, Ava Gardner ou Alain Delon, est à mettre au crédit de l'Écossais Macintosh : la version originale est en coton imprégné de caoutchouc. Le *Harrington jacket*, blouson zippé, court, près du corps et doublé de tartan rouge, est depuis la fin des années 1950 un classique de la mode anglaise ; créé à Manchester par Baracuta (modèle G4 et G9), il fut autant

✎ SOLDES !
Particulièrement intéressants, les soldes *(sales)* débutent en hiver le 26 décembre *(Boxing Day)* et se poursuivent tout le mois de janvier ; l'été, de la mi-juin à la fin juillet. Durant ces périodes, les magasins des quartiers commerçants sont ouverts jusqu'à 20 h ou 21 h.

♥ BONNES ADRESSES
Vous trouverez dans la partie « Visiter », au fil du texte des différentes promenades, une sélection de boutiques et de magasins spécialisés. Consultez aussi l'Index des bonnes adresses, en fin d'ouvrage *(p. 348)*.

✎ ENTRE NOËL ET JOUR DE L'AN
Pendant les fêtes de Noël et de fin d'année, Londres vit au ralenti les 24-26 décembre et le 1er janvier. Mais avec le début des soldes d'hiver, dès le lendemain de Noël, la fièvre commerciale s'empare à nouveau de la ville.

	Vêtements dames								
France	36	38	40	42	44	46			
	Robes, jupes, pantalons								
Grande-Bretagne	8	10	12	14	16	18			
	Pulls, chemises, tee-shirts								
Grande-Bretagne	30	32	34	36	38	40			
	Chemises messieurs								
France	38	39	40	41	42	43			
Grande-Bretagne	14,5	15	15,5	16	16,5	17			
	Chaussures								
France	36	37	38	39	40	41	42	43	44
Grande-Bretagne	3	4	5	6	7	8	9	10	11

l'apanage de l'Américain Steve McQueen que des *mods* londoniens. Le **tartan**, tissu de laine sergée à grands carreaux colorés, associé à l'Écosse et aux kilts que portent les hommes des différents clans, a envahi la haute couture et le prêt-à-porter.

● **Chaussures.** Les *Chelsea boots* (bottines fines et serrées à petit talon, juste au-dessus de la cheville avec élastique) sont parfaites pour le look John Steed *(Chapeau melon et bottes de cuir)*, mais elles étaient aussi très prisées pendant les *swinging sixties*, des *mods* aux Beatles. Plutôt James Bond ? il vous faut une paire de *derby* ou d'*oxford*. Accessoire indispensable de la *punk attitude* façon Sid Vicious (Sex Pistols) ou du look Sinéad O'Connor, la célèbre *Dr Martens*. Les *brogue* (chaussures basses ou montantes à bout fleuri et double ou triple semelle) sont aussi un *must have* anglais. Côté talon, il y a l'indémodable *margaux*, cette chaussure très sculpturale à semelle compensée et haut talon créée en 1973 par le seigneur de King's Road, Terry de Havilland (www.tdhcouture.com).

● **Chapeaux.** Rendus célèbres dans le monde entier grâce à la littérature et au cinéma, ils reviennent dans les rues de Londres. Pour le style Malcolm McDowell dans *Orange mécanique*, choisissez un *bowler hat* (chapeau melon). Plutôt édouardien, le *deerstalker* (littéralement « chasseur de cerf »), célèbre casquette à rabats de Sherlock Holmes, est de rigueur. Associé au jazz, au blues et au ska, le *porkpie* (chapeau de feutre à calotte ronde et plate) vous donnera des airs de Buster Keaton. Et le *trilby*, l'allure inquiétante d'un gangster new-yorkais des années 1930.

● **Épicerie.** Faciles à glisser dans la valise, les **condiments**, très souvent hérités du XIXe s. et de l'empire des Indes, sont d'une grande diversité. La **Marmite**, une pâte brune et visqueuse à base de levure concentrée, s'étale sur un toast ou un cracker accompagné de fromage. Essentiel du placard anglais, la **Worcestershire sauce**, une sauce brune à base de vinaigre de malt, de sucre, d'oignons, d'ail et d'anchois utilisée pour parfumer les ragoûts ou accompagner une viande rouge. Autre *brown sauce* populaire, la **HP Sauce**, mélange de vinaigre de malt, de tomates, de dattes, de tamarin et d'épices.

La puissante moutarde **Colman's**, créée en 1814, est sur toutes les tables, comme le vinaigre **Sarson's**, parfait pour relever un *fish and chips*. La délicieuse *mint sauce* (feuilles de menthe, vinaigre et sucre) accompagne toujours l'agneau rôti. Le *piccalilli* est un assortiment de ▶▶▶

Des marchés pour vos emplettes

• **Borough Market** : 8 Southwark St. D/E3, SE1 ; M° London Bridge ; lun.-jeu. 10 h-17 h, ven. 10 h-18 h, sam. 8 h-17 h. Pour les gourmets, l'un des plus vieux et des plus fréquentés de Londres, mais aussi l'un des plus chers *(→ encadré p. 266)*.

• **Exmouth Market** : Exmouth St. h. pl. par F3, EC1, M° Angel ; lun.-ven. 12 h-15 h. Plats cuisinés du Mexique *(burritos)* au Bengale *(tandoori)* en passant par l'Espagne et la France. Petit, très convivial.

• **Marylebone Farmers' Market** : Cramer St. B3, W1U, M° Baker Street ou Bond Street ; dim. 10 h-14 h *(→ aussi p. 177)*. Les London Farmers' Markets offrent d'excellents produits fermiers sans intermédiaire (www.lfm.org.uk).

• **Columbia Road Flower Market** : Columbia Rd E2, E2 ; M° Hoxton ; dim. 8 h-15 h. Un grand marché aux fleurs très bien fourni et très vivant.

• **Portobello Road Market** : Portobello Rd h. pl. par A3, W10 ; M° Notting Hill Gate ou Ladbroke Grove ; tous les sam., nombreuses boutiques ouv. toute la sem. L'un des marchés d'antiquaires les plus connus au monde *(→ p. 301)*.

• **Brick Lane Market** : Brick Lane E2, E1 ; M° Liverpool Street ou Algate East ; dim. 8 h-15 h. Le rendez-vous des amateurs de mode vintage, de bonnes affaires et de cuisines du monde.

Shopping pour tous les goûts

De l'indémodable imperméable *Barbour*, si cher à la famille royale, aux mini-kilts et chaussures cloutées révérés par les punkettes, en passant par les vestes en tweed, les chapeaux à plumes, les imprimés Liberty, les vêtements branchés, « ethniques » ou vintage, les services à thé fleuris et autres articles fantaisie ou raffinés, Londres est une inépuisable mine de trouvailles pour les accros du shopping. Des miniprix aux étiquettes à trois zéros, cette capitale de la mode et du marché de l'art ne déçoit jamais.

Le luxueux intérieur du grand magasin *Harrods*.

■ Grands parmi les grands

Sur fond de révolution industrielle, les premiers véritables grands magasins londoniens ouvrirent leurs portes à partir du milieu du XIXe s. Issus pour la plupart de petits commerces familiaux, ils bénéficient de la formidable énergie de l'Exposition universelle de 1851, qui propulsa Londres sur le devant de la scène mondiale (→ *p. 88*).

Fournisseur officiel de la reine depuis plus de 150 ans, *Fortnum & Mason (p. 165)* est devenu un authentique symbole de la culture britannique. C'est là que les premières boîtes de haricots Heinz furent vendues en 1886. Une vraie révolution ! En 1898, le luxueux *Harrods (p. 281)* revigorait ses clients en leur distribuant de petits verres de brandy lorsqu'ils quittaient le magasin par le tout nouvel escalier mécanique. L'imposant *Selfridges (p. 175)*, où (presque) toutes les bourses peuvent se faire plaisir, s'illustra dès son ouverture, en 1909, en exposant l'avion dans lequel Blériot avait traversé la Manche... Parmi les plus sélects, ne manquez pas le petit mais ultrachic *Fenwick* dans New Bond Street (n° 63), le plus classique *Liberty* de Great Malborough Street *(p. 108)* et le très glamour *Harvey Nichols (109-125 Knightsbridge)*, véritable baromètre de la mode londonienne. Pour découvrir une enseigne

▲ On trouve de tout et à tous les prix dans les nombreux marchés aux puces *(flea markets)* de Londres.

à tort négligée par les touristes, allez flâner dans les rayons de **John Lewis** *(p. 175)*, une entreprise dont tous les employés sont partenaires…

■ **Décalage à la demande**
Nul doute que les amateurs de bizarreries, d'articles fun, de mode alternative, d'artisanat créatif et de produits exotiques trouveront à Londres leur Eldorado. Le *flea market* de **Portobello Road** *(p. 301)*, le plus grand marché aux puces du monde, bien que dorénavant très touristique, reste un incontournable, tout comme les marchés de **Camden** *(p. 183)* avec leur bric-à-brac de vêtements fantaisistes, de bijoux et de fripes à tous les prix. Les vêtements, accessoires, disques et vieilleries des marchés de **Petticoat Lane** et de **Brick Lane** *(p. 239)*, avec leurs prix serrés, peuvent se révéler très kitsch. Beaucoup moins connu bien qu'absolument charmant, le **Cabbadge & Frocks Market** *(angle de Marylebone Rd et Marylebone High St. • sam. 11 h-17 h)* se concentre sur la création artisanale et les plaisirs de bouche. Les gourmands ne manqueront pas le **Borough Market** *(p. 266)* où bien des commerçants sont aussi producteurs.

■ **À vos marques, prêt… partez !**
Les bons plans ne manquent pas à Londres pour se faire plaisir sans casser sa tirelire. Les *fashion victims* découvriront un paradis terrestre dans les rayons des *charity shops*, des magasins gérés par des associations caritatives qui revendent à des prix dérisoires des vêtements collectés chez les habitants du quartier. Le prestige des marques exposées est donc proportionnel à celui de la zone où se trouvent les boutiques. Il faut évidemment passer du temps à farfouiller avant de réussir à dénicher le modèle de ses rêves.

Les dernières années ont vu fleurir les *pop-up shops*, des magasins éphémères qui ouvrent pour quelques semaines et ont tendance à pratiquer des prix très avantageux, parfois même calculés au poids. Il est par définition impossible de les énumérer, mais il existe des sites qui en diffusent chaque semaine la liste, comme le www.londonpopups.com

Ne négligez pas non plus les *Outlets*, des magasins d'usine comme ceux de **Burberry** *(29-53, Chatham Pl., E9)*, de **Vivienne Westwood** *(44 Conduit St. ; p. 168)* ou de **Paul Smith** *(24 Avery Row, W1K)* où les collections des saisons passées sont vendues avec des réductions allant jusqu'à 50 %, voire 70 %. Les forcenés pourront aussi se rendre aux ventes de la **Designer Warehouse Sales** *(5-6 Islington Studios, Thane Villas, N7)* dont les dates sont publiées sur www.designerwarehousesales.com

▶ Un *charity shop* à Londres.

petits légumes (chou-fleur, courges et autres) macérés dans la moutarde et le safran, parfait avec saucisses, bacon, œufs… La **curry paste** apporte aux plats de poulet ou d'agneau ses saveurs de curcuma, coriandre, cumin, cardamome, gingembre, muscade, tamarin et piment.

♥ **SHOPPING GOURMAND**
Tous les produits ainsi qu'une grande variété de thés sont à retrouver sur les étagères des épiceries fines, mais aussi chez *Marks & Spencer*, *Waitrose*, et dans les *food halls* de *Harrods*, *Fortnum & Mason*, *Selfridges*…

● **Biscuits et petits gâteaux.** Le *scone*, petit gâteau rond et doré, à base de pâte levée sucrée ou salée, se déguste au petit déjeuner ou au *five o'clock tea* accompagné de beurre, de confiture ou de *clotted cream* (crème caillée). Il est originaire d'Écosse, comme le **shortbread**, biscuit sec riche en beurre, traditionnellement mangé à Noël et au Nouvel An. Toujours très populaires : le **bourbon cream**, biscuit au chocolat fourré de crème chocolat ; le **custard cream** à la crème du même nom (œuf, crème, lait) ; le **jaffa cake**, biscuit de génoise couvert de gelée d'orange et de chocolat. La célèbre **marmalade** est le plus souvent une confiture d'oranges amères ou douces, mais on en trouve aussi au citron et au pamplemousse.

● **Faïences et porcelaines.** Royal Doulton, Wedgwood (→ *encadré p. 293*), Royal Crown Derby, Burleigh… Pour découvrir leurs productions florales tellement *British*, rendez-vous dans les grands magasins, à commencer par *Fortnum & Mason*, le spécialiste des services à thé qui propose également ses propres collections (181 Piccadilly **H7**). Dans Oxford Street **B-C3**, *Selfridges*, *John Lewis* et *House of Fraser* proposent des créations exclusives ou plus modernes (Cath Kidston, Emma Bridgewater, Shabby Chic).

■ **Téléphone**
Avant le départ, renseignez-vous sur les options internationales de votre opérateur mobile. Sur place, vous pourrez passer vos appels gratuitement en WiFi *via* Skype, Viber ou Hangouts, à condition que votre interlocuteur soit équipé du même logiciel.
Les **téléphones publics** *(public payphones)* disparaissent peu à peu du paysage ; ceux qui subsistent fonctionnent à l'aide de pièces de 10 p, 50 p, 1 £, 2 £ ou de cartes de téléphone *(phonecards)* vendues dans les boutiques, les pubs, les tabacs, chez les marchands de journaux… Mais attention : les cartes de British Telecom ne peuvent être utilisées sur le réseau de Mercury Communication et inversement. Certaines cabines acceptent les cartes de crédit. Les tarifs des communications sont réduits avant 8 h ou après 18 h en semaine, toute la journée les samedis et dimanches.

▲ L'emblématique cabine téléphonique rouge fut conçue en 1935 par sir Giles Gilbert Scott à qui l'on doit, entre autres, la cathédrale de Liverpool et le bâtiment de la Tate Modern.

Renseignements téléphoniques. À éviter, les tarifs sont prohibitifs ; consultez plutôt www.yell.com (si vous cherchez un professionnel) ou www.thephonebook.bt.com (pour un particulier).
Si vous n'avez pas le choix : ☎ 118.500 (0,59 £/appel + 2,39 £/mn) • ☎ 118.118 (1,59 £/ appel + 1,99 £/mn) • renseignements internationaux : ☎ 118.505 (1,09 £/appel + 3,84 £/mn).

■ Visites guidées

• **En bus.** L'*Original London Sightseeing Tours* (17-19 Cockspur St. I7, Trafalgar Square, SW1Y • M° Charing Cross • ☎ 020.8877.1722 • www.theoriginaltour.com) propose trois parcours sur le principe du *hop on/hop off* : montée et descente libres aux arrêts. Le parcours rouge permet de découvrir tous les grands monuments (2 h 15) avec commentaires en français. Le billet, valable 24 h, est vendu en ligne (25 £) et peut être imprimé à domicile ou retiré au guichet. Départs : Piccadilly Circus C3, Trafalgar Square C3, Russel Square C2 (British Museum), Grosvenor Gardens B4 (Victoria) et Marble Arch B3.
Autre agence : *Evan Evans Tours*, 258 Vauxhall Bridge Rd B4, Victoria, SW1V • ☎ 020.7950.1777 • www.evanevanstours.co.uk

• **En bateau.** *City Cruises* (☎ 020.7740.0400 • www.citycruises.com) organise des sorties sur la Tamise au départ de Westminster Pier C4 et Charing Cross Pier C4, sur la rive gauche. Commentaires en anglais, audioguides en français.
Avec *Duck Tours* (55 York Rd C4, SE1 • M° Waterloo • ☎ 020.7928.3132 • www.londonducktours.co.uk • t.l.j. 9 h-17 h 30), visite commentée sur terre et sur les flots à bord de véhicules amphibies. Départ : Duck Stop, Chicheley St. C4, SE1.

• **À pied.** Beatles, Shakespeare, Dickens, Jack l'Éventreur… Visites thématiques guidées par *The Original London Walks* (☎ 020.7624.3978 • www.walks.com • 9 £ • certaines en français).
Autres thèmes avec *London City Walks* (☎ 0775.229.252) : Londres romaine, le Grand Incendie de 1666, les villages de Londres…

■ Voltage

Le courant électrique fonctionne en 240 volts, avec des prises à trois fiches : **adaptateur** indispensable, en vente notamment dans les aéroports ou sur les bateaux pendant la traversée.

À NOTER
Les reports au plan de ce chapitre renvoient au **plan général détachable**, en fin d'ouvrage.

Téléphoner à Londres

• Pour appeler depuis la France : ☎ 00.44 + n° de votre correspondant sans le 0 initial (téléphones fixes ou mobiles).

• Pour appeler la France depuis Londres : ☎ 00.33 + n° de votre correspondant sans le 0 (téléphones fixes ou mobiles).

• Pour appeler un **téléphone fixe** à Londres depuis le Royaume-Uni : ☎ 020 (indicatif) + n° à 8 chiffres. (De Londres à Londres et depuis un téléphone fixe, on supprime l'indicatif.)

• De Londres vers le reste du Royaume-Uni : composer le code régional (01865 pour Oxford, 01223 pour Cambridge…) + n° de votre correspondant.

• Pour joindre un **portable** au Royaume-Uni : ☎ 07 + n° à 9 chiffres de votre correspondant (07.123.456.789)

• Les numéros commençant par 01, 02 (mais non 020), 03, 08 et 09 sont surtaxés (de 2 à 13 p/mn).

Sortir

⬛ Musique classique

• Salles de concert

Barbican Hall, Silk St. D2, EC2 • M° Barbican ou M° Moorgate • ☎ 020.7638.8891 • www.barbican.org.uk

English National Opera, London Coliseum • 33-35 St Martin's Lane I7, WC2N • M° Leicester Square • ☎ 020.7836.0111 • www.eno.org • productions originales.

Royal Albert Hall, Kensington Gardens A4, SW7 • M° Kensington • ☎ 0845.401.5045 ou 020.7589.8212 • www.royalalberthall.com • héberge les célèbres *Proms* en été (→ *encadré p. 286*).

Royal Festival Hall, South Bank Centre C3, SE1 • M° Waterloo ou Embankment (passerelle) • ☎ 020.7960.4200 • www.southbankcentre.co.uk • avec *Queen Elizabeth Hall* et *Purcell Room*, un véritable complexe à la programmation époustouflante.

Royal Opera House, Bow St. I7, WC2E • M° Covent Garden • ☎ 020.7240.1200 • www.roh.org.uk • mythique.

Wigmore Hall, 36 Wigmore St. B3, W1 • M° Bond Street • ☎ 020.7935.2141 • www.wigmore-hall.org.uk

• Églises

À l'heure du déjeuner ou en soirée, concerts (souvent gratuits) dans certaines églises du centre de Londres, notamment :

Saint James's Church, 197 Piccadilly H7, W1J • M° Piccadilly Circus ☎ 020.7734.4511 ; www.st-james-piccadilly.org

Saint Martin in the Fields, Trafalgar Sq. I7, WC2 • M° Charing Cross ☎ 020.7766.1100 ; www.stmartin-in-the-fields.org

• En plein air

Kenwood House, Hampstead Lane h. pl. par B1, NW3 • M° Archway, puis bus n° 210 • ☎ 020.8348.1286 • www.english-heritage.org.uk/daysout/properties/kenwood • en été, autour du lac.

⬛ Théâtres

La plupart des grandes salles se trouvent dans le West End : essentiellement des pièces de boulevard et des *musicals* (→ *encadré p. 51 et théma p. 102-103*). Le *fringe theater*, théâtre plus marginal, se joue dans des pubs-théâtres et de petites salles d'avant-garde. Pour les classiques, on va au National Theatre, au Old Vic et au Globe Theatre sur la rive gauche, ou au Barbican au nord de la City.

⌕ À NOTER
Les reports au plan de ce chapitre renvoient au **plan général détachable**, en fin d'ouvrage.

⌕ INFOS SORTIES
Tous renseignements sur les spectacles et les expositions en cours :
• *Time Out* (magazine gratuit, → p. 42) ;
• *Evening Standard* (quotidien du soir gratuit, → p. 42) ;
• www.visitlondon.com

⌕ HORAIRES
Les concerts et les représentations théâtrales commencent assez tôt, vers 19 h ou 19 h 30.

⌕ RÉSERVATIONS SPECTACLES
• au guichet même ;
• par téléphone ;
• auprès de Ticketmaster (☎ 0844.844.0444 ; www.ticketmaster.co.uk) ;
• sur Ticketweb (☎ 0844.477.1000 ; www.ticketweb.co.uk).

⌕ PLACES À PRIX RÉDUITS
Jusqu'à 50 %, le jour même de la représentation et jusqu'à une semaine avant : sur www.tkts.co.uk et au kiosque TKTS de Leicester Sq. (I7 ; lun.-sam. 10 h-19 h, dim. 10 h 30-16 h 30).

◀ À pied, à cheval, à vélo ou à moteur dans le défilé du 1er janvier.

■ **Rock, jazz, musiques nouvelles**
Nombreux concerts, aux tarifs souvent peu élevés, dans des espaces gigantesques comme le stade de Wembley, ou dans des clubs devenus légendaires : Koko, Roundhouse, Union Chapel… et dans de simples pubs. Côté jazz, des concerts ont lieu pratiquement tous les soirs (et souvent le dimanche matin) dans certains pubs, restaurants ou clubs de jazz : Ronnie Scott's ou Vortex, pour ne citer qu'eux. Quant aux nombreux night-clubs, ils permettent de découvrir toutes les formes musicales…

Fêtes et manifestations

● **Tous les jours** (1 j. sur 2 d'oct. à mars). **Relève de la garde**, à Buckingham Palace, à 11 h 30.

● **1er janvier.** *London New Year's Day Parade* : grande parade du Nouvel An, guidée par le lord-maire de Westminster ; plus de 10 000 musiciens venus du monde entier défilent de Parliament Square à Green Park (http://lnydp.com).

● **Février.** *Nouvel An chinois* : une des fêtes les plus populaires de la capitale, dans le quartier de Chinatown (19 fév. 2015, 8 fév. 2016, 28 janv. 2017 ; www.chinatownlondon.org).
Fashion Week : les plus grands noms de la couture défilent pendant cinq jours dans Somerset House (www.londonfashionweek.co.uk).

Singing London

Avec New York, Londres est l'autre capitale mondiale des *musicals* (comédies musicales ; → *aussi théma p. 102-103*). *Lion King, Wicked, Les Misérables, Mamma Mia, Billy Elliot, The Phantom of the Opera, Oliver !* comptent parmi les plus célèbres et sont là depuis des années. Parmi les succès récents : *Matilda*, adaptée du roman pour enfants de Roald Dahl ; *The Book of Mormon*, par les créateurs de *South Park* ; le drolatique *Spamalot* des Monty Python ; *Snowman*, de Raymond Briggs, spécialement pour les enfants ; ou encore *London Road*, comédie musicale encensée par la critique, inspirée des meurtres de cinq jeunes femmes à Ipswich en 2006. Ces spectacles sont aussi l'occasion de découvrir les salles mythiques du *Theatreland*, au cœur du West End : théâtres victoriens (Palace Theatre, Lyceum Theatre) ou Art déco des années 1920-1930 (Dominion, Adelphi, Apollo Victoria).

Achat des billets : au guichet du théâtre ou sur le site du West End Theatre Bookings *(www.westendtheatrebookings.com)*. Comptez 40-80 £ par personne.

- **17 mars.** *Saint Patrick's Day* : fête du saint patron de l'Irlande dans tous les pubs irlandais ; parade à travers la ville, musique à Trafalgar Square.

- **Avril.** *Virgin Money London Marathon* : le plus important marathon d'Europe, 35 000 coureurs du monde entier engagés en faveur d'œuvres de charité (www.virginmoneylondonmarathon.com).
Anniversaire d'Élisabeth II : le 21 avril, salut royal à Hyde Park et à la Tour de Londres.
Saint George : le 23 avril, fête du saint patron de l'Angleterre ; parade et événements gratuits.

- **Mai.** *Chelsea Flower Show* : la plus grande exposition florale d'Angleterre, dans les jardins du Royal Hospital Chelsea (→ p. 280 • www.rhs.org.uk).
State Opening of Parliament : après chaque élection générale, la reine vient procéder à la réouverture du Parlement, en carrosse et accompagnée de la garde royale (→ *théma p. 130-131* • www.parliament.uk).

- **Juin.** *Trooping the Colour* : un samedi, anniversaire officiel du souverain (→ *théma p. 130*) ; *Horseguards Parade*, tous les fastes de la Couronne (www.visitlondon.com).
Boishakhi Mela : musique bengalie de Brick Lane à Bethnal Green (http://boishakhimela.org).

- **Juin-juillet.** *City of London Festival* : concerts dans les églises et les parcs, de l'opéra au jazz (www.colf.org).

- **Juillet-septembre.** *The BBC Proms* : musique classique au Royal Albert Hall (→ *encadré p. 286* • www.bbc.co.uk/proms).

- **Août.** *Notting Hill Carnival* : le dernier w.-e., Caraïbes en fête au plus grand carnaval d'Europe (→ *encadré p. 300* • www.thenottinghillcarnival.com).

- **Septembre.** *Mayor's Thames Festival* : un mois pour célébrer Londres et la Tamise ; musique, théâtre de rue, régates, feux d'artifice (http://thamesfestival.org).
London Design Festival : la 3e semaine, plus de 300 événements (expositions, conférence, showroom, etc. ; www.londondesignfestival.com).
Open House London : le 3e week-end, des centaines de monuments et de demeures privées ouvrent leurs portes gratuitement (www.londonopenhouse.org).

- **Octobre.** *London Film Festival* : pendant 2 semaines, le meilleur du cinéma mondial au British Film Institute et dans les cinémas partenaires (www.bfi.org.uk/lff).
Frieze Art Fair : la 3e semaine, foire internationale d'art contemporain dans Regent's Park (http://friezelondon.com).

- **Novembre.** *Lord Mayor's Show* : le nouveau lord-maire de Westminster parade en carrosse, de Mansion House aux Royal Courts of Justice (→ *théma p. 130* • www.lordmayorsshow.org).
London Jazz Festival : 1 semaine, dans les meilleures salles (www.londonjazzfestival.org.uk).

- **Décembre.** *Trafalgar Square Carols* : t.l.j. à partir de 17 h, chants de Noël au pied du grand sapin illuminé de Trafalgar Square.
New Year's Eve Fireworks : pour le passage à la nouvelle année, feux d'artifice géants sur les bords de la Tamise (www.visitlondon.com).

▶ *The Spirit of Soho*, **fresque décorant un mur de Broadwick Street.**

Comprendre

Des introductions sur la société, l'histoire, l'art

Qui sont les Londoniens ? par **Frédérique Andréani**	54
Vivre à Londres par **Frédérique Andréani**	64
Deux mille ans d'âge : une histoire sociale et culturelle par **Jean-Philippe Follet**	73

Qui sont les Londoniens ?

par Frédérique Andréani

On pourrait être tenté de décrire le Londonien comme « Monsieur Tous-les-mondes » : un mauvais jeu de mots certes, mais qui a le mérite de refléter la réalité de cette véritable tour de Babel qu'est la capitale britannique. Car le Londonien vient souvent – littéralement – du monde entier. Londres, capitale internationale du multiculturalisme, rassemble ainsi une population disparate, qui constitue un mélange de toutes les ethnies, religions, professions et classes sociales existant sur les cinq continents. Mais pour hétérogène qu'elle soit, la population londonienne se définit aussi par une certaine homogénéité. Une homogénéité créée non pas par les looks, les professions ou les croyances de ses résidents, fort divers, mais par une similitude de comportements et par la liberté d'être soi-même que cette ville, fière de son communautarisme, leur offre.

On ne naît pas Londonien, on le devient

Quiconque passe quelques heures à Londres se rend vite compte que le cosmopolitisme londonien n'a rien à envier au melting-pot new-yorkais. Car si Londres est bien évidemment la capitale du Royaume-Uni, elle est aussi celle du multiculturalisme. Dans cette véritable tour de Babel, où plus de trois cents langues sont parlées, un communautarisme fort, qui touche toutes les nationalités, n'empêche pas les mélanges – au travail, au pub, à la gym, au sein de clubs – de personnes d'origines diverses, mais qui ont choisi Londres comme ville adoptive.

Les Anglais : une minorité ethnique

Les chiffres parlent d'eux-mêmes : ainsi, en 2012, un rapport publié par l'Office for National Statistics révélait que 70 % des bébés nés cette année-là avaient au moins un parent étranger, et pour la majorité deux parents étrangers. Dans trois quartiers – Newham, Brent et Westminster –, le nombre s'élevait à 85 %. Le recensement de 2011 indique par ailleurs que près de 37 % de la population londonienne est née à l'étranger, faisant de la capitale britannique la ville la plus ethniquement diverse du monde avec New York. Par ailleurs, les Blancs

▲ École primaire dans le district de Tower Hamlets, au nord-ouest de Londres. Du point de vue ethnique, Londres apparaît davantage comme la capitale du monde que comme celle du Royaume-Uni.

d'origine britannique constituent désormais une minorité : ils ne représentent plus que 45 % de la population londonienne.

Cette transformation ethnique du résident londonien a de multiples conséquences. Parmi elles, la disparition progressive mais réelle de l'accent *cockney*. Pour anecdotique qu'elle soit, cette mutation linguistique constitue un symbole parlant – c'est le cas de le dire ! – de cette évolution. Ainsi, l'accent traditionnellement associé depuis le XIXe s. à l'est ouvrier de Londres, s'il survit, en particulier au sein de la population blanche vieillissante, fait aujour-d'hui place chez les moins de 30 ans à un nouvel accent, le « Multicultural London English » (MLE), qui incorpore une variété d'accents ethniques, notamment antillais.

Des huguenots aux Roumains : Londres, ville d'accueil

Si le multiculturalisme londonien n'a jamais été aussi prononcé que ces dernières années, la tradition de la ville comme terre d'accueil – et avant cela, de conquêtes, des Romains aux Normands en passant par les Vikings *(→ p. 73-76)* – n'a cependant rien de nouveau. Au XVIIe s., de larges communautés étrangères – huguenots à Spitalfields, juifs polonais et allemands à Whitechapel, Irlandais à Saint Giles in the Fields – avaient déjà trouvé refuge à Londres, fuyant les persécutions (religieuses et politiques), les révolutions ou la pauvreté. L'arrivée, dans les années 1950, de millions d'immigrés issus des anciennes colonies a aussi laissé ses marques sur le profil ethnique londonien : 12 % des Londoniens sont ainsi d'origine indienne, pakistanaise et bangladaise, tandis

Londres, cinquième ville de France

Avec 400 000 résidents, parmi lesquels Christian Clavier, David Guetta, Robert Pirès, la chef étoilée Hélène Darroze et le styliste Roland Mouret, Londres dépasse désormais Nice, Bordeaux, Nantes ou Strasbourg en ce qui concerne la population. Ce qui en fait, selon le maire, Boris Johnson, la « cinquième ville de France ». Une balade à South Kensington donne la mesure de la francisation de la capitale britannique, avec son lycée Charles-de-Gaulle, son cinéma Lumière, ses librairies où l'on trouve *Astérix* et le dernier Goncourt dans le texte, ses fromageries remplies de saint-félicien, de roquefort et de fromage de brebis corse, et ses boulangeries où les enfants viennent acheter leur pain au chocolat après l'école. Pas étonnant, dès lors, que les Anglais attribuent à ce quartier chic de l'ouest de Londres des sobriquets tels que « XXIe arrondissement », « la vallée des Grenouilles » ou « Paris-sur-Tamise ».

Mais cette influence *frenchie* ne se limite pas aux 30 000 financiers cossus de la City, qui ont colonisé « South Ken », ni aux footballeurs des clubs de Chelsea et d'Arsenal, ni aux chefs qui y représentent la gastronomie française. La nouvelle « génération Eurostar » comprend ainsi de nombreux entrepreneurs et créatifs – tels que l'artiste Laure Prouvost, gagnante en 2013 du Turner Prize, le prix d'art le plus prestigieux de Grande-Bretagne – qui trouvent à Londres un terreau favorable à leurs ambitions.

Londres en bref

- **Situation :** au S.-E. de l'Angleterre, à 344 km de Paris, 735 km de Lyon, 1 030 km de Nice.
- **Superficie :** 1 600 km^2 (moins de 1 % de la superficie du Royaume-Uni).
- **Climat :** tempéré océanique humide ; moyennes des températures : 5 °C en hiver, 22 °C en été.
- **Démographie :**
  - Population : 8 300 000 hab. (2012), soit 13 % de celle du Royaume-Uni.
  - Densité : 5 285 hab./km^2 (Paris : 21 290 hab./km^2).
  - Croissance annuelle (2012) : 1,3 % (nationale : 0,7 %).
  - Taux de natalité (2009) : 16,9 ‰ (national : 13,1 ‰).
  - Taux de mortalité : 5,8 ‰ (national : 8,9 ‰).
  - Âge moyen : 34 ans (national : 39,7 ans).
  - Population active (2013) : 70,59 %.
- **Religions :**
Chrétiens 48,4 %, musulmans 12,4 %, hindous 5 %, juifs 1,8 %, sikhs 1,5 %, bouddhistes 1 %, autres religions 0,6 % ; athées 20,7 %.
- **Organisation administrative :**
Le Grand Londres est organisé en 32 arrondissements (*boroughs*) qui ont chacun à leur tête un conseil municipal, dirigé par un leader nommé par les conseillers dans 28 municipalités, ou par un maire élu au scrutin direct dans les quartiers de Lewisham, Newham, Hackney et Tower Hamlets.
- **Institutions :**
Le maire de Londres – Boris Johnson, depuis 2008 – est élu tous les 4 ans au mode de scrutin préférentiel (il ne faut pas le confondre avec le lord-maire de la City, nommé tous les ans par les résidents et les sociétés de la City, sur un modèle hérité du Moyen Âge).
- **Économie**
(chiffres 2013, sauf mention) :
  - Monnaie : la livre sterling ; mi-2014, 1 £ = 1,21 €.
  - PIB : 349,8 milliards de livres (soit 22 % du PIB britannique).
  - Croissance annuelle : 2,1 % (Royaume-Uni : 1,9 %).
  - Nombre d'entreprises : 131 444.
  - Industrie : 2,8 %.
  - Construction : 11 %.
  - Services : 85 %.
  - Revenu annuel/hab. (2012) : 31 980 £ (national : 26 398 £).
  - Taux de pauvreté : 28 % (national 21 %).
  - Chômage : 8,5 % (national : 7,8 %).

Sources : Companies House et Office for National Statistics.

qu'un peu plus de 15 % descendent d'Africains (Ghana et Nigeria en particulier) ou de Jamaïcains et d'autres Antillais. Aujourd'hui, l'immigration est bien plus diverse : ses représentants sont souvent issus des pays de l'Union européenne, « historique » (comme les Français) ou récente (Polonais et Roumains), mais aussi du reste du monde, de l'Australie au Brésil en passant par la Russie ou l'Irak. Et si le jour de la Saint-George, le saint patron des Anglais, reste populaire, Australia Day, Saint Patrick Day, le 14 Juillet ou le Nouvel An chinois sont célébrés avec un enthousiasme égal.

La ville du communautarisme roi
La suggestion faite par un ministre en 2013 d'instaurer un débat sur le port du voile au Royaume-Uni avait créé la polémique. Non pas que le Britannique moyen soit particulièrement tolérant face à l'islamisme, mais le communautarisme demeure partie intégrante de la culture londonienne.

▲ Le temple de Neasden, construit en 1995 à partir de 5 000 tonnes de marbre de Carrare, constitue le plus grand temple hindou bâti en dehors d'Inde.
Ses 26 300 éléments ont été sculptés à la main en Inde par plus de 1 500 artisans, puis transportés à Londres et assemblés sur place par des milliers de volontaires.

Et cela en dépit du traumatisme causé par les attentats meurtriers du 7 juillet 2005 et des critiques de l'époque à l'égard du laxisme des autorités face aux extrémistes du « Londonistan », qui leur aurait permis de prospérer. Ainsi en Grande-Bretagne, et plus particulièrement à Londres, les signes extérieurs d'appartenance ethnique ou religieuse sont considérés comme totalement acceptables. Les policiers londoniens ont ainsi officiellement le droit d'exhiber dreadlocks ou turban sikh en lieu et place du traditionnel casque noir du « bobby » s'ils sont d'origine jamaïcaine ou indienne. Car si les résidents de la ville, qu'il s'agisse du banquier français ou du maçon polonais, aiment à se définir comme Londoniens plutôt que résidents temporaires ou expatriés, ils aiment aussi revendiquer leurs origines, les deux attitudes n'étant pas perçues comme contradictoires mais complémentaires. Ainsi, chaque communauté reste proche de ses racines, qu'il s'agisse des Français de South Kensington *(→ encadré p. 55)*, des Sri Lankais de Brick Lane, des Chinois de Soho *(→ p. 105)* ou des Libanais d'Edgware Road.

Une population tout en contrastes

Aussi conservatrice qu'elle est anticonformiste, détentrice des prix immobiliers les plus élevés d'Europe mais aussi de quartiers parmi les plus défavorisés, Londres est une ville de contradictions, à l'ADN aussi divers que celui de ses résidents. Ainsi, le conservateur en costume trois pièces qui se targue de descendre des Normands auprès de ses amis *gentlemen* y a autant sa place que le créateur déjanté qui choisit de s'habiller en combinaison lamée pour aller travailler. Au niveau socio-économique, Londres reste aussi une ville d'extrêmes, entre excès de richesse et de pauvreté.

Traditions, je vous aime…
De la relève de la garde au palais de Buckingham aux costumes Tudor des gardiens de la Tour de Londres, de la « Saison » mondaine qui prend place chaque été *(→ encadré p. 63)* au protocole qui entoure la famille royale,

▲ Le lord-maire de la City accueille la reine Élisabeth dans sa résidence officielle, Mansion House, pour une réception donnée en l'honneur de la souveraine lors de son jubilé de diamant (60 ans de règne) en juin 2012.

les signes ne manquent pas pour confirmer que, pour moderne qu'elle soit, la capitale britannique reste un haut lieu du conservatisme. De fait, les Londoniens aiment leurs traditions *(→ théma p. 130-131)*, auxquelles ils sont farouchement attachés, parfois par cynisme – les traditions sont bonnes pour les affaires, et notamment pour le tourisme – mais le plus souvent parce qu'ils considèrent leur pérennité comme un symbole rassurant de stabilité dans un monde qui change sans cesse. La famille royale, un temps menacée par la montée du mouvement républicain dans les années 1990, en particulier au moment du « Camillagate » puis du décès de Lady Diana, bénéficie depuis une dizaine d'années d'un notable regain de popularité, très visible au moment d'événements tels que le mariage de William et Catherine Middleton en 2011, du jubilé de la reine Élisabeth II en 2012 pour ses 60 ans de règne et lors de la naissance du « bébé royal », le prince George, en 2013.

Pour autant, cet amour des traditions, et en particulier l'attachement à la famille royale, n'est pas l'apanage des Anglais « de souche » conservateurs ; il est adopté par la majorité des Londoniens, y compris par ceux qui, comme les Français de South Kensington, embrassent par ailleurs de solides valeurs républicaines dans leur pays natal.

Chapeau melon et Doc Martens

En termes de « look », Londres est certainement une ville de contrastes. Zandra Rhodes, populaire créatrice de mode des années 1970 et 1980, continue d'exhiber, à 70 ans passés, une chevelure rose bonbon qui lui vaudrait sans nul doute des regards effarés dans la plupart des autres grandes villes du monde, voire la prison dans certains pays ! À Londres, l'anticonformisme vestimentaire, y compris dans le look adopté par ses résidents, qu'ils aient 15 ou 75 ans, fait partie de la vie de tous les jours, et est célébré plutôt que moqué, même dans ses formes les plus extrêmes. En effet, dans la capitale qui a vu naître la minijupe, la mode des Doc Martens et le mouvement punk *(→ théma p. 60-61)*, s'exprimer à travers ses vêtements ou sa coiffure fait partie intégrante de la culture : l'originalité de la tenue est davantage considérée comme l'expression d'une personnalité intéressante que comme un signe de déviance.

Cela ne veut pas dire que l'uniformité soit totalement exclue, loin de là, comme en témoignent certaines hordes de jeunes fêtards du samedi soir, inspirées par le style « wag » (pour *wives and girlfriends*, les compagnes des footballeurs) : robes aussi courtes que serrées, talons plate-forme de 15 cm, faux cils et extensions de cheveux – ou celui, plus classique, des *sloanes*, jeunes gens de bonne famille dont le look aristo-échevelé, façon prince Harry, trahit de longues années passées dans des pensionnats huppés.

Reste qu'en matière de vêtements, à Londres, chacun fait ce qui lui plaît, et qu'il en faudrait beaucoup pour choquer un Londonien !

Super-riches et très pauvres

Avec un total de près de 4 230 résidents « pesant » plus de 30 millions de dollars en 2013, Londres détient le record du nombre de multimillionnaires, devant Tokyo, Singapour et New York. De fait, Londres a toujours attiré les grandes fortunes, des rois du pétrole saoudiens des années 1970 aux oligarques russes et milliardaires indiens, qataris, chinois, nigérians ou malaisiens aujourd'hui, qui y trouvent non seulement tout le luxe qu'ils peuvent s'offrir, mais aussi des structures légales, financières et fiscales très avantageuses.

Mais Londres ne se résume évidemment pas aux Ferrari, résidences palatiales et jets privés, lesquels, malgré leur présence voyante dans des quartiers tels que Knightsbridge, Belgravia ou Mayfair, restent l'apanage d'une petite minorité. En 2013, le pourcentage de pauvres résidant à Londres (définis comme ayant un revenu inférieur à 60 % du revenu moyen londonien) s'élevait à 28 %. À Tower Hamlets, un quartier particulièrement défavorisé de l'est de Londres, 63 % des enfants vivent au sein de familles où aucun des parents ne travaille. Les nombreuses HLM construites au milieu de zones ultrachics et résidentielles, telles que Chelsea, accentuent encore ces contrastes, en faisant coexister, parfois dans la même rue, d'élégantes maisons anciennes de milliardaires et des résidences décaties des années 1970 où s'entassent des familles de réfugiés sans travail.

▶▶▶

Ghetto pour milliardaires

Symbole ostentatoire du statut de Londres comme capitale des « super-riches », les **immeubles de One Hyde Park** ne cessent de défrayer la chronique depuis leur inauguration en 2009. Conçu comme le développement immobilier le plus luxueux du XXIe s., l'ensemble de quatre tours de verre et de métal dessinées par Richard Rogers est dénoncé par ses nombreux détracteurs comme une anomalie architecturale qui défigure le quartier victorien de Knightsbridge et représente les excès d'une minorité nantie désireuse d'étaler autant que possible ses signes extérieurs de richesse.

À plus de 12 000 € le mètre carré, ses 80 appartements, reliés par un système souterrain au luxueux hôtel *Mandarin Oriental*, battent tous les records de prix, tandis que les trois commerces qui y ont des succursales – Rolex, McLaren Automotive et la banque islamique d'Abu Dhabi – donnent la mesure de son type de résidents. Ces derniers – parmi lesquels nombre de milliardaires russes, chinois, qataris, ukrainiens, malaisiens et kazakhs – apprécient non seulement le luxe des matériaux utilisés pour décorer les appartements (marbre à gogo, bois d'ébène, bronze, etc.) mais aussi la sécurité que ces tours leur procurent, avec des agents de sécurité formés à la dure, des rayons X chargés de détecter tout courrier suspect ou des vitres pare-balles.

La mode « made in London »

▲ Défilé pendant la *London Fashion Week* présentant les collections automne-hiver 2014.

Moins chic que Paris, moins sophistiquée que New York, moins luxueuse que Milan, Londres s'impose néanmoins comme l'une des grandes capitales de la mode. Non seulement elle fait partie du circuit des quatre principales semaines des défilés, mais elle constitue également l'une des villes les plus innovantes en matière de style, grâce au dynamisme de sa mode de rue et à une tradition ancrée dans l'histoire.

■ Mode(s) de rue

Des *teddy boys* des années 1950 aux *hipsters* d'aujourd'hui, la mode de rue londonienne n'a cessé d'innover et d'inspirer au cours des dernières décennies. C'est ici que les mouvements punk ou new wave sont nés, marquant de façon durable la culture populaire, non seulement dans leur ville d'origine, mais aussi dans la majorité des grandes capitales mondiales.

Souvent inspirés par des courants musicaux, ou bien l'expression d'une jeunesse rebelle, ces mouvements de mode sont entrés dans les mœurs et ont transformé une ville perçue par le passé comme conformiste et traditionnelle en un centre innovant où tout ou presque est permis. C'est aussi dans les années 1960 qu'est né le mouvement *mod* (pour *modernist*), adopté par les jeunes dandys rebelles de Carnaby Street au style androgyne et incarné à la scène par The Who (→ *encadré p. 108*). Pour pas-

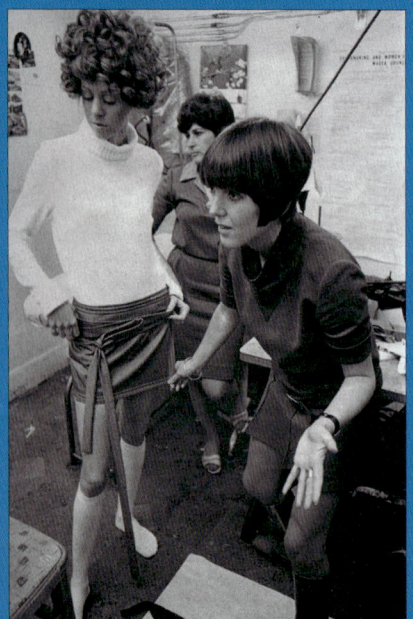

◀ C'est l'Anglaise Mary Quant (ici, à droite) qui a inventé dans les années 1960 la minijupe : ce symbole des « Swinging Sixties » fut exporté avec succès par les ambassadrices du style londonien qu'étaient alors Jane Birkin, Twiggy ou Jean Shrimpton, longilignes beautés naturelles au style décomplexé.

◀ À Londres, la mode est avant tout perçue comme un moyen d'exprimer sa personnalité.

sagère que soit la mode, ces mouvements continuent d'avoir un impact et perdurent à plus d'un titre. Les ados portent encore des Doc Martens, et Vivienne Westwood, grande prêtresse de la mode punk des années 1970, n'a jamais eu autant de succès, notamment auprès des célébrités d'Hollywood.

■ **Excentricité et inventivité**
Si les styles aujourd'hui sont souvent moins rebelles que dans les années 1970 ou 1980, et davantage inspirés par les icônes de mode que sont Kate Moss ou Alexa Chung, toutes deux reines du style « festival, bohémien chic », ils font de Londres une ville où la mode est un spectacle. Les Londoniens aiment se mettre en scène, comme le prouvent l'extravagance bon enfant des festivals ou les très nombreuses fêtes costumées qui y sont organisées : à Londres, l'inventivité – plutôt que le bon goût ou le chic – est reine. De fait, si l'excentricité britannique n'a rien de nouveau, c'est dans la mode qu'elle a trouvé son expression la plus libre, en particulier durant les dernières décennies : car les Londoniens, bien davantage que les Parisiens ou les New-Yorkais, ont une attitude totalement décomplexée dans ce domaine, où ce qui compte est de s'exprimer, de s'amuser et d'être à l'aise, bien plus que de se fondre dans la masse. Si les créateurs de prêt-à-porter de luxe y font des affaires florissantes, grâce en particulier au statut de Londres comme capitale des « super-riches », la mode londonienne trouve bien davantage son symbole dans la marque ultrabranchée et pas chère *Topshop*, ou sur les marchés aux puces *(→ théma p. 47)* que dans les grandes artères du luxe que sont Bond Street ou Sloane Street.

■ **Une tradition du luxe**
Pour autant, une certaine tradition du luxe perdure à Londres depuis trois siècles. Dans Jermyn Street et Savile Row, le chic anglais est bien vivant, qui associe coupes parfaites et matériaux de qualité : ainsi le tweed, popularisé au début du XIXe s. par le dandy George Brummell *(→ encadré p. 158)*, inventeur de la cravate et du pantalon. Jude Law et le prince Charles, comme avant eux lord Nelson et Winston Churchill, s'y fournissent en chemises de luxe et costumes sur mesure. Cette tradition survit aussi grâce à des créateurs tels que Paul Smith, grand maître de l'élégance masculine dans les années 1990, ou, plus récemment, avec la marque Burberry, qui s'est réinventée en se débarrassant de son image has been pour se transformer en marque globale de luxe.

▼ Londres est aussi un paradis pour la mode masculine.

Plus Anglais que les Anglais ?

▶▶▶ En dépit de toutes leurs disparités, les Londoniens vivent en relative harmonie, fédérés par un ensemble d'attitudes similaires, nées de valeurs communes telles que la tolérance à l'égard des autres, les bonnes manières et, à certains égards, le désir d'entreprendre et de réussir. De fait, la plupart des nouveaux arrivants, qu'ils aient été attirés par l'ouverture d'esprit de la ville ou par les opportunités économiques qu'elle peut offrir, adoptent des attitudes communes, ancrées dans la culture britannique.

Une politesse très anglaise

Les règles de conduite observées dans les rues londoniennes offrent une bonne mesure de la courtoisie londonienne et du manque d'agressivité – du moins en comparaison avec Paris ou New York – des habitants de la ville. Essayez de vous engager sur un passage pour piétons dans la capitale française : il y a fort à parier qu'il vous faudra céder la place aux automobilistes et attendre que toutes les voitures soient passées avant de traverser sur les bandes blanches, sous peine de manquer de vous faire renverser. À Londres au contraire, le respect des « clous » est considéré comme une règle absolue par l'automobiliste, qui ralentira plusieurs mètres à l'avance pour laisser la priorité au piéton, même si celui-ci est encore sur le trottoir. De même, si le Londonien s'efforce d'ignorer de son mieux les autres voyageurs dans le bus ou le métro, tout contact visuel direct étant considéré comme une intrusion à l'égard de l'espace personnel d'autrui, il se fera un plaisir d'offrir spontanément son aide à un touriste perdu ou à une personne qui a du mal à porter un sac trop lourd dans les escaliers.

Non pas bêtes, mais clairement disciplinés, les Londoniens observent des règles de politesse strictes dans leurs interactions avec les autres : toute tentative de resquille dans une queue est considérée comme une transgression impardonnable des bonnes manières, qui vaudra au mauvais joueur – souvent un touriste – les récriminations vocales des Londoniens.

Une ville d'ambitieux

Diplômés de grandes écoles françaises, dont 30 % environ viennent y chercher un premier travail, maçons polonais qui y créent leurs entreprises de bâtiment à la douzaine, mais aussi Gallois, Écossais et Irlandais qui y viennent depuis des décennies pour tenter de s'y faire un nom (et si possible une fortune)… Londres attire par son dynamisme, fait d'un mélange d'esprit entrepreneurial similaire à celui des Américains et d'optimisme face à l'avenir qui persiste, en dépit des crises économiques.

Car si l'Anglais vieillissant reste attaché à un système de classes, le Londonien, jeune ou moins jeune, se définit par ce qu'il est capable d'accomplir. L'origine sociale et les diplômes comptent bien moins que la capacité de travailler dur ; la société londonienne célèbre la méritocratie sous toutes ses formes. Ainsi, si les clubs privés n'ont jamais été aussi nombreux qu'aujourd'hui, si les *gentlemen's clubs* d'antan, définis le plus souvent par un fort snobisme, survivent (→ *encadré p. 82*), ils font aujourd'hui place de façon croissante à un type de clubs tout aussi sélectifs, mais où les critères sont plus liés au succès professionnel et au charisme qu'à l'origine sociale.

De même, Londres, autrefois ville de castes, est désormais une ville de grande fluidité sociale, où artistes et financiers, musiciens et avocats, aristocrates

▲ Participants à la Gay Pride assistant à un concert gratuit à Trafalgar Square en juin 2013. Trois semaines plus tard, la loi en faveur du mariage homosexuel, soutenu par une majorité de Londoniens, était votée.

descendants de la conquête normande et immigrés récents se mélangent relativement aisément, unis par un même désir de réussir.

La liberté d'être soi-même

À Londres, chacun, du réfugié syrien démuni à l'oligarque russe milliardaire, du transsexuel asiatique au bouddhiste en robe de jute, du fils de « bonne famille » en queue-de-pie au yogi en tongs, est libre d'être lui-même, et c'est précisément ce droit à la différence qui, paradoxalement, unit les Londoniens.

Cette tolérance est ancrée dans une forte tradition britannique, qui considère la liberté d'expression comme un droit fondamental. Dès leur plus jeune âge, les enfants sont éduqués dans cet esprit de tolérance, si ce n'est toujours à la maison, du moins à l'école, où le travail en groupe et l'acceptation des autres font partie du programme. En conséquence, le Londonien, exposé en permanence aux différences, respecte ces dernières et trouve dans la ville un terreau favorable à l'expression de son individualité.

Ainsi, à l'anticonformisme vestimentaire mentionné précédemment vient se greffer la liberté d'être différent, comme l'atteste le soutien public d'une grande majorité de Londoniens au « mariage homosexuel », adopté au Parlement en juillet 2013. Parallèlement, les jugements à l'emporte-pièce, en particulier lorsqu'ils portent sur l'apparence de quelqu'un, sont vus d'un mauvais œil et perçus comme un manque de manières mais aussi comme l'expression d'un caractère obtus.

La « Saison »

Les fans de la série britannique *Downton Abbey*, qui retrace les péripéties d'une famille de la noblesse anglaise dans les années 1920, seront sans doute familiers avec le concept de la « Saison », synonyme des festivités mondaines qui marquent l'été londonien. Apparue à la fin du XVIIIe s., la Saison était autrefois l'apanage des aristocrates anglais, qui quittaient leurs terres pour venir passer quelques mois dans leur domicile de Mayfair. Les jeunes filles y étaient présentées à la cour, tandis qu'une série d'événements – les courses hippiques d'Ascot, les tournois de polo de Windsor ou de tennis de Wimbledon, le concours horticole de Chelsea – ainsi qu'une succession de bals leur donnaient l'occasion de rencontrer leurs futurs maris.

Aujourd'hui, certaines règles traditionnelles subsistent, telles que la nécessité d'être parrainé pour avoir accès à l'enclos royal d'Ascot, où les queues-de-pie et les hauts-de-forme sont obligatoires. Mais, dans l'ensemble, la « Saison » s'est aujourd'hui énormément démocratisée, ses événements majeurs attirant désormais une foule bien plus diverse. Une « Saison » moderne qui aurait sans nul doute donné une crise cardiaque à l'irascible comtesse et doyenne de la famille Grantham, interprétée par Maggie Smith, dans *Downton Abbey* !

Vivre à Londres

par Frédérique Andréani

La vision de Londres présentée lors des Jeux olympiques de 2012, avec son ambiance bon enfant à l'image de la reine Élisabeth II, « parachutée » aux côtés du nouveau visage de James Bond, Daniel Craig, lors de la cérémonie d'ouverture, a été pour beaucoup une révélation. Au cliché d'une ville tristounette, souvent entretenu à l'étranger, s'est substitué le portrait d'une capitale multiculturelle, accueillante et dynamique, où cohabitent avec harmonie une multitude de gens très différents. Ainsi, si l'expression de l'individualité représente un élément essentiel du caractère londonien, le ciment social n'en est pas moins fort, constitué d'attitudes communes et d'une certaine vision de la vie partagée. Ces éléments, ajoutés à ses espaces verts et à son charme souvent villageois, font de la capitale britannique une ville où, dans l'ensemble, il fait bon vivre.

La vitrine de la Grande-Bretagne

Comme Paris pour la France, Londres, de par sa forte tradition centraliste, regroupe l'essentiel des talents britanniques. Dans le secteur économique, ses banques font toujours la pluie et le beau temps au sein du monde financier. Dans le domaine culturel, elle continue d'influencer le reste du monde : ses chanteurs ont façonné la scène musicale contemporaine et le dynamisme de son art en a fait, en un peu plus d'une décennie, un centre majeur en la matière ; quant aux personnages de sa littérature, ils ne cessent d'inspirer nombre de productions internationales, de ceux créés par Shakespeare à ceux de *Harry Potter*.

Les loups de la finance

Avec quelque 700 000 employés dans la finance en 2014, un secteur qui représente 10 % du PNB britannique, Londres s'impose comme la principale capitale financière du monde avec New York. Ce statut, ancré dans l'histoire britannique, trouve ses racines dans le passé d'ancienne grande puissance navale, commerciale et impériale du pays, avec l'inauguration par Élisabeth Ire dès 1571 du Royal Exchange, la Bourse de Londres. Aujourd'hui encore, la finance, que ce soit au siège des grandes banques de la City et de Canary Wharf ou dans les fonds de financement privés de Mayfair, continue de définir le profil architectural, social et économique de la ville. Et si la faillite de

▲ Employés de la City, le quartier de la Bourse et des grandes banques, se rendant au travail.

Lehman Brothers en 2008 a profondément modifié l'image des banquiers auprès des Londoniens, bien moins admiratifs que par le passé face à ceux jugés responsables de la crise, reste que la ville, contrairement à ce que beaucoup avaient prévu, a su garder son pouvoir financier sur le reste du monde.

Par ailleurs, avec **Tech City**, Londres s'est dotée en 2010 de sa propre petite Silicon Valley, censée faire honneur aux émules de Tim Berners-Lee, l'inventeur (londonien) du World Wide Web en 1990. Situé dans l'est de Londres entre Old Street et Stratford, ce centre d'innovation technologique regroupe notamment Google, Facebook et Intel, qui y ont établi leur QG européen.

Shakespeare, Damien Hirst : même combat
Du théâtre The Shakespeare's Globe à l'Opéra de Covent Garden, des comédies musicales du West End à la National Gallery, des graffitis de rue de Banksy aux galeries d'art chics de Mayfair, Londres possède l'une des **scènes artistiques** les plus riches du monde, où se mêlent sans complexe culture

Londres, capitale mondiale de la gastronomie

Quand Joël Robuchon avait décrit en 2011 Londres comme la « capitale gastronomique de l'Europe », plus d'un gourmet français avait froncé les sourcils, choqués que ce grand chef hexagonal ose placer la capitale britannique devant Paris ou Lyon dans un tel domaine. Pourtant, la scène gastronomique londonienne a bien changé depuis l'époque où Louis de Funès (dans le film *Les Grandes Vacances*) moquait les spécialités locales telles que la soupe d'huîtres au lait, capable de clouer au lit pendant un mois les jeunes visiteurs français. Avec 59 étoiles Michelin en 2014, Londres s'impose ainsi comme l'une des villes où l'on mange le mieux au monde, grâce à la naissance d'une nouvelle cuisine moderne britannique raffinée, à des chefs tels que Gordon Ramsay ou Heston Blumenthal, et à une offre internationale innovante : si la plupart des grands chefs français y sont représentés – de Robuchon à Ducasse en passant par Hélène Darroze –, les établissements inscrits au Michelin incluent aussi des restaurants japonais, indiens, chinois, italiens et péruvien.

Au-delà de la haute gastronomie, la popularité toujours croissante des « gastropubs », où l'on vient manger plutôt que boire, témoigne de la démocratisation de la bonne bouffe à Londres.

classique et créations déjantées. Pas étonnant donc que 84 % des Londoniens considèrent la culture comme un élément essentiel à leur qualité de vie. Chaque jour, près de 200 représentations théâtrales y sont données, faisant du West End le seul endroit au monde capable de rivaliser avec Broadway *(→ théma p. 102-103)* : on comprend dès lors que tant de stars hollywoodiennes – Matt Damon, Christian Slater, Gwyneth Paltrow, Val Kilmer, Rob Lowe, entre autres – viennent jouer sur ses planches ou même prendre la direction de ses grandes institutions, tel Kevin Spacey, directeur de l'Old Vic depuis 2003.

Londres abrite par ailleurs **170 musées** – dont trois parmi les dix plus importants du monde – ainsi que **860 galeries d'art**, apparues pour la plupart au cours des quinze dernières années. Le succès, dans les années 1990, des **Young British Artists** (YBA), avec en tête d'affiche Damien Hirst, Tracey Emin et les frères Chapman, et les fortunes dépensées à leur profit par de grands collectionneurs tels que Charles Saatchi *(→ p. 274)* ont ainsi révolutionné le marché de l'art contemporain et fait de Londres une capitale majeure dans ce domaine : il représente aujourd'hui 30 % du marché global en la matière.

Vous avez dit James Bond ?
Avec plus de 17 000 concerts par an, la **musique** fait partie intégrale de l'ADN londonien. Que serait en effet la culture musicale contemporaine sans les groupes et chanteurs qui ont émergé sur sa scène, des Rolling Stones à Adele, de David Bowie à Elton John, des Sex Pistols au Clash, de Frankie Goes to Hollywood à Depeche Mode, de Robbie Williams aux Spice Girls, de Radiohead à Coldplay, d'Amy Winehouse à Lily Allen, de Franz Ferdinand à Kaiser Chiefs, de Tinie Tempah à Dizzee Rascal, de Rita Ora à Jessie J ?…

Et si la capitale britannique ne peut prétendre être l'égale d'Hollywood, il reste qu'elle détient le titre de **troisième centre de production au monde** pour ce qui est des tournages (14 000 jours filmés en 2011). Des scénarios de comédies de Richard Curtis (*Quatre Mariages et un enterrement, Le Journal de Bridget Jones, Coup de foudre à Notting Hill*…), qui font de Londres un personnage à part entière, aux studios cinématographiques de Pinewood ou Warner Bros, où ont été tournés les derniers *James Bond* et la série *Harry Potter*, la ville s'impose désormais comme un acteur cinématographique majeur.

▲ La créativité s'exprime partout à Londres (ici, au festival de la Tamise).

De façon plus large, cette **créativité** s'exprime aussi dans la rue, que ce soit au carnaval de Notting Hill *(→ encadré p. 300)*, le plus grand carnaval après celui de Rio, ou avec le festival de la Tamise, le plus grand festival de rue d'Europe, où abondent écoles de samba, groupes antillais et chorales classiques.

Choix de quartier, choix de vie

Pour un Parisien habitué aux harmonieuses avenues haussmanniennes ou pour un New-Yorkais familiarisé avec le plan quadrillé de Manhattan, Londres peut apparaître comme chaotique, la planification urbaine n'ayant jamais été une priorité. Pour autant, cette immense métropole, six fois plus étendue que Paris, sait charmer ses visiteurs, à travers ses vastes espaces verts, la prééminence de ses maisons comme type d'habitation et l'aspect souvent villageois de ses quartiers, auxquels leurs résidents s'identifient pleinement.

La campagne dans la ville

Avec ses 15 000 hectares de parcs, de jardins et de pelouses, soit environ 40 % de sa superficie, Londres s'impose comme l'une des grandes métropoles les plus vertes du monde *(→ théma p. 156-157)*. Des biches de Richmond Park aux renards urbains qui arpentent les rues une fois la nuit tombée, des écureuils qui font le bonheur des touristes aux centaines d'espèces d'oiseaux observés par des ornithologues venus du monde entier, d'importants segments de Londres apparaissent comme de véritables morceaux de campagne dans la ville. De fait, les Londoniens, influencés par l'attachement historique de la gentry anglaise à la terre, aiment à entretenir leur **rapport à la nature**, qu'il s'agisse de promener leur chien, qu'il vente ou qu'il neige, sur les pelouses de Hyde Park, de visiter l'une des 17 fermes de la capitale ou de s'adonner au jardinage (14 % des foyers font pousser des légumes dans leurs jardins).

Ce caractère campagnard est encore accru par la prééminence des **maisons dotées de jardins**. Ceux qui visitent Londres pour la première fois sont souvent surpris par son caractère « horizontal », 75 % de ses habitations étant constituées non pas d'immeubles mais de maisons. ▶▶▶

Les quartiers qui montent

Loin d'être statique, Londres, en dépit de son ancienneté, reste une ville en constante évolution, comme le démontre en particulier la rapide capacité à se métamorphoser de certains de ses quartiers, tel **Shoreditch**. Autrefois coupe-gorge à éviter absolument, ce quartier adjacent à la City s'est transformé en moins d'une décennie en un épicentre de la culture branchée, où seuls les gros salaires peuvent désormais se permettre d'investir. Les exemples similaires pullulent.

Hackney, surnommé en 2000 « le Soweto londonien » du fait de son taux de criminalité, attire aujourd'hui de jeunes familles aisées. L'infréquentable **King's Cross**, longtemps repaire de junkies et de prostituées, est devenu depuis l'ouverture de la gare Eurostar de Saint Pancras, en 2007, un quartier branché qui abrite les locaux de l'université d'arts Central Saint Martin, le très chic hôtel *Saint Pancras Renaissance (photo p. 191)* et des centaines de nouveaux appartements pour jeunes cadres dynamiques.

Quant aux immenses terrains vagues et pollués de **Stratford**, le quartier défavorisé qui a abrité le parc olympique en 2012, ils ont évidemment fait place à des infrastructures sportives de première classe, mais aussi à un nouveau parc public – le plus grand espace vert créé à Londres depuis plus de 50 ans – ainsi qu'au plus grand centre commercial d'Europe et à plus de 8 000 nouveaux logements.

THÉMA

La course aux gratte-ciel

Ponts futuristes, tours gigantesques : il suffit de se promener sur les rives de la Tamise pour mesurer à quel point l'architecture contemporaine tient une place de choix dans la capitale britannique. Ces deux dernières décennies, le quartier de Canary Wharf et le cœur de la City se sont hérissés de buildings imaginés par des architectes de renom. Et ce n'est pas fini, car Londres se rêve de plus en plus moderne et verticale, quitte à se composer un visage relativement… disparate !

▲ Si le Lloyd's Building de Rogers a été la toute première tour de la City (1986 ; *photo p. 229*), le vrai catalyseur reste le 30 Saint Mary Axe, dit « Le Cornichon » (*The Gherkin* ; 2004), de Norman Foster : après lui, une dizaine de gratte-ciel ont fleuri dans le quartier, sur à peine 1 km². Et cinq autres sont en chantier ou en projet…

▶ Le Millennium Dome de Richard Rogers, inauguré en l'an 2000, avec, à l'arrière-plan, les tours de Canary Wharf. La plus imposante, One Canada Square, était jusqu'en 2012 le plus haut gratte-ciel de Londres.

■ La manne de la Loterie

L'émergence de ces nouveaux « phares » urbains s'inscrit dans un contexte bien particulier : les années euphoriques qui ont suivi le fameux *Big Bang* de 1986 (→ *p. 92*). La libéralisation des marchés financiers et l'afflux de capitaux bien frais ont en effet favorisé la reprise des chantiers dans les métropoles britanniques, qui avaient grand besoin de se régénérer après la profonde récession de 1980. Grâce à la Loterie nationale, créée en 1993, la Ville de Londres s'est retrouvée, au fil des ans, à la tête d'une confortable cagnotte (plus de 1,3 milliard de livres) qui lui a permis de lancer une trentaine de projets tels que le **Millennium Dome** de Greenwich (→ *encadré p. 314*), œuvre de **Richard Rogers**, ou le nouveau siège de la **British Library** (*p. 191*), conçu par **Colin St John Wilson**. Le style de ce bâtiment ambitieux, le plus vaste jamais

▼ Les Londoniens adorent donner des sobriquets à leurs gratte-ciel : le 122 Leadenhall (2014), conçu par Richard Rogers, est surnommé « La Râpe à fromage » *(The Cheesegrater ; à gauche)*, et le 20 Fenchurch Street, de l'Uruguayen Rafael Viñoly, « Le Talkie-Walkie » *(à droite)* !

édifié sur le sol anglais au XXᵉ s., a incité d'autres institutions à se lancer dans la course au « projet qui décoiffe », en faisant appel à des stars.

■ Foster, la superstar

C'est ainsi que, en 2000, le **British Museum** a inauguré, sous un toit de verre et d'acier signé Foster, la **Great Court** : la plus grande cour intérieure couverte d'Europe *(photo p. 196)*. Coût de l'opération : 100 millions de livres. **Norman Foster**, natif de Manchester (1935), n'en était pas à son coup d'essai : de Hong Kong à Berlin en passant par Nîmes (le Carré d'art) et Bilbao (le métro), il avait déjà semé dans le monde plusieurs réalisations majeures, sobres, high-tech et fonctionnelles. Londres – son port d'attache – lui doit notamment le **Millennium Bridge** (passerelle piétonne), le **City Hall** *(p. 269)*, que l'on compare parfois à un casque de moto, et le **30 Saint Mary Axe** *(p. 230)*, qui se distingue par sa transparence et son souci de l'écologie : la forme fuselée favorise une meilleure circulation de l'air le long des façades et une ventilation naturelle du bâtiment qui réduit la facture énergétique.

■ Une explosion de formes

Même si lord Foster a beaucoup œuvré dans la City, aucun architecte ne règne en maître absolu sur l'urbanisme londonien. Après avoir converti la centrale électrique de Bankside en **Tate Modern** *(p. 262)*, les Suisses **Herzog & De Meuron**, tous deux nés en 1950, ont réalisé près de la station DLR Cutty Sark les locaux, peu connus mais inspirés, de l'école de danse contemporaine (Laban Centre), un édifice qu'ils ont habillé d'une peau semi-transparente en polycarbonate. En 2010, le Français **Jean Nouvel** (né en 1945) a réussi à insérer dans le tissu de la City, juste derrière la cathédrale Saint Paul, **One New Change**, un centre commercial aux effets de miroir très étudiés (en fonction de leur densité, les façades passent graduellement du clair à l'opaque). De son côté, **Zaha Hadid** (née en 1950), diva de la ligne courbe et de l'ondulation, a laissé sa signature à la **Serpentine Sackler Gallery** *(p. 295)* mais aussi au parc olympique de Stratford : la piscine modulable qu'elle y a conçue pour les Jeux olympiques de 2012 *(Aquatics Centre • Mᵒ Stratford)* est dotée d'un toit de 160 m de long en forme de vague, reposant uniquement sur deux supports en béton. Autre pointure internationale : **Renzo Piano** (né en 1937), à qui revient la palme du gratte-ciel le plus haut et le moins verdâtre de Londres. L'architecte a utilisé pour **The Shard** *(p. 267)* un nouveau type de verre à faible teneur en fer, qui rend ses 11 000 panneaux ultracristallins.

Autant d'interventions différentes qui font de Londres un kaléidoscope de styles *(pour une liste à jour, voir : www.cityoflondon.gov.uk/things-to-do/visiting-the-city/walks-tours-and-architecture/modern-architecture)*.

▶▶▶ **Ville basse, ville haute**

Longtemps, les immeubles londoniens sont restés limités aux entrepôts industriels de l'est et du sud de la Tamise, ou encore à quelques expérimentations « modernistes » dans les années 1970, tels que le Barbican Centre ou la Trellick Tower. La construction du centre financier de **Canary Wharf** dans les années 1980 avait certes vu l'émergence de nombreux gratte-ciel, mais sans pour autant vraiment modifier la topographie de Londres, du fait de son éloignement du centre. Mais si Londres demeure en grande partie une ville « basse », reste que le XXIe siècle a déjà profondément modifié le paysage urbain. Sur les 41 immeubles dépassant les 100 m de hauteur, 24 sont apparus après 2000 *(→ théma p. 68-69)*. Du haut de ses 306 m, The Shard, création futuriste de l'architecte Renzo Piano inaugurée en 2012, s'impose désormais comme l'immeuble le plus haut d'Europe. Et s'ils ont longtemps été confinés à la City et à Canary Wharf, les deux principaux quartiers financiers de Londres, les gratte-ciel gagnent aujourd'hui d'autres lieux : le Shard se trouve ainsi à London Bridge, tandis qu'un projet massif de rénovation autour de l'ancienne centrale électrique de **Battersea** inclut la construction, sur 3 km, de 32 tours de plus de 20 étages, dont la plus haute culminera à près de 200 m.

Une agglomération de villages

De fait, avec une superficie six fois supérieure à celle de Paris, Londres mérite doublement son titre de « grande ville ». Aux grandes divisions historiques – ouest traditionnellement bourgeois, est autrefois ouvrier et aujourd'hui branché, nord cossu, sud réservé aux classes moyennes – s'ajoutent les divisions par quartiers, chaque Londonien se définissant souvent par rapport à l'endroit qu'il habite. Certes, cet aspect n'a rien d'unique, mais il apparaît beaucoup plus prononcé à Londres du fait de l'importance de la distance entre quartiers.

Cela ne veut évidemment pas dire qu'un habitant de Notting Hill ne se rendra jamais à Shoreditch pour faire la fête, mais, dans l'ensemble, les gens tendent à rester dans leur « village », fréquentant ses pubs, ses boutiques, ses clubs de gym, ses restaurants et ses boîtes de nuit : pour ouvert au monde qu'il soit, le Londonien se complaît ainsi dans cet aspect communautaire de la ville. Un *Westie* choisit ainsi rarement au cours de sa vie de vivre dans l'East End, les 12 km qui séparent ces parties de la ville se traduisant non seulement en distance géographique, mais aussi par des habitudes sociales différentes, des commerces aux sorties. De même, un déménagement au sud de la Tamise se vit souvent comme un événement majeur, même quand il s'agit seulement de passer du quartier de Chelsea à celui, un pont plus au sud, de Battersea : l'impact psychologique dépasse de très loin la distance géographique.

Boulot, métro, pub : le quotidien londonien

Le Londonien, s'il bat les records européens d'heures travaillées (48 heures en moyenne pour les employés à temps plein, selon l'union des syndicats), sait aussi s'amuser. Considérés comme sacrés, les loisirs sont centrés le plus souvent autour de lieux de rencontres tels que le pub, où le Londonien moyen, de plus en plus souvent locataire du fait de la cherté de l'immobilier, se rend avec le *Tube* ou à vélo, un moyen de transports devenu particulièrement populaire ces dernières années.

Boom du prix de l'immobilier

Estimé à 552 530 £ en 2014, le prix moyen d'une résidence londonienne n'a jamais été aussi élevé, avec des taux de croissance annuels qui dépassent de beaucoup la moyenne nationale. Car la valeur du marché de l'immobilier, si elle reflète les aléas de l'économie nationale, est aussi dictée par la demande croissante d'investisseurs étrangers, qui font grimper les prix et fuir l'Anglais moyen. Ainsi, alors qu'un professeur ou un comptable pouvait encore se permettre d'acheter un trois-pièces à Hammersmith ou Islington dans les années 1990, son salaire l'oblige aujourd'hui à opter pour la grande banlieue, voire la campagne. Dans les quartiers les plus chics, comme Chelsea, Kensington, Knightsbridge ou Mayfair, seuls les financiers les plus riches et les milliardaires de la jet-set peuvent s'offrir une maison familiale, et plus de 75 % des acheteurs sont étrangers.

▲ South Molton Street à Mayfair, l'un des quartiers les plus chers de Londres.

La modification du profil de l'acheteur moyen n'est pas la seule conséquence de cette folie immobilière, liée à la demande globale qui affecte les prix londoniens : alors que 65 % des Anglais sont propriétaires, ce chiffre tombe à moins de 50 % à Londres, qui est devenue depuis le milieu des années 2000 une ville de locataires, où une proportion croissante des représentants des classes moyennes – « de souche » comme nouveaux venus – n'ont d'autre option que de louer.

Loisirs et sociabilité *British*

Le Londonien est, de façon générale, un être sociable, comme en atteste la popularité des pubs. Fréquenté par toutes les couches de la population, le **pub** *(→ aussi thème p. 36-37)* constitue ainsi le centre de la sociabilité londonienne, où l'on passe entre amis de longs après-midi et de longues soirées de week-end à écouter de la musique ou à regarder un match de foot ou de rugby. C'est aussi là que l'on va prendre un verre avec ses collègues après le travail, les relations hors du cadre professionnel faisant partie intégrante de la vie londonienne – un fait toujours surprenant pour les visiteurs français, davantage habitués à « filer à l'anglaise » après le travail.

Les **clubs** constituent aussi une caractéristique essentielle de la sociabilité, omniprésente dans la vie du Londonien, qui aime le sentiment d'appartenance que ces endroits lui apportent. C'est à travers ces clubs, qu'il s'agisse de clubs de gym ou de clubs privés (qui vont bien au-delà des traditionnels *gentlemen's clubs*), que le Londonien se fait le plus souvent des amis, autour d'intérêts qu'il partage avec les autres membres. De façon générale, les Londoniens aiment sortir. S'ils sont moins nocturnes que les Parisiens, du fait de la

▶ Des « *Boris Bikes* » dans le centre.

Les écoles : un système hétérogène

Vu depuis la France, le système scolaire anglais a tout du casse-tête chinois. Ainsi, le qualificatif d'« écoles libres », qui décrit en France des écoles privées, est au contraire utilisé au Royaume-Uni pour décrire les *free schools*, un type d'établissements primaires et secondaires financés par l'État mais administrés de façon indépendante, que ce soit par des associations de parents, par des groupes éducatifs, voire par d'anciens militaires. Introduit par les conservateurs en 2010, il s'inspire, en le modifiant, du système des « académies » créées par le gouvernement Blair, des écoles publiques financées par des fonds privés.

Quant aux *public schools* (littéralement « écoles publiques »), elles désignent en fait les écoles privées, qui accueillent un élève sur dix à Londres (contre 6,6 % dans le reste de l'Angleterre), et même jusqu'à un élève sur deux dans le quartier cossu de South Kensington.

À cela s'ajoutent les écoles anglicanes, catholiques, musulmanes, hindoues et juives, qui représentent un tiers des établissements scolaires de Londres. Financées par l'État – et donc gratuites –, elles sont néanmoins administrées par des Églises, qui fixent comme critère d'entrée l'appartenance à une foi spécifique (même si un certain nombre de places sont réservées pour des élèves athées ou ayant une religion différente).

fermeture des pubs à 23 heures et des boîtes de nuit à 3 heures du matin, ils font honneur à leurs établissements, souvent très *busy*, y compris le dimanche soir et en semaine.

Entre *Tube* et « vélos de Boris »

Le Londonien est farouchement attaché à ses **transports en commun** : le bus rouge à impériale *(double decker)* et le métro *(Tube)* font partie intégrale de sa vie quotidienne. Ce dernier constitue d'ailleurs le plus vieux réseau de transport ferroviaire urbain : il est apparu dès 1863, soit 37 ans avant le métro parisien, ce dont le Londonien n'est pas peu fier ! Autre grand symbole des transports londoniens, les *black cabs* – les traditionnels taxis –, au nombre de 20 000, continuent de peupler le paysage urbain, même si les *minicabs*, ces voitures particulières dont les propriétaires, pour la majorité des immigrés, ont une licence de chauffeur, leur font une concurrence grandissante.

Si trois foyers londoniens sur quatre possèdent une voiture, ce chiffre ne cesse de diminuer depuis le début des années 2000, du fait d'une part de l'introduction d'une *congestion charge* qui rend payante la conduite dans le centre, et d'autre part de la popularité croissante des vélos. Ainsi, le nombre de voyages à bicyclette a doublé en dix ans, pour atteindre plus de 540 000 en 2012, grâce notamment à l'introduction par la mairie de Londres, en 2010, de 6 000 **bicyclettes de location**. Ces dernières, affectueusement surnommées « *Boris Bikes* », d'après le prénom du maire de Londres Boris Johnson, témoignent de la volonté de ce dernier, un cycliste enthousiaste, de faire du vélo le premier moyen de transport des Londoniens.

Deux mille ans d'âge

Une histoire culturelle et sociale

par Jean-Philippe Follet

Londres a derrière elle une histoire dense, qui ne se résume pas au Grand Incendie de 1666 ou au Blitz de 1940. Une histoire bien à elle, qui ne se confond pas avec celle du Royaume-Uni, même si elle en est la capitale. Agglomérat de quartiers qui affichent de vraies disparités sociales et architecturales, elle a longtemps manqué d'une véritable administration : le lord-maire de la City, cœur historique de la ville, avait des pouvoirs bien plus étendus que les conseils des autres arrondissements *(boroughs)*. Au fond, seuls les trois organismes qui se sont succédé de 1855 à 1986 sous les sigles MBW, LCC et GLC ont tenté de coudre les pièces du patchwork et de définir des stratégies en matière d'urbanisme. Il a fallu attendre l'année 2000 pour qu'un maire soit élu à la tête du Grand Londres. Mais ne brûlons pas les étapes ! Petit résumé des épisodes précédents.

Des Romains en terre celte

On connaît mal la préhistoire de la vallée de la Tamise, mais on est sûr d'une chose : le site était peu peuplé. Et c'est peut-être justement parce qu'il n'y avait là qu'une faible présence humaine que les armées romaines, en l'an 43 av. J.-C., l'ont choisi pour y établir leur plus grande base en Britannia.

Clairières et huttes rondes
Au VIIIe millénaire av. J.-C., le fleuve était bien plus large qu'aujourd'hui et les terres alentour, couvertes d'épaisses forêts. Si épaisses qu'elles n'ont livré aux archéologues que peu de traces d'une activité humaine. Les plus anciennes dateraient du IVe millénaire : des groupes de chasseurs-cueilleurs semi-nomades auraient ouvert çà et là (Uxbridge, Staines) des clairières pour y installer des campements provisoires. Les vestiges du IIe millénaire av. J.-C., à peine plus nombreux, laissent à penser que les **Catuvellauni** (les tribus celtes présentes dans la région) cultivaient la terre sur les berges de la Tamise – on a découvert à Southwark des marques de labour de 1520-1220 av. J.-C. – mais qu'ils n'y vivaient pas à plein temps, eux non plus : l'occupation des quelques huttes rondes exhumées à Kensington et Chelsea semble avoir été saisonnière.

Histoire

Londinium, cité romaine

Pourquoi des légions romaines débarquent-elles durant l'été 43 av. J.-C. en Britannia (l'actuelle Grande-Bretagne) ? Pour apporter à leur empereur **Claude**, natif de Lugdunum (Lyon), une prestigieuse victoire dans un pays riche en minerais et en esclaves potentiels, et pour y installer un préfet allié de Rome. Surprises, les tribus celtes tentent de résister à l'invasion des Romains. En vain : dès l'automne, Claude en personne remonte, triomphal, le cours de la Tamise – il reçoit à cette occasion le surnom de Britannicus – et donne au site une importance qu'il n'avait jamais eue auparavant. Cinq ans plus tard, sur la rive nord, à l'est de la rivière Walbrook, une ville est tracée, que l'on appelle Londinium. D'après l'historien Tacite, on y trouve un grand nombre de marchands, d'artisans et de denrées de toutes sortes. Les archéologues, qui ont estimé sa population à 10 000 habitants, y ont découvert des restes de fours à pain et d'ateliers de potier, des céréales importées de Turquie et de nombreux débris d'amphores à vin et à huile d'olive.

En revanche, à l'ouest de la Walbrook, leurs trouvailles racontent un autre mode de vie : des maisons rondes – presque les mêmes que les huttes des Catuvellauni – contenant très peu de traces d'importations méditerranéennes. C'est sans doute là, en marge de la cité, que vivent les paysans celtophones. On ignore s'ils s'y sont installés de leur plein gré pour vendre les produits de leur ferme, ou si les Romains les ont réduits en esclavage…

Face aux révoltes celtes

En l'an 60, des soudards romains s'aventurent au nord-est, dans le pays des **Icéniens**, puissante tribu celte, et commettent l'erreur de flageller leur reine, **Boudicca**, et de violer ses deux filles. Par représailles, les Icéniens – Boudicca en tête – marchent sur Londinium et mettent la ville à feu et à sang. Seul le quartier « celte » échappe à la destruction. Peu à peu, les Romains reprennent le dessus et relèvent la cité de ses cendres. Plusieurs monuments voient le jour dans les décennies qui suivent : un forum bordé d'une basilique civile, un temple dédié à Mithra (toujours visible à Queen Victoria Street), des bains publics à proximité du fleuve, des entrepôts à l'embouchure de la Fleet et un amphithéâtre (en partie conservé sous la Guildhall Art Gallery) où le public assiste aux exécutions publiques ainsi qu'aux combats de Celtes livrés à la merci des gladiateurs romains.

Pour prévenir d'autres révoltes, les Romains érigent un fort puis, en l'an 200, une muraille de 6 m

---

Vagues de langues

La langue indigène de la vallée de la Tamise n'est pas l'anglais mais le brittonique, une langue celtique aujourd'hui disparue, ancêtre, entre autres, du gallois et du breton armoricain. Au début de notre ère, le latin s'est répandu dans les zones occupées par les Romains : fonctionnaires et vétérans en ont imposé l'usage à Londinium, mais le petit peuple des alentours, lui, continue de parler le brittonique. Les envahisseurs suivants – les Angles et les Saxons venus de Germanie – s'expriment en *englisc*, une langue assez proche du vieux frison. Peu à peu, les paysans celtophones de la Tamise abandonnent le brittonique pour adopter l'idiome de leurs nouveaux maîtres.

Au XIe s., 10 000 Normands se fixent outre-Manche à la suite de Guillaume le Conquérant. Le parler de leurs cadres devient la langue de la cour et alimente le lexique anglais : les mots *catch*, *strive*, *war*, par exemple, dérivent du normand *cachier* (chasser), *s'estriver* (s'acharner), *werre* (guerre). À Londres, l'élite se fait vite bilingue, car « à moins de connaître le français, on n'est guère considéré » notait Robert de Gloucester en 1298. Mais au XIVe s., le français recule : le *law french* cesse d'être la langue officielle des tribunaux en 1362. Même les poètes – Chaucer, Gower (→ *p. 267*) – passent à l'anglais…

▲ L'incendie et le saccage de Londinium par la tribu celte des Icéniens au Ier s. apr. J.-C. sont encore attestés, à certains endroits, par une épaisse couche de débris calcinés à 4 m sous le niveau actuel du sol. Leur reine rebelle, Boudicca, a son monument à l'angle du Westminster Bridge, face au Parlement.

de haut sur 3 km (aujourd'hui encore, quelques noms de rues gardent le souvenir des portes qui y ont été ménagées à l'époque : Ludgate, Newgate…).

L'apogée puis le déclin

Cette cité où cohabitent Romains, Celtes romanisés, Celtes encore celtophones et légionnaires recrutés dans d'autres régions d'Europe (60 000 habitants au total au IIe s.) sert de base à la conquête et au développement des campagnes. Le port, lui aussi, s'agrandit (on a exhumé de la vase un navire méditerranéen à longue quille et une embarcation plus plate, affectée au trafic local, qui avait sombré avec sa cargaison : des matériaux de construction en provenance des carrières de Maidstone). Le commerce se porte plutôt bien, jusqu'au jour où la Britannia est divisée en deux provinces. La ville perd alors de son importance. Les troupes romaines partent stationner à la lisière de l'Écosse qui leur donne du fil à retordre. En 410, Rome rappelle ses légions sur le continent pour se protéger des hordes de Goths et de Vandales. L'île cesse d'être romaine. En l'espace d'une génération, Londinium périclite, et ses habitants se retrouvent livrés à eux-mêmes.

Angles, Saxons et Normands

C'est alors que les Angles et les Saxons, envahisseurs d'origine germanique fraîchement débarqués sur la côte est de l'île, font leur entrée en scène : dès le Ve s., ils prennent le contrôle des zones où l'autorité romaine s'était effondrée et y instaurent un royaume fragile. Mis à mal par les raids vikings, il sera conquis au XIe s. par d'autres hommes venus de la mer : les Normands.

Lundenwic l'anglo-saxonne

On ignore le sort que les Anglo-Saxons ont réservé aux celtophones de la vallée de la Tamise (selon l'hypothèse la plus vraisemblable, la population indigène aurait ici fusionné avec celle des Anglo-Saxons). On sait en revanche que les

Le dernier chic : la pierre de Normandie...

En 1200, Londres comptait près de 110 églises, certaines dédiées à des saints saxons (Ethelburga, Dunstan), scandinaves (Magnus, Olaf) ou français (Denis, Gilles). Nombre d'entre elles auraient été fondées peu après la conquête de l'Angleterre par les Normands (1066) : jugeant les églises saxonnes démodées, les seigneurs normands entreprirent de bâtir avec des matériaux qu'ils firent venir de Caen des églises d'un style nouveau, le roman.

À quoi reconnaît-on une *norman church* ? À ses proportions massives, ses murs épais, ses petites fenêtres, ses arcs en plein cintre et son décor, rudimentaire au début (moulures incisées de chevrons), plus complexe vers 1130 (chapiteaux sculptés). Londres conserve quelques vestiges de cette architecture normande : les cryptes de Saint Mary le Bow et de Saint John Clerkenwell, des pans de la Southwark Cathedral et de Westminster Abbey. Les plus beaux spécimens restent la chapelle Saint-Jean *(p. 247)*, à l'intérieur de la Tour blanche, et Saint Bartholomew the Great *(p. 234)*, souvent utilisée dans les films historiques. Vers 1174, les maçons normands introduiront un autre style : le gothique.

nouveaux arrivants ont boudé les ruines de la cité romaine pour s'installer plus à l'ouest, hors les murs, sur le site de l'actuel **Covent Garden**. Cette ville anglo-saxonne, nommée Lundenwic, est plus petite que Londinium, mais assez active : elle tire parti du vieux réseau des routes romaines, bat sa propre monnaie et envoie ses bateaux, amarrés au Strand, commercer avec les ports du pas de Calais, de la mer du Nord et du Rhin. Problème : elle est régulièrement attaquée par les Vikings (en 842, 851, 871…).

Lundenburg contre les Vikings

En 886, **Alfred le Grand**, roi des « Saxons de l'Ouest » *(Wessex)*, prend la sage décision d'abandonner Lundenwic, trop exposée, et de fonder une ville nouvelle, Lundenburg, à l'intérieur de la vieille enceinte romaine. Et pour encourager la reprise du commerce interrompu par les raids vikings, il accorde des privilèges aux évêques et autres membres éminents de sa cour. Les habitants de Lundenburg, fatigués des incursions scandinaves à répétition, finissent par offrir aux Danois une forte somme pour prix d'une trêve et par accepter qu'un souverain danois (Knud Ier, r. 1016-1035) soit élu roi de l'Angleterre. Celui-ci établit sa résidence dans une petite abbaye située au sud de Lundenwic : **Westminster**. Un choix déterminant, qui va bientôt propulser « Lunden » au rang de capitale politique du royaume puisque **Édouard le Confesseur** (r. 1042-1066), son successeur anglo-saxon, édifie juste à côté de l'abbaye un palais qui deviendra à partir du XIIe s. le siège permanent du gouvernement.

▼ L'un des rares vestiges d'architecture romane de Londres, et le plus ancien : la superbe chapelle Saint-Jean (1080), dans la Tour de Londres, construite en pierre de Caen sous le règne de Guillaume le Conquérant.

Des seigneurs venus de France

La capitale, dès lors, se développe autour de ces deux pôles distincts : le quartier institutionnel à l'ouest, et le cœur du commerce à l'est. Une disposition « bicéphale » qui marque aujourd'hui encore l'urbanisme londonien. Pendant que nobles et évêques se font bâtir, entre ces deux pôles, de dignes manoirs avec jardins et accès direct au fleuve, le Normand **Guillaume le Conquérant** (William the Conqueror, r. 1066-1087), qui s'est emparé de la couronne d'Angleterre après sa victoire à la bataille d'Hastings, dote la City d'une forteresse – la fameuse « Tour » – et de deux autres châteaux (Baynard et Montfichet) pour mieux affirmer son pouvoir, faire face à d'éventuelles révoltes et assurer aux bourgeois la protection de leurs biens. La City se couvre d'églises normandes (→ encadré ci-contre) et l'on voit fleurir à la périphérie une couronne d'hospices et de monastères.

Une commune florissante

En 1191, **Jean sans Terre** (John Lackland, r. 1199-1216), de la dynastie angevine des Plantagenêts, accorde à la ville le statut de commune. Une mairie est alors bâtie (Guildhall), où le *lord-mayor*, élu pour un an par les corporations, peut exercer son droit de justice, veiller à l'organisation des différents marchés – déjà bien spécialisés : volaille à Leadenhall, mercerie à Cheapside, poisson à Billingsgate… – et à l'entretien du port où débarquent la plupart des articles manufacturés. La main-d'œuvre ne manque pas : du XIIIe au XVe s., Londres attire des milliers de migrants. Jeunes apprentis des Midlands et du Yorkshire, cavistes de Gascogne, marchands de la Hanse et brasseurs des Flandres, tous viennent tenter leur chance dans la ville la plus peuplée d'Angleterre (80 000 habitants en 1300). Pourtant, les violences xénophobes y sont fréquentes et les conditions de vie précaires : en période de disette (1315-1322), une frange importante de la population est contrainte de manger des chats et des chiens. La **peste noire** (1348-1349) envoie à la fosse commune de Smithfield un habitant sur deux.

Mais ni les épidémies ni les jacqueries (des paysans révoltés contre les impôts assiègent la Tour en 1381) n'auront raison de l'insolente santé du **commerce** londonien : au début du XVe s., la richesse est de nouveau là, concentrée dans moins de mains.

Au temps des Tudors et des Stuarts

La guerre des Deux-Roses, que se livrent la dynastie des York et celle des Lancastres de 1455 à 1485, a peu d'impact sur la ville. Les vrais changements interviennent un peu plus tard, sous le règne très turbulent des Tudors, avec la Réforme protestante qui conduit à la sécularisation des monastères.

Le partage des biens du clergé

Les domaines confisqués aux congrégations religieuses (1536-1540) sont attribués par le roi à ses courtisans favoris : Covent Garden, par exemple, échoit aux comtes de Bedford. D'autres sont convertis en chasses royales (c'est le cas de Soho) ou acquis par des aristocrates qui y bâtissent des demeures d'allure encore médiévale mais plus confortables : elles sont dotées de larges fenêtres et de cheminées monumentales. **Henri VIII** lui-même s'en réserve quelques-unes : à sa mort en 1547, il était propriétaire de 21 palais, dont Hampton Court. Mais ce bâtisseur compulsif et sanguinaire époux *(→ encadré p. 122)* a parfois été aussi un visionnaire : en 1514, il fonde Trinity House,

▲ Aujourd'hui, quelques façades à pans de bois – ici, Staple Inn, près de Chancery Lane – rappellent encore les maisons particulières du temps des Tudors.

la corporation des pilotes chargés d'assurer la sécurité des navires. Une profession clé, car à mesure que la Tamise s'ouvre au commerce mondial, elle doit accueillir des bateaux à grand tirant d'eau. Tabac de Virginie, sucre des Caraïbes, poivre des Indes… : tout, désormais, arrive directement au pied de la City sans passer par des ports ou des courtiers de l'Europe continentale.

Des faubourgs en pleine expansion

Le trafic fluvial, stimulé par la **création de la Bourse** en 1566 et celle de **l'East India Company** en 1600, favorise dans le grand Est, près du port en eau profonde, un développement anarchique de faubourgs de marins et d'ouvriers – Wapping, Shadwell… – et une incroyable explosion démographique (500 000 habitants). En 1603, à la mort de la dernière des Tudors (la cruelle et rusée **Élisabeth I**^{re}, dont le règne fait date dans l'histoire du théâtre anglais), la capitale compose un patchwork à forts contrastes architecturaux autant que sociaux : les très pauvres vivent entassés dans des taudis de l'East End tandis que les très fortunés occupent, du côté de Covent Garden et Westminster, de hautes maisons dont les intérieurs semblent tout droit sortis d'un tableau de Vermeer (le style en vogue au sein de la classe dirigeante s'inspire alors des Pays-Bas protestants).

Le style jacobéen

Le règne du Stuart **Jacques I**^{er} (James I, r. 1603-1625), durant lequel **Shakespeare** compose ses pièces les plus célèbres, est agité par de nombreux complots – la fameuse **conspiration des Poudres** *(→ encadré p. 125)* – mais il inaugure une deuxième phase de la Renaissance anglaise. Le style jacobéen, plus sophistiqué que le goût Tudor, puise ses motifs du côté des Flandres : les plafonds des intérieurs les plus aisés (le salon de Bromley-by-Bow, par exemple, reconstitué au Victoria and Albert Museum) se parent d'entrelacs de moulures en plâtre blanc, un motif décoratif importé d'Anvers. Il regarde aussi du côté de l'Italie : le brillant architecte **Inigo Jones** (1573-1652) introduit à Londres un classicisme aux proportions harmonieuses, fondé sur l'étude des villas du Vénitien Palladio.

Hélas, ses principales réalisations ne seront pas comprises à leur juste valeur et il n'aura pas le temps de livrer d'autres preuves de son génie, ni de former de disciples : la **guerre civile de 1642-1649**, qui oppose le roi **Charles I**^{er} au Parlement, met un frein à tous les chantiers. Certes, il n'y a aucun combat en ville (seul le roi est décapité), mais ce conflit affecte tout de même le quotidien des Londoniens : **Oliver Cromwell**, nommé lord-protecteur de la République parlementaire (1653), est un homme austère qui fait bannir de la City la distraction première de milliers d'habitants : le théâtre.

Après l'épidémie, le Grand Incendie

Cinq ans plus tard, lorsque Cromwell est enterré à Westminster (« C'était l'enterrement le plus joyeux que j'ai jamais vu, seuls les chiens pleuraient » note le royaliste John Evelyn dans son *Journal*), un Stuart revient sur le trône, **Charles II** (r. 1660-1685), qui est acclamé par une foule en liesse. Le « monarque joyeux », comme on le surnomme, fait rouvrir les théâtres et soutient les artistes : les portraitistes Godfrey Kneller et **Peter Lely** *(→ encadré p. 211)*, l'organiste **Henry Purcell** (1659-1695), qui composera le premier opéra de l'histoire de la musique anglaise, *Didon et Énée*.

Mais la joie est de courte durée : une virulente épidémie de peste bubonique s'abat sur la ville en 1665 : elle fait 75 000 morts en sept mois, surtout dans les faubourgs les plus insalubres. Elle est suivie du **Grand Incendie** de 1666, qui ravage la City en quatre jours. La reconstruction sera supervisée avec brio par l'architecte **Christopher Wren** *(→ théma p. 80-81)*.

Autre succès de cette période : l'amélioration du système éducatif. La proportion de filles sachant lire frise les 45 % (contre 16 % au début du siècle) et plusieurs écoles se sont spécialisées : navigation à Trinity House, droit dans les Inns of Court…

Sous le règne des Georges

En 1714, un Allemand – Georges Ier (1660-1727), de la maison de Hanovre – monte sur le trône de Grande-Bretagne. À bon droit, selon les uns *(whigs)* : après tout, il est le plus proche parent protestant de la dernière reine. À tort, selon les autres *(tories)*, qui auraient préféré le retour d'un catholique. ▶▶▶

▲ L'alignement de maisons en brique brune de Bedford Square, dans le quartier de Bloomsbury, est un parfait exemple de ces *terraced houses* caractéristiques du XVIIIe s. et de l'époque georgienne.

☞ **EN SAVOIR PLUS**
Sur Shakespeare et le théâtre de son époque, lire le théma p. 102-103.

Les *terraced houses*

Avec la complicité de quelques spéculateurs, l'aristocratie foncière se lance, au XVIIIe s., dans une vaste et juteuse opération immobilière qui consiste à lotir à tour de bras les grands domaines situés au nord de Piccadilly et d'Oxford Street pour les transformer en quartiers résidentiels. La même folie s'empare de Westminster, où 11 000 immeubles de rapport voient le jour en sept ans.

Résultat : des alignements continus de maisons attenantes *(terraced houses)*, étroites mais hautes, bâties sur le même plan et dans les mêmes matériaux – des briques brunes ou jaunes. Tout le décor de la façade tient dans la porte d'entrée : ses consoles s'ornent parfois d'animaux, de chérubins ou de feuillages. Souvent dotées à l'arrière de communs et d'écuries *(mews)*, ces enfilades auraient pu sembler monotones tant elles sont strictement symétriques mais le concept plaît, surtout lorsque les rues s'incurvent en demi-lune *(crescents)*. Les *terraced houses* sont considérées, à l'époque, comme le summum du confort moderne, avec leurs petits salons dédiés à la conversation ou à la musique.

Il reste de très beaux exemplaires de cette architecture georgienne sur **Grosvenor Square** (1720), **Berkeley Square** (1739), **Bedford Square** (1775) et **Church Row** à Hampstead.

THÉMA

Le baroque selon Wren

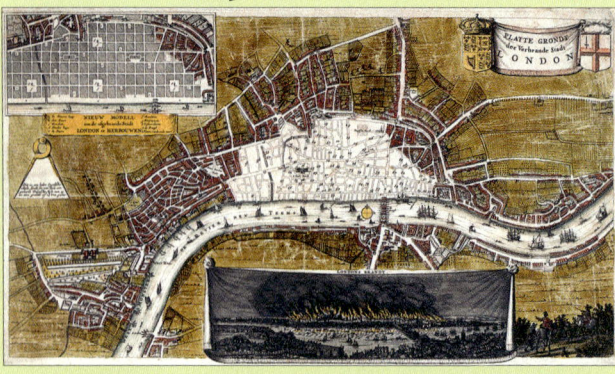

▲ Le Grand Incendie de 1666 (*Great Fire*) a dévasté la City depuis la Fleet River, à l'ouest, jusqu'à la Tour de Londres (zone claire sur ce plan de 1666 ; Corporation of London Libraries and Guildhall Art Gallery).

À plusieurs reprises, Londres a été le théâtre d'incendies très violents. Le plus spectaculaire reste le *Great Fire* qui, par un fort vent d'est, a détruit en 1666, en l'espace de quatre jours, les trois quarts de la City. La reconstruction du site fournit à Christopher Wren l'occasion de démontrer ses talents d'architecte et de s'imposer comme l'un des grands maîtres du baroque anglais.

■ Le Grand Incendie de 1666

Aux premières heures du dimanche 2 septembre 1666, des flammèches s'échappent d'un four de boulanger mal éteint, se propagent aux entrepôts voisins et embrasent la City, rue après rue. Le feu n'est éteint que le 6 septembre. Quatre jours après, le sol est encore brûlant. Bilan : 10 morts, des milliers de sans-abri, 13 200 maisons à pans de bois et 88 églises réduites en cendres, dont la cathédrale Saint Paul. Aussitôt, on cherche des coupables. Des prédicateurs y voient la main de Dieu punissant les Londoniens pour leurs péchés. Surtout celui de gourmandise, puisque le feu a commencé à Pudding Lane et s'est arrêté à Pie Corner (rue de la Tourte). D'autres suspectent un complot papiste : des catholiques qui auraient cherché à détruire une ville anglicane. Une rumeur insistante attribue le *Great Fire* à un Français. On finit par trouver un bouc émissaire : un horloger rouennais un peu agité dénommé Robert Hubert, que l'on pend dès octobre. On découvrira plus tard qu'il n'était pas encore à Londres au moment de l'incendie.

■ Un concours d'idées

Le 11 septembre, alors que les ruines de la City fument encore, Christopher Wren soumet au roi un projet de reconstruction, ayant pour centre la Bourse royale, rythmé par de longues et larges artères rayonnant à partir de places circulaires ou semi-circulaires. Dans la foulée, le roi reçoit une dizaine d'autres plans, dont ceux de John Evelyn et de Robert Hooke, qui reflètent eux aussi les dernières tendances de l'urbanisme à Rome et à Paris. Beaucoup voient dans le Grand Incendie l'occasion de faire enfin de Londres une ville nouvelle, rationnelle, en la débarrassant de ses handicaps hérités du Moyen Âge (façades en bois, rues étroites, etc.). Pourtant aucun de ces plans ne sera réalisé : aux yeux des autorités, la solution la plus rapide et la moins coûteuse consiste à rebâtir sur les fondations médiévales. Même si la Fleet est canalisée, les quais de la Tamise rehaussés, quelques rues élargies, les autorités procèdent plus à une rénovation qu'à une reconstruction : les nouvelles maisons en brique auront les mêmes formes que les maisons à pans de bois du temps des Tudors et de Jacques Ier.

■ Wren en *surveyor-general*

Le chantier a pour superviseur général l'astronome et mathématicien **Christopher Wren** (1632-1723). Sa formation en architecture se résume à un séjour à Paris l'année précédente, au cours duquel il a rencontré François Mansart, Le Vau et le Bernin ; mais l'homme a des idées à revendre, des talents d'organisateur et un sens aigu de la relation entre les masses et l'espace environnant. Il prend en charge la reconstruction de 51 églises paroissiales et de la cathédrale Saint Paul, dont les pierres, selon les témoins de l'incendie, ont explosé comme des grenades. Le *model* que Wren présente en 1673 s'inspire nettement du projet de Michel-Ange pour Saint-Pierre de Rome, mais le clergé anglican le juge inadapté et l'architecte doit revoir sa copie : une basilique longitudinale surmontée, au centre, d'un gigantesque dôme porté par deux tambours. Wren conçoit aussi le Royal Naval Hospital de Greenwich (aujourd'hui Old Royal Naval College), symbole on ne peut plus théâtral de la royauté, et remanie le palais de Hampton Court à la demande de Guillaume III. Ses idées seront en partie reprises par ses élèves John Vanbrugh (1664-1726) et Nicholas Hawksmoor (1661-1736) qui œuvreront sous les règnes d'Anne Stuart et de Georges Ier.

▲ Sur les 51 églises paroissiales reconstruites après le Grand Incendie sous la direction de Wren, seules 39 ont survécu, dont Saint Stephen Walbrook.

Avec ses dômes aux colonnes géminées, l'Old Royal Naval College de Greenwich est le chef-d'œuvre de Christopher Wren.

Montrer patte blanche

Francesco Bianco, émigrant italien qui ouvrit à Mayfair, en 1693, une maison où l'on venait déguster du chocolat chaud, n'imaginait pas qu'il allait donner naissance à l'une des traditions les plus solides de la culture britannique. Au début du XVIIIe s., l'établissement, devenu le *White's*, avait troqué ses allures de salon de thé contre celles d'un cercle où les clients argentés venaient le soir jouer et lancer des paris de toutes sortes. Le succès de ce **club privé** fut tel que, un siècle plus tard, Londres en comptait plus de 200.

Les clubs sont bien moins nombreux de nos jours, mais ils ont conservé leur atmosphère sélecte où se retrouvent les gens d'un même milieu social (élevé). Pour y être admis, il faut généralement être parrainé par ses pairs, pouvoir justifier de sa moralité, de sa généalogie, de sa position sociale... Et attention aux indisciplinés ! Tout manquement à l'ordre établi peut être sanctionné par une exclusion.

Les clubs plus traditionnels sont : le *White's*, qui collectionne les membres éminents tels que le prince Charles, et le *Carlton*, fief des conservateurs, tous deux sur Saint James's Street ; l'*Athenaeum (107 Pall Mall)*, où le vote pour élire un nouveau membre se pratique encore à l'aide de petites boules : blanches s'il est accepté, noires s'il est refusé. Il existe néanmoins des clubs où l'on prend plus en compte la réussite personnelle que l'ascendance sociale : c'est le cas du *Groucho (45 Dean St.)* dont les membres, des deux sexes, sont issus du monde des lettres, des arts et du spectacle.

▶▶▶ **Une place financière de premier plan**

Georges Ier est raillé pour son anglais balbutiant, mais il a l'appui de la bourgeoisie commerçante. Durant son règne et celui de ses successeurs, qui portent tous le nom de Georges, Londres gagne ses galons de place financière : autour de la **Bank of England**, qui s'installe face à la Bourse, la City a tout d'une ruche. La ville se hisse aussi au rang de premier centre manufacturier du pays. Les *factories* produisent à grande échelle de la bière, des horloges (à Clerkenwell), des soieries (à Spitalfields), des porcelaines (à Limehouse) et des meubles : ceux de l'ébéniste Thomas Chippendale valent au *made in London* une belle réputation à l'étranger. Certains jours, le négoce bat si fort que l'on compte jusqu'à 1 400 navires en même temps dans le port ! Les vieux quais, où l'on perçoit les droits de douane, ne sont plus adaptés aux besoins des marchands. Les planteurs qui retirent des Caraïbes des profits considérables rêvent de nouveaux docks.

La plus grande ville du monde

Les rues, elles aussi, sont de plus en plus embouteillées. Le va-et-vient des calèches et des diligences, l'acheminement incessant des briques sur les chantiers de lotissement *(→ encadré p. 79)* obligent le lord-maire à tracer une rocade au nord (la New Road) et à jeter deux autres **ponts sur la Tamise**, le Westminster Bridge et le Blackfriars Bridge, qui favorisent à leur tour l'émergence de quartiers résidentiels au sud du fleuve. Désormais, l'agglomération déborde sur les comtés voisins, Middlesex, Essex et Surrey. En passant de 600 000 habitants (en 1700) à plus d'un million, elle éclipse, à la fin du XVIIIe s., toutes les autres capitales. C'est une Babylone moderne, aussi chaotique que dynamique, composée à 25 % de Londoniens et à 58 % de provinciaux, où les étrangers tendent à se regrouper par communauté : les huguenots français autour de Soho

(→ *p. 106*), les Irlandais dans Saint Giles in the Fields *(Little Dublin)*, les juifs à la lisière est de la City (Aldgate et Mile End).

Londres constitue aussi un **kaléidoscope de sectes et de religions**. On y croise des quakers, des méthodistes… Voltaire, qui y séjourne deux ans (1726-1728), voit dans la capitale britannique un « paradis de la tolérance ». Le compliment est un peu excessif : les non-anglicans y sont encore traités comme des citoyens de seconde zone.

Une période faste pour les arts et la presse

Mais la ville, au XVIIIe s., est très stimulante pour les intellectuels et les artistes. **Händel** *(→ encadré p. 169)*, maître de chapelle à Hanovre, s'y établit définitivement en 1712 : c'est ici, pour les fêtes de la Tamise, qu'il compose l'une de ses œuvres les plus connues, *Water Music*. Le peintre **William Hogarth** *(→ encadré p. 117)* y brosse un tableau satirique de la société anglaise. **Thomas Gainsborough** (1727-1788) – le préféré des Georges – excelle dans l'art du portrait, tout comme son rival, **Joshua Reynolds** (1723-1792), premier président de la Royal Academy of Arts, fondée en 1768 par Georges III sur Piccadilly.

▲ *Giovanna Baccelli*, par Thomas Gainsborough (1782, Tate Gallery). Cette ballerine très célèbre à son époque est représentée en costume de scène et, chose inhabituelle pour ce type de tableau, en train de danser. Avec ses petites touches nerveuses de pinceau, ce portrait plein de vie est un très bon exemple du style de la maturité de l'artiste.

Deux grands classiques de la littérature universelle sont publiés à Londres durant cette même période : *Les Voyages de Gulliver,* conte philosophique de **Jonathan Swift** (1667-1745), et *Robinson Crusoé* de **Daniel Defoe** (1660-1731). Les Londoniens sont aussi friands de journaux : leur nombre ne cesse de croître depuis la parution, à Fleet Street en 1702, du premier quotidien anglais : le *Daily Courant*.

Au bord de l'implosion

Pendant que les quartiers de Bloomsbury, Mayfair et Marylebone s'épanouissent dans leurs *terraced houses* tout confort *(→ encadré p. 79)*, les quartiers est, gagnés par la spirale de la pauvreté, se détériorent à vue d'œil. Le taux de mortalité infantile y est très élevé et la consommation de gin, galopante (l'équivalent de deux pintes par personne et par semaine). Certaines ruelles autour de Fleet Street sont de véritables coupe-gorge. À Saint Giles, des pans entiers de murs s'écroulent.

En 1780, sous le règne de **Georges III**, 40 000 à 60 000 protestants, furieux que les catholiques soient autorisés à devenir propriétaires, marchent sur le Parlement, saccagent les chapelles des ambassades de Bavière et de Sardaigne, s'en prennent aux Irlandais, assiègent la prison de Newgate et libèrent les prisonniers. L'armée tire sur les manifestants qui refusent de se disperser. Bilan de ces émeutes anticatholiques (les *Gordon Riots*) : 300 morts. Les autorités envisagent la création d'une police municipale. Elle verra le jour en 1829 à **Scotland Yard**, sous l'égide du Premier ministre Robert (« Bob ») Peel (d'où le surnom donné aux policiers londoniens : *bobbies*).

> Du temps de Georges IV, le peintre le plus talentueux du royaume était sans doute **John Constable** (1776-1837), qui restituait avec brio les paysages de son Suffolk natal. On le considère aujourd'hui comme un pionnier de l'impressionnisme. Plus connu en France qu'en Angleterre (la Royal Academy ne l'a élu membre qu'en 1829), il a exercé une grande influence sur l'école de Barbizon.

La « nouvelle Athènes »

Georges IV – prince régent de 1811 à 1820 en raison de la démence dont souffre son père Georges III puis roi jusqu'en 1830 – entreprend à grands frais de modeler un nouveau visage au West End avec l'aide de l'architecte **John Nash** (1752-1835) : de larges rues, des places élégantes et un éclairage public qui rend plus attractifs, par temps de brouillard hivernal, les *bazaars* et les *arcades*, ces nouveaux temples du shopping aristocratique. Nash remodèle le palais de Buckingham et donne une colonne vertébrale à Westminster : un axe nord-sud reliant le parc de Marylebone (actuel Regent's Park) à la demeure du prince régent (Carlton House) en passant par Regent Street. Le style en vogue est un classicisme inspiré de la Grèce : Londres se rêve en nouvelle Athènes.

Urbanistes et bâtisseurs donnent des accents patriotiques aux nouveaux monuments – British Museum, National Gallery… – et des noms de victoires aux rues et aux places (n'oublions pas que l'Angleterre, avec la Prusse, a défait Napoléon en 1815 à la **bataille de Waterloo** !). Ils construisent trois nouveaux **ponts** en quatre ans et commencent à percer un tunnel sous le fleuve. Des **docks** voient le jour à Saint Katharine et Rotherhithe. Certes, les manufactures traditionnelles résistent mal à la concurrence des ateliers des Midlands, mais quatre secteurs de l'industrie maintiennent brillamment leurs activités dans la capitale : les brasseries, les distilleries de vinaigre, les tanneries et les chantiers navals ; vers 1835, un quart des navires marchands du royaume sort encore de l'Isle of Dogs.

◄ Les docks Saint Katherine, aménagés à partir de 1826, comprenaient des entrepôts et trois bassins où les navires déchargeaient leurs cargaisons.

L'ère victorienne

Le long règne de Victoria (de 1837 à 1901) est l'un des chapitres les plus glorieux de l'histoire de Londres : plus d'un quart de la surface du globe est alors gouverné depuis Westminster ! Avec l'exode rural et l'afflux d'Irlandais poussés par la famine, la capitale de la plus puissante nation de l'ère industrielle voit en 60 ans sa population passer de 1,8 à 4 millions d'habitants.

Les premières grandes manifestations

À la différence de Manchester ou de Birmingham, Londres n'a jamais été un foyer de contestation sociale : les émeutes anticatholiques de 1780 *(Gordon Riots)* restent un cas isolé, tout comme les « conspirateurs de la Cato Street » qui, en 1820, ont fomenté le projet d'assassiner tous les ministres pour mettre en place un Comité de salut public inspiré du modèle français.

Une question, toutefois, agite de plus en plus les Londoniens : leur sous-représentation au Parlement. À la fin de la Régence, les 1 878 000 habitants de la capitale n'avaient que 10 députés à Westminster alors que la Cornouailles, avec ses 300 000 habitants, en envoyait 44. La **réforme électorale de 1832** ne suffit pas à calmer les esprits : en accordant le droit de vote aux hommes dont le patrimoine foncier dépasse les 10 £, elle ne touche que les propriétaires les plus aisés (7 % de la population). Des associations de travailleurs, déçues par la réforme, réclament que le droit de vote soit étendu à la classe ouvrière. Leurs membres – les *chartists* – manifestent en nombre, au début de l'ère victorienne, sur **Trafalgar Square**, qui devient peu à peu le haut lieu de la protestation publique. Le Parlement, anéanti par un incendie en 1834, est reconstruit à grande échelle dans un style néogothique *(→ encadré p. 88)* censé symboliser la... pérennité des traditions parlementaires.

La révolution sanitaire

Mais un problème plus urgent secoue les premières années du règne de Victoria. Le typhus et la tuberculose font des ravages dans l'East End. Comme les maladies infectieuses touchent surtout ceux qui ne votent pas – les pauvres, les éboueurs, les dockers, les Irlandais de Saint Giles, les juifs de Whitechapel, sans oublier les 30 000 marchands ambulants ou *costermongers* –, la santé publique n'est pas la priorité des politiciens. Il faut attendre la deuxième **épidémie de choléra** (1848-1849) et ses 14 000 morts pour qu'ils s'en émeuvent, et surtout la « **grande puanteur** » de l'été 1858 *(Great Stink, → théma p. 271)* pour qu'ils allouent un budget à l'aménagement d'un vrai réseau d'égouts.

Médecins et philanthropes sont plus réactifs : entre 1837 et 1872, ils ouvrent une trentaine de dispensaires et d'hôpitaux spécialisés, dont le Brompton Hospital. À partir de 1855, un organisme, le Metropolitan Board of Works (MBW), prend la « révolution sanitaire » à bras-le-corps : il rénove les égouts et les quais de la Tamise, trace de nouvelles rues – Charing Cross Road, High Holborn... – et rase les taudis les plus insalubres, ces *rookeries* que le romancier **Charles Dickens** a si bien décrits *(→ p. 253)*. Certes, il y a toujours des bas-fonds où quelques criminels notoires opèrent (tel Jack l'Éventreur), mais le choléra, lui, est enrayé en 1875.

▶▶▶

« Railwaymania »

Les Londoniens ont connu durant l'ère victorienne un développement spectaculaire de leurs transports publics. Le vieux fiacre qui circulait depuis le XVIIe s. a cédé la place à l'omnibus hippomobile, ancêtre du bus à impériale. Des bateaux à vapeur se sont mis à sillonner la Tamise en tous sens. Le chemin de fer *(railway)* a favorisé l'expansion de la ville et l'a renforcée dans son rôle de capitale. Revers de la médaille : 100 000 habitants ont perdu leur logis entre 1850 et 1900…

Bayswater Omnibus, par George W. Joy (1895, Museum of London). À la différence des trains, les omnibus hippomobiles brassent les classes sociales le temps d'une course. Le ticket coûte 1 shilling, et les journaux à bord sont gratuits.

■ Les premiers omnibus
Le 4 juillet 1829, un dénommé George Shillibeer crée, entre Bank et Paddington, le premier service régulier d'omnibus hippomobiles. Jusqu'à 18 personnes peuvent prendre place dans ces véhicules tirés par trois chevaux, qui ont la forme d'une longue boîte posée sur quatre roues. Cahotants mais pratiques, ils zigzaguent d'un trottoir à l'autre pour prendre ou déposer les passagers. En 1867, le trafic est tel qu'un décret les contraint à s'arrêter uniquement sur le côté gauche de la rue. Les chauffeurs assurent de très longues journées (8 h 30-23 h 15), avec une pause de 10 à 15 minutes à la fin de chaque course. Les chevaux, en revanche, sont remplacés très régulièrement. Pour augmenter le nombre de passagers et diminuer le prix de la course, des sièges sont installés sur le toit de l'omnibus, accessibles d'abord par une simple échelle puis, vers 1880, par un escalier à vis. La formule rencontre un vif succès auprès des classes moyennes et des touristes : du toit, ils peuvent découvrir les principaux monuments de la ville.

■ L'arrivée du chemin de fer
La première voie ferrée est inaugurée en 1836 entre Southwark et Greenwich. Les suivantes s'enchaînent à un rythme effréné, de sorte que, au milieu du XIXe s., le centre de Londres se retrouve

◀ Les premières lignes du métro londonien ont été construites non pas au moyen d'un tunnelier, mais selon la méthode de la tranchée couverte (cut-and-cover), qui consiste à creuser une large tranchée et à la couvrir d'une voûte en brique (King's Cross, v. 1850).

▼ « Encombrement », illustration de Gustave Doré pour *London : A Pilgrimage*, de Blanchard Jerrold, 1872 (*Londres : un pèlerinage*, éd. française, 1876).

cerné, plus qu'aucune autre ville d'Europe, par une couronne de gares : Euston, Paddington… Le boom du chemin de fer, qui révolutionne le transport des marchandises et raccourcit considérablement la durée des voyages entre la capitale et la province (en 1846, il suffit de cinq heures pour rallier Birmingham, contre dix-huit en diligence), introduit dans le paysage londonien de nouvelles formes d'architecture que l'on salue comme le triomphe du génie civil : viaducs, ponts ferroviaires sur la Tamise, stations avec accès séparés en fonction des catégories de voyageurs (1re, 2e et 3e classes)… Mais il entraîne aussi de multiples démolitions. Pour aménager, par exemple, la ligne des Midlands, on détruit presque tout Saint Pancras : 4 000 maisons sont rasées et 32 000 habitants, pauvres pour la plupart, sont chassés du quartier. En 1885, une loi contraint enfin les compagnies de chemins de fer à reloger ceux qu'elles ont jetés à la rue.

■ **Métro et « horse-tram »**

L'ouverture, le 10 janvier 1863, d'un métro souterrain – le premier du monde *(encadré p. 100)* – entre Paddington et Farringdon est une vraie révolution dans l'univers des transports londoniens : près de 10 millions de passagers l'empruntent dès la première année. Prolongée l'année suivante jusqu'à Notting Hill Gate, la ligne finit par former en 1884 une boucle

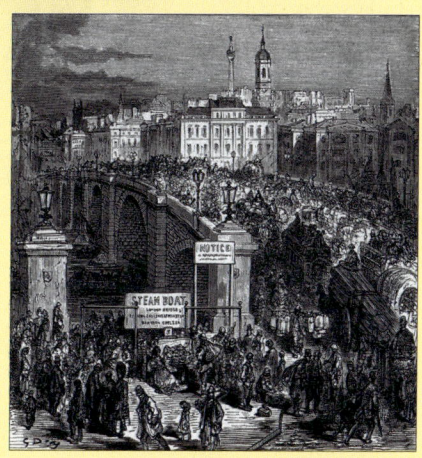

complète – l'*Inner Circle Line* – autour du cœur de la ville, mais ne suffit pas à absorber le flux des navetteurs. En surface, les rues sont toujours autant engorgées par les… 300 000 chevaux qui tirent les milliers d'omnibus, de *cabs* (cabriolets à deux roues pour une personne), de *growlers* (à quatre roues pour deux personnes) et de *horse-trams*, qui font leur apparition dans les arrondissements périphériques vers 1870. Plus stable et plus matinal que l'omnibus, ce type de tram constitue le mode de transport le moins cher de la capitale. À la fin du siècle, il véhicule près de 280 millions de passagers par an – des ouvriers surtout – sur 160 km de voies ! Il sera électrifié au début du XXe s.

Gothique, le retour

Au XIXe s., le style gothique revient en force. Les architectes anglais l'ont emprunté de temps à autre, par le passé, pour bâtir des églises, des collèges et des cottages, mais cette fois, il ne s'agit pas d'une simple réminiscence. Nourri par les récits de Walter Scott et les rêveries des peintres préraphaélites qui avaient une vision idéalisée du Moyen Âge, le *gothic revival* est érigé, vers 1830, au rang de style national. Il est la « figure imposée » dans de nombreux concours (Parlement, Tower Bridge...). Les Victoriens le préfèrent aux monotones *terraced houses* de l'époque georgienne (→ *encadré p. 79*), et au classicisme, qu'ils jugent rigide, étranger et païen. Les nouveaux riches et self-made-men de l'industrie le choisissent pour leurs demeures : entourés de créneaux, de rosaces et d'ogives, ils ont l'impression d'être issus d'une vieille lignée.

Son plus ardent défenseur est l'architecte **A. W. N. Pugin** (1812-1852), l'artisan du Parlement, qui dessinait déjà à l'âge de 15 ans des meubles médiévaux pour le château de Windsor. Pour l'Exposition universelle de 1851, Pugin concevra une salle entière à la gloire du néogothique afin de montrer ses applications possibles dans le domaine des arts décoratifs : candélabres, vitraux, papiers peints fleurdelisés...

▲ En 1951, la reine Victoria inaugure, en compagnie de son mari le prince Albert, la grande Exposition universelle de Londres au Crystal Palace. Ce palais, construit à Hyde Park spécialement pour l'occasion, ne comptait pas moins de 16 km de stands sous 300 000 panneaux de verre qui avaient été transportés par chemin de fer depuis les Midlands.

Albertopolis

Le 1er mai 1851, la reine Victoria inaugure à Hyde Park, dans un « palais de cristal » (Crystal Palace) démonté par la suite, la première grande **Exposition universelle**. L'événement, qui attire six millions de visiteurs en six mois, a pour cheville ouvrière le mari de Victoria, **Albert de Saxe-Cobourg-Gotha** (1819-1861) qui avait fait ses études en Allemagne. Une fois prince consort et citoyen britannique, Albert fonde un musée des Arts appliqués et industriels (le Victoria and Albert Museum, → *p. 287*) destiné à stimuler la créativité des manufactures anglaises afin qu'elles puissent mieux rivaliser avec la France, alors championne en matière d'innovation technique.

Mais cette fondation s'inscrit dans un projet bien plus ambitieux : créer à Londres, sur le modèle allemand, tout un quartier culturel ouvert à un large public, comprenant des musées, des salles de concert et des collèges. Grâce aux recettes de l'Exposition de 1851, Albert acquiert un vaste terrain à South Kensington et y jette les bases d'un campus surnommé « Albertopolis ». D'autres projets en matière d'éducation sont menés tambour battant : à peine créé, le London School Board construit 98 écoles (il y en aura 500 en 1903) où l'on enseigne, en plus des matières de base, la musique, l'histoire, la géographie et le dessin. Enfin, **l'université de Londres** ouvre ses portes aux femmes en 1878.

La vitrine de l'Angleterre triomphante
Avec la révolution industrielle, la modernisation de la métropole s'accélère. Les transports se diversifient : services d'omnibus, bateaux à vapeur… On y crée même, dès 1863, un **chemin de fer souterrain** *(→ théma p. 86-87)*. Le télégraphe, en plein essor, permet aux financiers de la City de réagir plus vite aux fluctuations du marché. Les postes qui travaillent à plein régime – elles distribuent le courrier trois à cinq fois par jour – instaurent en 1856 dix districts postaux (NW, SE, WC…). Les 49 000 employés attachés à l'administration impériale ont droit à des bureaux plus fonctionnels le long de Whitehall et à un éventail toujours plus large de distractions dans le West End. **Théâtres et music-halls** y poussent comme des champignons, le long de Shaftesbury Avenue notamment. La reine, de son côté, contribue par le faste de ses jubilés à diffuser l'image d'une Angleterre triomphante : le 50e anniversaire de son règne, en 1887, culmine par une incroyable procession, de Buckingham à Westminster Abbey.

Pour les artistes aussi l'ère victorienne est un âge d'or. Plus de 350 000 curieux viennent chaque été à la Royal Academy – l'institution la plus prestigieuse dans le domaine des beaux-arts – admirer les œuvres de **J. M. W. Turner** *(→ théma p. 142-143)*, du préraphaélite Dante Gabriel Rossetti et de **Frederic Leighton**, l'un des peintres les plus influents de cette époque *(→ p. 303)*.

Le siècle du Grand Londres

Gérer une métropole qui n'en finit pas de grandir – sept millions d'habitants en 1911, plus de huit millions en 2000 – n'est pas une tâche aisée, même si Londres est divisée, depuis 1965, en 32 *boroughs* (« arrondissements »). Dès le début du règne d'Édouard VII (1901-1910), le London County Council (LCC) est sur tous les fronts : voirie, logement, électrification…

Un chantier colossal
Pour fluidifier le trafic, le LCC, héritier du Metropolitan Board of Works (MBW), crée en 1905 la liaison Aldwych-Kingsway. Pour exalter la grandeur de Londres, il érige l'Admiralty Arch et de monumentales statues, comme celle de la reine Boudicca près du pont de Westminster, symbole de la résistance des populations celtes contre l'envahisseur romain. À son tour, le LCC rase quelques pâtés de taudis insalubres à Clerkenwell et Holborn et lance un vaste programme de **cités-jardins** à la périphérie, que l'on surnomme « Metroland » *(→ encadré p. 91)*.

L'**électrification**, qui a démarré dès 1889 par le *Savoy Hotel* (sur le Strand), est plus chaotique : dans l'East End, l'électricité est fournie par la municipalité ; dans le West End, par une kyrielle de compagnies privées, avec des voltages différents d'un quartier à l'autre. Les premières enseignes lumineuses font leur apparition en 1908 à Piccadilly Circus, un quartier de plus en plus animé, qui s'enrichit de 34 salles de cinéma en sept ans. On y sort pour dîner, on y fait

▲ Christabel Pankhurst, cofondatrice et leader de la Women's Social and Political Union (WSPU), en 1909 à Londres lors d'une manifestation de suffragettes en faveur du droit de vote des femmes.

ses courses… Les Londoniennes, qui n'ont accès ni aux clubs ni aux pubs, apprécient tout particulièrement les grands magasins *Harrods* et *Selfridges* : elles peuvent s'y rendre seules.

En voie de démocratisation
La **Première Guerre mondiale** ébranle les Londoniens, qui se croyaient à l'abri des frappes aériennes (les bombes larguées par les Zeppelin font ici près de 600 morts), et suscite une vive méfiance à l'égard de la communauté allemande, répartie entre les quartiers de Fitzrovia, Aldgate et Peckham.

En revanche, elle contribue à faire évoluer le débat sur le **droit de vote des femmes** : en 1918, les suffragettes obtiennent enfin gain de cause. L'élargissement du corps électoral redistribue les cartes politiques : seuls 2 députés sur 62 appartenaient au Parti travailliste *(Labour)* en 1918 ; ils sont 28 en 1935. La ville, entre 1918 et 1939, se démocratise, s'étend bien au-delà de ses frontières, s'attire de nouvelles industries, se dote d'un stade de 100 000 spectateurs (Wembley), s'ouvre au jazz et aux opus du compositeur **Benjamin Britten**, qui vit à South Kensington.

Le sang et les larmes
Mais, trois ans après l'accession au trône de **Georges VI** (r. 1936-1952), la menace d'une **Seconde Guerre mondiale** obscurcit le ciel de la Tamise : en 1939, le LCC évacue 600 000 enfants pour les mettre en lieu sûr dans le Devon et en Cornouailles. En septembre 1940, les bombardements, déjà subis au début du conflit, reprennent, à très haute dose cette fois, jusqu'en mai 1941. Durant ce que les Anglais appellent le Blitz, la Luftwaffe tue 22 000 civils et réduit en cendres des pans entiers de l'East End. La popula-

> ### Metroland, du paradis à l'enfer ?
>
> En 1906, l'extension de la Northern Line favorise la construction de milliers de maisons dans les campagnes desservies par le métro : cottages pour la classe moyenne, ateliers d'artistes, lotissements ouvriers, vendus clés en main à des prix abordables (545 £) par des promoteurs qui mettent en avant leur facilité d'accès, la qualité de leur air et leur cadre champêtre. Chaque maison, il est vrai, possède un jardinet, comme le recommandent les adeptes du mouvement Arts and Crafts (→ *théma p. 290-291*). Les ateliers de Belsize Park – où résident l'écrivain Agatha Christie, le sculpteur Henry Moore, le peintre Ben Nicholson, l'architecte Ernö Goldfinger... – sont plutôt réussis. Mais dans l'entre-deux-guerres, certaines de ces utopiques cités-jardins finissent par empiéter sur les champs pour devenir des banlieues tentaculaires : avec l'arrivée de Ford, la bourgade de Dagenham passe de 9 000 habitants en 1921 à 100 000 en 1935 !
>
> Par ailleurs, plusieurs entreprises – Firestone, Heinz, Guinness, Unilever... – font le choix d'implanter leurs usines à l'ouest alors que la main-d'œuvre réside surtout dans les faubourgs est et sud-est.
>
> Résultat : le nombre des « navetteurs » *(commuters)* augmente vertigineusement. On est loin de l'éden rural !

tion, réfugiée dans les métros et les abris, participe, stoïque, à l'effort de guerre. On cultive le moindre lopin de terre, on élève des cochons sur les pelouses de Hyde Park, on récolte des choux dans les roseraies de Kensington…

La reconstruction

Pour Londres, le bilan de la guerre est lourd : plus d'un million de bâtiments (dont 1 150 écoles) sont endommagés ou détruits. Les travaillistes, élus en juillet 1945, donnent la priorité aux logements – plus de 100 000 Londoniens sont sans abri – et aux écoles, d'autant que l'enseignement est désormais obligatoire jusqu'à l'âge de 15 ans. La ville se reconstruit peu à peu, avec l'aide d'une main-d'œuvre originaire des Caraïbes, et essaie d'oublier les privations de la guerre : le stade de Wembley accueille les **XIVes Jeux olympiques** (1948), et les berges de la Tamise, le Festival of Britain (1951, → *encadré p. 257)*, quelques mois avant qu'**Élisabeth II** soit couronnée reine.

Mais pour la jeune génération, le quartier le plus pétillant est Soho, temple du be-bop et de la culture beatnik. Les teen-agers se ruent dans les *coffee bars*, les artistes traînent au *Muriel's,* tels **Francis Bacon** ou **Lucian Freud**. À Brixton et Notting Hill, où se sont installés les Britanniques d'origine caribéenne, le « vivre ensemble » est moins harmonieux : la tension monte, attisée par des groupuscules d'extrême droite (*Keep Britain white,* « Gardons la Grande-Bretagne blanche ») et par la récession ambiante. La perte des colonies contraint plusieurs entreprises, dès 1959, à déposer leur bilan.

Sixties et *seventies*

Jusqu'en 1962, tout citoyen des colonies était sujet britannique et autorisé *de facto* à s'établir au Royaume-Uni. Les gouvernements suivants tentent, par de nouvelles lois, d'endiguer le nombre des migrants et de réprimer les hooligans qui conspuent les footballeurs noirs et les skinheads qui « ratonnent » les Indiens et Pakistanais. Les années si *pop* du

▲ « Swinging London » ou la révolution pop et rock des *sixties*. Jeunes Londoniens au *Crown and Anchor*, qui fut l'un des premiers clubs de rock'n roll d'Angleterre.

« Swinging London » *(→ encadré p. 108)* sont plombées par la fermeture des docks, le chômage galopant, les bombes de l'Armée républicaine irlandaise (IRA, groupe armé clandestin) et les grèves à répétition. Tandis que **hippies** et **punks**, qui rejettent le conformisme bourgeois et la société de consommation, s'inventent une contre-culture à Camden, dans les squats de Notting Hill ou à Chelsea, les urbanistes du Greater London Council (GLC) multiplient les tours en béton.

Nouveaux défis, nouveau look

Élue en 1979, **Margaret Thatcher**, la « Dame de fer » décide en 1986 d'autoriser les banques internationales à s'établir à Londres pour redresser l'économie. Cette mesure de **dérégulation des marchés**, dite *Big Bang* car prise quasiment du jour au lendemain, hisse la ville dans le peloton de tête mondial des places financières et lui donne bientôt un nouveau look : la construction du Lloyd's Building (1986) inaugure une **floraison de gratte-ciel** qui peinent au début à s'insérer dans le tissu médiéval de la City *(→ théma p. 68-69)*. Quelques *golden boys* préfèrent emménager dans le quartier d'affaires flambant neuf de Canary Wharf, bel exemple de régénération des anciens docks.

La capitale, qui élit en l'an 2000 son premier maire au suffrage universel direct (en l'occurrence, Ken Livingstone), profite alors de la reprise pour investir dans une série de **nouvelles infrastructures** – périphérique (M25), métro aérien (DLR), aéroport (City Airport), péage urbain… – et dans le chantier des Jeux olympiques de 2012.

Sur le Londres d'aujourd'hui, lire « Qui sont les Londoniens ? » p. 54 et « Vivre à Londres » p. 64.

▶ La cathédrale Saint Paul et le quartier de la City vus depuis la rive sud de la Tamise.

Visiter

LONDRES EN 20 PROMENADES

1. Trafalgar Square, Covent Garden et Soho — 94
2. La National Gallery — 109
3. Westminster et Whitehall — 120
4. La Tate Britain — 136
5. Buckingham Palace et Saint James — 148
6. Piccadilly et Mayfair — 162
7. Marylebone et Camden Town — 174
8. Bloomsbury et Saint Pancras — 187
9. Le British Museum — 195
10. Le Strand et Holborn — 206
11. La City — 221
12. Le nord de la City et l'East End — 231
13. La Tour de Londres, le Tower Bridge et les docks — 243
14. La rive sud de la Tamise — 254
15. Chelsea — 272
16. De Knightsbridge aux Kensington Gardens — 281
17. Notting Hill et Holland Park — 298
18. L'Isle of Dogs et Greenwich — 306
19. Hampstead et Highgate — 316
20. Escapades autour de Londres — 324

❶ Trafalgar Square, Covent Garden et Soho★★

Situation : West End • plan I p. 96 ; plan général détachable C3 et I7-H6.

À ne pas manquer

La National Gallery★★★ (promenade ❷)	109
Trafalgar Square★★	94
La National Portrait Gallery★★	96
Covent Garden Piazza★★	98
Le London Transport Museum★★	100
La Royal Opera House★★	101
Le quartier de Seven Dials★★	104
La balade dans Soho★★	105

♥ **CAFÉTÉRIA**
Café in the Crypt, St Martin in the Fields (I B2 ❸ ; accès par la rotonde de verre située à g. de l'église) ☎ 020.7766.1158 ; lun.-sam. 8 h-20 h (mer. 22 h 30), dim. 11 h-18 h. Sous des voûtes en brique du XVIIIᵉ s., un self... inattendu ! Petits prix, jazz le mercredi.

Voici trois quartiers très différents mais très proches, qu'il vous sera facile d'explorer à pied : Trafalgar Square, prélude à la visite de la National Gallery, est la place la plus connue de Londres ; Covent Garden est le terrain de jeu préféré des *buskers*, ces artistes de rue qui donnent, autour des halles, des spectacles à toute heure ; et Soho, un creuset multiculturel où chaque maison semble avoir abrité quelque illustre exilé, de Karl Marx à de Gaulle… Leur point commun ? Les théâtres ! C'est là, à la tombée du jour, que vous sentirez battre le cœur du West End.

Combien de temps : comptez une journée si vous enchaînez la visite des trois quartiers.

1 Autour de Trafalgar Square★★

Pour les touristes comme pour les Londoniens, Trafalgar Square est un aimant : on s'y donne rendez-vous à toute heure, on y manifeste, on y parade le 21 octobre, jour anniversaire de la fameuse bataille de Trafalgar, on y fête Noël autour d'un sapin géant. Et lorsque, par exemple, l'Écosse remporte une victoire au football, ses supporters en liesse envahissent les fontaines ! Lieu de tous les ralliements, c'est aussi le *spot* idéal pour partir à la découverte de Londres.

Départ : Trafalgar Square I B2 • Mº Charing Cross (Northern Line ; Bakerloo Line ; → *plan du métro* p. 364-365) ; bus nᵒˢ 3, 11, 12, 24, 29 et 87.

Combien de temps : 1 h 30 hors musées.

■ Trafalgar Square★★ I B2

Animée jour et nuit, cette vaste place aménagée par Charles Barry en 1840 est bordée, au N., par l'imposant bâtiment de la **National Gallery**, à l'E. par la Maison de l'Afrique du Sud et à l'O. par la Maison du Canada.

▲ L'une des deux célèbres fontaines de Trafalgar Square (vue depuis la National Gallery). Au fond, on devine le clocher de Big Ben.

Au centre, le monument en granit du Devon (1842) est la **Nelson Column★**, vibrant hommage au vice-amiral **Nelson**, héros national qui, pendant les guerres napoléoniennes, remporta au large des côtes espagnoles la grande victoire navale de **Trafalgar** (1805), au cours de laquelle il trouva la mort. Les bas-reliefs du piédestal, réalisés avec les canons des navires français capturés durant le combat, évoquent les batailles du cap Saint-Vincent en Algarve (Portugal) et de la baie d'Aboukir (Égypte), ainsi que le bombardement de Copenhague et la mort de Nelson.

Au S. de la place, **statue équestre de Charles I**^{er}, œuvre du sculpteur français Hubert Le Sueur (1633).

Au S.-O. de Trafalgar Square, l'**Admiralty Arch★** (arche de l'Amirauté • → *p. 158*), autre monument à la gloire de la puissance maritime de l'Empire britannique, ferme le Mall.

■ **National Gallery★★★** I B2
→ *prom.* 2 *p. 109*.

■ **Saint Martin in the Fields★** I B2
Trafalgar Sq., WC2 • M° Charing Cross • ☎ 020.7766.1100 • www.smitf.org • ouv. lun.-ven. 8 h 30-13 h et 14 h-18 h (mer. jusqu'à 17 h), sam. 9 h 30-18 h, dim. 15 h 30-17 h • accès libre • « **lunchtime concerts** » *: concerts gratuits les lun., mar. et ven. à 13 h ;* « ***jazz night*** » *: concerts de jazz le mer. soir dans la crypte (de 5,50 à 9 £) ;* « ***by candlelight*** » *: concerts du soir (8 à 28 £).*
Réputée pour son orchestre de chambre (l'Academy of Saint Martin in the Fields), cette église aux allures de temple antique est l'œuvre de l'architecte écossais **James Gibbs** qui avait fait ses études à Rome. À l'époque de sa construction (1726), la formule du portique néoclassique juché sur de hauts gradins était assez révolutionnaire ; elle fut souvent reprise par la suite en Irlande et aux États-Unis. Aujourd'hui, l'église Saint Martin s'active beaucoup en faveur des sans-abri et des chrétiens de Chinatown : les messes du dimanche après-midi sont en mandarin et en cantonais. À l'intérieur, **voûte** au décor rococo dû à des stucateurs tessinois et belle **loge** ornée des armes royales (Saint Martin est l'église paroissiale de Buckingham).

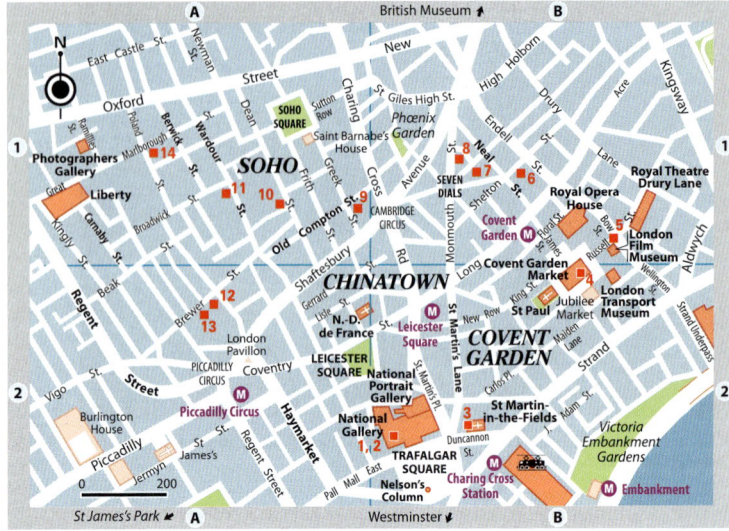

Plan I : Trafalgar Square, Covent Garden et Soho (promenade ❶).

☞ **SE REPÉRER À LA NPG**

- **Niveau 3** : restaurant.
- **Niveau 2** : portraits de 1485 à 1837.
- **Niveau 1** : portraits de 1837 à 1990.
- **Niveau 0** : portraits contemporains et expositions temporaires.
- **Niveau -1** : boutique.
- **Niveau -2** : vestiaire et toilettes.
- **Niveau -3** : librairie et café.

Pour une visite chronologique, commencez par le niveau 2.

♥ SUR LE POUCE

Portrait Café, au niveau -3 de la National Portrait Gallery (I B2 1) ; www.npg.org.uk/visit ; sam.-mer. 10 h-17 h, jeu.-ven. 10 h-20 h. Petit choix de bagels, quiches et soupes à 3,50/4 £.

■ **National Portrait Gallery★★** (NPG) I B2
St Martin's Pl., WC2 • M° Charing Cross ou Leicester Square • ☎ 020.7306.0055 ou 7312.2463 • www.npg.org.uk • ouv. t.l.j. 10 h-18 h, jeu.-ven. jusqu'à 21 h ; f. 24-26 déc. • entrée libre sf expositions temporaires • audioguide en français (3 £) • le sam. midi, miniconférence gratuite devant le « portrait of the day ».

Ce musée a été fondé en 1856 en vue de collectionner et d'exposer, de façon chronologique, les portraits d'hommes et de femmes qui ont joué un rôle significatif dans l'histoire et la culture britanniques. L'objectif est largement atteint : la NPG conserve 11 000 œuvres peintes ou sculptées et 250 000 clichés !

● **Niveau 2 (salles 1 à 20)**
Un petit tour dans ces salles devrait vous donner l'occasion de mettre un visage sur des noms qui ne vous sont pas inconnus : le compositeur **Henry Purcell** *(s. 8)*, auteur de l'un des premiers opéras anglais, *Didon et Énée* ; l'écrivain **Jonathan Swift** *(s. 10)*, à qui l'on doit les célèbres *Voyages de Gulliver* ; **Edmond Halley** *(s. 13)*, le premier astronome à avoir prédit le retour d'une comète ; ou encore l'ingénieur **James Watt** *(s. 13)* qui a laissé son nom au kilowattheure !

Certains portraits ont été exécutés par d'illustres artistes anglais – Joshua Reynolds, Thomas Gainsborough… – ou étrangers vivant en Angleterre (→ encadré p. 141), comme **Van Dyck** : son *George Stuart, 9ᵉ seigneur d'Aubigny*★ *(s. 5)*, peint en 1638, nous montre le jeune lord, cousin de Charles Iᵉʳ, posant en « berger » élégant dans un paysage pastoral totalement déconnecté du contexte politique (une guerre civile devait éclater quelques mois plus tard !), même si la rose fait allusion à l'Angleterre et le chardon à l'Écosse.

À voir aussi : la **galerie des membres du Kit-Cat Club** *(s. 9* • → *encadré)* et la salle n° 18 où est exposé le romantique *Portrait de lord Byron en costume albanais*★★ par **Thomas Phillips** : le célèbre poète (1788-1824), qui aimait se montrer en aventurier, y arbore l'exotique costume qu'il portait lorsqu'il voyageait en Albanie en 1809.

● **Niveau 1 (salles 21-32)**
Au XIXᵉ s., sous le règne de la reine Victoria, la Grande-Bretagne devient une formidable puissance industrielle et commerciale. Et ce rayonnement se reflète à merveille dans les portraits de l'époque : les peintres mettent en scène, en grand format, des soldats héroïques, des hommes d'État et des aventuriers, tel **James Brooke** (1847 ; *s. 23*), autoproclamé « gouverneur du Sarawak », qui croyaient dans les vertus de leur mission évangélisatrice auprès des peuples lointains.

Deux tableaux méritent aussi l'attention : le *Portrait de Charles Dickens (s. 24)* qui tranche avec l'image que l'on se fait du romancier à l'enfance malheureuse ; et l'unique portrait de groupe des **sœurs Brontë** (Emily est l'auteur des *Hauts de Hurlevent*), qui fut retrouvé par hasard, en 1914, au dos d'une armoire *(s. 24)*. Ne manquez pas non plus le portrait de l'écrivain irlandais **James Joyce** *(s. 31)*, peint en 1935 par le Français **Jacques-Émile Blanche** (Joyce était presque aveugle à l'époque, mais en collant son nez contre la toile, il réussit à voir son portrait qu'il jugea « épatant »), ni les photographies, assez émouvantes, du **groupe de Bloomsbury** *(→ encadré p. 190)* et du groupe des cinq intellectuels de Cambridge – Anthony Blunt, Kim Philby… – qui furent accusés d'espionnage au profit de l'URSS.

● **Niveau 0 (salles 35-39)**
Jusqu'en 1969, la NPG s'interdisait d'exposer des œuvres dont les modèles étaient encore vivants ! Cette règle a été abandonnée et l'on peut découvrir aujourd'hui des portraits très récents : l'actrice

♥ RESTAURANT-SALON DE THÉ
Portrait Restaurant, au niveau 3 de la NPG (I B2 **2**) ☎ 020.7312.2490. Plus cher et plus chic mais l'*afternoon tea*, servi t.l.j. 15 h 30-16 h 45, est agréable (19,95 £) et la vue, spectaculaire !

Le Kit-Cat Club

Au début du XVIIIᵉ s., une brochette d'écrivains, de dramaturges et d'aristocrates qui aimaient porter des toasts aux jolies femmes se réunissait, le soir venu, dans une taverne près de Temple Bar, dont le propriétaire s'appelait Christopher Catling alias « Kit-Cat ». En dépit de leur réputation de grands buveurs, les membres de ce club distingué étaient très influents en politique : ils soutenaient le parti des *whigs* qui cherchait à limiter les prérogatives de la monarchie et militait en faveur d'un Parlement plus fort.

Le club comptait aussi dans ses rangs un artiste d'origine allemande établi à Londres depuis 1676, **Godfrey Kneller**, qui peignit, pendant 20 ans, les portraits de 44 de ses membres. Pour cela, il conçut un format de toile suffisamment haut pour y inclure aussi une ou deux mains. Ce format particulier (91 x 71 cm), différent du traditionnel format « tête et épaules », finit par être désigné lui aussi sous le nom de *kit-cat*. Seule une partie de la série est visible à la National Portrait Gallery *(salle 9)* : le reste est exposé dans le Yorkshire (Beningbrough Hall).

Helen Mirren, le footballeur David Beckham, sans oublier les membres de la famille royale ! Le dernier en date est le portrait officiel (par Paul Emsley) de **Catherine Middleton**, duchesse de Cambridge, dont l'énigmatique sourire fait polémique !

■ **Haymarket** I A2
À voir pour les deux théâtres qui s'y font presque face *(→ théma p. 102-103)*. À dr., **Her Majesty's Theatre** *(☎ 0844.412.2707 • www.reallyuseful.com)*, de style néo-Renaissance (architecte : **C. J. Phipps**, 1897) : on y donne, sans discontinuer depuis 28 ans, le *Fantôme de l'Opéra* d'Andrew Lloyd Webber ; c'est le plus long succès au monde avec plus de 10 000 représentations ! À g., le **Theatre Royal Haymarket** *(☎ 020.7930.8800 • www.trh.co.uk)*, doté d'un majestueux **portique**★ corinthien (architecte : **John Nash**, 1821) et d'un auditorium tout doré dans le goût Louis XV.

■ **Vers Covent Garden : Saint Martin's Lane**★ I B2
Cette rue était assez *fashionable* aux XVIIe-XVIIIe s. ! L'ébéniste Thomas Chippendale y avait son atelier (de 1753 à 1813), le portraitiste Joshua Reynolds aussi. Les théâtres n'y ont fait leur apparition que dans les années 1890. Jetez un œil, à g., sur les bouquinistes de la **Cecil Court**, jolie ruelle où Mozart enfant séjourna en 1764, et, à dr., sur le **Coliseum**★ (l'actuel **English National Opera**), dont la tour est coiffée d'un globe : ce théâtre, qui peut accueillir 2 350 spectateurs, a été doté dès 1904 d'une scène tournante – la première de Londres – et d'un décor opulent, avec mosaïques, stucs dorés et tentures pourpres *(vis. sur rés. ☎ 020.7845.9300 • www.eno.org • durée du tour guidé : 1 h • tarif : 10 £)*.

Pour enchaîner avec la promenade de Covent Garden, tourner à dr. dans New Row pour rallier King St. ; pour poursuivre vers Soho, gagner Leicester Square I B2.

2 Covent Garden★★

À l'origine, toute la zone comprise entre Saint Martin's Lane, Long Acre, Drury Lane et le Strand était un vaste pâturage avec, dans la partie centrale, un potager où les bénédictins de l'abbaye de Westminster cultivaient leurs légumes. Il leur arrivait même de les vendre sur place (d'où le nom : *Convent Garden*, « le jardin du couvent »). C'est aujourd'hui un quartier très vivant, truffé de jolies boutiques, de pubs historiques et de théâtres : il y en a treize !

Départ : Covent Garden Piazza I B1/2 ou Trafalgar Square I B2 • M° Covent Garden ou Charing Cross.

Lignes de bus : n°s 14, 19, 38 aux abords de Seven Dials.

Combien de temps : 2 h 30 avec la visite des musées.

■ **Covent Garden Piazza**★★ I B1/2
En 1553, le terrain appartenant à l'abbaye de Westminster devint propriété des Russell, comtes de Bedford, qui trouvèrent, en 1631, le moyen d'en tirer profit : le quatrième comte de Bedford, en spéculateur avisé, confia à l'architecte **Inigo Jones** le soin d'y concevoir une place entourée d'arcades et de belles maisons. L'architecte, qui avait fait ses études en Italie, s'inspira de la Piazza d'Arme de Livourne (mais aussi de la place des Vosges à Paris) et réalisa « **The Piazza** ». Cette place à l'italienne déconcerta les Londoniens, qui n'avaient jamais rien vu de tel. Pourtant, elle devint assez vite une adresse à la mode où aristocrates et

▲ La grande halle de Covent Garden Market.

artistes s'installèrent. En 1670, le cinquième comte de Bedford, soucieux de rentabiliser davantage l'affaire, entreprit d'y accueillir des étals de fruits et légumes, et reçut du roi le droit de percevoir des taxes auprès des maraîchers. Peu à peu, Covent Garden s'imposa comme *le* marché de Londres : il était ouvert tous les jours sauf le dimanche et à Noël.

• **Covent Garden Market.** Le succès de la Piazza et de son marché favorisa l'apparition, aux abords immédiats, de tavernes, maisons closes, d'étuves et autres tripots, de sorte qu'au début du XIXᵉ s., le quartier était devenu totalement… *out of control* ! Pour endiguer ce chaos, le sixième duc de Bedford commanda à l'architecte Charles Fowler une structure en verre et fonte avec colonnades en granit d'Écosse : la **grande halle**★ (« Market House », 1829), que l'on voit aujourd'hui et qui est bien préservée. En revanche, il ne reste plus grand-chose de la *piazza* d'Inigo Jones (en dehors d'une arcade au nᵒ 43 de King Street). Le marché, où s'affairaient un millier de livreurs, a quitté les lieux en 1974 pour le quartier de Nine Elms (Battersea). Des boutiques, triées sur le volet, ont pris la place des anciens étals, mais Covent Garden et ses **artistes de rue** *(buskers)* attirent toujours autant de badauds !

■ **Saint Paul's Church** I B2
Accès possible par Covent Garden Piazza par le portail au flanc dr. de l'église ou par Bedford St. • ouv. lun.-ven. 8 h 30-17 h, sam. 10 h 30-17 h, dim. 9 h 30-13 h ou 17 h.

On l'appelle souvent *actors' church*, « l'église des acteurs » : des plaques, à l'intérieur, rendent

SILENCE, ON TOURNE !

Plusieurs cinéastes ont choisi Covent Garden pour décor : dans *My Fair Lady* de George Cukor (1964), Audrey Hepburn joue le rôle d'une pauvre fleuriste qui vend ses violettes pour six pence sur la Piazza, entièrement recréée en studio par la Warner Bros, mais dans *Frenzy* d'Alfred Hitchcock (1972), les scènes ont été tournées sur place, entre Henrietta et Catherine Streets.

♥ SHOPPING

Tea Palace, 12 Covent Garden Market, WC2E (I B1/2 4) ☎ 020.7836.6997 ; www.teapalace.com ; lun.-sam. 10 h-19 h, dim. 11 h-18 h. Large choix de thés conditionnés dans de jolies boîtes violettes.
• Autre magasin à Chelsea (340 Kings Rd).

♥ BOULANGERIE

Balthazar, 8 Russel St., WC2B (I B1/2 5) ☎ 020.3301.1155. L'une des meilleures boulangeries artisanales de Londres. Sandwichs, salades et pâtisseries.

Les premiers *tubes*

La section la plus intéressante du London Transport Museum est celle qui retrace la genèse du premier **métro**. Dans les années 1850, les rues de la capitale étaient si congestionnées qu'il était souvent plus rapide d'aller de Londres à Brighton en train (80 km) que de traverser la capitale d'ouest en est ! Pour résoudre le problème, on aménagea en 1863, entre Paddington et Farringdon, un chemin de fer souterrain qui fut emprunté, dès les premiers mois, par plus de 26 000 passagers par jour. Pourtant, les tunnels étaient enfumés et l'atmosphère suffocante (de cet *underground railway* des années 1860, le musée conserve une locomotive à vapeur : la *Metropolitan 23*).

Les wagons reflétaient bien la structure de la société victorienne : fauteuils capitonnés pour la 1re classe, bancs en bois pour la 3e, et des *parliamentary trains* qui circulaient tôt le matin, réservés aux ouvriers les plus démunis. Pour signaler les arrêts, le chef de bord tirait sur une corde qui actionnait une sonnette dans chaque compartiment ; mais le bruit ambiant était tel qu'on ratait souvent sa station ! Le premier *tube* électrifié, inauguré en 1890 entre Borough High Street et King William Street, n'avait pas de fenêtres, mais il était plus démocratique : les passagers payaient tous 2 pence.

hommage à des dramaturges, impresarios et comédiens disparus. Elle a été édifiée en 1633, dans un sobre style toscan, par **Inigo Jones** pour le quatrième comte de Bedford qui rechignait à dépenser plus de 5 000 £ pour une église. Il la voulait « aussi simple qu'une grange ». L'architecte, piqué au vif, aurait répondu : « Eh bien vous aurez la plus jolie grange de toute l'Angleterre ! » Sa particularité ? Sa façade principale est aveugle : sous le portique qui sert souvent de scène improvisée aux musiciens et aux artistes de rue, la porte est fausse.

■ **London Transport Museum**** | B1/2
Covent Garden Piazza (angle S.-E.), WC2E • Mº Covent Garden • ☎ 020.7379.6344 ou 020.7565.7298 • www.ltmuseum.co.uk • vis. sam.-jeu. 10 h-18 h, ven. 11 h-18 h • accès payant (15 £) ; gratuit pour les moins de 16 ans • librairie ; café au r.-d.-ch. (« Upper Deck Cafe and Bar »).

Voici un musée vivant, bien moins rébarbatif qu'on ne pourrait le croire de prime abord, qui illustre deux siècles de transports londoniens. La visite débute par le 2e étage. Vous y découvrirez toutes sortes de documents – affiches, plans, tickets… – et différents véhicules, bien sûr, de la *sedan chair* (la chaise à porteurs toujours en usage au début du XIXe s.) au « DLR » (métro aérien

▶ Autobus londoniens des années 1950 (London Transport Museum).

desservant les Docklands depuis 2000), en passant par le bus à impériale rouge, icône de Londres, qui transporte chaque jour six millions de passagers !

■ London Film Museum★ I B2

45 Wellington St., WC2E • M° Covent Garden • ☎ 020.7836.4913 • www. londonfilmmuseum.com • ouv. lun.-dim. 10 h-18 h, sam. jusqu'à 19 h ; dernière entrée : 17 h • accès libre • petit café au niveau - 1 (« Flower Cellars »).
Ce musée, annexe du LFM South Bank *(→ p. 256)*, a ouvert ses portes en 2012 pour mettre en lumière la riche histoire cinématographique de Londres. Depuis près d'un siècle en effet, la capitale britannique est le décor – et souvent la star – de nombreux films *(→ théma p. 236-237)*, tournés en ville ou en studio (celui d'Ealing est le plus vieux de tous les studios encore en activité dans le monde). Les thèmes abordés varient au gré des expos – les comédies musicales, l'humour britannique, les *sixties*, sans oublier la longue tradition des détectives et criminels londoniens… – mais sont toujours passionnants et bien documentés : on y découvre à chaque fois des extraits de films, des costumes et des accessoires. L'occasion de revoir Daniel Day Lewis dans *My Beautiful Laundrette* (1985), de Stephen Frears, ou Helen Mirren en reine Élisabeth II dans *The Queen* (2006), du même réalisateur.

■ Royal Theatre Drury Lane I B1

Catherine St., WC2 • M° Covent Garden • billets en vente sur www.really usefultheatres.co.uk • vis. guidées du théâtre lun., mar., jeu. et ven. à 14 h 15 et 16 h 15, mer. et sam. à 10 h 30 et 11 h 45 sur rés. (même site, rubrique « hospitality/theatre-tours »). ; durée 1 h ; plein tarif : 10,50 £.
Le théâtre royal Drury Lane, reconstruit en 1812 par **Benjamin Wyatt** sur le modèle du Grand Théâtre de Bordeaux, était connu, à la fin du XIXe s., pour ses mises en scène spectaculaires ponctuées de tempêtes de neige et de tremblements de terre ! On y donne d'ailleurs toujours des spectacles grand public. L'intérieur a conservé une partie de ses décors de style Empire (la rotonde, l'escalier et quelques éléments en porcelaine de Wedgwood bleu pâle dans l'auditorium).

■ Royal Opera House★★ I B1

*Bow St., WC2 ; accès possible par Covent Garden Piazza (angle N.-E.) • M° Covent Garden • ☎ 020.7304.4000 • www.roh.org.uk • ouv. au public t.l.j. 10 h-15 h 30 • représentations : de 10 £ (placement debout) à 225 £ (orchestre) • **vis. guidées** : « Velvet, Gilt & Glamour Tour » (vis. de 45 mn axée sur l'architecture et l'histoire du théâtre, presque t.l.j. à 16 h ; 9,50 £) ; « Backstage Tour » (vis. des coulisses ; 1 h 15, 12 £) • bar (« Paul Hamlyn Hall Bar »).*
N'hésitez pas à pousser la porte de l'Opéra de Covent Garden ! Le **grand auditorium**, à l'acoustique exceptionnelle, ne se visite qu'en dehors des répétitions, dans le cadre d'un tour guidé, mais le **Floral Hall★★** (aujourd'hui connu sous le nom de Paul Hamlyn Hall) est ouvert à tous. Ce superbe jardin d'hiver en verre et fonte a été conçu – comme le reste du bâtiment – en 1858 par **Edward Barry** (le fils de Charles Barry, architecte du palais de Westminster) à l'emplacement d'un Opéra plus ancien, qui avait été entièrement ravagé par le feu en 1856 : seule avait survécu la charmante **frise★** néoclassique du sculpteur John Flaxman qui a longtemps travaillé pour la manufacture de Wedgwood ; Barry l'a insérée sous le portique de la façade principale *(côté Bow St.)*.

La Royal Opera House, qui abrite à la fois le Royal Opera et le Royal Ballet, est le premier Opéra d'Angleterre : c'est pour lui que Händel *(→ encadré p. 169)*, entre 1735 et 1752, a écrit plusieurs oratorios ; c'est ici que furent ▶▶▶

THÉMA

Sur le devant de la scène

▲ Le Globe, le théâtre de William Shakespeare, en 1613, juste avant qu'il ne soit réduit en cendres par un incendie. Ce timbre a été émis à l'occasion de la reconstruction à l'identique du théâtre, en 1996.

Londres adore le théâtre et pas seulement les drames de Shakespeare : entre 1875 et 1879, une comédie – *Our Boys* – a été jouée 1 362 fois sur le Strand. C'était le premier gros succès de l'histoire britannique ! Aujourd'hui, 14 millions de tickets s'y vendent chaque année. Ce développement phénoménal doit beaucoup, depuis la fin du XIXe siècle, au succès d'un genre particulier : la comédie musicale.

■ **Du temps du Globe**
Le goût des Londoniens pour le théâtre a commencé avec **William Shakespeare** (1564-1616), auteur à lui seul d'une trentaine de pièces, inspirées parfois de l'Italie *(Roméo et Juliette, La Nuit des rois…)*, plus souvent de l'histoire de l'Angleterre : les intrigues de Richard III enfermant dans la Tour de Londres les enfants de son frère *(→ encadré p. 247)* lui ont valu un succès fracassant. Le dramaturge avait son propre théâtre, le **Globe** *(p. 265)*, une salle à ciel ouvert et ouverte à ous, qui pouvait accueillir 3 000 spectateurs. Ceux-ci payaient 1 penny pour être debout au pied de la scène, 2 pence pour s'abriter de la pluie dans les galeries ou 3 pence pour avoir droit à un coussin. Après chaque représentation, les recettes étaient versées dans le *box office* : un pot *(box)* en terre cuite conservé dans le bureau *(office)* du maître. Le public était souvent turbulent et éméché, mais il appréciait le mélange des genres et connaissait par cœur bon nombre de répliques. Certaines sont vite passées dans le langage courant : *my own flesh and blood* (« la chair de ma chair »), *bag and baggage* (« ses cliques et ses claques »)… À la mort de Shakespeare, sa troupe comptait 26 pensionnaires permanents et était la première du royaume.

▶ Façade en brique et terre cuite, marbres italiens, tapis de William Morris… : fondé en 1891 par Richard D'Oyly Carte, le Palace, où l'on a joué pendant 19 ans *Les Misérables*, est le temple de la comédie musicale et l'un des plus somptueux théâtres de Soho.

■ Des premiers effets spéciaux…

En 1642, les puritains, désapprouvant les distractions populaires, ferment les théâtres. Il faudra attendre le début du XVIIIe s. pour qu'ils renaissent : celui de Drury Lane n'opère qu'avec l'aval du roi, mais les nouvelles salles qui sont édifiées à **Haymarket** et **Covent Garden** ont les coudées franches. Et leur succès est tel qu'elles sont reconstruites en grand dès la fin du siècle. Plusieurs impresarios, flairant la bonne affaire, se lancent dans l'aventure. Ils font appel à des architectes en vue (Frank Matcham) et à des spécialistes de la mise en scène pour répondre aux besoins d'un public friand d'effets spéciaux. De nouveaux théâtres voient le jour, surtout dans le West End, dotés de machineries sophistiquées et de décors en trompe-l'œil pour toutes sortes de spectacles à transformations. Car la plupart incluent dans leur programme, en plus des classiques shakespeariens, des revues burlesques et des adaptations d'opérettes françaises un peu lestes.

En général, le rideau se lève à 18 h, mais le public arrive dès 16 h. Sauf les moins fortunés, qui n'entrent qu'au troisième acte, lorsque le prix du ticket a diminué de moitié.

■ … au « Fantôme de l'Opéra »

Vers 1880, **William S. Gilbert** et **Arthur Sullivan** renouvellent le genre en composant, avec l'appui financier de Richard D'Oyly (le fondateur du *Savoy Hotel*), des pièces plus respectables, plus « familiales », qui panachent chants et dialogues. **George Edwardes** leur emboîte le pas et produit des spectacles sentimentaux qu'il appelle *musical comedies* ; elles sont aussitôt imitées outre-Atlantique. Londres devient la capitale du *musical*, mais elle est concurrencée vers 1920 par les productions américaines : les théâtres du West End découvrent alors George Gershwin et Fred Astaire, ovationnent *Porgy and Bess*, *Oklahoma !* et *My Fair Lady* (2 281 représentations au seul Drury Lane !).

Il faut attendre les années 1970 pour que la scène anglaise reprenne le dessus grâce à un compositeur de génie, **Andrew Lloyd Webber**, qui enchaîne succès sur succès. Après *Jesus Christ Superstar* (1971), *Evita* (1978) et *Cats* (1981), il triomphe en 1986 avec un spectacle inspiré d'un roman de Gaston Leroux, *The Phantom of the Opera*, encore à l'affiche du Her Majesty's Theatre aujourd'hui *(→ aussi encadré p. 51)*.

▼ L'actrice Judy Dench en 1968 dans *Cabaret*, au Palace Theatre.

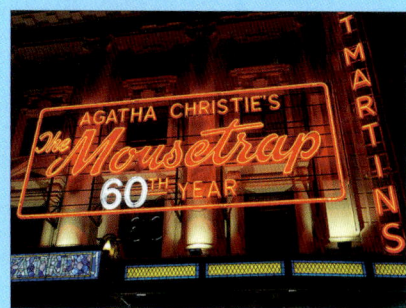

▲ Depuis sa création à Londres en 1952, *La Souricière*, d'Agatha Christie, n'a jamais quitté l'affiche. C'est la pièce qui totalise le plus grand nombre de représentations consécutives au monde : plus de 23 000 !

▶ Le charmant Neal's Yard, près du carrefour de Seven Dials : un ancien quartier mal famé devenu très bobo !

♥ **GLACIER**
Scoop, 40 Shorts Gardens, WC2 (I B1 6) ☎ 020.7240.7086 ; www.scoopgelato.com ; dim.-mer. 12 h-22 h, jeu.-sam. 11 h-23 h 30. Exquises glaces aux noisettes du Piémont, chocolat de l'Équateur, thé vert de Kyoto... Autre adresse à Soho : 53 Brewer St., W1F (I A2 13).

♥ **FROMAGER**
Neal's Yard Dairy, 17 Shorts Gardens, WC2 (I B1 7) ☎ 020.7240.5700 ; www.nealsyarddairy.co.uk ; lun.-sam. 10 h-19 h. L'adresse incontournable à Londres pour sa belle palette de fromages traditionnels britanniques.

♥ **CAFÉ**
Monmouth Coffee, 27 Monmouth St., WC2 (I B1 8) ☎ 020.7379.3516 ; www.monmouthcoffee.co.uk ; lun.-sam. 8 h-18 h 30. Réputé pour son café torréfié au lait du Somerset. Exigu mais charmant.

▶▶▶ donnés, pour la première fois au Royaume-Uni, *Don Carlos*, *Lohengrin*, *Aïda*, la *Tosca* et *Madame Butterfly*. En 1892, Gustav Mahler y a dirigé la *Tétralogie* de Wagner. Aujourd'hui, la programmation se veut classique avant tout – Mozart, Verdi... – mais elle s'ouvre chaque saison aux œuvres modernes, avec Benjamin Britten, Harrison Birtwistle...

Quitter la Piazza par James St. pour gagner Neal St.

■ **Autour de Seven Dials★★** I B1
M° Covent Garden • bus n°s 14, 19 et 38.
En soi, le monument de Seven Dials – une haute colonne ornée de six cadrans solaires – n'est pas d'un intérêt démesuré, mais les sept rues qui rayonnent autour de lui, comme **Monmouth** ou **Shorts Gardens**, sont attachantes avec leurs petits cafés et leurs boutiques de design.

Dans **Neal Street★★**, vous verrez d'anciens entrepôts encore dotés de leurs potences murales, et dans la **Neal's Yard★**, des maisons en brique aux fenêtres multicolores ainsi qu'un *salad bar* quasi bobo, où l'on sert des jus de fruits brésiliens et des muffins sans gluten ! On est bien loin du temps où le quartier était le plus pauvre, le plus mal famé, le plus dangereux et le plus... alcoolisé de Londres : au XVIIIe s., entre Covent Garden et Saint Giles in the Fields, une maison sur cinq vendait du gin !

3 Soho ★★

☞ PLAN I P. 96 • MÉTRO P. 364-365

Dans les années 1950, Soho était le centre de la culture beatnik, du jazz – avec le *Ronnie Scott's* – et du rock. Ce quartier reste cher au cœur des Londoniens. Un peu miteux sur les bords, effervescent, branché, sulfureux et souvent fun, il attire, par ses bars et ses night-clubs, de nombreux artistes, musiciens et fêtards excentriques. C'est (encore) le quartier le plus permissif de la ville. Et l'un des plus exotiques avec son Chinatown où ondulent, au Nouvel An, de longs dragons de papier.

Départ : Leicester Square I A/B2 • M° Leicester Square ; bus n°s 24 et 29.

Lignes de bus : n°s 19 et 38 (passent par Shaftesbury Ave.), 7, 8 et 10.

Combien de temps : comptez 2 h 30.

■ Leicester Square★ I A/B2

Autrefois résidentiel et « chic », Leicester Square (prononcer « lèster » • *photo p. 9*) s'est radicalement transformé à la fin du XIXe s. en pôle de divertissement pour les classes moyennes, avec la construction, sur le pourtour, de gigantesques « palais des variétés » comme l'**Hippodrome**★ à l'angle de Cranbourne Street (1900, architecte : Frank Matcham) – qui abritait à l'origine un cirque spécialisé dans les spectacles aquatiques –, et de salles de cinéma comme l'**Odeon**★ (1937), dont les tarifs aujourd'hui sont les plus élevés de tout le Royaume-Uni !

Dans le jardin central, la fontaine est surmontée d'une **statue de William Shakespeare** par Giovanni Fontana (1874). Une **statue de Charlie Chaplin** (John Doubleday, 1980) lui faisait face jusqu'à la récente restauration de Leicester Square ; elle n'a pas encore été replacée à cet endroit.

Au n° 5, l'église **Notre-Dame-de-France** *(ouv. t.l.j. 9 h-21 h)* est la paroisse catholique des Français de Londres ; c'est une église de plan circulaire, avec une chapelle décorée de fresques par **Jean Cocteau** en 1960.

■ Chinatown★ I A/B2

Autour de Gerrard St. et Lisle St. • meilleure période : Nouvel An chinois.

Dans les années 1950, la communauté chinoise de Londres – qui compte aujourd'hui plus de 120 000 membres – délaissa le quartier de Limehouse (East End), endommagé par la guerre, pour s'installer dans le sud de Soho, où les loyers étaient

🔊 SOO-HOO !

Il semble que le nom Soho dérive d'un cri de chasse. Au XVIe s., le territoire entre Oxford Street et Shaftesbury Avenue n'était pas construit : il n'y avait là que des champs, où le roi Henri VIII et sa cour organisaient des battues. Pour signaler le gibier, les veneurs locaux criaient « soo-hoo » (l'équivalent de notre « taïaut ! »)

🔊 SO INSPIRED...

L'atmosphère bien particulière du quartier de Soho n'a pas manqué d'inspirer les romanciers, les cinéastes – Mike Leigh notamment – et les musiciens. C'est ici que Robert Louis Stevenson, dans sa nouvelle *Dr Jekyll et Mr Hyde*, situe le domicile d'Edward Hyde.

🔊 SPECTACLES À TARIF RÉDUIT

TKTS, The Clocktower, Leicester Sq. (I A/B2) ; www.tkts.co.uk ; lun.-sam. 9 h-19 h, dim. 10 h 30-16 h. Kiosque vendant souvent des billets à moitié prix pour les spectacles du soir même (ou de la semaine à venir). Un conseil : pour éviter la file d'attente, mieux vaut arriver tôt !

☞ MANIFESTATION

Si vous êtes à Londres fin janvier ou début février, ne manquez pas le **Nouvel An chinois** : parades, concerts et autres festivités se déroulent à Chinatown, mais aussi à Trafalgar Square.

☞ PLAN I P. 96 •
PLAN DU MÉTRO P. 364-365.

♥ PÂTISSERIE
Maison Bertaux, 28 Greek St., W1D (I B1 9) ☎ 020.7437.6007 ; www.maisonbertaux.com ; lun.-sam. 9 h-22 h, dim. 8 h-20 h. Tartes aux abricots, saint-honoré, croissants, éclairs aux fruits... : l'une des vitrines les plus appétissantes du quartier !

Soho... so hot !

Après la révocation de l'édit de Nantes (1685), de nombreux protestants (« huguenots »), fuyant la France, s'installèrent dans le quartier. Les noms des rues en témoignent : Beaumont, Dufour, Romilly... C'est la raison pour laquelle on qualifie parfois Soho d'enclave française. Dès le milieu du XVIIIe s., les quelques aristocrates qui vivaient ici cédèrent la place à d'autres vagues successives de migrants – italiens, chypriotes, maltais, juifs dans la partie nord, chinois sur la frange sud – et de prostituées : l'ouverture, vers 1780, d'un hôtel de passe au 21 Soho Square propulsa Soho au rang de « quartier chaud » de Londres. Une réputation qui lui colle encore à la peau, même si, en 2004, la municipalité a fermé les bars à strip-tease illégaux qui y poussaient comme des champignons au grand profit de policiers corrompus et de mafieux albanais !

modiques. Ils ont considérablement augmenté, ces dernières années, c'est pourquoi Chinatown est désormais plus commerçant que résidentiel. Mais le quartier reste très dépaysant avec son portique oriental à l'entrée de **Gerrard Street**, ses épiceries hongkongaises et ses noms de rue en idéogrammes. Si vous voulez manger chinois pour pas cher, c'est ici qu'il faut venir !

■ **Old Compton Street**✶✶ I A-B1
Cette artère très animée de Soho – le vendredi soir, la fête est non-stop ! – fut longtemps la porte d'entrée du *red light district*. C'est aussi dans cette rue que le premier club de rock d'Europe, le *2-Is Coffee Bar*, a ouvert ses portes en 1956. Aujourd'hui, Old Compton Street séduit par l'ambiance de ses terrasses, plus bohème que canaille, où se pressent noctambules, gays, musiciens et scénaristes.

Aux abords immédiats, vous trouverez plusieurs « institutions » comme la **Maison Bertaux**, une pâtisserie française de 1871 *(28 Greek St.)*, ou le *Coach and Horses*, un pub de 1847 *(29 Greek St.)*. La plus célèbre est *The French House (49 Dean St.)*, anciennement *York Minster*, qui fut le QG officieux de De Gaulle et des « Français libres » durant la guerre : c'est là, dit-on, au 1er étage de ce pub, que le Général aurait rédigé le fameux texte de l'affiche *À tous les Français* (« La France a perdu une bataille ! Mais la France n'a pas perdu la guerre ! »), placardée sur les murs de Londres à partir de juillet 1940.

■ **Soho Square**✶ I A1
M° Tottenham Court Road • bus n°s 7, 8 et 10.
Un square arboré bien sympathique pour faire une pause, même s'il ne reste plus grand-chose des belles résidences aristocratiques qui l'entouraient au XVIIIe s. Les Londoniens viennent s'y prélasser ou y pique-niquer l'été. Le kiosque de style néo-Tudor est un abri de jardin !
À l'angle N.-O. du square, la **French Protestant Church**, bâtie en 1893 par **Aston Webb**, l'architecte du Victoria and Albert Museum, rappelle la forte présence française dans ce quartier après la révocation de l'édit de Nantes *(→ encadré)*.

■ **Wardour Street**✶ I A1
Pour vous faire une idée du vieux Soho, arpentez sa rue la plus longue ! Habitée au XVIIIe s. par des antiquaires et des fabricants de meubles (l'ébéniste Thomas Sheraton vivait au n° 163), elle fut, dès 1930, au cœur de l'industrie du cinéma : plusieurs producteurs y avaient leurs bureaux. Dans les années 1960, c'était aussi un haut lieu du rock : Jimi Hendrix et Led Zeppelin se produisaient dans

▲ Pub joliment fleuri à l'angle de Berwick et Broadwick Streets.

ses clubs, comme le regretté *Marquee* au n° 90. Elle égrène désormais une trentaine de pubs et de restaurants plutôt branchés.

■ **Berwick Street★** I A1

Le légendaire *Raymond Revue Bar* (le *Crazy Horse* local, fondé en 1958 par le sulfureux et richissime Paul Raymond, « roi de Soho » et magnat de la pornographie) a fermé ses portes en 2004, tout comme la plupart des magasins de disques qui faisaient le renom de la rue (il reste tout de même *Sister Ray* au n° 34 • *www.sisterray.co.uk*). Mais le petit **marché aux fruits et aux légumes★** est toujours là, fidèle au poste *(lun.-sam. 9 h-18 h)* ! On dit qu'on y vend les produits parmi les plus frais et les moins chers de Londres.

■ **Photographers' Gallery★** I A1

16-18 Ramillies St., W1F • M° Oxford Circus • ☎ 020.7087.9300 • www.thephotographersgallery.org.uk • ouv. lun.-sam. 10 h-18 h, jeu. 10 h-20 h, dim. 11 h 30-18 h • entrée gratuite ou payante, selon les expos • café au r.-d.-ch. ; librairie.

Cette dynamique **galerie dédiée à la photo** a investi en 2012 un entrepôt en brique habilement relooké par les architectes O'Donnell et Tuomey. Elle présente sur plusieurs niveaux des expos très variées : le travail de l'Irlandais Tom Wood (né en 1951), par exemple, qui photographie le quotidien des habitants de Liverpool, ou celui du Britannique Chris Killip (né en 1946), qui documente en noir et blanc les différentes communautés du Royaume-Uni. Bonne librairie spécialisée au sous-sol.

♥ RESTAURANTS À SOHO

• ***Dean Street Townhouse***, 69-71 Dean St., W1D (I A1 10) ☎ 020.7434.1775 ; www.deanstreettownhouse.com ; 7 h-23 h 30 (dim. 22 h 30). Plats anglais (15/24 £) servis dans une maison de style georgien. Très *buzzy*, même à l'heure du thé (t.l.j. 15 h-17 h). Rés. indispensable le w.-e.

• ***Princi***, 135 Wardour St., W1F (I A1 11) ☎ 020.7478.8888 ; www.princi.com ; lun.-sam. 8 h-23 h 30, dim. 8 h 30-22 h. Sympathique buffet d'antipasti, de pizzas et autres spécialités italiennes.

• ***Bill's***, 36-44 Brewer St., W1F (I A2 12) ☎ 020.7287.8712, lun.-mer. 8 h-23 h, jeu.-sam. 8 h-24 h, dim. 9 h-22 h 30. Une cantine informelle, avec mobilier de récup' et tuyauteries apparentes, pour déjeuner à petits prix.

• ***Vasco & Piero's Pavilion***, 15 Poland St., W1F (I A2 14) ☎ 020.7437.8774 ; www.vascosfood.com ; f. sam. midi et dim. Un des restaurants italiens les plus populaires du moment. Ses pâtes sont parmi les meilleures de Londres.

> ### « Swinging London »
>
> Ce sont des journalistes du magazine américain *Time* qui, en 1966, inventèrent cette expression pour expliquer pourquoi Londres était devenue la capitale de la culture pop et de la mode. Cette révolution culturelle partit de **Carnaby Street** où, à peine débarqué de son Glasgow natal, **John Stephen** (1934-2004) eut l'idée de se lancer dans la mode pour teen-agers et d'ouvrir une boutique de vêtements flashy à petits prix : entre 3 et 5 £ pour une chemise ou un pantalon (le salaire moyen des jeunes Londoniens tournait, en 1958, autour de 16 £ par semaine). Le succès fut tel qu'en 1966 Stephen était à la tête de 14 autres boutiques. L'expression *carnaby street* entra même dans le dictionnaire d'Oxford comme synonyme de « vêtement à la mode pour jeunes gens » dans le vent, qui préféraient s'habiller en couleurs psychédéliques, motifs cachemire et sous-pull à col roulé *(turtleneck)* plutôt qu'en costume trois pièces tout gris.
>
> Le style de Stephen fit le bonheur des beatniks, des teddy boys et de nombreux musiciens de Soho *(→ aussi théma p. 60-61)*. D'autres stylistes ouvrirent des boutiques du même genre à Chelsea, sur King's Road et autour de Camden Market, mais Carnaby Street restait *the place to be*. Elle fut rendue piétonne dès 1973.
>
>
>
> ◄ Les Rolling Stones *(photo)*, The Who ou encore Cliff Richard s'habillaient chez John Stephen.

■ Carnaby Street* | A1-2

Il y a 50 ans, Carnaby Street était l'épicentre de la mode en Grande-Bretagne et du « Swinging London », grâce à John Stephen *(→ encadré)*. Aujourd'hui, hormis la plaque qui lui rend hommage *(au n° 1)*, il ne reste plus rien de l'ambiance débridée des *sixties*. Mais le quartier connaît un regain d'intérêt : des créateurs indépendants s'y établissent (notamment sur Kingly Court) aux côtés d'enseignes internationales où se pressent les jeunes.

À l'angle de Great Marlborough Street, la façade néo-Tudor est celle du **magasin Liberty**** | A1 fondé en 1875 par Arthur Lasenby Liberty, qui a joué un rôle majeur dans l'essor de l'Art nouveau et du mouvement *Arts and Crafts* *(→ théma p. 290-291)*.

■ Regent Street** | A1-2

À l'O., Soho est bordé par une large et élégante rue, courbe aux abords de Piccadilly Circus : Regent Street *(photo p. 7)*. Elle a été tracée de 1814 à 1825 par l'architecte **John Nash**, qui cherchait à créer un axe N.-S. entre Piccadilly Circus et Oxford Circus, mais aussi et surtout à bien séparer le West End distingué, riche et *fashionable* du quartier de Soho, nettement moins respectable à l'époque. Aujourd'hui encore, Regent Street est une adresse prestigieuse, réputée pour ses boutiques chics ou branchées *(Anthropologie, Burberry, Desigual, Jaeger...)* et ses illuminations de Noël.

② La National Gallery★★★

La National Gallery, qui occupe tout le côté nord de Trafalgar Square, est un musée exceptionnel, entièrement dédié à la peinture. En 1824, l'année de sa fondation, elle ne possédait que 38 tableaux. Elle en compte aujourd'hui plus de 2 300, couvrant tous les courants de l'Europe occidentale, depuis les retables à fonds d'or du XIIIe siècle jusqu'aux paysages impressionnistes de la fin du XIXe siècle. On y verra peu de représentants de l'école anglaise – c'est le domaine réservé de la Tate Britain ! – mais beaucoup de chefs-d'œuvre italiens, espagnols et flamands, répartis dans des salles victoriennes au décor opulent de marbre noir, tentures et bois dorés. L'extension de l'aile Sainsbury par l'architecte Robert Venturi, en 1991, a permis d'exposer les plus anciens sur des murs plus… sobres.

Accès : Trafalgar Sq., WC2 • M° Charing Cross (Northern Line ; Bakerloo Line).

Visite : ouv. t.l.j. 10 h-18 h, ven. jusqu'à 21 h ; f. 24-26 déc., 1er janv. • ☎ 020.7747.2885 • www.nationalgallery.org.uk • entrée libre sf expos temporaires • vestiaire (obligatoire pour les bagages volumineux) • audioguide en français • *daily guided tours* : tours gratuits des collections (en anglais, durée : 1 h), t.l.j. 11 h 30 et 14 h 30, et aussi le ven. à 19 h ; *ten-minute talks* : commentaire de 10 mn autour d'un tableau, ven.-mar. à 16 h • restauration : → *p. 110*.

Combien de temps : 2 h pour voir les œuvres principales, 4 h pour une visite complète.

De Pall Mall à Trafalgar Square

À l'origine (en 1824), la National Gallery n'occupait qu'un hôtel particulier sur Pall Mall : le gouvernement rechignait à construire un bâtiment spécial pour n'y exposer que 38 tableaux ! Pour l'inciter à franchir le pas, deux amateurs d'art – sir George Beaumont et le révérend William Holwell Carr – promirent de léguer leurs propres collections à l'État s'il édifiait un musée approprié. L'offre était alléchante : dès que William Wilkins eut posé la

Situation : West End • plan I B2 p. 96 ; plan général détachable C3 et I7 • plan du métro p. 364-365.

✐ SE REPÉRER À LA NATIONAL GALLERY

• **Niveau -2 :** expositions temporaires.

• **Niveau -1 :** auditorium.

• **Niveau 0 :** vestiaire, café, restaurant...

• **Niveau 2 :** collections permanentes, réparties en quatre sections (une dans chaque aile du bâtiment) :

– aile Sainsbury (salles 51-66) : œuvres de 1250 à 1500 ;

– aile ouest (salles 2-14 et Hall central) : œuvres de 1500 à 1600 ;

– aile nord (salles 15-32 et 37) : œuvres de 1600 à 1700 ;

– aile est (salles 33-36 et 38-46) : œuvres de 1700 à 1900.

♥ BAR

Espresso Bar, au niveau 0 (accès par la Getty Entrance) ; t.l.j. 10 h-17 h 30, ven. jusqu'à 20 h 45. Petit café avec pâtisseries et écrans tactiles pour consulter les collections.

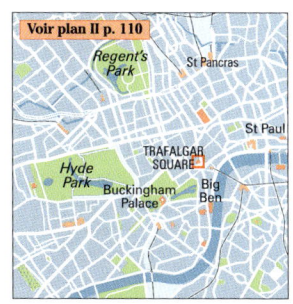
Voir plan II p. 110

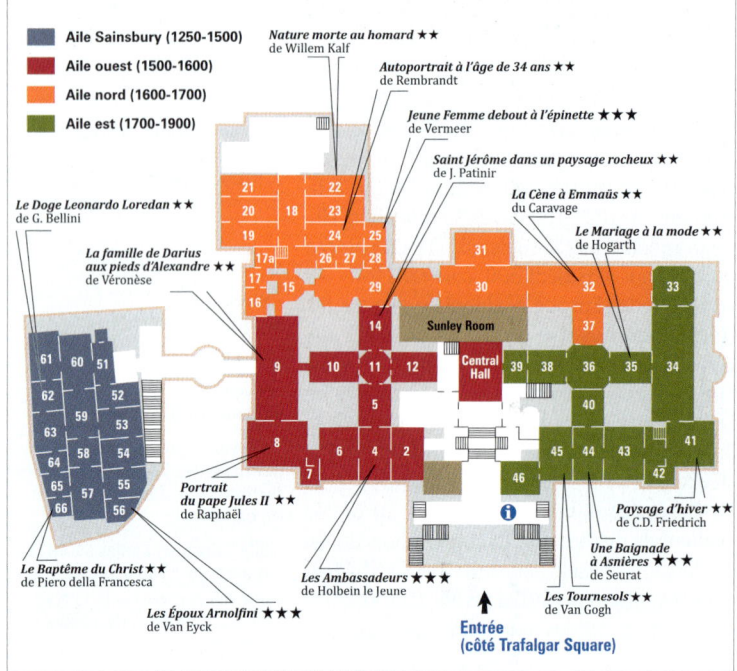

Plan II : la National Gallery (2ᵉ niveau).

♥ LES RESTAURANTS DE LA NATIONAL GALLERY

- *The National Café*, au niveau 0. Comprend à la fois un self-service rapide et abordable, où on trouve à toute heure tourtes, soupes, salades, etc. (accès par la Getty Entrance ; t.l.j. 10 h-18 h, ven. jusqu'à 21 h), et une élégante brasserie avec des formules trois plats à 21,50 £ (accès possible par St Martin's Pl. ; lun.-ven. 8 h-23 h, sam. 9 h-23 h, dim. 9 h-18 h).

- *The National Dining Rooms*, au niveau 1 (accès par l'aile Sainsbury ; t.l.j. 10 h-17 h, ven. jusqu'à 20 h). Un restaurant chic où l'on sert, dans un décor signé David Collins, des spécialités régionales et le *classic afternoon tea* avec scones et bel assortiment de canapés (17,50 £).

dernière pierre, la National Gallery quitta Pall Mall pour Trafalgar Square.

■ Aile Sainsbury : de 1250 à 1500 (salles 51-66)

L'aile Sainsbury réunit les œuvres les plus anciennes du musée. Ce sont des tableaux religieux, souvent précieux, parfois rehaussés de feuilles d'or. La plupart se présentent sous forme de panneaux de bois. Ceux qui proviennent des écoles du Nord (Flandres et Westphalie) ont été peints à l'huile de lin. Ceux qui proviennent d'Italie (Toscane et Vénétie) ont été réalisés à la détrempe : les pigments étaient liés avec du jaune d'œuf.

● **Paolo Uccello** : *La Bataille de San Romano*★★ (v. 1438 • *s. 54*). Cette œuvre faisait partie d'un décor de plafond en trois panneaux (les deux autres sont conservés à Paris et à Florence), qui illustre trois phases d'une célèbre bataille, remportée en 1432 par les Florentins sur les Siennois. Le peintre était fasciné par la perspective – on dit qu'il passait des nuits entières à l'étudier ! – et encore

◄ *Les Époux Arnolfini*, de Van Eyck : l'un des doubles portraits les plus célèbres de l'histoire de l'art !

La National Gallery en 15 chefs-d'œuvre

Aile Sainsbury :
- *Les Époux Arnolfini*★★★ de Jan Van Eyck (s. 56)
- *Le Doge Leonardo Loredan*★★ de Giovanni Bellini (s. 62)
- *Le Baptême du Christ*★★ de Piero della Francesca (s. 66)

Aile ouest :
- *Les Ambassadeurs*★★★ de Hans Holbein le Jeune (s. 4)
- *Portrait du pape Jules II*★★ de Raphaël (s. 8)
- *La Famille de Darius aux pieds d'Alexandre*★★ de Véronèse (s. 9)
- *Saint Jérôme dans un paysage rocheux*★★ de Joachim Patinir (s. 14)

Aile nord :
- *Jeune Femme debout à l'épinette*★★★ de Vermeer (s. 25)
- *Nature morte au homard*★★ de Willem Kalf (s. 22)
- *Autoportrait à l'âge de trente-quatre ans*★★ de Rembrandt (s. 24)
- *La Cène à Emmaüs*★★ du Caravage (s. 32)

Aile est :
- *Une baignade à Asnières*★★★ de Georges Seurat (s. 44)
- *Le Mariage à la mode*★★ de William Hogarth (s. 35)
- *Paysage d'hiver*★★ de Caspar David Friedrich (s. 41)
- *Les Tournesols*★★ de Vincent Van Gogh (s. 45)

très attaché aux ors du style gothique. Son œuvre rappelle les tapisseries de tournois de chevalerie.

● **Jan Van Eyck** : *Les Époux Arnolfini*★★★ (1434 • *s. 56*). Ce double portrait représenterait Giovanni Arnolfini (un négociant italien établi à Bruges) et son épouse, mais les expressions sont si pénétrantes que l'on se demande s'il ne s'agirait pas du peintre en personne au côté de sa femme. Il est en tout cas d'une extrême minutie, de la surface convexe du miroir aux poils soyeux du petit chien (interprété comme un symbole de la fidélité).

● **Léonard de Vinci** : *La Vierge aux rochers*★★ (1491-1499 • *s. 57*). Ce tableau met en scène le moment où l'Enfant Jésus aurait rencontré son cousin – le petit saint Jean – dans une grotte en Égypte, mais il diffère légèrement de la fameuse *Vierge aux rochers* conservée au Louvre : comme la scène prêtait un peu à confusion (on ne savait pas trop, des deux enfants, lequel était Jésus !), les commanditaires de cette version ont cru bon de demander à un autre peintre de doter saint Jean d'une croix pour qu'on l'identifie plus facilement, un ajout maladroit. Le visage de l'ange, dû à Léonard, est sublime.

● **Carlo Crivelli** : *Saint Michel*★ (v. 1476 • *s. 59*). Ce peintre originaire de Venise aimait appliquer sur les surfaces peintes un enduit de plâtre *(gesso)* travaillé en relief. Notez l'incroyable raffinement de la cuirasse dorée que le saint porte pour combattre le dragon !

● *Scènes de la vie de Griselda*** (1494 • *s. 60*). On n'a pas encore identifié l'auteur de cette charmante « bande dessinée » peinte pour un palais de Sienne, mais on sait qu'elle s'inspire d'une nouvelle de Boccace, écrivain toscan du XIVe s. : l'histoire du mariage du marquis de Saluces avec la fille d'un paysan, Griselda, dont il cherche à éprouver l'amour et la fidélité *(→ encadré)*.

● Giovanni Bellini : *Le Doge Leonardo Loredan*** (v. 1501 • *s. 62*). Remarquable portrait officiel, sans doute exécuté peu après l'élection de Loredan à la tête de la république de Venise. Loredan était un homme assez colérique, mais Bellini a réussi, par de subtils effets de lumière latérale, à lui insuffler la sérénité qu'exigeait sa fonction et à rendre, avec une incroyable précision, les moindres chatoiements de la cape de cérémonie.

● Hans Memling : *Le Triptyque Donne*** (v. 1478 • *s. 63*). Natif de la région de Francfort mais surtout actif à Bruges, Memling a souvent peint des compositions de ce type, avec la Vierge assise devant une tenture d'apparat et, à sa droite, le commanditaire du tableau (ici, John Donne, un diplomate gallois qui résidait à Calais ; les deux autres figures agenouillées sont sa femme et sa fille aînée). Les traditionnels attributs qui permettent d'identifier les deux saintes ont été habilement insérés dans le paysage : la roue du moulin, qui évoque le martyre de sainte Catherine, et la tour, celui de sainte Barbe.

● Piero della Francesca : *Le Baptême du Christ*** (v. 1450 • *s. 66*). Ce retable peint sur bois de peuplier pour une chapelle de Sansepolcro, en Toscane, se distingue par sa lumière très fraîche – qui pourrait symboliser l'aube d'une ère nouvelle – et par la rigueur de sa composition : le bec de la colombe, le filet d'eau versé par saint Jean et les mains jointes du Christ correspondent précisément à l'axe vertical du tableau. Notez que le paysage alentour est plus toscan que proche-oriental !

■ **Aile ouest : de 1500 à 1600** (salles 2-14)
Peu à peu, les artistes affinent leur technique et changent de support : le panneau de bois est abandonné au profit de la toile. Les figures gagnent en ampleur, le modelé se fait tout doux, les dégradés plus délicats. Le paysage devient un thème à part entière. Autre évolution : l'Église n'est plus le seul mécène. Souverains, nobles et

---

Un test risqué...

Peu après avoir rencontré la jeune **Griselda** pendant une partie de chasse *(1er panneau, à g.)*, le marquis Gautier de Saluces lui annonce qu'il va l'épouser à la condition expresse qu'elle lui soit toujours dévouée. Il la fait mettre nue, sous les yeux de tous *(à dr.)*, pour l'habiller en vue du mariage *(au centre)*. Griselda lui donnera une fille et un garçon. Mais le marquis, résolu à la mettre à l'épreuve, lui fait croire *(2e panneau)* qu'il ne l'aime plus et qu'il a donné l'ordre de tuer les deux enfants *(à g., à l'arrière-plan)*. Il la répudie sous la loggia. Griselda rend alors sa bague et s'en retourne nue chez son père. Plus tard *(3e panneau)*, Gautier ordonne à Griselda – ultime humiliation – de préparer la venue de sa future épouse. Elle s'exécute sans broncher. Griselda ayant prouvé qu'elle était une femme dévouée, le marquis, rassuré, met fin à l'épreuve : au lieu du cortège nuptial annoncé, Griselda voit arriver ses deux enfants, toujours en vie ! Et Gautier, qui l'aime plus que tout, lui donne le titre de marquise.

marchands commandent aux peintres de nombreux portraits officiels ou privés.

● **Hans Holbein le Jeune** : *Les Ambassadeurs*★★★ (1533 • *s. 4*). Les deux hommes représentés grandeur nature sont deux Français : à g., l'ambassadeur Jean de Dinteville et, à dr., un ami évêque et humaniste, de passage à Londres en 1533, Georges de Selve. Sur le meuble qui les sépare, divers objets symbolisent leurs centres d'intérêt, l'union des arts et des sciences mais aussi… la fragilité (le luth a une corde cassée). Au-dessus du sol, qui reproduit le dallage de l'abbaye de Westminster, Holbein a ajouté un étrange corps flottant, pareil à un os de seiche. Il s'agit de l'anamorphose d'un crâne : on le voit se redresser lorsqu'on se place

▲ *Les Ambassadeurs*, peints par Hans Holbein le Jeune. Comme Van Dyck au siècle suivant, l'artiste allemand, qui a séjourné à Londres en 1526, aura une influence notable sur les portraitistes anglais.

dans l'angle inférieur droit du tableau. Cette mise en scène optique rappelle au spectateur que la vie est brève et l'homme, mortel.

● **Lucas Cranach l'Ancien** : *La Plainte de Cupidon à Vénus*★★ (v. 1525 • *s. 4*). Pour plaire à la cour de Saxe et à sa clientèle aristocratique, Cranach peignait des tableaux religieux mais aussi des scènes de chasse et des sujets plus… sensuels : des nus féminins à la pose et à la coiffure très étudiées. Souvent, une inscription donne la clé du tableau *(ici, en haut, à dr.)* : « Une abeille piqua au doigt Cupidon occupé à voler du miel dans le creux d'un arbre ; c'est ainsi que le plaisir bref et passager que nous recherchons nous vaut tristesse et douleur. »

● **Quentin Metsys** (ou Massys, pour les Anglais) : *Vieille Femme grotesque*★ (v. 1513 • *s. 5*). Autre curiosité : les portraits satiriques, moralisateurs mais aussi cruels du Flamand Metsys, auquel est attribué ce tableau. Cette vieille femme au décolleté échancré, qui porte une coiffe du sud de l'Allemagne, a inspiré à Lewis Carroll le personnage de la Duchesse dans *Alice au pays des merveilles*.

● **Raphaël** : *Portrait du pape Jules II*★★ (1511 • *s. 8*). Destiné à l'église Santa Maria del Popolo de Rome, ce portrait à la fois solennel et intime frappe par sa proximité avec le modèle : Raphaël a saisi « le for intérieur » du vieux pape absorbé dans ses pensées. Les glands du dossier font allusion au nom de famille du prélat (Della Rovere, « le chêne »). On a pu dater le tableau avec une relative précision : Jules II avait laissé pousser sa barbe en juin 1511 et fait vœu de ne pas la raser avant d'avoir chassé les Français d'Italie, ce qu'il fit en mars 1512 !

● **Véronèse** : *La Famille de Darius aux pieds d'Alexandre*★★ (1565-1567 • *s. 9*). Les Pisani faisaient partie de ces nobles vénitiens qui comparaient volontiers leurs vertus à celles des héros antiques. Pour décorer leur villa des environs de Padoue, ils avaient commandé à Véronèse une grande toile représentant la famille de Darius le roi des Perses, vaincus, prosternée devant le vainqueur, le Grec Alexandre. Celui-ci, magnanime, étend la main droite pour montrer sa compassion.

● **Titien** : *Portrait d'un homme*★ (v. 1510 • s. 9). Cet homme pourrait être non pas le poète l'Arioste, comme on le croyait autrefois, mais Titien lui-même, jeune. La manche de satin bleu de l'homme dépasse du parapet : en donnant l'impression de « sortir » du cadre, le modèle fait irruption dans le monde du spectateur.

● **Giorgione** : *Il Tramonto*★★ (v. 1506 • s. 9). Comme dans d'autres tableaux du peintre vénitien, le sujet de ce *Coucher du soleil* est assez énigmatique (les deux voyageurs assis près de la mare pourraient être saint Gothard, occupé à panser la jambe de saint Roch, qui contracta la peste en soignant des malades) ; mais c'est le charmant paysage enveloppé d'une lumière dorée qui attire surtout l'attention, avec ses subtils dégradés, ses contours flous et son pan de bleu, à l'horizon.

● **Jan Gossaert, dit Mabuse** : *L'Adoration des Mages*★★ (v. 1510 • s. 14 • photo). Le moindre centimètre carré de ce somptueux tableau commandé par un abbé des Flandres a été peint avec un incroyable souci du détail :

La National Gallery • 115

calice d'or, étoffes brodées, dalles brisées où pousse l'herbe… On peut même lire le nom de l'artiste sur le couvre-chef que le roi Balthazar porte sous sa couronne.

● **Joachim Patinir** : *Saint Jérôme dans un paysage rocheux*★★ (v. 1515-1524 • *s. 14*). À partir des années 1510-1520, le paysage prend un essor décisif aux Pays-Bas grâce à ce peintre actif à Anvers entre 1515 et 1524 : il se met à « rétrécir » ses scènes religieuses pour les inscrire dans de larges vues panoramiques imaginaires à dominante de bleu et de vert, qui invitent le spectateur à sinuer entre d'étranges pitons rocheux et à survoler la campagne jusqu'au lointain. Saint Jérôme, représenté en tout petit au bas du tableau en train d'extraire une épine de la patte d'un lion, n'est plus qu'un élément parmi d'autres.

■ Aile nord : de 1600 à 1700
(salles 15-32 et 37)

Ici sont exposés de nombreux paysages (les collectionneurs britanniques les appréciaient particulièrement) mais aussi des portraits signés Van Dyck ou Vélasquez qui témoignent de l'importance grandissante de ce genre pictural. Le XVIIe s. se distingue aussi par l'émergence de l'école espagnole et par le succès, aux Pays-Bas, de deux nouveaux thèmes : les marines et les natures mortes.

● **Claude Lorrain** : *L'Embarquement de la reine de Saba*★★ (1648 • *s. 15*). À partir de dessins exécutés à Rome, en plein air, Claude Lorrain élaborait dans son atelier des paysages qui connurent un très vif succès auprès de l'aristocratie britannique (les Anglais le nomment juste « Claude »). Dans cette majestueuse vue côtière saisie au petit matin, la reine de Saba est la toute petite figure rouge qui descend l'escalier à droite.

● **Willem Kalf** : *Nature morte au homard*★★ (v. 1653 • *s. 22*). Kalf, natif de Rotterdam, s'était imposé au milieu du XVIIe s. comme le spécialiste de la *pronkstilleven*, un type de « nature morte d'apparat » néerlandaise qui associait vaisselle d'or et d'argent, verres précieux, tapis d'Orient et denrées exotiques pour mieux évoquer la richesse de la Hollande et la puissance de sa flotte. Les différents ingrédients (ici, la corne de buffle, le citron et le homard) étaient généralement peints dans des tons vifs sur un fond sombre.

● **Rembrandt** : *Autoportrait à l'âge de trente-quatre ans*★★ (1640 • *s. 24*). Lorsqu'il peint cette toile, Rembrandt est au sommet de son art, capable de se mesurer aux grands maîtres du passé, de

☞ **PLAN DU MUSÉE P. 110.**

🔎 SALLE 15
Peut-être serez-vous surpris(e) de découvrir, dans la salle 15, deux œuvres de **Turner**, un peintre du XIXe s. Cette entorse à la chronologie n'est pas une erreur d'accrochage : ces deux tableaux, Turner lui-même en avait fait don au musée à la condition qu'ils soient exposés entre deux paysages de Claude Lorrain pour lesquels il avait une grande admiration.

◀ *Jeune Femme debout à l'épinette.*
Dans cette toile baignée d'une fraîche lumière, Vermeer fait ressortir l'éclat de chaque texture : les plis de la jupe de satin, le corsage bleu...

les égaler par la technique. Pour le prouver, il exécute son propre portrait en s'inspirant d'une œuvre de Titien (le *Portrait d'un homme* de la salle 9, dont il reprend l'attitude du corps et le coude appuyé sur le parapet) et d'une œuvre de Raphaël (le *Portrait de Balthazar Castiglione*, conservé au musée du Louvre, auquel il emprunte la position des mains, le costume et le couvre-chef).

● **Vermeer :** *Jeune Femme debout à l'épinette*★★★ (v. 1670 • *s. 25*). Durant les années troubles de la Révolution française, plusieurs œuvres de Vermeer quittèrent Amsterdam pour Londres. C'est le cas de cette toile, magique et sereine. Faut-il voir dans cette scène d'intérieur la simple évocation d'un moment anodin ou une allusion à l'amour ? La jeune femme qui effleure les touches de l'épinette tourne un regard plein d'espoir vers l'extérieur du tableau ; au mur, encadré de noir, figure Cupidon ; la chaise vide suggère une absence...

● **Rubens :** *Samson et Dalila*★★ (v. 1609 • *s. 29*). Ce tableau baroque a été conçu pour être accroché en hauteur, au-dessus d'une cheminée. Il évoque l'histoire biblique du héros juif Samson succombant au charme de la voluptueuse Dalila. Dans une pièce digne d'une... maison close, la courtisane, soudoyée par les Philistins, a réussi à amener Samson à lui révéler le secret de sa force surnaturelle (sa longue chevelure). Pendant que Samson dort, abandonné sur les genoux de Dalila, un serviteur coupe d'un geste très professionnel les boucles de l'infortuné (les mains croisées symbolisent sa tromperie). Déjà, les soldats philistins se tiennent dans l'embrasure de la porte, prêts à le capturer...

● **Vélasquez :** *Philippe IV d'Espagne*★★ (v. 1631 • *s. 30*). L'un des tableaux les plus brillants que Vélasquez ait exécutés au service de la cour d'Espagne. Le jeune roi – il avait 26 ans – porte la *golilla* (le col blanc rigide qui remplace, depuis le début de son règne, la traditionnelle fraise jugée trop extravagante) et un costume que le peintre a parsemé de taches blanches, de manière à donner, de loin, l'illusion de fines broderies d'argent.

● **École napolitaine :** *L'Adoration des bergers*★★ (v. 1630 • *s. 30*). Les experts sont toujours très partagés sur la paternité de ce tableau émouvant dont le charme tient beaucoup à ses personnages ordinaires : la femme édentée au fichu blanc, l'enfant qui agrippe le panier et offre une poule... Les Espagnols pensent qu'il a été peint par un Napolitain ; les Italiens sont convaincus qu'il s'agit d'une œuvre espagnole (Vélasquez ?) !

• Le Caravage : *La Cène à Emmaüs*★★ (1601 • *s. 32*). Il s'agit d'un épisode précis de l'Ancien Testament qui se serait déroulé peu après la résurrection du Christ. Deux pèlerins marchent vers un village nommé Emmaüs. Pendant qu'ils parlent, Jésus (ressuscité) s'approche d'eux mais ils ne le reconnaissent pas. Ils font route ensemble et s'arrêtent dans une auberge pour y souper. L'inconnu s'assied à leur table et bénit le pain. À ce geste, les pèlerins reconnaissent avec stupeur le Christ (représenté ici jeune et imberbe) qui disparaît aussitôt après. Notez la superbe nature morte, au premier plan, et la coquille Saint-Jacques que porte le pèlerin de droite.

☞ **PLAN DU MUSÉE P. 110.**

■ **Aile est : de 1700 à 1900**
(salles 33-36 et 38-46)
C'est dans cette section que foisonnent les styles et les genres les plus variés. Les dernières salles sont les plus « embouteillées » : la composition pseudo-historique de Paul Delaroche et les toiles très colorées des impressionnistes attirent le public comme un aimant, éclipsant des œuvres plus discrètes, tel le charmant *Lac Keitele* d'**Akseli Gallen-Kallela** (1905).

• François-Hubert Drouais : *Madame de Pompadour à son métier à tapisserie*★★ (1763 • *s. 33*). Ce portrait de « la » Pompadour – roturière de naissance mais anoblie par Louis XV, dont elle fut la maîtresse – nous la montre peu de temps avant sa mort, à l'âge de 43 ans, dans une superbe robe de soie et de dentelle, devant son métier à tapisserie. Le décor en porcelaine du guéridon rappelle que la marquise avait pris sous sa protection la manufacture de porcelaine de Sèvres.

• J. M. W. Turner : *Le Dernier Voyage du « Téméraire »*★ (1838 • *s. 34*). Dans les années 1830, la Royal Navy procéda à la démolition de ses vieux navires de guerre pour les remplacer par des bateaux à vapeur. Lorsque Turner apprit que le fameux *Téméraire*, vétéran de la bataille de Trafalgar, allait être démantelé, il fit le voyage jusqu'au chantier et composa cette vue d'un vaisseau fantomatique, tiré d'un remorqueur « moderne » sur fond de coucher de soleil à la Claude Lorrain *(sur Turner, lire aussi le théma p. 142-143)*.

• William Hogarth : *Le Mariage à la mode*★★ (1743 • *s. 35*). Cette **série de six toiles**, inspirée d'une pièce de théâtre du XVIIᵉ s. (*Mariage à la mode* de John Dryden) et conçue comme les planches d'une bande dessinée *(→ encadré)*, évoque de façon satirique les effets désastreux

Un peintre à la dent dure

Né à Londres dans une famille modeste, **William Hogarth (1697-1764)** est le premier artiste britannique à avoir joui d'une réputation internationale. Il doit ce succès à son don pour la satire, mais aussi à son idée – géniale – de peindre des fables morales qui soient compréhensibles par tous et qui mettent en scène la société anglaise de son temps. Il conçut pour cela des séries en plusieurs toiles (tel un roman divisé en chapitres) où chaque épisode est truffé de détails truculents qui dénoncent la corruption des magistrats, critiquent l'enrichissement rapide, raillent les vanités de la noblesse ou l'ivrognerie chez les bourgeois.

Originales et savoureuses, ces séries peintes et gravées se sont très bien vendues. *Le Mariage à la mode* compte parmi les œuvres de Hogarth les plus marquantes, tout comme *La Carrière d'un roué* (1733), qui décrit, en huit épisodes, le destin d'un jeune héritier ruiné par le jeu, l'alcool et la débauche.

d'un mariage arrangé. Elle débute par la signature du contrat entre la fille d'un riche marchand aussi avare que mesquin, et un lord désargenté, « fin de race » (son pied est atteint de goutte), mais fier d'arborer son arbre généalogique. La dot de la mariée – les pièces d'or sur la table – devrait lui permettre de financer le chantier que l'on devine par la fenêtre. L'histoire de ce couple mal assorti empire de toile en toile : l'épouse s'endette, prend comme amant l'homme de loi (qui tue le lord), se retrouve dans une maison minable de l'East End et se suicide. Le père prend soin de récupérer l'alliance du doigt de sa fille !

- **Canaletto** : *La Cour du tailleur de pierre*★ (v. 1725 • *s. 38*). Grâce à Joseph Smith, banquier, collectionneur et surtout consul britannique à Venise, le peintre Canaletto (1697-1768) reçut de si nombreuses commandes de l'aristocratie anglaise qu'il y a aujourd'hui plus d'œuvres de Canaletto à Londres qu'à Venise ! Celle-ci sort des sentiers battus pour nous montrer des tailleurs de pierre au travail sur le campo San Vidal dans la lueur aveuglante du soleil. Le bâtiment qui se dresse sur l'autre rive du Grand Canal est Santa Maria della Carità (aujourd'hui l'Accademia).

- **Luis Meléndez** : *Nature morte aux oranges et aux noix*★★ (1772 • *s. 39*). Meléndez (1716-1780) a porté le genre de la nature morte espagnole *(bodegón)* à un degré de virtuosité inédit. Ce sont pourtant des objets très ordinaires – aliments du terroir, ustensiles de cuisine… – disposés de façon très simple sur des surfaces modestes et peints dans une gamme réduite de blancs, d'ocres et d'oranges. Mais les textures sont traitées avec une remarquable adresse : on voit même les imperfections du bois !

- **Giambattista Tiepolo** : *Allégorie avec Vénus et le Temps*★ (v. 1754 • *s. 40*). Conçue pour décorer un plafond du palais des Contarini à Venise, cette séduisante allégorie a sans doute été peinte à l'occasion de la naissance d'un fils au sein de la famille. On y voit en effet Vénus confier son nouveau-né au Temps (autrement dit, à l'immortalité). Notez comment les étoffes roses, blanches et orange s'harmonisent avec la chair pâle de la déesse de l'Amour.

- **Paul Delaroche** : *Le Supplice de Jane Grey*★ (1833 • *s. 41*). C'est l'un des tableaux de la National Gallery qui a le plus de succès ! Son auteur, aujourd'hui oublié, s'était fait un nom dans les Salons parisiens comme peintre d'histoire en y envoyant de grands formats dont le style léché et le ton mélodramatique ravissaient la bourgeoisie de l'époque.
Jane Grey, arrière-petite-fille d'Henri VII, fut proclamée en 1553 reine d'Angleterre à la mort d'Édouard VI mais ne régna que neuf jours : victime des intrigues fomentées par les partisans de Marie Tudor (la fille catholique d'Henri VIII), elle fut accusée de haute trahison et décapitée le 12 février 1554. *Le Supplice* relate, en prenant beaucoup de libertés avec l'Histoire, les derniers moments de la vie de Jane Grey, décapitée dans la Tour de Londres en 1554. Jane, exécutée en plein air, était montée très dignement sur l'échafaud, sans aucune sensiblerie, et ne portait pas de robe… en satin blanc !

- **Caspar David Friedrich** : *Paysage d'hiver*★★ (1811 • *s. 41*). Ce maître absolu du romantisme allemand peignait souvent des personnages solitaires dans des paysages immenses ou désolés : ici, c'est une minuscule figure qui a abandonné ses béquilles dans la neige pour prier devant un crucifix. La magie du tableau réside dans sa subtile transparence : l'église émerge, telle une vision, d'un brouillard poudreux qui a été peint du bout du pinceau, à l'aide d'un pigment bleu, le smalt.

▲ Cette *Baignade à Asnières* peinte en 1884 par Georges Seurat rappelle l'impressionnisme par son thème et ses couleurs mais s'en éloigne par la rigueur de la composition, les poses des personnages – le temps semble presque suspendu – et l'utilisation du pointillisme.

- **Claude Monet** : *Baigneurs à la Grenouillère*** (1869 • *s. 43*). Avant Monet, la plupart des artistes qui peignaient des paysages en plein air les terminaient en atelier. Monet, lui, travaillait toujours sur place. Il avait une barque surmontée d'une petite cabine d'où il pouvait guetter les vibrations de la lumière et le meilleur angle de vue : des cabines de bain, des pontons sur les berges de la Seine... Cette « pochade », exécutée en quelques coups de pinceaux très fluides, par amas de touches de couleur, est l'une de ses meilleures œuvres impressionnistes. Elle est considérée comme une ébauche du tableau de même sujet conservé à New York.
- **Georges Seurat** : *Une baignade à Asnières**** (1884 • *s. 44*). Ce tableau a pour sujet les loisirs de la classe ouvrière sur les berges de la Seine (les grandes usines, au loin, sont celles de Clichy). Il a été réalisé, en partie, selon la technique du **pointillisme** : les minuscules taches de couleurs pures sont juxtaposées de manière à ce que, vues à une certaine distance, elles se mélangent les unes aux autres. Le jury du Salon, jugeant le format trop grand pour un genre qu'il considérait comme « mineur », refusa de l'exposer !
- **Vincent Van Gogh** : *Les Tournesols*** (1888 • *s. 45*). Pour décorer sa maison d'Arles, Van Gogh avait peint, « avec l'entrain d'un Marseillais mangeant sa bouillabaisse » comme il l'écrivit alors à son frère Théo, une série de quatre toiles saturées de jaune, sur le thème des tournesols. Celle-ci est malheureusement en train de brunir sous l'effet des lampes à leds (comme d'autres œuvres de la même époque qui contiennent du jaune de chrome), mais elle reste un bel exemple – le premier, en fait – de sa technique « clair sur clair », sans ombre ni modelé.

3 Westminster et Whitehall★★★

Situation : West End, au bord de la Tamise • plan III p. 122 ; plan général détachable C4 • plan du métro p. 364-365.

À ne pas manquer

Le palais de Westminster★★★	121
L'abbaye de Westminster★★★	126
Big Ben★★	120
Les Churchill War Rooms★★	135
La Banqueting House★	133
La Horse Guards Arch★	133

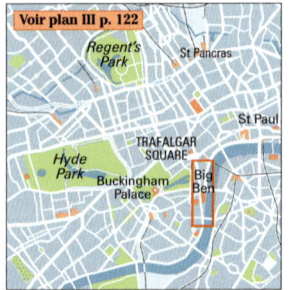

Voir plan III p. 122

Berceau de la démocratie et des institutions britanniques, ce quartier se distingue par son aspect monumental. Dans un rayon de quelques centaines de mètres on trouve autour de Parliament Square : le Parlement, avec sa belle façade de pierre blonde reflétée dans la Tamise ; la célèbre Big Ben, qui se dresse impassible sous le crépitement des flashs ; les pignons de l'abbaye de Westminster, où les souverains reçoivent leur couronne ; la blancheur un peu cérémonieuse des bâtiments ministériels, l'attitude sérieuse des *bobbies* gardant l'entrée de Downing Street… tout concourt à un petit air solennel vaguement intimidant. Aux heures d'ouverture et de fermeture des bureaux, le flot incessant des fonctionnaires affairés réussirait presque à faire oublier celui des touristes qui déambulent le nez en l'air.

Départ : Parliament Square III A2 • M° Westminster (Circle Line ; District Line).

Lignes de bus : 3, 11, 12, 24, 53, 87, 88, 148, 159, 211 et 453.

Combien de temps : 2 h 30 pour la visite du Parlement et de l'abbaye ; 6 h pour tout visiter.

■ Big Ben★★ III A2

Bridge St., SW1A • M° Westminster • ☎ 020. 7219.4272 • accès rés. aux résidents du Royaume-Uni, en vis. guidées.

Dominant le Westminster Bridge du haut de ses 96 m, la célèbre tour de l'Horloge (désormais appelée **Elizabeth Tower**) fait partie de Westminster Palace. À son sommet, une lanterne s'illumine si les séances du Parlement se poursuivent après la tombée de la nuit. L'immense **horloge** qui orne ses quatre faces est toujours remontée à la main trois fois par semaine. L'opération dure 20 mn et garantit la précision légendaire du méca-

▲ Le Parlement britannique, Westminster Palace, encadré par la Victoria Tower (à gauche) et la fameuse Big Ben.

nisme. Pour vous faire une idée de ses proportions, sachez que l'aiguille des minutes mesure plus de 4,20 m !
La tour emprunte son surnom **Big Ben** à la plus grosse des cinq cloches qu'elle abrite (de son vrai nom **Great Bell**). Cette appellation ferait référence à l'embonpoint de Benjamin Hall, l'ingénieur civil qui supervisa son installation en 1859 ; ou, selon une autre hypothèse, à la stature imposante d'un boxeur professionnel très connu à l'époque. Malgré une fissure apparue peu de temps après sa mise en place, la cloche continue de scander les heures sans relâche. La mélodie de son carillon est connue de tout citoyen britannique qui se respecte.

■ Westminster Palace*** III A2
Parliament Sq., SW1P, entrée par Cromwell Green Entrance • M° Westminster • ☎ 0844.847.1672 • www.parliament.uk/visiting • ouv. normalement sam. 9 h 15-16 h 30 ; de fin juil. à fin août, lun. 13 h 15-17 h 30, mar.-sam. 9 h 15-17 h 30 ; de mi-sept. à début oct., lun.-sam. 9 h 15-16 h 30 • rés. obligatoire sur place, par tél. ou : www.ticketmaster.co.uk/houseofparliament • plein tarif : 17 £ • vis. guidées en français (1 h 15).

Les Londoniens le nomment **House of Parliament**. Avec ses trois tours radicalement différentes, sa silhouette hérissée de pinacles, ses innombrables fenêtres tout en hauteur et son foisonnant décor néogothique, le palais est le monument le plus emblématique de la capitale. Édifié une première fois par Édouard le Confesseur au XIe s., il servit de résidence aux souverains jusqu'au début du XVIe s. Le terrible incendie qui le ravagea en 1512 décida Henri VIII à se faire bâtir un nouveau palais non loin de là (→ *Banqueting House, p. 133*).
Ce qui restait de Westminster devint un centre administratif, juridique et politique qui servit dès lors de siège au Parlement. Après s'être une nouvelle fois envolé en fumée en 1834, l'édifice fut presque totalement reconstruit par les architectes **Charles Barry** (1795-1860) pour la conception et **Augustus Pugin** (→ *encadré p. 88*) pour la décoration.

Un métier à haut risque

Bien loin de l'image que l'on peut parfois s'en faire, le statut d'épouse royale pouvait se révéler fort périlleux. Cinq des six femmes d'**Henri VIII** (r. 1509-1547) en firent la cruelle expérience.

En 1532, le souverain répudia sa première épouse, **Catherine d'Aragon**, sous prétexte que seule une fille avait survécu des six enfants engendrés par leur couple. Le refus du pape Clément VII d'annuler le mariage entraîna le schisme religieux dont est issue l'Église anglicane *(→ encadré p. 330)*.

La même année, Henri VIII épousait sa maîtresse **Anne Boleyn**, dont il était fort épris. Ce qui ne l'empêcha pas de la faire décapiter quatre ans plus tard pour adultère. Probablement à tort : il est généralement admis qu'elle fut victime d'un complot politique ou du simple bon vouloir du roi qui contracta une autre union... dix jours plus tard !

La nouvelle reine, **Jeanne Seymour**, s'éteignit l'année suivante après avoir donné naissance à un héritier. La rumeur prétend qu'elle serait morte des suites de la césarienne ordonnée par Henri VIII pour sauver l'enfant...

En 1540, il épousa pour des raisons politiques **Anne de Clèves**, qu'il répudia au bout de quelques mois.

Suivront **Catherine Howard** qui, convaincue d'adultère et de trahison, sera décapitée après deux ans de mariage ; et **Catherine Parr**, la seule à avoir survécu à son royal époux !

Plan III : Westminster et Whitehall (promenade ❸).

- **Victoria Tower★**. Plus haute et plus massive que Big Ben, cette tour fut achevée en 1860 et baptisée en l'honneur de la reine Victoria. Lorsque les souverains pénètrent par sa porte dans Westminster Palace, le Royal Standard (drapeau de la Couronne) flotte en haut de son mât.

La visite suit le parcours emprunté par la reine le jour de l'ouverture de la session parlementaire.

- **Robing Room★★**. Véritable ode à la gloire de la monarchie britannique, cette **salle du Vestiaire** est l'endroit où la reine revêt une traîne de velours cramoisi et d'hermine, et la couronne impériale qu'elle porte pour prononcer son discours annuel devant le Parlement. Les fresques évoquent la légende du roi Arthur et des chevaliers de la Table ronde, considérée à l'époque victorienne comme la parfaite illustration du pouvoir, des vertus et des privilèges monarchiques. Le beau plafond à caissons est parsemé de herses couronnées, emblème royal adopté par Henri VII, le premier Tudor, et devenu depuis l'un des principaux symboles du Parlement.

- **Prince's Chamber★**. Décorée de reliefs en bronze qui relatent les faits marquants de l'histoire de la dynastie des Tudors, la **Chambre du prince** est une véritable galerie de portraits royaux et d'autres peints au XIXe s. Aisément reconnaissable à son imposante carrure, Henri VIII est flanqué de ses six épouses *(→ encadré p. 122)*.

- **Lords Chamber★★**. Achevée en 1847, la fastueuse **Chambre des lords** est la seule salle du palais où peuvent se rencontrer les trois plus hautes instances du pays : la monarchie, le Parlement

Parlement britannique : les lords et les MPs

La **Chambre des lords**, ou Chambre haute, réunit un nombre variable de pairs dont la très grande majorité est nommée à vie par la reine sur recommandation du Premier ministre. Parallèlement, 92 pairs héréditaires continuent de se passer leur charge de père en fils et 26 sont des pairs spirituels siégeant en vertu de leur charge d'évêques ou d'archevêques. La plupart des pairs ne perçoivent aucun salaire mais un défraiement de 300 £ par jour de présence. Tout citoyen britannique peut prétendre à la pairie.

La **Chambre des communes**, aussi appelée Chambre basse, est constituée de 650 députés *(MPs : Members of Parliament)* élus au suffrage universel direct pour une durée de cinq ans. Les *Whips* (« fouets », en anglais), chefs de file des partis, veillent à ce que les députés remplissent leur rôle pendant les huit minutes réglementaires que durent les séances de vote.

◀ Dans la Chambre des lords, les petits rideaux rouge et or suspendus à la galerie réservée aux visiteurs furent ajoutés au XXe s. pour dissimuler les chevilles des femmes, que la longueur des robes laissait dorénavant apercevoir.

☞ **PLAN III P. 122.**

et l'Église. Lambris de bois sculptés, vitraux aux motifs héraldiques, peintures exaltant la religion, la justice et la chevalerie, tout contribue à célébrer la puissance de l'Empire britannique qui connut son apogée au XIXe s. Sous les dorures de son dais de chêne, le **trône** royal se reconnaît à sa taille, qui dépasse de quelques centimètres celui de dr., réservé au prince consort. Les banquettes en cuir rouge, couleur symbolique de cette Chambre, sont de parfaits exemples du style Chesterfield, fort prisé à l'époque victorienne.

Le long du mur de g. (quand on regarde le trône) prennent place les lords appartenant au parti au pouvoir, ceux de l'opposition s'installent sur les banquettes leur faisant face. Au pied du trône, le *woolsack* est réservé au *lord speaker*, président de la Chambre ; cette sorte de pouf est remplie de laine *(wool)* des différents pays du Commonwealth. De l'autre côté de la table centrale se trouvent les *crossbenches*, les deux uniques bancs où les lords indépendants ont le droit de s'installer.

✍ **BON À SAVOIR**
On prétend que l'espacement des lignes rouges tracées dans la Chambre des communes correspond à une double longueur d'épée, garantissant la sécurité des parlementaires durant les débats. Il s'agit bien évidemment d'un mythe, les épées n'ayant jamais été autorisées dans cette enceinte.

● **Commons Chamber★**. Le relatif dépouillement de la **Chambre des communes**, reconstruite au lendemain de la Seconde Guerre mondiale, dans une période d'importantes restrictions, a suscité d'acerbes controverses. La taille modeste des lieux, où ne peuvent siéger que 437 des 650 députés, aurait été sciemment étudiée pour éviter une trop grande affluence, nuisible aux débats. Au sol, des lignes rouges, connues sous le nom de *sword lines* (lignes des épées), marquent la limite que les députés n'ont pas le droit de franchir ; ainsi, les échanges de vues ne se transforment pas en échauffourée.

Les députés de la majorité s'installent à la dr. du président, ceux de l'opposition à sa g., tous sur des banquettes vertes, couleur de la Chambre basse.

✍ **SE DÉPLACER EN BATEAU**
En contrebas du Parlement, le Westminster Millennium Pier est l'un des principaux points de départ des bateaux qui desservent les deux rives de la Tamise.

● **Westminster Hall★★**. Unique vestige du palais du XIe s., cette vaste salle est connue pour son superbe **toit★★★**, en forme de carène renversée, ajouté à la fin du XIVe s. Il serait le plus large plafond en bois du monde, affirme-t-on sur place. Remarquez le détail des **anges sculptés** qui habillent les courtes poutres horizontales sur lesquelles reposent les plus petits arcs.

À l'égal des basiliques romaines, cette salle servait à l'origine de cour de justice. De nombreux événements de l'histoire anglaise s'y sont déroulés : la destitution de Richard II (1399), la sentence de mort de Charles Ier et la nomination consécutive d'Oliver Cromwell comme lord-protecteur de la Ire République parlementaire (1649-1653)… C'est

✍ **À NOTER**
L'édifice baroque en brique rouge et blanc qui se dresse sur Victoria Embankment abritait l'ancienne **Scotland Yard**, siège de la police de Londres de 1890 à 1967.

ici que se déroulent les **banquets** offerts à l'occasion des couronnements royaux et les *lying-in-state*, cérémonies permettant au peuple britannique de s'incliner devant le **cercueil** des souverains ou des rares hommes publics considérés dignes de cet honneur.

■ Jewel Tower III A2
Abingdon St., SW1P • M° Westminster • ☎ 020. 7222.2219 • ouv. d'avr. à oct., t.l.j. 10 h-17 h ; de nov. à mars, sam.-dim. 10 h-16 h • entrée payante.
La **tour des Bijoux**, en forme de L, faisait partie de l'ancien palais de Westminster, dans un angle reculé. Construite au XIVe s. pour conserver le trésor personnel du roi, elle était à l'origine protégée par des douves. Seule fausse note dans son apparence médiévale, la forme et la taille des fenêtres, ajoutées au XVIIIe s. lorsque sa fonction changea pour accueillir les archives du Parlement. Un **escalier** de pierre en colimaçon dessert le 2e étage, où étaient entreposés les coffres-forts en bois et où se tenaient les préposés à la garde du trésor. La **porte** en chêne, consolidée par des axes de bois verticaux, est probablement d'origine. Des traces sur le mur montrent qu'une 2e porte venait renforcer le système de sécurité. Les salles ont servi de garde-robe royale au milieu du XVIe s.

■ Saint Margaret's Church★ III A2
St Margaret St., SW1P • M° Westminster • ☎ 020. 7654.4840 • lun.-ven. 9 h 30-15 h 30, sam. 9 h 30-13 h 30, dim. 14 h-16 h 30 • entrée libre.
Construite au XIe s. pour que les habitants du quartier ne dérangent plus les frères bénédictins de l'abbaye voisine pendant leurs offices, cette église à l'origine romane fut remaniée en style gothique *perpendicular* à partir du XIVe s. Disséminé un peu partout, le motif de la herse, symbole de la Chambre des communes, rappelle que le sanctuaire est considéré depuis 1614 comme la paroisse des députés. Aujourd'hui encore, nombre d'entre eux s'y retrouvent une fois par mois pour assister à la messe du matin avant de partager le petit déjeuner. Ajoutée en 1735, la façade est une interprétation fantaisiste mais sobre du style gothique *perpendicular*.

À l'intérieur, de part et d'autre de l'entrée, sont placés des **monuments funéraires** de style Renaissance dédiés à deux femmes proches de la reine Élisabeth Ire (r. 1558-1603) : à dr. repose Blanche Perry qui, après avoir été sa nurse, devint sa femme de chambre ; à g., lady Dorothy Stafford, sa dame d'honneur préférée. Offert en 1888 par

---

A very bad Guy

À peine un an après être monté sur le trône, sous la pression des protestants puritains, Jacques Ier déclarait l'Église catholique hors la loi. Tentant le tout pour le tout, un groupe de réfractaires à la conversion ou à l'exil résolut, en 1605, de faire sauter le Parlement pendant le discours annuel du souverain. Averties par une lettre anonyme, les autorités parvinrent à déjouer cette **conspiration des Poudres** *(Gunpowder Plot)* : **Guy Fawkes**, surpris dans les souterrains du palais de Westminster au milieu d'une quantité de barils de poudre suffisante pour raser l'édifice, fut exécuté.

Depuis ce jour, les sous-sols du bâtiment sont solennellement inspectés chaque année avant l'ouverture de la session parlementaire. Les enfants des écoles confectionnaient encore récemment des effigies en chiffon de Guy Fawkes qu'ils promenaient dans les rues en réclamant aux passants « *a penny for the Guy* ». Puis, à l'occasion de la **Bonfire Night** qui commémore l'événement (la nuit du 5 au 6 novembre), ils les brûlaient sur de grands feux de joie.

Dans un premier temps, le prénom Guy désigna couramment un homme mal vêtu et mal intentionné. Puis le mot finit par acquérir sa signification actuelle, correspondant à « type », en français.

LES BOURGEOIS SONT DANS LA RUE

À l'entrée des Victoria Tower Gardens, qui prolongent le palais de Westminster, trône une version des *Bourgeois de Calais*, le célèbre groupe sculpté par Rodin en mémoire des six hommes qui sacrifièrent leur liberté en 1346 pour mettre fin au siège que le roi d'Angleterre Édouard III faisait subir à leur ville depuis 11 mois.

À NOTER

- Westminster Abbey est fermée au public lors de cérémonies ou de célébrations religieuses officielles. À vérifier par téléphone ou sur Internet avant votre visite.

- Ne pas confondre l'abbaye et la cathédrale, catholique, de Westminster (→ *p. 152*).

les citoyens américains, le **vitrail** au-dessus de l'entrée célèbre la mémoire de sir Walter Raleigh, explorateur auquel la Couronne doit l'installation en Virginie de l'une de ses premières colonies ; accusé d'avoir fomenté une conspiration contre Jacques Ier, Raleigh fut décapité en 1618. Au-dessus du maître-autel, le **vitrail** de la *Crucifixion* (XVIe s.) montre Henri VIII et sa première épouse, Catherine d'Aragon, en adoration devant la Croix.

■ Westminster Abbey*** III A2

Broad Sanctuary, SW1P • M° St James's Park, Westminster • ☎ 020.7222.5152 • www.westminster-abbey.org • ouv. normalement lun., mar., jeu. et ven. 9 h 30-16 h 30, mer. 9 h 30-19 h, sam. 9 h 30-14 h 30 (dernière entrée 1 h avant) • Cloisters : dim.-jeu. 10 h-16 h, ven.-sam. 8 h-18 h • Chapter House : lun.-ven. 10 h 30-16 h, sam. 10 h 30-15 h 30 • Pyx Chamber : lun.-sam. 10 h-16 h • Museum : 10 h 30-16 h • College Garden : mar.-jeu. 10 h-16 h, jusqu'à 18 h en été • plein tarif : 18 £, audioguide en français inclus • vis. guidées payantes en anglais.

Depuis le couronnement de Guillaume le Conquérant, en 1066, « l'abbaye de l'Ouest » est indis-

▶ La façade principale (occidentale) de l'abbaye de Westminster.

sociable des grandes célébrations de la royauté. Les mariages princiers, comme ceux de la future Élisabeth II (1947) ou du prince William et de Catherine Middleton (2011), ainsi que les couronnements et les obsèques royaux qui s'y déroulent l'ont rendue célèbre dans le monde entier.

☞ **PLAN III P. 122.**

C'est, dit-on, pour honorer un vœu qu'Édouard le Confesseur fit édifier ici, au XIe s., l'église romane dédiée à saint Pierre qui allait devenir sa dernière demeure. Deux cents ans plus tard, Henri III décida de lui offrir une sépulture plus digne et ordonna la reconstruction du sanctuaire qui acquit alors ses formes gothiques. Arcs-boutants, chapelles rayonnantes du déambulatoire, rosaces des transepts sont directement influencés par le style français, que l'architecte **Henry de Reynes** importa en Angleterre. Les travaux s'achevèrent au XVIe s. avec la couverture de la nef centrale.

Les deux **tours** qui se dressent au-dessus de la façade principale furent ajoutées en 1745 par **Nicholas Hawksmoor**, élève de Wren ; elles accentuent l'impression d'élévation de l'édifice, déjà soulignée par l'abondance des pignons pointus et des motifs verticaux qui recouvrent chaque pouce des murs extérieurs. Église anglicane dépendant directement de la Couronne, l'abbaye, qui compte plus de 600 tombeaux, est devenue au fil des siècles le panthéon des célébrités britanniques.

Le portail principal étant réservé aux célébrations officielles, on entre par le bras g. du transept.

● **Transept gauche.** Depuis que le Premier ministre William Pitt y fut enseveli en 1778, il est connu sous le nom de Statesmen's Aisle (aile des Hommes d'État). Entre autres statues, on y trouve celles des Premiers ministres des XVIIIe et XIXe s., notamment les célèbres rivaux **Benjamin Disraeli** (1804-1881) et **William Gladstone** (1809-1898).

● **Nef et bas-côtés.** La hauteur prononcée de la nef centrale, sa relative étroitesse tout comme l'élancement de ses voûtes et de ses ogives sont caractéristiques du style gothique anglais. Devant le portail d'entrée, entourée d'une bordure de coquelicots en soie, la **tombe du Soldat inconnu** rend hommage aux morts de la Première Guerre mondiale.

Percé dans la façade principale, le beau **vitrail** représentant les prophètes fut dessiné par le peintre **James Thornhill** (1675-1734). Parmi les sépultures les plus connues, vous trouverez celles d'Isaac Newton, de Charles Darwin et, dans l'aile des musiciens *(collatéral g.)*, de Henry Purcell.

Un trône bien lesté

Dans l'église de Westminster, à l'angle de la contre-façade et du bas-côté dr., est exposé le célèbre trône en bois du couronnement qui remplit les mêmes fonctions depuis des siècles. Il fut spécialement conçu pour abriter la **pierre de Scone** (ou de la Destinée), considérée comme celle qui servit d'oreiller à Jacob (Genèse, chapitre 28) et liée, depuis le IXe s., au couronnement des souverains écossais. Ce morceau de roche reconnaissait les futurs rois en grinçant lorsqu'ils montaient dessus. En 1292, après avoir envahi l'Écosse, Édouard Ier d'Angleterre s'empara de ce symbole de souveraineté qu'il rapporta à Londres. Depuis 1307, tous les souverains anglais puis britanniques furent couronnés assis sur ce trône, donc sur cette pierre.

Le jour de Noël 1950, quatre étudiants écossais la subtilisèrent pour la rapporter dans son pays d'origine. Au terme d'une de négociations et contre la garantie que les auteurs de l'enlèvement ne seraient pas poursuivis en justice, l'Écosse accepta de la renvoyer à Londres. En 1996, le gouvernement britannique décida finalement de restituer la pierre : dorénavant exposée au château d'Édimbourg, elle devrait revenir à Westminster à l'occasion de chaque nouveau couronnement.

- **Maître-autel.** Datant de la fin du XIXe s., il est orné d'une mosaïque de la Cène réalisée dans les ateliers vénitiens d'**Antonio Salviati**. Le magnifique pavement italien du XIIIe s. qui s'étend à ses pieds est un somptueux assemblage de petits morceaux de marbre, de verre, de porphyre et d'onyx caractéristique de l'école des Cosmati, famille très célèbre de mosaïstes romains.

- **Déambulatoire gauche.** Parmi tous les tombeaux qui s'y trouvent, le plus macabre est sans aucun doute celui de **lady Elizabeth Nightingale**, réalisé par **Louis-François Roubiliac**, un sculpteur lyonnais du XVIIIe s. On y voit l'époux de la défunte tentant de soustraire sa femme aux griffes de la mort.

- **Shrine of Saint Edward the Confessor**★★ *(visible slt lors des vis. guidées et au moment des prières, à 11 h et à 15 h).* Placée juste derrière l'autel, la **chapelle d'Édouard le Confesseur** abrite la sépulture du roi dont le décès, en 1066, entraîna la crise de succession qui permit à Guillaume le Conquérant de s'emparer du trône d'Angleterre. Connu pour sa grande piété (on murmure même que, ayant fait vœu de chasteté, il n'aurait jamais consommé son mariage), le roi Édouard fut canonisé en 1161.

Tout autour sont disposés les tombeaux d'autres souverains, d'épouses et d'enfants royaux : **Henri III** († 1272), le fils aîné de Jean sans Terre ; son fils **Édouard Ier** († 1307), qui s'empara de la pierre de Scone *(→ encadré p. 127)*, ainsi que sa première épouse, **Éléonore de Castille** († 1290). Y sont aussi inhumés **Édouard III** († 1377) avec sa femme **Philippa de Hainaut** († 1369), ou encore **Henri V** († 1422), vainqueur de la bataille d'Azincourt. Sa mort prématurée l'empêcha de succéder à son beau-père Charles VI sur le trône de France…

- **Henry VII's Chapel**★★★. La construction de cette somptueuse chapelle (1503-1516), connue à l'origine sous le nom de **Lady Chapel**, faisait partie du programme de propagande d'Henri VII, premier souverain de la dynastie des Tudors. Dans le même but de consolider son autorité et sa légitimité, il y plaça le tombeau de son oncle Henri VI, qu'il tenta en vain de faire canoniser. Sous sa superbe **voûte** en éventail, son inextricable réseau de nervures, ses clés de voûtes pendantes et ses hautes fenêtres qui laissent pénétrer des flots de lumière, elle constitue le dernier grand chef-d'œuvre de l'architecture médiévale anglaise.

◀ La chapelle d'Henri VII : un splendide exemple du style gothique *perpendicular* tardif.

Sur la g., sous un imposant baldaquin du XIIIe s., est exposé le gisant en marbre blanc de la reine **Élisabeth Ire** (r. 1558-1603). Son cercueil surplombe celui de sa demi-sœur Marie Ire Tudor, plus connue sous le surnom de **Bloody Mary** (Marie la Sanglante ; r. 1553-1558) pour avoir fait massacrer bon nombre de protestants alors qu'elle tentait de restaurer le catholicisme en Angleterre. Sur la dr., **Innocents' Corner** abrite deux des filles de Jacques Ier, mortes en 1606 et 1607 à l'âge de trois jours et de deux ans. Le sarcophage plus à dr. est censé contenir les restes d'Édouard V et de son frère Richard, enfants royaux morts dans d'obscures conditions *(→ encadré p. 247)*.

De l'autre côté de la chapelle, ne manquez pas le magnifique gisant en tenue de deuil de **lady Margaret de Beaufort** († 1509), la mère d'Henri VII, exécuté par **Pietro Torrigiani**, un sculpteur de la Renaissance florentine. Remarquez la délicatesse des traits et les fines rides qui parcourent les mains jointes dans un geste de prière. À sa dr., la tombe en marbre blanc de la reine d'Écosse **Marie Stuart**, catholique décapitée en 1587 après 20 ans de réclusion.

● **Poets' Corner.** Geoffrey Chaucer (1343-1400), l'auteur des *Contes de Canterbury*, fut le premier à être inhumé dans le coin des poètes. Deux cents ans plus tard, le poète élisabéthain **Edmund Spenser** (1553-1599) demanda à reposer à ses côtés. On prit dès lors l'habitude d'y enterrer les grands hommes de lettres. Parmi les plus célèbres, le critique et lexicographe Samuel Johnson (1709-1784 ; → encadré p. 219), le poète Alfred Tennyson (1809-1892), Charles Dickens (1812-1870), Rudyard Kipling (1865-1936)...

● **East Cloister***. Avant la Réforme, le **cloître de l'Est** (XIVe s.) était l'un des endroits les plus animés de l'abbaye : dotées de braseros et de fenêtres vitrées, les galeries devaient être plus douillettes qu'aujourd'hui, et les moines y vivaient une grande partie de la journée. C'est ici que le père supérieur se prêtait, chaque Jeudi saint, à la cérémonie du lavage des pieds de 13 vieillards auxquels il distribuait ensuite quelques provisions. Simultanément, les moines faisaient de même avec 13 enfants.

● **Chapter House****. Sous sa belle **voûte** reposant sur un pilier central, la **salle capitulaire** de forme octogonale, édifiée dans les années 1250 sur ordre d'Henri III, servait de lieu de réunion quotidienne aux moines. Les **dalles** du sol, dont certaines ont conservé leur ornementation de griffons et de lions, sont d'origine tandis que les fresques du *Jugement dernier* et de l'*Apocalypse* remontent au siècle suivant. Considéré comme l'ancêtre du Parlement, le Grand Conseil royal se réunit ici à partir de 1257. En sortant, jetez un œil sur la g. dans le vestibule sur la plus vieille porte du royaume (vers 1050).

● **Pyx Chamber.** Cette **salle** voûtée, dite **de la Pyxide**, date de la fin du XIe s. et fut probablement utilisée comme chambre du trésor à partir du XIIIe s. La pyxide était un coffret en bois où l'on conservait les échantillons de monnaies, prélevés au hasard de leur fabrication, qui attendaient le *trial of the pyx*, cérémonie au cours de laquelle on vérifiait leur teneur en or et en argent. Les **coffres-forts** furent de toute évidence fabriqués *in situ* (XIIIe-XIVe s.).

● **Museum.** Il occupe une partie de la belle **crypte** romane où est située la Pyx Chamber. On y voit essentiellement des **effigies funèbres** en bois, en plâtre ou en cire des souverains et un corset ayant appartenu à Élisabeth Ire.

● **College Garden.** Après avoir traversé le petit cloître, on parvient dans le **jardin** le plus vieux d'Angleterre : il date de l'époque de la construction de l'abbaye. Les moines y faisaient pousser les plantes médicinales, les légumes et les fruits nécessaires à la vie du monastère. ▶▶▶

Parades royales

L'attachement des Britanniques à la monarchie et leur profond respect des traditions les rendent particulièrement friands des mises en scène grandioses qui ponctuent le calendrier londonien. L'immuable décorum des rituels, délicieusement suranné, maintient un lien émotionnel entre les institutions et la population, qui ne boude jamais son plaisir d'apercevoir les plus éminentes personnalités de la ville ou de voir passer le carrosse royal, d'où la souveraine distribue avec bienveillance son célèbre salut.

■ Trooping the colour
(Salut aux couleurs)

Il s'agit probablement de la cérémonie annuelle la plus appréciée des Britanniques ; ils réservent leurs places assises des mois à l'avance. Cette parade militaire, qui a lieu le 2e ou le 3e samedi de juin sur l'esplanade de la Horse Guards Parade, célèbre depuis 1748 l'anniversaire officiel du souverain (la reine fête son véritable anniversaire le 21 avril dans l'intimité). Jusqu'en 1986, Élisabeth II y assistait à cheval, mais, depuis la retraite de son destrier préféré, elle s'y rend dans un ancien phaéton de la reine Victoria .

Après avoir reçu le salut royal, la souveraine procède à l'inspection des troupes, assiste au concert de la fanfare, puis reconduit les régiments jusqu'à Buckingham Palace où, à 13 h précises, depuis le balcon royal, elle admire la parade aérienne de la Royal Air Force. Les deux samedis qui précèdent cette célébration, il est possible d'assister à des répétitions générales, mais en l'absence de la famille royale.

■ State Opening of Parliament

Depuis 2012, la cérémonie annuelle d'**ouverture de la session parlementaire** a lieu au printemps. Codifiée dans ses moindres détails, elle se déroule selon une étiquette rigoureuse. À cette occasion, un somptueux carrosse sort du palais de Buckingham à 11 h, escorté par la Household Cavalry, garde montée responsable de la sécurité des chefs d'État de tout le Commonwealth. Le parcours emprunte le Mall, traverse la Horse Guards Parade puis longe Whitehall et Parliament Street jusqu'au palais

de Westminster ; tout le long sont disposés des *Foot Guards*, des soldats à pied appartenant aux cinq régiments de la garde d'honneur de la reine.
À 11 h 15, le cortège s'immobilise devant la tour Victoria. La reine pénètre dans le Parlement, revêtue de la robe du jubilé. Dans la salle du Vestiaire, elle ajoute la couronne et une longue traîne de velours rouge et d'hermine, avant de gagner la Chambre des lords, où elle prononce son discours 2.

■ **Lord Mayor's Show Parade**
(défilé du lord-maire)
Selon une tradition instaurée en 1215, un fastueux cortège conduit chaque année, le 2ᵉ samedi de novembre, le lord-maire récemment élu auprès de son souverain pour qu'il lui prête serment d'allégeance. 3 Monté dans un magnifique carrosse doré (visible au London Museum), il est accompagné de nombreux chars décorés, de soldats à cheval, de fanfares diverses et de plusieurs milliers de personnes, revêtues pour la plupart des costumes traditionnels des corporations de métiers. C'est aussi l'occasion de découvrir les effigies géantes de Gog et Magog, deux entités bibliques mystérieuses considérées comme les gardiennes de Londres depuis le XIVᵉ s.
La procession s'étire sur environ 5 km, guidée par le *pageantmaster* qui, debout à l'arrière d'une Land Rover, ne laisse rien paraître de son stress. Et pourtant, la responsabilité de l'événement, qu'il a passé huit mois à organiser au millimètre près, sans jamais pouvoir procéder à une répétition générale, repose entièrement sur ses épaules.

■ **Remembrance Sunday**
(dimanche du Souvenir)
Aussi connue sous le nom de *Poppy Day* (jour des Coquelicots), cette célébration commémore l'armistice de la Première Guerre mondiale. Elle se déroule chaque année en plein air, le dimanche le plus proche du 11 novembre à 11 h, devant le cénotaphe (tombeau vide) installé sur Whitechapel. Ce monument rend hommage aux hommes et aux femmes morts pour la patrie pendant la Première Guerre mondiale. La reine est la première à déposer une couronne de coquelicots (artificiels, saison oblige) au pied du cénotaphe. À sa suite, les membres de la famille royale, le Premier ministre, le chef de l'opposition, puis ceux des autres partis, suivis de nombreuses autres personnalités, font de même. En moins d'une demi-heure, le centre de l'avenue se transforme en un somptueux champ de fleurs rougeoyant. Un spectacle à ne pas manquer si on est à Londres au bon moment !

▶▶▶ *En sortant de l'abbaye de Westminster, se diriger vers Victoria St. et prendre à g. sous l'arcade qui sert de porte d'entrée à une belle esplanade rectangulaire plantée de gazon.*

■ **Dean's Yard** III A2

Cette place privée, où seules les voitures autorisées peuvent circuler, est une sorte d'extension du **Saint Peter College**, ou **Westminster School**, dont les bâtiments se dressent sur le côté E. Communément appelé *Green* (sans article) par les étudiants de cette prestigieuse école privée fondée en 1540, l'endroit prend un air champêtre lorsque le temps leur permet de venir y musarder. Un privilège spécial leur accorde d'ailleurs aussi le droit d'y disputer des parties de football à l'ombre d'un des plus grands platanes de Londres. Le lieu, qui est aujourd'hui bordé de maisons georgiennes, faisait autrefois partie des jardins de l'abbaye de Westminster. Sur le côté S., la **Church House** (1937-1940) accueillit les débats des parlementaires en 1940-1941 ainsi que les réunions préparatoires du premier Conseil de sécurité des Nations unies, en 1945.

■ **Whitehall** III A1

Cette large artère qui, dans le prolongement de Parliament Street, relie le palais de Westminster à Trafalgar Square *(→ prom.* ❶ *)* est bordée de bâtiments officiels. À partir de **Parliament Square**, sur la g., se dressent les façades au classicisme italianisant du ministère de l'Économie et des Finances et de celui des Affaires étrangères. Au centre de la rue se trouve le **monument aux morts** devant lequel la reine vient rendre hommage aux soldats britanniques engagés dans des conflits, le dimanche le plus proche du 11 novembre. Un peu plus loin, toujours au milieu de la chaussée, un monument inauguré en 2005 par la reine est dédié aux **femmes** de la Seconde Guerre mondiale. Les 17 tenues et uniformes qui y sont représentés symbolisent la multitude des tâches qui leur incombèrent pendant le conflit.

■ **Downing Street** III A1

Perpendiculaire à Whitehall • M° Westminster • pas de vis.

Une haute grille soigneusement fermée, quelques *bobbies* imperturbables malgré les grappes de touristes hissés sur la pointe des pieds, voilà les seuls indices qui trahissent l'importance de cet alignement de sobres façades georgiennes. L'impasse porte le nom de son promoteur, **George Downing**, diplomate espion du XVIIe s. à la sombre réputation. Elle serait restée dans l'anonymat si le roi Georges II

♥ RESTAURANTS

• ***The Cinnamon Club***, 30-32 Great Smith St., SW1P (III A2 **1**) ☎ 020.7222.2555 ; www.cinnamonclub.com ; lun.-ven. 7 h 30-10 h, 12 h-14 h 45 et 18 h-22 h 45. Menu à partir de 25 £ à midi, 45-60 £ à la carte. Installé dans l'ancienne bibliothèque de Westminster, ce restaurant propose une délicieuse cuisine indienne qui réinterprète la tradition avec inventivité.

• ***Osteria dell'Angolo***, 47 Marsham St., SW1P (III A3 **2**) ☎ 020.3268.1077 ; www.osteriadellangolo.co.uk ; 12 h-15 h et 18 h-22 h 30 ; f. sam. midi et dim. Menus à partir de 18 £ à midi. Cadre confortable, très bonne cuisine italienne inventive qui fait la part belle aux produits de saison.

n'avait mis en 1735 l'une de ses maisons à la disposition du Premier ministre de l'époque, sir Robert Walpole. Celui-ci, ayant refusé le cadeau du souverain, décida cependant d'y installer ses bureaux, donnant ainsi naissance à une tradition fortement ancrée dans la vie politique britannique.

La vaste maison qui s'étend derrière la célèbre porte noire du n° 10 sert tout à la fois d'habitation au Premier ministre et à sa famille, de bureaux pour le cabinet ministériel, de cadre à de nombreuses réceptions officielles et de résidence aux personnalités étrangères invitées du royaume. Au n° 11 réside le président du groupe parlementaire *(chief whip)* de la majorité, tandis qu'au n° 12 loge le chancelier de l'Échiquier, ministre des Finances et du Trésor, numéro 2 du gouvernement après le Premier ministre.

☞ **PLAN III P. 122.**

■ Banqueting House★ III A1
Whitehall, SW1A • M° Westminster • ☎ 020. 3166.6154 (de l'étranger) et 0844.482.7777 (sur place) • www.hrp.org.uk • vis. 10 h-17 h ; f. 24-26 déc., une sem. fin déc.-début janv., une sem. début juil. et une sem. début sept. • entrée payante.

Cette **salle des banquets** est le seul vestige du somptueux palais de **Whitehall**, édifié par Henri VIII après l'incendie de celui de Westminster (1512). Bâti à la place de la résidence du cardinal Wolsey, qui n'avait pu obtenir l'annulation du mariage de son souverain *(→ p. 330)*, il fut à son tour détruit par les flammes, en 1698. **Inigo Jones** l'avait dessiné en 1620 dans un style italianisant tout à fait nouveau en Angleterre : grand admirateur de Palladio, il reprenait à son compte la rigueur géométrique de la Renaissance italienne, qui contrastait résolument avec l'ornementation tarabiscotée du style élisabéthain.

La salle servait de décor à des fêtes extravagantes connues sous le nom de « *masques* », où musique, danse, chant et théâtre se mêlaient joyeusement pour illustrer, à grand renfort d'ingénierie et de costumes, un thème destiné à exalter les vertus royales. Lorsque **Rubens** fut chargé de décorer le plafond, ces fêtes prirent fin, car on craignait que la fumée de chandelles n'altère les neuf toiles qu'il y peignit (1636). Au centre, l'*Apothéose de Jacques Ier*★★ montre le souverain porté au ciel par un aigle où Minerve et la Victoire l'attendent pour le couronner.

■ Horse Guards Arch★ III A1
Whitehall, SW1A.

Gardé par deux sentinelles à cheval qui constituent l'une des attractions les plus courues de Londres, cet

✏ **UN PASS ROYAL**
La carte d'adhésion aux Historic Royal Palaces (plein tarif : 45 £) permet un accès gratuit, illimité et coupe-file, pendant un an, à la Banqueting House et à la Tour de Londres, aux palais de Hampton Court, Kew et Kensington. Rens. : ☎ 0844.482.7788 ; www.hrp.org.uk/supportusmembership

✏ **À NOTER**
Le 30 janvier 1649, le jour de son exécution, Charles Ier passa ses derniers instants dans la Banqueting House. Puis il sortit par une fenêtre pour accéder à l'échafaud, dressé contre un des murs extérieurs du bâtiment.

▲ Chaque jour, la nouvelle garde à cheval passe sous Wellington Arch, remonte Constitution Hill et le Mall pour déboucher, à 11 h précises (10 h le dimanche), sur la Horse Guards Parade où, après un échange de salut et de drapeau, l'ancienne garde s'éloigne par le même chemin.

édifice de style palladien (1754) relie Whitehall et l'esplanade connue sous le nom de **Horse Guards Parade** III A1, où se déroule quotidiennement la relève de la garde. L'arcade voûtée, que seule la reine ou ses invités sont autorisés à franchir en voiture, reste l'entrée officielle du palais de Buckingham. Dépourvus de monture, les gardes postés côté parc supportent avec impassibilité la foule des curieux qui se font photographier avec eux.

Un point noir sur le cadran de l'horloge qui orne les deux faces du clocher marque l'heure exacte (14 h) à laquelle le roi Charles Ier fut décapité, en 1649.

■ Household Cavalry Museum III A1

Horse Guards, Whitehall, SW1A • M° Westminster, Charing Cross • ☎ 020.7930.3070 • www.householdcavalrymuseum.co.uk • ouv. t.l.j. 10 h-18 h, d'oct. à mars 10 h-17 h ; f. 24-26 déc. et Vendredi saint • entrée payante.

Ce musée retrace l'histoire des deux régiments de cavalerie directement chargés de la protection du souverain. Fondés en 1660 par le roi Charles II encore en exil, les **Life Guards** constituent le régiment le plus ancien de l'armée britannique. On reconnaît ses soldats à leur plumet blanc et à leur tunique rouge. Le second, **The Blues and Royals**, est issu de la fusion, en 1969, des Royal Horse Guards et des Royal Dragoons. Ils portent une tunique bleue et un plumet rouge. Si l'implication de ces troupes dans les cérémonies officielles est connue du monde entier, leur participation à la plupart des conflits armés du royaume l'est beaucoup moins. Au cours de la visite, on pourra jeter un œil sur les écuries.

☞ **CONSEIL**
Visitez le Household Cavalry Museum après 16 h pour augmenter vos chances d'y admirer les magnifiques chevaux de la garde royale, lorsqu'ils ont fini leur journée !

■ Churchill War Rooms** III A2

Clive Steps, King Charles St., SW1A • M° Westminster • ☎ 020.7930.6961 • www.iwm.org.uk • ouv. t.l.j. 9 h 30-18 h (dernière entrée à 17 h) ; f. 24-26 déc. • plein tarif : 17 £, audioguide en français compris.

Les bombes tombées sur le 10 Downing Street le 15 octobre 1940 décidèrent Winston Churchill à installer durablement son cabinet de guerre dans un dédale souterrain aménagé dès 1938. Certaines pièces sont restées dans l'état où elles se trouvaient le 16 août 1945, jour de la fermeture officielle de ce bunker labyrinthique. L'émotion gagne devant la **Transatlantic Telephone Room**, sorte de placard camouflé en toilettes d'où Churchill communiquait directement avec la Maison-Blanche. Il en va de même pour la **Map Room**, la salle des Cartes, où des têtes d'épingle multicolores et des fils de laine indiquent encore la progression des fronts à la veille de la résolution du conflit.

● **Churchill Museum.** À mi-parcours, un musée tente de cerner la personnalité complexe de l'homme politique *(→ encadré)*. Connu pour ses colères tonitruantes, ses reparties cinglantes, son habitude de recevoir ses collaborateurs au lit, sa passion des cigares, du champagne et des bains, Churchill occupa en outre les fonctions d'officier, de correspondant de guerre, d'écrivain, d'historien et même de peintre, à ses heures perdues.

Une icône britannique

L'intérêt modéré que manifeste le jeune **Winston Churchill** (1874-1965) pour les études incite son père, un député conservateur, à lui faire embrasser la carrière militaire. Envoyé en Inde puis en Afrique du Sud, il devient correspondant de guerre, poussé dit-on par le besoin d'arrondir ses émoluments d'officier. Auréolé du prestige de ses exploits, il est élu député conservateur en 1900. Nommé pour la première fois ministre en 1905 après avoir rallié les bancs des libéraux, il devient Premier lord de l'Amirauté (ministre de la Marine) en 1911. Remercié en 1915 après l'échec de l'expédition des Dardanelles, il réintégrera les rangs des conservateurs en 1924, devenant chancelier de l'Échiquier (ministre des Finances). La défaite de son parti en 1929 inaugure une traversée du désert politique pour Churchill, qui se consacre alors à l'écriture. Il obtiendra le prix Nobel de littérature en 1953.

▲ Winston Churchill, alors Premier ministre, et son épouse en 1941.

Son opposition véhémente à Hitler dans les années précédant la guerre, alors que la tendance britannique était à l'apaisement, lui vaut d'être désigné Premier ministre le 10 mai 1940. Ses talents d'orateur resteront indissociables des années de guerre : lorsqu'il le nomma citoyen d'honneur des États-Unis, John F. Kennedy déclara que Churchill « avait mobilisé et envoyé au combat la langue anglaise ».

④ La Tate Britain★★★

Situation : West End, au bord de la Tamise • plan III A3 p. 122 ; plan général détachable C5 • plan du métro p. 364-365.

♥ PAUSE
Café-restaurant de la Tate (III A3 3), t.l.j. 10 h-18 h.

✏ BON À SAVOIR
Le quartier de **Pimlico** regorge de restaurants abordables.

♥ RESTAURANTS
The Vincent Rooms, 76 Vincent Sq., SW1P (h. pl. III par A3 4) ☎ 020.7802.8391 ; www.westking.ac.uk
Deux restaurants, tenus par les élèves du Kingsway College, proposent leurs menus, qui changent quotidiennement. Une bonne manière de découvrir la nouvelle gastronomie anglaise sans se ruiner :
• ***La Brasserie***, très abordable à midi ; plats concoctés par les élèves de première année.
• ***The Escoffier Room***, plus raffiné ; les repas sont élaborés par les plus chevronnés.

Naturel des portraits d'aristocrates et de bourgeois aisés, intimité des conversations amicales ou familiales, luminosité vibrante et ciels tourmentés des paysages réalisés en extérieur, onirisme et audace esthétique de l'époque victorienne, liberté provocatrice des dernières générations d'artistes émailleront votre promenade à travers cinq siècles de création britannique au fil de lumineuses galeries. Car, après s'être affranchie des modèles hollandais, allemands, italiens et français, la peinture anglaise, trop souvent mésestimée, s'est forgé un style propre que l'on apprécie ici devant les toiles des grands maîtres : Hogarth, Constable, Gainsborough, Reynolds, Millais, Bacon… Sans oublier le sublime Turner, peintre de la lumière par excellence, précurseur des impressionnistes.

Accès : Millbank, SW1P III A3 • M° Pimlico (Victoria Line).

Visite : t.l.j. 10 h-18 h, dernière entrée à 17 h 15 ; f. 24-26 déc. • ☎ 020.7887.8888 • www.tate.org.uk • entrée libre sf expositions temporaires • application gratuite pour iPhone et Android (commentaires très bien faits) • vis. guidées gratuites en anglais à 11 h, 12 h, 14 h et 15 h (durée 45 mn ; r.-v. à l'entrée de la salle 1540).

Combien de temps : comptez 2 h pour voir les œuvres principales, 4 h pour une visite approfondie.

Une galerie pour les refusés
Né de la volonté de montrer les œuvres des artistes britanniques contemporains que la National Gallery refusait d'exposer, le musée porte le nom de son fondateur Henry Tate, riche courtier féru d'art. Le bâtiment, édifié à la fin du XIXe s. dans un style néoclassique sobre et distingué, occupe l'emplacement de l'ancienne prison de Millbank. Augmentées du fonds britannique d'art contemporain, ses collections se trouveront bientôt à l'étroit. En 2000, l'art moderne international est transféré dans la toute nouvelle Tate Modern, sur l'autre rive de la Tamise.

◀ En 2003, la Tate Britain a été, pour une saison, relookée par l'artiste écossais David Batchelor.

Rebaptisé Tate Britain à cette occasion, l'ancien édifice présentera dès lors exclusivement les œuvres réalisées sur le sol britannique. Malgré ces dispositions, la place manque toujours, les tableaux sont accrochés par roulement, d'où un nouvel agrandissement, en 2013. Dorénavant, la mise en résonance d'œuvres de styles très différents est favorisée par un parcours chronologique permanent, jalonné de nombreuses expositions thématiques qui permettent au visiteur d'approfondir ses connaissances.

■ L'art dynastique (1540)

Le schisme de l'Église anglicane et la dissolution des monastères à partir de 1536 portent un coup fatal au développement de la peinture religieuse en Angleterre. À partir des dernières années du règne d'Henri VIII, l'art n'est plus qu'un moyen de propagande permettant d'asseoir le prestige des souverains et des grandes familles. Ces nouveaux mécènes font venir des peintres étrangers auxquels ils ne commandent que des **portraits**, dont l'imposante sévérité évolue progressivement vers une intimité et une intensité psychologique accrues (→ *encadré p. 141*).

● John Bettes : *Homme au chapeau noir*** (1545). L'un des rares peintres à avoir résisté à la déferlante des artistes étrangers, cependant son tableau est clairement influencé par le style de l'Allemand Hans Holbein le Jeune qui, depuis son installation à Londres en 1532, avait les faveurs de la cour.

● *Les Dames Cholmondeley** (v. 1600-1610 • *photo p. suiv.*). D'une rigidité archaïque, ce tableau d'un anonyme est devenu l'un des emblèmes de la Tate. Une inscription en bas à g. informe qu'il s'agit de deux femmes de la même famille (prononcez *Chumley*), nées le même jour, mariées le même

La Tate Britain en 15 chefs-d'œuvre

- *Homme au chapeau noir*** de John Bettes
- *Le Bœuf rôti de la bonne vieille Angleterre**** de William Hogarth
- *Trois Filles de sir Montgomery parant Hymen**** de Joshua Reynolds
- *Les Moissonneurs*** de George Stubbs
- *Giovanna Baccelli**** de Thomas Gainsborough
- *Le Moulin de Flatford*** de John Constable
- *Ophélie**** de John Everett Millais
- *L'Escalier d'or*** de Edward Burne-Jones
- *Bain de boue*** de David Bomberg
- *Merry-Go-Round**** de Mark Gertler
- *Trois Études de figures au pied d'une Crucifixion**** de Francis Bacon
- *Le Citoyen*** de Richard Hamilton
- *Hannibal et son armée traversant les Alpes**** de Joseph Mallord William Turner
- *L'Ouverture du pont de Waterloo**** de John Constable
- *Newton**** de William Blake

▶ *Les Dames Cholmondeley* : on ignore toujours qui elles étaient...

🖉 **TATE TO TATE**
Liaison directe par bateau rapide avec la Tate Modern (Bankside Pier ; → *p. 261*), toutes les 40 mn pendant les heures d'ouverture des deux musées (durée 15 mn, plein tarif 6,50 £ ; www.thamesclippers.com).

jour et ayant donné naissance le même jour. Toutefois, les portraits diffèrent par la couleur des yeux, par les bijoux et par les motifs des tissus.

● **Nathaniel Bacon** : *Cuisinière avec nature morte*★ (v. 1620-1625). Peinte pour le plaisir par un aristocrate imprégné de culture hollandaise, voici une œuvre tout à fait atypique dans la production anglaise de l'époque. L'abondance des fruits de la terre, tout comme la rotondité des melons qui trouvent un écho dans le décolleté de la jeune femme, fait du tableau une ode à la fécondité.

🖉 **MOORE À LA TATE**
Henry Moore (1898-1986) : la Tate Britain possède une vaste collection d'œuvres de ce sculpteur, exposées dans deux galeries entre les salles 1930 et 1960. On y verra notamment le plâtre de la *Figure allongée*★★ qu'il réalisa pour le Festival de Grande-Bretagne de 1951 (→ *encadré p. 257*) ; avec son air spectral et son cri silencieux, l'œuvre évoque plus la souffrance qu'elle ne célèbre la reprise de l'après-guerre !

● **À voir aussi :** le *Portrait de sir William Killigrew*★ et le *Portrait de Mary Hill, lady Killigrew*★, son épouse, tous deux réalisés en 1638 par **Antoon Van Dyck**, dont le style sobre et recueilli influença durablement les peintres du Royaume-Uni ; et le *Portrait du capitaine Thomas Lee*★★ (1594) par **Marcus Gheeraerts le Jeune**. Les jambes nues de l'homme se réfèrent autant à la tenue des soldats irlandais qu'il combattait qu'à celle des soldats de la Rome antique dont il tirait exemple. L'inscription dans les arbres évoque l'histoire de Caius Mucius Scaevola, qui n'hésita pas à se brûler la main pour prouver sa fidélité à la République romaine.

■ **L'éclosion de l'école anglaise (1650-1730)**
Après la période de troubles qui suit l'exécution de Charles Ier, en 1649, le pays renoue progressivement avec le faste. La croissance économique, politique et militaire qui accompagne la Restauration va de pair avec un développement culturel important. Se démarquant peu à peu des modèles continentaux, la peinture anglaise se forge enfin une identité spécifique en s'appropriant les genres du **paysage** et du **portrait** (→ *encadré p. 141*). Ce dernier, de plus en plus informel, met en scène le bonheur et l'aisance de la bourgeoisie.

🖉 **SPÉCIAL TURNER**
La visite guidée de 15 h met l'accent sur la collection Turner (→ *p. 147 et théma p. 142-143*).

- **Peter Lely** : *Deux Dames de la famille Lake**** (v. 1660). Lely est l'artiste le plus important de l'après-Restauration *(→ encadré p. 214)*. Le tableau, directement inspiré des doubles portraits de Van Dyck, son prédécesseur comme principal peintre de la cour, incarne à la perfection l'idéal de beauté féminine du XVIIe s.

- **Mary Beale** : *Portrait d'une jeune fille*** (v. 1681). Considérée comme la première femme peintre professionnelle anglaise, elle cherchait à optimiser le rendement de son atelier en réalisant des portraits en une seule séance de pose. On en a là un bon exemple, bien que retouché une fois. La rapidité d'exécution confère au portrait un caractère spontané qui semble lever un voile sur l'intimité du modèle.

- **Jan Siberechts** : *Paysage avec arc-en-ciel, Henley-on-Thames*** (v. 1690). Il est regardé comme le père de la peinture anglaise de paysage, malgré ses origines flamandes. La toile préfigure l'intérêt que développera Turner pour l'incidence des phénomènes météorologiques sur les effets de lumière et de couleur.

- **William Hogarth** : *Le Bœuf rôti de la bonne vieille Angleterre***** (1748 • → *encadré*). Cette célèbre toile, aussi connue sous le titre *La Porte de Calais*, est une critique narquoise de la France jacobine et catholique. C'est à Hogarth que l'on doit la diffusion, à partir des années 1730, des satires de mœurs et des peintures morales. Lassé des portraits guindés et cérémonieux, il leur préférera les représentations informelles qui racontent un peu de la vie quotidienne des modèles.

Dans son *Autoportrait au chien**** (1745), il choisit de remplacer la perruque, attribut traditionnel des *gentlemen*, par le simple bonnet qu'il portait pour travailler. La présence de l'animal contribue à rendre le portrait familier.

- **Joseph Highmore** : *M. Oldham et ses invités**** (v. 1735-1745). Cette *conversation piece* (→ *encadré p. 141*) s'inscrit dans la même démarche. Le personnage assis au centre de la table n'est autre que le peintre lui-même.

- **Thomas Gainsborough** : *Paysage forestier avec un paysan se reposant**** (v. 1747). Surtout connu pour son talent de portraitiste, Gainsborough affectionnait pourtant particulièrement la peinture de paysage qui, disait-il, le délassait. À l'âge de 20 ans, il devient le premier artiste britannique à montrer la campagne anglaise avec autant de naturalisme.

La France sur la sellette

Un moine replet et rubicond inspectant un formidable quartier de bœuf, des soldats français faméliques tenant un bol de brouet à la main, un autoportrait du peintre sur le point d'être **appréhendé par une main autoritaire** *(sur la g.)*. Le tout devant une porte fortifiée dont la herse à demi descendue rappelle une gueule béante prête à engloutir le pauvre monde. Tel est le tableau que **William Hogarth** brosse de la France de 1748 dans sa célèbre toile intitulée *Le Bœuf rôti de la bonne vieille Angleterre*. Il faut dire que la rivalité ancestrale entre les deux pays venait d'être ravivée par la guerre de la Succession d'Autriche. Et la récente arrestation du peintre, accusé d'espionnage par la police de Calais pour avoir croqué les fortifications de la ville, n'avait pas vraiment apaisé son sentiment antifrançais.

Il est dès lors plus facile de comprendre la toile qui raille la misère du peuple français, affamé par une monarchie vidant les campagnes pour remplir les rangs de son armée et par un clergé catholique plus soucieux de son bien-être terrestre que de son salut éternel.

■ L'académisme (1760-1810)

Fondée en 1768, l'Académie royale des beaux-arts édicte les nouvelles normes du bon goût en favorisant l'émergence du néoclassicisme. Sans délaisser le portrait, la production anglaise va se concentrer sur la **peinture d'histoire** qui, au XVIIIe s., était considérée comme le genre le plus noble et puisait son inspiration dans les thèmes historiques, littéraires, religieux ou mythologiques. L'absence d'une tradition picturale nationale solidement ancrée autorise cependant aux artistes une grande liberté d'expression.

● **Benjamin West** : *Oreste et Pylade conduits devant Iphigénie*★ (1766). Arrivé à Londres en 1763 pour un court séjour, l'artiste américain n'en repartit jamais. L'intensité dramatique de son sujet, tiré d'une tragédie d'Euripide, apparaissait clairement au spectateur de l'époque : Iphigénie, prêtresse d'Artémis, est sur le point d'énoncer la sentence de mort des deux jeunes gens sans avoir encore reconnu en Oreste son propre frère.

● **Joshua Reynolds** : *Les Archers, le colonel Acland et lord Sydney*★★ (1769). Dans son désir d'élever le genre du portrait à la dignité de grand art *(→ encadré ci-contre)*, Reynolds affectionne les poses de statues antiques ou, comme ici, les traits d'aristocrates de la Renaissance. S'inspirant des grands maîtres du passé, il est le premier peintre britannique à renouer avec le classicisme.

Dans un cadre allégorique, intemporel et idéalisé, les *Trois Filles de sir Montgomery parant Hymen*★★★ (1773) ornent de fleurs la statue du dieu protecteur du mariage. La composition révèle la situation maritale des trois jeunes femmes : celle de dr., séparée de ses sœurs par Hymen, est déjà mariée ; celle du centre s'apprête à épouser le commandiaire du tableau ; tandis que la cadette, ni mariée ni promise, ne peut encore approcher la divinité.

● **George Stubbs** : *Les Moissonneurs*★★ (1785). Connu pour ses peintures de chevaux et de chiens, l'artiste se lance dans les scènes rurales, qui connaissent un fort succès dans la bonne société londonienne. Les poses sereines et les tenues immaculées des travailleurs agricoles, peu représentatives de la réalité, diffusent l'image d'une paysannerie heureuse, très rassurante pour les citadins.

● **Thomas Gainsborough** : *Giovanna Baccelli*★★★ (1782 ● *photo p. 83*). Ce portrait de comédienne fit sensation lors de sa présentation à la Royal Academy : célébré pour sa ressemblance avec le modèle, dont la relation avec le duc de Dorset défrayait la chronique, il montrait l'actrice en train de danser, ce qui était radicalement contraire aux règles de la bienséance. Caractéristique de l'artiste, la coloration soutenue du tableau fut aussi très critiquée.

● **John Constable** : *Le Moulin de Flatford*★★ (1816-1817). Avec cette œuvre, presque intégralement peinte en extérieur, Constable redonne vie à l'atmosphère insouciante de son enfance, sur les bords du canal où se trouvait le moulin familial. Le réalisme du labeur quotidien est ici tempéré par la sérénité de la composition et par son agencement méticuleux. Seuls les nuages qui s'accumulent à l'horizon semblent menacer la quiétude nostalgique de la scène.

● **Joseph Mallord William Turner** : *Champ de bataille de Waterloo*★★ (1818). Son talent fait l'unanimité, mais ce tableau soulève une vague d'indignation. Au lieu de montrer l'armée britannique dans toute sa gloire, le peintre choisit d'illustrer les conséquences de la bataille : l'enchevêtrement des corps, parmi lesquels les femmes cherchent leurs disparus, évoque plus la désolation que la jubilation.

À chacun son style

Le genre du **portrait** constitue, avec le paysage, la seule véritable contribution de l'école anglaise à la peinture européenne. Il se développe dès le XVIe s., à la suite du schisme de l'Église anglicane qui met fin à la peinture religieuse en Grande-Bretagne, puis avec l'arrivée en masse des protestants, dont l'austérité ne tolère aucun autre genre pictural.

D'abord influencés par le travail de l'Allemand **Hans Holbein le Jeune**, qui séjourne à Londres en 1526, les peintres commencent à produire des portraits hiératiques visant à faire ressortir la grandeur des modèles. Après l'installation définitive d'**Antoon Van Dyck** à la cour de Charles Ier, en 1632, leurs œuvres s'inspireront de son style et révéleront progressivement, sans pour autant abandonner le décorum, une certaine proximité avec le modèle.

Hérité lui aussi de Van Dyck, le portrait de groupe, qui montrait des membres de la même famille posant dignement dans leur cadre de vie, inspire à **William Hogarth** le genre, typiquement anglais, de la *conversation piece*. Il s'agit de scènes représentant une famille ou un groupe d'amis de la bonne société londonienne, absorbés dans des entretiens informels ayant généralement pour cadre l'intimité du domicile.

Mais c'est avec **Joshua Reynolds** (1723-1792) et **Thomas Gainsborough** (1727-1788) que le portrait anglais atteint son apogée. Le premier, qui avait fait ses armes à Rome en caricaturant les touristes britanniques, anoblit le genre en le combinant à celui de la peinture d'histoire. Son style très enlevé influencera considérablement **Thomas Lawrence** (1769-1830), qui réalisera des portraits de personnages aux attitudes souples et naturelles. Gainsborough opte, quant à lui, pour des portraits en pied qui se détachent sur des fonds représentant la campagne anglaise. Avec la maturité, son style se fera de plus en plus poétique, ses personnages de plus en plus vivants. À l'immobilité succédera le mouvement, à la représentation minutieuse de la nature, une sorte de légèreté vaporeuse, colorée et lumineuse.

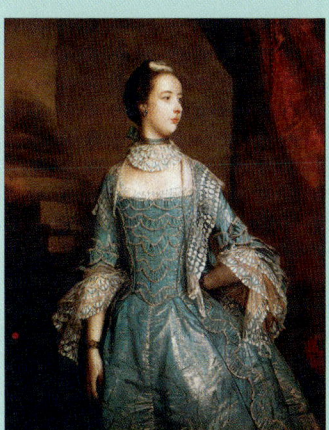

▲ Joshua Reynolds, *Suzanna Beckford* (1756, Tate Britain) : la parure du modèle est d'une précision remarquable.

■ Du préraphaélisme à l'esthétisme (1840-1890)

Le règne de la reine Victoria (1837-1901) est marqué par d'importants changements scientifiques, industriels, politiques et culturels. Dans le domaine de l'art, en réaction au carcan des conventions académiques et à la mécanisation, naissent des mouvements qui s'attachent à libérer la peinture de son affectation pour lui insuffler spontanéité, vivacité, naturalisme, sensualité et poésie, tout en lui conférant un nouveau rôle moral.

▶▶▶

THÉMA

Turner, ou l'embrasement

Ciels incandescents, tourbillons colorés, soleils aveuglants… voilà les images qui s'imposent à l'esprit lorsqu'on évoque le nom de Turner, probablement le plus connu des peintres anglais. Le large éventail de sa production ne saurait pourtant se restreindre à cet aspect de son œuvre qui, bien que littéralement envoûtant, n'en est pas moins parcellaire.

■ Un artiste béni

L'ascension fulgurante du jeune Joseph Mallord William Turner (1775-1851) fait de lui une sorte d'antithèse de l'artiste maudit. Son père, un simple barbier, loin de s'opposer à l'inclination du jeune garçon pour le dessin, expose fièrement ses premières œuvres dans son échoppe de Covent Garden. Dès l'âge de 12 ans, il révèle des facultés hors du commun qui lui permettent d'entrer à la Royal Academy deux ans plus tard. Il trouvera très vite du travail comme dessinateur topographe et coloriste, et n'aura jamais à souffrir du manque d'argent. Dès son élection à la Royal Academy en 1799, qui le consacre meilleur artiste de sa génération, les commandes commencent à affluer.

▲ *L'Incendie du Parlement* (1835, Philadelphia Museum of Art). Plus que la représentation anecdotique de l'incendie, qui ravage les bâtiments le 16 octobre 1834, c'est la façon dont les couleurs flamboient et s'impriment sur la rétine que Turner tente de restituer.

■ Une détermination à toute épreuve

Travailleur acharné et prolifique, dessinateur et aquarelliste de génie capable d'imiter tous les styles, observateur assidu des effets produits sur le paysage par les divers phénomènes météorologiques, voyageur infatigable qui sillonnera l'Europe à la recherche d'inspiration, Turner est un peintre atypique, toujours prêt à de nouvelles expérimentations.

Parfaitement conscient de sa valeur, Turner se révèle un fin stratège, capable de gérer son image avec maestria. Il sait se faire désirer en acceptant avec parcimonie les invitations officielles, ouvre un musée privé pour faire connaître ses méthodes de travail et mettre en scène ses œuvres, orchestre des séances de vernissage pour épater la galerie devant sa capacité à transformer en deux jours de simples taches de couleurs en œuvre magistrale… Il donne peu à connaître de lui-même et ne se départ jamais de son caractère bourru, frôlant souvent la muflerie, tout en n'hésitant pas à recourir parfois à un lobbying

▲ *Didon construisant Carthage* (1815, Londres, National Gallery). Turner reproduit ici la composition équilibrée et sereine de *L'Embarquement de la reine de Saba*, peint en 1648 par Claude Lorrain, dont il était un fervent admirateur. Il lui emprunte le modèle du paysage avec le soleil de face, qui deviendra un thème récurrent de son œuvre.

acharné. De même qu'il refuse de révéler sa date et son lieu de naissance (qui varient selon l'humeur), il protège si jalousement sa vie affective que ses deux principales liaisons, qui durèrent respectivement 18 et 15 ans, ne seront connues qu'après sa mort.

■ Vers la dissolution des formes et l'incandescence des couleurs

Ayant, de par sa formation classique, appris à peindre à la manière des maîtres anciens, Turner se plaît à leur rendre hommage tout en se mesurant à eux ; particulièrement à Claude Lorrain, le grand spécialiste du paysage au XVIIe s., dont le travail sur la lumière le fascine. Cette lumière, justement, dont l'importance, parallèlement à celle donnée aux couleurs, ne fera que croître dans son œuvre. Turner se concentre de plus en plus sur la représentation de l'éblouissement premier devant le spectacle d'un orage, d'un coucher de soleil, d'une aube naissante. Il tente de reproduire la fluidité de l'aquarelle, se passionne pour l'invisible, l'immatériel, les effets de transparence et l'évaporation des formes soumises aux phénomènes météorologiques.

Vers la fin de sa vie, Turner doit affronter l'incompréhension de ses contemporains, déstabilisés par sa propension à la désintégration des contours et aux invraisemblables combinaisons de couleurs qui lui vaudront, à tort, d'être considéré comme un pionnier de l'abstraction.

◄ *Tempête de neige en mer* (1842, Londres, Tate Britain). Attaqué par la critique, qui s'offusquait devant ce tableau déconcertant, Turner répliqua : « Je ne l'ai pas peint pour qu'il soit compris, mais parce que je voulais montrer à quoi ressemble un tel spectacle. » Pour y assister en direct, il s'était fait accrocher au mât d'un bateau en pleine tempête pendant quatre heures !

▶▶▶ ● **John Everett Millais** : *Ophélie*★★★ (1851). L'héroïne de *Hamlet*, tragique et romantique, meurt noyée dans un cours d'eau après avoir sombré dans la folie. Aussi fascinante que troublante, la parfaite intégration du corps de la jeune femme dans le décor naturel se double de la symbolique des fleurs : les marguerites et le coquelicot flottant près de sa main droite font respectivement allusion à l'innocence et au sommeil éternel, les violettes autour de son cou se réfèrent à sa chasteté et à sa mort précoce, le saule pleureur penché sur son visage évoque l'amour perdu…

Du même artiste, voir aussi *Le Christ dans la maison de ses parents*★★ (1850), qui fourmille de symboles chrétiens, depuis les outils du charpentier jusqu'à la colombe sur l'échelle.

● **Emily Mary Osborn** : *Sans nom et sans amis*★ (1857). Cette féministe convaincue s'efforce de sensibiliser ses contemporains à la condition des femmes dans l'Angleterre victorienne. Le tableau met en scène une jeune artiste tentant vainement de vendre à un marchand d'art l'une de ses œuvres. Ses mains nerveuses trahissent son anxiété tandis que ses yeux baissés semblent un aveu de faiblesse. Le regard appuyé des deux hommes de gauche établit un parallèle pernicieux entre l'avenir qui attend la demoiselle et la petite vertu supposée de la danseuse de la gravure qu'ils contemplent.

● **Edward Burne-Jones**, *L'Escalier d'or*★★ (1880). Avec ses coloris doux et harmonieux, l'œuvre montre bien à quel point la peinture doit tendre à la beauté pure, telle une musique égrenant sa mélodie. Principal représentant du mouvement esthétique qui prônait « l'art pour l'art », Burne-Jones se distingue des préraphaélites par son refus de s'inspirer de sujets littéraires ou de véhiculer le moindre sens moral. Il s'enferme dans son atelier pour peindre et cherche son inspiration dans son seul imaginaire.

● **À voir aussi** : le *Nocturne*★ (1871) de **James Whistler**, à la belle transparence bleutée ; les *Œillets, lys, lys, rose*★★ (1885-1886) de **John Singer Sargent**, qui dénote l'influence de Claude Monet ; *La Dame de Shalott*★★ (1888) de **John William Waterhouse**, inspirée du poème homonyme de Tennyson ; et *Une coutume préférée*★ (1909) de **Lawrence Alma-Tadema**, dont les représentations de scènes romaines obtinrent un vif succès.

◀ Edward Burne-Jones, *L'Escalier d'or* (détail) : le sens de cette descente d'escalier par 18 jeunes musiciennes n'a pas été élucidé.

■ Le siècle de la rupture (1910-1950)

Les bouleversements socio-économiques, l'introduction des produits industrialisés dans la vie quotidienne, les inquiétudes et aspirations du nouveau siècle, les désillusions de la Première Guerre mondiale et de la crise économique de 1929, le traumatisme profond de la Seconde Guerre mondiale sont les ferments dont se nourrit un foisonnement de styles artistiques, de l'abstraction au réalisme, du symbolisme au postimpressionnisme.

● **David Bomberg** : *Bain de boue*** (1914). Proche du vorticisme, un mouvement britannique s'apparentant au futurisme, le style se caractérise par des formes géométriques simplifiées, par un dynamisme intense et une palette de couleurs brute et limitée. Réduits à l'état de lignes brisées qui semblent repousser les limites du cadre, les personnages évoquent tout à la fois les bains de vapeur où se rendait la population juive de Londres, dont faisait partie l'artiste, et la boue des tranchées qui firent leur apparition à l'automne 1914.

● **Harold Gilman** : *Mme Mounter à la table du petit déjeuner** (1917). Membre fondateur du Camden Town Group, qui rassemble des artistes postimpressionnistes revendiquant une vision sociale dépourvue de tout romantisme, Gilman choisit ses modèles parmi le petit peuple. Ici, les motifs du papier peint et la vivacité du coloris du foulard révèlent clairement l'influence de Matisse et du fauvisme.

● **Mark Gertler** : *Merry-Go-Round**** (1916). Probablement inspiré par le manège d'une foire organisée en faveur des soldats blessés, le tableau dénonce avec une férocité glaçante l'absurdité de la Première Guerre mondiale. Loin de toute idée de distraction, l'artiste fige les personnages dans des attitudes de poupées mécaniques dont le cri muet fait écho à la spirale sans fin de la guerre.

● **Edward Burra** : *Le Snack-Bar** (1930). On retrouve la même violence crue, conjuguée à une forte tension sexuelle, chez cet artiste fasciné par la vie des bas-fonds et des prostituées.

● **Francis Bacon** : *Trois Études de figures au pied d'une Crucifixion**** (v. 1944). Ce triptyque marque le véritable début de la carrière de l'artiste et occupe une place centrale dans l'histoire de la peinture britannique. Dévoilé par pure coïncidence au moment où le monde entier découvrait les camps de concentration, il a vu sa valeur de dénonciation de la brutalité et des souffrances humaines

---

L'énigmatique PRB

Derrière ces trois lettres, qui défrayèrent la chronique lors de leur apparition, en 1849, au bas de *L'Enfance de la Vierge* de Dante Gabriel Rossetti, se cachait la toute nouvelle **Fraternité préraphaélite** (*Pre-Raphaelite Brotherhood*), fraîchement fondée par trois étudiants de la Royal Academy. Lassés par le conformisme pompeux responsable, selon eux, de la sclérose de la créativité britannique, **William Hunt, John Everett Millais** et **Dante Gabriel Rossetti** jetaient ainsi les bases d'un art défini en réaction à l'idéalisation et à l'affectation incarnées par la célèbre *Transfiguration* de Raphaël (Rome, pinacothèque du Vatican).

Fascinés par la pureté des primitifs italiens, ils prônaient la minutie du dessin, la fidélité à la nature, la vivacité des coloris, la liberté des attitudes, l'audace esthétique et la quête de la beauté absolue. Aussi sensibles aux questions sociales, ils instillaient, à grand renfort de symboles, de références religieuses, littéraires et poétiques, une composante morale à leurs œuvres.

Le mouvement connut son apogée en 1855, lors de l'Exposition universelle de Paris ; bien que de courte durée, le préraphaélisme eut une grande influence sur le mouvement esthétique, le symbolisme et l'Art nouveau.

▲ Francis Bacon, *Trois Études de figures au pied d'une Crucifixion* : aux dires mêmes de l'artiste, il pourrait aussi s'agir des trois Érinyes, déesses grecques de la Vengeance.

considérablement renforcée. Représentation de créatures tourmentées et difformes traduisant un pessimisme brutal, l'œuvre de Bacon provoqua des réactions extrêmes atteignant souvent la répulsion.

■ Du pop art aux Young British Artists (1960-2000)
En écho à l'optimisme et au dynamisme des années 1960, la création artistique explose. À côté de nouvelles formes d'abstraction, l'art conceptuel inaugure un territoire encore inexploré tandis que le pop art déferle sur les galeries. Alors que dans les années 1980 le travail des artistes résonne des conflits de l'ère Thatcher, lors de la décennie suivante, les Young Bristish Artists (YBA) feront feu de tout bois dans leur volonté de choquer.

● **David Hockney** : *A Bigger Splash*★ (1967). La prédilection bien connue de l'artiste pour les piscines californiennes, symboles d'une vie dédiée au plaisir, se double d'un désir de saisir la fugacité de l'instant. La chaise solitaire et la gerbe d'eau révèlent une présence humaine non montrée, d'où une forte tension sexuelle.

●**Richard Hamilton** : *Le Citoyen*★★ (1981-1983). Le diptyque fait partie d'une série de trois œuvres montrant les différents protagonistes du conflit qui enflamme l'Irlande du Nord à partir de 1968. Le détenu Hugh Rooney, membre de l'Armée républicaine irlandaise (IRA, groupe armé clandestin), apparaît vêtu de la couverture *(blanket)* que portaient les *blanket men* : revendiquant le statut de prisonniers politiques, ils refusaient de porter la tenue réglementaire de la prison et étalaient leurs excréments sur les murs en signe de protestation.

● **Damien Hirst** : *The Acquired Inability to Escape* (1991). Damien Hirst, tête de file des Young British Artists, met en scène un enfermement sous surveillance où les seuls signes de présence humaine sont une cigarette, un briquet, un paquet de cigarettes et un cendrier. Aux dires de l'artiste, ces objets symbolisent respectivement la vie, Dieu, la naissance et la mort. Les fentes sur les parois vitrées indiquent la possibilité d'une évasion spirituelle.

■ Clore Gallery★★★ (Turner Collection)
Accès par la salle 1940 ou par l'extérieur.
Le bâtiment fut ajouté en 1987 par l'architecte écossais **James Stirling** pour abriter la formidable collection de peintures léguées à la nation par Turner. Très controversée par la critique, qui la trouvait mal assortie au talent de l'artiste, la galerie présente aussi des œuvres de John Constable et de William Blake.

- **Joseph Mallord William Turner** (1775-1851 • → *théma p. 142-143*). La Tate possède la plus grande collection au monde d'œuvres du célèbre paysagiste anglais : 300 peintures à l'huile, 30 000 dessins et aquarelles qui se trouvaient dans l'atelier de l'artiste à sa mort. Exposées par roulements et par thèmes, elles fournissent un aperçu complet de l'incroyable diversité de sa production. Le *Déluge*** (1805), dont la facture rend hommage à la manière sévère de Nicolas Poussin, la *Tempête de neige : Hannibal et son armée traversant les Alpes**** (1812), qui met en scène la vulnérabilité humaine face à la force écrasante de la nature, le *Coucher de soleil*** (1830-1835) et son incandescence, le *Château de Norham : lever de soleil*** (1845), avec sa lumière éclatante, ou l'*Ange debout dans le soleil**** (1846), qui révèle le pessimisme de l'artiste à la fin de ses jours, ne sont que quelques exemples des merveilles que contient la collection.

- **John Constable** (1776-1837). Contemporain de Turner et l'un des pionniers du naturalisme dans la peinture de paysage. Convaincu que l'étude de la nature prime sur celle des modèles artistiques, il prône l'observation directe comme base de travail. La grande liberté d'exécution de son esquisse pour *La Cathédrale de Salisbury vue des prés** (1829) lui permet de capter l'insaisissable fraîcheur de la brise, qui donne à cette scène de la vie quotidienne sa vigoureuse réalité. Avec *L'Ouverture du pont de Waterloo**** (1832), qui commémore à la fois l'inauguration du pont, le 18 juin 1817, et le deuxième anniversaire de la victoire sur l'armée napoléonienne, Constable rend hommage aux paysages historiques de Lorrain. Les effets changeants de la lumière sont répercutés par les différentes techniques utilisées, qui alternent vigoureux aplats de matière appliqués au couteau et couches de peinture si étirée par le pinceau qu'elles laissent apparaître la toile.

- **William Blake** (1757-1827). Graveur, peintre et poète, il fut fort peu apprécié par ses contemporains qui le considéraient tout au plus comme un visionnaire excentrique. Son imaginaire prophétique, biblique et symboliste ne commença à être estimé qu'à la fin du XIXe s. par les préraphaélites *(→ encadré p. 145)*, puis au siècle suivant par les surréalistes. Refusant de peindre à l'huile, il met au point différentes techniques comme la gravure en couleur, à l'encre et à l'aquarelle. Les œuvres sont très fragiles.

L'énigmatique *Newton**** (v. 1795-1805), qui semble surgir des profondeurs du chaos, fascine autant par son symbolisme onirique que par son incroyable virtuosité technique. La spiritualité débridée de Blake ne s'accommodait guère du rationalisme scientifique, qu'il considérait comme une entrave à l'imagination : le compas avec lequel Isaac Newton trace un diagramme pourrait symboliser l'aridité du littéralisme scientifique.

▲ *Newton* de William Blake, exposé à la Chlore Gallery.

5 Buckingham Palace et Saint James★★★

Situation : West End • plan IV p. 150 ; plan général détachable B4-C3 • plan du métro p. 364-365.

À ne pas manquer

Les salles d'apparat★★★ du palais de Buckingham	151
La galerie de la Reine★★	150
Les Écuries royales★★	150
Saint James's Park★★	154
La Spencer House★★	159
Le Mall★	155

✎ ACCÈS RESTREINT
Buckingham ne se visite qu'en l'absence de la maîtresse des lieux : l'étendard de la reine, qui flotte habituellement au-dessus de l'entrée, est alors remplacé par l'Union Jack, le drapeau britannique.

✎ À NOTER
L'ouverture du palais au public pendant le séjour estival de la reine à Balmoral, en Écosse, a permis de financer les réparations du palais de Windsor *(→ p. 333)*, qui avait brûlé en 1992.

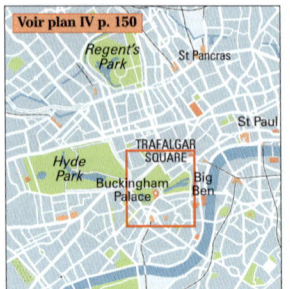
Voir plan IV p. 150

Des palais royaux toujours en activité, des rues tranquilles et élégantes où résident aristocrates et membres de la famille régnante, des clubs privés qui perpétuent jalousement des traditions ancestrales, de superbes parcs qui servaient à l'origine de terrains de chasse et de jardins particuliers aux souverains : tout dans ce quartier rappelle le respect et l'amour que le peuple britannique voue à sa monarchie. C'est devant les grilles de Buckingham Palace que les Londoniens se regroupent pour partager les joies et les peines de la Couronne, et le long du Mall qu'ils assistent, mi-fiers, mi-émus, au passage du carrosse royal les jours de grandes cérémonies. Si la promenade permet de s'imprégner de cette atmosphère si particulièrement *British*, elle donne aussi l'occasion de découvrir les richesses des collections royales et de se familiariser avec les singularités du protocole.

Départ : Buckingham Palace Rd, flanc S. du palais IV A2 • Mº Saint James's Park (Circle Line ; District Line).

Lignes de bus : nᵒˢ 11, 38, 44, 52, 73, 170, 211 et C1.

Combien de temps : 1 h 30 sans compter la visite des palais et des musées.

1 Buckingham Palace★★★

Buckingham Palace Rd, SW1A IV A2 • Mº St James's Park ou Victoria • ☎ 020.7766.7300 • www.royalcollection.org.uk • vis. du palais à partir de 19 £ (plein tarif), audioguide en français inclus.

S'approcher du palais de Buckingham, *a fortiori* le visiter, c'est un peu toucher du doigt le quotidien de la monarchie britannique. Derrière la rigueur géométrique de l'imposante façade

▲ Buckingham Palace un jour de moindre affluence, derrière le monument édifié en l'honneur de la reine Victoria, qui régna de 1837 jusqu'à sa mort en 1901.

néoclassique, une armée d'employés s'affaire car, loin d'être un musée, le palais est une cité vivante et travailleuse où se jouent les affaires de la Couronne.

Les rois à l'étroit

Les fastes monarchiques et la puissance du Royaume-Uni ne pouvant se satisfaire du trop modeste palais de Saint James, Georges IV confia en 1825 à **John Nash** la tâche d'agrandir et de moderniser l'ancienne demeure du duc de Buckingham, acquise par Georges III en 1762. L'architecte conserva le plan initial du palais tout en l'agrandissant et en lui ajoutant les colonnes et pilastres aux chapiteaux corinthiens, les frontons triangulaires et ajourés qui lui conférèrent son allure solennelle.

Les travaux, un temps interrompus pour des raisons économiques, se poursuivirent jusqu'en 1837, et la première à habiter le palais fut la toute jeune reine **Victoria**. Huit ans plus tard, enceinte du cinquième des neuf enfants qu'elle devait engendrer, elle évoquait, dans une lettre au Premier ministre, « le manque total de place pour loger notre petite famille qui s'agrandit rapidement ». Ses doléances aboutirent à la construction de l'aile est, achevée en 1847, qui comprend le balcon d'où les souverains saluent le peuple les jours de grandes célébrations.

Démesure ou nécessité ?

Quelques chiffres pour se faire une idée de l'ampleur des locaux :
- 775 pièces ;
- 52 chambres pour la famille royale et ses invités ;
- 188 chambres pour le personnel ;
- 78 salles de bains ;
- 92 bureaux ;
- 19 salles d'apparat (qui se visitent) ;
- 1 salle de cinéma ;
- 1 piscine ;
- 760 fenêtres ;
- 1 514 portes ;
- 350 horloges ;
- plus de 20 000 œuvres d'art ;
- près de 450 personnes y travaillant ;
- 30 000 invités aux garden-parties estivales ;
- 400 000 visiteurs en août-septembre.

150 • Visiter Londres

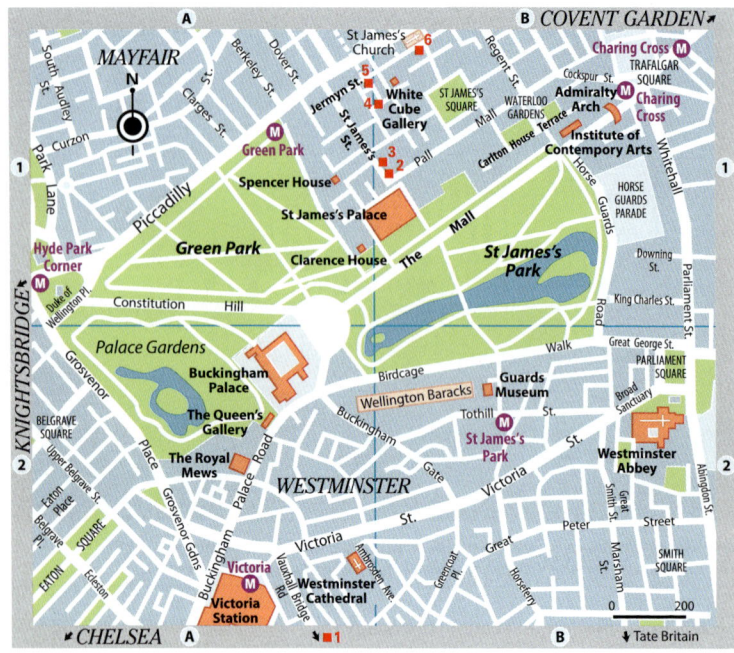

Plan IV : Buckingham et Saint James (promenade ❺).

✎ **BILLETS COMBINÉS**
• *A Royal Day Out* : Queen's Gallery + Royal Mews + State Rooms, dans la même journée. Si on l'a fait tamponner à la fin de chaque visite et qu'on l'a acheté directement aux guichets ou en ligne, sur le site du palais, ce billet se transforme en un pass valable un an.

• Également : Queen's Gallery + Royal Mews.

■ **Queen's Gallery★★** (galerie de la Reine) **IV A2**
Ouv. t.l.j. 10 h-17 h 30, en août-sept. 9 h 30-17 h 30 ; f. 24-26 déc. • rés. obligatoire • plein tarif : 10 £.
Les formidables **collections d'art de la Couronne★★★** constituent la base des expositions à thème qui se succèdent ici sans relâche depuis l'inauguration de la galerie, en 1962. Devant les ruines de sa chapelle privée, bombardée en 1940, la reine fit bâtir au lendemain de la guerre un espace destiné à partager avec le public les chefs-d'œuvre réunis depuis cinq siècles par la famille royale. Le porche dorique qui lui sert d'entrée fut ajouté en 2002, à l'occasion du jubilé d'or d'Élisabeth II (50 ans de règne).

■ **Royal Mews★★** (Écuries royales) **IV A2**
Ouv. t.l.j., d'avr. à oct. 10 h-17 h, en nov. et de fév. à mars 10 h-16 h ; dernière entrée 45 mn avant ; f. de déc. à janv. ainsi que lors des visites d'État et des événements royaux • plein tarif : 9 £.
Toujours en activité, c'est un lieu de vie où habite et travaille le personnel préposé au soin des

montures, des équipages et des voitures de la Couronne. Construites par **John Nash** en 1825, elles pouvaient à l'origine accueillir une centaine de chevaux. La reine Victoria y fit établir l'école d'équitation où les enfants des employés, et parfois ceux de la famille royale, apprennent toujours à monter. C'est là aussi qu'Élisabeth II s'entraînait régulièrement lorsqu'elle apparaissait encore à la procession de son anniversaire, montée en amazone sur son destrier Burmese.

Parmi les différents carrosses exposés, le somptueux **Gold State Coach** fut réalisé pour Georges III en 1762, sur des dessins de **William Chambers**, l'architecte des bâtiments royaux de l'époque. Ses monumentales sculptures en or et ses portes peintes par un artiste florentin du XVIIIe s. ne voient plus le jour que pour les occasions exceptionnelles (couronnements, jubilés). Son poids et sa hauteur compliquent les déplacements : sortir le véhicule de la pièce nécessite de démonter les fenêtres.

Dans les **écuries** à proprement parler, vous pourrez admirer les chevaux rentrés au bercail après leur journée de travail *(passé 16 h)*. En 1901, Édouard VII introduisit la première voiture à moteur dans les écuries ; depuis, le **garage royal** s'est enrichi de Daimler, de Bentley, de Rolls-Royce…

■ **State Rooms***** (appartements d'État ou salles d'apparat)
Ouv. t.l.j., août 9 h 30-19 h, sept. 9 h 30-18 h ; dernière entrée 2 h 15 avant ; rés. obligatoire • vis. guidées de déc. à janv. sur rés. • plein tarif : 20 £.
Dans ces pièces à vocation publique sont exposées de nombreuses œuvres d'art de la collection royale.

● **Accès.** Passé l'**entrée des Ambassadeurs**, on accède au **Grand Hall** de marbre, où la reine accueille les chefs d'État en visite officielle. Le **Grand Escalier**, et son époustouflante rampe en bronze doré, introduit au blanc et or imposé partout par Édouard VII (r. 1901-1910). En haut des marches, délicieusement décorée par **John Nash**, la petite **salle des Gardes**** s'apparente plutôt à un coffret à bijoux ; voir les deux cabinets français en décor en marqueterie de pierres dures (XVIIIe s.). Le **Salon vert** qui suit, sous un **plafond**** à motifs géométriques datant de 1830, sert de studio photo les jours de couronnement.

● **Salle du trône*****. Conçue comme une scène de théâtre et tendue de soie cramoisie, sous l'étoile de l'ordre de la Jarretière *(→ encadré p. 336)*, au plafond. La frise de plâtre qui court autour de la

Un réveil pas comme les autres

Un beau matin de juillet 1982, une drôle de surprise attend la reine à son réveil : alors qu'elle ouvre les yeux, **Élisabeth II** découvre avec stupeur un parfait inconnu debout au pied de son lit. Il s'agit d'un certain **Michael Fagan**, père de famille au chômage qui, ayant réussi à se faufiler dans le palais à l'insu des gardes, a erré au gré des couloirs, tâté le velours recouvrant le trône, bu une demi-bouteille de vin blanc en guise de petit déjeuner, avant d'atterrir dans la chambre de la souveraine. La légende se plaît à raconter que, après avoir actionné sa sonnette d'alarme, la reine ne s'est pas départie de son sang-froid et, calée dans ses oreillers, a entamé la conversation en attendant l'arrivée de la police. La version officielle relate que la souveraine aurait immédiatement quitté les lieux pour avertir la sécurité.

L'homme, qui n'en était pas à sa première tentative, ne fut pas poursuivi mais passa six mois dans un hôpital psychiatrique. Par la suite, il a été condamné pour agression sur un policier (trois mois de prison avec sursis, 1984), puis pour attentat à la pudeur (1987), avant de passer quatre ans sous les verrous pour trafic d'héroïne (1997-2001).

pièce évoque le couronnement de Georges IV, en 1821, où le souverain apparut dans une extravagante tenue médiévale. Ici, la reine Victoria donnait des bals costumés à la lueur des chandelles (plus de 200).

● **Galerie de peintures****. Parmi les Holbein, Vermeer, Rembrandt, Canaletto, Van Dyck, Titien…, ne pas manquer : *La Vocation de saint Pierre et de saint André*, peinte par **le Caravage** en 1603 ; le bel *Autoportrait*, offert par **Rubens** au futur Charles Ier en 1623 pour se faire pardonner d'avoir fait livrer un tableau exécuté par son atelier ; *La Leçon de musique* (vers 1665) de **Vermeer**, où le reflet de la jeune instrumentiste dans le miroir trahit un désir coupable envers le maître de musique. La galerie est, créée pour Victoria, rassemble des portraits royaux ; voir *La Famille royale en 1846*, de Winterhalter.

● **Salle de bal***. Ajoutée en 1856 par la reine Victoria, elle doit sa décoration Louis XVI à **Francis T. Verity** (1907) : pilastres ioniques, œils-de-bœuf, tapisseries des Gobelins encadrées. Lors des banquets d'État, qui peuvent rassembler 170 convives, la reine et son invité se placent sous le dais cramoisi (1916). Depuis sa restauration pour le jubilé de 2002, la pièce sert régulièrement de décor à des émissions et à des concerts.

● **Salon bleu****. Malgré une apparente opulence, les colonnes sont toutes faites de *scagliola*, un stuc imitant ici l'onyx, là le lapis-lazuli… Les quatre tympans rendent hommage à l'art poétique : Edmund Spenser, William Shakespeare, John Milton… Dans un coin du salon, la **table des Généraux***, avec son plateau en porcelaine de Sèvres serti de camées représentant de grandes figures de l'Antiquité, appartenait à Napoléon.

● **Sortie.** C'est sous les ors éclatants du **Salon blanc**, entourée de cabinets d'ébène et de vases de Sèvres, qu'Élisabeth II est présentée à ses invités. Le discret **escalier des Ministres** permet de regagner le **hall de Marbre**, au rez-de-chaussée (*Mars et Vénus* d'Antonio Canova, 1815-1817). C'est par là que, une fois par semaine, le Premier ministre rejoint la reine pour un entretien privé. La visite s'achève dans les jardins où ont lieu les garden-parties de Sa Majesté.

On sort des jardins sur Grosvenor Pl.

■ **Westminster Cathedral*** IV A2
Cathedral Piazza, sur Victoria St., SW1P • M° Victoria • ☎ 020.7798.9055 • www.westminstercathedral.

Une couronne indéboulonnable

Bien que dépourvue de pouvoirs effectifs, la monarchie britannique est la véritable pierre angulaire de la nation. Sa capacité à évoluer avec le temps lui a permis de résister aux heurts de l'histoire. Son Altesse royale Élisabeth II, chef de l'État, des Armées et de l'Église (anglicane), règne actuellement sur 16 États souverains, tous membres du Commonwealth. Son devoir de réserve, qui la place au-dessus de la mêlée politique, fait d'elle une sorte d'ange tutélaire que ses sujets ont affectueusement surnommé « la grand-mère de la Nation ».

Elle est chargée de nommer le Premier ministre mais ne peut exercer de choix réel car il s'agira obligatoirement du leader du parti ayant remporté les élections. C'est aussi à la reine que revient l'honneur d'ouvrir les sessions parlementaires (→ *théma p. 130-131*), mais le discours qu'elle y prononce est entièrement rédigé par le Premier ministre ! Elle ne refuse jamais non plus son *Royal Assent*, une signature indispensable à toute loi votée par le Parlement pour devenir effective : le dernier souverain à avoir usé de son droit de véto fut la reine Anne Stuart, en 1708.

▲ Mosaïques sur fond doré dans la cathédrale de Westminster : Byzance à Londres !

org.uk • ouv. dim.-ven. 7 h-21 h, sam. 8 h-19 h • clocher et trésor (accès payants) : 9 h 30-17 h, le w.-e. 9 h 30-18 h.

Clairement inspiré de la basilique byzantine de Sainte-Sophie (Istanbul), cet édifice de brique et de pierre, construit entre 1895 et 1903, est la cathédrale du diocèse de Westminster. L'archevêque qui y siège est généralement considéré comme le chef de l'Église catholique d'Angleterre et du pays de Galles. Placée à g. du maître-autel, sa **chaire** *(cathedra)*, symbole de son autorité, est une réplique du trône papal de la basilique Saint-Jean-de-Latran, à Rome.

Les amateurs de mosaïques ne manqueront pas la **chapelle du Saint-Sacrement★** *(à g. du maître-autel)* : la couleur du fond, rose pastel, est considérée dans la tradition russe comme l'expression même de la sérénité. De part et d'autre, le paon et le phénix symbolisent, respectivement, l'immortalité et la résurrection. Plus traditionnels sont le fond doré des mosaïques de la **chapelle Saint-Grégoire-et-Saint-Augustin** *(2ᵉ du bas-côté dr.)* et les figures hiératiques de la **chapelle Saint-André** *(4ᵉ du bas-côté dr.)*, très proches de la première tradition byzantine.

Du haut du **clocher** *(accès par ascenseur)*, la **vue★★** s'étend à 360°. À voir aussi, les pièces d'orfèvrerie du **trésor** *(accès par la boutique de la cathédrale, à g. de l'entrée)*.

♥ RESTAURANT
Seafresh Fish Restaurant, 80-81 Wilton Rd, SW1V (h. pl. IV par A2 1) ☎ 020.7828.0747 ; lun.-ven. 12 h-15 h et 17 h-22 h 30, sam. 12 h-22 h 30. Un menu *fish and chips* (14 £ midi et soir) servi ici avec des petits pois, du pain, du beurre, un dessert et une boisson chaude. Possibilité de griller le poisson au lieu de le frire. À la carte, saumon fumé, tarama, cocktail de crevettes, viande grillée.

☞ PLAN IV P. 150.

2 Le quartier Saint James★★

Opulence d'une demeure aristocratique, recoins secrets résonant encore de cliquetis d'épées, fantômes des épouses malheureuses d'Henri VIII, impétuosité de la création contemporaine, ambiance bucolique d'un bord de lac, cette promenade multiplie les ambiances qui, malgré leur diversité, parlent encore et toujours de royauté.

■ Saint James's Park★★ IV B1-2
Entre The Mall et Birdcage Walk, SW1A • Mº St James's Park • ouv. t.l.j. 5 h-24 h • repas des pélicans t.l.j. 14 h 30-15 h devant Duck Island, côté Horse Guards Parade.

Tout premier parc royal de Londres, cet espace vert est connu pour ses beaux parterres de fleurs et pour ses **pélicans** qui descendent tous d'un couple d'oiseaux offert en 1664 à Charles II par l'ambassadeur de Russie. Lors de sa création par Henri VIII, en 1532, le parc du palais Saint James était peuplé de daims qui servaient de gibier aux chasses royales. Sous Jacques Iᵉʳ (James I, r. 1603-1625), on y trouvait une ménagerie comprenant éléphants, chameaux, crocodiles, et une magnifique volière foisonnant d'oiseaux exotiques. Le parc doit son apparence actuelle à **John Nash**, qui le remodela considérablement en 1820 et le dota des îles où nichent encore quantité d'oiseaux sauvages.

Ne manquez pas, depuis le pont qui enjambe le lac, la superbe **vue★★★** qui s'étend de Buckingham Palace à Whitehall.

■ Guards Museum IV B2
Wellington Barracks, Birdcage Walk, SW1E (en bordure du parc) • Mº St James's Park • ☎ 020. 7414.3428 • www.theguardsmuseum.com • ouv. t.l.j. 10 h-16 h ; f. plusieurs jours en nov. et de mi-déc. à début fév. • entrée payante.

Sous l'esplanade de la caserne qui sert de quartier général à la **garde royale**, ce musée retrace l'histoire des cinq régiments d'infanterie qui la composent : Grenadier, Coldstream, Scots, Irish et Welsh. Y sont exposés des armes, des tableaux, des sculptures et objets personnels, des uniformes… Remarquez ceux de la reine, qui est colonel en chef des grenadiers de la garde royale (titre honorifique) et commandant en chef des forces armées.

Dans la **Guards Chapel** *(ouv. lun.-jeu. 10 h-16 h, ven. 10 h-15 h)*, les cierges sur l'autel, toujours allumés, rappellent que, le 18 juin 1944, une bombe tombée sur la chapelle tua 121 personnes.

Un ballet réglé comme du papier à musique

La **relève de la garde**, ces soldats coiffés de leur bonnet en poil d'ours en faction devant Buckingham Palace, est sans doute l'une des attractions les plus courues de Londres. Le cérémonial commence à 11 h par l'inspection des deux détachements de la garde descendante (qui ont fini leur service), réunis dans l'avant-cour du palais de Buckingham. À 11 h 15, un autre détachement de gardes arrive, à pied et en fanfare, de Saint James's Palace pour se joindre aux deux premiers. À 11 h 30, c'est au tour de la garde montante, qui vient de la caserne de Wellington (Guards Museum), de faire son apparition accompagnée du corps des tambours et de l'orchestre du régiment.

Après s'être vu remettre les clés du palais, geste purement symbolique étant donné que l'endroit n'est jamais verrouillé, la nouvelle garde se divise. Deux détachements remplacent les sentinelles de Buckingham tandis qu'un troisième reprend le chemin de Saint James. À 12 h 05 précises, l'ancienne garde ayant hérité de la fanfare quitte la place pour s'acheminer vers la caserne où l'attend un repos bien mérité.

Relève de la garde : normalement, par beau temps (!), t.l.j. de mai à juil., un jour sur deux le reste de l'année • à vérifier sur : www.royal.gov.uk – Quick Links – Changing the Guard.

■ The Mall★ IV A-B1

Artère reliant Buckingham Palace à Trafalgar Sq. • interdit à la circulation automobile les dim. et j. fériés.
La voie triomphale, bordée d'arbres, qu'empruntent les cortèges royaux les jours de célébrations officielles, était au XVIIe s. une promenade à la mode qui finit par donner son nom aux centres commerciaux américains. Devant les grilles du palais royal, adossé au **Queen Victoria Memorial** (1911), une colossale statue de marbre de la souveraine semble étendre son autorité sur l'avenue, dont le revêtement est sciemment étudié pour évoquer les tapis rouges.

● **Clarence House** IV A1 *(sur la g., quand on tourne le dos au palais • vis. guidées slt, t.l.j. en août 10 h-16 h, le w.-e. 10 h-17 h 30 • plein tarif : 10 £).* L'imposante maison, dessinée par **John Nash** en 1830 pour le futur Guillaume IV, est actuellement la résidence du prince de Galles, Charles, et de son épouse Camilla, duchesse de Cornouailles. Elle était auparavant celle de la reine mère, qui y passa les 50 dernières années de sa vie.

● **Carlton House Terrace** IV B1 *(depuis le Mall, accès par une volée de marches sur la g.).* Dans cette rue se trouvait, jusqu'en 1825, la résidence de l'héritier de la Couronne. Après sa démolition, c'est encore une fois à **John Nash** que fut confiée la tâche de bâtir les majestueux édifices qui encadrent toujours la **Duke of York's Column**. Le duc d'York, second fils de Georges III et commandant en chef des armées, mourut en laissant des dettes si importantes qu'une plaisanterie de l'époque expliquait la hauteur de la colonne par la nécessité de protéger le défunt de ses créanciers. Le monument fut financé par les soldats qui cédèrent chacun, bon gré mal gré, l'équivalent d'un jour de paie.

● **Institute of Contemporary Arts**★ IV B1 *(The Mall, n° 12, SW1Y • M° Charing Cross •* ☎ *020.7930.3647 • www.ica.org.uk • ouv. mar.-dim. 11 h-23 h ; expositions 11 h-18 h, jeu. 11 h-21 h ; f. 24-26 déc. • entrée payante).* Conçu en 1947 comme un laboratoire d'art contemporain et installé ▶▶▶

✎ BON À SAVOIR
Le **marathon de Londres**, qui se court chaque année depuis 1981 au départ de l'observatoire de Greenwich, a sa ligne d'arrivée au bout du Mall, sur Constitution Hill.

✎ À NOTER
• Au pied d'un arbre, en haut des escaliers du Duc d'York, une pierre tombale porte, en allemand, l'inscription : « Giro, un compagnon fidèle. » Ce chien, électrocuté lors d'une promenade au parc, appartenait à l'ambassadeur d'Allemagne Leopold von Hoesch, qui était en poste au 9 Carlton House de 1932 à 1935.

• En poursuivant dans Waterloo Pl., on rejoint **Pall Mall**. Le nom de cette rue rappelle le *paille-maille* français, une sorte de jeu de croquet que le roi Charles II venait y pratiquer.

▶ Le Mall côté Trafalgar Square, fermé par l'Admiralty Arch.

THÉMA

La campagne à la ville

▲ Le lac de Saint James's Park et ses célèbres pélicans.

Il suffit de déplier une carte de Londres pour prendre conscience de la quantité d'espaces verts qui en égaye la physionomie. *Parks*, *squares*, *fields*, *gardens*, *hills*, quels que soient leur nom, leur taille et leur aspect, ils font partie du quotidien des habitants, qui en exploitent les nombreuses ressources tout au long de l'année. On ne saurait donc concevoir un séjour dans la capitale sans une étape au vert : jogging, flânerie au bord d'un lac, pique-nique sur l'herbe, sieste dans un transat…

■ Royales promenades

C'est en partie à la prédilection d'Henri VIII pour la chasse que Londres doit ses nombreux parcs : la plupart des terres utilisées par le monarque comme réserves de gibier et terrains de chasse restèrent propriété de la Couronne et furent ainsi préservées de toute opération immobilière. C'est le cas de **Hyde Park**, le plus grand du centre de Londres, et des **Kensington Gardens** qui le prolongent. Mais aussi celui de **Green Park** et de **Saint James's Park**, dont les marécages furent assainis au XVIe s., et de **Regent's Park** qui fut redessiné par John Nash au début du XIXe s. Aménagés en jardins d'agrément au cours des siècles puis progressivement ouverts au public, ces morceaux de campagne à la ville sont toujours des possessions royales, tout comme **Greenwich**, **Richmond** et **Bushy Park**.

■ Imiter la nature

Le romantisme des jardins à l'anglaise qui, loin de vouloir contraindre et ordonner la nature, tente plutôt de la reproduire, traduit bien l'amour des Britanniques pour la campagne dont les peintres anglais ont si bien exalté les charmes. Aux antipodes de la rigueur des perspectives et de la complexité géométrique du classicisme à la française, les jardins anglais exacerbent la singularité des paysages, soulignent la juxtaposition des volumes et les contrastes de couleurs. La symétrie est bannie pour créer la plus grande impression possible de naturel. Le promeneur doit pouvoir musarder à son gré comme il le ferait en pleine campagne et découvrir par lui-même, au détour des chemins tortueux, l'alternance des pelouses, des bosquets, des collines et des pièces d'eau.

◀ Le Golders Hill Park borde Hampstead Heath, le plus grand espace vert de Londres et celui qui présente les paysages les plus divers.

■ Au fil des saisons

L'arrivée des primevères, des crocus et des jonquilles marque la fin de l'hiver. Les Londoniens abandonnent les patins à glace avec lesquels ils ont virevolté dans **Hyde Park** et s'apprêtent à plonger dans l'ambiance bon enfant de la grande fête foraine qui envahit les allées de **Hampstead Heath**. Les transats qu'on loue à l'heure, à la demi-journée ou à la journée font leur retour sur les pelouses, bientôt suivis des nappes multicolores qui surgissent au moindre rayon de soleil. La tradition du pique-nique, si chère au cœur des Londoniens, prend toute sa mesure en été, lorsque la chaleur dénude les corps et permet d'apprécier la baignade dans les étangs de Hampstead Heath ou dans le lac de Hyde Park. C'est aussi l'époque bénie des sportifs de tout acabit qui prennent d'assaut chaque pouce de pelouse, seuls, en petits groupes ou en tribus, courant, sautant, s'envoyant ballons et volants, esquissant mouvements de taï-chi ou de capoeira. L'automne apporte avec lui son cortège de feux de joie et de feux d'artifice qui commémorent la nuit de Guy Fawkes (→ *encadré p. 125*), tandis que l'hiver se prête à la visite des serres tropicales de **Kew Gardens** et du **Chelsea Physic Garden**.

■ Le vert dans tous ses états

Parallèlement aux grands parcs, Londres est ponctuée d'un dense réseau de **squares** qui n'a pas son égal au monde. Carrés, rectangulaires, circulaires ou triangulaires, ils peuvent être recouverts de pelouse, de parterres fleuris, plantés de quelques arbres majestueux ou carrément d'une dense végétation évoquant plus la forêt que le jardin public. Certains, comme le ravissant **Phoenix Garden** (*21 Stacey St., WC2H, à l'angle de Shaftesbury Ave. et de Charing Cross Rd • ouv. t.l.j. de 8 h 30 à la tombée de la nuit*), sont entretenus par une communauté de bénévoles qui les bichonnent avec amour.

Mais la véritable spécificité de Londres, ce sont ces squares privés dont l'usage est réservé aux habitants d'un pâté de maison. Inutile de préciser que ce privilège n'existe que dans les beaux quartiers...

▼ Le jardin aux roses de Hyde Park.   Leicester Square à Soho, en plein cœur de Londres. ▼

depuis 1968 dans une partie de Carlton House Terrace, ce vaste centre regroupe galeries d'exposition, salle de cinéma, auditorium, librairie, café et restaurant, pour un programme riche d'événements variés.

■ Admiralty Arch★ IV B1

Au bout du Mall, l'**arche de l'Amirauté** célèbre la puissance maritime de l'Empire britannique. Le monument en arc de cercle fut érigé à la demande d'Édouard VII en 1910 pour honorer la mémoire de sa mère, la reine Victoria. Mais son architecte, **Aston Webb**, l'avait conçu aussi pour masquer une maladresse des urbanistes : le Mall n'est pas tout à fait dans l'axe du Strand ! La circulation automobile passe sous les arcades latérales, tandis que le porche central, fermé par une grille de fer forgé, est emprunté par le souverain britannique lors des cérémonies officielles (mariages, funérailles…).

■ Saint James's Palace★ IV A/B1

*Cleveland Row, SW1A • Mº Green Park • vis. slt de la **Chapel Royal**, du 1ᵉʳ dim. d'oct. au Vendredi saint, lors des offices de 8 h 30 et 11 h 15.*

Avec sa belle **entrée**★★ en brique brune flanquée de tourelles octogonales crénelées, ce palais de style Tudor, construit par Henri VIII entre 1531 et 1540, sonnait le glas de l'architecture médiévale en Angleterre. Résidence royale la plus vieille encore debout à Londres, son premier occupant fut Henry Fitzroy, le fils illégitime que le roi hésitait à nommer prince héritier. Ce n'est qu'après l'incendie du palais de Whitehall (1698) que Saint James's devint la demeure attitrée des souverains.

Abandonné en 1837 par la reine Victoria, qui préféra le tout nouveau Buckingham Palace, il n'en reste pas moins lié aux souverains britanniques, qui continuent à y faire baptiser leur descendance et à y introniser leurs ambassadeurs. Dans ses murs se sont déroulées bien des péripéties de la monarchie : Anne Boleyn y passa la première nuit suivant son couronnement ; Marie Iʳᵉ Tudor y signa, en 1558, le traité rendant Calais à la couronne française ; Charles Iᵉʳ y vécut ses dernières heures avant de monter sur l'échafaud (1649) ; la reine Victoria épousa ici le prince Albert, en 1840…

• Queen's Chapel★
(Marlborough Rd • ouv. de Pâques au dernier dim. de juil., lors des offices le dim. à 8 h 30 et 11 h 15). Cette **chapelle** faisait à l'origine partie du palais Saint James. Bâtie par

---

Dandy or not dandy ?

George Brummell ne possédait ni la noblesse de rang, ni la richesse matérielle, ni même une particulière beauté physique. Il n'en est pas moins devenu l'arbitre incontesté de l'élégance londonienne à l'époque de la régence du futur roi Georges IV, dans les années 1810. Esprit railleur, affichant une désinvolture arrogante, il soignait à ce point son apparence qu'il prétendait faire briller ses bottes avec du champagne et passer chaque jour cinq heures à s'habiller ! Il fut le premier à abandonner les culottes moulantes au profit de pantalons sombres à la coupe impeccable, dont est issu le costume moderne.

Considéré comme le pionnier des dandys, il continua à être respecté, à défrayer la chronique par ses bons mots et ses extravagances, même après avoir perdu la confiance du prince régent, dont il avait été le compagnon de débauche. Une faillite retentissante força le « Beau Brummell » à ne plus sortir que la nuit pour éviter ses créanciers, puis à s'exiler en France où il mourut en 1840, oublié, malade et pauvre, à l'âge de 62 ans.

Bien plus qu'une façon de s'habiller, le dandysme était une philosophie de vie : selon Baudelaire, « le dandy doit aspirer à être sublime, sans interruption. Il doit vivre et dormir devant un miroir » (*Mon cœur mis à nu*, publication posthume, 1887). Dès 1845, Barbey d'Aurevilly y consacra son essai *Du dandysme et de George Brummell*.

▲ Le Queen Alexandra Memorial, sur Marlborough Road.

Inigo Jones pour l'épouse de Charles Ier, Henriette-Marie de France qui était une reine catholique, elle est le premier édifice de style classique de Londres (1626).

● **Queen Alexandra Memorial.** À côté de la chapelle, ne manquez pas le monument Art nouveau dédié à l'épouse d'Édouard VII, Alexandra de Danemark. L'œuvre en bronze noirci, qui montre la reine presque entièrement masquée par les figures allégoriques de l'Espérance, de la Charité et de la Foi, fut réalisée en 1926 par le sculpteur et orfèvre anglais **Alfred Gilbert**, auquel on doit aussi la statue qui surplombe la fontaine de Piccadilly Circus *(→ p. 163)*.

■ Green Park★ IV A1
Entre Piccadilly et Constitution Hill • M° Green Park • ouv. 24 h/24.
Terrain marécageux où étaient enterrés, au Moyen Âge, les lépreux de l'hôpital Saint James, ce beau parc servit par la suite de terrain de chasse à Henri VIII. Ouvert au public par Charles II au XVIIe s., il devint l'un des lieux de duel favoris des Londoniens. Aujourd'hui, son atmosphère champêtre et tranquille le fait apprécier des promeneurs qui viennent au printemps y admirer ses parterres de jonquilles et ses arbres centenaires.

■ Spencer House★★ IV A1
27 St James's Pl., SW1A • M° Green Park • ☎ 020.7514.1958 • www.spencerhouse.co.uk • vis. guidées slt, dim. 10 h 30-16 h 45 (dernier départ) ; f. janv. et août • compter 1 h • plein tarif : 12 £.
Ce magnifique exemple de résidence aristocratique du XVIIIe s. est le fruit de l'amour : le premier comte de Spencer (aïeul de lady Diana) la fit construire juste après avoir secrètement épousé son amour d'enfance, Margaret Georgiana Poyntz. Restée propriété des Spencer jusqu'en 1926, la maison passa ensuite entre de nombreuses mains avant de bénéficier d'une formidable restauration, achevée en 1997.

☞ PLAN IV P. 150.

La visite permet d'apprécier l'épanouissement du goût néoclassique en Grande-Bretagne : si les formes extérieures témoignent de la prédilection pour la Rome antique, la décoration intérieure du 1er étage reflète le penchant pour l'art grec qui se développa à Londres dans la 2e moitié du XVIIIe s.

Bien que la pièce n'ait jamais servi de chambre, le décor de palmiers sculptés et dorés de la **Palm Room**★★ est un symbole de fécondité conjugale. Remarquez, sous le plafond, la belle frise de griffons et de candélabres, directement inspirée de celle du temple d'Antonin et Faustine, sur le Forum romain (IIe s. apr. J.-C.).

Dans la **Lady Spencer's Room**, le **plafond**★★, pourtant privé des peintures qui devaient l'orner, compte parmi les chefs-d'œuvre de **James Stuart**, pionnier de l'architecture néoclassique grecque en Grande-Bretagne (d'où son surnom : l'Athénien).

La **Great Room**★, salle de réception qui faisait office de galerie d'art, est coiffée d'un **plafond**★★ en mosaïque réalisé par **Stuart**. Tout comme la superbe **Painted Room**★★★ qui, avec son décor célébrant le mariage, est probablement l'intérieur du XVIIIe s. le plus connu d'Angleterre.

■ **Saint James's Street** IV A-B1

La proximité du Saint James's Palace, que cette rue élégante relie à Piccadilly, est à l'origine de son prestigieux développement. Au fond des impasses qui y débouchent se dressent de luxueuses résidences avec vue sur Green Park. Il s'agit d'un des endroits les plus chers de Londres. La rue est aussi connue pour ses clubs ultrasélects (→ *encadré p. 82*) et ses quelques boutiques restées inchangées depuis des siècles.

● **Pickering Place**★ *(entrée au niveau du n° 3 de St James's St.)*. On accède à cette minuscule place, aussi insolite que charmante, par un étroit passage couvert, ménagé entre deux boutiques du XVIe s. Les lambris de chêne et les réverbères datent du XVIIIe s., époque à laquelle l'endroit, connu pour ses tripots, attirait de nombreux duellistes. Les commerçants et habitants affirment que le dernier duel d'Angleterre se serait déroulé ici même, sans plus de précision… Une plaque rappelle que, de 1842 à 1845, Pickering Place accueillit la légation du Texas, avant que la république soit rattachée aux États-Unis.

■ **Jermyn Street** IV A-B1

Depuis que, en 1664, Charles II autorisa Henry Jermyn à développer un quartier commerçant et résidentiel à proximité du Saint James's Palace,

♥ VINS ET SPIRITUEUX
Berry Bros. & Rudd, 3 St James's St., SW1A (IV B1 **2**) ☎ 0800.280.2440 ; lun.-ven. 10 h-16 h, sam. 10 h-17 h. Le plus vieux marchand du pays dans sa catégorie (1698) fournit la cour depuis le règne de Georges III ! L'apparence de la boutique n'a presque pas changé ; on y trouve des bouteilles de vin de 5 à 5 000 £.

♥ RESTAURANT
Avenue, 7-9 St James's St., SW1A (IV B1 **3**) ☎ 020.7321.2111 ; www.theavenue-restaurant.co.uk ; ouv. 12 h-15 h et 17 h 45-23 h ; f. dim. et sam. midi. Menus à partir de 20 £ (déjeuner), 30-40 £ pour un repas à la carte. Une ambiance contemporaine et lumineuse dans ce quartier où les clubs privés sont légion. Cuisine européenne de belle facture, à déguster avant ou après le théâtre.

Buckingham Palace et Saint James • Saint James

▲ L'accès à la charmante Pickering Place se fait par le n° 3 de Saint James's Street.

cette rue est devenue le temple de l'élégance masculine : tailleurs, chemisiers, bottiers, chapeliers, maroquiniers, parfumeurs pour hommes, fabricants de cigares… Devant l'entrée de **Piccadilly Arcade** *(à côté du n° 53 • débouche sur Piccadilly, → p. 163)*, une statue réalisée en 2002 par la sculptrice tchèque **Irena Sedlecká** rend hommage au chantre du bon goût et doyen des dandys, George Brummell *(→ encadré p. 158)*.

■ **White Cube Gallery** IV B1
25-26 Mason's Yard, SW1Y • ☎ 020.7930.5373 • www.whitecube.com • ouv. mar.-sam. 10 h-18 h.
Installée depuis 2006 à l'emplacement d'une ancienne centrale électrique, cette galerie d'art est l'héritière de celle ouverte en 1993 par Jay Jopling, l'une des figures clés du marché de l'art contemporain, dans un minuscule 1er étage de Duke Street. Cette célèbre enseigne compte une autre succursale à Londres *(144-152 Bermondsey St., sur la rive S.)*, une à Hongkong et la dernière à São Paulo. Des artistes de renommée internationale y sont exposés, comme Georg Baselitz, Anselm Kiefer, Jeff Wall…

♥ **RESTAURANTS**
• **Matsuri**, 15 Bury St., SW1Y (IV B1 4) ☎ 020.7839.1101 ; www.matsuri-restaurant.com Menus à partir de 15 £ (midi) et 40 £ (soir), à la carte 30-50 £. Parallèlement aux sushis, sashimis et tempuras variés, on sert ici une large gamme de *teppan-yaki*, dans une salle conçue tout exprès, où le cuisinier œuvre à la plaque chauffante devant vous.

• **Quaglino's**, 16 Bury St., SW1Y (IV A/B1 5) ☎ 020.7930.6767 ; www.quaglinos-restaurant.co.uk ; f. dim. Une adresse à la mode où l'on mange en sous-sol, au pied d'un escalier digne d'un music-hall. Bonne cuisine de brasserie. Orchestre de jazz.

♥ **FROMAGERIE**
Paxton and Whitfield, 93 Jermyn St., SW1Y (IV B1 6) ☎ 020.7930.0259 ; www.paxtonandwhitfield.co.uk ; lun.-sam. 9 h 30-18 h, dim. 11 h-17 h. Le palais royal se fournit dans cette fromagerie la plus vieille et la plus renommée de Londres (1742). Une bonne occasion de tester le *stilton* ou le *shropshire*.

✎ **À NOTER**
Christie's, la célèbre maison de vente aux enchères fondée en 1766, a son siège dans King Street, qui relie St James's Street à St James's Square. Les ventes qui s'y déroulent sont, avec celles de sa rivale *Sotheby's*, les plus prestigieuses au monde. Depuis 1998, la majorité des parts appartiennent au groupe Artémis, fondé par François Pinault.

6 Piccadilly et Mayfair★★

Situation : West End • plan V p. 164 ; plan général détachable B3-4 • plan du métro p. 364-365.

À ne pas manquer	
Shepherd Market★★	170
L'Apsley House★★	170
Piccadilly Circus★	162
Hyde Park★	172

♥ **SHOPPING**
***Fortnum & Mason*, 181** Piccadilly, W1A (V D2 1) ☎ 0845.300.1707 ; www.fortnumandmason.com ; lun.-sam. 10 h-21 h, dim. 12 h-18 h (→ p. 165). Le magasin ne compte pas moins d'un salon de thé, d'un bar à vins et de trois restaurants.

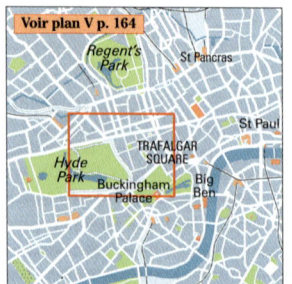

Voir plan V p. 164

Du clinquant un rien tapageur de l'emblématique Piccadilly Circus – l'un des points de ralliement les plus fréquentés de Londres – au glamour du prestigieux quartier de Mayfair, dont les enseignes de luxe et les restaurants à la mode attirent une clientèle huppée, cette promenade comblera d'aise les adeptes du shopping au porte-monnaie bien garni. Les autres se contenteront du lèche-vitrines et du ballet des Porsche et des Ferrari qui défilent dans les rues. À la sacro-sainte heure du thé *(tea time)*, les palaces de la célèbre avenue Piccadilly s'emplissent de vénérables *ladies* vêtues de tailleurs colorés, de mannequins juchés sur des talons vertigineux et de touristes aux yeux écarquillés.

Si vous préférez les petits coins tranquilles, les maisons-musées et les espaces verts, réfugiez-vous sur la jolie placette de Shepherd Market, poussez la porte de la demeure des ducs de Wellington ou allez flâner au bord du lac de Hyde Park, au milieu des canards et des cygnes.

Départ : Piccadilly Circus V D1 • M° Piccadilly Circus (Piccadilly Line ; Bakerloo Line) • pour se rendre directement à Mayfair, M° Green Park (Piccadilly Line).

Lignes de bus : n°s 9, 13, 14, 15, 23, 38, 139, 159, 453 et C2.

Combien de temps : 2 h 30 sans les musées.

Le meilleur moment : les mer., jeu. ou ven. pour éviter l'affluence du sam., surtout près de Piccadilly Circus • si vous voulez visiter les salons de la Royal Academy of Arts et l'Apsley House, le sam. de nov. à mars (vis. guidées à 11 h).

■ **Piccadilly Circus★** V D1
Cœur vibrant de la capitale, passage obligé de tout séjour londonien, cette place grouille à ce point d'une foule bigarrée que dans le langage courant, son nom est devenu synonyme d'endroit bondé !

▲ Piccadilly côté Piccadilly Circus (au centre, la librairie *Hatchard* ; à droite, le magasin *Fortnum & Mason*).

Située au croisement de trois importantes artères du West End, elle est connue entre autres pour ses immenses panneaux publicitaires lumineux qui lui donnent un petit air new-yorkais. À voir au moins une fois de nuit !

● **La fontaine.** Les touristes du monde entier s'y pressent pour se faire photographier devant. Elle fut érigée en 1893 en mémoire d'**Anthony Ashley-Cooper**, septième comte de Shaftesbury (1801-1885), un député préoccupé par le bien-être de la classe ouvrière : il lutta d'arrache-pied pour faire interdire le travail des enfants dans les mines. Pour symboliser sa philanthropie, le sculpteur **Albert Gilbert** décida d'orner la fontaine d'une statue d'Antéros, qui incarnait à ses yeux « l'amour réfléchi et mature », par opposition à celui plus tyrannique d'Éros, son frère. À la suite de la controverse soulevée par la sensualité de l'œuvre, jugée indécente, le dieu grec fut rebaptisé « Ange de la charité chrétienne ». Pourtant, la statue ne fut jamais connue sous un autre nom que celui d'Éros… ce qui, bien que ne convenant pas à la mémoire de lord Shaftesbury, s'accordait beaucoup mieux au quartier sulfureux où elle s'élevait !

Derrière la fontaine se dresse le **Criterion Theatre★** (1874), bel exemple de théâtre victorien. Sa salle en sous-sol fut utilisée par la BBC comme studio de diffusion pendant le Blitz (1940-1941).

● **London Pavilion** *(angle de Shaftesbury Ave. et de Conventry St.)*. Ce music-hall, construit en 1859 puis reconverti en galerie marchande abrite depuis 2008 le **Ripley's Believe it or not Museum,** un musée de l'étrange d'un goût… particulier, qui oscille entre drôlerie et vulgarité *(ouv. t.l.j. 10 h-24 h, dernière admission à 22 h 30* ● *plein tarif : 27 £)*. Si cela vous tente…

■ **Piccadilly★** V D1-B2

Cette célèbre artère commerçante constitue la limite sud du quartier de Mayfair. Longue de près de 1,5 km, elle relie **Piccadilly Circus** à **Hyde Park** en longeant Green Park. Elle tiendrait son nom du commerce des *pickadils*, cols amidonnés dont la mode permit au tailleur Robert Baker, au début du XVIIe s.,

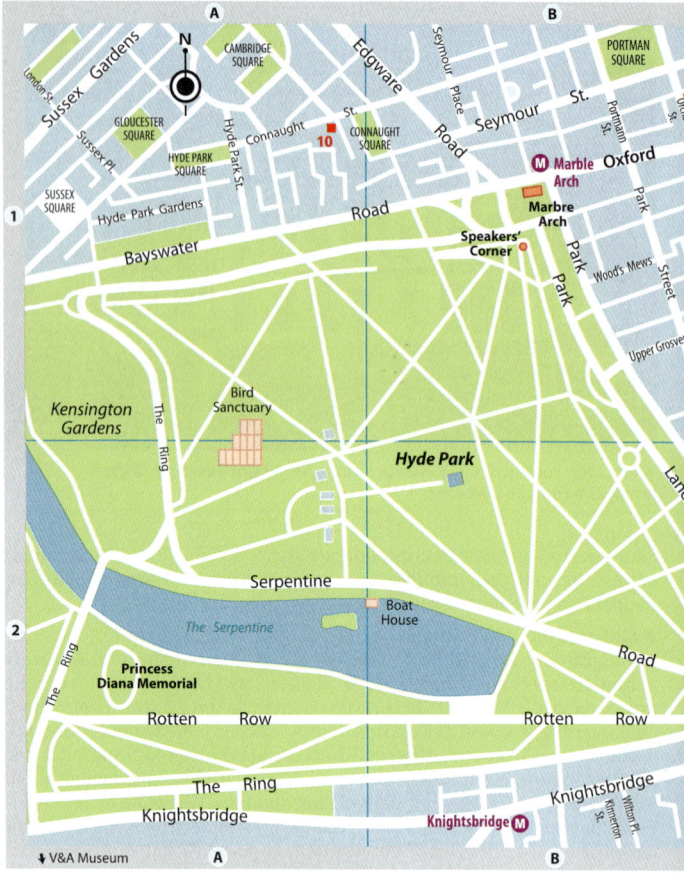

Plan V : Piccadilly et Mayfair (promenade 6).

de s'enrichir. L'ampleur de la maison qu'il se fit construire dans le quartier expliquerait qu'elle ait été baptisée Pickadils Hall, appellation qui aurait fini par donner son nom à l'actuelle avenue.

● **Saint James's Church★** *(197 Piccadilly, W1J ● accès possible aussi depuis Jermyn St., → p. 160 ●* ☎ *020.7734.4511 ● ouv. t.l.j. 9 h 30-17 h 30).* Avec ses murs en briques rouges soulignées de pierres blanches, cette élégante église est la seule que dessina *ex nihilo* **Christopher Wren**, l'architecte de Saint Paul, qui reconstruisit presque tous les sanctuaires de la ville après le Grand Incendie de 1666 *(→ théma p. 80-81).* L'église est d'ailleurs parfaitement représentative de son style, avec ses tribunes qui courent sur trois côtés, ses colonnes aux chapiteaux corinthiens et sa voûte en berceau. Wren affirmait du reste qu'elle était sa préférée. Consacrée en 1684, elle souffrit des bombardements du Blitz et fut restaurée après-guerre.

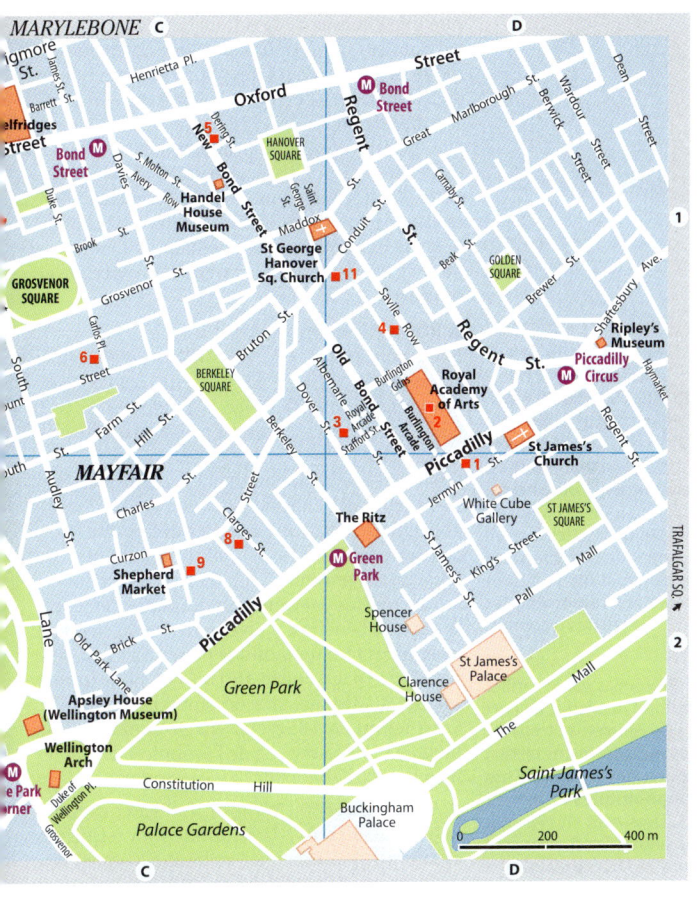

Des **récitals** *(à 13 h 10, sur libre participation)* et des **concerts** *(19 h 30, payants)* sont fréquemment organisés dans l'église ; ils attirent de nombreux mélomanes.

Durant la semaine, la cour héberge le **Piccadilly Market**, un petit marché plutôt éclectique : alimentation *(lun. 11 h-17 h),* antiquités *(mar. 10 h-18 h)* et artisanat *(mer.-sam. 10 h-18 h).*

● **Hatchard's** *(au n° 187).* C'est la plus ancienne librairie du Royaume-Uni : elle ouvrit ses portes en 1797. Haut lieu de la vie littéraire et politique où les abolitionnistes se rassemblaient régulièrement, elle organise fréquemment des séances de dédicace avec des auteurs célèbres.

● **Fortnum & Mason*** *(au n° 181, juste après, sur le même trottoir).* Ne manquez pas de faire une incursion dans cette magnifique épicerie fine ouverte depuis… 1707. Fournisseur officiel de la reine, la marque est devenue un véritable symbole de la culture britannique, réputée pour ses thés, ses biscuits, ses paniers pique-nique gastronomiques très appréciés de la bonne société les jours de derby et ses *scotch eggs*, des œufs enrobés de chair à saucisse qui, contrairement à ce que leur nom laisse penser, furent inventés ici en 1738. Attraction particulièrement appréciée des enfants, l'**horloge** ajoutée sur la façade en 1964 carillonne toutes les 15 mn, tandis qu'à chaque heure deux automates représentant les fondateurs du magasin sortent de leur guérite respective et se saluent.

♥ PETITE OU GRANDE FAIM
Royal Academy of Arts Restaurant (V D1 2)
☎ 020.7300.5608, www.royalacademy.org.uk ; sam.-jeu. 10 h-17 h, ven. 10 h-21 h. Idéal pour se rassasier d'une soupe ou d'un hamburger à toute heure, d'un plat du jour à midi ou de délicieuses pâtisseries maison au moment de l'*afternoon tea* tout en admirant des peintures murales et des sculptures d'artistes reconnus.

✏ BON À SAVOIR
Protégées par les grilles de la Royal Academy, de part et d'autre de l'entrée, se trouvent deux des rares spécimens restant des toutes premières **cabines téléphoniques rouges** de Londres. Dessinées en 1926 par sir Giles Gilbert Scott, elles sont aujourd'hui hors service mais constituent les deux plus petits monuments classés de la ville.

■ **Royal Academy of Arts★** V D1
Burlington House, Piccadilly, W1J • M° Piccadilly Circus ou Green Park • ☎ 020.7300.8000 • www.royalacademy.org.uk • ouv. t.l.j. 10 h-18 h, ven. jusqu'à 22 h • entrée payante pour les expositions • restaurant, café.
Occupant une demeure du XVIIe s. considérablement remaniée en style palladien en 1719, cette prestigieuse académie a pour but la promotion des arts visuels. Elle est composée de plus de 80 peintres, graveurs, sculpteurs, dessinateurs et architectes élus par leurs pairs. Institution indépendante, elle bénéficie d'un bail de 999 ans et d'un loyer purement symbolique payable à l'État. Elle fut fondée par Georges III en 1768 pour former les jeunes artistes et faire découvrir l'art au public. C'est ici qu'en 1858 Darwin présenta pour la première fois sa théorie de l'évolution devant les membres de l'honorable Linnean Society.

• **Aile Sackler★★** *(2e étage).* Ces galeries lumineuses consacrées à la sculpture font partie des espaces d'exposition que l'architecte Norman Foster fut chargé de remodeler en 1991. À l'entrée vous verrez le fleuron de la collection : le *Tondo Taddei★★* représentant une Vierge à l'Enfant. Ce bas-relief de forme circulaire fut exécuté par **Michel-Ange** entre 1504 et 1505. Remarquez le geste de recul de Jésus, effrayé par le chardonneret que saint Jean-Baptiste tient dans la main. L'aspect inachevé de l'œuvre, qui laisse voir les coups de ciseaux, est caractéristique de Michel-Ange : il parvient ainsi à donner l'impression que ses figures émergent d'une profondeur brumeuse.

◀ La *Vierge à l'Enfant* du *Tondo Taddei* de Michel-Ange, conservé à la Royal Academy of Arts.

Piccadilly et Mayfair

- **John Madejski Fine Rooms**★★ *(vis. guidées gratuites mar. 13 h, mer., jeu. et ven. 13 h et 15 h, sam. 11 h 30 • pas de rés. • r.-v. dans l'entrée principale de l'Académie).* Parallèlement aux très belles expositions temporaires qui se succèdent sans relâche à l'Académie, on visite aussi cet ensemble de pièces décorées au XVIIIe s. où sont exposées les œuvres offertes à l'Académie par chacun de ses nouveaux membres (Constable, Gainsborough, Turner…).

☞ PLAN V P. 164-165.

■ Burlington Arcade★ V D1
51 Piccadilly, W1J • ☎ 020.7493.1764 • ouv. lun.-ven. 10 h-19 h, sam. 9 h-18 h 30, dim. 11 h-17 h • www.burlington-arcade.co.uk
« Ordre et beauté, luxe, calme et volupté », ces mots de Baudelaire s'adaptent à merveille à ce passage couvert construit en 1819 par **George Cavendish**, le premier comte de Burlington, qui voulut créer un environnement chic à sa demeure. Afin que sa femme et ses amies puissent faire leurs emplettes sans risquer d'être dérangées, il fit surveiller les lieux par d'anciens hussards du régiment qu'il commandait. Ces gardes, surnommés *Beadles*, ne sont plus aujourd'hui des militaires, mais ils veillent toujours avec vigilance au respect des règles, vêtus de leurs redingotes et de leurs hauts-de-forme d'époque édouardienne : il est interdit de courir, de siffler, de chanter, de mastiquer du chewing-gum ou, crime de lèse-majesté, d'ouvrir un parapluie dans la galerie !

✎ AFTERNOON TEA DE LUXE
Plus loin sur Piccadilly, juste avant la station de métro Green Park, l'hôtel *Ritz* (au n° 150 • V D2), édifié en 1906, est réputé pour son *afternoon tea*, qui est servi dans un luxueux salon où le port de la veste, de la cravate et des chaussures de ville n'est pas une option…

■ Old Bond et New Bond Streets★ V D2-C1
M° Green Park (côté Piccadilly), Bond Street ou Oxford Circus (côté Oxford St.).
Icône du luxe londonien et temple du shopping chic, cette rue qui traverse le quartier de Mayfair du sud au nord – elle relie Piccadilly à Oxford Street – n'est qu'une succession d'enseignes plus prestigieuses les unes que les autres. Si les grands couturiers internationaux y ont pignon sur rue, la création anglaise est elle aussi dignement représentée par des vitrines telles que celles d'Alexander McQueen ou de Vivienne Westwood. Maroquiniers renommés, bijoutiers, antiquaires et marchands d'art réputés complètent le décor de cette artère qui vit le jour au XVIIe s. lorsqu'un certain Thomas Bond lança une vaste opération immobilière et construisit trois rues parallèles, l'actuelle **Old Bond Street**, l'Albermale Street et la Dover Street. Le prolongement de la rue, réalisé une quarantaine d'années plus tard, prit le nom de **New Bond Street**.

✎ SE RESTAURER
AUTOUR DE BOND STREET
Pour la pause déjeuner ou dîner, allez flâner du côté d'Albemarle St. et de Dover St., qui regorgent de restaurants. Les amateurs de saveurs méditerranéennes pourront essayer :

♥ *Babbo*, 39 Albemarle St., W1S (V D1 3) ☎ 020.3205.1099 ; www.babborestaurant.co.uk ; lun.-sam. 12 h-15 h et 18 h-22 h 30, dim. 18 h-22 h 30 : une bonne table italienne qui propose des menus à 22 £ ou 26 £ le midi.

▶ Non loin de Burlington Arcade, la Royal Arcade est un autre élégant passage couvert ; il relie Old Bond Street à Albemarle Street.

🍴 MY TAYLOR IS RICH…

À quelques rues de New Bond St., **Savile Row** (V D1), aussi appelée le *Golden Mile*, est depuis le XVIIIe s. le saint des saints de l'élégance masculine. Le mot japonais « complet » *(sebiro)* vient d'ailleurs d'une altération du nom de cette rue depuis qu'en 1870, pour la première fois de l'histoire, un Japonais y acheta un costume à l'anglaise !

Ne manquez pas de jeter un œil sur les créations de l'un des tailleurs les plus prisés des *gentlemen* qui aiment à se distinguer par une touche de fantaisie :

♥ ***Richard James***, au n° 38 de Savile Row (W1S, V D1 4 ; ☎ 020.7434.0605). Du sur-mesure et du prêt-à-porter, très réputé, très cher… mais *so British* !

♥ MODE

Vivienne Westwood, 44 Conduit St., W1S (V D1 11) ☎ 020.7439.1109 ; www.viviennewestwood.co.uk Une version décalée et glamour de la haute couture et du prêt-à-porter avec les créations excentriques et colorées de la célèbre styliste anglaise.

♥ SHOPPING

Postcard teas, 9 Dering St., W1S (V C1 5) ☎ 020.7629.3654 ; www.postcardteas.com ; lun.-sam. 10 h 30-18 h 30. Paradis des buveurs de thé, cette boutique en propose plus de 60 variétés, que l'on peut goûter sur place. ➥ Jolies boîtes ornées de vieilles cartes postales. Prix modérés.

● À la jonction de New Bond Street et d'Old Bond Street, une **sculpture en bronze** de l'Américain **Lawrence Holofcener** intitulée *Allies* a été placée sur le trottoir. Elle représente Churchill et Roosevelt en train de deviser amicalement. Elle fut offerte à la ville en 1995 par l'association des commerçants de la rue à l'occasion du cinquantenaire de la fin de la Seconde Guerre mondiale.

● **New Bond Street** V C1. Au niveau du n° 153, **quatre sculptures cubistes** de **Henry Moore**, encastrées dans la façade d'un immeuble, rappellent la fascination du sculpteur pour les arts africain et océanien.

Au n° 35 se trouve la célèbre salle des ventes *Sotheby's*, établie ici depuis 1744. Remarquez, surplombant l'entrée, une **statue de la déesse égyptienne Sekhmet**, représentée sous la forme d'une lionne. C'est la plus vieille statue extérieure de Londres (elle date de 1600-1320 av. J.-C.). Elle fut vendue aux enchères en 1880, mais l'acheteur n'étant jamais venu la réclamer, Sotheby's en fit sa mascotte.

Un virtuose né

Les dispositions naturelles pour la musique de **Georg Friedrich Händel** (1685-1759) eurent raison de l'opposition farouche de son père, un chirurgien-barbier qui rêvait pour lui d'une carrière de juriste. À 12 ans, le jeune prodige, qui deviendra un organiste et un claveciniste de génie, émerveille déjà la cour du prince Frédéric III de Brandebourg. La plupart des œuvres qu'il a composées à cette époque sont malheureusement perdues.

Trop à l'étroit dans son rôle d'organiste de la cathédrale de Halle, sa ville natale, il se rend à Hambourg en 1703 et compose son premier opéra, *Almira*, deux ans plus tard. Les trois années qu'il passera en Italie à partir de 1706 seront décisives pour l'évolution de son style. Revenu brièvement à Hanovre en qualité de maître de chapelle, il débarque en 1712 en Angleterre, pays dont il fera sa nouvelle patrie. Nommé en 1720 directeur de la Royal Academy of Music, il se fixe alors à Londres jusqu'à la fin de sa vie. Il est enterré à l'abbaye de Westminster.

Ses innombrables compositions, qui embrassent tous les genres de l'époque, sont une remarquable synthèse des traditions musicales allemande, italienne, française et anglaise. Parmi ses œuvres les plus connues figurent les trois suites orchestrales constituant *Water Music* (1717), les opéras *Jules César en Égypte* (1724), *Rodelinda* (1725) et *Orlando* (1733), les 12 concertos pour orgues (1738) ou encore le fameux oratorio *Le Messie* (1741).

■ **Saint George's Hanover Square Church★** V C/D1
2 Mill St., W1S • M° Oxford Circus • ☎ 020.7629.0874 • www.stgeorges hanoversquare.org • ouv. lun., mar., jeu. et ven. 8 h-16 h, mer. 8 h-18 h, dim. 8 h-12 h ; f. sam.
Faisant partie du programme de construction d'églises voté en 1911 par le Parlement, l'église Saint George (1725) est l'œuvre maîtresse de **John James**, un architecte ayant fait ses classes dans l'ombre de Christopher Wren. Étant donné l'étroitesse des rues qui interdit de prendre du recul, sa façade classique fut étudiée pour être vue depuis Hanover Square. Le relatif dépouillement de la décoration intérieure traduit les convictions de James, qui considérait que la beauté de l'architecture résidait dans la simplicité de la structure. En souvenir de Händel *(→ encadré)*, dont c'était la paroisse, l'église accueille chaque année de nombreux récitals et concerts à l'occasion du **Handel London Festival** *(mars-avr. • www.london-handel-festival.com).*

■ **Handel House Museum★** V C1
25 Brook St., W1K ; entrée par Lancashire Court • M° Bond Street, Oxford Circus • ☎ 020.7495.1685 • www.handelhouse.org • ouv. mar.-sam. 10 h-18 h, jeu. jusqu'à 20 h ; 31 déc., 1ᵉʳ janv. et dim. 12 h-18 h ; f. 24-26 et 30 déc. • entrée payante ; gratuit pour les enfants sam. et dim.
Avec un peu de chance, vous visiterez cette maison-musée au moment où un musicien invité répétera son concert du soir *(programmation et rés. sur le site)*. Le charme atteint alors son comble, et on ne s'étonnerait pas de voir **Georg Friedrich Händel** en personne, penché sur une partition ! Car c'est entre ces murs que le grand compositeur baroque vécut les 36 dernières années de sa vie et qu'il rédigea nombre de ses œuvres. Grâce, entre autres, à un inventaire établi quelques mois après sa mort, la maison a été reconstituée de façon à ressembler le plus possible à son apparence de l'époque. Le bel escalier est d'origine.
Jimi Hendrix habita la maison mitoyenne *(23 Brook St.)* en 1968.

♥ **RESTAURANTS**
• *Hélène Darroze at The Connaught*, Carlos Pl., W1K (V C1 6) ☎ 020.7107.8880 ; www.the-connaught.co.uk ; midi et soir ; f. dim. et lun. Menu déjeuner à 35 £ (entrée, plat et dessert) ou 42 £ avec 2 verres de vin. Une occasion unique de goûter sans se ruiner à la cuisine de la chef française doublement étoilée. À la carte, les prix triplent rapidement.

• *Princess Garden*, 8-10 North Audley St., W1K (V C1 7) ☎ 020.7493.3223 ; www.princessgardenofmayfair.com ; t.l.j. midi et soir. À la vapeur, frits ou grillés, les dim sums de ce beau restaurant chinois sont excellents. Tout comme le canard laqué, les crevettes tigrées, les ormeaux et les concombres de mer braisés.

♥ **RESTAURANTS À SHEPHERD MARKET**
• *Burger & Lobster*, 29 Clarges St., W1J (V C2 8) ☎ 020.7409.1699 ; www.burgerandlobster.com ; lun.-sam. 12 h-22 h 30, dim. 12 h-17 h 30 ; f. j. fériés ; 20 £ le plat. Un restaurant qui met tout le monde d'accord : vous pourrez festoyer d'un merveilleux homard pendant que vos chères têtes blondes se débattent avec un hamburger. Pas de rés. et une salle prise d'assaut à l'heure des repas.

• *Al Hamra*, 31-33 Shepherd Market, W1J (V C2 9) ☎ 020.7493.1954 ; www.alhamrarestaurant.co.uk ; t.l.j. 12 h-23 h 30. Une table libanaise qui résiste aux modes et propose depuis 30 ans une cuisine savoureuse et variée.

☞ PLAN V P. 164-165.

■ **Grosvenor Square*** V C1
Cette vaste place constituée en son centre d'un grand jardin de forme elliptique tient son nom de l'ancêtre de la famille des ducs de Westminster, qui l'aménagea à partir de 1720. Elle devint rapidement l'une des adresses les plus recherchées de Londres. C'est là que, en 1785, John Adams, le futur deuxième président des États-Unis, installa la première représentation américaine à Londres. Les bâtiments qui bordent le square sont pour la plupart des reconstructions néogeorgiennes du XXe s. Le jardin, à l'origine destiné aux seuls résidents, devint public en 1948 ; l'allée centrale mène à un mémorial dédié au président Theodore Roosevelt.

Au niveau du 47 Curzon St. V C2, *prendre le passage couvert qui débouche dans Shepherd Market.*

■ **Shepherd Market**** V C2
Derrière Curzon St. • *M^o Green Park* • *www.shepherdmarket.co.uk*
À quelques enjambées de l'effervescente Piccadilly, en plein centre de Londres, un dépaysement total vous attend. En retrait de Curzon Street, une poignée de ruelles pavées réparties autour d'une placette rectangulaire forment une sorte de village miniature dont l'aspect désuet contraste radicalement avec celui des élégantes artères du reste de Mayfair. Cet îlot de maisons fut aménagé par l'architecte **Edward Shepherd** en 1735, après que la foire de mai *(may fair)*, qui avait lieu tous les ans dans le quartier, eut été interdite en raison des nombreux débordements qu'elle provoquait. Il fut pensé dès le départ pour accueillir des résidences et des boutiques de commerçants. Aujourd'hui, cette oasis qui semble surgir du passé est peuplée de terrasses de restaurants libanais, indien, français, iranien, mexico-polonais (!), de pubs victoriens et de ravissantes boutiques d'artisanat.

■ **Apsley House** (Wellington Museum)** V C2
149 Piccadilly, W1J • *M^o Hyde Park Corner* • ☎ *020.7499.5676* • *www.english-heritage.org.uk* • *ouv. d'avr. à oct. mer.-dim. 11 h-17 h, de nov. à mars mer.-dim. 11 h-16 h ; f. lun. et mar.* • *entrée payante, audioguide en français compris ; possibilité de billet combiné avec Wellington Arch.*
Surnommée *Number One* par les Londoniens, probablement parce qu'elle était la première grande maison à l'entrée de la ville, cette demeure bâtie en style néoclassique par l'architecte écossais **Robert Adam** dans les années 1770 devint la propriété

▶ Ajoutée en 1829, la galerie de Waterloo de l'Aspley House servait de cadre aux dîners annuels organisés par le duc de Wellington pour commémorer la défaite de Napoléon. Les candélabres, en porphyre de Sibérie, furent offerts par le tsar Nicolas Ier.

du premier **duc de Wellington** en 1817. Le héros de la bataille de Waterloo, que la nation avait gracieusement remercié par une gratification de 700 000 £, la transforma en lui ajoutant un étage et un portique à chapiteaux corinthiens en façade. En 1947, l'un de ses descendants la céda à l'État à la condition que tant qu'il y aurait un duc de Wellington, une partie de la maison lui serait réservée ; c'est pourquoi elle abrite toujours les appartements de la famille. Le reste des somptueuses salles sert d'écrin à une collection de 3 000 tableaux, sculptures et objets précieux dont beaucoup sont des présents offerts au duc par les souverains étrangers et britannique après la victoire de Waterloo.

● **Escalier principal.** Preuve que le duc de Wellington respectait ses ennemis, il fit installer au pied de l'escalier principal une statue colossale d'**Antonio Canova**, *Napoléon en dieu Mars désarmé et pacificateur*★★. N'ayant pas plu à Napoléon qui la déclara « trop athlétique » à un moment où il souhaitait plutôt donner de lui l'image d'un réformateur au travail, l'œuvre atterrit au Louvre où elle fut découverte par Wellington quelques années plus tard et rachetée par le gouvernement anglais.

En haut de l'escalier, la **Portico Drawing Room** conserve son **plafond**★★ d'origine conçu, comme l'escalier, par **Robert Adam**. Fortement inspirés par l'art étrusque, les motifs illustrent le thème de l'amour laissent penser que la pièce était probablement réservée aux femmes.

● **Waterloo Gallery**★★. Sa décoration évoque celle de la galerie des Glaces du château de Versailles. C'est là que sont exposées la plupart des œuvres de la collection que Joseph Bonaparte, alors roi d'Espagne, tenta de soustraire à la couronne espagnole. Les 165 toiles furent retrouvées dans un chariot abandonné après la déroute des troupes napoléoniennes à la bataille de Vitoria (1813). Le roi Ferdinand VII d'Espagne, ayant récupéré son trône, témoigna sa gratitude au duc en lui offrant l'ensemble des toiles.

Parmi elles se trouve le *Porteur d'eau de Séville*★★ (1818-1822), une œuvre de jeunesse de **Vélasquez** grâce à laquelle le peintre avait acquis la faveur du souverain espagnol. La figue que l'on distingue au fond du verre était une coutume supposée conserver la fraîcheur de l'eau. À côté des œuvres de Van Dyck, Rubens ou Ribera, ne manquez pas la très belle *Agonie dans le jardin*★★

(v. 1525) du **Corrège**. Cette petite huile était le tableau favori du duc de Wellington. À la lumière divine qui éclaire l'ange et la figure du Christ s'opposent la lumière naturelle de l'aube naissante et celle, artificielle, des torches que l'on distingue à peine dans le lointain : elles annoncent l'arrivée des soldats guidés par Judas.

● **Striped Drawing Room.** Cette salle fut conçue par le duc comme une sorte de mémorial de guerre. *La Bataille de Waterloo*★, tableau peint en 1843 par **William Allan**, montre le combat du point de vue français une demi-heure à peine avant la défaite de Napoléon.

■ Wellington Arch V C2
Hyde Park Corner, W1J • M° Hyde Park Corner • www.english-heritage.org.uk • ouv. t.l.j., d'avr. à sept. 10 h-18 h, oct. 10 h-17 h, de nov. à mars 10 h-16 h ; f. 24-26 et 31 déc., et 1er janv. • entrée payante, billet combiné avec Apsley House.

Célébrant les victoires britanniques sur la France napoléonienne, cet arc monumental fut d'abord dressé en 1827 pour embellir les abords de Hyde Park, puis déplacé en 1883 afin de permettre l'élargissement des avenues, rendu indispensable par l'accroissement du trafic. On en profita pour l'alléger de la colossale statue équestre de Wellington, qui l'écrasait de toute sa hauteur depuis 1846. Ajouté en 1911, le quadrige en bronze qui le couronne aujourd'hui représente le char de la Paix conduit par un jeune garçon. La visite de l'exposition qui retrace l'histoire du monument permet d'accéder aux **terrasses supérieures**, d'où l'on peut voir la garde royale montée passer sous l'arc à 10 h 45 et à 11 h 45 les jours de relève à Buckingham.

■ Hyde Park★ V A1-C2
Entrée par la Queen's Elizabeth Gate au début de Park Lane • M° Hyde Park Corner • ☎ 0300.061.2000 • ouv. t.l.j. 5 h-24 h.

Des étendues d'herbe qui semblent ne jamais finir, des bosquets d'arbres centenaires, un lac sillonné de barques et de pédalos à la belle saison, qui se transforme en Lido au plus fort de l'été, l'allée cavalière la plus longue de Londres, des pistes cyclables, des terrains de tennis, des cafés… Les ressources de ce parc, le plus grand du centre de Londres, offrent à chacun un petit coin de liberté où se reposer de l'effervescence urbaine. À l'O., la rivière Serpentine marque la séparation entre Hyde Park et les jardins de Kensington (→ prom. ⑯ p. 281).

▲ *Horse guards* devant l'arche de Wellington, à l'entrée de Hyde Park.

♥ **RESTAURANT**
Casa Malevo, 23 Connaught St., W2 (V A1 **10**) ☎ 020.7402.1988, thehawksmoor.com ; midi lun.-ven. 12 h-14 h 30, sam.-dim. 12 h-15 h 30 ; dîner t.l.j. 18 h-22 h 30 (22 h le dim.). Pour en finir avec les idées reçues sur la viande britannique, excellente, particulièrement ici. Belle carte des vins.

6 Piccadilly et Mayfair • 173

▲ Farniente à Hyde Park un jour d'été.

☞ **PLAN V P. 164-165.**

Un peu d'histoire. Ancienne réserve de chasse d'Henri VIII, qui avait racheté les terres aux moines de l'abbaye de Westminster, le parc ouvrit ses portes au public en 1637 et devint rapidement un lieu de promenade où défilaient les équipages de l'aristocratie. Depuis que les feux d'artifice célébrant la fin des guerres napoléoniennes y furent tirés en 1815, les lieux accueillent régulièrement des manifestations d'envergure. Ce fut le cas de la toute première Exposition universelle (1851), qui marqua le sommet de la puissance britannique à l'époque victorienne. C'est à cette occasion que fut construit le **Crystal Palace**, un pavillon tout de verre et de fonte, édifié en un temps record grâce à l'utilisation d'éléments préfabriqués (après l'exposition il fut remonté dans un quartier du sud de Londres, puis brûla en 1936).

● **Princess Diana Memorial** V A2 *(sur la rive S. de la Serpentine, juste avant le Serpentine Bridge)*. Le mémorial de la princesse Diana a été inauguré par la reine Élisabeth II en 2004. Il s'agit d'une fontaine en granit de Cornouailles dont les eaux coulent d'abord dans deux directions différentes puis finissent par se rejoindre sereinement après avoir traversé des zones de remous.

● **Speakers' Corner** V B1 : → *encadré*.

● **Marble Arch** V B1 *(à la sortie N.-E. du parc)*. Cet arc triomphal à la gloire de l'amiral Nelson et du duc de Wellington est inspiré de celui de Constantin à Rome. Il fut dessiné par **John Nash** et érigé en 1832 dans la cour de Buckingham Palace. Mais il déplut tellement à la reine Victoria qu'elle obtint son déplacement en 1851 !

Une tribune pour tous

Coups de gueule virulents, émouvants plaidoyers, réquisitoires enflammés, divagations farfelues ou déclarations solennelles, les discours tenus par les orateurs du **Speakers' Corner** de Hyde Park V B1 peuvent revêtir toutes les formes et toucher tous les sujets. Hissés sur des escabeaux, des tabourets ou des caisses renversées auxquelles ils doivent leur nom de *soapbox oratories*, des débatteurs de tout poil se retrouvent le dimanche matin dans le parc, à l'angle de Cumberland Gate et de Park Lane pour haranguer la foule des curieux venus les écouter.

Si certains font remonter cette tradition au droit de s'exprimer des condamnés à mort exécutés depuis le Moyen Âge sur la potence voisine de Tyburn, l'autorisation de se réunir ici découle du Park Regulation Act établi en 1872. Dès lors, le « coin des orateurs » est devenu la principale tribune libre du Royaume-Uni où d'illustres inconnus et des personnalités publiques se succèdent pour disposer de la liberté d'expression que leur garantit la Constitution. Seule restriction, leurs propos ne doivent en aucun cas inciter à la violence. Karl Marx, Lénine ou George Orwell, pour ne citer qu'eux, étaient coutumiers de l'exercice.

⑦ Marylebone et Camden Town★★

Situation : West End • plan VI p. 176 ; plan général détachable B1-2 • plan du métro p. 364-365.

À ne pas manquer

La Wallace Collection★★★	175
Regent's Park★★	181
Camden High Street★★	182
La balade le long de Regent's Canal★★	184-185
Stables Market★★	186
Le musée de Madame Tussaud★	180

À mi-chemin entre l'élégance élitiste de Mayfair et le charme bohème de Fitzrovia, la zone de Marylebone fut urbanisée au XVIIIe s. pour accueillir les résidences de la grande bourgeoisie. Il en résulte un quartier à la distinction discrète et décontractée, plus modeste que son voisin Bloomsbury mais plus vivant grâce aux nombreuses boutiques qui bordent Marylebone High Street.

Au nord, Regent's Park, enserré par une guirlande de superbes maisons aux façades éclatantes de blancheur, sert de frontière entre Marylebone et un quartier bouillonnant : Camden Town. Ses rues aux enseignes excentriques, ses marchés débordants de friperies et d'artisanat, ses ateliers de tatouage et ses bars décalés y attirent en fin de semaine une foule bigarrée de Londoniens et de touristes.

Départ : Oxford St. **VI B3** • M° Bond Street (Central Line ; Jubilee Line).

Lignes de bus : n°s 3, 10, 13, 23, 139, 159 et 390.

Combien de temps : comptez 4 h pour avoir un bon aperçu des deux quartiers, sans inclure la visite des musées et du zoo.

1 Marylebone★★

Voilà une promenade aux multiples visages. Elle vous mènera des chefs-d'œuvre de la Wallace Collection aux jardins paysagés de Regent's Park et au principal zoo de Londres, en passant par les commerces branchés et les *charity shop* de Marylebone High Street, les innombrables cabinets médicaux de Harley Street et les boutiques de mariées de Chiltern Street. Sans oublier le célèbre musée de cire de Madame Tussaud et ses scénographies plus vraies que nature.

■ Oxford Street VI A-B3

Bain de foule garanti sur les trottoirs de cette avenue, la plus longue artère commerçante de la ville, où se concentrent la majorité des enseignes internationales. Le peu de charme de la rue est compensé par la présence de grands magasins typiquement britanniques comme *John Lewis (n° 300)*, *Marks & Spencer (n° 458)*, *Primark (n° 499)* et bien sûr le célèbre **Selfridges★** *(n° 400)* dont la façade Art nouveau (1908) est ornée d'une statue en bronze représentant la Reine du Temps (1928).

À l'angle du magasin, en empruntant James Street, on parvient à la charmante **Saint Christopher's Place★** VI B3 *(www.stchristophersplace.com)*, un dédale de ruelles piétonnes envahi de terrasses de restaurants et de cafés.

■ Wallace Collection★★★ VI A3

Manchester Sq., W1U • M° Bond Street • ☎ 020. 7563.9500 • www.wallacecollection.org • ouv. lun.-dim. 10 h-17 h • entrée gratuite.

Initiée par les deux premiers marquis de Hertford, qui achetèrent au XVIIIe s. des œuvres de Canaletto et des portraits de peintres contemporains anglais,

♥ RESTAURANT INDIEN

Roti Chai, 3 Porman Mews, W1H (VI A3 **1**) ☎ 020.7408.0101 ; www.rotichai.com ; lun.-sam. 12 h-22 h 30, dim. 13 h-21 h. L'adresse idéale pour les amateurs de *street food*. Samosas, *roti*, kebab, *butter chicken* mais aussi une intéressante sélection de cuisine régionale. Le tout à prix serrés !

♥ SUSHI BAR

Atari-Ya, 20 James St., W1U (VI B3 **2**) ☎ 020.7491.1178 ; www.atariya.co.uk ; lun.-sam. 11 h-20 h, dim. 11 h 30-20 h. La réputation de ce bar spécialisé dans le *take away* n'est plus à faire. Les sushis et sashimis préparés à la demande comptent parmi les meilleurs de la ville. Possibilité de commander pour ne pas attendre. Quelques rares places assises.

♥ SUR LE POUCE

Paul Rothe & Son, 35 Marylebone Lane, W1U (VI B3 **3**) ☎ 020.7935.6783 ; www.paulrotheandsondelicatessen.co.uk ; lun.-ven. 8 h-18 h, sam. 11 h-17 h. Un authentique *Deli Café* où, depuis 1900, chauffeurs de taxi et *fashion victims* dégustent côte à côte les plats du jour et les nombreux sandwichs proposés. Le plus : les étagères remplies de pots de confitures, chutneys, pickles et biscuits de toutes sortes.

176 • Visiter Londres

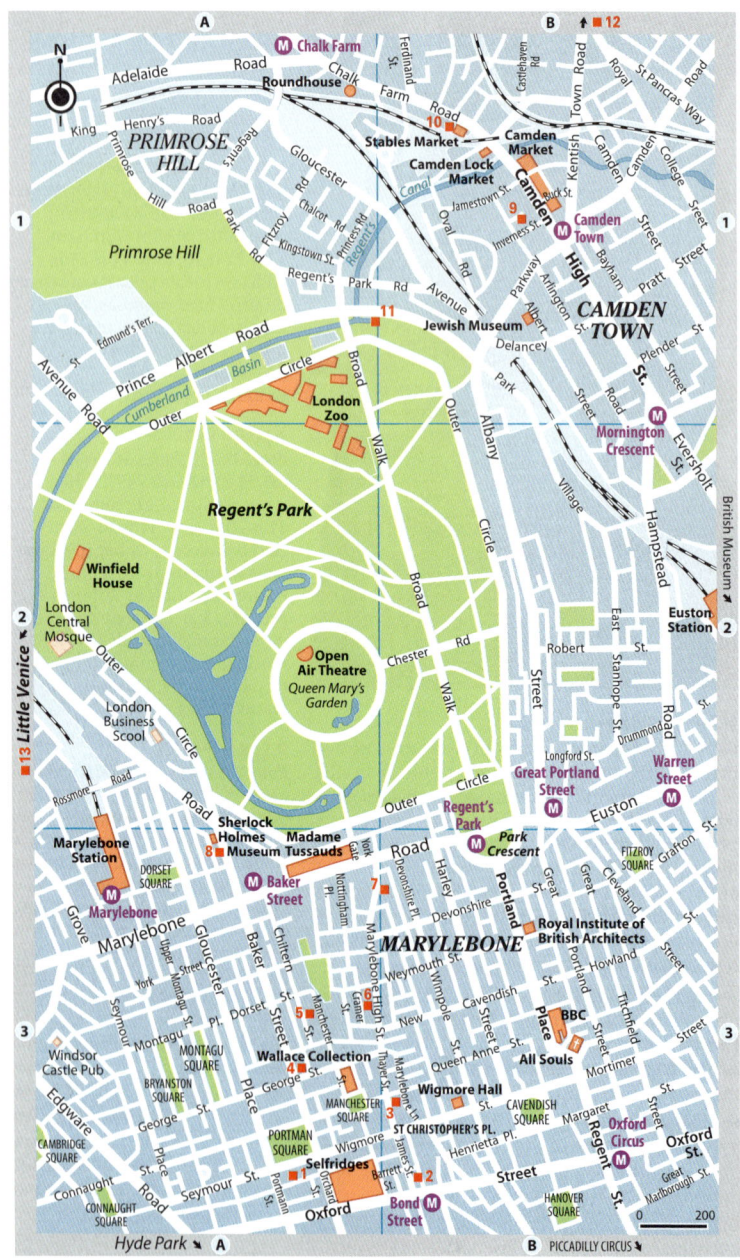

Plan VI : Marylebone et Camden Town (promenade 7).

la Wallace Collection s'étoffa au siècle suivant d'œuvres de maîtres hollandais. Mais c'est le penchant pour la peinture, le mobilier et les arts décoratifs français du quatrième marquis de la lignée et de son fils naturel **Richard Wallace** qui donna à la collection son orientation définitive. Léguée à la nation en 1897, elle occupe aujourd'hui une des résidences londoniennes de la famille.

La visite commence au r.-d.-ch., se poursuit au 1er étage puis s'achève dans l'aile g. du r.-d.-ch.

● **Dining Room***
Parmi les œuvres de maîtres italiens et espagnols exposées ici se trouve la célèbre et mystérieuse *Dame à l'éventail*** (v. 1640) de **Vélasquez**, dont l'identité reste incertaine. Le décolleté « à la française », considéré comme parfaitement indécent à la cour espagnole de l'époque, laisse penser qu'il s'agirait de Marie de Rohan, une aristocrate intrigante exilée à Madrid. La blancheur lumineuse de la peau qui contraste avec la modestie des gestes exacerbe la sensualité troublante de l'œuvre.

● **Billiard Room**
Décorée de mobilier Louis XIV, la salle de billard contient une **armoire**** réalisée par **André Charles Boulle** (1642-1732), le premier ébéniste à avoir introduit le bronze, l'étain, les écailles de tortue, la nacre et autres matériaux dans la marqueterie.

● **Back State Room***
La décoration de cette pièce où le maître de maison recevait ses hôtes constitue un très bel exemple du style rococo en vogue à l'époque de Louis XV et de sa maîtresse, Madame de Pompadour. Avec ses formes tortueuses imitant celles de la nature, le **chandelier**** (1751) est une œuvre de **Jacques Caffieri**, le plus célèbre représentant d'une famille de bronziers originaire de Naples. À voir aussi, la belle collection de **porcelaine de Sèvres**** du XVIIIe s.

● **Sixteenth Century Gallery****
Caractéristique du goût des collectionneurs du XIXe s., cette galerie abrite des médailles, statuettes, majoliques (céramiques émaillées), peintures et curiosités du Moyen Âge et de la Renaissance. Remarquez la grâce et la perfection de l'équilibre renversé de l'*Acrobate** (v. 1600), un petit bronze inspiré d'un modèle antique et attribué au sculpteur français Barthélemy Prieur. Au mur, l'*Allégorie de l'amour***, peinte par **Pieter Pourbus** en 1547, met en garde contre les inconséquences de l'amour charnel.

♥ RESTAURANT
Royal China,
24-26 Baker St., W1U
☎ 020.7487.4688 (VI A3 **4**) ;
t.l.j. 12 h-23 h (23 h 30 ven.-sam., 22 h 30 dim.) ;
www2.royalchinagroup.biz
L'un des très bons chinois de la capitale, spécialiste du dim sum cantonais. Service rapide et attentif ; rés. conseillée.

♥ SHOPPING
Cadenhead's Whisky Shop and Tasting Room,
26 Chiltern St., W1U (VI A/3 **5**)
☎ 020.7935.6999 ;
ouv. lun.-sam. 10 h 30-18 h.
L'un des derniers véritables distillateurs indépendants d'Écosse où acheter et tester d'excellents whiskys.

♥ MARCHÉ
Marylebone Farmers' Market,
Cramer St. Car Park, W1U
(VI A3 **6**) ; www.lfm.org.uk ;
dim. 10 h-14 h. Pour goûter aux produits du terroir britannique, l'un des plus grands marchés fermiers de Londres.

● East Galleries★★★

Ces trois salles en enfilade, respectivement consacrées à la peinture de paysages, de scènes de genre et de portraits, révèlent l'importance, la productivité et la spécialisation des écoles hollandaise et allemande au XVIIe s. Dans la *Célébration de la naissance*★★ (1664) de **Jan Steen**, un personnage ayant les traits de l'artiste tourne en ridicule la figure du père en esquissant les cornes du mari trompé derrière la tête du bébé. Attributs emblématiques de la maîtresse de maison, le tablier, les clés et la bourse que l'homme porte à la ceinture contribuent à jeter le discrédit sur sa virilité. *La Dentellière*★★★ (1662) de **Caspar Netscher** est un chef-d'œuvre de délicatesse, de simplicité et de concentration.

Dans la salle suivante, on verra deux tableaux de **Rembrandt** : un *Autoportrait*★ (v. 1637) et surtout *Titus*★★★ (v. 1657), l'un des nombreux portraits de son fils ; l'air absorbé du jeune homme est attribué à la situation de crise que la famille traversa après la faillite de l'atelier du père.

● Drawing Rooms★★

Ces pièces servaient aux membres de la famille à se retirer en toute intimité. Parmi les œuvres exposées se trouvent plusieurs *fêtes galantes*, un genre pictural qui connut un grand succès dès le début du XVIIIe s. : il s'agissait de scènes bucoliques et idéalisées montrant une jeunesse insouciante tout occupée de plaisirs frivoles et parfois licencieux. **Antoine Watteau**, le plus grand coloriste français de sa génération, en fut l'un des meilleurs représentants. Ses *Champs Élysées*★★ (v. 1720) mettent en scène un groupe de jeunes gens élégants à l'indolence sensuelle.

On retrouve ce goût pour les scènes badines avec *Les Hasards heureux de l'escarpolette*★★★ (1767) de **Jean-Honoré Fragonard**. Sous le regard bonhomme du mari qui tire les cordes de la balançoire, un galant profite du spectacle que lui dévoile l'envolée vaporeuse des jupons de la jeune femme, tandis qu'un cupidon de pierre exhorte les amants à la discrétion. Inspirés par la thématique de l'amour, les motifs brodés sur le vêtement du célèbre *Cavalier riant*★★★ de **Frans Hals** suggèrent l'imminence d'un mariage ; c'est ce qui pourrait expliquer l'expression énigmatique, mi-amusée, mi-satisfaite, du modèle.

● West Room

Cette salle qui servait de chambre à coucher à lady Wallace compte des portraits réalisés par les principaux peintres de la période de la Régence, en particulier Gainsborough et Reynolds (→ *encadré p. 141*). De **Gainsborough**, voir celui de *Mrs Mary Perdita Robinson*★ (1781), une actrice qui connut un temps les faveurs du futur Georges IV. Elle est ici représentée sous les traits de

◀ Frans Hals, l'un des artistes les plus importants du siècle d'or de la peinture néerlandaise excellait dans l'art du portrait, comme en témoigne le *Cavalier riant* (1624).

La Perdita, l'héritière du trône de Sicile qui devient bergère dans la tragicomédie de Shakespeare *Le Conte d'hiver*.

- **West Galleries★**

On y trouve deux *vedute*★ de **Canaletto**, des vues de la lagune de Venise qui étaient réalisées pour être vendues aux voyageurs, et des œuvres françaises du début du XIXe s. *L'Exécution du doge Marino Faliero*★ (1825-1826), de **Delacroix**, montre comment, après la débâcle de l'Empire napoléonien, les peintres français allèrent puiser leur inspiration dans des thèmes historiques du passé.

- **Armouries★★**

Les trois dernières salles du rez-de-chaussée sont occupées par l'une des plus riches **collections d'armes et d'armures★★** du royaume. D'un côté, les pièces d'origine européenne dont les plus anciennes remontent au XIVe s. ; de l'autre, celles en provenance d'Inde, de Perse et de Turquie (XVe-XIXe s.), très prisées pour leur raffinement exotique par les collectionneurs parisiens de la fin du XIXe s.

■ **Portland Place** VI B3

Avec sa largeur très inhabituelle pour Londres, cette vaste avenue aménagée au XVIIIe s. par les frères Adam devint au siècle suivant le tronçon final de l'axe triomphal imaginé par **John Nash** pour relier Carlton House et Regent's Park. Pour des raisons économiques, les classiques maisons en bande de l'époque georgienne se substituèrent aux hôtels particuliers qui devaient à l'origine la border.

- À l'extrémité S. de la rue, la **All Souls Church** est aussi une réalisation de **John Nash** dont on peut voir le buste sous la rotonde. Son style curieux, qui mêle sans complexe les formes gothiques (flèche) et classiques (portique ionien), provoqua de nombreuses controverses et fit même l'objet, en 1824, d'un débat houleux à la Chambre des communes.

Ouvert en 1865, le **Langham Hotel★**, qui fait face à l'église, fut le tout premier grand hôtel victorien construit dans la ville. Il était alors le plus moderne, avec ses 36 salles de bains, sa centaine de toilettes et son ascenseur hydraulique.

- À l'angle de Langham Place et de Portland Place, la **Broadcasting House★** sert de quartier général à la BBC depuis 1932. Inspiré des gratte-ciel américains, le bâtiment doit sa forme asymétrique à l'obligation qui fut faite à l'architecte de ne pas masquer la lumière naturelle que recevaient les maisons de Portland Place.

☞ **PLAN VI P. 176.**

Moustachus et fiers de l'être !

Si d'aventure vous êtes à Londres un premier vendredi du mois vers 20 h et que vous voulez vivre une expérience vraiment insolite, ne manquez pour rien au monde la réunion mensuelle du **Handlebar Club**, un cercle de fétichistes de la moustache dont tous les membres doivent impérativement porter « au-dessus de la lèvre supérieure, un appendice hirsute muni d'extrémités saisissables » ! Le club doit justement son nom à la forme de guidon *(handlebar)* de ces moustaches impétueuses qui rivalisent d'originalité. Si ces joyeuses rencontres sont théoriquement réservées aux seuls moustachus en lutte contre le diktat social incitant les hommes à opter pour « le fade, l'ennuyeux et le commun », leur largesse d'esprit permet généralement aux femmes et même aux tristes sires dépourvus du fier attribut d'y assister. Sachez cependant qu'il vous faudra probablement accepter de bonne grâce la bienveillante dérision des convives dont les chansons expliquent par exemple « qu'être embrassé par une face lisse revient à manger une viande sans sel ».

Windsor Castle Pub, 27-29 Crawford Pl. VI A3.

▶ N'hésitez pas à passer la porte de l'Institut royal des architectes britanniques, sur Portland Place : vous y découvrirez un superbe intérieur Art déco et des expositions gratuites.

☞ PLAN VI P. 176.

● Au n° 66 de l'avenue, le **Royal Institute of British Architects**★★ (RIBA • ☎ *0906.302.0400* • *www.architecture.com* • *ouv. lun.-sam. 10 h-17 h* • *accès libre*) est un bâtiment Art déco datant de 1934. Derrière ses belles portes en bronze, où sont représentés les principaux monuments des bords de la Tamise, se cache un beau hall d'entrée, un somptueux **escalier**★★ en marbre, fer forgé et verre, plusieurs salles d'exposition, une librairie spécialisée et un bar où l'on peut grignoter une légère collation à toute heure du jour.

● L'avenue se termine par **Park Crescent**, une place en demi-lune bordée de façades dessinées par **John Nash**.

■ **Madame Tussauds Museum**★ VI A3
Marylebone Rd, NW1 • *M° Baker Street ; bus n°s 13, 18, 27, 30, 74, 82, 113, 139 et 274* • ☎ *0871. 894.3000* • *www.madametussauds.com* • *ouv. lun.-ven. 9 h 30-17 h 30, sam. et dim. 9 h-18 h, vacances de Pâques et de mi-juil. à fin août 9 h-19 h, 24 déc. 9 h-14 h 30, 26 déc. et 1er janv. 10 h 30-18 h ; f. 25 déc.* • *entrée payante ; billet combiné avec London Eye, London Donjon et Sea Life* • *plein tarif : 30 £, 25 % de réduction si rés. en ligne*).
Esquisser un pas de danse avec Charlot, faire la courbette devant la reine Élisabeth II ou entamer un brin de causette avec Nelson Mandela, autant

♥ SUR LE POUCE

Orrery Epiceries, 55 Marylebone High St., W1U (VI A/B3 **7**) ☎ 020.7616.8036 ; www.orrery-restaurant.co.uk ; t.l.j. Pour un petit déjeuner ou un repas sur le pouce à toute heure, ce tout petit café-épicerie propose une belle gamme de produits frais pour manger sain, vite et pas cher.

♥ SHOPPING

Beatles Store, 231-233 Baker St., NW1 ☎ 020.7935.4464 (VI A3 **8**) ; www.beatlesstorelondon.co.uk ; t.l.j. 10 h-18 h 30. Une mine d'idées cadeaux en rapport avec l'œuvre et la personnalité des chanteurs du groupe le plus célèbre au monde.

d'expériences à vivre dans ce musée de cire qui porte le nom de sa fondatrice. Native de Strasbourg, **Marie Tussaud** avait appris à sculpter la cire auprès d'un médecin suisse qui fréquentait l'aristocratie française. Ayant échappé de justesse à la guillotine après la Révolution de 1789, elle s'installa à Londres où elle ouvrit en 1835 le *Baker Street Bazaar*. Cette salle d'exposition fut vite connue pour sa chambre des Horreurs, une galerie de portraits des victimes et bourreaux de la Révolution française. Aménagé à son emplacement actuel en 1884, le musée n'a plus cessé de s'agrandir ; il continue d'accueillir chaque année de nouvelles personnalités du monde des arts, du sport, de la politique…

■ Sherlock Holmes Museum* VI A3

221b Baker St., NW1 • M° Baker Street • ☎ 020.7224.3688 • www.sherlock-holmes.co.uk • ouv. t.l.j. 9 h 30-18 h ; f. 25 déc. • entrée payante.

C'est dans cette maison du début du XIXe s. *(photo p. 17)* que Conan Doyle fit emménager en 1881 son célèbre duo de détectives. Les détails disséminés au fil des romans ont permis de reconstituer leur intérieur avec fidélité. L'exiguïté des lieux, qui foisonnent d'objets familiers mentionnés dans les enquêtes, correspond à la description qu'en donne le docteur Watson. L'atmosphère victorienne est si bien rendue qu'on s'attendrait presque à surprendre Sherlock Holmes en personne, fumant sa célèbre pipe ou tentant une de ses étranges expériences…

■ Regent's Park** VI A1-B2

Ouv. t.l.j. de 5 h jusqu'à 30 mn avant le coucher du soleil.

Ce superbe parc fait toujours partie du domaine royal. Il fut aménagé à partir de 1811 par **John Nash** sur d'anciens terrains de chasse de la Couronne. L'architecte l'avait conçu comme une cité-jardin qui devait abriter près de soixante villas et un palais pour le régent, le futur Georges IV, auquel le parc doit son nom. Huit villas seulement furent construites, dont la **Winfield House**, à l'O., qui sert de résidence officielle à l'ambassadeur des États-Unis. En revanche, les *terraces*, ces groupes de maisons imaginées par Nash et unifiées entre elles par des colonnades ioniques ou corinthiennes, par des balustrades ou des acrotères décorés de statues *(→ encadré p. 79)*, furent toutes réalisées ; elles confèrent au quartier une homogénéité harmonieuse.

Sur le côté O. du parc, l'une de ces maisons abrite la très réputée **London Business School**, une école de management qui fait partie de l'université de Londres.

Le parc est réputé pour son **lac** où l'on peut canoter au milieu de 90 espèces de cygnes, d'oies et de canards, pour son **Queen's Mary Garden** (1930), un jardin planté de 30 000 fleurs dont 400 espèces de roses, et pour son **Open Air Theatre** *(☎ 0844.826.4242 • www.openairtheatre.com)*, théâtre en plein air où, pendant la saison estivale, des pièces de Shakespeare et des comédies musicales sont représentées en alternance.

■ London Zoo* VI A1/2

Regent's Park, Outer Circle côté N. • M° Camden Town ; bus C2 ou 274 • ☎ 0844.225.1826 • www.zsl.org • ouv. de nov. à fév. 10 h-17 h, mars et oct. 10 h-17 h 30, d'avr. à sept. 10 h-18 h ; fermeture des caisses 1 h avant ; f. 25 déc. • entrée plein tarif 26 £ (24 £ en ligne) • pour connaître les horaires des animations et activités, demander le programme du jour (« day planner ») • cafétéria • aire de pique-nique.

Ouvert en 1828, ce zoo compte parmi les plus innovants d'Europe. Il rassemble 650 espèces d'animaux, dont 112 menacées d'extinction. Des bâtiments historiques, comme le pavillon des reptiles ou celui des girafes, côtoient des aménagements modernes dont la technologie est mise au service des animaux comme des visiteurs. C'est le cas du territoire des gorilles, de celui des tigres et de la plage des pingouins : tout en respectant le mode de vie de leurs habitants, ils permettent au public de les observer de près. Pour une immersion totale dans le monde des suricates, des mangoustes jaunes et autres étranges mammifères, les enfants ne manqueront pas le circuit qui leur est réservé à l'extrémité sud du zoo.

Chaque vendredi soir des mois de juin et juillet, de 18 h à 22 h, à l'occasion des *Zoo Lates*, le London Zoo se remplit de stands de nourriture et de boisson, d'animations et de spectacles en plein air qui attirent, dans une ambiance très bon enfant, une foule de joyeux lurons souvent déguisés et toujours prêts à faire la fête. Ces soirées payantes où l'alcool coule à flots sont réservées aux personnes majeures.

2 Camden Town★★★

Haut lieu des cultures alternatives, ce quartier traversé par le Regent's Canal est indissociablement lié aux différents courants musicaux qui enflamment régulièrement la ville. Il en résulte un mélange d'ambiances pop, rock, punk, gothique, électro ou grunge sans équivalent au monde. Très animé en fin de semaine, Camden Town explose littéralement à la nuit tombée lorsque ses salles de concert, ses bars et boîtes de nuit s'emplissent d'une foule éclectique, souvent tatouée, toujours prête à repousser les limites de l'aube.

Départ : Camden High St. VI B1, au niveau du M° Camden Street (Northern Line).

Lignes de bus : n°s 24, 27, 29, 168, 253, 274 et C2.

Combien de temps : entre 1 h et 1 journée, selon le temps que vous voulez consacrer aux marchés.

Le meilleur moment : le week-end, pour profiter pleinement de l'ambiance surchauffée du quartier.

■ Jewish Museum★ VI B1
129-131 Albert St. • M° Camden Town ; bus n°s 24, 27, 29, 31, 88, 134, 168, 214, 253, 274 et C2 • ☎ 020.7284.7384 • www.jewishmuseum.org.uk • ouv. dim.-jeu. 10 h-17 h, ven. 10 h-14 h ; f. sam., 25-26 déc. et 1er janv. • entrée payante.
Un très bel espace à la muséographie moderne et interactive pour ce lieu qui explore les différents aspects de la vie quotidienne des juifs d'Angleterre.
Au 1er étage, une exposition d'objets de culte utilisés dans la sphère privée met en évidence l'imbrication de la pratique religieuse dans la vie courante. Remarquez la belle **Arche d'alliance★** vénitienne du XVIe s. qui illustre avec brio la volonté de glorifier Dieu à travers les objets rituels. Le 2e étage est consacré à l'histoire de la communauté juive du pays depuis le XIe s. En 1290, un décret d'Édouard Ier déclara les juifs hors la loi et les obligea à quitter le pays. Il faudra attendre l'éphémère République de Cromwell (1649-1660) pour qu'ils soient de nouveau autorisés à s'installer en Angleterre. Leur communauté est aujourd'hui la deuxième plus importante d'Europe.

■ Camden High Street★★ VI B1-2
Cette rue étroite aux façades décorées de statues géantes en forme d'avion, de chaussures de basket, de scorpion et autres créatures tout aussi avenantes grouille en fin de semaine d'une foule de touristes souvent incapables de cacher leur sidération devant l'attitude parfaitement décomplexée de la

▲ Camden High Street : l'épine dorsale du quartier le plus excentrique de Londres !

jeunesse londonienne. Ici, les cultures alternatives se mêlent joyeusement dans leur volonté commune de bousculer les codes et de lutter contre l'uniformisation. Ainsi, les magasins indépendants, à des années-lumière de l'offre des enseignes internationales, proposent une mosaïque colorée d'articles farfelus qui font d'une balade shopping une expérience sans égale. Amateurs de tatouages, de piercings et de cheveux tressés ou de teintures multicolores, vous avez aussi trouvé votre eldorado !

Au nº 1 de la rue, au niveau de la station de métro Mornington Crescent VI B1/2, l'ancien **Camden Theatre*** construit en 1900 abrite aujourd'hui le *Koko*, une discothèque très connue, tandis qu'au nº 174 le *World's End Pub*** est resté quasiment inchangé depuis sa construction en 1875.

■ **Les marchés de Camden**** VI B1
Célèbres dans le monde entier, ils se sont développés à partir de 1975 grâce à l'initiative de quelques entrepreneurs qui louèrent à la British Waterways – la compagnie en charge de la gestion des voies d'eau intérieures du pays– les édifices désaffectés de **Camden Lock**, l'écluse du canal, pour en faire un centre de création artisanale.

● **Camden Market** *(à l'angle de Buck St. et Camden High St. • ouv. jeu.-dim. 9 h-17 h 30)*. Ses étals proposent surtout des T-shirts fantaisie, des habits de sport et des CD de musique. Si vous n'avez pas beaucoup de temps, n'hésitez pas à faire l'impasse sur ce marché pour vous rendre directement à ceux qui entourent l'écluse. ▶▶▶

Histoire d'une ébullition

Avant d'être le quartier aux couleurs acidulées et à l'agitation trépidante que l'on connaît, **Camden Town** était un paisible hameau campagnard servant de halte aux voyageurs en route pour Hampstead. Initié à la fin du XVIIIe s. par le premier comte de Camden, son développement s'intensifia à partir de 1820 grâce au percement du Regent's Canal, dont les berges se couvrirent rapidement d'entrepôts et de fabriques en brique rouge. Le nombre croissant de travailleurs irlandais qui s'y installèrent après la grande famine de 1840 contribua à son expansion.

À la fin du XIXe s., malgré l'abandon du transport fluvial, dont les coûts s'étaient vite révélés trop élevés, le quartier était devenu un faubourg populaire très animé où boutiques et pubs fleurissaient. Mais c'est dans les années 1970, lorsque trois entrepreneurs obtinrent l'autorisation de transformer les anciens bâtiments de Camden Lock en centre artisanal, que la vocation commerciale de la zone s'affirma définitivement.

♥ **RESTAURANT DE HAMBURGERS**
Haché, 24 Inverness St., NW1 (VI B1 9) ☎ 020.7485.9100 ; www.hacheburgers.com ; lun.-jeu. 12 h-22 h 30, ven.-sam. 12 h-23 h, dim. 12 h-22 h. De délicieux hamburgers faits avec du pain et des produits frais, le tout saupoudré d'une touche de créativité qui se renouvelle chaque mois. À partir de 13 £.

THÉMA

Balade au fil de l'eau

Après le bain de foule des marchés de Camden, rien de tel qu'une flânerie à pied ou en bateau le long des anciens chemins de halage qui longent le **Regent's Canal** jusqu'à Little Venice. Cette balade permet d'aborder Londres sous un angle tout à fait original et dans une atmosphère très bucolique, même si les étroites péniches tirées par des chevaux ont été remplacées depuis longtemps par des bateaux de promenade à moteur.

■ Le Regent's Canal dans l'histoire

Ouvert entre 1816 et 1820, le Regent's Canal est le dernier-né du dense réseau de navigation fluviale britannique qui contribua considérablement à l'essor de la révolution industrielle. Sa vocation commerciale ne résista pas longtemps à la concurrence du rail, mais cependant il permit pendant quelques décennies d'acheminer directement jusqu'aux bords de la Tamise les marchandises convoyées en péniche sur le Grand Union Canal. Auparavant, au-delà de Paddington, les chargements devaient être transbordés sur des voitures à chevaux, ce qui alourdissait la facture et allongeait les délais de transport. En 1969, le Regent's Canal fut définitivement fermé au trafic commercial et les chemins de halage, peu à peu retapés, ouvrirent progressivement au public.

■ Le canal pas à pas

● **Camden Lock** VI B1. La vue depuis le **pont de Chalk Farm Road** permet de se faire une bonne idée de l'agencement du quartier et, avec un peu de chance, d'assister au franchissement d'une des **écluses** *(locks)* par une

péniche. Celle qui se trouve face à l'ancienne maison du gardien (*lock keeper's cottage*, aujourd'hui transformée en *Starbucks Café*) est le dernier exemple de double écluse de tout le canal.
De l'autre côté du pont, sur la rive S., on aperçoit les studios de MTV, reconnaissables aux œufs à la coque posés sur les pignons du toit : ils rappellent que, jusqu'en 1992, le bâtiment appartenait à TV-am, la chaîne de télévision qui lança le premier programme du pays diffusé à l'heure du petit déjeuner.

● **La traversée de Regent's Park** VI A1-2. Après avoir laissé sur sa g. le **Cumberland Basin** et la pagode flottante du *Feng Shang Princess* 2 *(Cumberland Basin, Prince Albert Rd, NWI VI A1 11 • ☎ 020.7485.8137 • www.fengshang.co.uk)*, un restaurant chinois très agréable, le canal s'enfonce dans Regent's Park, à travers le **zoo de Londres** *(→ p. 181)*, qu'il coupe en deux. À droite, au-delà de la grande volière (1964) s'étend **Primrose Hill** VI A1, l'un des quartiers favoris des stars. Plus loin, on passe sous le **Macclesfield Bridge**, ou Blow Up Bridge, qui fut détruit en 1874 par l'explosion *(blow up)* d'un bateau chargé de poudre et de pétrole. Viennent ensuite des maisons qui sont des reproductions assez fidèles de celles que John Nash avait construites au début du XIXᵉ s. 3.

> ### Regent's Canal pratique
> Promenade de 4 km de long (sur les 22 que totalise le Regent's Canal), **de Camden Lock à Little Venice**, à faire en bateau (réalisable dans les deux sens) ou à pied.
> *Compagnie London Waterbus : 58 Camden Lock Place, NW1,* **VI B1** *• ☎ 020.7482.2660 • www.londonwaterbus.com • tickets vendus à bord : plein tarif 8 £, durée 50 mn ; 25 £ avec arrêt et visite du zoo (billets du zoo achetés ailleurs non valides) • départ de Camden Lock : d'avr. à sept. t.l.j. 10 h, 11 h, 12 h, 13 h 15, 14 h, 15 h, 16 h et 17 h ; nov. jeu.-ven. 12 h, 14 h 15 et 16 h, sam.-dim. 11 h, 12 h, 13 h, 14 h 15, 15 h et 6 h ; de déc. à mars sam.-dim. 12 h, 14 h 15 et 16 h.*

Sur l'autre berge, la belle **Grove House**, avec son porche couronné d'un fronton, date de 1824, tandis que sur la g. on aperçoit le minaret de la **London Central Mosque** VI A2 (1977).

● **Maida Vale et Little Venice** pl. dét. A2. De la terrasse du **café-restaurant Laville** *(453 Edgware Rd, W2 • ☎ 020.7706.2620 • www.cafelaville.co.uk)*, qui surplombe la sortie du Maida Tunnel, on a une très belle **vue**** sur le canal, dont les rives arborées, les seules de toute la promenade à ne pas être accessibles au public, servent de quais à une multitude de **maisons-péniches** adorablement fleuries. En retrait, alignements de maisons blanches datant des années 1830-1850. Le parcours s'achève à **Little Venice**, le bassin triangulaire faisant la jonction avec le Paddington Arm – un bras du Grand Union Canal –, où les péniches sont plus cossues. Location de pédalos aux beaux jours, péniche transformée en café, le *Waterside Café (Warwick Crescent, The Little Venice Pool, W2 • ☎ 020.7266.1066 • ouv. t.l.j. 9 h-17 h)*, et péniche itinérante avec spectacle de marionnettes 4.

▶▶▶ • **Camden Lock Market★** *(sur la rive N. du Regent's Canal • t.l.j. 10 h-18 h).* Les échoppes de ce marché sont réparties sur deux niveaux dans un entrelacs de cours intérieures. On y trouve des bibelots insolites, des vêtements et bijoux de créateurs, des chapeaux, bottes de cow-boy, objets anciens ainsi que de nombreux éventaires de cuisine du monde.

• **Stables Market★★** *(sur la g. après la voie ferrée • t.l.j. 10 h 30-18 h).* Il attire chaque année plus de 40 millions de visiteurs ! Disséminées un peu partout, des statues en bronze de chevaux, d'attelage, de maréchal-ferrant au travail rappellent la vocation première du lieu : il servait d'hôpital aux chevaux de halage chargés de remorquer les barges le long du canal.

Avec ses quelque 500 boutiques auxquelles s'ajoutent une cinquantaine de stands de cuisine du monde, ce formidable labyrinthe est une mine de trouvailles pour absolument tous les goûts. Ameublement, décoration d'intérieur, vêtements, chaussures, accessoires vintage, bijoux, musique, artisanat du monde, antiquités… : vous y trouverez de tout et de tous les styles.

■ **Round House** VI A1
Chalk Farm Rd, NW1 • ☎ *0844.482.8008* • *www.roundhouse.org.uk*
Bien que très moderne en 1846, à l'époque de sa construction, cette rotonde ferroviaire se révéla rapidement trop exiguë pour la taille croissante des locomotives qui venaient y tourner. Longtemps utilisée comme entrepôt de gin, elle fut reconvertie dans les années 1960 en salle de spectacle où se produisirent des artistes tels que Jimi Hendrix, les Pink Floyd, Led Zeppelin, The Doors… En 2004, le bâtiment a été rendu à son apparence d'origine et doté d'une nouvelle aile ; il abrite des studios d'enregistrements radiophoniques et télévisuels, des cafés, un restaurant et une salle de spectacle à la programmation très riche *(programme et achat de billets sur le site Internet).*

♥ SHOPPING
Cyberdog, Stables Market, NW1 (VI B1 **10**) ☎ 020.7482.2842 ; lun.-jeu. 11 h-19 h 30, ven. 11 h-20 h, sam.-dim. 10 h-20 h. Un magasin fluo, punko, dingo à ne rater sous aucun prétexte pour une *full immersion* dans le plus déjanté des cyber-univers londoniens !

♥ PUB
Camden Town Brewery, 55-59 Wilkin Street Mews, NW5 (h. pl. VI par B1 **12**) ; M° Kentish Town West (overground) ☎ 020.7485.1671 ; www.camdentownbrewery.com ; jeu.-sam. 12 h-23 h. Certains pubs n'hésitent pas à devenir brasseur à leur tour, comme au Moyen Âge ! C'est le cas de celui-ci, l'un des pionniers. Vis. possible de la brasserie les jeu. et sam. a.-m. (payante, durée 2 h ; sur rés.).

⑧ Bloomsbury et Saint Pancras★

Rendu célèbre par le Bloomsbury Group, un cercle d'artistes et d'intellectuels en rébellion contre les conventions de la bien-pensante société victorienne, ce quartier élégant est aujourd'hui essentiellement occupé par des bureaux. Le calme un tantinet provincial de ses nombreux squares aux sages alignements de façades en brique contraste radicalement avec l'animation et le trafic qui règnent le long d'Euston Road ; surtout autour des gares de Saint Pancras et de King's Cross qui forment l'un des principaux nœuds ferroviaires de la capitale. La présence de la British Library et d'une importante antenne de l'université de Londres perpétue la longue tradition intellectuelle de ce quartier. À l'heure des repas, ses cafés et ses restaurants s'emplissent d'une jeunesse bouillonnante.

Départ : Bedford Square VII A2 • M° Tottenham Court Road (North Line ; Central Line) ou Goodge Street (North Line).

Lignes de bus : n°s 7, 8, 10, 14, 19, 24, 29, 73, 134, 242 et 390.

Combien de temps : comptez 2 h sans la visite des musées.

Le meilleur moment : évitez le dim. et le lun. si vous souhaitez visiter tous les musées.

■ Bedford Square★ VII A2

Depuis sa restauration dans les années 2000, ce square a retrouvé sa sobre harmonie qui en fait l'exemple d'architecture georgienne le mieux conservé du quartier *(photo p. 79)*. Ayant été conçu juste après la signature du Building Act de 1774 qui réglementait les normes de construction de la capitale, il est bordé des premières maisons aux châssis en bois placés de façon à minimiser la propagation des incendies.

Plus encore que la ressemblance des maisons, ce sont leurs différences savamment étudiées qui témoignent de la planification de la construction.

Situation : West End • plan VII p. 188 ; plan général détachable C2-3 • plan du métro p. 364-365.

À ne pas manquer

Le British Museum★★★ (→ promenade ⑨)	195
L'hôtel Saint Pancras Renaissance London★★	190
Les trésors de la British Library★★	191
Le Petrie Museum of Archeology★★	193
Le musée Charles Dickens★	189
Le Foundling Museum★	189

Voir plan VII p. 188

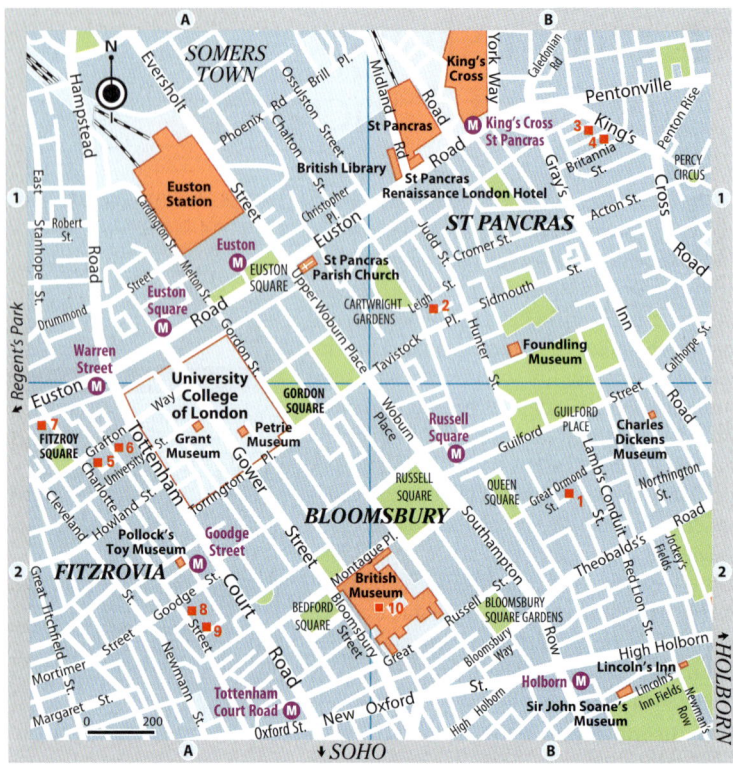

Plan VII : Bloomsbury, Saint Pancras et Fitzrovia (promenade ❽).

Outre les façades en stuc blanc des maisons situées au centre de chaque alignement, qui contrastent avec la brique ocre de leurs voisines, remarquez les **balustrades** qui agrémentent le 3ᵉ étage des dernières maisons de chaque rangée. Les encadrements arrondis des portes sont tous réalisés en pierre de Coade. Les prix élevés de l'immobilier expliquent que ce square compte aujourd'hui plus de bureaux que de résidences particulières. Le jardin central, avec ses arbres centenaires, est malheureusement un espace privé…

■ **British Museum**★★★ VII A/B2
→ *prom.* ❾ *p. 195.*

■ **Russell Square** VII B2
Aménagé à la fin du XVIIIᵉ s. par Francis Russell, cinquième duc de Bedford, sur le site de l'ancienne demeure familiale, ce square est agrémenté d'un joli jardin où il fait bon flâner. Sur son côté

♥ CAFÉ
The Espresso Room,
31-35 Great Ormond St., WC1N
(VII B2 1) ;
www.theespressoroom.com ;
lun.-ven. 7 h 30-17 h.
Un minuscule et sympathique bar qui ravira les vrais amateurs de café. Soupes chaudes en hiver, brownies sans gluten et pain à la banane complètent le décor.
Sur place ou à emporter.

est se dresse l'**hôtel** *Russell*, un impressionnant édifice victorien achevé en 1898 : son extravagante façade en terre cuite couleur « thé au lait », comme disent les Londoniens, mêle allègrement les styles gothique, Renaissance et byzantin. À l'intérieur, le restaurant ressemble comme deux gouttes d'eau à la salle à manger du *Titanic* : pas étonnant, puisqu'elle a été dessinée par le même architecte.

■ **Charles Dickens Museum★** VII B2
48 Doughty St., WC1N • M° Russell Square, Chancery Lane • ☎ *020. 7405.2127 • www.dickensmuseum.com • ouv. lun.-dim. 10 h-17 h ; f. 25 déc., 1ᵉʳ janv. et 3ᵉ sam. de chaque mois jusqu'à 13 h sf pour les* **vis. guidées en costume** *à 10 h, 10 h 45 et 11 h 30 (rés. obligatoire) • entrée payante.*

▲ La visite de la maison de Charles Dickens (ici, la salle à manger) nous fait pénétrer dans l'intimité du plus grand romancier de l'époque victorienne. C'est ici que naquirent les deux premiers de ses dix enfants.

Le souvenir du grand écrivain qui vécut ici pendant trois ans, au début de son mariage, persiste entre les murs de cette maison georgienne traditionnelle. La reconstitution des pièces, où sont exposées les premières éditions brochées de l'auteur, contribue à recréer l'atmosphère paisible qui présida à la naissance de personnages tels qu'Oliver Twist ou Nicholas Nickleby. C'est aussi ici que mourut, à 17 ans, Mary Hogarth, la belle-sœur adorée que **Dickens** décrivait comme « une amie intime, une sœur d'exception, une compagne au foyer » ; il s'en inspirera par la suite pour nombre de ses personnages féminins.

■ **Foundling Museum★**
(musée des Enfants abandonnés) VII B1
40 Brunswick Sq., WC1N • M° Russell Square • ☎ *020.7841.3600 • www.foundlingmuseum.org. uk • ouv. mar.-sam. 10 h-17 h, dim. 11 h-17 h • entrée payante.*

Consterné par le nombre de nourrissons régulièrement abandonnés dans les rues de Londres, le capitaine **Thomas Coram** (1668-1751), qui avait passé la plus grande partie de sa vie dans les colonies, entreprit en 1722 de fonder une œuvre de bienfaisance destinée à leur éviter une mort quasi certaine. Après 17 années d'un combat quotidien, il obtint du roi Georges II la signature de la charte qui entérinait la création du Foundling Hospital. L'établissement fut dès lors chargé de recueillir et d'éduquer les enfants des rues. Une tâche que la fondation Coram perpétue de nos jours dans son nouveau site de Berkhamsted en venant en aide

✐ ADULTE SEUL S'ABSTENIR !
Le **jardin** situé devant le Foundling Museum est interdit aux adultes qui ne sont pas accompagnés d'un mineur de moins de 16 ans ! Ouv. t.l.j. de 9 h à la tombée du jour.

♥ RESTAURANT
North Sea Fish Restaurant, 7-8 Leigh St. (VII B1 **2**) ☎ 020.7387.5892 ; lun.-sam. 12 h-14 h 30 et 17 h 30-23 h 30. Très bon *fish and chips* pour budgets serrés, à consommer sur place ou à emporter, mais aussi croquettes de poissons faites maison ou plateau de fruits de mer.

☞ PLAN VII P. 188.

aux enfants défavorisés. Le soutien du peintre William Hogarth (1697-1764), alors au sommet de sa gloire, encouragea les donations de tableaux, permettant ainsi la constitution de la collection que l'on peut voir dans le musée.

● **Rez-de-chaussée.** Il retrace l'histoire de la fondation et tente de rendre compte des conditions de vie des classes sociales les plus déshéritées dans le Londres du XVIIIe s. Parmi les objets exposés, des rubans, médailles gravées, clés et autres porte-bonheur que les mères glissaient dans les langes de leur bébé avant de les abandonner. Dans la Committee Room, le tableau de **Hogarth** intitulé *La Marche des gardes vers Finchley*★ (1749-1750) fut gagné à la loterie par l'orphelinat. À l'époque, les artistes vendaient souvent des reproductions gravées sur cuivre de leurs œuvres ; pour quelques shillings supplémentaires, les clients pouvaient acheter un billet de loterie qui leur donnait la chance de gagner l'original du tableau : une méthode de promotion assez courante dans le monde artistique du XVIIIe s. Hogarth avait ainsi mis ce tableau en jeu et donné tous les billets invendus au Foundling Hospital, qui eut la chance d'avoir le numéro gagnant. À g. de la cheminée, un tableau montre l'établissement tel qu'il se présentait en 1746.

● **Étage.** La galerie de peinture, réplique de l'originale, était ouverte à la bonne société qui venait à loisir y admirer le travail des artistes de l'époque. Parmi les portraits exposés dans la salle, voir celui du *Capitaine Coram*★ par **Hogarth**. Avec sa charmante décoration rococo, la Court Room servait de salle de réunion aux administrateurs de l'hôpital. Au-dessus de la cheminée, relief illustrant la Charité déployant ses bienfaits.

■ **Saint Pancras Renaissance London Hotel**★★
VII B1

Euston Rd, NW1 • M° King's Cross Saint Pancras • vis. guidées sur rés. ☎ *020.7841.3540 • entrée payante.*

Oubliez les murs décrépits, les moquettes tachées et les chambres lugubres aux couvre-lits douteux que la seule mention d'hôtel de la gare évoque irrémédiablement ! Celui qui sert de frontispice à la **gare Saint Pancras** – où, depuis 2004, arrivent les Eurostar – est un fier édifice de l'époque victorienne. Sa façade éclectique aux allures de palais gothique vénitien ne laissera personne indifférent !

Œuvre de l'architecte **George Gilbert Scott**, il fut inauguré en 1873 sous le nom de *Midland Grand Hotel* et devint vite l'un des palaces les

---

Scandale à Bloomsbury !

En s'installant en 1904, après la mort de leurs parents, au 46 Gordon Square VII A1/2, les enfants de la famille Stephen – l'artiste Vanessa Bell, sa sœur la future Virginia Woolf et leurs deux frères Thoby et Adrian – allaient rapidement défrayer la chronique. Avec quelques amis de l'université de Cambridge, ils constituèrent une sorte de cénacle aux idées avant-gardistes qui fut vite connu sous le nom de **Bloomsbury Group**. Les réunions hebdomadaires qu'ils organisaient à leur domicile leur valurent aussitôt le discrédit de la bonne société victorienne. Bousculant les conventions en refusant de se laisser dicter leur conduite par une mentalité d'un autre temps, ils affichaient au grand jour leurs amitiés amoureuses et, pour certains, leur homosexualité. En 1910, l'organisation du canular de Dreadnought les rendit célèbres : la peau noircie, déguisés et coiffés de turbans, ils réussirent à duper la Royal Navy qui les reçut en grande pompe, pensant qu'il s'agissait de la famille royale d'Abyssinie !

Au-delà de sa posture provocatrice, le groupe de Bloomsbury contribua au renouveau esthétique de l'art, à l'évolution de la condition féminine et au débat anti-impérialiste.

plus réputés de Londres. Il comptait alors 300 chambres, toutes dotées de cheminées mais, selon les habitudes de l'époque, dépourvues de salles de bains… Sa gestion s'étant révélée bien trop coûteuse, il dut fermer ses portes en 1935. Après avoir frôlé la démolition, il a subi une restructuration totale à partir de 2004 et a rouvert en 2011 sous son nom actuel. Il a conservé une bonne partie de sa superbe **décoration d'origine****, mais ses 244 chambres possèdent aussi tout le confort moderne. Les étages supérieurs ont été transformés en appartements privés vendus à des particuliers.

■ **British Library**** VII B1
96 Euston Rd, NW1 • Mº King's Cross St Pancras • ☎ *0843.208.1144 • www.bl.uk • ouv. lun.-jeu. 9 h 30-20 h, ven. 9 h 30-18 h, sam. 9 h 30-17 h, dim. 11 h-17 h ;* **collections permanentes** *: mêmes horaires sf lun., mer.-ven. 9 h 30-18 h • salles de lecture réservées aux porteurs de carte • vis. guidées payantes (durée 1 h 15) lun.-sam. à 10 h 30 et 15 h, dim. à 11 h 30 et 15 h ; rés.* ☎ *0193.546.546.*

Malgré sa fondation récente (1973), la Bibliothèque nationale du Royaume-Uni réunit plus de 150 millions de références, ce qui en fait l'une des plus importantes au monde. Chargée du dépôt légal, elle voit son fonds grossir chaque année d'environ 3 millions d'ouvrages. Longtemps disséminées dans de multiples lieux, ses collections sont réunies depuis 2009 dans ce gigantesque bâtiment achevé en 1997.

Sur la vaste esplanade qui lui sert de parvis trône une **statue colossale d'Isaac Newton** (1995) du sculpteur écossais **Eduardo Paolozzi**, inspirée de la gravure qu'en fit le peintre et poète préromantique écossais William Blake en 1795. Elle rend à la fois hommage à la science des mathématiques qui modifia notre approche du monde, ainsi qu'à l'art et à la littérature en évoquant William Blake.

Au centre de l'édifice, une tour en verre abrite les 65 000 volumes de la bibliothèque de Georges III, légués à l'État par son fils et successeur. Dans la Sir John Ritblat Gallery, on peut visiter la collection permanente des **Trésors de la bibliothèque**** qui réunit trois millénaires d'écrits de toutes provenances. À voir en particulier : un coran du xe s., l'unique exemplaire connu du *Lai de Beowulf* (xe s.

▲ La façade de style néogothique du luxueux *Saint Pancras Renaissance Hotel*, incorporé à la gare Saint Pancras.

♥ **RESTAURANT**
Paolina's, 181 King's Cross Rd, WC1X (VII B1 3)
☎ 020.7278.8176, lun.-ven. 12 h-15 h et 18 h-22 h, sam. et dim. 18 h-22 h. Un petit restaurant sans chichis qui sert une véritable cuisine thaïe à prix modestes. Salade de papaye pimentée, *satay* de poulet, nouilles frites, tout y est bon. Pas d'alcool mais possibilité de venir avec sa bouteille (droit de bouchon de 1 £/pers.).

♥ **GALERIE D'ART**
Gagosian Gallery, 6-24 Britannia St. (VII B1 4)
☎ 020.7841.9960 ; www.gagosian.com ; mar.-sam. 10 h-18 h. Poussez donc la porte de cette galerie pour découvrir les coups de cœur du célèbre « faiseur d'artistes » américain Larry Gagosian.

▲ Jacques Cartier, premier Européen à remonter le Saint-Laurent, au Canada, entouré de ses compagnons. Détail d'une carte de Pierre Descelliers (1536-1542) conservée à la British Library.

également), célèbre poème épique anglo-saxon, diverses copies de la *Magna Carta Libertatum* de 1215, « Grande Charte des libertés » qui constitue le premier véritable document constitutionnel de l'histoire anglaise, un exemplaire de la bible de Gutenberg, des partitions rédigées de la main de Beethoven…

■ Saint Pancras Parish Church VII A1
Euston Rd, angle d'Upper Woburn Pl., NW1 • M° Euston • ☎ 020.7388.1461 • www.stpancraschurch.org • théoriquement ouv. mar.-jeu. 8 h-17 h, ven. 8 h-13 h, dim. pour les offices à 8 h, 10 h et 18 h.
Consacrée à Pancrace, un jeune chrétien romain martyrisé à Rome en 304, cette église fut bâtie au début du XIXe s., alors que les modèles de la Grèce antique étaient remis au goût du jour. Son clocher octogonal s'inspire en effet de la tour des Vents de l'Agora d'Athènes, tandis que son portique et ses caryatides soutenant les porches qui encadrent l'entrée de la crypte sont des répliques fidèles de l'Érechthéion, un temple de l'Acropole. L'aspect massif des caryatides façonnées en pierre de Coade résulte d'une erreur de calcul : lorsqu'elles furent livrées, les statues se révélèrent trop hautes et leur sculpteur dut se résoudre à les amputer de leur abdomen pour parvenir à les insérer à leur emplacement actuel !

■ University College London VII A1/2
Gower St., WC1E • M° Euston Square.
Ce collège fondé en 1826 fut la première université laïque du Royaume-Uni. Son originalité ? Il accepta dès sa création des étudiants sans distinction de race, de classe sociale ou de religion. Il fallut cependant attendre 1836 pour que l'établissement ait le droit de décerner des diplômes, et 1877 pour que les filles y soient admises. Le bâtiment principal, le plus ancien *(entrée par le South Cloister, au fond à dr.)*, avec son portique corinthien et son dôme imposant, abrite au rez-de-chaussée l'*auto-icon* de Jeremy Bentham (1748-1832), un philosophe dont les idées réformatrices furent à l'origine de la création de l'université. Père de l'utilitarisme, une doctrine visant à dispenser un maxi-

mum de bien-être à un maximum d'individus, il soutenait l'égalité des sexes, le droit au divorce, l'abolition de l'esclavage… Par testament, il demanda à ce que son corps fût préservé et conservé dans le cabinet de bois où il se trouve encore aujourd'hui. Seule la tête a dû être remplacée par une sculpture de cire.

● **Grant Museum of Zoology** VII A2 a *(21 University St. ; de l'autre côté de Gower St.* • ☎ *020.3108.2052* • *ouv. lun.-sam. 13 h-17 h sf vacances universitaires)*. Il suffit de franchir le seuil de ce petit musée universitaire qui date de 1828 pour se croire revenu au temps de la reine Victoria. La muséographie moderne n'a pas sa place dans les galeries sombres bordées de vitrines poussiéreuses où s'entassent pêle-mêle des squelettes d'animaux et des bocaux au contenu pour le moins insolite : empilement de taupes, cerveaux de créatures diverses, têtes d'animaux coupées en deux qui sont souvent comparées au travail de l'artiste britannique Damien Hirst.

● **Petrie Museum of Egyptian Archeology**** VII A2 b *(Malet Pl., WC1H ; sortir de l'université, descendre Gower St. vers le S. et prendre la 1re rue à g. puis encore à g.* • ☎ *020.7679.2884* • *ouv. mar.-sam. 13 h-17 h ; f. lun. et j. fériés)*. Créé en 1892 pour faciliter les recherches des étudiants de la nouvelle chaire d'égyptologie de l'université, ce musée n'était pas ouvert au public à l'origine. Ne vous laissez pas rebuter par son aspect vieillot : il abrite une des plus riches collections égyptiennes du monde. Contrairement au British Museum, qui est spécialisé dans les pièces de grand format, le Petrie Museum se consacre surtout à la vie quotidienne dans la vallée du Nil depuis la préhistoire jusqu'à la période islamique, en passant bien sûr par l'époque des Pharaons, des Romains et des Coptes.

À voir, une **pièce de lin** parmi les plus anciennes du monde (v. 5000 av. J.-C.), la **plus vieille robe connue***** (v. 2400 av. J.-C.), des sandales et chaussettes d'époque romaine, et une foule d'objets usuels qui permettent de se faire une idée de la vie quotidienne dans l'ancienne Égypte.

▲ Le Petrie Museum abrite quelques splendeurs, comme cette robe de l'Ancienne Égypte, considérée comme la plus vieille du monde : elle date du IIIe millénaire avant J.-C. !

■ **Fitzrovia*** VII A2

Bien qu'il ne partage pas la notoriété de son prestigieux voisin Bloomsbury, le quartier de Fitzrovia n'en est pas moins un des creusets du bouillonnement intellectuel londonien. Délimité au N. et au S. par Euston Road et Oxford Street, à l'E. par Tottenham Court Road et à l'O. par Portland Place, il est plus le fruit d'une expansion spontanée que d'une planification maîtrisée. Dominées par la **British Telecom Tower** (1965), ses rues étroites bordées de maisons relativement modestes restent très animées, particulièrement autour de **Charlotte Street** où les bars, commerces et restaurants sont légion.

L'esprit des lieux. La tradition de métissage social et ethnique de ce quartier, qui lui valut à l'origine une réputation quelque peu sulfureuse, en fit aussi au début du xxe s. le point de ralliement de tout ce que Londres comptait d'esprits libres et bohèmes. Ces intellectuels et anticonformistes de tout poil avaient pris l'habitude de se réunir dans la *Fitzroy Tavern (→ p. 194)*, le célèbre pub de Charlotte Street dont le quartier tire son nom. Des personnalités célèbres élurent d'ailleurs domicile à Fitzrovia : ainsi George Bernard

♥ RESTAURANTS À FITZROVIA

• **Indian YMCA**, 41 Fitzroy Sq., W1T (VII A2 5) ☎ 020.7387.0411 ; www.indianymca.org ; t.l.j. pour petit déj., déj. et dîner. Ouverte à tous, la cantine de cette auberge de jeunesse fondée en 1920 propose une cuisine indienne correcte et variée à tout petit prix.

• **Sardo**, 45 Grafton Way, W1T (VII A2 6) ☎ 020.7387.2521 ; www.sardo-restaurant.com ; f. sam. midi et dim. Authentique cuisine sarde dans ce restaurant très fréquenté bien qu'en retrait des itinéraires touristiques. Essayez absolument les spaghettis *bottariga* (à la boutargue) ou les *malloreddus*, des pâtes traditionnelles à la tomate et à la saucisse. Rés. indispensable.

• **Honey & Co**, 25A Warren St., W1T (VII A2 7) ☎ 020.7388.6175 ; www.honeyandco.co.uk ; f. dim. Probablement la meilleure cuisine moyen-orientale à prix moyens. Repas toute la journée, mais servis à heure fixe aux heures de pointe (12 h, 13 h 30, 18 h et 20 h). Rés. indispensable à ces heures.

• **Fitzroy Tavern**, 16 Charlotte St., W1T (VII A2 8) ☎ 020.7580.3714 ; lun.-sam. 11 h-23 h, dim. 12 h-22 h 30. Le pub mythique de Fitzrovia *(photo)*. Prix abordables, bières de qualité, cuisine traditionnelle, photos d'époque et joyeuse ambiance.

• **Roka**, 37 Charlotte St., W1T (VII A2 9) ☎ 020.7580.6464 ; www.rokarestaurant.com ; t.l.j. midi et soir. Délicieuse cuisine japonaise, raffinée et pleine de saveurs ; le rendez-vous des amateurs de *robata* (barbecue japonais). À goûter aussi : le délicieux risotto au crabe, les makis et les desserts. Assez cher.

▲ Étape incontournable sur Charlotte Street : la *Fitzroy Tavern*, le pub victorien où se réunissait le gratin littéraire et artistique de Londres au XIXe s.

Shaw et Virginia Woolf vécurent successivement au 29 Fitzroy Square ; et au n° 19 de cette même place, l'anarchiste française Louise Michel fonda en 1890 son *International School*, une école destinée aux enfants d'émigrés politiques.

■ **Pollock's Toy Museum★** VII A2
1 Scala St., entrée par Withfield St., W1T • M° Goodge Street • ☎ 020.7636.3452 • www.pollockstoymuseum.com • ouv. lun.-sam. 10 h-17 h ; f. dim. et j. fériés • entrée payante.

Caverne d'Ali Baba à l'usage des petits et des grands, ce **musée du Jouet ancien** occupe depuis 1969 deux maisons des XVIIIe et XIXe s. aux escaliers étroits et tortueux. Dans un joyeux capharnaüm où la poussière règne en maître sont accumulés d'innombrables jeux de construction, ours en peluche, poussettes et berceaux, jeux de société, maisons de poupée qu'on pourrait croire tout droit issus des greniers de nos grands-mères et arrière-grands-mères. Remarquez les jolis théâtres de marionnettes : ils rappellent la spécialité de Benjamin Pollock (1856-1937), l'artisan auquel le nom du musée rend hommage.

9 Le British Museum★★★

C'est l'humanité dans toute sa richesse, sa diversité, sa grandeur et sa simplicité qui constitue la matière première des collections de ce formidable musée aux allures de temple grec. Que l'on préfère musarder en glanant des étincelles de génie artistique, ou s'immerger dans une civilisation pour en découvrir toutes les facettes, la visite est un voyage à travers les âges et les continents. Au fil des salles, le grand kaléidoscope des cultures du monde se dessine, mettant en lumière autant ce qui unit les peuples que ce qui les distingue. Momies égyptiennes, reliefs assyriens, marbres grecs et romains, jades et bronzes chinois, ivoires médiévaux, céramiques islamiques et porcelaines Renaissance, armures de samouraïs, masques africains, statuettes incas, artisanat amérindien, tablettes d'argile remontant à l'avènement de l'écriture retracent la grande aventure humaine.

Accès : Great Russel St., SW1 **VII B2** • entrée moins fréquentée par Montague Pl. • M⁰ˢ Tottenham Court Road, Holborn, Russel Square, Goodge Street (Northern Line ; Piccadilly Line ; Central Line).

Visite : t.l.j. 10 h-17 h 30, ven. 10 h-20 h 30 ; f. 1ᵉʳ janv., Vendredi saint, 24-26 déc. • ☎ 020.7323.8299 • www.britishmuseum.org • entrée libre, don encouragé • vidéoguide payant • vis. guidées gratuites à thème (Eye-Opener Tours ; rens. au comptoir d'information de la Great Court) • vestiaire gratuit.

Combien de temps : comptez 2 h 30 pour les principales œuvres, 5 h pour une visite approfondie, la journée pour (presque) tout voir !

Une vocation universelle

Le Siècle des lumières bat son plein lorsque, le 15 janvier 1759, le British Museum ouvre ses portes « aux gens studieux et avides de connaissances ». Installé dans une maison du XVIIᵉ s., son fonds est alors constitué des 80 000 objets légués au roi Georges II par **Hans Sloane** (1660-1753),

Situation : West End • plan VII A/B2 p. 188 ; plan général détachable C1/2 et I6 • plan du métro p. 364-365.

🔍 **SE REPÉRER AU BRITISH MUSEUM**
Il est indispensable de se munir d'un plan : ceux en noir et blanc sont gratuits, ceux en couleur, nettement plus lisibles, coûtent 2 £.

♥ **RESTAURANT**
Great Court Restaurant : 1ᵉʳ étage, accès par la salle 56 (VII A/B2 **10**) ☎ 020.7323.8990 ; sam.-jeu. 12 h-17 h 30, ven. 12 h-20 h. Pour un déjeuner raffiné (plat de résistance 15-18 £) ou un *afternoon tea* (19,50 £), sous la lumineuse verrière de Norman Foster. Cuisine européenne.

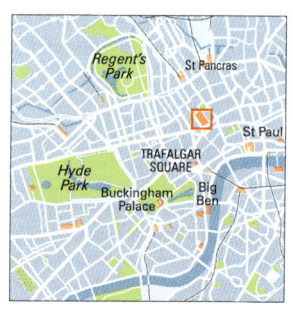

▶ Desservant les différents bâtiments du British Museum, la cour couverte de Norman Foster est la plus vaste d'Europe.

médecin doublé d'un collectionneur. Bien que gratuite, l'entrée n'est pourtant pas consentie à tout le monde : les visites guidées qui y sont organisées nécessitent une autorisation préalable. Les collections s'enrichissent rapidement de la bibliothèque royale, des spécimens d'histoire naturelle et d'objets ethnographiques rapportés par le capitaine Cook, de vases anciens et de vestiges de la Grèce antique réunis par **sir William Hamilton** ou **lord Elgin**, respectivement ambassadeurs britanniques à Naples et à Constantinople.

ITINÉRAIRE
- Le musée étant un vrai labyrinthe et les collections réparties sur plusieurs étages, l'itinéraire que nous proposons comprend quelques allers et retours que vous pouvez choisir d'ignorer pour limiter les déplacements.

- La richesse des collections ne nous permet pas d'en présenter l'intégralité (pas plus qu'au musée, d'ailleurs). Notre sélection tente d'en donner le meilleur aperçu...

Petit musée deviendra grand

Les diplomates joueront un rôle de premier plan dans l'enrichissement des collections au XIXe s. Désormais ouvert au grand public, le musée se révèle vite exigu. La construction de l'édifice actuel, entreprise en 1824, s'achève en 1852 avec l'élévation, à l'extérieur, du portique à colonnes cannelées et chapiteaux ioniques. Aussitôt, on doit construire, dans la cour intérieure, la célèbre *Round Reading Room* pour accueillir la bibliothèque du roi Georges III ; en 1973, livres et manuscrits rejoindront la toute nouvelle British Library *(→ p. 191)*. En 2000, **Norman Foster** couvre la cour intérieure d'une structure de verre et d'acier : cette **Great Court**, ouverte à tous, sert de point de convergence aux trois ailes dans lesquelles se répartissent les collections.

L'Ancienne Égypte

Les collections égyptiennes du British Museum se classent parmi les plus prestigieuses du monde, avec celles des musées du Caire et du Louvre. Elles couvrent près de 6 000 ans d'histoire et témoignent de l'exaltation des archéologues britanniques, qui ont multiplié les expéditions dans la vallée du Nil aux XIXe et XXe s.

■ La sculpture égyptienne (salle 4)

● **La pierre de Rosette**★★★. Pièce maîtresse de cette vaste salle, elle permit à **Jean-François Champollion** de percer le mystère de l'écriture hiéroglyphique, en 1822. Découverte en 1799 par des soldats du général Bonaparte à Rachid (Rosette), ville portuaire du delta du Nil, elle fut cédée aux Anglais après la défaite française (1801) qui marqua la fin de la campagne d'Égypte. Ce fragment de roche grise, de plus de 1 m de haut, est gravé d'un décret établissant le culte divin de Ptolémée V en 196 av. J.-C. Le texte y est inscrit en grec ancien (langue administrative), en hiéroglyphes (écriture utilisée par les prêtres) et en démotique, graphie employée par les scribes au quotidien.

● **Le buste colossal de Ramsès II**★★. Sculptée dans un seul bloc de granit de deux couleurs pour son temple funéraire de Thèbes, cette statue faisait partie d'un programme de propagande du pharaon, montré sous les traits idéalisés d'un jeune homme alors qu'il avait entre 50 et 70 ans lorsqu'elle fut réalisée, vers 1250 av. J.-C. Se détachant des canons traditionnels, l'artiste a abaissé l'angle intérieur des yeux, de façon à renforcer l'impression de communication entre le souverain (dûment coiffé du *némès*) et ceux qui levaient le regard vers lui.

● **Divinités.** Parfois sous des formes animales, elles incarnaient les cycles et les forces de la nature dont dépendait la prospérité du pays. Voir **quatre effigies**★, datant de 1400 av. J.-C., de la déesse Sekhmet, reconnaissable à sa tête de lionne coiffée du disque solaire : fille de Rê, elle représente sa fureur destructrice. Le culte de **Bastet**, protectrice de l'humanité, de la joie et de la musique, qui prenait généralement les traits d'un chat, connut son apogée entre le VIe et le IIIe s. Témoin, la **statue en bronze**★ (v. 600 av. J.-C.) ornée de bijoux en or et en argent, retrouvée dans la nécropole de Saqqarah, à côté d'innombrables momies de chats.

Monter l'escalier O. (West Stairs), au fond de la salle 4.

■ La vie et la mort (salles 61-63)

● **La tombe du scribe Nebamun**★★★. Les peintures murales qui en ornaient les parois se distinguent par leur composition complexe, par l'extrême finesse de leur dessin et la délicatesse de leurs couleurs. Le rituel du *Banquet funèbre*★★ montre, au registre supérieur, des couples mariés aux poses

✎ À NOTER

● La **galerie des Lumières** (salle 1), véritable cabinet de curiosités, est une bonne introduction à la visite du musée. Elle permet de se faire une idée de la vision du monde que s'étaient forgée les collectionneurs du XVIIIe s.

● **Dessins et gravures** sont exposés par roulement dans la salle 90 (1er étage). Entre autres chefs-d'œuvre, on y voit la *Vague*★★★ d'Hokusai, l'estampe la plus célèbre au monde (38 x 26 cm).

Le British Museum en 15 chefs-d'œuvre

- La **pierre de Rosette**★★★ (s. 4)
- Les **peintures de la tombe de Nebamun**★★★ (s. 61)
- Le **cercueil d'Henutmehyt**★★ (s. 63)
- Les **sculptures du Parthénon**★★★ (s. 18)
- Le **vase de Portland**★★★ (s. 70)
- Le **portrait en bronze d'Auguste**★★ (s. 70)
- L'**échiquier de Lewis**★★ (s. 40)
- Le **trésor de Sutton Hoo**★★★ (s. 41)
- Le **trésor d'Oxus**★★★ (s. 52)
- Les **tablettes d'argile sumériennes**★★★ (s. 56)
- Le **jeu royal d'Ur**★★ (s. 56)
- Les **reliefs de la chasse aux lions**★★★ (s. 10)
- Le **lion ailé à tête d'homme**★★ (s. 6)
- Le **pot chinois en émail cloisonné**★★★ (s. 33)
- Le **Buddhapada**★★ (s. 33)

▲ La *Chasse aux oiseaux* peinte dans la tombe de Nebamun figure un scribe jeune et entouré de vie.

sérieuses et, en dessous, des jeunes filles célibataires animées d'une vitalité presque facétieuse. Les autres scènes décrivent la vie professionnelle du défunt, fonctionnaire thébain du XIVe s. av. J.-C., ou ses moments de détente en famille, comme la *Chasse aux oiseaux dans les marais*★★★. L'imagerie foisonnante et la présence de la femme, de la fille et même du chat de Nebamun se réfèrent, au-delà de la dimension narrative, à l'espoir du renouveau de la vie après la mort.

● **Le cercueil d'Henutmehyt**★★. Parmi les momies et les cercueils richement décorés, son opulence révèle la classe sociale élevée de cette princesse thébaine (XIIIe s. av. J.-C.). Entièrement recouvert de feuilles d'or, ce cercueil à forme humaine servait tout à la fois de protection à la dépouille mortuaire et de corps de substitution pour la vie dans l'au-delà, si la momie qu'il contenait ne résistait pas au passage du temps. Sur le pectoral, deux amulettes représentent l'œil arraché, découpé en morceaux, jeté au Nil puis miraculeusement reconstitué du faucon Horus. Cet *oudjat* symbolise notamment la possibilité du corps à retrouver son intégrité après la mort.

● **Le Livre des morts de Nedjemet**★★. Aussi connus comme « Chapitres des jours à venir » ou « Livres pour sortir au Jour », ces **rouleaux de papyrus**, retrouvés aux côtés des momies, étaient des compilations d'incantations et d'instructions pour affronter les dangers de l'au-delà et parvenir à renaître. Ici, on voit la reine Nedjemet (XIe s. av. J.-C.) faire des offrandes aux dieux en compagnie de son mari, le prêtre Hérihor.

Redescendre au rez-de-chaussée.

La Grèce et la Rome antiques

Une magnifique collection de sculptures, céramiques, bijoux, monnaies, armes et fragments architecturaux retrace l'évolution de la culture grecque, qui rayonna sur une grande partie de la Méditerranée du début de l'âge du bronze jusqu'à l'Empire romain.

■ Les fondements de l'art grec (salles 11-12)

● **Les idoles cycladiques.** Dès la fin du IVe millénaire apparaissent, dans les îles des Cyclades, des représentations féminines d'une grande simplicité, en marbre, dont on ignore encore la fonction. Elles se caractérisent par leur forme stylisée, leur position sur la pointe des pieds et leurs bras croisés sous la poitrine. Les infimes résidus de peinture retrouvés sur les **statuettes**★ de type

Spedos (2700-2500) indiquent que les traits du visage étaient peints de couleurs criardes.

● **La Crète minoenne.** Au début du IIe millénaire av. J.-C., la Crète devient le centre d'une civilisation, baptisée du nom du roi Minos, fils de Zeus et de la princesse phénicienne Europe.
Le petit bronze du *Taureau et Sauteur*★ (1700-1450), coulé dans un moule unique, constitue le seul exemple de sculpture tridimensionnelle complète parvenue jusqu'à nous. La voltige à taureau, thème récurrent de l'iconographie minoenne, était probablement un sport rituel pratiqué par de véritables athlètes. Impossible de savoir si les membres ont été intentionnellement réduits à l'état de moignons ou si cela est dû à un problème technique.
Le pendentif en or du *Maître des animaux*★ (1850-1550), bien que retrouvé à Égine (île de l'Attique), est considéré comme un bijou minoen. La maîtrise des oies sauvages symbolise la domination divine sur la nature.

■ **Les sculptures du Parthénon** (salle 18)
Consacré à Athéna, déesse protectrice de la cité, le Parthénon était le temple le plus important d'Athènes. Sa décoration extérieure, réalisée sous la direction du sculpteur Phidias au milieu du Ve s. av. J.-C., est en grande partie exposée ici. On y voit de nombreux panneaux en marbre de la **frise des Panathénées**★★★, des festivités religieuses et sportives qui avaient lieu tous les quatre ans à Athènes, ainsi que des statues fragmentaires provenant des frontons. La **tête du cheval de Séléné**★★, déesse de la Lune, frappe par l'impression d'épuisement qui s'en dégage : naseaux dilatés et bouche ouverte, yeux exorbités, tendons en saillie, l'animal tente de reprendre son souffle après sa folle course nocturne. Voir aussi les **reliefs**★★ (métopes) représentent les combats des Lapithes (tribu mythologique) et des Centaures enivrés à l'occasion d'un mariage royal.

■ **Le Mausolée d'Halicarnasse** (salle 21)
Cinquième merveille du monde antique, la tombe de Mausole (mort en 353 av. J.-C.), gouverneur de province perse, était si impressionnante que, depuis, on qualifie de « mausolée » les tombeaux aux dimensions monumentales. Elle se trouvait à Halicarnasse (auj. Bodrum, en Turquie). Avec ses moustaches tombantes, ses longs cheveux et sa tunique nouée sur le côté, la **statue d'homme colossale**★ qui en provient est l'archétype parfait des portraits d'Asiatiques de l'époque. À voir aussi, la **frise des Amazones**★ où l'on reconnaît Hercule tenant par les cheveux leur reine qu'il s'apprête à tuer.

⚟ LES FRISES DU PARTHÉNON
Aussi appelées « marbres d'Elgin », elles font l'objet depuis 1983 d'une demande officielle de restitution de la part de la Grèce. Les plus belles métopes avaient été soustraites à Athènes en 1801 grâce à l'interprétation douteuse d'un décret de l'Empire ottoman, alors maître des lieux. Les équipes de **lord Elgin** étaient autorisées à mesurer et à mouler la totalité des sculptures du Parthénon, à creuser et à prélever les trouvailles...

■ La figure d'Alexandre (salle 22)

Après la mort d'**Alexandre le Grand**, en 323 av. J.-C., les généraux, qui s'étaient divisé son empire, se réclament tous de son héritage pour tenter de légitimer leur pouvoir. Les effigies du roi divinisé se multiplient, comme un la **monnaie de Lysimaque★**, roi de Thrace à partir de 306 av. J.-C., puis de Macédoine. Côté face, un portrait d'Alexandre couronné de la corne de bélier du dieu Amon ; côté pile, Athéna en trône encadrée d'une inscription mentionnant Lysimaque.

La visite se poursuit au 1er étage.

■ Les influences de l'art grec (salles 73-72)

● **Le cavalier d'Armento★**. Cette statuette en bronze (VIe s. av. J.-C.) est l'une des pièces les plus anciennes retrouvées sur la péninsule italique. La tenue rappelle celle des soldats de la puissante cité de Corinthe. Animés par la volonté de développer leurs activités commerciales et par le besoin de se procurer des matières premières, en particulier des métaux, les cités grecques ont commencé à établir des colonies en Italie du Sud dès le VIIIe s. av. J.-C. La plupart resteront en relation étroite avec leur cité d'origine, comme en attestent les nombreux objets retrouvés sur place.

● **Le buste d'homme barbu★★**. Taillé dans du calcaire, il témoigne d'une double influence, grecque et perse, consécutive à l'annexion de Chypre par l'Empire perse, au VIe s. av. J.-C. Le *chiton* (tunique portée à même le corps), l'*himation* (ample châle drapé sur l'épaule), le sourire et les cheveux courts retenus par une couronne de laurier appartiennent au premier style, tandis que les deux rangs de boucles sur le front et les frisures artificielles de la barbe sont caractéristiques des productions de l'Empire achéménide, qui règne sur une grande partie du Moyen-Orient.

■ L'Empire romain (salle 70)

Mille ans d'expansion, depuis la fondation légendaire de Rome, en 753 av. J.-C., jusqu'à celle de Constantinople (323 apr. J.-C.).

● **Le vase de Portland★★★**. Cette pièce du Ier s. apr. J.-C. est l'une des plus célèbres du British Museum. À une époque où la technique du verre soufflé en était encore à ses balbutiements, ce camée a été réalisé par l'immersion d'un premier vase, partiellement soufflé, dans du verre blanc fondu. Les deux couches étant ensuite soufflées ensemble jusqu'à atteindre la forme voulue, et les dessins obtenus en découpant la couche blanche après refroidissement. Clairement liées aux thèmes de l'amour et du mariage, les deux scènes représentées donnent toujours lieu à de multiples interprétations : naissance d'Auguste engendré par Apollon métamorphosé en serpent, ou Marc Antoine s'abandonnant à la volupté auprès de Cléopâtre ? Ariane abandonnée par Thésée, ou Octavie délaissée par Marc Antoine, ou Hécube, la reine de Troie, rêvant du jugement de Pâris ?

● **Le portrait en bronze d'Auguste★★**. Réalisé entre 27 et 25 av. J.-C., il faisait partie d'un véritable programme de propagande visant à asseoir l'autorité du nouvel empereur, qui s'était emparé de l'Égypte en 31 av. J.-C. en battant son rival et beau-frère Marc Antoine. Le regard lointain et détaché, la perfection des proportions du visage, l'idéalisation de l'éternelle jeunesse lui confèrent un air de force tranquille supposé évoquer son ascendance divine.

▲ Le vase de Portland, une réalisation étonnante de technicité et entourée de mystère.

Intuition féminine !

Bien que le site de **Sutton Hoo** ait été à plusieurs reprises exploré par des archéologues et même par des pilleurs de tombe, il n'avait jamais rien livré d'intéressant. En 1938, la propriétaire du terrain, **Edith May Pretty**, à la suite, dit-on, d'un rêve prémonitoire, décide d'y faire procéder à de nouvelles fouilles. Contrairement à ses indications, l'archéologue qu'elle engage concentre ses recherches sur des tumulus qui semblent n'avoir jamais été explorés. N'y trouvant que des pièces sans grand intérêt, il se décide finalement à fouiller la tombe désignée par Mme Pretty, bien qu'elle ait déjà été visitée. Quelle n'est pas alors sa surprise d'y découvrir le formidable trésor connu aujourd'hui sous le nom de Sutton Hoo ! C'est que, jusqu'alors, les fouilleurs avaient mal évalué les dimensions de la sépulture et donc cessé de creuser avant de parvenir audit trésor !

▲ Le trésor de Sutton Hoo comprend l'un des quatre casques complets de l'époque anglo-saxonne en Angleterre.

L'Europe

De la préhistoire à nos jours, les collections européennes révèlent l'abandon progressif du classicisme antique au cours du haut Moyen Âge, l'influence des traditions germaniques apportées par les Barbares, la diffusion du christianisme, l'émergence des cours royales et la consolidation des grandes voies commerciales.

Pour des raisons de commodité, la visite que nous proposons suit une chronologie inversée.

■ L'Europe médiévale (salles 40-41)

● **L'échiquier de Lewis****. Ses célèbres pièces, sculptées avec délicatesse dans de l'ivoire de morse et des dents de baleine, furent probablement réalisées en Norvège dans la 2e moitié du XIIe s. et reflètent la composition de la société féodale médiévale. Retrouvées dans les îles Hébrides, à l'ouest de l'Écosse, elles témoignent du commerce avec la Scandinavie, développé à la suite de l'établissement des Vikings dans les îles Britanniques (VIIIe-Xe s.).

● **Le trésor de Sutton Hoo*****. Retrouvé dans une tombe du Suffolk en 1939, il constitue l'une des plus formidables découvertes archéologiques d'Angleterre. La datation du tombeau (VIIe s.) comme la richesse des objets retrouvés incitent à l'identifier comme la sépulture de Redwald, roi des Angles, un peuple germanique installé au Ve s. dans la région. Les bijoux en or, objets utilitaires, armes, instruments de musique avaient été déposés dans un bateau, dont le sol acide a eu raison. Parmi les pièces les plus remarquables, voir le casque en fer, couvert de fines plaques de bronze et de fils d'argent, et les fermoirs d'épaule en or, grenats et verre décoré dans la masse ayant appartenu à une armure de parade.

■ La Grande-Bretagne romaine (salle 49)

Cette vaste salle rassemble d'innombrables objets reflétant la culture mixte développée en Grande-Bretagne sous les quatre siècles de domination romaine : de 43 av. J.-C. à 410 apr. J.-C.

• **Le trésor de Mildenhall.** Ces plats et couverts d'argent du IVe s., de superbe facture, ont été retrouvés en 1942 dans un champ par un laboureur. Animaux réels et mythologiques se côtoient dans des scènes ayant trait au culte de Bacchus. Le **grand plat**★★, décoré en son centre de la figure de Neptune, est la pièce la plus célèbre ; on reconnaît Bacchus le pied posé sur une panthère, Hercule titubant d'ivresse à côté d'un lion, et le dieu Pan aux pieds de bouc.

• **Le trésor de Hoxne**★★ (prononcez *Hoxon*). En 1992, un fermier recherche à l'aide d'un détecteur de métaux un outil égaré dans un champ ; il découvrira 15 000 pièces de monnaie en bronze, or et argent. Enterré au Ve s. dans une caisse en bois, le trésor contenait aussi des bijoux en or, des couverts et, entre autres articles d'art de la table, un **poivrier**★ en forme de buste d'impératrice romaine.

• **La mosaïque de Hinton Saint Mary**★. Retrouvé dans un village du Dorset, ce beau pavement est orné d'une représentation du Christ considérée comme l'une des toutes premières au monde (IVe s.) : avant cette époque, les chrétiens, encore persécutés, recouraient à des symboles. Si la mosaïque témoigne de l'étendue du christianisme à la fin de l'Empire, elle montre aussi la réutilisation des figures païennes : remarquez Bellérophon qui chevauche son cheval ailé Pégase.

• **L'homme de Lindow**★★. Un corps découvert en 1984 dans une tourbière du Cheshire, daté entre 2 av. J.-C. et 119 apr. J.-C., mort dans des circonstances toujours non élucidées... La violence de l'exécution (roué de coups, étranglé puis égorgé) révèle un probable caractère rituel. L'extraordinaire préservation du corps, dont on a retrouvé des lambeaux de peau, des organes et des cheveux, a permis d'établir qu'il s'agissait d'un homme âgé de 25 ans environ, aux ongles manucurés, pesant entre 60 et 65 kg et mesurant 1,68 m.

Le Proche-Orient ancien

S'étendant de l'Égypte à l'Iran, en englobant la Turquie, la Syrie, l'Irak et la péninsule arabique, cette région est le berceau de grandes civilisations, qui s'y épanouirent à partir du IVe millénaire et s'y succédèrent jusqu'à la conquête islamique, au VIIe s. de l'ère chrétienne.

■ L'Iran (salle 52)

Le somptueux **trésor d'Oxus**★★★ (V^e-IVe s.), la plus riche collection d'objets en or et en argent de l'époque achéménide, témoigne de la prospérité de cet empire fondé par Cyrus le Grand au VIe s. av. J.-C. Voir le modèle réduit, en or massif, d'un **chariot**★★★ tiré par quatre chevaux : jouet destiné à un enfant des classes privilégiées, ou offrande à une divinité pour une faveur accordée ou espérée. Le personnage assis représente probablement un administrateur de l'empire faisant sa tournée des provinces. Le magnifique **bracelet orné de griffons**★★ était considéré à l'époque comme un cadeau de grand prestige.

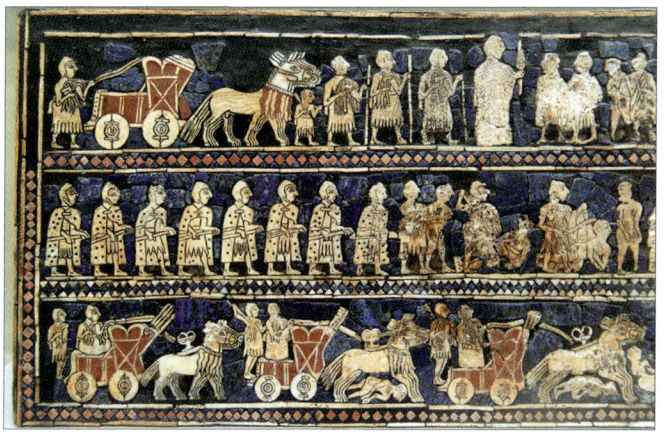

▲ Sur l'étendard d'Ur, cette représentation d'une armée sumérienne compte parmi les plus anciennes retrouvées à ce jour.

■ La Mésopotamie (salles 55-56)

Cette zone de terre arable, entre le Tigre et l'Euphrate, faisait partie du croissant fertile qui s'étendait du golfe Persique à la vallée du Nil. C'est là que, au IVe millénaire, pour conserver des traces de l'organisation administrative et économique des premières villes du monde, naquit l'écriture. Les **tablettes d'argile***** (3100-3000) exposées ici en constituent les premiers exemples. À voir aussi : le **jeu royal d'Ur**** (2600-2400), dont le plateau en bois incrusté de coquillages, de pierre rouge et de lapis-lazuli est une véritable œuvre d'art ; l'**étendard d'Ur***, qui servait probablement de caisse de résonance à un instrument de musique ; et le **bélier dans un bosquet*** (*Ram in a Thicket*, vers 2600 av. J.-C.), utilisé comme socle pour un bol. Ces objets témoignent de la richesse et du raffinement de la civilisation sumérienne.

Descendre au rez-de-chaussée.

■ La sculpture assyrienne (salles 6-10)

Sculptures colossales et bas-reliefs formaient la base de la décoration des palais que les rois assyriens, qui dominèrent le Proche-Orient du XIe au VIIe s., se faisaient construire au centre de leurs différentes capitales. La statue de **lion ailé à tête d'homme****, qui se dressait à l'entrée de la salle du trône d'un palais de Nimroud (auj. en Irak ; v. 865 av. J.-C.), avait une double fonction : impressionner les visiteurs et protéger le roi des esprits malins. Le corps de lion symbolisait la force, les ailes la rapidité et la tête d'homme l'intelligence. Les nombreux reliefs qui ornaient les murs des palais relatent les exploits royaux, les campagnes militaires et décrivent les techniques d'excavation et de transport des matériaux de construction. À voir en particulier, ceux illustrant la **chasse aux lions*****.

Passer par la salle 24 pour descendre au niveau inférieur.

■ Le monde islamique (salle 34)

Après la mort du prophète Mahomet en 632, les califes successifs n'eurent de cesse de diffuser l'islam en conquérant les pays voisins. Au VIIIe s., le territoire musulman s'étendait déjà de l'Afghanistan à l'Espagne et à l'Afrique du Nord.

> ✒ À VOIR ENCORE
> Les intéressantes collections ethnographiques des **Amériques** (rez-de-chaussée, s. 26-27) et d'**Afrique** (sous-sol, s. 25).

Élément fédérateur des peuples, la langue du Coran, l'arabe, acquit une place prépondérante, et la calligraphie devint l'un des piliers de la création artistique. Les représentations humaines et animales étant proscrites dans le contexte religieux, les architectes, artistes et artisans déclinèrent une infinie variation de motifs géométriques et végétaux. Seuls des objets de la vie courante, sans lien avec le culte, pouvaient être ornés de créatures vivantes.

À voir : un **plat en céramique**★ (Iran, XIIe s.) où sont représentés des solliciteurs attendant d'être reçus par un souverain en trône ; un **brûle-parfum**★ en laiton incrusté d'argent, technique mise au point par les orfèvres musulmans du XIIe s. ; et une **coupe**★★ ornée de fleurs bleues produite dans les très réputés ateliers d'Iznik (Turquie, au XVIe s.).

L'Extrême-Orient

Jades remontant au IVe millénaire, vases chinois de toutes les dynasties, sculptures religieuses bouddhiques et hindoues, porcelaines coréennes, estampes et armures japonaises, les objets de cette riche collection témoignent de l'immense variété des cultures et expressions artistiques d'Asie.

■ La Chine, l'Asie du Sud et du Sud-Est (salles 33b-33)

● Les boucles d'oreilles en forme d'anneaux fendus, les disques percés, les bagues et pendentifs retrouvés dans les tombes du Néolithique indiquent la valeur accordée au **jade** dès l'aube de la civilisation chinoise. Les plus anciens datent de la culture Hongshan (3800-2700), dont un des motifs récurrents était le **dragon enroulé** qui se mord la queue, symbole du cycle éternel de la nature. À voir aussi, la statue d'un **assistant du juge des Enfers**★★ (XVIe s.), au regard inquiétant, et la **tortue**★ (XVIIe s.) très réaliste qui servait d'ornement au jardin d'un palais moghol.

● Les **inscriptions** contenues dans les récipients servant aux offrandes alimentaires de la dynastie Zhou (XIe-Ier s.) ont une inestimable valeur historique, car elles décrivent les réalisations politiques et sociales de leurs propriétaires. À l'intérieur du **bronze gui**★ (XIe s. av. J.-C.) est consignée la donation d'un territoire par le roi Wu à son frère en reconnaissance de bons et loyaux services.

● Ne manquez pas le superbe **pot en émail cloisonné**★★★ (v. 1430) orné d'un dragon symbolisant l'autorité impériale. La technique consiste à incrus-

---

À l'origine de l'Histoire

La première **écriture** mise au point par les Sumériens était constituée de pictogrammes tracés à l'aide d'un roseau, le calame, sur des tablettes d'argile. Assez stylisés, ils permettaient de symboliser des objets ou des actions. En examinant les tablettes exposées dans la salle 56 du British Museum, vous pourrez aisément reconnaître certains d'entre eux : les jarres à la base pointue, que l'on retrouve à trois reprises sur la même tablette, servaient par exemple à désigner la bière, la boisson la plus populaire de Mésopotamie, qui était distribuée sous forme de ration aux ouvriers. Au registre inférieur d'une autre tablette, une tête formée d'un long cou sur lequel repose une sorte de cloche inclinée est associée à un triangle renversé représentant le pain : l'association de ces deux pictogrammes désignait l'action de manger.

De plus en plus abstraits, les pictogrammes se transformèrent progressivement en de simples traits terminés par des incisions en forme de coin (*cuneus*), réalisées avec la pointe du calame. L'écriture cunéiforme, dont les signes pouvaient soit représenter des choses, soit transcrire des sons, était née.

ter les couleurs après avoir tracé les motifs à la surface à l'aide de fils de cuivre.

● La profusion et la variété de la **sculpture indienne** renseignent sur le bouddhisme, l'hindouisme et le jaïnisme, les principales religions qui se sont développées en Asie du Sud. Les premières représentations sculptées de Bouddha ne pouvaient pas le montrer sous des traits humains : aussi les artistes avaient-ils recours à des symboles, comme le **Buddhapada★★** (Ier s. av. J.-C.), empreintes de ses pieds, reconnaissables à la longueur régulière des orteils. Sur la plante des pieds est tracée la Roue de la loi : l'ensemble des mécanismes qui régissent le monde, mis en mouvement par Bouddha lorsqu'il prononça son premier sermon.

▲ Le dieu Shiva, exécutant la danse cosmique, est alors appelé Nataraja, « roi de la Danse ».

● La **statuette en bronze de Shiva Nataraja★★** (XIe-XIIe s.), coulée en un seul morceau, est un chef-d'œuvre de technicité. La divinité hindouiste est ici représentée sous les traits de Nataraja, le danseur cosmique qui préside à la création et à la destruction perpétuelles du monde, respectivement symbolisées par le tambour et par la flamme qu'il tient dans deux de ses mains.

Monter l'escalier au fond de la salle 33.

■ La céramique chinoise (salle 95)

Passés maîtres dans l'art de la poterie, les Chinois inventèrent la porcelaine au VIe s. apr. J.-C. Destinés à orner l'autel d'un temple taoïste, les deux **vases de David★★** de la dynastie Yuan comptent parmi les plus connus au monde. Leurs dragons à quatre griffes sont des créatures sages et bienveillantes. La date inscrite sur leur col atteste que la porcelaine bleu et blanc était produite en Chine dès 1351.

■ Le Japon (salles 92-94)

Le shintoïsme, sorte d'animisme polythéiste probablement né au Japon entre le VIIe et le IIIe s., perdura malgré la diffusion du bouddhisme dans l'archipel, à partir du VIe s. apr. J.-C., et influença la production artistique. On lui doit, par exemple, la prédilection pour les formes asymétriques et irrégulières, plus proches de celles de la nature et bien illustrées par les **bols à thé raku**, qui virent le jour à la fin du XVIe s.

Contemplation, pensée introspective et action intuitive sont à la base du bouddhisme zen, qui a infusé toutes les formes de la culture nippone. La stricte discipline guerrière et la parfaite maîtrise de soi des samouraïs (**armure★★**, XVIe-XIXe s.) en sont un héritage direct. À voir aussi, la collection de **netsuke★**, ces petites figurines en bois, ivoire, métal ou porcelaine qui servaient à maintenir en place les cordelettes auxquelles étaient attachés les divers objets pendus à la ceinture du kimono.

⑩ Le Strand et Holborn★★

Situation : West End, au bord de la Tamise • plan VIII p. 207 ; plan général détachable C-D3 • plan du métro p. 364-365.

À ne pas manquer	
La Galerie Courtauld★★★	210
Le musée Sir John Soane ★★★	219
L'aiguille de Cléopâtre ★★	207
Temple★★	213
Le Lincoln's Inn★★	217

✏ **UN PONT POUR LES PIÉTONS**
Le pont de chemin de fer qui relie Charing Cross à Southbank est doublé, depuis 2002, de passerelles suspendues baptisées **Golden Jubilee Bridges**, grâce auxquelles on rejoint la Queen's Walk de la rive sud (→ promenade ⑭).

Voir plan VIII p. 207

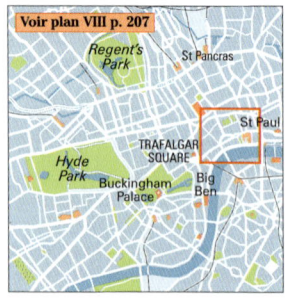

Ces deux quartiers du « Central London » ne s'offrent pas au premier regard. Si l'on se contente d'arpenter la longue rue qui les relie, on pourrait même les trouver tristes : le Strand, compris entre Trafalgar Square et Temple Bar, a perdu toutes ses demeures Renaissance, et Holborn est presque entièrement dévolu au droit. Mais le premier conserve un impressionnant palais néo-classique (Somerset House) et le second abrite, derrière ses hauts murs de brique, de secrètes enclaves et des pelouses coupées au cordeau où l'on respire à pleins poumons l'atmosphère du vieux Londres et le poids de la tradition.

◾ Le Strand★★

Cette rue rectiligne a été aménagée au fil du rivage (*strand*, en vieil anglais) où les Saxons, au Moyen Âge, amarraient leurs bateaux. Elle est aujourd'hui très embouteillée. Pour échapper aux klaxons, il suffit de pousser la porte de la Courtauld Gallery, aux collections admirables, et de flâner dans l'enceinte du Temple. C'est là où le quartier se fait le plus charmant.

Départ : M° Charing Cross VIII A2 (Northern Line ; Bakerloo Line).

Lignes de bus : les n°s 11, 15 et 23 assurent tout le parcours.

Combien de temps : 3 h 30 avec la visite de la Courtauld Gallery.

◼ Charing Cross Railway Station VIII A2
Strand, WC2 • *M° Charing Cross ou Embankment* • *accès libre.*

London Charing Cross (en abrégé : « Charing X »), d'où partent les trains à destination du sud-est de l'Angleterre (Douvres, Canterbury, Hastings, Ramsgate), n'est pas la gare la plus importante mais la plus centrale de Londres. Elle a été inaugurée en 1865 et profondément relookée en 1991

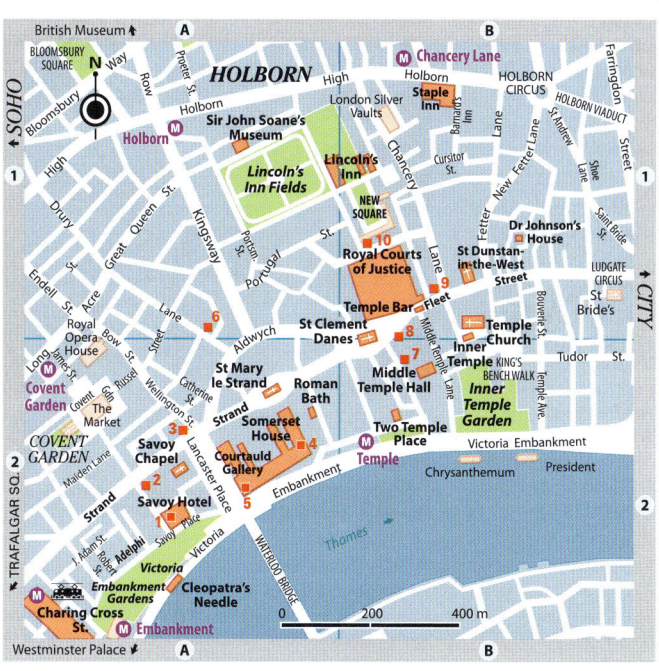

Plan VIII : le Strand et Holborn (promenade ❿).

par le cabinet de Terry Farrell, qui l'a coiffée d'une colossale structure postmoderne abritant bureaux et commerces : **Embankment Place** *(visible surtout depuis les quais de la Tamise)*.

● **Eleanor's Cross***. Juste devant la gare se dresse une curieuse « pièce montée » qui peut paraître anachronique : il s'agit de la reconstitution néogothique (1865, par **Edward M. Barry**) d'une croix de 1291, que le roi Édouard Ier avait érigée lors des funérailles de son épouse, Éléonore de Castille. La croix marquait la dernière station du cortège funèbre avant l'arrivée à Westminster.

Descendre Villiers St., qui longe le flanc E. de la gare.

■ **Victoria Embankment Gardens*** VIII A2
Victoria Embankment, WC2 • M° Embankment • accès libre.
Au pied de la gare de Charing Cross, les urbanistes de la période victorienne ont redessiné les contours de la Tamise pour y aménager (1864-1874) une voie sur berge et des jardins publics. Le chantier fut laborieux, surtout le tronçon Westminster-Blackfriars, car il incluait à la fois tunnels, ponts, canalisations et câbles du télégraphe. Les jardins, gagnés sur la vase et le fleuve, sont aujourd'hui très prisés des employés du quartier, qui viennent s'y détendre à l'heure du déjeuner, parmi les arbres et les statues.

● **Cleopatra's Needle****. Le monument le plus original est l'**obélisque** égyptien qui se dresse au bord du fleuve, à mi-chemin entre les stations de métro Embankment et Waterloo Bridge *(→ encadré p. 208).*

▶ La York Water Gate paraît bien incongrue, maintenant qu'elle n'ouvre plus sur la Tamise !

L'aiguille de Cléopâtre

L'histoire de cet **obélisque** de 18 mètres de haut et de 186 tonnes n'est pas banale. Dressé par le pharaon Thoutmosis III (vers 1475 av. J.-C.) dans le sanctuaire d'Héliopolis, il est transféré à Alexandrie plusieurs siècles plus tard, sous le règne d'Auguste (12 av. J.-C.). Pour quelle raison ? On l'ignore : peut-être à la mémoire d'un enfant que Cléopâtre aurait eu de César. Quoi qu'il en soit, le monument finit par sombrer au milieu des sables. Jusqu'au jour où, en 1819, Méhémet-Ali, vice-roi d'Égypte, décide d'en faire cadeau au Royaume-Uni pour distinguer les hauts faits de l'amiral Nelson. Il faut néanmoins attendre 1877 pour qu'il soit acheminé vers Londres via le détroit de Gibraltar.

Hélas, dans le golfe de Gascogne, une violente tempête s'abat sur le navire. Six marins périssent et l'obélisque, enfermé dans un cylindre de fer, dérive en pleine mer. Un autre steamer réussit à le récupérer au large de la Galice et le transporte jusqu'à Londres, où il est érigé sur les quais de la Tamise en janvier 1878. Divers objets sont alors enterrés juste en dessous : le journal du jour, des pièces de monnaie, un rasoir, un indicateur des chemins de fer, quatre bibles et… douze photos des plus belles femmes d'Angleterre !

● **York Water Gate★** *(dans l'angle N.-O. des jardins).* Ce portail, attribué à Inigo Jones, avait les pieds dans l'eau avant que les berges de la Tamise ne soient remodelées. En 1626, il donnait accès à la propriété de George Villiers, premier duc de Buckingham.

Emprunter Buckingham St. et tourner à dr. dans John Adam St.

■ The Adelphi★ VIII A2

En 1768, les **frères Adam**, dont un, Robert, venait de bâtir Kenwood House pour le comte de Mansfield à Hampstead Heath *(→ p. 320)*, se lancèrent dans un projet, plus urbain : la construction, entre Strand et fleuve, d'un monumental ensemble d'immeubles de rapport, baptisé **The Adelphi** (du grec *adelphoi*, « frères »). Des ouvriers écossais y travaillèrent nuit et jour, à très bas coût et au son de la cornemuse, pour livrer dès 1774 les appartements de style georgien, qui furent décorés par Angelica Kauffmann et Antonio Zucchi. Hélas, l'aristocratie bouda l'adresse et les frères firent faillite. Adelphi Terrace, qui offrait pourtant une vue imprenable sur la Tamise, finit sous les pioches des démolisseurs en 1936.

Par chance, quelques demeures ont survécu à l'extrémité N. de John Adam St., dans Robert St. *(n°s 1-3)* et dans Adam St., qui conserve la **maison★★** la plus séduisante *(n° 7)*, avec sa façade animée de pilastres stuqués de chèvrefeuilles.

■ Savoy Hotel VIII A2
Strand, WC2R • M° Covent Garden • ☎ 020. 7836.4343.

C'est l'un des premiers hôtels de luxe de l'histoire britannique. Il a été édifié en 1889 par l'impresario Richard D'Oyly Carte avec les recettes des opéras qu'il produisait. D'Oyly sut très tôt le doter du confort dernier cri et s'entourer des meilleurs chefs, comme Auguste Escoffier qui y inventa la « pêche Melba » en 1893 (en l'honneur de la diva australienne Nellie Melba). Sur son livre d'or figurent, entre autres noms illustres, Claude Monet qui y a peint, d'un balcon, *Le Pont de Waterloo* en 1903, et George Gershwin, qui y donna la première londonienne de sa *Rhapsody in Blue* (1925).

● **Savoy Chapel** *(Savoy Hill • ouv. lun.-jeu. 9 h-16 h • accès libre)*. À côté de l'hôtel, la **chapelle** est le dernier vestige (1516) d'un ancien hôpital. Elle est propriété de la reine.

■ Somerset House★★ VIII A2
Entre Strand, Lancaster Pl. et Victoria Embankment, WC2R • M° Temple • ☎ 020.7845.4600 • www. somersethouse.org.uk • accès libre à la cour, à la terrasse et au Seamen's Hall, t.l.j. 8 h-23 h • Courtauld Gallery, → ci-après • f. 25-26 déc. • vis. guidées gratuites jeu. à 13 h 15 ou 14 h 45, sam. à 12 h 15, 13 h 15, 14 h 15 ou 15 h 15 : tickets à retirer dès 10 h 30 au bureau d'information dans le Seamen's Hall (aile S.).

À l'emplacement du palais Renaissance des ducs de Somerset, démoli en 1775, l'architecte **William Chambers** consacra les 20 dernières années de sa vie (1776-1796) à bâtir un énorme complexe, destiné à abriter différents services de l'administration du royaume. Aujourd'hui, sa vocation est plus culturelle, on y programme toute l'année de nombreux événements : les défilés de la London Fashion Week *(1 sem. en fév.)*, des spectacles son et lumière…

● **La cour intérieure★★**. Elle se transforme en hiver en patinoire et en été en fontaine géante, avec concerts pop et projections de films en plein air ! Les bâtiments néoclassiques, sur le pourtour, ont hébergé au fil des siècles trois sociétés savantes, les bureaux de la Marine (Royal Navy), le centre des impôts (Tax Office), les registres de l'état civil et… le **Courtauld Institute of Arts** *(→ ci-après)*. Le monument, au centre, représente Georges III et la Tamise (1788).

● **L'aile sud★★**. C'est la plus élégante, longtemps occupée par la Royal Navy. On y accède par le **Seamen's Hall** : ce « hall des gens de mer », d'un blanc

♥ SALON DE THÉ
Thames Foyer, Savoy Hotel (VIII A2 1) ☎ 020.7420.2111 ; t.l.j. 13 h 30-17 h 30.
L'*afternoon tea* le plus glamour de tout Londres (43 £/pers.). Rés. recommandée !

♥ PUBS
● ***The Coal Hole***, 91-92 Strand, WC2R (VIII A2 2) ☎ 020.7379.9883 ; t.l.j. 10 h-22 h. Un pub de 1873, qui séduit par son décor très… authentique et ses assiettes à partager (13 £).

● ***The Wellington***, 351 Strand, WC2R (VIII A2 3) ☎ 020.7836.2789 ; 10 h-23 h. Une autre enseigne de la même maison : même carte !

♥ DESIGN
Aram Store, 110 Drury Lane, WC2B (VIII A1 6) ☎ 020.7557.7557 ; www.aram. co.uk ; lun.-sam. 10 h-18 h.
Le showroom de Zeev Aram, qui a fêté en 2014 les 50 ans d'existence de son label.

♥ BRASSERIE
Tom's Kitchen, Somerset House (VIII A2 4) ☎ 020.7845.4646 ; www.tomskitchen.co.uk ; lun.-ven. 12 h-15 h et 18 h-22 h, sam. 18 h-22 h. Brasserie moderne servant du saumon mariné aux betteraves (11 £) et des salades César aux anchois et au parmesan (7 £). Bons brunchs les sam.-dim. 10 h-16 h.

☞ PLAN VIII P. 207.

**À NE PAS MANQUER
À LA COURTAULD GALLERY**

- *Mise au tombeau*★★★
  de Robert Campin (s. 1)
- *Les coffres Morelli-Nerli*★★ (s. 2)
- *Un bar aux Folies Bergère*★★
  d'Édouard Manet (s. 6)
- *Antibes*★★ de Claude Monet (s. 6)
- *L'Autoportrait à l'oreille bandée*★★
  de Vincent Van Gogh (s. 7)

immaculé, donne sur une **terrasse** qui ménage un large point de vue sur le fleuve et la **façade sud** de Somerset House (158 m de long !). À l'origine, les eaux de la Tamise baignaient les bases de la terrasse, les quais n'étaient pas encore aménagés. Jetez aussi un œil sur l'**escalier Nelson**★★ (Nelson Stair • *angle S.-O. de l'aile S.*) : ses volutes rappellent les escaliers en vis des navires.

■ **Courtauld Gallery**★★★ VIII A2
Somerset House, Strand, WC2R • M° Temple • ☎ *020.7848.2526 • www.courtauld.ac.uk • ouv. t.l.j. 10 h-18 h ; f. 25-26 déc. • entrée payante • Sunday Tours : vis. gratuite de l'expo en cours, le dim. à 15 h (durée : 45 mn).*
Ce musée d'art, petit mais exceptionnel, occupe depuis 1989 l'aile N. de Somerset House. Sa collection compte aujourd'hui, répartis sur trois niveaux, 520 tableaux signés Degas, Gauguin, Rubens… mais aussi 7 000 dessins et 20 000 estampes présentés par roulement ! Elle a été créée en 1932, à l'initiative de **Samuel Courtauld**, magnat du textile descendant d'une famille française protestante s'étant établie en Angleterre après la révocation de l'édit de Nantes. Il voulait doter d'une galerie où il serait possible d'étudier les œuvres l'institut d'art qu'il venait de fonder, rattaché à l'université de Londres.

● **Bernardo Daddi** : *Triptyque*★★ (1338 • *vitrine de la s. 1*). La 1ʳᵉ moitié du XIVᵉ s. fut, en Toscane, une période particulièrement féconde : les peintres florentins, marqués par les leçons de Giotto, ont réalisé plusieurs œuvres d'une belle richesse narrative. C'est le cas de Bernardo Daddi, auteur de petits retables portatifs destinés à la dévotion privée. Lorsque les volets de son triptyque sont fermés, les scènes composent une touchante *Adoration des Mages*.

● **Robert Campin** (attribué à) : *Mise au tombeau*★★★ (v. 1420 • *s. 1*). Il s'agit, selon toute vraisemblance, de la plus ancienne œuvre de cet artiste natif de Valenciennes qui dirigeait un important atelier à Tournai. Les trois panneaux, reliés par un même fond doré, montrent, à g., un épisode de la *Crucifixion* ; au centre, la *Mise au tombeau* ; à dr., la *Résurrection* du Christ. Sur les fonds dorés, la groseille rouge et la vigne symbolisent la messe et l'eucharistie ; la courge, la résurrection.

✎ **COURTAULD
DE FOND EN COMBLE**

- Le rez-de-chaussée se réserve les œuvres des XIIIᵉ-XIVᵉ s.
- Le 1ᵉʳ étage (le plus intéressant) couvre la période du XVᵉ au XIXᵉ s., avec un remarquable lot d'impressionnistes français.
- Le 2ᵉ étage accueille Vlaminck, Braque, Kandinsky… et les expositions temporaires.

● **Domenico di Zanobi** : les **coffres Morelli-Nerli**★★ (1472 • *s. 2*). On appelle *cassone* le coffre en bois doré destiné, dans l'Italie du XVᵉ s., à transporter la dot de la mariée. Traditionnellement, le mari en commandait une paire qu'il faisait

◀ **Peter Lely**, *Peter Pett et le « Sovereign of the Seas »* (v. 1645-1650, National Maritime Museum).

La méthode Lely

Pieter Van der Faes (1618-1680) fit son apprentissage auprès d'un peintre de Haarlem et l'essentiel de sa carrière à Londres, sous le nom de **Peter Lely**. Il commença par produire (en pleine guerre civile !) des scènes pastorales, peuplées de nymphes lascives, avant de se tourner très vite, avec succès, vers un genre plus lucratif : le portrait. Toute la *high society* défila dans l'atelier de Lely, promu peintre officiel de la cour en 1661 : des *Beautés de Windsor* (série aujourd'hui conservée à Hampton Court), arborant de savants déshabillés glamour et une certaine indolence dans le regard, aux *Capitaines et Amiraux* plus vigoureux, campés façon Van Dyck (série exposée au National Maritime Museum de Greenwich).

Pour honorer ses très nombreuses commandes, Lely avait mis au point un certain nombre de poses « types » et confiait à ses assistants le soin de tracer sur la toile celle choisie par le modèle. Un spécialiste brossait le décor environnant, un autre ajoutait les cascades de drapés. Le maître n'intervenait qu'à la fin pour peindre le visage...

orner de peintures édifiantes. Ces deux superbes *cassoni* en peuplier portent les armoiries du patricien florentin Lorenzo Morelli et de son épouse Vaggia Nerli, et des scènes évoquant l'expulsion des Gaulois de Rome.

● **Botticelli** : *La Trinité avec sainte Marie-Madeleine, saint Jean-Baptiste, Tobie et l'archange Raphaël*★★ (1491-1494 • *s. 2*). Ce retable, qui n'est pas entièrement de la main du maître (les chérubins ont été peints par ses assistants, tout comme les drapés du Père éternel), a été conçu pour un couvent florentin qui accueillait des *convertite* : prostituées repenties, à l'instar de Marie-Madeleine, qui figure ici à g., vêtue de ses seuls cheveux.

● **Pieter Bruegel l'Ancien** : *La Fuite en Égypte*★★ (1563 • *s. 3*). Les deux personnages qui cheminent au premier plan de ce paysage imaginaire, plus nordique que proche-oriental, sont la Vierge Marie, vêtue d'une cape rouge, et son mari Joseph, coiffé d'un chapeau de paille. Ils fuient les rives de la Terre sainte *(à dr.)* pour se réfugier en Égypte *(à g.)*. À leur passage, une idole tombe, symbole de la défaite du paganisme devant l'arrivée du Christ et de la vraie religion.

● **Peter Lely** : *Portrait de sir Thomas Thynne*★★ (v. 1670 • *s. 3*). Lely avait le sens de la pose (→ *encadré*), rigoureuse, souvent monumentale, et un don pour les belles matières brillantes. Thomas Thynne, premier vicomte de Weymouth, était propriétaire de l'un des châteaux les plus fastueux du royaume : Longleat House (à 175 km O. de Londres).

● **Giambattista Tiepolo** : *Études*★★ (1767 • *s. 4*). Le grand Vénitien, qui passa les dernières années de sa vie (1762-1770) à Madrid, conçut pour une

♥ **PAUSE**

The Courtauld Gallery Café, au sous-sol de... la Courtauld Gallery (VIII A2 **5**) ☎ 020.7848.2527 ; t.l.j. 10 h-17 h 30. Soupes, salades, gâteaux, en-cas et quelques tables en plein air. Prix raisonnables.

▲ Amedeo Modigliani, *Nu féminin*.

église de Castille sept retables. Comme ils n'étaient pas assez conventionnels aux yeux du roi d'Espagne, ils furent démantelés après la mort de Tiepolo. Par chance, la Courtauld Gallery conserve les études préparatoires : de charmantes esquisses à l'huile, d'une remarquable fraîcheur. Notez comment le peintre insère au premier plan un humble objet du quotidien ou un petit pan de nature, pour mettre l'œuvre religieuse à la portée du spectateur.

● **Édouard Manet** : *Un bar aux Folies Bergère*** (1882 • *s. 6*). Pour composer cette scène, le peintre avait pris quelques croquis sur place et invité Suzon, l'une des employées du célèbre café-concert, à poser dans son atelier. Le miroir, à l'arrière, ne reflète pas exactement le réel, mais plutôt ce à quoi songe la serveuse. La femme en blanc et gants jaunes, que l'on voit à g., était une demi-mondaine, Méry Laurent, qui aurait inspiré à Zola le personnage de Nana.

● **Claude Monet** : *Antibes*** (1888 • *s. 6*). En 1888, Monet quitte les plages du Nord pour tenter de saisir les bleus et la « féerique douceur » de la Méditerranée. Il pose son chevalet à Juan-les-Pins et réalise une trentaine de toiles, dont cette lumineuse vue sur la chaîne de l'Esterel, composée à la manière des estampes japonaises. Monet en était un fervent collectionneur : la position du pin rappelle les arbres penchés qui traversent les paysages de Hiroshige.

● **Vincent Van Gogh** : *Autoportrait à l'oreille bandée*** (1889 • *s. 7* • *photo p. 11*). La même année, à Arles, Van Gogh se serait coupé l'oreille à l'issue d'une dispute avec Gauguin. En 2009, deux chercheurs de Hambourg ont remis en cause la théorie d'une automutilation, signe d'une santé mentale défaillante : c'est peut-être Gauguin qui a blessé Van Gogh. Au sortir de l'hôpital, l'artiste s'est représenté par trois fois l'oreille bandée (ici, devant une estampe japonaise : *Geishas dans un paysage*).

● **Amedeo Modigliani** : *Nu féminin*** (1916 • *s. 9*). Ce nu allie une pose très classique (la tête inclinée sur le côté) à une facture moderne : la peinture est tantôt grattée, tantôt appliquée par touches brutales. La toile fut jugée obscène en son temps. Berthe Weill, la seule galeriste à avoir organisé une exposition Modigliani du vivant de l'artiste, dut le décrocher de ses cimaises en 1917, à Paris : le commissaire du quartier avait vu dans les poils pubiens un outrage à la pudeur.

■ Saint Mary le Strand★ VIII A2

Strand, WC2R • Mº Temple • ☎ 020.7836.3126 • www.stmarylestrand.org • normalement ouv. mar.-jeu. 11 h-16 h, dim. 10 h-13 h • accès libre.

Si cette petite église baroque (1714), cernée par le flot des voitures, a le goût de Rome, c'est que son architecte **James Gibbs** fut très marqué par un séjour romain : le portique en rotonde copie celui de Santa Maria della Pace, proche de la piazza Navona.

■ Roman Bath★ VIII A2

5 Strand Lane, WC2 • accès par un escalier au 33 Surrey St. • visible lun.-ven. à travers une fenêtre : appuyez sur l'interrupteur • intérieur, sur rés. auprès du Westminster Council (☎ 020.7641.5264 ; dcreese@westminster.gov.uk).

Le secret le mieux gardé du quartier ! On ignore l'ancienneté de ces **bains**, que Charles Dickens qualifiait de « romains » (*David Copperfield*, 1849), mais tout indique qu'ils ne remontent pas au-delà du XVIIe s. Il pourrait s'agir d'un vestige de l'époque des Stuarts, une fontaine-grotte aménagée en 1612 dans les jardins de Somerset House pour Anne de Danemark, l'épouse de Jacques Ier.

■ Temple★★ VIII B2

Middle Temple et Inner Temple, EC4 • Mº Temple • accès possible par Victoria Embankment (lun.-ven. 6 h-20 h), Tudor St. (24 h/24) ou Fleet St. (lun.-ven. 8 h-20 h).

Pourquoi « Temple » ? Parce que ce site était la propriété, au Moyen Âge, des Templiers, ordre religieux et militaire fondé en 1119, au moment des croisades, pour assurer la protection des Lieux saints et des pèlerins en route vers Jérusalem. À la dissolution de l'ordre (1312), les bâtiments ont été peu à peu investis par des avocats qui ont fondé ici, au fil du temps, deux « collèges » *(→ théma p. 218)* : Middle Temple et Inner Temple.

● **Middle Temple Hall★★** *(Middle Temple Lane, EC4Y • ouv. lun.-ven. 10 h-12 h et 15 h-16 h ou en vis. guidée payante : rés. ☎ 020.7427.4820 • www.middletemple.org.uk).* Ce bel édifice élisabéthain (1573) est le cœur de Middle Temple : au XVIIe s., il servait de salle d'étude, mais aussi de réfectoire et de dortoir aux apprentis avocats. Shakespeare y a donné la première de *La Nuit des rois* en 1602. Aujourd'hui, les *benchers* (doyens du collège) dînent encore à la longue table offerte par Élisabeth Ire et dont le plateau a été taillé dans un chêne du domaine de Windsor. De vieux écus armoriés de *readers* (avocats chevronnés chargés

☞ PLAN VIII P. 207.

Un caprice de millionnaire

En 1892, le multimillionnaire new-yorkais **William Waldorf Astor** (1848-1919) s'établit à Londres et demande à l'architecte **John L. Pearson** de lui concevoir un bureau face à la Tamise. Pearson, qui compte à son actif plusieurs églises de style néogothique et autant de gentilhommières façon « vieille Angleterre », lui construit un petit palais en pierre de Portland (presqu'île du sud de l'Angleterre) avec sol en marbre, jaspe et porphyre : le **Two Temple Place**.

Depuis 2012, ce précieux écrin ouvre ses portes au public quatre mois par an. L'occasion d'admirer l'escalier en chêne, orné de bas-reliefs représentant des personnages de Shakespeare et de statues inspirées des *Trois Mousquetaires* d'Alexandre Dumas. Ainsi que la grande salle à l'étage, avec ses vitraux de l'atelier Clayton & Bell et ses panneaux en argent évoquant des légendes arthuriennes.

Two Temple Place : *2 Temple Pl., WC2* **VIII B2** *• Mº Temple • ☎ 020.7836.3715 • www.twotempleplace.org • ouv. de janv. à avr., mer. 10 h-21 h, jeu.-sam. et lun. 10 h-16 h 30, dim. 11 h-16 h 30 ; f. le mar. • entrée gratuite • de mai à déc., vis. guidées de 45 mn (10 £) le 2e lun. du mois, à 10 h 30 ou 18 h 30 : rés. ☎ 020.7240.6044.*

d'enseignement) et des **portraits de souverains** ornent la salle ; celui de Charles II est attribué à Godfrey Kneller *(→ p. 97)*.

● **Inner Temple**★★ *(accès possible par Crown Office Row)*. L'autre collège est doté de superbes **jardins**★★ (Inner Temple Gardens • *ouv. lun.-ven. 12 h 30-15 h*) et d'une large place, **King's Bench Walk**★★, qui serait la plus attachante de Londres s'il n'y avait pas autant de voitures. La plupart des maisons qui la bordent ont été bâties dans les années 1670 d'après les plans de Christopher Wren : jetez un œil sur les entrées (elles portent le nom des avocats qui y exercent) et prenez le temps de monter jusqu'à Church Court.

♥ PUB
The Devereux, 20 Devereux Court, WC2R (VIII B2 7)
☎ 020.7583.4562 ;
lun.-ven. 11 h-23 h.
À l'orée de Temple, sandwichs au cheddar et *pickles*, *fish & chips* (9 £) et une assiette à partager, le *Ploughman's Platter*.

● **Temple Church**★★ *(Church Court, EC4Y • horaires d'ouv. affichés sur la grille ; en général lun., mer. et jeu. 11 h-13 h et 14 h-16 h, mar. et ven. 14 h-16 h • entrée payante • rens. concerts : www.templemusic.org)*. L'ancienne église des Templiers est commune aux deux collèges d'avocats (la moitié N. étant affectée au Middle Temple, la moitié S. à l'Inner Temple), mais elle se compose de deux parties bien distinctes. La *round church*, bel exemple de transition entre roman et gothique, a été édifiée vers 1175 sur le modèle du Saint-Sépulcre de Jérusalem ; tandis que le chœur rectangulaire, consacré en 1240, constitue un premier témoignage de l'architecture gothique insulaire.
À voir à l'intérieur : les **vitraux**★, réalisés en 1958 par **Carl Edwards**, qui évoquent l'histoire des Templiers, du Christ et de Londres ; et les **gisants**★★ des chevaliers. Celui de Guillaume le Maréchal († 1219), beau-frère de Jean sans Terre, le représente les jambes croisées, sans doute parce qu'il a participé aux croisades.

Sortir de l'enceinte du collège par New Court et Devereux Court.

✐ UNE STATUE POLÉMIQUE
À côté de Saint Clement Danes, la statue érigée en 1992 à la gloire d'**Arthur Harris** a suscité de vives protestations, nécessitant au début une protection policière jour et nuit.
Il faut dire que « Bomber Harris », commandant en chef de la Royal Air Force, a notamment présidé à la destruction de Dresde en février 1945 : en deux jours de raids anglo-américains, entre 35 000 et 135 000 Allemands ont trouvé la mort sous un tapis de bombes incendiaires.

■ **Saint Clement Danes**★ VIII B1/2
Strand, WC2R • M° Temple • ☎ 020.7242.8282 • ouv. t.l.j. 9 h-16 h • accès libre • rens. concerts : www.raf.mod.uk/stclementdanes et www.brandenburg.org.uk
Nul ne sait exactement pourquoi cette église anglicane s'appelle **Saint-Clément-des-Danois**. Peut-être parce que, en 878, alors que toute la partie E. de l'Angleterre était danoise, le roi Alfred réussit à bouter les Danois hors de Londres, mais permit à ceux qui étaient mariés à une Anglaise de s'installer hors de la cité, dans le hameau d'Aldwych, et d'y bâtir leur propre sanctuaire ? Depuis 1958, en tout cas, elle est l'église officielle de la Royal Air Force (RAF).

L'**intérieur**★★, ravagé durant le Blitz par des bombes allemandes (1941), a été soigneusement restauré dans le style que lui avait donné l'infatigable **Christopher Wren** au XVIIe s. : une voûte blanche joliment décorée de stucs, des tribunes en chêne massif... Les 10 *Books of Remembrance* consignent les noms des 155 000 membres de la RAF morts en service depuis 1915.

☞ **PLAN VIII P. 207.**

2 Holborn★★

C'est dans la partie sud de Holborn, entre Fleet Street et High Holborn, que Londres se montre sous son jour le plus feutré. Des façades à pans de bois antérieures au Grand Incendie de 1666, de vrais pubs à l'ancienne et un microcosme hors du temps : les Inns of Court, à peine distraits par le va-et-vient des avocats, des doyens et autres « membres de l'Honorable Société ». Petite plongée dans l'univers sérieux du barreau londonien...

Départ : M° Temple VIII A1 (Circle Line ; District Line).

Lignes de bus : le n° 341 dessert tous les objectifs de cette promenade.

Combien de temps : 3 h avec la visite de Sir John Soane's Museum.

■ Royal Courts of Justice★ VIII B1
Strand, WC2 • M° Temple • ouv. lun.-ven. 10 h-16 h 30 ; f. en août-sept. • accès libre, demandez à l'accueil le dépliant « Self-Guided Tour » •

♥ **SHOPPING**
Twinings, 216 Strand, WC2 (VIII B2 8) ☎ 020.7353.3511 ; lun.-ven. 8 h 30-19 h 30, sam. 10 h-17 h, dim. 10 h-16 h. C'est « le » magasin de thés fondé par Thomas Twining (1706). On y trouve toute la gamme maison, des éditions limitées et un *tea bar* pour tester.

◄ Les Royal Courts of Justice.

♥ **PUB**
The Old Bank of England, 194 Fleet St., EC4 (VIII B1 9) ☎ 020.7430.2255 ; lun.-ven. 11 h-23 h. Superbe banque transformée en pub. À tester pour son décor et ses légendes : c'est dans ces caves, dit-on, que le barbier Sweeney Todd se débarrassait de ses clients avec la complicité de sa maîtresse. Cette dernière les réduisait en pâtés en croûte, qu'elle vendait dans l'échoppe voisine !

La rue de la presse

En 1855, la suppression de la taxe sur les journaux amorce une période de croissance sans précédent dans l'histoire de la presse britannique. Le nombre de titres explose, et **Fleet Street** VIII B1, qui fait depuis longtemps commerce de papier imprimé, se retrouve stratégiquement située à la croisée de trois sources d'information : le monde des affaires, le gouvernement et la Haute Cour de justice. Au début du XXe s., la rue bourdonne d'agences de presse et de reporters. Les quotidiens du royaume *(Glasgow Herald, Liverpool Daily Post...)* y ont leurs bureaux, tout comme les correspondants des colonies *(Hong Kong Daily Press, Calcutta Statesman...)*. Des publications de Nouvelle-Zélande partagent le n° 85 avec des magazines irlandais. Même W. H. Smith, qui prend en charge la distribution des journaux, siège dans le quartier.

La tendance s'inverse en 1986 lorsque Rupert Murdoch, éditeur du *Times* et du *Sun*, décide d'installer ses rotatives à Wapping. Les autres patrons de presse lui emboîtent le pas. Depuis le départ de l'agence Reuters pour Canary Wharf (2005), Fleet Street n'est plus qu'une rue comme les autres. Il lui reste tout de même **Saint Bride's**, qui est traditionnellement l'église des médias : après-guerre, c'est la presse qui a financé la restauration de sa belle flèche blanche conçue par Wren en 1674 *(www.stbrides.com)*.

vis. guidées en anglais (1 h ; 10 £) le mar. à 10 h 30 et 11 h 45, rés. ☎ *020. 7947.7684 ou rcjtours@talktalk.net • photographie interdite.*

Trente-cinq millions : c'est le nombre de briques utilisées pour bâtir ce palais néogothique, aussi appelé les **Law Courts**. Depuis son inauguration par la reine Victoria, en 1882, il abrite la Cour d'appel d'Angleterre et du pays de Galles ainsi que la Haute Cour de justice. Un dédale de 1 000 pièces et de 5 km de couloirs, arpenté par des avocats en toge et des juges en robe rouge à col d'hermine. À l'étage, les vitrines de la **Main Costum Gallery** offrent un aperçu des différents types de costumes et de *wigs* (les perruques, en crin de cheval depuis 1830) qui sont portés au palais. Les audiences sont publiques.

■ Temple Bar VIII B1

Le **monument au griffon** de bronze (1880) marque la « frontière » entre Westminster et la City. Lorsque la reine se rend en visite officielle dans la City, qui est le domaine propre du lord-maire, elle doit solliciter la permission d'entrer. Le lord-maire lui remet les clés et sa propre épée, gage de loyauté, que Sa Majesté ne manquera pas de restituer. Cette formalité traditionnelle s'appelle « franchir la barre du temple » *(to pass Temple Bar)*.

■ Saint Dunstan in the West★ VIII B1

184 a Fleet St., EC4A • M° Temple ou Chancery Lane • www.stdunstaninthewest. org • ouv. normalement lun.-ven. 9 h 30-17 h • accès libre.

Cette église néogothique (rebâtie en 1833) est connue dans le quartier pour son horloge de 1671 (ce serait la première à Londres à avoir indiqué les minutes) et pour ses deux jacquemarts géants qui frappent énergiquement les cloches tous les quarts d'heure : on dit qu'ils représentent Gog et Magog, gardiens mythiques de la City. À dr., au-dessus du porche, **statue de la reine Élisabeth Ire** (1586). À l'intérieur, l'**iconostase** provient d'un monastère de Bucarest, car la chapelle N.-O. est utilisée par la communauté orthodoxe.

De Fetter Lane, la rue Bream's Buildings permet de rallier Chancery Lane et Carey St.

◀ Lincoln's Inn, un sanctuaire pour les étudiants en droit.

■ Lincoln's Inn★★ VIII A-B1

Entre Chancery Lane, Carey St., Serle St. et High Holborn, WC2A • M° Chancery Lane • ouv. lun.-ven. 7 h-19 h • vis. guidées payantes les 1er et 3e ven. du mois, sf mois d'août : départ de la chapelle à 14 h (Bronze Tour ; 1 h).

Voici le mieux préservé de tous les *Inns of Court* (→ *théma p. 218*) et le plus ancien : dès 1422 (selon les archives), Henry de Lacy, comte de Lincoln, fit de sa demeure une résidence pour étudiants en droit. Parmi ses membres figurent deux anciens Premiers ministres : Margaret Thatcher et Tony Blair. C'est un monde à part, bien à l'abri derrière ses murs de brique, qui comprend trois squares et plusieurs bâtiments des XVe, XVIIe et XIXe s.

● **New Square★★** *(accès par Carey St.)*. Élégante place, bordée sur trois côtés par des édifices en brique (fin XVIIe s.) qui hébergent des cabinets d'avocats. Dickens y travailla quelques mois comme clerc.

● **Old Hall★** *(vis. slt dans le cadre de la vis. guidée)*. Ce bâtiment, le plus ancien (1490) du collège, a longtemps servi de réfectoire aux avocats mais aussi de tribunal à la Chancellerie. Aujourd'hui, les étudiants y passent leurs examens, sous une charpente soigneusement restaurée dans les années 1920 : chaque pierre, chaque poutre a été numérotée !

● **Chapel★** *(juste au N. de l'Old Hall • ouv. lun.-ven. 12 h-14 h 30)*. Chapelle gothique (1623, peut-être d'après les plans d'Inigo Jones) édifiée au-dessus d'une galerie où les avocats avaient l'habitude d'attendre leurs clients. Et où l'on abandonnait parfois, aux XVIIIe-XIXe s., les nouveau-nés, que le collège adoptait et prénommait généralement « Lincoln ». Les **vitraux★** sont attribués à deux artistes frisons du XVIIe s., les frères Bernard et Abraham Van Linge (ce dernier réalisa de nombreux vitraux pour les chapelles d'Oxford). ▶▶▶

✐ À NOTER
• Il est interdit de fumer et d'introduire des animaux dans l'enceinte du Lincoln's Inn.

• **Gray's Inn**, le dernier des « collèges d'avocats », se situe à 300 m du Lincoln's Inn, au N. de High Holborn (www.graysinn.info).

✐ FOURNISSEUR DU BARREAU
Les juges et les avocats achètent leur toge et leur *wig* (perruque) chez un vénérable tailleur, spécialisé depuis 1689 dans le *legal dress* :
Ede & Ravenscroft,
93-94 Chancery Lane.

♥ PUB
The Seven Stars, 53-54 Carey St., WC2A (VIII B1 10)
☎ 020.7242.8521 ; lun.-ven. 11 h-23 h, sam.-dim. 12 h-22 h. Charmant pub de 1602, cosy et souvent bondé : les avocats y fêtent leur victoire ou s'y consolent après les procès. Vin au verre et bières de microbrasseurs.

THÉMA

Les temples du droit

Au Moyen Âge, hommes de loi et magistrats qui se rendaient à Londres au moment de la session parlementaire trouvaient à se loger à la lisière de la City dans les « auberges de la cour ». Au fil des siècles, ces *Inns of Court* sont devenues des collèges d'avocats, l'équivalent de nos instituts d'études judiciaires – la tradition en plus !

■ Autarciques et hiérarchisées

Chaque *inn* forme un vaste enclos comprenant, outre les jardins, la bibliothèque et le *great hall*, des résidences qui servent surtout, aujourd'hui, de *chambers* (« études »). Le tout constitue une enclave quasi autarcique et très hiérarchisée. Les membres – plus de 8 000 pour le seul Inner Temple – se répartissent en trois catégories bien distinctes : les élèves (*students* ou *pupils*), les avocats en exercice (*barristers*) et les seniors (*benchers*) chargés de l'administration. Les quatre collèges qui subsistent, Lincoln's Inn, Inner Temple, Middle Temple et Gray's Inn, sont situés dans le proche voisinage des Royal Courts of Justice, de sorte que, de leur étude, les avocats peuvent se rendre au tribunal à pied, en toge noire et perruque de crin.

■ Le rituel du dîner collectif

Autrefois, les candidats, nobles pour la plupart, n'étaient soumis à aucune épreuve : ils avaient juste à réciter par cœur des formules standards et à présenter un certificat de bonne conduite. Mais ils devaient, une fois admis, dîner régulièrement dans le Great Hall, en compagnie des *benchers*. On leur donnait quelques cours de droit, d'histoire et de… danse pour qu'ils évoluent sans faux pas dans la bonne société. Les examens, introduits en 1852, ne sont devenus obligatoires qu'en 1872. La tradition médiévale du dîner collectif en présence des seniors – qui n'ont pas le même menu que les élèves – perdure encore, avec force discours et libations ; les rituels ainsi que le nombre de dîners obligatoires diffèrent d'une *inn* à l'autre. Mais l'enseignement s'est beaucoup étoffé ! De nos jours, les Inns of Court de Londres sont les seuls établissements habilités à préparer l'accession au barreau d'Angleterre et du pays de Galles.

▲ Pour l'ouverture de l'année judiciaire *(Opening of the Legal Year)*, les juges se rendent des Royal Courts of Justice à la Westminster Abbey, où est célébrée une cérémonie religieuse en présence du *Lord Chancelor and Secretary of State for Justice* (équivalent du garde des Sceaux).

- **Gate House★** (*Chancery Lane*). Ce porche monumental (1518), qui arbore les armes d'Henri VIII et du comte de Lincoln, était encore au milieu du XIXe s. l'entrée principale du collège. On raconte que la chambre située juste au-dessus était occupée par Oliver Cromwell en 1617 lorsqu'il était étudiant en droit.

- **Great Hall★** (*vis. slt dans le cadre de la vis. guidée*). C'est dans ce bâtiment de style Tudor (1845 • architecte **Philip Hardwick**) qu'a lieu, quatre fois par an, le « *call to the Bar* », cérémonie de présentation des nouveaux avocats inscrits au barreau. Le reste du temps, le Great Hall fait office de bibliothèque, de restaurant, de salle de concerts ou de conférences…

Sortir de l'enceinte du collège par la Main Gate.

- **Lincoln's Inn Fields★** (*f. la nuit*). Voici le plus grand square de Londres. Un promoteur, au début du XVIIe s., aurait bien voulu le bâtir, mais l'Honorable Société, qui tenait à conserver un espace vert près du collège, s'y opposa. Seul le pourtour fut construit et l'enfilade des **maisons★** ne manque pas de charme : style palladien pour certaines (*nos 57-58*), georgien pour d'autres (*nos 5-9*). Les plus séduisantes sont **Lindsey House** (*nos 59-60*), conçue par Inigo Jones, et **Powis House** (*no 66*), propriété des ducs de Newcastle au XVIIIe s.

▶ **Staple Inn★★** VIII B1 (*à 3 mn de marche du Lincoln's Inn, le long du trottoir S. de Holborn, dans l'axe de Gray's Inn Road • Mo Chancery Lane*). Ces vieilles maisons à pans de bois, de style Tudor (1586 • *photo p. 78*), ont survécu au Grand Incendie ; elles servaient, à l'origine, d'entrepôts aux exportateurs de laine (*staplers*). ◀

■ **Sir John Soane's Museum★★★** VIII A1
13 Lincoln's Inn Fields, WC2A • Mo Holborn • ☎ *020.7405.2107 • www.soane.org • ouv. mar.-sam. 10 h-17 h • entrée gratuite • vis. guidées sam. à 11 h, mar. et ven. à 11 h 30, mer. et jeu à 15 h 30 (1 h ; 10 £) • nocturnes aux chandelles le 1er mar. du mois, 18 h-21 h (200 places slt) • photos interdites.*
En 1833, **sir John Soane** (→ *encadré p. 220*), professeur d'architecture à la Royal Academy et auteur de la Bank of England, avait fait don de sa demeure à la nation en insistant pour qu'elle reste dans l'état où il la laisserait à sa mort. La clause ayant été respectée, la maison reflète à merveille la personnalité, excentrique mais attachante, d'un collectionneur et esthète du XVIIIe s., épris d'art classique et d'Italie. Fasciné par les nouveautés technologiques, Soane voulait démontrer que l'on pouvait « faire entrer dans une maison londonienne de taille ordinaire

☞ **PLAN VIII P. 207.**

Du sens des mots

Durant 10 années, l'homme de lettres et lexicographe **Samuel Johnson** (1709-1784) rédigea, dans son grenier, un *Dictionnaire de la langue anglaise* qui allait faire référence jusqu'au début du XXe s. La première édition (1755), qui répertoriait 42 773 mots, se vendit mal. Elle coûtait 4,10 £ : l'équivalent, à l'époque, de huit mois de gages pour une domestique. Le public bouda aussi la version vendue chaque semaine sous forme de fascicule : il en fallait 165 avant de pouvoir disposer de la lettre Z ! Mais les éditions abrégées furent un succès.

Et certaines définitions sont devenues légendaires : « AVOINE. Céréale qu'en Angleterre on donne généralement aux chevaux mais qui, en Écosse, nourrit les hommes. » De nombreux lecteurs anglais sourient encore en lisant cette phrase. Les Écossais aussi, qui n'ont vite assortie d'une réplique tout aussi mythique : « Raison pour laquelle l'Angleterre a de si beaux chevaux et l'Écosse, des hommes si admirables. »

Dr Johnson's House : *17 Gough Sq., EC4A* VIII B1 • *Mo Chancery Lane •* ☎ *020.7353.3745 • www.drjohnsonshouse.org • ouv. lun.-sam. 11 h-17 h, de mai à oct. 11 h-17 h 30 ; f. dim. et j. fériés, 24-26 déc., 31 déc.-1er janv. • entrée payante.*

bien plus de choses qu'on ne le faisait généralement ». Résultat : une caverne d'Ali Baba, saturée d'objets d'art, de meubles, de marbres grecs et romains, de dessins d'architecture et de souvenirs de son séjour en Italie *(→ encadré)* ! Aujourd'hui, on peut visiter une vingtaine de pièces.

• **La bibliothèque***. L'architecte avait aimé la couleur rouge des maisons de Pompéi, mais aussi l'effet des miroirs qui multipliaient à l'infini les pièces de la villa Palagonia de Bagheria (Sicile). Il a repris ces deux idées pour mettre en valeur ses 7 783 livres et les vases les plus précieux de sa collection (dont le **Cawdor Vase**, cratère grec du IVe s. av. J.-C. provenant des Pouilles). Au-dessus de la cheminée, portrait de Soane par **Thomas Lawrence** (1828).

• **La salle des Peintures****. Sur quelques mètres carrés seulement, elle renferme une centaine de tableaux, grâce à un ingénieux système de panneaux mobiles, couverts de toiles sur les deux côtés. Les pièces maîtresses de la collection sont une vue de Venise par **Canaletto**, *Riva degli Schiavoni** (1735), et *(côté N., sur les derniers panneaux)* la série *A Rake's Progress** de **William Hogarth** (1733) : cette *Carrière d'un roué* raconte en huit scènes les aventures de Tom Rakewell, depuis le moment où il hérite de son père jusqu'à sa triste fin, dans une maison de fous.

• **Le parloir du moine** *(au sous-sol)*. Le décor de ce petit cabinet délibérément sombre est une satire : Soane jugeait un peu ridicule l'engouement de ses contemporains pour le style médiéval. Il l'a tapissé d'ornements néogothiques, de vitraux de cathédrale et d'un flot de moulages de sculptures du Moyen Âge.

• **La crypte***. Elle aussi est empreinte d'une atmosphère très particulière, qui rappelle l'ambiance des catacombes de Rome. Le **sarcophage égyptien*** (1370 av. J.-C.), découvert dans la Vallée des Rois, est celui de Seti, père de Ramsès II. Soane en fit l'acquisition en 1824 et donna, pour l'occasion, trois grandes fêtes nocturnes (1 000 invités !) éclairées à la lumière de 300 lampes à huile.

• **La colonnade et le dôme** *(au rez-de-chaussée)*. L'architecte a placé ici, selon une disposition inspirée d'une gravure de Piranèse, de nombreux bustes, urnes et reliefs antiques. Remarquez un **fragment de frise*** du Ve s. av. J.-C. provenant de l'Érechthéion (temple sur l'Acropole d'Athènes) et un beau **moulage**, blanc à l'origine, de l'*Apollon du Belvédère* conservé au Vatican. Pour faire entrer la statue dans la maison, il a fallu percer le mur de la façade !

Le souvenir de l'Italie

À l'âge de 23 ans, **John Soane** (1753-1837), tout juste diplômé d'architecture, reçoit une bourse pour voyager deux ans en Italie. Il y fait le croquis de nombreux monuments, rencontre le graveur Piranèse, s'émerveille devant la lumière du Sud et apprend l'italien. De retour à Londres, il commence à exercer son métier d'architecte puis épouse Elizabeth Smith. La fortune de sa femme lui permet d'acquérir, en 1792, le n° 12 Lincoln's Inn Fields et diverses antiquités romaines qu'il expose dans un corridor près de son bureau. Au fil des ans, sa collection prend de l'ampleur, de sorte qu'il doit annexer le n° 13 et le n° 14.

Il dote sa maison de l'éclairage au gaz, d'un chauffage par le sol, tout en essayant d'y recréer une atmosphère qui lui rappelle Pompéi et la Sicile. Pour oublier le gris du ciel londonien, il équipe sa galerie de vitres jaunes qui baignent les œuvres dans une chaude lumière dorée. Sir Soane ne reçoit jamais lorsque le temps est triste : il a même pris soin de le signaler sur ses cartes de visite !

🟡 11 La City ★★

S i l'on croise ici plus de cravates, de tailleurs et de talons aiguilles que de survêtements et de chaussures de sport, la City n'a pourtant rien de l'univers déshumanisé qui vient à l'esprit lorsqu'on pense finance et affaires. C'est un quartier bouillonnant et accessible, où l'on peut se mêler à la foule des traders et autres magnats du business sans se sentir en rien incongru. L'imperturbable bonhomie des Britanniques y est pour beaucoup, mais aussi le fait que, loin d'avoir été créée de toutes pièces dans un environnement nouveau, la City est née progressivement, au cœur même de la ville médiévale, dont subsistent de nombreuses ruelles, bordées de pubs victoriens et de petits restaurants. Les élégants édifices néoclassiques, construits aussitôt après l'incendie qui ravagea le quartier en 1666, lui ont aussi donné un petit air de noblesse tranquille, renforcé par les gratte-ciel futuristes qui ne cessent d'y pousser.

Départ : M° St Paul's IX A1 (Central Line).

Lignes de bus : parmi d'autres, la n° 15 relie les principaux édifices de la promenade.

Combien de temps : 2 h 30 sans les musées.

■ Saint Paul's Cathedral ★★★ IX A1

St Paul's Churchyard, EC4 • M° St Paul's • ☎ 020. 7246.8357 • www.stpauls.co.uk • vis. lun.-sam. 8 h 30-16 h 30 (dernière entrée à 16 h) ; accès au dôme 9 h 30-16 h 15 • plein tarif : 16 £, audioguide en français compris ; billets coupe-file vendus en ligne (- 1,50 £) • vis. guidées gratuites en anglais • concerts et récitals.

« L'architecture aspire à l'éternité », soutenait **Christopher Wren** *(→ théma p. 80-81)*, à qui fut confiée la réédification de la cathédrale après l'incendie de celle construite par les Normands au XIe s. Et même si ses deux premiers projets essuyèrent un refus (le premier trop original, le deuxième trop dispendieux), celui qui reçut l'approbation royale en 1675

Situation : West End • plan IX p. 223 ; plan général détachable D-E3 • plan du métro p. 364-365.

À ne pas manquer	
La cathédrale Saint Paul★★★	221
La Guildhall Art Gallery★★	226
L'église Saint Stephen Walbrook★	228
Le Leadenhall Market★	229

🖉 VILLE MORTE
Attention : ne comptant que très peu d'habitants, le quartier se vide littéralement le week-end pour se transformer en une ville fantôme où seul résonne l'écho des pas de quelques égarés.

🔍 PANORAMA
C'est depuis le sud, côté Tamise, que la vue est la plus spectaculaire sur la cathédrale et son remarquable dôme.

Voir plan IX p. 223

✏ À NOTER
La cathédrale Saint Paul est placée sous la direction du chef de l'Église anglicane, l'archevêque de Canterbury, au contraire de l'abbaye de Westminster, qui relève directement du souverain, gouverneur suprême de cette Église.

✏ NE PAS CONFONDRE
Saint Paul's Cathedral, considérée comme le chef-d'œuvre de Wren, n'a rien à voir avec l'église paroissiale du même nom, construite par Inigo Jones à Covent Garden (→ p. 99).

est largement à la hauteur de ses aspirations. Achevée en 30 ans, cette cathédrale marque le point culminant du talent de l'architecte.

● **L'extérieur.** Avec ses clochetons tarabiscotés (ajouts de 1707) et son double portique, d'ordre ionique, surmonté d'un fronton représentant la conversion de saint Paul, la **façade principale** *(ouest)* conjugue harmonieusement les courbes du baroque et la rigueur du classicisme. Les ananas qui coiffent les deux tours latérales symbolisent l'hospitalité. Surmontant la croisée du transept, le **dôme***, imposant, est l'un des plus grands du monde *(accès : → ci-après)*. Il est formé de trois volumes superposés : une première coupole à l'intérieur, dont la taille réduite s'harmonise mieux avec les proportions de l'église ; un cône de brique intermédiaire, servant de point d'appui au lanternon ; enfin, l'impressionnant dôme extérieur qui se découpe sur l'horizon.

● **L'intérieur.** L'alternance classique d'arcades en berceau et de pilastres de la nef, tout comme l'enfilade de petites coupoles qui la coiffe, forme une sorte de galerie d'honneur qui se termine en apothéose sous la spectaculaire coupole, décorée par **James Thornhill** d'un **cycle de grisailles**** (épisodes de la vie de saint Paul, 1715-1719). Entre deux piliers du bas-côté g., une **statue équestre de Wellington** se dresse au sommet d'un somptueux cénotaphe (le corps repose dans la crypte ;

▶ Le dôme de la cathédrale Saint Paul compte parmi les vues les plus emblématiques de Londres.

→ *p. 224*). De part et d'autre du monument, deux groupes sculptés dans le style de Michel-Ange représentent *Le Courage écrasant la Lâcheté sous son bouclier*★ et, d'autre part, *La Vérité en trône repoussant le Mensonge*★.

Dans le bras g. du transept, voir *La Lumière du monde*★★ (vers 1900), tableau de **William Hunt**, l'un des fondateurs du mouvement préraphaélite *(→ encadré p. 145)*. La figure du Christ frappant à une porte envahie de végétation suggère que Dieu ne peut entrer dans nos vies que si nous l'y invitons.

Les **stèles**★★ du chœur, tout comme l'ornementation de l'orgue, sont de la main de **Grinling Gibbons** (1648-1721), un virtuose de la sculpture sur bois. La reine Victoria ayant jugé la cathédrale « ennuyeuse, terne et n'invitant pas à la dévotion », il fut décidé en 1896 d'orner le chœur de **mosaïques** très colorées. De part et d'autre du maître-autel (1958), les superbes **grilles**★ baroques en fer forgé (1691-1708) furent réalisées par **Jean Tijou**, un huguenot français réfugié en Angleterre. Dans la travée à g. du chœur, *Mère et Enfant*★ de **Henry Moore** est l'une des dernières œuvres du sculpteur sur ce thème (1984).

● **L'ascension du dôme** *(accès par escalier, à l'angle du bas-côté dr. et du transept)*. À 30 m du sol *(257 marches)*, la **galerie des Murmures** court à l'intérieur de l'édifice : les paroles chuchotées près du mur se répercutent le long de la paroi et peuvent aisément être entendues de l'autre côté de la galerie. L'emplacement est idéal pour admirer de plus près les fresques de Thornhill.

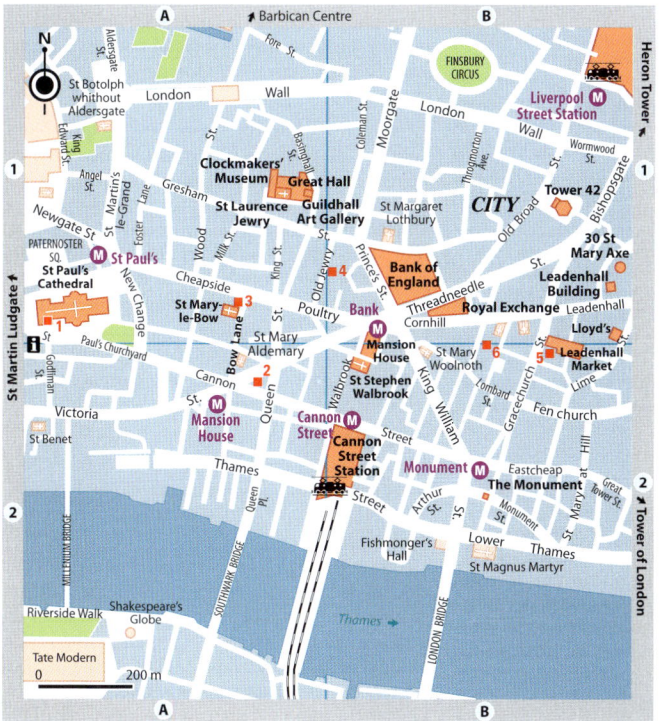

Plan IX : la City (promenade 11).

De la **galerie de Pierre** *(119 marches plus haut)* qui encercle la base extérieure de la coupole, le regard embrasse toute la ville. Mais c'est de la **galerie d'Or** *(encore 152 marches • 85 m du sol)*, à la base de la lanterne, que la **vue★★★** sur la ville est la plus somptueuse.

• **La crypte** *(accès par escalier encadrant le chœur)*. Aussi vaste que la cathédrale, elle abrite de nombreux tombeaux de personnalités qui contribuèrent à la gloire du pays. Au pied des escaliers se trouve la tombe du **duc de Wellington**, simple cercueil en granit de Cornouailles soutenu par des têtes de lion, qui reflète le pragmatisme du défunt. Malgré sa réputation de « duc de fer », le héros de Waterloo († 1852) considérait que « rien, sinon une bataille perdue, n'est aussi mélancolique qu'une bataille gagnée ». Mort en arrachant la victoire aux Français à la bataille de Trafalgar (1805), l'**amiral Nelson** repose à une place d'honneur dans la crypte, dans un cercueil fabriqué dans le bois d'un des bateaux ennemis. Surmonté de sa couronne de vicomte, le sarcophage qui l'abrite, en marbre noir, avait été fabriqué pour le cardinal Wolsey mais était resté vide depuis sa disgrâce (→ *p. 330*).

La **chapelle Sainte-Foy** (Saint Faith's), qui occupe l'abside, est dédiée à l'Excellentissime Ordre de l'Empire britannique, créé en 1917 par Georges V pour permettre aux femmes ayant contribué à l'effort de guerre de recevoir une récompense. À dr. de la chapelle sont enterrés, entre autres, les peintres William Turner, Joshua Reynolds et John Everett Millais, le sculpteur Henry Moore ainsi que **Christopher Wren** ; sa tombe est recouverte d'une simple dalle sur laquelle son fils fit graver l'inscription : « Lecteur, si vous cherchez son monument, regardez autour de vous. »

■ Saint Mary le Bow★ IX A1
Cheapside, EC2V • M° St Paul's • ☎ *020.7248. 5139 • www.stmarylebow.co.uk • ouv. lun.-mer. 7 h 30-18 h, jeu. 7 h 30-16 h 30, ven. 7 h 30-16 h • entrée gratuite.*

« Tout véritable *cockney* doit être né au son des cloches de Saint Mary le Bow » : bien que le dicton semble aujourd'hui peu approprié à l'ambiance du quartier, qui n'a plus rien de populaire, il en allait autrement lorsque Cheapside était encore une des artères commerçantes les plus animées de Londres. Les cloches de l'église, qui servaient depuis le Moyen Âge à sonner le couvre-feu, étaient connues

---

♥ **PAUSE**
Cafe at St Paul's, à l'entrée de la **crypte** de Saint Paul (IX A1 **1** ; accès direct par le flanc g. de l'église). Touristes et employés de la City se côtoient au **café** (lun.-sam. 9 h-17 h, dim. 10 h-16 h), au **restaurant** (t.l.j. 12 h-15 h), ou pour un *afternoon tea* (lun.-sam. 14 h 30-16 h 30).

♥ **RESTAURANT**
Sweetings, 39 Queen Victoria St., EC4N (IX A2 **2**) ☎ 020.7248.3062 ; www.sweetingsrestaurant.com ; lun.-ven. 11 h 30-15 h. Spécialités de poissons et de fruits de mer pour cette table où l'on peut déguster, selon ses moyens, des *pies*, du haddock, du turbot ou du homard. Attention, pas de rés. !

🖉 **RUELLE DE CHARME**
Reliant Cheapside à Cannon St., **Bow Lane** (IX A1/2) est une ruelle piétonne bordée de cafés, de pubs et de jolies boutiques aménagées derrière de ravissantes vitrines du XIXe s.

♥ **CAFÉ**
Café Below, crypte de Saint Mary le Bow (IX A1 **3**) ☎ 020.7329.0789 ; www.cafebelow.co.uk ; lun.-ven. 7 h 30-14 h 30. Petits déjeuners, sandwichs ou lunchs non dispendieux à emporter ou à consommer sur place. Burger d'agneau, salade de lentilles et crumble à la rhubarbe. Très bon rapport qualité-prix. Attention, envahi à l'heure du déjeuner.

L'aumône en costume de lumière

Parmi les traditions chères au cœur des Londoniens, il en est une qu'il ne faut rater sous aucun prétexte si vous êtes à Londres le dernier dimanche de septembre. Il s'agit du **Pearly Costermongers' Harvest Festival**, procession de représentants des classes populaires des différents quartiers qui démarre à 13 h devant Guildhall.

Facilement reconnaissables à leurs costumes sombres ornés de centaines de boutons de nacre, ces « Pearly Kings and Queens » sont les héritiers d'un certain **Henry Croft**, gamin des rues qui, en 1875, avait pris l'habitude de collecter des dons en nature auprès des vendeurs de quatre-saisons *(costermongers)* pour agrémenter le quotidien des enfants de l'orphelinat dont il était issu. Pour se faire remarquer, il cousait à sa casquette des boutons nacrés ramassés dans les rues. Fidèles à sa mémoire, les *Pearlies* perpétuent ces levées de fonds au profit d'œuvres caritatives.

Devenu un événement public auquel prennent part les autorités de la ville, le défilé de septembre s'achève à Saint Mary le Bow, dont les cloches, pour l'occasion, sonnent à toute volée.

De nombreuses autres collectes sont organisées toute l'année (rens. : www.pearlysociety.co.uk).

de toute la ville. Édifié par les Normands au XIe s., comme en atteste la **crypte**★★ à arcade *(bow)* dont il tiendrait son nom, le sanctuaire fut détruit par le Grand Incendie de 1666 et rapidement reconstruit par **Christopher Wren**. Le dessin complexe du **clocher**★ et celui de l'entrée, inspiré de l'hôtel Conti de Paris, en font l'une des œuvres les plus intéressantes de l'architecte. Après les bombardements de 1941, l'église a été rebâtie à l'identique mais avec un intérieur complètement modifié.

■ Guildhall★ IX A1

Gresham St., EC2 • M° Bank • ☎ *020.7332.1313 • vis. guidée payante, 1 jeu./mois à 10 h 45, permettant d'assister à la réunion du City's Common Council • rés. par e-mail : csj25@alumni.lse.ac.uk*

Situé sur une place en retrait de la rue, l'**hôtel de ville de la City** sert de siège aux corporations de métiers qui administrent le district depuis le XIe s. Bâti entre 1411 et 1430, il est le seul édifice civil à avoir partiellement résisté au Grand Incendie de 1666, puis aux bombardements allemands de 1940. Si le toit est récent, une partie des murs est d'origine. Ajoutée en 1789, la façade sur la cour est un curieux mélange de styles gothique (ogives), classique (pilastres) et oriental (arcatures polylobées).

Le **Great Hall**, aux dimensions impressionnantes, accueille les cérémonies officielles et les réunions du conseil de la City ; on découvre aussi l'ancienne **bibliothèque**, de style gothique victorien, et la **crypte** aux beaux piliers fasciculés, qui date d'Édouard le Confesseur (XIe s.).

▶ Dante Gabriel Rossetti, *Ghirlandata*.

■ **Guildhall Art Gallery**★★ IX A1
*Guildhall Yard, EC2 • M° Bank •
☎ 020.7332.3700 • www.cityof
london.gov.uk (Things to do) • ouv.
lun.-sam. 10 h-17 h, dim. 12 h-16 h
• entrée payante pour les expositions
temporaires uniquement.*
Ouverte en 1886 pour répondre à la prédilection grandissante de la société victorienne pour l'art, cette galerie rassemblait les œuvres acquises par les corporations de métiers. En 1941, à la suite d'un raid aérien particulièrement violent, le bâtiment fut presque intégralement détruit : 164 toiles et 20 sculptures furent irrémédiablement perdues. En 1987, alors que les travaux de la nouvelle galerie allaient commencer, on découvrit les vestiges d'un **amphithéâtre romain** du Iᵉʳ s. apr. J.-C. *(accès par ascenseur)*.

Sur les 4 000 œuvres que compte la collection, seules 250, presque toutes d'époque victorienne, sont présentées par roulement. Parmi les plus célèbres, l'immense *Siège de Gibraltar*★ (1783-1791), de **John Singleton Copley**, illustre la défaite de la flotte espagnole devant Gibraltar en 1782. Plus que la gloire de l'armée victorieuse, le véritable sujet du tableau est la magnanimité du gouverneur anglais, que l'on voit diriger les opérations de secours des marins vaincus.

Peinte en 1873, à peine quelques mois après une tentative de suicide de l'artiste, la très sensuelle et pourtant impassible *Ghirlandata*★★★ (1873), de **Dante Gabriel Rossetti**, incarne tout à la fois le mystère de la vie, la mélancolie qu'elle suscite, la beauté ensorcelante de la femme qui tient l'homme à sa merci et l'attraction sexuelle, dont les notes qui s'échappent de la harpe sont une métaphore.

De **John Constable**, on verra une étude préparatoire pour sa *Cathédrale de Salisbury vue des prés*★★ ; de **Lawrence Alma-Tadema**, une toile intitulée *Supplication*★, qui montre bien le goût du peintre pour les scènes du quotidien de l'Antiquité ; de **John Everett Millais**, *Mon premier sermon*★ et *Mon deuxième sermon*★, deux portraits de la fille de l'artiste.

■ **Saint Lawrence Jewry** IX A1
*Guildhall Yard, EC2V • M° Bank • ☎ 020.7600.9478 • ouv. lun.-ven.
8 h-17 h • entrée gratuite • concerts gratuits de piano (lun. à 13 h) et d'orgue
(mar. à 13 h).*
Comme son nom l'indique, cette église se situait à la limite du quartier juif *(Jewry)* de la ville. Reconstruite en 1677 par **Wren**, elle est le lieu de culte officiel des corporations de métiers. Tout de blanc et d'or, son **intérieur**★ est considéré comme l'une des meilleures restaurations de l'après-guerre.

■ Clockmakers' Museum IX A1

Guildhall Library, Aldermanbury, EC2V • M° Bank • ☎ 020.7332.1868 • www.clockmakers.org • ouv. normalement lun.-sam. 9 h 30-16 h 45 ; f. les dim. et j. fériés • entrée gratuite.

☞ PLAN IX P. 223.

Plus de 600 montres et 30 horloges, datant pour la plupart des XVIIe-XIXe s., constituent le fonds de cette collection rassemblée par les membres de la **corporation des horlogers**. À voir, la petite montre en argent appelée *Nativité**** (1609-1629), en forme d'étoiles à six branches, réalisée par **David Ramsay**, l'horloger des rois Jacques Ier et Charles Ier ; et surtout, le chronomètre de marine **H5**** qui rapporta à son inventeur, **John Harrison**, les 20 000 £ de récompense offertes par le gouvernement britannique à qui parviendrait à mettre au point une montre suffisamment précise pour permettre un calcul fiable de la longitude.

■ Bank of England IX B1

Threadneedle St., EC2R • M° Bank • www.bankofengland.co.uk • pas de vis.

Deuxième plus vieille banque centrale du monde, après celle de Suède, « la vieille dame de Threadneedle Street » naquit en 1694 alors que les finances publiques étaient au plus bas. Jusque-là, l'usure était presque exclusivement le fait des orfèvres, qui prêtaient de l'argent aux marchands comme à la Couronne. Clé de voûte d'une importante politique d'emprunt public, la Bank of England fut à l'origine de la nouvelle organisation financière du royaume qui contribua, selon de nombreux historiens, à l'avènement précoce de la révolution industrielle britannique. Nationalisée en 1946, la banque retrouva son indépendance en 1997.

De l'édifice que **John Soane** fut chargé de dessiner à partir de 1788, il ne reste aujourd'hui que le soutènement, sur lequel **Herbert Baker** ajouta, entre 1924 et 1939, un nouveau bâtiment néoclassique très controversé. En effet, au lieu de se fondre avec la construction préexistante, il semble juste reposer sur elle comme sur une sorte de piédestal. À l'angle de Lothbury et de Prince's Street, on peut encore voir le **Tivoli Corner**, portique en rotonde conçu par Soane sur le modèle du temple romain de Vesta, à Tivoli.

● **Bank of England Museum** *(accès par Bartholomew Lane • ☎ 020.7601.5545 • ouv. lun.-ven. 10 h-17 h, les 24 et 31 déc. 10 h-13 h ; f. les w.-e. et j. fériés • entrée gratuite).* En passant par la salle des actions, reconstruite à l'identique de celle conçue par Soane, puis par une enfilade de salles où sont exposées des collections d'**outils**, de **monnaies** et

---

Tel maire, telle ville

Depuis que, en 2000, le Parlement britannique a entériné le *Great London Authority Act*, qui avait préalablement obtenu les faveurs du référendum populaire, la nouvelle subdivision administrative du **Grand Londres** est dirigée par un **maire** *(mayor)*, le premier de Grande-Bretagne à être élu au suffrage universel. En poste pour une durée reconductible de quatre ans, il ne doit pas être confondu avec le **lord-maire** *(lord mayor)*, dont le pouvoir remonte au Moyen Âge, mais ne s'étend que sur l'administration indépendante de la City. Élu pour un an par les *liverymen*, représentants des différentes corporations de métiers, son rôle principal consiste à leur servir d'ambassadeur auprès des autorités britanniques. La charge, hautement honorifique, donne lieu à des cérémonies protocolaires ronflantes, comme le **Lord Mayor Show** qui, depuis près de 800 ans, voit chaque lord-maire nouvellement élu traverser la Tamise pour aller prêter serment d'allégeance à la Couronne *(→ théma p. 130-131).*

de **billets**, le parcours retrace l'histoire de la Banque d'Angleterre tout en expliquant les principaux mécanismes de la finance. Dans la salle de la Rotonde, on pourra soulever un véritable lingot d'or de 13 kg !

■ Royal Exchange★ (la Bourse) IX B1
Entre Cornhill St. et Threadneedle St., EC3V • Mº Bank • accès libre.
Depuis son inauguration par la reine Élisabeth Ire en 1571, le bâtiment de la **Bourse**, qui abrite aujourd'hui un **centre commercial** de luxe, fut détruit et relevé à deux reprises. Le premier édifice avait été conçu en 1566 sur le modèle de la Bourse d'Anvers par **Thomas Gresham**, un riche mercier devenu agent financier de la Couronne. Voulant doter la ville d'un lieu propice au négoce, il prit en charge les frais de construction, contre la garantie d'un loyer annuel proportionnel au volume d'échanges qui y serait opéré.

L'édifice actuel, avec sa majestueuse colonnade que surmonte un fronton classique, remonte à 1844. La tour qui surplombe sa façade arrière est coiffée d'une sauterelle, animal figurant sur les armoiries de la famille Gresham. À l'intérieur, les artistes les plus en vue de la fin du XIXe s. réalisèrent un **cycle de peintures★** à la gloire de l'Angleterre. Bien que très assombries, on peut encore en voir certaines depuis la galerie du 1er étage.

Le **London Stock Exchange**, actuel siège de la Bourse de Londres situé sur Paternoster Sq. IX A1, a définitivement remplacé le Royal Exchange en 1972.

■ Mansion House★ IX B1/2
Walbrook, EC4N • Mº Bank • ☎ 020.7626.2500 • www.cityoflondon.gov.uk (About the City) • vis. guidée obligatoire et payante le mar. à 14 h ; 40 personnes maximum, pas de rés.
Construite par **George Dance l'Aîné** entre 1739 et 1752 pour servir de résidence officielle aux lords-maires *(→ encadré p. 227)*, cette somptueuse maison se devait d'être à la hauteur du prestige de la charge. Cela explique la grandiloquence de la façade, de style néopalladien, dont le portique surélevé est surmonté d'un fronton sculpté. On y voit une allégorie de Londres coiffée d'une couronne de tourelles (ses fortifications), portant les armoiries de la ville et écrasant l'Envie sous son pied tout en acceptant les bénéfices de l'Abondance, acheminés par la Tamise. Malgré l'espace relativement restreint du terrain, l'architecte parvint à combiner la double fonction des lieux, qui servent aujourd'hui encore de salles de réceptions officielles et d'appartement familial.

Avec ses dimensions impressionnantes et ses hautes colonnes corinthiennes, le **salon « égyptien★★ »** est une reproduction du modèle mis au point par Palladio à partir des descriptions du Romain Vitruve (Ier s. av. J.-C.). L'architecte du XVIe s. les interpréta comme des salles à manger égyptiennes alors qu'il s'agissait des basiliques antiques, vastes salles rectangulaires dévolues aux réunions publiques. Dans l'ancienne salle des serviteurs sont exposés les insignes liés à la charge du lord-maire, comme la **chaîne en or★** (début XVIe s.) qu'il portait à l'occasion des grandes cérémonies, ou l'**épée de perle★** offerte par Élisabeth Ire en 1571 lors de l'ouverture de la première Bourse.

■ Saint Stephen Walbrook★ IX B2
39 Walbrook, EC4N • Mº Bank • ☎ 020.7626.9000 • www.ststephenwalbrook.net • ouv. lun.-ven. 10 h-16 h • entrée gratuite.
Cette église, qui tient son nom d'un ancien ruisseau *(brook)*, fut dessinée par **Christopher Wren** en 1672 pour remplacer le sanctuaire ravagé par le feu en 1666. Elle se distingue par l'audacieuse harmonie de son **intérieur★★** lumineux où quadrilatères, cercles et triangles s'emboîtent à la perfection.

Préfigurant celle de Saint Paul's, la **coupole**★★★ à caissons *(photo p. 181)* repose sur une série d'arches qui lui permettent de s'appuyer sur un carré. En dessous, une sculpture incurvée en pierre blanche de **Henry Moore** sert de maître-autel.

■ **Leadenhall Market**★ IX B1/2

Entrée par Gracechurch St. ou Leadenhall St., EC3V • M° Monument • ☎ 020.7332.1523 • accès libre.
Difficile d'imaginer le vacarme assourdissant et les fortes odeurs qui émanaient de ce **marché couvert** où poisson et volaille tenaient une place d'honneur jusque dans les années 1960. Déployées en étoile autour d'une place en forme d'octogone, les ruelles pavées aux couleurs vives, qui semblent directement issues d'un livre de gravures victoriennes, sont aujourd'hui bordées de cafés, de restaurants et de charmantes boutiques où se presse la foule élégante des employés de la City. Ayant fait l'objet d'une méticuleuse restauration, la structure, bâtie en 1881 par **Horace Jones** (l'architecte du Smithfield Market, → *p. 234*), est toujours couverte de sa verrière d'origine. Dans une symphonie de rouges, de verts et de crème, la succession de vitrines léchées et la multitude de motifs décoratifs d'époque créent une atmosphère désuète, qui a pu inspirer le cinéma (notamment le premier *Harry Potter*, en 2000).

⌁ **LA HOT LINE DE SAINT STEPHEN**
Dans une boîte en verre, un téléphone honore la mémoire de **Chad Varah**, le recteur de l'église qui est à l'origine d'une œuvre de bienfaisance dont les membres *(Samaritans)* assurent, depuis 1953, une permanence téléphonique 24 h/24 destinée aux personnes en détresse morale.

♥ RESTAURANT
L'Osteria del Mercato,
13-15 Leadenhall Market,
1er étage (IX B1/2 5)
☎ 020.7929.6742 ;
lun.-ven. 12 h 30-15 h, mar.-jeu. également 18 h-21 h 30.
En haut d'un escalier tout droit sorti d'un roman de Dickens, une bonne table de cuisine italienne avec vue sur les ruelles du marché.

Une usine à gaz ?

Dominant de toute sa hauteur le petit marché de Leadenhall, le siège de la célèbre **Lloyd's** (1978-1986) ressemble plus, de prime abord, à une sorte de raffinerie qu'à un immeuble de bureaux. Pour libérer l'espace intérieur, qui devient un immense atrium *(ouv. lun.-ven. 8 h-18 h)* en lumière naturelle et sillonné d'escaliers roulants, **Richard Rogers** a placé en façade toutes les fonctionnalités. Comme il l'avait fait au Centre Pompidou de Paris, cosigné avec Renzo Piano (1972-1977). C'est ainsi que les ascenseurs, conduites d'eau, tubulures de ventilation, escaliers apparents lui donnent un petit air d'usine à gaz, corroboré par l'effervescence qui anime en permanence le grand hall.

Première sur le marché mondial de l'assurance, la Lloyd's est née au XVIIe s. dans une taverne de Lombard Street où armateurs, navigateurs, courtiers et banquiers se retrouvaient pour parler affaires. Pour leur faciliter la tâche, le propriétaire, un certain **Edward Lloyd**, affichait aux murs toutes les informations utiles sur le départ et l'arrivée des navires, leur destination, leur cargaison... Autant d'éléments qui permettaient d'évaluer les risques et d'établir les contrats d'assurance.

▶ La construction du siège de la Lloyd's a soulevé d'acerbes controverses.

♥ RESTAURANT
Goodman, 11 Old Jewry, EC2R
(IX B1 4) ☎ 020.7600.8220 ;
www.goodmanrestaurants.com ;
lun.-ven. 12 h-24 h.
Une table pour carnivores où la
viande est servie après un long
vieillissement, qui lui garantit
une saveur riche et intense.

☞ EN SAVOIR PLUS
Sur le nouveau visage
de Londres, toujours changeant,
reportez-vous au théma
« La course aux gratte-ciel »,
p. 68-69.

♥ PUB
Jamaica Wine House,
St Michael's Alley, Cornhill, EC3V
(IX B2 6) ; lun.-ven. 11 h-23 h.
Dans la plus pure tradition
londonienne, ce pub caché dans
un lacis de ruelles médiévales
offre une bonne sélection
de bières et de plats
traditionnels. Édifice du XIXe s.
Terrasse aux beaux jours.

■ Autour de Bishopsgate IX B1
M° Bank.

Depuis les années 1960, la physionomie de ce quartier de Londres n'a cessé d'évoluer : chaque décennie a vu de nouveaux buildings s'élever. Parmi les plus connus, le **Lloyd's★★** IX B1 (1986 • *1 Lime St.* • → *encadré p. 229*), dont la construction souleva d'acerbes controverses, et la **Tower 42** IX B1 (1965 • *25 Old Broad St.*), qui resta jusqu'en 2011 le plus haut édifice de la City. Il fut détrôné par la **Heron Tower★** h. pl. IX par B1 (2011 • *110 Bishopsgate*), dont le **restaurant panoramique★** offre une vue incomparable sur la ville *(spécialités japonaises, brésiliennes et vénézuéliennes).*

Le **Leadenhall Building★** IX B1 (2014 • *122 Leadenhall St.* • *photo p. 69*) est désormais tenant du titre ; sa forme de râpe à fromage lui a valu son surnom, *Cheesegrater*. À voir aussi, le célèbre **30 Saint Mary Axe★★** IX B1, du cabinet Foster, que les Londoniens ont vite rebaptisé *Gherkin*, le Cornichon (2004 • *photo p. 68*).

■ The Monument IX B2
Fish Street Hill, EC3 • M° Monument • ☎ 020.7626.2717 • www.themonument.info • vis. t.l.j., d'avr. à sept. 9 h 30-18 h, d'oct. à mars 9 h 30-17 h 30 ; f. 24-26 déc. et 1er janv. • entrée payante, possibilité de billet jumelé avec le Tower Bridge (→ p. 250).

Cette immense colonne dorique fut terminée en 1677 pour célébrer la reconstruction de la City après le Grand Incendie qui l'avait ravagée en 1666. La fureur du brasier est symbolisée par le bouquet de flammes qui s'échappe de l'urne en cuivre doré, placée à son sommet. Les 62 m de hauteur du Monument correspondent à la distance qui le sépare du départ du feu *(→ théma p. 80-81)*. La base évoque la catastrophe et la reconstruction par un bas-relief et des inscriptions, dont celle qui accusait les catholiques, qui a été effacée au XIXe s.

Dessinée par **Christopher Wren** en collaboration avec son ami **Robert Hooke**, membre éminent de la toute récente Royal Society (équivalent de l'Académie des sciences), la colonne devait aussi servir à des observations astronomiques et à d'autres expérimentations. Mais les vibrations provoquées par le trafic qui l'environnait interdirent toute expérience. Un escalier intérieur *(311 marches)* conduit à une étroite plate-forme, d'où la **vue★** sur le Tower Bridge est exceptionnelle.

⑫ Le nord de la City et l'East End★

La graduelle mutation de ces quartiers populaires, où fleurissent désormais galeries d'art et bars branchés, n'en a pas encore trop modifié l'atmosphère multiethnique et multiculturelle. Découverts dans les années 1990 par des artistes désargentés en quête d'espace pour installer leurs ateliers, ces faubourgs à la réputation douteuse étaient depuis toujours la terre d'accueil des déshérités : ouvriers chassés de la City par le Grand Incendie de 1666, marins de tous horizons en attente d'un embarquement, protestants et juifs fuyant les persécutions religieuses, anciens esclaves noirs américains, plus récemment immigrés bangladais arrivés en masse, ces populations se sont brassées dans un formidable melting-pot dont la vitalité égaie les étals des innombrables marchés et tente de résister aux appétits dévorants de la City. Revendiquant un certain refus de l'autorité, c'est aussi ici que les artistes urbains ont choisi de laisser libre cours à leur imagination en couvrant les murs d'œuvres aussi variées qu'éphémères.

Situation : East End • plans X p. 232 et XI p. 238 ; plan général détachable D3-F2 • plan du métro p. 364-365.

À ne pas manquer

Le Museum of London★★	232
Saint Bartholomew the Great★★	234
Brick Lane et ses marchés★	238
La maison de Dennis Severs ★	241

☞ **MANIFESTATIONS**
Spitalfields Music : pendant deux semaines en juin et deux semaines en décembre, ce festival ouvre l'East End à toutes les formes d'expression musicale – baroque, contemporaine, lyrique, chorégraphique, ethnique... Rens. : www.spitalfieldsmusic.org.uk

1 Barbican et Smithfield

Rigueur de l'architecture brutaliste d'après-guerre, fantaisie victorienne parfaitement conservée, majesté des voûtes et arcades des églises et cryptes médiévales, telles sont les surprises que réserve cette promenade au cœur d'un quartier qui revendique fermement ses origines populaires. Et pour mieux comprendre son évolution, pourquoi ne pas commencer par une visite du très beau musée de Londres, qui en retrace l'histoire et le développement ?

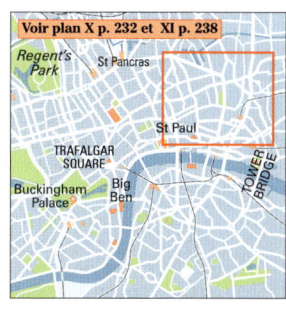

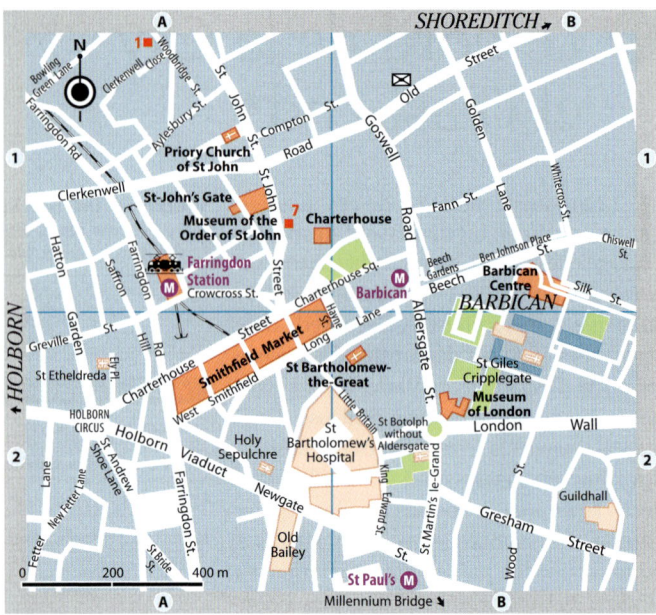

Plan X : Barbican et Smithfield (promenade 12).

Départ : M° Barbican X B1 (Circle Line ; Metropolitan Line ; Hammersmith & City Line).

Lignes de bus : le n° 43 relie London Bridge à Finsbury Square, près du Barbican Centre, en passant par The Monument • le n° 56, de Cheapside au M° Barbican, dessert London Museum.

Combien de temps : 3 h en comptant la visite du Museum of London.

■ Museum of London★★ X B2
150 London Wall, EC2Y • M° Barbican • ☎ 020.7001.9844 • www. museumoflondon.org.uk • ouv. t.l.j. 10 h-18 h ; f. 24-26 déc. • les galeries commencent à fermer à 17 h 40 • entrée gratuite.
Inauguré par la reine Élisabeth II en 1976, ce musée captivant retrace l'histoire de Londres et la vie de ses habitants **depuis la préhistoire**. Sculptures, bijoux, armes, maquettes, vêtements, tableaux, gravures et photos, une multitude d'objets ressuscitent les heurs et malheurs qui ont fait la capitale actuelle.

● **La cité romaine** (Ier-Ve s.). Établie en 43 apr. J.-C. à l'emplacement de l'actuelle City, la Londinium romaine a laissé de nombreux vestiges parmi lesquels une tête en marbre du dieu **Mithra★** (IIe-IIIe s.), coiffé de son bonnet phrygien, et des **urnes funéraires** (IIe s.) en forme de jarres sculptées de visages humains.

● **La cité médiévale** (V^e-XVe s.). L'affermissement du pouvoir des commerçants et des artisans, réunis en corporations, aboutit à un système d'auto-gouvernance qui perdure aujourd'hui dans le statut spécial de la City. La grande quantité de poteries retrouvée atteste des contacts constants avec le continent. Parmi les **médailles de pèlerinage★**, voir celle de la fin du XIVe s. qui représente saint Thomas Becket sur le bateau le ramenant de son exil en France ; l'archevêque de Canterbury allait être assassiné en 1170.

● **Guerres, pestes, incendies et expansion** (1550-1850). Sur fond de turbulences politiques et de revers de fortune, le règne des Tudors (1485-1603) est aussi synonyme d'un important développement économique et culturel. Une **maquette du Rose Theatre** rappelle la grande époque des théâtres qui, alors interdits dans l'enceinte de la City, se multiplient hors les murs. Avec l'arrivée sur le trône de la reine Victoria (r. 1837-1901), l'Empire britannique atteint sa toute-puissance. Londres devient la métropole internationale qui accueille, en 1851, la première Exposition universelle (maquette). À ne pas manquer, le **Victorian Walk★★★** qui reconstitue une rue de cette époque, bordée d'échoppes de commerçants et d'artisans.

● **Vers la ville moderne** (1850-2000). Le développement industriel et technologique de Londres, qui est à la fin du XIXe s. la ville la plus riche du monde, creuse l'écart entre les différentes classes sociales. L'ère des revendications commence tandis que la bourgeoisie s'installe dans le confort moderne. Un **modèle de Ford★** issu des usines britanniques rappelle le développement de l'industrie automobile tandis que le sublime **ascenseur du grand magasin Selfridges★★** évoque la croissance fulgurante de cette nouvelle forme de commerce. Attirant tous les regards, le somptueux **carrosse★★** (1757), qui sert chaque année au Lord Mayor Show, brille de tous ses feux *(→ théma p. 130-131)*.

On peut rejoindre le Barbican Centre par les terrasses du gigantesque complexe immobilier Barbican.

■ **Barbican Centre** X B1

Silk St., EC2 • M° Barbican • ☎ 020.7638.4141 • www.barbican.org.uk • ouv. lun.-sam. 9 h-23 h, dim. et j. fériés 12 h-23 h.

Avec ses trois salles de cinéma, son théâtre, son auditorium, ses cafés et restaurants, sa galerie d'art, sa bibliothèque, sa terrasse ouverte agrémentée d'un

▲ Le Barbican Centre, une sorte de ville dans la ville.

vaste bassin, ce **centre culturel** ouvert en 1982 fait partie d'un vaste projet d'urbanisme, conçu après-guerre pour remplacer un quartier presque entièrement rasé par les bombardements. Ce gigantesque enchevêtrement d'escaliers, de terrasses, de passerelles, de jardins suspendus et d'immeubles d'habitation, tout de brique et de béton, est un parfait exemple d'architecture brutaliste.

■ Saint Bartholomew the Great★★ X B2
West Smithfield, EC1 • accès par Little Britain • M° Barbican • ☎ 020. 7600.0440 • www.greatstbarts.com • ouv. lun.-ven. 8 h 30-16 h, d'avr. à sept. 8 h 30-17 h, sam. 10 h 30-16 h, dim. 8 h 30-20 h • entrée payante (+ 1 £ droit photo) • café dans l'ancien cloître (f. sam.).

C'est une belle **porte en arcade**★★ du XIIIe s., surmontée d'une **maison à colombage**★ de style Tudor (XVIe s.), qui donne accès au petit cimetière servant aujourd'hui d'écrin à l'ancienne église du prieuré augustinien de Londres. Fondée au XIIe s., ainsi que l'hôpital voisin, par un certain Rahere, courtier rentré dans les ordres après avoir vu saint Barthélemy en songe, elle compte parmi les plus vieilles églises de la capitale. De l'édifice d'origine, en partie détruit lors de la dissolution des monastères (1536-1540), il ne reste que le chœur, la croisée du transept, le début de la nef principale et la **chapelle Notre-Dame** (Lady Chapel). Cette dernière, qui fut au cours des siècles transformée en habitation, en atelier de couture puis en imprimerie (Benjamin Franklin y travaillait en 1724), contraste par sa luminosité avec le reste de l'édifice, rendu à ses formes romanes d'origine. Seules les ogives du transept préfigurent l'éclosion du style gothique.

■ Smithfield Market★ X A2/1
Entre Charterhouse St. et West Smithfield, EC1A • M° Barbican ou Farringdon • www.smithfieldmarket.com • ouv. lun.-ven. 3 h-10 h • vis. guidée payante en anglais (1 h 30), 1 mer./mois à 7 h, rés. obligatoire (www.cityoflondonguides.com).

Le **London Central Meat Market**, que tout le monde continue d'appeler de son ancien nom, est toujours en activité. Spécialisé dans la vente de viande en gros, il fut bâti à partir de 1860 par **Horace Jones**, uns des futurs architectes du Tower Bridge. Sa forme allongée, couverte d'une immense verrière caractéristique de l'époque victorienne, lui donne des petits airs de gare de chemin de fer. Les couleurs, pour le moins vives, qui égaient sa structure en bois et en fonte datent d'une restauration entreprise en 1900. Pour se conformer aux réglementations européennes, ses infrastructures ont été entièrement repensées au détriment de l'impressionnant ballet de carcasses d'animaux qui s'y déroulait auparavant.

Le bâtiment qui le prolonge à l'O. abrite un **marché aux volailles** construit en 1963 sur les ruines de l'édifice du XIXe s., parti en fumée quelques années auparavant. Ses murs gris et ses larges baies fermées par des claustras en brique sont loin de faire l'unanimité.

■ Charterhouse★ X A1
Charterhouse Sq., EC1M • M° Barbican ou Farringdon • ☎ 020.7253.9503 • www.thecharterhouse.org • vis. guidées (10 £) à 14 h 15 mar., mer. ou jeu. et 1 sam./2 ; rés. obligatoire en ligne.

L'histoire des lieux a débuté en 1371 avec la fondation d'un couvent de chartreux, dont seul le porche d'entrée et une partie du cloître ont subsisté. Après la dissolution des monastères, ordonnée à partir de 1536 par Henri VIII, le site fut racheté par un particulier qui y fit construire une vaste résidence de style Tudor. Si le **Great Hall**★★, toujours coiffé de sa charpente d'origine, et la tour qui abritait la salle voûtée du trésor datent de cette époque, la décoration de la **Great Chamber**★ reflète le goût élisabéthain.

En 1611, la maison devint propriété de **Thomas Sutton**, un homme d'affaires dont on disait qu'il était « le plus riche roturier d'Angleterre ». C'est à lui que l'on doit la fondation de l'hospice pour indigents, qui compte aujourd'hui encore une quarantaine de pensionnaires, appelés *brothers*. Par testament, Sutton avait aussi imposé l'ouverture d'une école pour garçons, dont la réputation n'a fait que croître jusqu'à présent. Transférée dans le Surrey en 1872, elle compte parmi ses anciens élèves John Wesley (1703-1791), l'instaurateur de l'Église méthodiste, William Thackeray (1811-1863), l'un des plus éminents romanciers de l'époque victorienne, ou encore Robert Baden-Powell (1857-1941), le fondateur du scoutisme.

■ Museum of the Order of Saint John★ X A1

St John's Gate, St John's Lane, EC1M • M° Farringdon • ☎ 020.7324.4005 • www.museumstjohn.org.uk • ouv. lun.-sam. 10 h-17 h • entrée libre • vis. guidées payantes en anglais mar., ven. et sam. à 11 h et 14 h 30.

● **Saint John's Gate**★. La belle **porte Saint-Jean** (XVIe s.), seul vestige du grand prieuré des Hospitaliers de Saint-Jean-de-Jérusalem à Londres, abrite le **musée** qui retrace l'histoire de l'Ordre depuis sa fondation, au XIIe s. Armes et armures, meubles, peintures, vaisselles, vêtements brodés racontent la vie et la mission des chevaliers en temps de guerre comme de paix. Parmi les manuscrits, voir le **missel enluminé**★ sur lequel les chevaliers prêtaient serment. La salle gothique du chapitre, l'ancienne chancellerie, la salle du conseil et la tour ouest, qui conserve un rare exemple d'escalier en spirale de style Tudor, font partie du circuit de la visite guidée.

Une pièce est consacrée à la **Saint John's Ambulance Foundation** qui, depuis 1877, perpétue la mission caritative de l'Ordre, particulièrement en apportant les premiers secours aux civils malades ou blessés. L'institution, aujourd'hui active dans plus de 40 pays, gère un groupe hospitalier d'ophtalmologie en Palestine.

● **Priory Church of Saint John.** De l'autre côté de Clerkenwell Road, ne manquez pas l'**église du grand prieuré**, reconstruite en 1960 ; la **crypte**★★ normande (XIIe s.) abrite le **tombeau**★★ Renaissance en albâtre d'un chevalier espagnol. ▶▶▶

♥ CAFÉ-RESTAURANT

The Clerkenwell Kitchen, 27-31 Clerkenwell Close, EC1R (X A1) ☎ 020.7101.9959 ; www.theclerkenwellkitchen.co.uk | lun.-ven. 8 h-17 h, jeu. 11 h-22 h 30. Un choix quotidien de six plats à moins de 10 £, plus autant de plats à emporter (4-7 £), renouvelés tous les jours. Ingrédients d'une grande fraîcheur achetés directement chez les producteurs. Jolie terrasse aux beaux jours.

Plus vrai que nature

Les massives arcades normandes de l'église **Saint Bartholomew the Great**, l'obscurité recueillie de son chœur encore entouré d'un déambulatoire et l'atmosphère monastique qui y règne en ont fait un **lieu de tournage** particulièrement prisé par les metteurs en scène. Parmi les plus connus des films qui l'ont élu comme décor, on peut citer : *Robin des Bois, prince de voleurs* (1991), de Kevin Reynolds, avec Morgan Freeman et Kevin Costner ; *Jude* (1996), de Michael Winterbottom, avec Kate Winslet ; le célébrissime *Shakespeare in Love* (1998), de John Madden, avec Gwyneth Paltrow et Joseph Fiennes ; *Elizabeth, l'âge d'or* (2007), de Shekhar Kapur avec Cate Blanchett ; *Deux Sœurs pour un roi* (2008), de Justin Chadwick, avec Natalie Portman et Scarlett Johansson ; ou encore le *Sherlock Holmes* (2009) de Guy Ritchie, avec Jude Law. Une belle série de films et d'artistes immortalisés dans un album photo mis à la disposition des visiteurs.

THÉMA

Spencer Tracy dans le rôle principal du film *Docteur Jekyll et Mister Hyde*, réalisé par Victor Fleming en 1941 d'après la nouvelle de Stevenson.

Jusqu'au bout de l'angoisse...

■ Le barbier de Fleet Street

De novembre 1846 à mars 1847, un journal londonien, *The People's Periodical*, publie sous forme de feuilleton hebdomadaire l'histoire d'un barbier de Fleet Street, **Sweeney Todd**, qui tranche la gorge de ses clients et les évacue par une trappe vers un souterrain où sa maîtresse, Mrs Lovett, transforme les cadavres en pâtés en croûte pour les vendre dans son aimable boutique. Quelques mois plus tard, un théâtre de Hoxton met en scène cette fiction, inspirée d'un possible fait réel, qui tient en haleine la City. La rumeur est telle qu'on hésite à se rendre chez le barbier, à manger des tourtes et à passer par Fleet Street !

■ Docteur Jekyll ou Mister Hyde ?

En 1886, l'écrivain écossais **Robert Louis Stevenson** publie une étrange nouvelle qui frappe elle aussi les esprits : dans une terne maison de Soho sans fenêtres, un respectable savant, le docteur Jekyll, se transforme

Un brouillard poisseux, des rév[erb]bères à la lumière famélique, [des] murs rongés par la suie... : [au] XIXᵉ s., Londres offrait un décor de rêve [aux] amateurs de cauchemars. Surtout [les] berges troubles de la Tamise et les lugub[res] bas-fonds de l'East End *(rookeries)*, o[ù le] crime était un véritable mode de vie. C[ette] ambiance si particulière n'a pas écha[ppé] aux romanciers ni aux cinéastes, qui [ont] rivalisé d'imagination pour dramatise[r la] peur que la ville inspirait à la bourgeo[isie] victorienne. Séquence frissons.

de plus en plus en un monstrueux Mister Hyde. Ce cas de dédoublement de personnalité, dont le cinéma s'empare dès 1908, fera les délices des spectateurs (surtout l'adaptation de Victor Fleming en 1941, avec Spencer Tracy et Ingrid Bergman, qui restitue si bien l'ambiance crépusculaire du Londres victorien).

▶ Affiche du *Cauchemar de Dracula*, réalisé par Terence Fisher en 1958, avec Christopher Lee dans le rôle principal. L'un des innombrables films inspirés par le roman culte de l'écrivain britannique Bram Stoker, publié en 1897.

■ **Jack l'Éventreur**

Deux ans plus tard, en 1888 donc, une autre histoire, véridique celle-là, effraie les honnêtes gens : celle de *Jack the Ripper*. Les crimes qu'on lui prête – six femmes égorgées et vidées de leurs entrailles pour certaines – sèment la panique à Whitechapel et alimentent la presse, qui en révèle les détails les plus sordides. On suspecte tour à tour un matelot de passage, un barbier polonais, un chirurgien maniaque du scalpel et le duc de Clarence (fils aîné du futur Édouard VII), mais le mystère reste entier. Peu à peu, l'ignoble tueur en série se mue en figure de légende : de *Loulou* (G. W. Pabst, 1929) à *From Hell* (Allen Hughes, 2002), des dizaines de films tirent parti de la fascination du public pour cette macabre affaire.

■ **Un vampire en ville**

En 1896-1897, deux autres auteurs enfoncent le clou : le premier, **Arthur Morrison**, décrit dans *A Child of the Jago*, avec une précision d'ethnologue, la façon dont les femmes des bas-fonds de Shoreditch assomment les étrangers pour les détrousser. Gros succès populaire. Le second, **Bram Stoker**, crée le personnage de **Dracula**, un vampire aristocratique et rusé qui quitte son château des Carpates pour s'installer à Londres. Ici aussi le décor est planté : l'ombre du comte s'étire sur les pavés luisants de la capitale, et le sang des femmes coule dans la gorge du monstre. Le cinéma ne tardera pas à s'abreuver aux sources de cet effroyable roman : symbole de l'invasion barbare menaçant les valeurs victoriennes, Dracula est, depuis 1921, la vedette incontestée de plus de 200 films.

■ **« La Marque jaune »**

La BD aussi explore la face obscure de Londres. En 1958, le scénariste belge de *La Marque Jaune*, **Edgar P. Jacobs**, a jeté dans les rues de la City un mystérieux criminel, téléguidé par un savant en proie à une grave paranoïa, qui frappe tous azimuts et va même – ultime sacrilège – jusqu'à dérober la couronne royale dans la Tour. À chacun de ses audacieux forfaits, une inquiétante signature s'étale sur les murs blafards de la ville. Par chance, les deux héros de l'album, Blake et Mortimer, auront raison du génie du Mal. Ouf, on respire !...

◀ Découverte du corps de la dixième victime de Jack l'Éventreur dans une rue du quartier de Whitechapel à Londres (gravure de 1891).

2 Whitechapel et Spitalfields

♥ **SUR LE POUCE**
Poppies, 6-8 Hanbury St., E1
(XI A2 **5**) ☎ 020.7247.0892 ;
www.poppiesfishandchips.co.uk ;
lun.-jeu. 11 h-23 h, ven.-sam.
11 h-23 h 30, dim. 11 h-22 h 30.
Un des meilleurs *fish and chips* de
Londres, et des plus croustillants,
avec choix entre flétan,
morue ou églefin. Comptoir
extérieur pour la vente
à emporter, tables à l'intérieur
autour du rutilant juke-box.

Si nombre des anciens entrepôts de ce quartier industriel, dont Jack l'Éventreur fit son terrain de chasse, sont aujourd'hui reconvertis en lofts, en magasins ou en galeries d'art, la modestie des ruelles où se concentrent les marchés les plus appréciés des Londoniens n'a rien perdu de son authenticité. Les vendeurs de tissus bangladais se sont substitués aux ateliers des tisserands huguenots, installés ici aux XVIIe-XVIIIe s. Dans son désir de non-conformisme, la jeunesse créative qui partage le terrain avec les populations immigrées perpétue le souvenir de la culture *cockney*, gouailleuse et irrévérencieuse.

♥ **MARCHÉS**
• **Brick Lane Market** (XI A1 **2**) ;
dim. 8 h-15 h. Un joyeux marché
envahit la portion de la rue avant
Bethnal Green Rd ainsi que
les rues Sclater et Cheshire.
Mode vintage, bonnes affaires,
cuisines du monde...
La variété des marchandises
reflète bien le caractère
multiculturel du quartier.

• **Backyard Market** (XI A1 **3**) ;
sam. 11 h-18 h.
De l'autre côté de la rue,
pour les flâneurs du samedi.

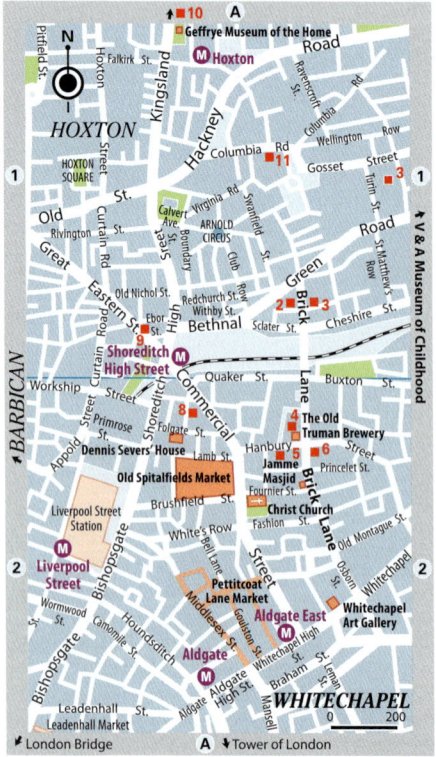

Plan XI : Whitechapel et Spitalfields (promenade ⑫).

⓬ Le nord de la City et l'East End • ❷ Whitechapel et Spitalfields • 239

▲ Promenade dans Brick Lane par beau temps.

Départ : M° Aldgate East XI A2 (District Line ; Hammersmith & City Line).

Lignes de bus : le n° 15 relie Trafalgar Square en passant par le Strand et la City • le n° 25 rejoint Oxford Street en passant par la City et Bloomsbury Square.

Combien de temps : de 2 à 4 h selon le temps consacré aux marchés.

■ Whitechapel Art Gallery★ XI A2
77-82 Whitechapel High St., E1 • M° Aldgate East • ☎ 020.7522.7888 • www.whitechapelgallery.org • ouv. mar.-dim. 11 h-18 h • entrée payante pour certaines expositions.

Fondée en 1901 pour mettre le grand art à la disposition des habitants de l'East End, cette galerie est devenue l'une des plus avant-gardistes et influentes de Grande-Bretagne. En 1938, c'est là que **Roland Penrose**, l'un des promoteurs du surréalisme en Angleterre et pionnier du pop art, organisa l'exposition du *Guernica* de Picasso ; cette protestation contre la guerre d'Espagne se doublait d'une levée de fonds en faveur des républicains. Au fil du temps, la galerie a dédié des rétrospectives à des artistes de renommée mondiale comme Jackson Pollock, Mark Rothko ou David Hockney, sans jamais oublier de laisser une place aux nouveaux talents.

■ Brick Lane★ XI A1-2
M° Aldgate East, Shoreditch.

Communément surnommée *Banglatown* en raison de l'importance de la communauté bangladaise qui y réside, cette longue artère étroite tiendrait son nom des entrepôts où, pendant des années après le Grand Incendie de 1666, d'énormes quantités de briques transitèrent alors que la City tentait de renaître de ses cendres. Boutiques de vêtements « ethniques » et vendeurs de tissus alternent avec les innombrables *curry houses* où l'on peut s'attabler quasiment à toute heure pour déguster une cuisine généralement indienne ou pakistanaise.

● **Jamme Masjid** *(59 Brick Lane)*. À l'angle de Fournier Street, dont les maisons georgiennes furent construites au XVIIIe s. par les huguenots français réfugiés à Londres, se trouve le seul sanctuaire au monde, en dehors d'Israël,

♥ MUSIQUE
Rough Trade, Old Truman Brewery, 91 Brick Lane, E1 (XI A2 4) ☎ 020.7392.7788 ; www.roughtrade.com ; lun.-ven. 8 h-20 h, sam.-dim. 11 h-19 h. Sans aucun doute le plus célèbre des disquaires et labels indépendants de Londres : rock, pop, électronique… Une bonne occasion d'ajouter quelques perles *britpop* à votre discothèque !

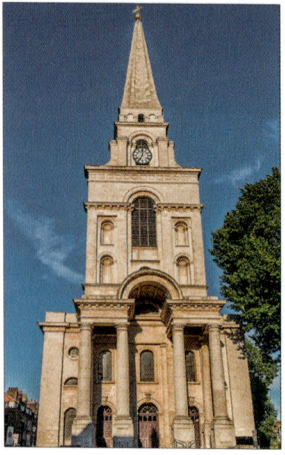

▲ Le porche d'entrée de Christ Church, coiffé d'un original fronton semi-circulaire, pourrait avoir été ajouté pour consolider la tour.

♥ BISTROT
St John Bread & Wine, 94-96 Commercial St., E1 (XI A2 6) ☎ 020.7551.0848 ; www.stjohngroup.uk.com ; f. 11 h-12 h et 15 h-18 h. Pour découvrir et… aimer les classiques de la gastronomie anglaise. Menu changé tous les jours et délicieux pain maison.

• C'est le petit frère, en moins cher, de l'excellent *St John Bar and Restaurant* de Smithfield Market (XI A1 7 ; 26 St John St., EC1M).

qui fut successivement, au gré des vagues d'immigration, une église chrétienne, une synagogue puis une **mosquée**.

• **Old Truman Brewery** *(91 Brick Lane)*. La reconversion en bureaux, boutiques, marché et salle d'exposition des imposants bâtiments de l'ancienne **brasserie Truman** (XVIIIe s.), qui enjambe la rue au niveau de Hanbury Street, a certainement contribué au regain d'intérêt que suscite le quartier. Chaque dimanche, ces locaux accueillent le **Sunday Up Market** (☎ 020.7770.6028 • *www.sundayupmarket. co.uk)*, où créateurs indépendants, artistes et petits entrepreneurs viennent exposer leurs inventions.

■ **Christ Church**★ XI A2
Commercial St., E1 • M° Liverpool Street • ☎ 020. 7377.2440 • www.ccspitalfields.org • ouv. lun.-sam. 10 h-16 h, dim. 13 h-16 h • entrée libre.
Sa construction, au début du XVIIIe s., faisait suite à la signature du *Fifty New Churchs Act* de 1711, qui projetait l'édification de 50 nouvelles églises, destinées aux *Godless thousands* (milliers de sans-Dieu) habitant en dehors de la City. Cet impératif se faisait d'autant plus sentir à Spitalfields, où les huguenots français qui avaient fui les persécutions commençaient à enraciner leur liturgie non-conformiste. Comme stipulé dans l'acte du Parlement, l'église était dotée d'une flèche la rendant visible de loin. Progressivement rendue à sa majesté d'origine, après avoir échappé de peu à la destruction en 1960, elle constitue le chef-d'œuvre de **Nicholas Hawksmoor**, disciple de Wren connu pour son néoclassicisme presque brutal.
D'une blancheur éclatante, l'**intérieur**, avec sa haute nef à galerie couverte d'un plafond richement décoré, a été magnifiquement restauré.

■ **Old Spitalfields Market**★ XI A2
Brushfield St., Commercial St. et Lamb St., E1 • M° Liverpool Street • ☎ 020.7375.2963 • www. oldspitalfieldsmarket.com • marché généraliste, dim.-mer. 10 h-17 h ; antiquités et vintage, jeu. 7 h-15 h ; mode et art, ven. 10 h-16 h ; marché à thème, sam. 11 h-17 h.
Installé à cet emplacement au XVIIe s., le petit **marché de Spitalfields** fut entièrement remodelé à la fin du XIXe s., lorsque fut construite la structure victorienne que l'on peut encore en partie admirer aujourd'hui. Devenu la plaque tournante du commerce alimentaire de Londres, il se révéla trop à l'étroit dans ce réseau de ruelles et dut être

transféré dans le faubourg de Leyton, en 1991. Malgré la farouche opposition des habitants du quartier, une partie des bâtiments fut détruite au début des années 2000 pour faire place aux immeubles de bureaux et au centre commercial conçu par Norman Foster. La portion historique conservée abrite dorénavant des marchés extrêmement appréciés des Londoniens qui viennent y dénicher objets insolites, vêtements de créateur, lunettes rétro, livres anciens…

■ **Dennis Severs' House★** XI A2

18 Folgate St., E1 • M° Shoreditch High Street • ☎ 020.7247.4013 • www.dennissevershouse.co.uk • ouv. dim. 12 h-16 h, les 1er et 3e lun. du mois 12 h-14 h ; f. les j. fériés et vacances scolaires • plein tarif : 10 £ • vis. guidées nocturnes, en silence, lun. et mer. 18 h-21 h (supplément ; rés. obligatoire).

C'est l'esprit ouvert et les sens en éveil qu'il faut pénétrer dans cette maison, fidèle reconstitution du passé évoquant la vie d'une famille de tisserands huguenots fictive, entre 1724 et 1914. L'Américain **Dennis Severs** (1948-1999), qui disait vouloir franchir les limites du cadre pour pénétrer la réalité des tableaux, s'est consacré corps et âme à la réalisation de cette œuvre à laquelle l'imagination des visiteurs insuffle la vie. Chacune des 10 pièces de cette authentique maison du XVIIIe s., où les objets d'époque sont mis en scène plutôt qu'exposés, est imprégnée de la présence de ses habitants fictifs, qu'on s'attend à voir surgir à tout instant. Livre ouvert en équilibre sur un accoudoir, verre de vin à demi bu, fruit à moitié croqué, draps froissés, claquement des sabots de cheval sur les pavés de la rue, murmures à peine audibles et odeurs subreptices exaltent la magie des lieux.

■ **Petticoat Lane Market** XI A2

Middlesex St. et rues adjacentes, E1 • M° Aldgate • dim. 9 h-14 h.

Bien que la rue du Jupon *(Petticoat)* ait été rebaptisée en 1830 Middlesex Street, c'est encore sous son ancien nom qu'on désigne le **marché de vêtements** qui s'y tient chaque dimanche. On vient y acheter des *basics* à tout petit prix, des valises, des boubous africains ou des saris indiens pour une vingtaine de livres, baigné dans l'atmosphère gouailleuse qu'y font régner les boniments des démonstrateurs et les litanies des vendeurs, à l'accent fortement *cockney*, haranguant les passants de leurs « *Cheap, cheap, cheap !* »

Les deux musées suivants sont éloignés ; mieux vaut s'y rendre en métro.

♥ RESTAURANT

Hawksmoor, 157a Commercial St., E1 (XI A2 **8**)
☎ 020.7426.4850 ;
www.thehawksmoor.com ;
f. dim. midi. Pour en finir avec les idées reçues sur la viande rouge britannique, qui est excellente !

♥ SHOPPING 100 % BRITISH

A Child of the Jago, 10 Great Eastern St., EC2A (XI A1 **9**)
☎ 020.7377.8694 ;
www.achildofthejago.com ;
lun.-sam. 11 h-19 h, dim. 12 h-17 h. En hommage à ce qui fut le plus pauvre des quartiers de l'époque victorienne, cette boutique propose une alternative un tantinet gouailleuse aux diktats de la mode. Résultat, une ligne originale de vêtements d'hommes rayés ou quadrillés, confectionnés avec les chutes de tissus de grandes marques.

☞ PLAN XI P. 238.

La Mecque du *street art*

▲ Œuvres de Stik (à gauche) et d'Otto Schade, à l'angle de Brick Lane et de Princelet Street.

Marcher le nez en l'air et les yeux grands ouverts en laissant son regard butiner chaque parcelle colorée de brique ou de béton, voilà la meilleure attitude à adopter pour ne pas passer à côté de la multitude de graffitis, peintures, pochoirs, mosaïques, collages qui fleurissent aux murs de l'East End. Car le *street art* a trouvé ici un terrain de prédilection qui attire régulièrement les artistes urbains les plus réputés. Dans un perpétuel renouvellement, les pochoirs dénonciateurs à l'humour corrosif de Banksy, les bonshommes blancs du Londonien Stik, les animaux en grisaille du Belge Roa, l'univers fantastique du Gallois Phlegm, l'hyperréalisme de l'Argentin Martin Ron s'offrent généreusement au grand public. Leur caractère éphémère rend impossible d'indiquer des œuvres précises, mais sachez que Brick Lane et les ruelles adjacentes (White Church Lane, Osborn St., Heneage St., Princelet St., Hanbury St., Pedley St., Sclater St.) sont l'épicentre londonien de la discipline.

L'association **Street Art London** *organise des vis. guidées les mar. à 10 h (durée 2 h), les sam. et dim. à 11 h (durée 4 h) • rés. : www.streetartlondon.co.uk*

♥ MARCHÉS
• **Kingsland Waste**, sur Kingsland Rd, entre Middleton et Forest Rd (h. pl. XI par A1 **10**) ; sam. 8 h-14 h. Resté fidèle à ses origines ouvrières, ce marché de l'occasion est de loin le plus authentique et le moins présentable du quartier. Un paradis pour amateurs de bonnes affaires qui n'ont pas froid aux yeux. Peu de touristes…

• **Columbia Road Flower Market**, Columbia Rd, E2 (XI A1 **11**) ; www.columbiaroad.info ; dim. 8 h-15 h. Un grand marché aux fleurs très bien fourni et très vivant.

■ **Geffrye Museum of the Home**★ XI A1
136 Kingsland Rd, E2 • M° Hoxton • ☎ 020.7739.9893 • www.geffrye-museum.org.uk • ouv. mar.-dim. 10 h-17 h ; f. Vendredi saint, 24-26 déc., 1ᵉʳ janv. • accès libre.
Dédié à l'**histoire de l'habitat** depuis le XVIᵉ s., ce musée présente des reconstitutions d'intérieurs illustrant le mode de vie de la classe moyenne londonienne. Il est installé dans un ancien **hospice**, ouvert en 1719 dont le logement n° 14, très bien restauré, est ouvert à la visite une dizaine de jours par an (*vis. payante*). À l'arrière du bâtiment, une enfilade de **jardinets** retrace l'évolution de la mode des jardins à travers les siècles.

■ **V&A Museum of Childhood**★ h. pl. XI par A1
Cambridge Heath Rd, E2 • M° Bethnal Green • ☎ 020.8983.5200 • www.museumofchildhood.org.uk • ouv. t.l.j. 10 h-17 h 30 ; f. 24-26 déc. et 1ᵉʳ janv. • vis. gratuite.
Installé dans un bâtiment de 1872, ce **musée de l'Enfance** abrite les magnifiques collections de jouets du Victoria and Albert Museum (→ prom. **16**) : **maisons de poupées**★★ du XVIIᵉ s., petites voitures, soldats de plomb, mais aussi jouets contemporains. Une occasion de découvrir à quoi ressemblaient les premiers Meccano (1898) et Lego (1949).

13 La Tour de Londres, le Tower Bridge et les docks**

De tous les ponts de Londres, le Tower Bridge, véritable prouesse de la technologie victorienne, est devenu l'un des symboles de la capitale, associé à chaque événement marquant de l'histoire nationale. C'est aussi le plus panoramique ! Ses hautes passerelles permettent d'embrasser d'un même regard plusieurs facettes de la capitale : la Tamise bien sûr, mais aussi la Tour de Londres, austère forteresse du Moyen Âge où cohabitent cachots, joyaux et corbeaux ; juste à l'est, la marina plus riante de Saint Katharine ; et, sur la rive sud, les entrepôts de Shad Thames. Le prince Charles a beau les trouver laids : ces docks du XIXe s. reconvertis en immeubles de luxe ont un charme certain. On dit que, à leur arrivée, les premiers résidents pouvaient encore sentir dans leurs murs de briques le parfum du thé et de la cannelle…

Départ : M° Tower Hill XII A1 (Circle Line ; District Line).

Lignes de bus : les n°s 42, 78 et RV1 traversent le Tower Bridge.

Combien de temps : comptez au moins 2 h 30 pour la Tour de Londres • l'ensemble de la promenade peut occuper la journée, surtout si l'on enchaîne avec quelques sites de la promenade ⑭ (la rive sud de la Tamise).

■ **Tower of London** ** XII A1
Tower Hill, EC3N • M° Tower Hill • ☎ 0844. 482.7777 ou 020.3166.6000 • www.hrp.org.uk • ouv. dim.-lun. 10 h-17 h 30, mar.-sam. 9 h-17 h 30 ; f. à 16 h 30 de nov. à fév. ; f. 24-26 déc. et 1er janv. • plein tarif : 22 £ • audioguide en français (4 £) • vis. guidées gratuites (en anglais) : « Yeoman Warder Tour », toutes les 30 mn 10 h-15 h 30, au départ de l'entrée principale ; « White Tower Tour », t.l.j. à 10 h 45, 12 h 45 et 14 h 15, depuis la Chapel of St John the Evangelist.

Situation : sur les deux rives de la Tamise, autour de Tower Bridge • plan XII p. 244 ; plan général détachable E3-4 • plan du métro p. 364-365.

À ne pas manquer

La Tour de Londres**	243
Les docks Saint Katharine**	248
La vue** depuis le Tower Bridge	250
La promenade le long de Shad Thames**	251
Le musée du Design** *(jusqu'à fin 2015)*	252

☞ **CONSEIL**

Aux beaux jours, la Tour de Londres attire les foules (2,5 millions de visiteurs par an, dont beaucoup de scolaires). Il est prudent d'arriver très tôt et de commencer la visite par les joyaux de la Couronne.

Voir plan XII p. 244

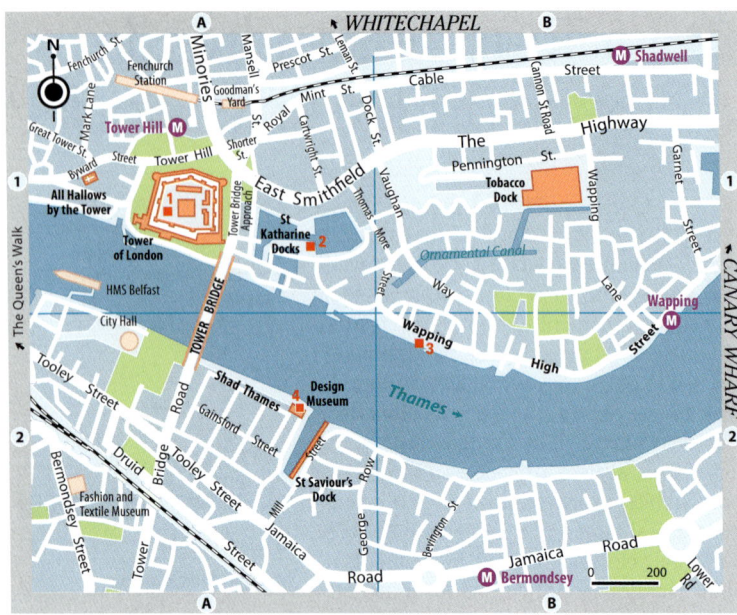

Plan XII : autour du Tower Bridge (promenade ⓭).

✏ UN PASS ROYAL

La carte d'adhésion aux Historic Royal Palaces (plein tarif : 45 £) permet un accès gratuit, illimité et coupe-file pendant un an à la Tour de Londres, à la Banqueting House et aux palais de Hampton Court, Kew et Kensington. Attention, elle ne garantit pas un accès immédiat aux joyaux de la Couronne ! Rens. : ☎ 0844.482.7788 ; www.hrp.org.uk/supportus/membership

♥ PAUSE À LA TOUR

New Armouries, dans l'angle S.-E. de l'enceinte (XII A1 **1**). L'édifice en brique abrite un self-service un peu bruyant aux heures de pointe, mais varié : plats chauds, sandwichs, salades et pâtes entre 5 et 10 £.

Cette imposante forteresse remonte au règne de Guillaume le Conquérant (1066-1087). Elle a été conçue pour tenir en respect les habitants de Londres mais a assumé, au fil des siècles, de multiples fonctions : arsenal, palais royal, hôtel de la monnaie et, surtout, **prison** de haute sécurité pour détenus de haut rang. Son histoire reste étroitement liée aux meurtres – assez nombreux – qui y ont été perpétrés à l'abri des regards. Aux XVe et XVIe s. en particulier : reines décapitées par leur mari, rivaux étranglés dans leur cachot, catholiques torturés à petit feu... Le XIXe s. s'est employé à « remédiévaliser » la Tour pour l'ouvrir peu à peu au public. À la fin du règne de Victoria (1901), le monument attirait déjà plus d'un demi-million de visiteurs par an...

● **Main Entrance★** (entrée ouest). On pénètre dans l'enceinte de la Tour de Londres par un dispositif complexe, constitué depuis le XIIIe s. : une première tour ou « barbacane », la **Middle Tower** (tour du Milieu), autrefois munie de herses (les rainures sont encore visibles dans le mur) ; un fossé *(moat)*, creusé sur l'ordre de Richard Cœur de Lion ; et un autre ouvrage défensif, la **Byward**

▲ Entre autres trésors, on a conservé dans la Tour de Londres les archives des tribunaux de Westminster jusqu'en 1858.

Tower (tour du Mot de passe), d'où les soldats pouvaient verser de l'huile bouillante sur les assaillants. Trente-cinq hallebardiers, recrutés parmi les vétérans de l'armée, se relaient pour garder cette entrée nuit et jour. Certains de ces *yeomen warders* vivent dans les casemates qui bordent la première rue à g. (*Mint St.* • → *encadré p. 246*).

● **Medieval Palace*** (palais médiéval • *Water Lane*). Pour permettre aux souverains de dormir sur place, un palais fut édifié, vers 1275, au bord de la Tamise (le quai n'existait pas à l'époque). En général, les rois n'y séjournaient jamais très longtemps : Édouard Ier n'y passa que 53 jours en 35 ans de règne (1272-1307). La reconstitution des appartements, fondée sur les découvertes des archéologues, manque un peu de patine, mais donne une idée du décor intérieur d'un palais royal au XIIIe s. Au pied de l'édifice se trouve la **Traitors' Gate** (porte des Traîtres) par laquelle étaient amenés les prisonniers.

● **Wall Walks**** (*accès par le Medieval Palace*). Le **chemin de ronde** ménage des **points de vue** intéressants. Il a été aménagé au sommet de la muraille qu'Henri III, roi d'Angleterre et duc d'Aquitaine, entreprit de construire, en 1238, pour mieux protéger la forteresse. Il relie entre elles plusieurs tours, dont la **Salt Tower** (tour du Sel), qui servit tantôt d'entrepôt, tantôt de poste de guet pour les archers, et de geôle : des prisonniers y ont laissé des graffitis sur les murs.

● **Crown Jewels**** (joyaux de la Couronne • *au r.-d.-ch. du Waterloo Block*). Attraction n° 1 de la Tour de Londres ! En 1649, après l'exécution du roi Charles Ier, l'Angleterre était devenue républicaine et Cromwell s'était empressé de fondre ou de vendre tous les insignes de la royauté. Mais 11 ans plus tard, la monarchie fut rétablie et il fallut commander aux orfèvres de nouvelles couronnes ! Ce sont ces joyaux que vous verrez scintiller dans la pénombre, aux côtés de précieux objets utilisés pour les banquets de couronnement comme la **fontaine de Plymouth** (fabriquée à Hambourg mais

Qui va là ?

Chaque soir, depuis plus de 700 ans, le chef des hallebardiers (chief yeoman warder), revêtu du costume Tudor rouge et bleu, quitte la Byward Tower à 21 h 53. Une lanterne dans une main et les « clés de la Reine » dans l'autre, il se dirige vers la Traitors' Gate, où l'attendent quatre de ses gardes, coiffés du bonnet en poil d'ours. L'escorte part verrouiller le portail de l'entrée principale et refermer ensuite celui de la Byward Tower. Au passage, toutes les sentinelles saluent les clés de la Reine. Arrivé devant la Bloody Tower, le *chief* est accueilli par les mots (en anglais, *of course !*) : « Halte, qui va là ? » auxquels il répond : « Les clés ! – Quelles clés ? – Les clés de la reine Élisabeth ! – Passez alors, tout est en ordre ! » Avant de remettre les clés à la Queen's House, le chef hallebardier lève son chapeau en déclarant : « Dieu veille sur la reine ! », puis le clairon sonne la retraite et l'escorte se retire. La cérémonie s'achève à 22 h 05.

Pour assister à la cérémonie des clés, adressez une demande écrite, deux mois à l'avance au moins : Ceremony of the Keys Office – HM Tower of London – London EC3N 4AB – United Kingdom. Précisez le nom des visiteurs, deux dates possibles et joignez une enveloppe affranchie (d'un timbre britannique !) à votre nom. Billets gratuits mais photographies interdites. Rens. : www.hrp.org.uk et ☎ 020.3166.6278.

▲ *Beefeaters* (mangeurs de bœuf) : le surnom familier des *yeomen warders* dériverait de l'ancien français *bufetier*, « gardien du buffet royal ».

offerte par la ville de Plymouth à Charles II) ou l'extravagant **rafraîchissoir**, gigantesque récipient de 248 kg en forme de coquillage rococo, qui a surtout servi de… bol à punch !

Voici les pièces les plus spectaculaires de la collection :
– **la couronne impériale d'apparat** (1937). Portée à la fin de la cérémonie du couronnement, mais aussi pour l'ouverture annuelle du Parlement, elle arbore 2 868 diamants, 273 perles, 11 émeraudes et des pierres mythiques comme le saphir des Stuarts ou le rubis du Prince Noir. Elle pèse un peu plus de 1 kg !
– **le sceptre à la croix** (1661). En 1910, à la demande du roi Georges V, il a été serti d'un diamant de 530 carats, le *Cullinan I*, découvert dans une mine d'Afrique du Sud. Il s'agit à ce jour du plus gros diamant taillé au monde. Pour le polir, trois hommes se sont relayés 14 h/jour pendant huit mois.
– **la couronne de la reine mère Élisabeth II** (1937). Le plus illustre de ses bijoux, le *Koh-i-Nor* (« montagne de lumière », en persan), faisait partie, au XVe s., du trésor d'un prince moghol. Lorsque le Pendjab fut annexé par la

Compagnie des Indes orientales (1849), le diamant fut confisqué au dernier souverain sikh et offert à la reine Victoria, qui le jugea mal taillé…

☞ **PLAN XII P. 244.**

● **White Tower**★★ (Tour blanche • *au milieu de l'enceinte*). Le bâtiment constitue la forteresse originelle et le symbole ostentatoire du pouvoir de Guillaume le Conquérant. C'est lui, en effet, qui a pris l'initiative de sa construction (1078), avec l'aide de maçons normands utilisant des pierres importées de Caen, du Kent et de l'île de Wight. La « tour » devait faire forte impression au Moyen Âge : ses murs massifs (4 m d'épaisseur à la base ; 28 m de hauteur) dominaient la campagne sur des kilomètres à la ronde. L'intérieur, presque intact, abrite des collections d'armes et une chapelle.

Au 1ᵉʳ étage, parmi les nombreuses cuirasses et les caparaçons, voir l'**armure**★★ **d'Henri VIII**, ciselée à l'occasion du mariage du prince avec Catherine d'Aragon (1509) ; elle porte les emblèmes des Tudors (la rose) et de la famille de la reine (les grenades). Également, la reconstitution de la **Line of Kings**★, longue rangée de chevaux et de têtes de rois d'Angleterre, réalisée par un virtuose de la sculpture sur bois, **Grinling Gibbons** (1648-1721), et augmentée ensuite.

Partie la plus intéressante du 2ᵉ étage, la **Chapel of Saint John the Evangelist**★★ est non seulement la plus ancienne église de Londres (1080), mais aussi un superbe spécimen d'architecture romane *(→ encadré p. 76)*. Au Moyen Âge, les souverains devaient y passer une nuit à veiller avant leur couronnement.

● **Beauchamp Tower**★ *(prononcer « bitchamm » • à l'O. de la White Tower)*. Édifiée en 1280, elle servit de geôle à plusieurs reprises et vaut surtout pour les **graffitis** qu'y ont laissés les prisonniers. **Rudolf Hess**, adjoint de Hitler dès le début du mouvement nazi, y fut incarcéré quatre jours en 1941. Arrêté dès son arrivée en Écosse, où il avait atterri secrètement dans l'espoir de négocier la paix, il resta prisonnier en Angleterre jusqu'au procès de Nuremberg, à la fin de 1945.

● **Tower Green**★ (pré de la Tour • *entre la Beauchamp Tower et la Bloody Tower*). C'est sur cette pelouse qu'étaient décapités, sous le règne sanglant des Tudors, les prisonniers de marque comme Anne Boleyn (deuxième épouse d'Henri VIII) et Catherine Howard (cinquième du même), accusées d'adultère et vraisemblablement innocentes ; ou encore Jane Grey, qui n'avait que 16 ans et eut le tort de régner 9 jours en 1553 *(→ p. 118)*.

Les princes de la Tour

En 1483, les deux fils du roi Édouard IV disparaissaient dans des circonstances non élucidées. On sait qu'ils ont été écartés de la succession de leur père par le Parlement qui les déclara illégitimes. En juin, des témoins les ont vus jouer sur le Tower Green mais on perd leur trace durant l'été. Les Londoniens s'accordent à penser, comme Shakespeare (*Richard III*, 1591), qu'ils ont été assassinés dans la Tour lors de l'accession au trône de leur oncle Richard III. En 1501, James Tyrrell, fidèle du roi, a admis sous la torture avoir fait étouffer les princes dans leur sommeil, « à la demande de Richard III ». Récemment, à la lumière d'archives portugaises de 1483, le nom d'un autre suspect, plus plausible, est apparu : Henry Stafford, deuxième duc de Buckingham, qui aurait pu agir pour son propre compte ou celui du parti des Tudors.

En 1674, deux squelettes ont été découverts sous l'escalier qui conduit à la chapelle de la White Tower. S'agissait-il des restes des princes ? Ils ont été inhumés d'office à Westminster Abbey. Des légistes ont examiné les ossements en 1933 : leur âge pourrait correspondre à celui des deux enfants (Édouard avait 12 ans, Richard 9 ans). En 2012, un laboratoire de l'université de Leicester a proposé de procéder à des analyses ADN, mais la reine n'a pas donné son consentement…

248 • Visiter Londres

> ✏ **À NOTER**
> Les **corbeaux** qui croassent sur la pelouse près du Tower Green font l'objet, depuis Charles II, d'une protection particulière, car le royaume s'effondrerait s'ils venaient à quitter la Tour. On leur coupe les plumes pour les empêcher de voler et un garde, le *raven master* (maître des corbeaux), leur donne chaque jour 170 g de viande crue ainsi que des biscuits imbibés de sang ; un œuf une fois par semaine et, parfois, un lapin.

La charmante maison à pans de bois est la **Queen's House★**, où logeait le lieutenant de la Tour *(ne se visite pas)*.

● **Bloody Tower★** (Tour sanglante • *Water Lane*). Traditionnellement, on situe au 1er étage de cette tour du XIIIe s. la salle où auraient été enfermés puis exécutés les jeunes fils d'Édouard IV *(→ encadré p. 247)*. Vrai ou faux ?

En tout cas, la **Wakefield Tower**, juste à côté, n'a pas meilleure réputation : le roi Henri VI, époux de Marguerite d'Anjou, y fut assassiné en 1471 (par Richard III ? par Édouard IV ?) alors qu'il priait dans la chapelle. L'exposition de la chambre inférieure retrace l'histoire de la torture à la Tour de Londres.

On ressort de la Tour de Londres par l'entrée principale (Middle Tower).

■ All Hallows by the Tower★ XII A1
153 Byward St., EC3R • M° Tower Hill • ☎ 020. 7481.2928 • www.allhallowsbythetower.org.uk • ouv. lun.-ven. 8 h-17 h, sam.-dim. 10 h-17 h • accès libre • vis. guidées gratuites l'a.-m., d'avr. à oct.

Cette église, reconstruite en 1957, est la seule de Londres à avoir bénéficié de travaux pendant la République parlementaire : sa tour date du temps de Cromwell (1659). À l'intérieur, des fouilles ont mis au jour un **pavement de l'époque romaine** (IIe s.). À voir surtout : les **Tate Panels★**, panneaux d'un retable sans doute peint par un artiste de Bruges vers 1500, et les **fonts baptismaux★** sculptés par **Grinling Gibbons** (1682).

■ Saint Katharine Docks★★ XII A1
St Katharine's Way, E1W • M° Tower Hill • www.skdocks.co.uk • suivre les flèches à la sortie du M° • accès aux bassins par le tunnel creusé sous Bridge Approach.

> ☞ **EN SAVOIR PLUS**
> L'excellent Museum of London Docklands *(→ p. 308)* conserve, au 2e étage, une maquette de Saint Katharine vers 1830 qui permet de se faire une idée plus précise du quartier après l'aménagement des docks.

Les docks de Saint Katharine ont été aménagés en 1826-1828 par un ingénieur écossais, **Thomas Telford**, qui dut sacrifier, pour cela, plus de 1 250 maisons et faire évacuer 11 300 personnes (des ouvriers du port surtout). À l'emplacement de l'ancien hôpital Sainte-Catherine, il a creusé **trois bassins**, reliés à la Tamise par une écluse, qui pouvaient accueillir chaque année près de 1 000 navires. Mais le succès de l'entreprise fut de courte durée : le tonnage des navires ayant très vite augmenté, le dispositif se révéla obsolète et les docks déclinèrent.

La zone, complètement abandonnée en 1966, fut réhabilitée dans les années 1980 et tient aujourd'hui de la **marina**, avec cafés le long des pontons,

▲ Les docks Saint Katharine.

un beau sloop des Bermudes de 1965 amarré dans le premier bassin et quelques **vieux gréements** *(Phoenician, Lady Daphne, Marjorie…)* au pied de l'International House. À la jonction des trois bassins se dresse l'**Ivory House**, entrepôt de 1854 où l'on déchargeait l'ivoire importé des côtes africaines. Depuis l'écluse, jolie **vue**★★ sur l'autre rive (Butler's Wharf ; → *p. 252*).

■ Wapping High Street★ XII B2-1
Dans le prolongement de St Katharine's Way • M° Tower Hill ou Wapping.

Wapping, à l'origine, était un modeste village de pêcheurs sur les berges de la Tamise. Avec le développement de l'industrie navale, il s'est transformé, au XVIIIe s., en véritable *sailortown*, bidonville surpeuplé d'ouvriers des chantiers et des corderies, bien connu des marins à l'escale : en 1750, sa rue principale, **Wapping High Street**, comptait à elle seule 36 tavernes ! La création des docks au début du XIXe s. a conduit, là aussi, à raser les logis de 18 000 personnes, chassées vers les quartiers déjà bondés et insalubres de l'East End *(→ p. 231)*.

Aujourd'hui, le front de Tamise se présente sous un nouveau visage : on y a édifié des complexes résidentiels de luxe pour jeunes yuppies et converti d'anciens entrepôts en ateliers d'artistes et studios d'architectes. Cette campagne de réhabilitation – dont l'**Oliver's Wharf**★ (1870), au n° 64, offre un parfait exemple – n'a pas totalement gommé le charme du quartier. Deux vieux pubs continuent

☞ **PLAN XII P. 244.**

♥ **RESTAURANTS**

• **The Dickens Inn**, Marble Quay, St Katharine's Way, E1W (XII A1 **2**) ☎ 020.7488.2208 ; www.dickensinn.co.uk. Bel entrepôt en bois reconstruit en 1976 par l'arrière-petit-fils de Charles Dickens. Au menu : pizzas, grillades, *fish and chips* et salade César (11 £).

• **Smith's**, 22 Wapping High St., E1W (XII B2 **3**) ☎ 020.7488.3456 ; www.smithsrestaurants.com ; f. dim. soir. Un restau élégant, connu pour ses poissons et la vue sur la Tamise ! Menu du midi (lun.-jeu.) : 20 £ les 2 plats, le soir prix à la hausse.

même de titiller les touristes avec leurs souvenirs de marins : le ***Town of Ramsgate*** *(62 Wapping High St.)* et surtout le ***Captain Kidd*** *(n° 198)*, près duquel se trouvait, quatre siècles durant, l'**Execution Dock**. Le gibet, qui a servi pour la dernière fois en 1830, était disposé de telle sorte que les marées montantes viennent submerger le corps des flibustiers et autres criminels de mer. Après quoi, leur cadavre était exposé dans une cage au-dessus de la Tamise en signe d'avertissement. C'est le sort qui fut réservé, entre autres, au plus fameux des pirates britanniques, le capitaine William Kidd (1645-1701) dont le trésor, dit-on, serait toujours caché quelque part dans le monde.

À la hauteur du M° Wapping, tourner à g. dans Wapping Lane.

■ **Tobacco Dock★** XII B1
Angle Wapping Lane et Pennington St., E1W • M° Wapping • www.tobaccodock london.com • actuellement f. au public.
Cet entrepôt de brique et de fonte, où l'on stockait en moyenne 45 000 t de tabac par an, est un beau spécimen de l'architecture industrielle londonienne. Il a été conçu vers 1811 par **Daniel Asher Alexander** (1768-1846), qui était chargé de superviser l'aménagement des docks dans cette partie de Wapping. Rescapé des bombardements de 1940, le Tobacco Dock a été converti en 1989 en *shopping mall* : les investisseurs rêvaient d'en faire « le Covent Garden de l'East End », mais le succès se fait toujours attendre ! Hormis quelques tournages de films et le cantonnement des soldats affectés à la sécurité des Jeux olympiques de 2012, le site est inoccupé et se cherche une nouvelle vocation (un hôtel quatre étoiles ?).
Les deux bateaux qui flanquent le côté S. du Tobacco Dock sont les répliques du ***Three Sisters*** (un navire de 1788 qui transportait du tabac et des épices des Indes) et du ***Sea Lark***, goélette américaine capturée par la Royal Navy en 1812.

*Pour retourner à Saint Katharine Docks et Tower Hill, longer **Ornamental Canal**, bordé de maisons en brique à pignons hollandais.*

■ **Tower Bridge Exhibition★★** XII A1/2
Tower Bridge, SE1 • M° Tower Hill • ☎ 020.7403.3761 • www.towerbridge. org.uk • ouv. d'avr. à sept., t.l.j. 10 h-18 h ; d'oct. à mars 9 h 30-17 h 30 ; f. 24-26 déc. • accès payant, possibilité de billet jumelé avec The Monument (→ p. 230) • billetterie au r.-ch. de la tour N.-O. • les heures précises des ouvertures du pont sont affichées à l'entrée de la salle des machines, également sur Internet (onglet « Bridge Lift Times »).
Pour franchir la Tamise, les Londoniens n'avaient d'autre solution, jusqu'en 1750, que de monter dans un bateau ou de passer par le London Bridge *(→ théma p. 270-271)*. Or, ce pont était embouteillé à toute heure du jour : des chevaux récalcitrants, des marchandises tombées sur la voie ralentissaient le trafic… Pour le désengorger, il fallait édifier, en aval, un autre pont facilitant les déplacements des piétons et des véhicules sans empêcher pour autant les navires de fort tonnage de remonter le fleuve jusqu'aux entrepôts.
Le maire de l'époque était farouchement opposé au projet, mais un concours fut tout de même lancé en 1876 et l'on retint la solution d'un **pont basculant à double tablier** imaginée par l'architecte **Horace Jones** et l'ingénieur **John Wolfe-Barry**. Comme l'ouvrage devait être impérativement de style gothique (c'était l'une des clauses du concours !), le Tower Bridge fut construit à la façon d'un château avec tours en granit de Cornouailles et ardoises du pays de Galles.

▲ Le Tower Bridge, l'une des silhouettes emblématiques de Londres.

L'exposition aménagée dans la tour N. détaille l'histoire assez fascinante du chantier qui nécessita 38 000 t de béton, 28 000 t de briques, 11 000 t d'acier et… huit années de travail acharné (1886-1894). Les **passerelles supérieures**, elles, offrent de superbes **vues panoramiques**** sur la Tamise.

● **Victorian Engine Rooms**** *(sous la voie d'accès du pont, côté S.-E.)*. L'ancienne **salle des machines** était, à l'époque victorienne, un chef-d'œuvre de la technologie ! On y voit encore les chaudières au charbon qui produisaient la vapeur. Cette vapeur, emmagasinée dans d'énormes accumulateurs, activait les pistons des moteurs qui, à leur tour, par un mécanisme complexe, soulevaient et abaissaient les tabliers. En moins de deux minutes, les tabliers (qui pèsent chacun 1 220 t) pivotaient sur leur axe et s'ouvraient entièrement d'un angle de 86° pour laisser passer les navires de fort tonnage.

Aujourd'hui, l'électricité a remplacé la vapeur et, le trafic fluvial ayant diminué, le pont s'ouvre en moyenne trois fois par jour, pour laisser le passage à des navires importants ainsi qu'aux cortèges royaux. La manœuvre est toujours aussi rapide et spectaculaire !

Traverser la Tamise permet de voir les anciens docks de la rive S.

■ The Queen's Walk** h. pl. XII par A1
Entre London Bridge et Lambeth Bridge • 2 h de marche.
Cette agréable promenade, aménagée sur la berge sud du fleuve, est traitée dans la promenade ⑭, « La rive sud de la Tamise » : → p. 254.

■ Shad Thames** XII A2
Le nom de cette rue piétonne, qui longe Butler's Wharf, désigne aussi tout le quartier compris entre le fleuve, Tooley St. et Mill St.
Voici la plus importante concentration d'entrepôts de tous les Docklands londoniens ! Comme en témoignent leurs noms (Vanilla & Sesame Court, Coriander Court, Saffron Wharf, Tea Trade Wharf…), ces *warehouses* servaient à stocker les ballots de thé, d'épices et de grains de café à peine déchargés des navires. Ils ont fermé leurs portes en 1972, laissant toute la zone à l'abandon, mais l'intervention de Conran and Partners *(→ encadré p. suiv.)* a permis, dans

Un designer de renom

Le nom de **sir Terence Conran**, anobli par la reine en 1983 pour « services exceptionnels rendus à l'art de vivre », reste associé à la chaîne de magasins *Habitat*, qu'il a fondée en 1964. Son mobilier et ses articles de décoration ont marqué les intérieurs des années pop et du « Swinging London ». S'il est également à l'origine de l'enseigne *The Conran Shop*, le designer, né à Londres en 1931, a beaucoup œuvré dans un autre domaine pour lequel il a un indéniable flair : la rénovation urbaine et la restructuration d'immeubles. Son cabinet d'architecte, Conran and Partners, qui a ses bureaux au 22 Shad Thames, a planché sur plusieurs bâtiments industriels de la capitale. Les transformant en musées, comme le Design Museum, ou en restaurants : c'est le cas de la *Michelin House* et du *Bluebird Garage* à Chelsea, du boutique-hôtel *Boundary* à Shoreditch et du *Lutyens* (Fleet St.).

À Shad Thames, Conran and Partners a pris en charge la plupart des édifices, ce qui confère une belle unité au quartier. Souvent, l'intervention est plus que cosmétique : pour Butler's Wharf, il a fallu glisser des piliers sous l'entrepôt, car il n'avait pas de fondations !

☞ PLAN XII P. 244.

les années 1980-1990, leur reconversion en appartements de grand standing (surtout ceux dont les balcons donnent sur la Tamise).

● **Butler's Wharf**★★. C'est l'entrepôt le plus imposant (1873). Devant ses grandes grilles, deux fois par jour, les dockers attendaient le *call on* (l'appel), dans l'espoir d'être embauchés pour une demi-journée de travail. Remarquez les **passerelles**, très caractéristiques, qui enjambent la rue entre Butler's Wharf et Cardamom Building à différentes hauteurs : les propriétaires d'aujourd'hui en ont fait des jardinières, mais les dockers, à l'origine, s'en servaient pour transférer les barils d'un entrepôt à l'autre.

✎ ATTENTION, DÉMÉNAGEMENT
• À la fin de l'année 2015, le Design Museum quittera la rive sud de la Tamise pour emménager dans l'ancien Commonwealth Institute, un bâtiment plus spacieux de Kensington High St. (XVI A2 ; *prom.* ⑰), qui devrait permettre de mieux déployer les collections.

• Le 28 Shad Thames sera transformé en musée d'architecture par Zaha Hadid, connue en France pour avoir réalisé sur le port de Marseille la tour de la compagnie maritime CMA CGM.

■ **Design Museum**★★ XII A2
28 Shad Thames, SE1 • M° Tower Hill (puis 10 mn de marche) ou London Bridge (à 15 mn) • ☎ *020.7403.6933 • www.designmuseum.org • ouv. t.l.j. 10 h-17 h 45 ; f. 25-26 déc. • plein tarif : 12 £ • « Gallery Tour » : vis. guidée en anglais, gratuite, d'une expo temporaire le dim. à 13 h 30 (durée 30 mn).*

Ce musée collectionne toutes les formes de design industriel des années 1900 à nos jours : voitures, mobilier, graphisme, ordinateurs portables… Et les expose, par roulement, dans un ancien entrepôt de bananes un peu « brut de décoffrage », entièrement remodelé en 1989 par le designer londonien Terence Conran à la façon d'un bâtiment moderniste des années 1930.

Sur les trois étages de ce parallélépipède blanc et dépouillé se succèdent une dizaine d'expositions temporaires, dont l'intéressante **Designs of the Year★** *(de mars à juil.)*, qui passe en revue les 99 projets les plus novateurs et les plus pertinents des 12 derniers mois. En général, un choix de 150 objets issus de la collection du musée permet aussi d'explorer un aspect particulier du design ; identité visuelle, matériaux et procédés… L'occasion de (re)découvrir d'illustres créateurs comme Walter Gropius, Marcel Breuer ou Ernö Goldfinger, autre pionnier du design moderne, qui ont tous trois vécu à Londres dans les années 1930.

♥ **PAUSE**
Grazing, 28 Shad Thames, SE1 (XII A2 4) ☎ 020.7940.8785. Le café lumineux du Design Museum (au r.-d.-ch.) offre des sandwichs toastés, des quiches, des scones ou des salades à composer soi-même (de 5 à 7 £ selon la taille).

■ **Saint Saviour's Dock★** XII A2
Accès, au bout E. du quai, par une passerelle ouv. aux piétons t.l.j. 7 h-22 h.

Pour vous faire une idée de l'intense activité industrielle qui régnait sur les berges de la Tamise à l'époque victorienne, jetez un œil, depuis la passerelle, sur le canal situé à l'E. du Design Museum : Saint Saviour's Dock est une longue suite d'entrepôts et de moulins à fèves, à grains ou à épices, tous construits vers 1860. Et tous convertis en 1985-1990 en immeubles de bureaux et complexes résidentiels, avec un soin infini pour certains : le moulin à farine **New Concordia Wharf★**, dans Mill Street, a reçu en 1985 le prix du patrimoine culturel décerné par l'UE : Europa Nostra.

On a peine à imaginer que, du temps de **Dickens**, il y avait là un « dédale de rues fangeuses et de masures rongées par la rouille où s'entassait la population la plus indigente de Londres : pour choisir d'y vivre, il fallait être réduit au plus affreux dénuement ou avoir de puissantes raisons de se cacher » (*Oliver Twist*, 1837).

▲ Les docks Saint Saviour témoignent encore d'un siècle d'activités portuaires.

14 La rive sud de la Tamise★★

Situation : South Bank et Southwark
• plan XIII p. 258-259 ; plan général détachable C-F4 • plan du métro p. 364-365.

À ne pas manquer

La Tate Modern★★★	261
Le Shakespeare's Globe★★★	265
Le London Eye★★	257
Le Borough Market★★	266
The Shard★★	267
Le *HMS Belfast*★★	268

☞ **MANIFESTATION**
Mayor's Thames Festival : au mois de septembre, régates, feux d'artifice, spectacles de rue au fil de la Tamise, de Westminster aux docks Saint Katharine, et même au-delà (http://thamesfestival.org).

Voir plan XIII p. 258

Londres a longtemps boudé sa rive sud. Comme les faubourgs de Lambeth et Southwark ne relevaient pas de sa juridiction, la municipalité avait tendance à y reléguer tout ce qui risquait de détonner dans la City : tanneries, brasseries, prisons, cabarets, manufactures… sans parler des taudis des ouvriers où l'espérance de vie, vers 1850, ne dépassait guère l'âge de 35 ans. Aujourd'hui, les berges sont nettement plus avenantes et, dès les premiers rayons de soleil, les Londoniens viennent nombreux flâner sur la Queen's Walk, aménagée au fil de l'eau : une promenade à tester sans faute pour ses vues inattendues sur la rive nord !

Parcourir la rive sud

À pied : la **Queen's Walk** relie le Lambeth Bridge et le Tower Bridge, en suivant la rive sud (5 km) • la rue **Shad Thames** prolonge la promenade (→ p. 251).

À vélo : comptez 18-20 £/jour • à Gabriel's Wharf : *Bike Hire Centre*, 56 Upper Ground, SE1 XIII B1 ☎ 020.3318.3088 • au pied de Southwark Cathedral : *Bike Store*, Montague Close, SE1 XIII C1 ☎ 020.7378.6669 ; www.onyourbike.com ; lun.-ven. 7 h 30-19 h 30, sam. 10 h-18 h, dim. 11 h-17 h.

En bus : n° 507 le long de Lambeth Palace Rd, jusqu'à Waterloo ; puis ligne RV1 jusqu'à la Tour de Londres en passant par les principaux édifices de la rive sud.

En bateau : de 7 h à 23 h, le *River Bus* (www.thamesclippers.com) dessert 2 ou 3 fois/h la plupart des débarcadères de la rive sud, entre London Eye (London Eye Millennium Pier) et London Bridge (London Bridge City Pier) • **réductions** avec l'*Oyster Card* • attention, le **débarcadère du Tower Bridge** (Tower Millennium Pier) se situe sur la rive N., à l'angle S.-O. de la Tour de Londres.

1 Lambeth et South Bank★

Aquarium, grande roue, auditoriums, salles de cinéma… Mine de rien, entre la gare de Waterloo et la Tamise sont concentrées une dizaine d'attractions touristiques et d'institutions culturelles de premier plan ! Leur architecture en béton vous paraîtra sans doute ingrate – la zone a été lourdement bombardée durant le Blitz – mais, par beau temps, la balade est ponctuée d'artistes de rue, de joggers et de cafés avec terrasse !

Départ : M° Lambeth North XIII B3 (Bakerloo Line).

Combien de temps : 3 h 30, sans compter l'attente au pied du London Eye.

■ Imperial War Museum★ XIII B3
Lambeth Rd, SE1 • M° Lambeth North • ☎ 020. 7416.5000 • www.iwm.org.uk • ouv. t.l.j. 10 h-18 h ; f. 24-26 déc. • entrée libre.

Le **musée impérial de la Guerre** est en cours de réaménagement. Plusieurs sections, néanmoins, sont déjà accessibles au public. Le r.-d.-ch. retrace le quotidien d'une famille de Lambeth durant la Seconde Guerre mondiale ; le 1er étage lève le voile sur les **services secrets britanniques**. Les 2e et 3e étages *(déconseillés aux moins de 14 ans)* plongent le visiteur dans les horreurs de la **Shoah**, à l'aide de nombreux documents, souvent insoutenables : photos de massacres perpétrés en Ukraine, enregistrements des discours de Joseph Goebbels (ministre de la Propagande du IIIe Reich), **maquette★** de la gare d'Auschwitz.

■ Lambeth Palace XIII A3
Lambeth Palace Rd, SE1 • ne se visite pas.

Au Moyen Âge, Lambeth n'était qu'un village marécageux avec pour seul et unique « monument » ce manoir, propriété des archevêques de Canterbury. Comme les eaux de la Tamise, à l'époque, arrivaient jusqu'aux deux tours crénelées de brique rouge, les prélats accédaient à leur pied-à-terre londonien par bateau. À côté de ce **châtelet★** de style Tudor (1485), qui marque l'entrée du palais épiscopal, s'étire une aile néogothique, la résidence proprement dite.

■ Garden Museum XIII A3
*5 Lambeth Palace Rd, SE1 • ☎ 020.7401.8865 • www.gardenmuseum.org.uk • ouv. dim.-ven. 10 h 30-17 h, sam. 10 h 30-16 h • accès payant, **jardin** gratuit.*

Une ancienne église abrite le seul musée du royaume qui soit dédié à l'**histoire du jardinage**.

Une infirmière de choc

Au milieu du XIXe s., on jugeait très inconvenant qu'une jeune fille de la haute société britannique devienne infirmière. Lorsque **Florence Nightingale** annonça qu'elle rêvait de se mettre au service des malades les plus démunis, ses riches parents s'y opposèrent. Elle dut suivre une formation à l'étranger qui lui permit, quelques années plus tard, de prendre en charge, à Londres, la direction d'un établissement de soins. En 1854, en pleine guerre de Crimée, elle obtint l'appui des autorités pour partir sur le front turc avec 38 autres femmes. Florence s'y dépensa sans compter pour améliorer le sort des soldats que les officiers, indifférents ou débordés, avaient négligés. À son retour, elle fut accueillie en héroïne, rédigea un rapport très détaillé sur les causes de mortalité pendant la guerre et fonda une école d'aides-soignantes et de sages-femmes.

Son dévouement lui valut d'être la première femme décorée de l'ordre du Mérite (1907). La journée internationale des Infirmières est célébrée le jour de son anniversaire (12 mai), et la médaille du CICR récompensant l'action d'infirmiers/ères porte le nom de cette pionnière des soins infirmiers modernes.

Florence Nightingale Museum XIII A2 : *2 Lambeth Palace Rd, SE1 • ☎ 020. 7620.0374 • www.florence-nightingale.co.uk • ouv. t.l.j. 10 h-17 h • accès payant.*

▲ L'imposant County Hall abrite un complexe de loisirs ; plus loin, la roue du London Eye domine la Tamise.

Son intérêt peut paraître limité (nains de jardin, vieux sécateurs…), mais le **jardin★** attenant est assez touchant : il porte le nom de **John Tradescant**, qui a introduit plusieurs plantes en Angleterre au XVIIe s., dont le jasmin et le lilas. Son fils, qui portait le même prénom, fut également botaniste.

■ County Hall XIII A2
Angle de Westminster Bridge Rd et de York Rd • M° Waterloo ou Westminster.
Depuis que le gouvernement de Margaret Thatcher a supprimé (1986) le conseil municipal du Grand Londres, l'édifice qui en était le siège peine à trouver sa raison d'être… Actuellement, le County Hall abrite un **aquarium**, un **musée du cinéma** et le **London Dungeon**, qui met en scène mille ans d'histoires macabres et de légendes sanglantes *(☎ 0871.423.2240 • www. thedungeons.com • ouv. lun.-mer. et ven. 10 h -17 h, jeu. 11 h-17 h, sam.-dim. 10 h -18 h • plein tarif : 22 £)*. Pour jeter un œil à l'intérieur de l'immense bâtiment de style Renaissance édouardienne (1912-1922), visitez le London Film Museum : des trois attractions, c'est la moins chère et la plus intéressante !

● **Sea Life London Aquarium★** *(niveau -2 • Westminster Bridge Rd, SE1 • ☎ 0871.663.1678 • www.visitsealife.com/london • ouv. t.l.j. 10 h-19 h • plein tarif : 24 £)*. L'établissement remporte un vif succès auprès des enfants, surtout à l'heure où l'on nourrit la **raie lisse** *(11 h 30)* et le **manchot papou** des Malouines *(12 h)* ; mais il laissera peut-être sur sa faim le visiteur curieux du monde marin. À voir tout de même : le bassin où les **requins** tournent en rond au milieu de pseudo-statues de l'île de Pâques, une **méduse** du Pacifique et le **chirurgien bleu** de l'océan Indien.

● **London Film Museum★★** *(Queen's Walk, SE1 • ☎ 020.7202.7040 • www. londonfilmmuseum.com • ouv. lun.-ven. 10 h-17 h, sam. 10 h-18 h, dim. 11 h-18 h • plein tarif : 14 £)*. Ses collections – scripts, claps, effets spéciaux, *aliens* et autres monstres… – apportent un éclairage intéressant sur l'industrie du cinéma en Grande-Bretagne, ce qui inclut les superproductions étrangères tournées dans les studios londoniens (d'où la présence de… *Star Wars*). On y (re)voit divers décors et de nombreux costumes, depuis le kilt que portait Christophe Lambert dans *Highlander* (1986) au complet de Tom Cruise dans *Mission : impossible* (1996). Le musée rend aussi hommage à **Charlie Chaplin** (1889-1977), qui a vu le jour à quelques pâtés de maisons, dans le quartier alors très pauvre de Walworth (East Lane). Les parents du futur acteur et réalisateur étaient tous deux artistes de music-hall.

☞ PLAN XIII P. 258-259.

■ **London Eye**** XIII A2
Jubilee Gardens, SE1 • M° Waterloo ou Westminster • ☎ 0871.781.3000 • www.londoneye.com • ouv. t.l.j. 10 h-20 h 30 (jusqu'à 21 h 30 en juil.-août) • plein tarif : 20 £ • billets combinés avec Madame Tussauds, London Aquarium et London Dungeon.
« L'œil de Londres » : aujourd'hui propriété du groupe EDF Energy, cette **grande roue** *(photo p. 13)* a été conçue par **David Marks** et **Julia Barfield** dans le cadre des célébrations de l'an 2000. Elle est la plus haute du monde (135 m) et offre, depuis ses nacelles de verre, de superbes **vues panoramiques**** à 360° sur la capitale. Seule ombre au tableau : durant les vacances scolaires, la file d'attente peut être longue ! Une fois installé, il faut 30 mn pour faire le tour complet.

✐ LONDON EYE COUPE-FILE
• En réservant votre billet sur Internet, vous bénéficiez de 10 % de réduction et n'avez pas à faire la queue aux caisses ; il reste quand même celle pour monter dans la grande roue...

• La formule *flexi fast track*, plus onéreuse (32 £), garantit un accès immédiat à la roue le jour de votre choix.

■ **Southbank Centre*** XIII A2
Belvedere Rd, SE1 • M° Waterloo • ☎ 020. 7960.4200 ou 0844.847.9911 • www.southbank centre.co.uk • de janv. à mars, accès par bateau (Crown River Cruises) les sam.-dim., débarcadère Festival Pier.
Trois édifices distincts constituent ce complexe culturel : Royal Festival Hall, Queen Elizabeth Hall

Un « tonic » pour la nation

En 1951, après des années d'austérité, le **Festival of Britain**, célébrant le centenaire de la première Exposition universelle (qui s'était tenue à Londres), visait aussi à redonner un peu d'optimisme à la nation. Gerald Barry, son directeur, le comparait à un *tonic* (boisson énergisante). De jeunes architectes furent invités à construire aux abords de Waterloo, sur les friches de South Bank, différents pavillons qui devaient être la vitrine résolument moderne de l'art, du design, de la science et de l'industrie. Ils conçurent un Dome of Discovery (avec planétarium) et une structure verticale en acier, le *Skylon*, qui flottait à 15 m au-dessus du sol. Une promenade fut aménagée le long de la Tamise et l'on exposa des œuvres de Barbara Hepworth *(→ encadré p. 264)* et de Henry Moore.

Malgré une critique pas toujours tendre, le festival attira plus de huit millions de visiteurs en cinq mois. Lorsqu'il ferma ses portes, les pavillons furent rapidement rasés sur l'ordre du gouvernement conservateur de Winston Churchill, porté au pouvoir en octobre, qui y voyait un symbole du gouvernement travailliste l'ayant précédé. Seul le Royal Festival Hall fut conservé.

Plan XIII : Lambeth, South Bank, Southwark et Borough (promenade 14).

et Hayward Gallery, tous trois construits (1951-1968) sur le site du **Festival of Britain** (→ *encadré p. 257*) dans un style brutaliste. De prime abord, l'ensemble n'a rien de très engageant, mais il constitue une scène de premier plan pour les musiciens internationaux.

● **Royal Festival Hall** *(ouv. t.l.j. 10 h-23 h • entrée libre • billetterie ouv. t.l.j. 10 h-20 h • places de 9 à 39 £).* Cette salle de concert qui peut accueillir jusqu'à 2 600 spectateurs est le premier grand édifice de l'après-guerre à Londres (1951). Elle a été conçue en béton armé, verre et bois par **Leslie Martin** et **Robert Matthew**, deux architectes alors très marqués par le modernisme scandinave (les réalisations du Finlandais Alvar Aalto notamment). N'hésitez pas à pousser les portes du **foyer★** : on y donne des concerts gratuits à l'heure

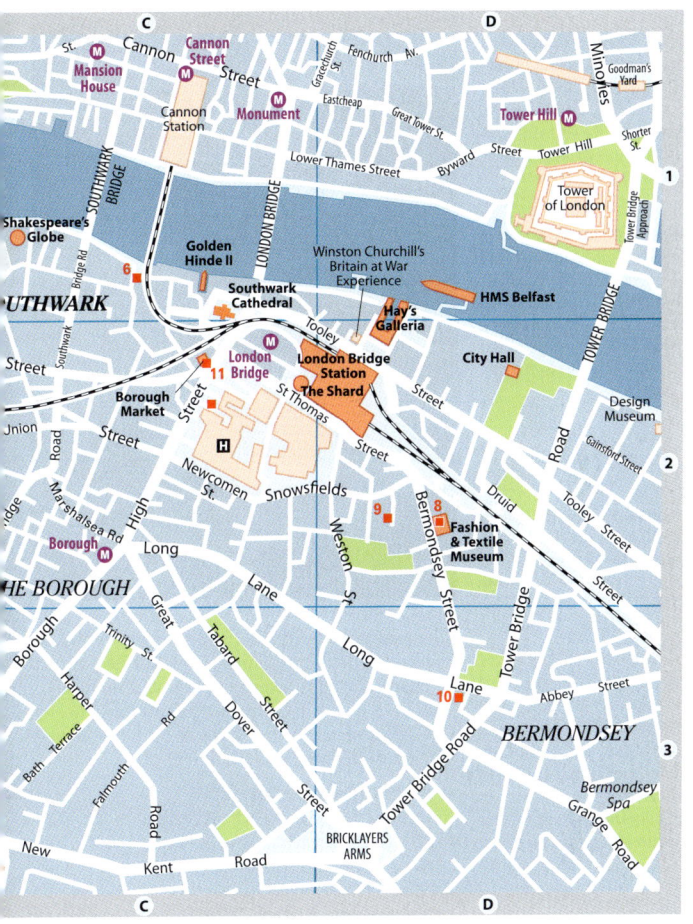

du déjeuner, du jazz en fin d'après-midi… Le morceau de choix reste l'**auditorium★** où se produisent le London Philharmonic Orchestra, fondé en 1932, et le Philharmonia Orchestra, qui a eu pour chefs Karajan, Maazel, Muti…

● **Queen Elizabeth Hall** *(ouv. 1 h 30 avant le début du spectacle • billetterie au Royal Festival Hall • places de 10 à 35 £).* Salle de concert plus modeste (1 000 places), dévolue depuis 1967 à la musique de chambre et à la danse. On y programme très régulièrement des récitals de solistes, des performances de jeunes chorégraphes et des concerts de l'Orchestra of the Age of Enlightment, qui joue sur instruments d'époque.

● **Hayward Gallery** *(ouv. lun. 12 h-18 h, mar.-mer. et sam.-dim. 10 h-18 h, jeu.-ven. 10 h-20 h • plein tarif : 11 £ • vis. guidées gratuites de l'expo en cours).*

♥ CAFÉS
• **Riverside Terrace**, au 1er étage du Royal Festival Hall (XIII A2 2) ☎ 020.7921.0758 ; t.l.j. 10 h-22 h 30. Café avec petite restauration (saumon grillé, soupes, brownies...). Sympathique aux beaux jours.

• **Roof Garden Café**, sur le toit du Queen Elizabeth Hall (XIII A1 3) ☎ 020.7960.4200 ; t.l.j. 10 h-22 h, f. de nov. à mars. Choix réduit d'en-cas ; comptez 6 £ pour une tarte aux olives et jambon de Parme.

▶ Le café sur le toit du Queen Elizabeth Hall : une vraie oasis de verdure en terrasse avec larges vues sur la Tamise.

♥ RESTAURATION RAPIDE
Canteen, à l'arrière du Royal Festival Hall (XIII A2 1) ☎ 0845.686.1122 ; lun.-ven. 8 h-23 h, sam. 9 h-23 h, dim. 9 h-22 h. Spécialités anglaises *(pies, sausages & mash, kidneys on toast)* servies avec le sourire dans un réfectoire au décor fonctionnel.

Elle a été construite en 1968 pour présenter les collections de l'Arts Council, l'organisme national de promotion des beaux-arts : œuvres de Rothko, Pollock... L'architecture, qui trahit l'influence de Le Corbusier, est austère mais se marie assez bien avec les installations d'art contemporain.

■ **BFI Southbank★** XIII A2
Belvedere Rd, SE1 • M° Waterloo • ☎ 020.7928.3232 • www.bfi.org.uk • ouv. t.l.j. 12 h-20 h, certains jours plus tard ; médiathèque f. lun. • prix des places : 10 £, mar. 5 £.
Le dynamique **British Film Institute** (BFI) est chargé de promouvoir le cinéma en Grande-Bretagne et de valoriser ses archives (500 000 œuvres cinématographiques et télévisuelles). Jetez un œil sur leur programme : projections, rétrospectives autour d'un réalisateur ou d'un acteur, et deux festivals.

• **BFI Imax.** Annexe spectaculaire du BFI, cette salle de cinéma abrite le plus grand écran du royaume *(1 Charlie Chaplin Walk, SE1 • ☎ 0330.333.7878 • www.odeon.co.uk • places de 15 à 20 £).*

■ **National Theatre★** XIII A1/2
South Bank, SE1 • M° Waterloo • ☎ 020.7452.3000 • www.nationaltheatre.org.uk • ouv. lun.-sam. 9 h 30-20 h, dim. 12 h-18 h • vis. guidée payante

des coulisses sur rés. (Backstage Tours ; 75 mn) • places de 12 à 48 £ • librairie, bar, concerts gratuits avant le spectacle dans le foyer.

On peut ne pas apprécier l'esthétique de ce monstre de béton gris, conçu en 1976 par l'architecte **Denys Lasdun** : le prince Charles a comparé l'édifice à « une centrale nucléaire en plein Londres ». Mais c'est l'un des théâtres les plus importants du royaume, servi par de brillants acteurs (Judi Dench, Maggie Smith…) et bénéficiant de tous les équipements dernier cri : le plus grand de ses trois auditoriums est doté d'un plateau tournant, qui peut descendre de 18 m.

■ Du Theatre à la Tate XIII A1-2

Entre les ponts de Waterloo et des Blackfriars, la **Queen's Walk** laisse à dr. l'éclectique mais original **Gabriel's Wharf** *(56 Upper Ground • ateliers ouv. mar.-dim. 11 h-18 h)*, ancienne friche industrielle où se sont installés, derrière des façades en trompe-l'œil, quelques cafés animés et des ateliers d'artisans. Remarquez également l'**Oxo Tower**, building Art déco associé à une marque de sel de céleri et de bouillon de bœuf en cube. La municipalité ayant refusé que son nom figure sur la façade, l'architecte s'était arrangé pour que les fenêtres des derniers étages forment les lettres OXO !

♥ **RESTAURANT**
Oxo Brasserie, au 8e étage de l'Oxo Tower (XIII B1 **4**) ☎ 020.7803.3888 ; lun.-sam. 12 h-15 h et 17 h 30-23 h, dim. 12 h-15 h 30 et 18 h-22 h. Vue panoramique, service aimable et cuisine soignée. Le menu 2 plats tourne autour de 25 £ (le restaurant voisin est plus cher).

♥ **GOURMANDISES**
Konditor & Cook, 22 Cornwall Rd, SE1 (XIII B2 **5**) ☎ 020.7261.0456 ; lun.-ven. 7 h 30-18 h 30, sam. 8 h 30-15 h. Pâtissier allemand connu depuis 1993 pour ses *magic cakes* et sa *whiskey bomb* à l'orange. Irrésistible.

2 Southwark et Borough★★

Depuis la fin du XXe s., les berges entre le Blackfriars Bridge et le Tower Bridge sont en plein renouveau : on y a reconstruit le théâtre de Shakespeare, converti l'ex-centrale électrique en musée – superbe Tate Modern – et bâti, près du métro London Bridge, le gratte-ciel le plus haut d'Europe : The Shard. Une autre raison pour s'y aventurer ? le Borough Market, marché haut en couleur du jeudi au samedi !

☞ PLAN XIII P. 258-259.

Départ : M° Southwark (Jubilee Line) XIII B2 • M° Saint Paul's h. pl. XIII par B1 (accès à la Tate Modern par le Millennium Bridge).

Combien de temps : 3 h 30 (hors vis. du Shakespeare's Globe et du *HMS Belfast*).

■ Tate Modern★★★ XIII B1/2

Bankside, SE1 • M° Southwark, Blackfriars ou St Paul's (via le Millennium Bridge) • accès possible par bateau : River Bus ou Tate Boat, navette entre les deux Tate toutes les 40 mn (plein tarif : 6,50 £) • ☎ 020.7887.8888 • www.tate.org.uk • ouv. dim.-jeu. 10 h-18 h, ven.-sam. 10 h-22 h ; f. 24-26 déc. •

À NE PAS MANQUER À LA TATE MODERN

- La salle des Turbines**
- La salle 2*** du niveau 2
- Les photomontages** de John Heartfield *(niveau 2, salle 5)*
- Les *Seagram Murals*** de Mark Rothko *(niveau 3, salle 6)*
- *Vietnam II*** de Leon Golub *(niveau 3, salle 9)*
- Les sculptures** de Barbara Hepworth *(niveau 4, salle 2)*

♥ PAUSE À LA TATE MODERN

- *Tate Café* au niveau 1 : lun.-jeu. 10 h-17 h 30, ven. 10 h-20 h 30, sam.-dim. 9 h-17 h 30.

- *Tate Restaurant* au niveau 6 : t.l.j. 10 h-17 h 30, ven.-sam. 10 h-21 h 30.

accès libre sf expos temporaires • vis. guidées gratuites à 11 h, 12 h, 14 h et 15 h.

Depuis que les architectes suisses **Herzog & De Meuron** l'ont convertie (2000) en musée d'Art moderne et contemporain, l'ancienne centrale électrique édifiée en 1947 par **Giles Gilbert Scott** (l'inventeur des fameuses cabines téléphoniques rouges) est devenue *le* must de la rive sud. Ce « Beaubourg » monumental accueille à la fois des expositions temporaires et des collections permanentes qui parcourent tout le XXe s. selon une approche thématique. L'occasion d'opérer quelques rapprochements inattendus…

● **Turbine Hall****. Véritable cathédrale industrielle, l'ancienne **salle des Turbines** est si vaste que l'on pourrait y entasser 1 200 bus à impériale ! Ce hall de 35 m de haut et 155 m de long accueille des spectacles, des projections et des sculptures créées à sa démesure ; on se souvient encore de *Maman*, l'araignée géante installée par Louise Bourgeois à 9 m du sol pour l'inauguration…

● **Niveau 2 : Poésie et rêve**
Cette aile fait la part belle aux peintres surréalistes qui cherchaient à sonder les profondeurs de l'inconscient. La salle 2*** en donne un large aperçu avec des œuvres de Paul Delvaux, Joan Miró, Karel Appel et **René Magritte** (*L'Homme au journal*, 1928).

▲ L'ancienne centrale électrique qui accueille la Tate Modern est due à Giles Gilbert Scott, le même architecte que celle de Battersea.

Salle 4 : *T1937-33*★ de **Hans Hartung**. Sous la main de ce peintre français d'origine allemande (1904-1989), les visions oniriques revêtent la forme de simples traces, surgies de l'impulsion première, dépouillées de toute signification. Hartung, à cet égard, est un véritable précurseur de l'art informel.

Salle 5 : **John Heartfield**. Entre 1930 et 1938, Helmut Herzfeld (1891-1968), proche des cercles dada et membre du Parti communiste allemand, a réalisé 237 **photomontages**★★ qui dénonçaient la violence et la démagogie des nazis, en couverture de l'hebdomadaire ouvrier *Arbeiter Illustrierte Zeitung*. Les autres travaux de l'artiste, qui avait changé son nom pour protester contre le nationalisme ambiant, ont été perdus lorsque les nazis ont mis à sac son atelier berlinois, en 1933.

Salle 10 : **Christian Schad**. Connu pour ses « schadographies » (superpositions d'objets placés entre un papier photosensible et une source lumineuse), cet artiste allemand (1894-1982) a côtoyé le mouvement dada en Suisse et le monde interlope des nuits berlinoises. Son étrange *Autoportrait*★ de 1927, peint sur bois, le représente dans une tunique transparente verte, au côté d'une femme nue qui porte au poignet un ruban noir, à la jambe un bas rouge et à la joue une longue cicatrice : autant de détails (comme celui du voile séparant les personnages de la ville) qui concourent à une tension érotique très calculée.

● **Niveau 3** : **Visions transformées**
Cette section explore l'art de l'après-guerre : les années 1945-1960, dominées par des souvenirs de violence, d'angoisse et de malaise existentiel. Les figures sont souvent rongées, les visages défigurés…

Salle 2 : **Francis Bacon** (1909-1992). Le peintre déformait ses modèles en superposant différentes facettes de leur corps ou de leur visage, comme pour mieux en saisir le mouvement. Tel un entomologiste qui épingle ses spécimens dans une boîte, il les confinait à l'intérieur d'un cadre (une cage de verre ?), créant ainsi un sentiment d'enfermement psychologique. C'est le cas de son *Personnage assis au tapis d'Orient* (1961), qui semble pris de convulsions.

Salle 6 : **Mark Rothko** (1903-1970). Sa série *The Seagram Murals*★★, réalisée à la fin des années 1950, compte parmi les œuvres les plus marquantes du niveau 3. Ce sont de vastes aplats de couleurs vibrantes, qui invitent à la contemplation. L'artiste les avait conçus pour le *Four Season's*, un restaurant new-yorkais sur Park Avenue (dans le Seagram Building). Mais il a préféré en faire don à la Tate Gallery pour que le spectateur se laisse mieux absorber ou troubler par leur tension spirituelle.

Salle 9 : **Leon Golub**. Toute sa vie (1922-2004), cet artiste engagé de Chicago, qui fut lui-même GI, a protesté avec virulence contre la guerre, l'injustice et le terrorisme. L'une de ses œuvres majeures, *Vietnam II*★★ (qui devait s'appeler *Assassins* ; 1973), est une bâche de plus de 12 m de long sur laquelle figurent tortionnaires et victimes. Pour souligner la violence de la scène, Golub a abrasé la couche d'acrylique à coup de dissolvants et d'attendrisseur de boucherie.

● **Niveau 4** : **Structure et clarté**
Vers 1910 s'élabore un nouveau langage visuel : l'abstraction. Peinture et sculpture ne sont plus de simples représentations du réel mais des agencements de couleurs ou de formes.

Salle 2 : **Henri Matisse**. Lorsque sa santé déclinante ne lui permit plus de peindre, Matisse (1869-1954) réalisa plusieurs compositions à l'aide

▶ Henri Matisse, *L'Escargot*
(© Succession H. Matisse
pour l'œuvre de l'artiste).

Dame Barbara

Barbara Hepworth (1903-1975) est *la* grande dame de l'art britannique au XXe s. Et l'une des premières à avoir réalisé des sculptures purement abstraites. Influencée par Henry Moore et très marquée par les formes des collines de son Yorkshire natal, elle s'installa en 1939 dans un atelier-jardin de Saint Ives, en Cornouailles, avec son mari le peintre Ben Nicholson (1894-1982). Là, elle pouvait tailler à la main, en plein air, la pierre et le bois, d'une manière qui rappelle assez celle de Constantin Brancusi. À partir des années 1950, elle conçut aussi d'imposantes sculptures en bronze.

Chacune de ses formes (ovales, sphériques…) avait pour elle une signification particulière. Elle associait les monolithes courbes aux hommes et femmes qui se tenaient debout dans les paysages de son enfance : ainsi les *Forms in Echelon* de la Tate Modern (1938 • *niveau 4, salle 2*), taillées dans du bois de rose et conçues pour être exposées en pleine nature. Les formes percées traduisaient plutôt le geste, le mouvement : celui d'une mère et de son enfant. Anoblie en 1965, Barbara Hepworth mourut dix ans plus tard dans l'incendie de son atelier de Saint Ives.

de papiers colorés qu'il découpait aux ciseaux. *L'Escargot* (1953), avec ses aplats de gouache formant spirale, constitue un exemple typique de ces collages.

Salle 9 : **Saloua Raouda Choucair**. Pionnière de l'art abstrait au Moyen-Orient, cette artiste libanaise (née en 1916) a réalisé, à partir de 1962, de nombreuses sculptures qui allient aux géométries arabes l'abstraction européenne – elle fréquenta l'atelier de Fernand Léger à Paris. Son *Poème*★ se compose d'éléments empilés en colonne, qui s'imbriquent comme tenons et mortaises.

Salle 11 : **Georges Braque** (1882-1963). Vers 1910, Braque abolit la perspective traditionnelle pour inventer un espace nouveau, « cubiste », où les objets (ordinaires, comme dans *Bouteille et Poissons*) sont fragmentés, superposés, vus sous toutes leurs facettes réelles ou imaginées, et forment des plans qui s'interpénètrent.

● **Niveau 4 : Énergie et processus créatif**
L'autre aile du niveau 4 s'attache à l'Arte povera, créé par ces artistes italiens qui, dans les années 1960, réalisaient leurs œuvres à partir d'objets banals et peu coûteux : « pauvres », par opposition aux matériaux « nobles » que sont le marbre et le bronze.

Salle 3 : **Giuseppe Penone** (né en 1947). Fasciné par les phénomènes de la nature et les cycles végétaux, il met les arbres à nu, les décortique et les creuse pour retrouver, à la manière d'un archéologue, le moment de leur naissance (leur pureté originelle) et en faire émerger l'esprit. Son *Arbre de 12 mètres*★ (1980), sculpté à la main dans une poutre de bois, est d'une grande force poétique.

Salle 5 : **Marisa Merz**. Née à Turin en 1931, elle compte aussi parmi les protagonistes de l'Arte povera. Sa *Sculpture vivante*★ (1966) est un assemblage de tubes d'aluminium suspendus au plafond, qui retombent en serpentins et génèrent des formes organiques assez énigmatiques. Cette installation était conçue à l'origine pour le propre appartement de l'artiste.

■ Shakespeare's Globe★★★ XIII C1

Bankside, SE1 • Mº Southwark ou St Paul's • accès possible par bateau (Bankside Pier) • ☎ 020. 7902.1500 (vis. guidées) ou 020.7401.9919 (spectacles) • www.shakespearesglobe.com • places debout à partir de 3 £, assises à partir de 15 £ • Exhibition and Theatre Tour (14 £), 10 h-17 h, toutes les 30 mn, sf 24-25 déc.

Dans les années 1580-1590, les maires de Londres voyaient les théâtres d'un mauvais œil : non seulement les pièces étaient trop profanes à leur goût, mais elles détournaient les apprentis et les ouvriers de leur travail puisqu'elles étaient toujours données l'après-midi, à la lumière du jour. La municipalité puritaine finit par bannir les troupes de la ville. Celles-ci s'établirent alors en dehors du mur d'enceinte, sur la rive S. de la Tamise : The Rose y fut édifié en 1587, The Swan en 1595 et The Globe en 1599, à l'initiative de la compagnie de **William Shakespeare** qui y joua 14 années durant, jusqu'à l'incendie de 1613 *(→ théma p. 80-81)*.

Quatre siècles plus tard, l'acteur américain **Sam Wanamaker** (1919-1993) et l'architecte **Theo Crosby** (1925-1994) entreprirent de reconstruire à l'identique le Globe pour jouer Shakespeare, sur la base des découvertes des archéologues et des descriptions de l'époque, en usant des mêmes matériaux et des mêmes techniques : une ossature de chêne à tenons et mortaises ; un mortier à base

☞ **PLAN XIII P. 258-259.**

🔖 **BON À SAVOIR**
Envie de (re)voir *La Tempête*, *Macbeth* ou *Le Roi Lear* ? Au Globe, les représentations ont lieu, de la fin avril à début octobre, par tous les temps. Si vous avez un *yard ticket* (place debout), prévoyez un K-way : les parapluies sont interdits (de même que les tabourets pliants) !

◀ En 1613, The Globe, le théâtre de Shakespeare, fut réduit en cendres par un incendie, alors qu'on y donnait *Henry VIII*. C'est un effet spécial – une salve pyrotechnique – qui avait mis le feu au toit de chaume. Le bâtiment a été reconstruit à l'identique en 1996.

Au marché du Borough

Mentionné dans les archives dès 1276, le **Borough Market**** XIII C2 11 *(8 Southwark St., SE1 • Mº London Bridge • www.boroughmarket.org.uk • entre Stoney St. et Borough High St. • ouv. lun.-jeu. 11 h-17 h, ven. 10 h-18 h, sam. 8 h-17 h)* est le plus ancien de tous les marchés londoniens des quatre-saisons *(photo p. 13)*. Il a longtemps traîné la réputation d'être chaotique et tapageur, mais il s'est beaucoup policé ces dernières années : ses produits fermiers ont la cote auprès des chefs étoilés qui viennent s'y approvisionner avant le lever du jour. Poissons de la mer du Nord et cochonnailles y côtoient denrées exotiques et plats à emporter... Si vous n'aimez pas les bains de foule, évitez le samedi ! Ses meilleures adresses ?

- **Chocolat :** ♥ *Rabot Estate (2 Stoney St. • lun.-jeu. 8 h-18 h, ven. 7 h 30-18 h 30, sam. 9 h-18 h 30).* En tablettes, à boire, en pralinés... Le cacao provient d'une plantation de Sainte-Lucie (Antilles) fondée en 1745.

- **Jus de fruits :** ♥ *Chegworth Valley (Stoney St. • stand ouv. jeu.-sam.).* Pomme-sureau, poire, rhubarbe... en provenance d'une ferme du Kent.

- **Café :** ♥ *Monmouth (2 Park St. • lun.-sam. 7 h 30-18 h).* Excellent torréfacteur concoctant un expresso à partir d'un café brésilien, rehaussé de quelques grains guatémaltèques.

- **Fromages :** ♥ *Neal's Yard (6 Park St. • lun.-sam. 9 h-19 h).* Cheddar de l'île de Mull (Écosse), bleu du Shropshire, *gorwydd caerphilly* du pays de Galles... Un vrai voyage !

---

de sable, chaux éteinte et poils d'animaux ; une toiture en roseau du Norfolk. La visite guidée permet de découvrir les galeries, mais aussi la **scène**** avec son plafond décoré de signes du zodiaque. À noter aussi : la **grille d'entrée***, ornée de plantes et d'animaux en fer forgé (chacun renvoie à un vers de Shakespeare).

■ **Golden Hinde II** XIII C1
St Mary Overie Dock, SE1 • Mº London Bridge • ☎ 020.7403.0123 • www.goldenhinde.com • horaires variables • accès payant (plusieurs formules) ; les billets s'achètent au 1 Clink St. (Pickfords Wharf).
Amarrée aux docks, c'est une réplique grandeur nature du galion *The Golden Hinde (La Biche d'or)*, à bord duquel le navigateur et corsaire Francis Drake (v. 1540-1596) a pris possession de la Californie et s'est emparé de l'or des Indes espagnoles. Le bateau actuel a effectué le voyage de San Francisco en 1975 et plusieurs traversées pendant 20 ans. On le visite par soi-même ou accompagné d'un guide en costume d'époque. On peut aussi y passer la nuit *(du sam. au dim. • 43 £/pers.)*. L'attraction est fort appréciée des enfants...

■ **Southwark Cathedral*** XIII C1
Cathedral St., SE1 • Mº London Bridge • ☎ 020.7367.6700 • www.southwarkcathedral.org.uk • ouv. lun.-ven. 8 h-18 h, sam.-dim. 8 h 30-18 h • accès libre mais obole recommandée (4 £) • permis photo : 2 £ (en vente à la boutique).
Dite aussi **Saint Saviour and Saint Mary Overie** (Saint-Sauveur-et-Sainte-Marie-au-delà-des-Eaux). Au début du XIIe s., deux chevaliers normands bâtissent à cet emplacement une église dédiée à sainte Marie. L'évêque de Winchester les rejoint dans l'entreprise et décide de fonder juste à côté un prieuré pour les moines de l'ordre de Saint-Augustin. En 1212, le tout brûle. Seule l'église est reconstruite et devient, en 1905, la cathédrale de Southwark. Son **chœur*** du XIIIe s. fait d'elle un rare spécimen des débuts de l'architecture gothique, ce que les historiens appellent Early English Style.

Au fond de la nef, les **clés de voûte*** en chêne sculpté (1469 ?) proviennent de la charpente de l'ancienne nef : il y en avait 150 à l'origine, certaines ont été remontées à la croisée du transept. Leurs motifs sont variés : un pélican, les armoiries du prieuré des augustins, Judas dévoré par le diable, la gloutonnerie...

Au mur sud de la nef, un lumineux **vitrail*** de 1954 commémore l'œuvre de William Shakespeare,

▲ Avec sa pointe dressée vers le ciel, The Shard a volé la vedette de la rive sud au City Hall de Norman Foster (silhouette penchée, à gauche). Sur le fleuve est amarré le *HMS Belfast*, navire de guerre et musée.

au-dessus du monument qui représente le dramaturge allongé sur les berges de la Tamise. Le panneau dr. évoque des protagonistes de ses tragédies (Roméo et Juliette, Othello, Lady Macbeth…) ; à g., de ses comédies (on reconnaît en particulier le Falstaff des *Joyeuses Commères de Windsor*). Au centre règne en maître le magicien Prospero, de *La Tempête*.

Dans le chœur, l'imposant **retable de pierre**★★ date de 1520, mais les statues qui ornent ses niches sont modernes (1905). Elles figurent divers personnages – évêques, cardinaux, saints, le poète John Gower… – qui ont un lien historique avec la cathédrale. La partie inférieure, entièrement dorée, est plus récente (1930).

Au mur nord de la nef, le **tombeau**★ est celui de **John Gower**, père de la poésie anglaise (m. 1408), qui s'était retiré dans ce prieuré à la fin de sa vie. Sa tête repose sur ses trois livres : *Vox Clamantis* (« Voix du prophète », écrit en latin), *Mirour de l'Omme* (« Miroir de l'homme »), un poème de 30 000 vers en normand, et *Confessio Amantis* (« Confession de l'amoureux », écrit en anglais).

■ **The Shard**★★ XIII C2

Joiner St., SE1 • Mº London Bridge • The View, ouv. dim.-mer. 10 h-19 h, jeu.-sam. 10 h-22 h ; horaires étendus parfois ; dernière entrée 1 h 30 avant la fermeture • plein tarif : 25 £ • rés. recommandée : www.theviewfromtheshard.com ou ☎ 0844. 499.7111.

♥ RESTAURANTS

• **Cantina**, angle Park St. et Clink St., SE1 (XIII C1 6) ☎ 020.7940.8300 ; lun.-jeu. 12 h-15 h et 18 h-23 h 30, ven.-sam. 12 h-23 h 30. C'est l'un des restaus du Vinopolis, centre culturel et commercial dédié au vin. Menu à 25 £ les 2 plats. Bonne carte des vins (merlot, sauvignon, pinot gris…).

• **George Inn**, 77 Borough High St., SE1 (XIII C2 7) ☎ 020.7407.2056 ; lun.-sam. 11 h-23 h, dim. 12 h-2 h 30. La dernière auberge de Londres à galerie extérieure. À tester pour le cadre (1676).

☞ CONSEIL

Si vous n'avez pas de réservation pour la visite des 68e-72e étages, tentez votre chance sur place : aux guichets, des écrans indiquent le nombre de billets encore disponibles pour le jour même.

THE SHARD EN CHIFFRES
- 95 étages ;
- 54 000 m³ de béton, l'équivalent de 22 piscines olympiques ;
- 11 000 panneaux de verre, couvrant 56 000 m², la surface de 8 terrains de foot.

Les hauts faits du *Belfast*

En temps de paix, les croiseurs de Sa Majesté *(HMS : His/Her Majesty Ships)* étaient surtout destinés à protéger les routes maritimes de l'Empire britannique. La guerre leur attribua une autre mission : appuyer les opérations de la Navy. Ainsi le *HMS Belfast*, basé dans les îles Orcades, intercepte dès septembre 1939 un navire prétendument suédois en provenance d'Argentine, en fait chargé de réservistes allemands essayant de rejoindre le Reich. En 1943, il prend part à la chasse du croiseur *Scharnhorst*, dans les eaux glacées de l'Arctique, et du cuirassé *Tirpitz*, tapi au fond d'un fjord norvégien. Mais surtout, il participe au débarquement sur les plages de Normandie : le 6 juin 1944, devant Arromanches, il bombarde des batteries nazies. C'est à son bord que le réalisateur américain George Stevens peut fixer le « Jour J » sur une pellicule en couleur.

Après la guerre, le *Belfast* interviendra sur d'autres fronts, pour évacuer des survivants de camps chinois ou patrouiller au large de la Corée (1951-1952). Il a été désarmé en 1963, après un dernier exercice en Méditerranée.

Avec 309 m, **The Shard** – l'« Éclat (de verre) » – est le gratte-ciel le plus haut d'Europe ! À l'origine, il devait atteindre les 400 m, mais le projet, signé **Renzo Piano**, fut revu à la baisse après l'attentat du World Trade Center de New York. L'architecte, qui est aussi l'auteur du Centre Georges-Pompidou à Paris, s'est inspiré ici des clochers des églises de Wren et des mâts des navires qui s'amarraient autrefois aux docks londoniens. La construction a constitué un véritable défi, tant le site retenu est exigu et proche du fleuve. Le chantier, malgré tout, fut mené à bien en trois ans (inauguration en 2012), à raison d'un étage par semaine, avec le concours de 1 500 ouvriers et le financement de banques qatariennes.

Le gratte-ciel se visite en partie : les **bars-restaurants** du 31ᵉ au 33ᵉ étage sont accessibles au public, de même que les étages 68 à 72, dits **The View**, formidable belvédère offrant par temps clair des **vues**★★★ spectaculaires sur Londres (on distingue même l'estuaire de la Tamise et Heathrow). Les étages 34 à 52 sont réservés aux clients de l'hôtel *Shangri-La*, les autres niveaux sont occupés par des bureaux et des appartements de luxe.

■ Hay's Galleria★ XIII D1/2
Hay's Lane, SE1 • accès par Tooley St. ou Queen's Walk • Mº London Bridge.
Un ancien dock (1651) où l'on entreposait les ballots de thé que les navires rapportaient de Chine, mais aussi les fromages de Nouvelle-Zélande. En 1982, son bassin fut comblé, et ses hangars reliés par une verrière pour entamer une nouvelle carrière : celle d'une **galerie marchande**. Belle **vue**★★ sur l'autre rive.

■ HMS Belfast★★ XIII D1
Morgan's Lane, Tooley St., SE1 • Mº London Bridge • ☎ *020.7940.6300 •* www.iwm.org.uk *• ouv. t.l.j. 10 h-17 h (jusqu'à 18 h de mars à oct.) ; f. 24-26 déc. • plein tarif : 15 £.*
C'était le croiseur le plus puissant de la Royal Navy : sorti des chantiers de Belfast en 1938 et aujourd'hui tranquillement amarré au quai de la Tamise, le navire a écrit des pages glorieuses dans l'histoire du Royaume-Uni *(→ encadré)*. Depuis 1971, ses neuf ponts sont ouverts à la visite.
Le parcours, instructif, commence par le *quarterdeck* (gaillard d'arrière) : on a essayé de recréer, moyennant quelques effets spéciaux, l'ambiance qui régnait dans la tourelle durant la bataille du Cap Nord (hiver 1943). La suite offre un très bon aperçu de la vie à bord. Rien n'y manque : la buan-

◀ Le City Hall vu de la rive gauche (nord) de la Tamise.

☞ PLAN XIII P. 258-259.

derie, la cantine *(galley)*, le cabinet du dentiste, les hamacs… sans oublier le poste le plus convoité de tout le navire, la *provision issue room* où l'on distribuait les rations de rhum. À la fin de la Seconde Guerre mondiale, 950 hommes vivaient à bord.

■ **City Hall★** XIII D2
The Queen's Walk, SE1 • M° London Bridge • ouv. lun.-ven. 8 h-20 h.
La zone comprise entre le fleuve et Tooley Street a été entièrement remodelée à la fin du XXᵉ s. : les entrepôts bombardés durant la guerre ont été rasés au profit d'une grande *plaza* entourée d'immeubles de bureaux. Au centre, l'architecte **Norman Foster** a dessiné (2002) une structure de neuf étages, décrite comme une « sphère géométriquement modifiée », qui abrite les bureaux du maire, l'assemblée municipale et les services du Grand Londres. À l'intérieur, le sol est tapissé d'une **photographie aérienne** de l'agglomération.

Pour prolonger la balade le long de la Tamise, se reporter à la promenade 13 *(p. 243).*

■ **Fashion & Textile Museum★** XIII D2
83 Bermondsey St., SE1 • M° London Bridge • ☎ 020.7407.8664 • www.ftmlondon.org • ouv. mar.-sam. 11 h-18 h ; f. 21 déc.-1ᵉʳ janv. • accès payant • vis. guidée gratuite de l'expo en cours le mer. à 13 h.
Voici le seul musée qui se consacre entièrement à la **mode** britannique des 50 dernières années. Il ne possède pas de collection permanente, mais organise souvent des expositions très complètes autour d'un créateur. L'**édifice★** qui l'héberge, un vigoureux cube moderniste badigeonné de rose et d'abricot, a été dessiné par l'architecte mexicain **Ricardo Legorreta** (1931-2011).

✍ SOLDES EN MER
En 1939, les marins les plus compétents du *HMS Belfast* touchaient par semaine 21 shillings, l'équivalent de 29 £ actuelles. Lorsqu'ils étaient en mer, leur épouse recevait chaque semaine 18 shillings (24 £), plus 12 shillings (15 £) par enfant.

♥ SHOPPING
• ***Helen Yardley Gallery***, 3-5 Hardwidge St., SE1 (XIII D2 9) ☎ 020.7403.7114 ; mer.-ven. 11 h-17 h. Dans une petite rue parallèle à Bermondsey St., le showroom d'une créatrice de tapis au design contemporain. Superbe.

• ***Bermondsey Square Antiques Market***, angle Bermondsey St. et Long Lane, SE1 (XIII D3 10) ; ven. 5 h-13 h. Point fort de cette brocante très matinale : le verre, la porcelaine, l'argenterie et le petit mobilier. Près de 200 étals.

♥ SUR LE POUCE
Teapod, 83 Bermondsey St., SE1 (XIII D2 8) ☎ 020.7407.8664 ; lun.-ven. 8 h-17 h 30, sam. 10 h-17 h. Une halte sympathique : le café du Fashion & Textile Museum. Large choix de thés, petits déj', soupes végétariennes, *stews* et curries.

THÉMA

Un long fleuve pas si tranquille

Tous les petits Londoniens apprennent à l'école le grand rôle que la Tamise *(Thames)* a joué dans le développement de leur ville. Ce fleuve, qui prend naissance au pied des Cotswolds et se jette, 346 kilomètres plus loin, dans la mer du Nord, est le plus long d'Angleterre. Source d'eau et de nourriture pour ses premiers riverains, porte d'accès pour ses conquérants successifs, *the River*, comme on l'appelle familièrement, a souvent menacé Londres mais a également fait sa prospérité.

■ Des quais aux docks

Les archéologues ont découvert, entre les actuelles Cannon Street et Custom House, les tout premiers quais de la Tamise : de lourds madriers de chêne empilés, en 52 apr. J.-C., sur 1 m de hauteur au-dessus du niveau du fleuve. Au Moyen Âge, cette berge, renforcée au fil des siècles, se couvre de chantiers navals et d'entrepôts, dotés de poulies pour hisser les tonneaux hors des navires. Chaque ponton a alors une fonction bien précise : sur le Wine Wharf, on décharge les barriques de vin, sur le Wool Quay, on contrôle la qualité de la laine.

▲ *A Frost Fair on the Thames at Temple Stairs* (Abraham de Hondt, vers 1684 ; Museum of London). Autrefois, durant les hivers les plus froids, les Londoniens organisaient des sortes de grandes foires sur la Tamise gelée *(frost fairs)* avec jeux et distractions. Il y en eut sept entre 1564 et 1814 ; en 1684, la glace atteignit 28 cm d'épaisseur.

Pour empêcher les vols et la contrebande, les marchands créent en 1558, entre le London Bridge et la Tour, des *Legal Quays* sur lesquels des droits d'entrée sont perçus, au nom du lord-maire et du roi. L'activité est si florissante que la Tamise devient la voie navigable la plus fréquentée d'Europe, et Londres le port le plus embouteillé du royaume. Au XVIIIe s., on compte près de 15 000 navires par an : certains doivent attendre plusieurs semaines avant d'être déchargés, au risque de se faire piller leur cargaison de rhum ou

THE "SILENT HIGHWAY"-MAN.
"Your MONEY or your LIFE!"

◀ La Mort naviguant sur la Tamise entre des cadavres d'animaux. Caricature publiée dans l'hebdomadaire *Punch, or the London Charivari* en juillet 1858, au moment de la Grande Puanteur.

◀ La *Thames Barrier*, qui empêche les flots marins d'inonder le centre de Londres, est un ouvrage colossal : chacune de ses dix portes mobiles fait la hauteur d'un immeuble de cinq étages et pèse 3 700 tonnes.

d'autres produits coloniaux. Pour remédier à ces crises, les autorités acceptent d'aménager en aval, sur les deux rives, des complexes constitués de bassins et de docks : **West India, Saint Katharine** (→ p. 307 et 248)…

■ **Un enjeu écologique**
Jusqu'au milieu du XIXe s., fosses d'aisance, effluents d'abattoirs et rejets d'usines se déversent dans le fleuve, sans aucun traitement préalable, favorisant la terrible **épidémie de choléra** de 1848 et la **Grande Puanteur** *(The Great Stink)* de 1858. Après un mois de juin exceptionnellement chaud, les eaux sont devenues si fétides que les riverains doivent respirer à travers un mouchoir ou se réfugier à la campagne ; les députés, indisposés par les miasmes, transfèrent le Parlement à Hampton Court. À la mi-juillet, la pluie dilue les boues, mais le mal est fait : le fleuve, opaque et brun, est contaminé. Il faudra 130 ans avant de voir de nouveau un saumon frétiller sous le London Bridge.
Aujourd'hui, la Tamise n'est plus du tout « l'égout de Londres » : elle a retrouvé une partie de sa faune – 120 espèces de poissons et 38 espèces d'oiseaux – et ses berges ont été rendues aux promeneurs. On peut flâner désormais sur le **Thames Path** et la **Queen's Walk** (→ p. 310 et 251).

■ **Débordements**
Le pari n'est pas gagné pour autant. *The River* doit faire face à un autre défi : les **risques d'inondation** liés aux changements climatiques. Londres a toujours souffert des crues, surtout les zones marécageuses de Woolwich, de Rotherhithe et de l'Isle of Dogs qui se situaient au-dessous du niveau des marées les plus hautes. Les archives rappellent que, en 1237, on se déplaçait en *wherry* (bateau d'aviron) autour de Westminster et que, en 1242, le fleuve avait submergé la rive sud jusqu'à Elephant and Castle. En 1579, un témoin raconte que des poissons jonchaient le sol du Parlement… Et en dépit de tous les travaux d'endiguement, les crues, combinées à un fort vent du nord, ont continué d'occasionner de nombreux dégâts. Celle de 1953 a noyé 300 riverains en aval. La construction, entre 1975 et 1982, de la **Thames Barrier** a permis de préserver le centre de nouvelles inondations. Mais le niveau du fleuve, lui, monte chaque année de quelques millimètres. Les écluses suffiront-elles encore, en 2070, à protéger la capitale ?

▼ Vue depuis la Queen's Walk, la promenade aménagée sur la rive sud, entre le Lambeth Bridge et le Tower Bridge, à l'occasion du jubilé d'argent de la reine Élisabeth II, en 1977. Elle a été prolongée en 1996 par le Thames Path.

⑮ Chelsea★★

Situation : West End, au bord de la Tamise • plan XIV p. 273 ; plan général détachable A-B5 • plan du métro p. 364-365.

Le charme de Chelsea ? Un subtil mélange de décontraction et de sophistication qui résume à lui seul l'histoire du quartier. La tranquillité bucolique de cet ancien village des bords de la Tamise attira des artistes et des intellectuels dont le mode de vie bohème en fit progressivement le haut lieu des nouvelles tendances. Chelsea devint l'emblème de la culture pop et de la mode à l'époque où Londres en était la capitale indiscutée.

Si une atmosphère élitiste plus conventionnelle a remplacé l'esprit non-conformiste du « Swinging London » des *sixties*, la promenade réserve toujours de séduisantes surprises : un petit square miraculeusement préservé de la foule ; la retenue toute britannique des alignements de maisons des rues résidentielles ; les expositions d'art contemporain d'une des plus prestigieuses galeries de Londres ; l'accueil chaleureux et débonnaire des retraités du Royal Hospital, qui portent avec honneur et dignité leur uniforme bicolore…

À ne pas manquer

La Saatchi Gallery★★	274
Le Royal Hospital★★	279
Glebe Place et Cheyne Row★	275
La Thomas Carlyle's House★	276
Cheyne Walk★	277

Départ : Sloane Sq. XIV B1 • M° Sloane Square (District Line ; Circle Line).

Lignes de bus : n°ˢ 11, 19, 22, 137, 170, 211, 319, 360, 452 et C1.

Combien de temps : 2 h hors visite des musées.

■ Sloane Square★ XIV B1

Carrefour très animé depuis sa construction en 1771, cette vaste place rectangulaire constitue la principale porte d'entrée de Chelsea *(photo p. 13)*. Elle tient son nom de **Hans Sloane**, un médecin et collectionneur irlandais qui acheta en 1712 un ancien manoir du roi Henri VIII, aujourd'hui disparu. Le square est dominé à l'O. par le **grand magasin** *Peter Jones*, fondé en 1877, et à l'E. par la façade italianisante du **Royal Court Theatre** (1888) : c'est là que naquit en 1956 le *kitchen sink drama* (le « drame de l'évier de cuisine »), un mouvement artistique au réalisme social très développé qui choisissait ses héros dans les classes ouvrières et défavorisées.

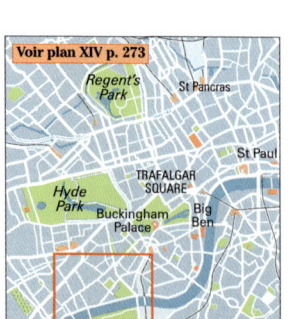

Voir plan XIV p. 273

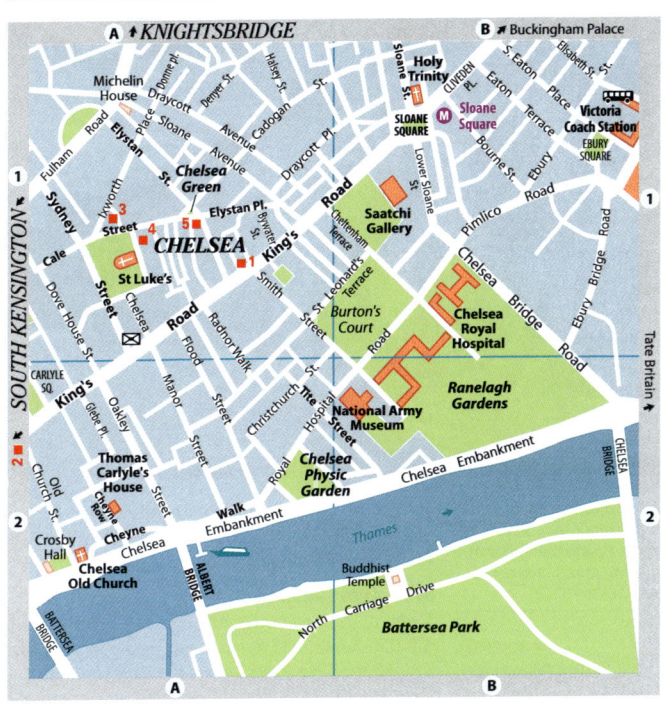

Plan XIV : Chelsea (promenade ⓯).

Au centre de la place, la **fontaine de Vénus** (1952) est ornée d'une statue de la déesse qui semble veiller sur les amours adultères du roi Charles II et de l'actrice Nell Gwynn – la plus célèbre de ses nombreuses maîtresses –, représentés sur un relief de la vasque.

■ Sloane Street XIV B1

Cette élégante artère relie Sloane Square au quartier de Knightsbridge. Bordée d'édifices de brique rouge datant pour la plupart du XIXe s., elle compte parmi les rues commerçantes les plus sélectes de Londres. Tout de suite à dr. se dresse la **Holy Trinity Church** (église de la Sainte-Trinité, 1890 • *ouv. lun.-ven. 8 h-17 h 30, sam. 10 h 15-16 h, dim. 8 h 45-14 h*) dont la décoration est un bel exemple du mouvement Arts and Crafts *(→ théma p. 290-291)* qui se développa à l'époque victorienne dans le sillage du préraphaélisme. Convaincus que l'art devait s'étendre à tous les aspects du quotidien, les artistes-artisans réhabilitèrent le travail manuel et abolirent le clivage entre beaux-arts et arts appliqués. À l'intérieur, voir le superbe **vitrail**★★ du chœur conçu et réalisé en 1895 par **Edward Burne-Jones** et **William Morris**.

Sur le trottoir d'en face, au n° 123, se trouve une **maison georgienne**★, l'une des dernières de la rue. Un peu plus haut sur la dr., le **Cadogan Hall**, ancienne église du Christ scientiste (1907) aux formes byzantines et à l'ornementation intérieure Art déco, accueille depuis 2004 de nombreux concerts, dont ceux de

▲ Façades colorées dans Bywater Street. Qui penserait que cette charmante rue résidentielle donne dans la bruyante et commerçante King's Road ?

♥ PIZZERIA
The Pheasantry, 152 King's Rd, SW3 (XIV A1 **1**) ☎ 020.7351.5031 ; www.pizzaexpress.com ; t.l.j. 11 h 30-23 h. Particulièrement agréable pour sa terrasse close, ce restaurant de la chaîne *Pizza Express* qui occupe une belle demeure georgienne propose pizza, risotto, tomate-mozzarella, pain à l'ail de qualité...

♥ MODE
The Shop at Blue Bird, 350 King's Rd, SW3 (h. pl. XIV par B2 **2**) ☎ 020.7351.3873 ; www.theshopatbluebird.com lun.-sam. 10 h-19 h, dim. 12 h-18 h. *Trendy* en diable ! Au féminin comme au masculin, la mode se décline ici sous la bannière de l'avant-garde. Idéal pour embrasser les dernières tendances d'un seul regard, plus problématique pour se faire plaisir à cause des zéros qui vont toujours au moins par deux sur les étiquettes...

l'Orchestre philharmonique royal *(5 Sloane Terrace, SW1X • ☎ 020.7730.4500 • programme et achat de billets sur www.cadoganhall.com).*

■ **Saatchi Gallery**✱✱ XIV B1
Duke of York's Headquarters, King's Rd, SW3 • ☎ 020.7730.8135 • www.saatchigallery.com • ouv. t.l.j. 10 h-18 h • expos gratuites • café, restaurant.
C'est le magnat de la publicité Charles Saatchi qui fonda cette galerie en 1985 pour exposer sa collection privée d'**art contemporain**. Installée aujourd'hui dans des bâtiments militaires datant de 1801, elle a dorénavant pour but de présenter le travail d'artistes inconnus ou du moins jamais exposés au Royaume-Uni. Les nombreuses expositions qui s'y succèdent suscitent souvent des réactions extrêmes mais jouent un rôle essentiel dans le panorama artistique britannique.

■ **King's Road** XIV A–B1
Cette interminable artère qui traverse Chelsea de part en part était à l'origine une route royale privée. Elle tire son nom (route du Roi) de Charles II qui, au XVIIe s., l'empruntait pour se rendre à Kew. Mecque du « Swinging London » dans les années 1960 *(→ encadré p. 108)*, elle n'a rien perdu de sa tradition commerçante depuis qu'en 1955 la couturière **Mary Quant** *(photo p. 60)* y ouvrit son premier *Bazaar* (au n° 138a), sorte d'ancêtre de nos *concept stores* actuels ; c'est là entre autres qu'elle popularisa la minijupe qui, selon ses propres dires, donnait aux femmes la liberté de « courir après un bus »... Le caractère avant-gardiste de la

rue se prolongea jusqu'à la fin des années 1970 avec l'éclosion de la mode punk qui débuta dans la boutique que Malcolm McLaren et Vivienne Westwood baptisèrent de trois lettres un tantinet provocatrices : *Sex (n° 430).*

Aujourd'hui, les enseignes internationales ont malheureusement remplacé en grande partie les boutiques de créateurs, et les beatniks qui en constituaient la clientèle de base se sont nettement embourgeoisés.

■ Autour de Chelsea Green★ XIV A1
Entre Elystan St. et Sydney St.

Il suffit de s'écarter légèrement de King's Road vers le N. pour découvrir un petit coin de Chelsea encore préservé des touristes et de bien des Londoniens, qui en ignorent eux aussi l'existence. Un petit square triangulaire planté d'un cerisier qui fleurit magnifiquement au printemps, une atmosphère conviviale de village, et surtout des enseignes locales parfaitement indifférentes à l'onde de choc de la mondialisation en font tout le charme.

Promenez-vous le long d'**Elystan Street** et de **Cale Street** jusqu'à **Sydney Street** où se dresse **Saint Luke's Church** *(photo p. 13),* l'une des deux églises de la paroisse de Chelsea. Inaugurée en 1824, elle est l'œuvre de **James Savage**, qui s'inspira directement de la chapelle gothique du collège royal de Cambridge. Ses arcs-boutants et ses pinacles accentuent l'impression d'élévation qui s'en dégage. C'est ici que Charles Dickens épousa Catherine Hogarth, la fille du peintre, en 1836.

À l'extrémité de Sydney St., prendre à dr. dans King's Rd puis à g. dans Glebe Pl.

■ Glebe Place et Cheyne Row★ XIV A2

Une paisible atmosphère villageoise règne dans ces charmantes ruelles qui, avec leurs sages alignements de maisons et de jardinets, semblent tout droit issues d'un livre de gravures. On oublierait presque qu'il s'agit d'une zone résidentielle de très haut standing comme en témoignent les voitures de grand luxe qui y sont garées. De nombreux artistes installèrent leurs ateliers dans le quartier aux XIXe et XXe s. William Turner *(→ théma p. 142-143),* par exemple, travailla au **68 Glebe Place** entre 1811 et 1829. Au n° 50 de cette même rue, remarquez une étrange maison (1880-1885) de style éclectique avec décorations en terre cuite, statues couronnant la corniche, élégantes ferronneries, insolite tourelle, portrait dissimulé sous le porche.

♥ SUR LE POUCE

The Pie Man, 16 Cale St., SW3 (XIV A1 **3**) ☎ 020.7225.0587 ; www.thepieman.co.uk/shop ; lun.-ven. 6 h 30-17 h 30, sam. 6 h 30-14 h 30. L'endroit idéal pour se convertir aux *pies*, ces tourtes à la viande qui sont un des piliers de la gastronomie britannique. Celle à la Guinness est vraiment bonne ! Saucisses, friands, pilons de poulet, salades et soupes complètent le menu. Sur place ou à emporter. Prix modérés.

♥ RESTAURANTS

• **Tom's Kitchen**, 27 Cale St., SW3 (XIV A1 **4**) ☎ 020.7349.0202 ; www.tomskitchen.co.uk ; petit déj. : lun.-ven. 8 h-11 h 30, w.-e. 10 h-12 h 15 ; déjeuner : lun.-ven. 12 h-14 h 30, w.-e. 12 h 30-15 h 30 ; dîner : lun.-sam. 18 h-22 h 30 (dim. 21 h 30). Bistrot décontracté du chef étoilé Tom Aiken où s'offrir un petit déjeuner 100 % *British* (16 £), partager une assiette de charcuterie ou de poisson en guise de lunch (30 £ pour 2) ou opter pour un délicieux *beef burger* (15 £) midi ou soir.

• **Geales**, 1 Cale St., SW3 (XIV A1 **5**) ☎ 020.7965.0555 ; www.geales.com ; t.l.j. midi et soir sf lun. Savoureux *fish and chips* (15 £) et *burgers* de viande ou de homard (13-18 £) dans ce restaurant qui est une réplique de celui ouvert en 1939 à Notting Hill *(→ p. 301).* Une valeur sûre.

▲ Cheyne Row et ses maisons de style Stuart (début XVIIIe siècle).

Petit parmi les grands

Le **Chelsea FC**, depuis son rachat en 2003 par un milliardaire russe, figure au top 10 des clubs de football les plus riches du monde. Sa fondation en 1905 relève pourtant presque du hasard : l'équipe de Fulham ayant refusé d'utiliser le tout nouveau stade construit à son intention à Stamford Bridge, les promoteurs se décidèrent à former leur propre club.

Malgré des résultats aujourd'hui spectaculaires, le club ne parvient toujours pas à réunir un kop — entendez un public de supporters exaltés — aussi impressionnant que ceux de ses concurrents directs, Manchester United, Liverpool ou Arsenal. Si le caractère plus élitiste que populaire de son quartier de naissance justifie en partie cette disparité, sa politique de recrutement des joueurs est aussi en cause. Pour avoir été l'un des premiers à se tourner vers l'international, le Chelsea FC s'est forgé avant l'heure une réputation de club de mercenaires qui lui colle toujours un peu à la peau. Marcel Desailly, Frank Lebœuf, Didier Deschamps, Florent Malouda ou Claude Makelele comptent au nombre des Français qui ont revêtu le maillot bleu roi et les chaussettes blanches des joueurs du Chelsea FC.

Stamford Stadium : *Fulham Rd, SW6* **h. pl. XIV par A1** • *musée ouv. t.l.j. 9 h 30-16 h sf j. de match, dernière entrée 15 h* • *vis. guidées du stade : 17 £ si rés. en ligne ou par tél. (☎ 020.7957.8270), 20 £ sur place.*

Plus loin **Cheyne Row★** est réputée pour sa rangée de maisons *(nos 16 à 32)* bâtie au début du XVIIIe s. sous le règne d'Anne Stuart (1702-1714).

■ Thomas Carlyle's House★ XIV A2
24 Cheyne Row, SW3 • ☎ *020.7352.7087* • *www.nationaltrust.org.uk/carlyles-house* • *ouv. de mars à oct. mer.-dim. et j. fériés 11 h-16 h 30* • *entrée payante.*

Cette belle maison fut le domicile londonien de l'écrivain et historien écossais **Thomas Carlyle** (1795-1881), le « sage de Chelsea », qui influença durablement la littérature anglaise du XIXe s. L'extérieur est de style Queen Anne, un style architectural né dans les années 1870 et caractérisé par le retour d'éléments de la période du règne d'Anne Stuart (début XVIIIe s.). Son aménagement intérieur, purement victorien, est resté fidèle à ce qu'il était au temps où Carlyle et sa femme Jane l'occupaient. Ils y reçurent le gratin intellectuel de l'époque qui ne tarissait pas d'éloges sur le couple.

Ne supportant pas le moindre bruit lorsqu'il travaillait, Carlyle se fit construire un bureau insonorisé dans le grenier. Mais l'entreprise se révéla un échec total : à peine installé dans la pièce, il se rendit compte que les sirènes des bateaux de la Tamise et les sifflements des trains, qu'il n'entendait pas dans le reste de la maison, devenaient parfaitement perceptibles à cette hauteur. Il n'en passa pourtant pas moins les 12 années suivantes à y écrire quotidiennement.

■ **Cheyne Walk**★ XIV A2

Avant la construction du Chelsea Embankment en 1874, les superbes **maisons Tudor et georgiennes**★ qui bordent cette belle allée ombragée jouissaient d'un accès direct à la Tamise. C'est peut-être une des raisons qui expliquent pourquoi de nombreux peintres y élurent domicile. Mais si les travaux privèrent les générations suivantes des splendides vues que peignirent Turner ou Whistler (peintre américain qui passa l'essentiel de sa vie à Londres), ils permirent cependant d'assainir le quartier en éradiquant les inondations et les effluves fétides.

● À l'angle d'Old Church Street, une **statue de Thomas More** célèbre la mémoire de cet illustre humaniste anglais qui mourut exécuté pour avoir refusé de cautionner le divorce d'Henri VIII et de Catherine d'Aragon.

● Derrière la statue, la **Chelsea Old Church**★ *(ouv. mar.-jeu. 14 h-16 h et pendant les offices)* est la reconstruction à l'identique d'une église du XIIe s. endommagée par les bombardements lors du Blitz. C'est là qu'aurait eu lieu le mariage d'Henri VIII et de Jeanne Seymour aussitôt après l'exécution d'Anne Boylen, la deuxième femme du monarque *(→ encadré p. 122)*. À l'intérieur, la chapelle (1528) en partie réalisée par le peintre **Hans Holbein le Jeune** pour Thomas More a échappé aux destructions de la guerre.

Devant l'église, monument funéraire d'Elizabeth Sloane, l'épouse de Hans Sloane *(→ p. 272)*, morte en 1724.

● Face à l'**Albert Bridge**, la statue du *Garçon avec un dauphin*★ (1974), du sculpteur **David Wynne**, est le pendant de la *Fille avec un dauphin* (1973) qui se dresse près du Tower Bridge.

■ **Albert Bridge** XIV A2

Avec ses coloris éclatants supposés le rendre visible dans le brouillard et ses illuminations nocturnes qui le font scintiller la nuit, ce curieux pont de fer bâti en 1873 est devenu l'un des cinq sites favoris des réalisateurs tournant à Londres. Aujourd'hui protégé

> **La rue des célébrités**
>
> Outre ses belles maisons et son emplacement privilégié en bordure de la Tamise, **Cheyne Walk** est connue pour être la rue comptant le plus de « plaques bleues » de Londres : il s'agit de ces plaques circulaires apposées sur les façades de certains édifices pour signaler qu'une personne célèbre y a vécu.
>
> Ne manquez pas d'avoir une pensée pour les célébrités passées ou présentes qui y vécurent un moment de leur vie. Parmi elles, les peintres William Turner *(n° 119)*, Whistler, qui habita même à trois endroits différents de la rue *(successivement aux n°s 21, 96 et 101)* et Dante Gabriel Rossetti *(n° 16)*, les écrivains George Eliot *(n° 4)*, Henry James *(n° 21)* et Bram Stoker, le père de Dracula *(n° 27)*, et plus récemment les chanteurs Mick Jagger *(n° 48)* et Keith Richards *(n° 3)*.

▲ Statue de l'humaniste Thomas Moore, devant Chelsea Old Church.

Flânerie bucolique au Battersea Park

Connus pour la qualité de leurs asperges, les jardins maraîchers qui faisaient face à Chelsea, sur la rive opposée de la Tamise, furent convertis en parc public en 1858. Six ans plus tard, les pelouses du **Battersea Park XIV A-B2** (*M° Sloane Square • ouv. t.l.j. 6 h 30-22 h • www.batterseapark.org*) accueillaient le premier match de football joué selon les règles nouvellement définies par la toute récente Football Association, qui chapeaute aujourd'hui encore la pratique de ce sport au Royaume-Uni. Peu à peu, le parc se dota d'infrastructures dont les Londoniens profitent encore pleinement.

Parmi les attractions favorites des enfants, un **zoo** (*ouv. t.l.j. d'avr. à sept. 10 h-17 h 30, d'oct. à mars 10 h-16 h 30 • entrée payante*) où l'on peut assister chaque jour au repas des animaux, et le **lac**, peuplé de cormorans et de hérons, où il est possible de se promener en barque ou en pédalo en juillet et en août. Les plus grands apprécieront la tranquillité de l'**Old English Garden**, un ravissant jardin clos où déambuler sous des tonnelles couvertes de glycines, la **pagode de la Paix**, érigée en 1985 par des bouddhistes japonais en mémoire d'Hiroshima (ce qui explique les statues dorées de bouddhas), ou encore les expositions temporaires de la **Pump House**, un ancien pavillon de distribution d'eau converti en galerie d'art (*vis. mer.-dim. 11 h-16 h, jusqu'à 17 h en été*).

en tant que patrimoine architectural de Londres, il a pourtant frôlé la démolition à plusieurs reprises. En 1957, le poète John Betjeman qui se mobilisa pour le sauver le dépeignit comme « l'une des beautés de la Tamise ». Sa faiblesse structurelle, qui nécessita de multiples consolidations, lui valut son surnom explicite de Trembling Lady (« Dame tremblante »). Pour réduire les vibrations, deux plaques encore visibles à chaque extrémité ordonnaient aux troupes militaires de rompre le pas avant de le traverser. Une guérite de péage octogonale, la dernière du genre dans la ville, rappelle sa vocation initiale de pont payant.

● **Battersea.** De l'autre côté du pont s'étend **Battersea Park★**, un beau parc de 80 ha en bordure de la Tamise doté d'un grand lac et d'installations sportives, qui propose des activités pour tous les âges *(→ encadré p. 278)*. Plus à droite, on ne peut pas manquer les quatre cheminées de la **Battersea Power Station**, rendues célèbres en 1977 par la pochette de l'album *Animals* des Pink Floyd. Cette colossale centrale électrique au charbon construite dans les années 1930, fermée en 1983, est en pleine reconversion ; elle devrait accueillir, à terme, 250 appartements.

■ Chelsea Physic Garden★ XIV A/B2
66 Royal Hospital Rd, SW3 ; entrée par Swan St. • M° Sloane Square ; bus n° 170 • ☎ 020.7352.5646 • www.chelseaphysicgarden.co.uk • ouv. d'avr. à oct. mar.-ven., dim. et j. fériés 11 h-18 h • entrée payante incluant un audio-guide ou une vis. guidée (en anglais) à 11 h ou 13 h • restauration au charmant Tangerine Dream Café (bons plats du jour).

Lové contre la Tamise pour bénéficier d'un climat légèrement plus doux pendant les rudes hivers londoniens, ce vaste jardin de plantes médicinales fut fondé en 1673 pour favoriser la formation des futurs herboristes. Quelques années plus tard, lorsque Hans Sloane *(→ p. 272)* racheta le manoir de Chelsea et ses terres, il céda le terrain à la Société des apothicaires contre un loyer annuel perpétuel de cinq livres ! Plus de 5 000 variétés d'espèces y poussent aujourd'hui, dont des plantes tropicales, vénéneuses et même carnivores.

▶ Entre le Physic Garden et le Royal Hospital, **Tite Street** XIV A-B2, petite rue perpendiculaire à la Royal Hospital Road, est surnommée la « **rue des artistes** », car elle abrita les ateliers de peintres de renom comme Whistler ou Sargent. Oscar Wilde, qui vécut au n° 34, y écrivit nombre de ses œuvres avant d'y être arrêté en 1895 et d'être condamné à deux ans de travaux forcés en raison de son homosexualité. ◀

■ National Army Museum★ XIV B2
Royal Hospital Rd, SW3 • ☎ 020.7730.0717 • www.nam.ac.uk • ouv. t.l.j. 10 h-17 h 30 ; f. 24-26 déc. et 1ᵉʳ janv.

Trois expositions thématiques retracent le quotidien et les aventures extraordinaires des hommes et des femmes qui servirent dans l'armée britannique à travers le monde depuis la formation de la Grande-Bretagne.

Le 1ᵉʳ étage est consacré à l'expansion de l'Empire britannique et à ses répercussions sur le monde moderne. Une maquette de 1838 peuplée de 73 000 figurines de plomb dépeint la position exacte des troupes de Wellington à 19 h 45 précises le jour de la **bataille de Waterloo** (1815). À voir aussi, le **squelette de Marengo**, le fidèle cheval arabe de Napoléon, et la lanterne en papier que Florence Nightingale *(→ encadré p. 255)* utilisait pour déambuler parmi les blessés à l'hôpital militaire de Scutari (Turquie) pendant la guerre de Crimée.

Au 2ᵉ étage, l'exposition évoque le rôle des armées et la résilience des civils du Commonwealth lors des deux guerres mondiales. Le 3ᵉ étage est dédié aux conflits des 40 dernières années, depuis celui de l'Irlande du Nord jusqu'à ceux de l'Afghanistan en passant par la guerre des Malouines et celle d'Irak. À travers des témoignages personnels, l'exposition tente de dépeindre l'impact de la vie militaire sur celle des familles de soldats.

■ Royal Hospital★★ XIV B2
Royal Hospital Rd, SW3 • M° Sloane Square • ☎ 020.7881.5298 • www.chelsea-pensioners.org.uk • ouv. mai-sept. 10 h-20 h, d'oct. à avr. 10 h-16 h 30 • entrée libre, vis. guidées payantes (lun.-ven. à 10 h et 13 h 30 sf j. fériés).

Avec la dissolution des monastères par Henri VIII à partir de 1536, les soldats blessés ou trop vieux pour servir, que les religieux prenaient jusque-là en

▲ Le Royal Hospital de Chelsea, fondé au XVIIᵉ s. par Charles II, héberge environ 300 vétérans retraités de l'armée britannique. N'hésitez pas à engager la conversation avec eux !

charge, se virent complètement livrés à leur triste sort. Toutes les initiatives du Parlement pour leur verser des pensions se révélèrent inefficaces. La pérennisation d'une armée permanente au XVIIᵉ s. ne fit qu'augmenter le problème. Il fallut cependant attendre 1681 pour que Charles II décide de fonder un hospice pour « le repos et l'assistance des vétérans brisés par l'âge et la guerre ». Les dessins furent confiés à **Christopher Wren** *(→ théma p. 80-81)* qui s'inspira de l'hôtel des Invalides institué dix ans plus tôt à Paris par Louis XIV.

● Les **bâtiments** de brique rouge, restés quasiment inchangés depuis leur construction, sont répartis autour de trois cours ouvertes. Ils peuvent accueillir 400 pensionnaires, que l'on reconnaît immédiatement à leur uniforme rouge et bleu nuit. Le corps central, la partie la plus ancienne de l'hôpital, abrite la **chapelle**★★ de Wren *(photo p. 11)*, achevée en 1687 ; elle est décorée d'un belle **Résurrection**★ (1714) de **Sebastiano Ricci**, devant laquelle se déroulent les offices du dimanche (les visiteurs y sont les bienvenus).

Devant l'entrée, une **statue de Charles II** en bronze doré, œuvre de Grinling Gibbons, montre le roi sous les traits d'un général romain tenant à la main le bâton qui symbolise l'autorité impériale. À voir aussi, le **Great Hall**★ où les pensionnaires se retrouvent à l'heure des repas, comme à l'origine.

Un petit **musée** retraçant l'histoire de l'hôpital et de ses pensionnaires est installé près de l'entrée E.

● **Ranelagh Gardens.** Au début du XIXᵉ s., le Royal Hospital fit l'acquisition de ces jardins dessinés au XVIIIᵉ s. Ce parc aux allées ombragées, qui s'étend derrière l'hôpital jusqu'à la Tamise, est ouvert au public *(lun.-sam. de 10 h au coucher du soleil, dim. à partir de 14 h)*.

Chaque année depuis 1913, la dernière semaine du mois de mai, il accueille le **Chelsea Flower Show**★★, la plus grande exposition florale d'Angleterre, qui rassemble des pépiniéristes des quatre coins du monde. Au programme, reconstitution de jardins, ateliers pour enfants, animations…

16 De Knightsbridge aux Kensington Gardens★★

En 1801, Kensington n'était qu'un modeste village entouré de fermes et de pâturages, qui comptait à peine 8 500 âmes. Un siècle plus tard, lorsqu'il fut promu au rang de *royal borough* (« quartier royal ») parce que la reine Victoria y avait vu le jour et vécu le plus clair de son enfance, sa population dépassait déjà les 177 000 habitants ! Ce quartier de South Kensington, bordé de respectables maisons et d'imposants musées, se fait parfois voler la vedette, auprès de touristes amateurs d'adresses sélectes, par son voisin Knightsbridge, qui à longueur de rues affiche enseignes de luxe et demeures prestigieuses.

Situation : West End • plan XV p. 283 ; plan général détachable A4-3 • plan du métro p. 364-365.

À ne pas manquer

Le Victoria and Albert Museum★★★	287
Le grand magasin Harrods★★	281
Le musée d'Histoire naturelle ★★	283
Le palais de Kensington★★	295

1 Knightsbridge et South Kensington★★

Shopping haut de gamme, voitures hors de prix, immobilier de standing : au sud de Hyde Park, la zone ultrachic de Knightsbridge sert de prologue au quartier imaginé en 1851 par le prince Albert (l'époux de Victoria) et qui englobe aujourd'hui trois musées ainsi que l'Imperial College, le Royal College of Music, le Royal Albert Hall… Autant de jalons sur la large Exhibition Road, qui conduit au parc verdoyant de Kensington Gardens.

Accès : Mº Knightsbridge (Piccadilly Line).
Lignes de bus : 9, 10 et 52.
Combien de temps : 3 ou 4 h.

■ **Harrods★★** XV B2
87-135 Brompton Rd, SW1 • Mº Knightsbridge • ☎ 020.7730.1234 • www.harrods.com • ouv. lun.-sam. 10 h-20 h, dim. 11 h 30-18 h.
Le plus **grand magasin** de Londres (3 500 salariés !) compte 92 000 m² de rayons dont un département « gourmet » *(Food Hall)* qui laisse rêveur,

☞ **EN SAVOIR PLUS**
Sur le grand projet d'urbanisme du prince Albert, reportez-vous au chapitre Histoire, p. 88.

Voir plan XV p. 283

◀ Aujourd'hui propriété d'une holding qatarienne, Harrods est un monument en soi !

surtout au moment de Noël. À l'origine (1849), ce n'était qu'une petite épicerie fine, mais son fondateur, Charles Henry Harrod, sut tirer parti de la proximité de celle-ci avec Hyde Park, qui fut, en 1851, le site de la première Exposition universelle. Derrière la façade baroque et Second Empire se cache un fleuron de l'Art nouveau : l'**Egyptian Hall★** *(photo p. 46)*. Au sous-sol,

♥ SHOPPING
Skandium, 245-249 Brompton Rd, SW3 (XV B2 **1**) ☎ 020.7584.2066 ; lun.-sam. 10 h-18 h 30, dim. 11 h-17 h. Meubles et accessoires design, tendance « modernisme scandinave » sur deux étages. L'une des meilleures boutiques du genre dans le quartier.

♥ CAFÉ
Fernandez & Wells, 8 Exhibition Rd, SW7 (XV B2 **2**) ☎ 020.7589.7473 ; lun.-ven. 8 h-22 h, sam. 9 h-22 h, dim. 9 h-20 h. Ce comptoir minimaliste vaut surtout pour son café, mais on y sirote aussi du vin au verre en grignotant des tapas et du jambon espagnol.

un mémorial attire les fans de Lady Di car, de 1985 à 2010, le magasin appartenait à Mohamed Al-Fayed, dont le fils est décédé en 1997 en compagnie de la princesse Diana.

■ **Brompton Oratory★** XV B2
Brompton Rd, SW7 • M° South Kensington • ouv. lun.-sam. 6 h 30-20 h, dim. 7 h 30-20 h • entrée libre.
Cette église catholique fut édifiée en 1880 à l'initiative des membres de l'Oratoire (fondé à Rome par saint Philippe Neri au XVIe s.), sur le modèle de l'église mère de la congrégation, Chiesa Nuova. L'intérieur est très « italien » : dans la nef, les statues des 12 apôtres ont été exécutées pour la cathédrale de Sienne ; l'**autel en marbre★** *(bras dr. du transept)* provient d'une église de Brescia ; et les *Sainte Cécile* *(à dr. du chœur)* sont des copies d'œuvres italiennes assez célèbres…

■ **Victoria and Albert Museum★★★** XV B2
→ *p. 252.*

■ **Michelin House** h. pl. XV par B2 (XIV A1)
81 Fulham Rd, SW3 • M° South Kensington.
Décrit comme « le plus français des édifices édouardiens de Londres », l'ancien quartier général du célèbre fabricant de pneus fut bâti en 1911 par **François Espinasse**, un employé de la firme, qui n'était même pas architecte ! D'où le style du bâtiment, à la fois influencé par l'Art nouveau en vogue à Paris et préfigurant l'Art déco. Grâce à l'utilisation de nouvelles techniques, comme la projection de ciment sur un treillage métallique, l'ensemble fut achevé en six mois. L'emblématique bonhomme Michelin se retrouve jusque sur les

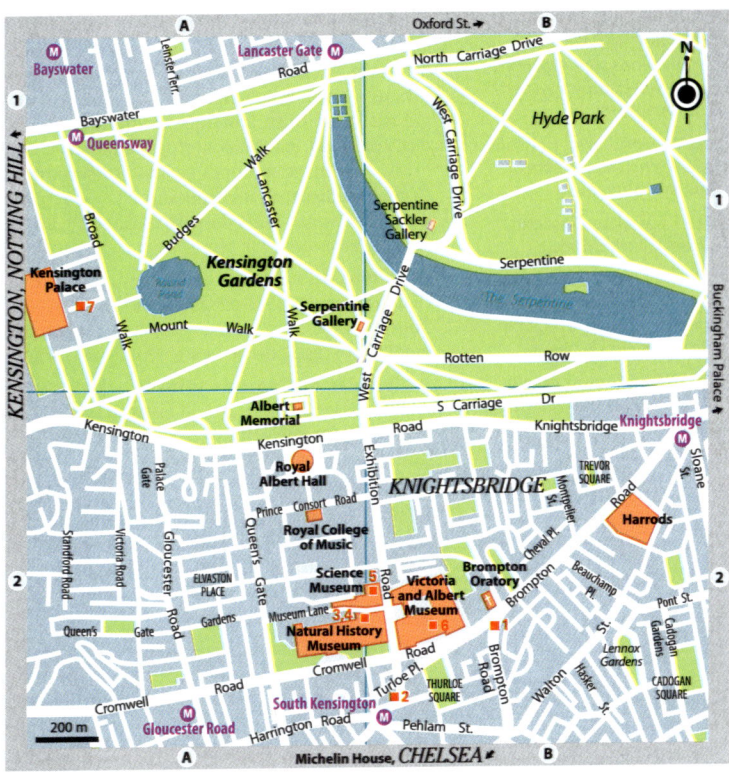

▲ Plan XV : Knightsbridge, Brompton, South Kensington et Kensington Gardens (promenade 16).

vitraux, aujourd'hui des copies, ceux d'origine ayant disparu de l'entrepôt où la firme les avait mis à l'abri des bombardements pendant la guerre. Acquis par sir Terence Conran en 1985 (→ encadré p. 252), l'édifice abrite dorénavant, outre le **Conran Shop Chelsea** (www.conranshop.co.uk • ven.-mar. 10 h-18 h, mer.-jeu. 10 h-19 h), le restaurant gastronomique *Bibendum*, très apprécié (☎ 020.7581.5817 • www.bibendum.co.uk), ainsi que l'*Oyster Bar* (fruits de mer • *pas de rés.*).

■ **Natural History Museum**** XV A/B2
Cromwell Rd, SW7 • Mº South Kensington • ☎ 020.7492.5000 • www.nhm.ac.uk • ouv. t.l.j. 10 h-17 h 45 ; f. 24-26 déc. • accès libre sf expositions temporaires.
Le **musée d'Histoire naturelle**, qui occupe depuis 1881 un colossal édifice néoroman (architecte : **Alfred Waterhouse**), a été élu en 2013 « meilleur musée du royaume » pour son habile scénographie, due à **Neal Potter**. La collection compte

♥ PAUSE AU NHM
• ***Central Hall Café***, derrière l'escalier du Hall central (XV A/B2 3) ☎ 020.7492.5000 ; t.l.j. 10 h-17 h 30. Café équitable, lait bio, muffins sans gluten et cadre agréable.

• ***The Restaurant***, près de la section « Creepy Crawlies » (Araignées ; XV A/B2 4) ; ouv. t.l.j. 11 h-16 h.
Pour une pizza ou des lasagnes.

☞ SE REPÉRER AU MUSÉE D'HISTOIRE NATURELLE

Les collections sont réparties en quatre sections repérées par des couleurs :

- **BLEU** : dinosaures, poissons, batraciens, mammifères, biologie humaine ;
- **VERT** : primates, insectes, oiseaux, météorites...
- **ROUGE** : phénomènes naturels, histoire de la Terre, galerie spéciale volcans, avec film et simulateur de séismes ;
- **ORANGE** : Centre Darwin de recherche scientifique.

aujourd'hui 70 millions de spécimens représentant la quasi-totalité des végétaux, animaux et minéraux de notre planète. Elle doit beaucoup à deux savants : le naturaliste **Hans Sloane** (1660-1753), qui fut médecin en Jamaïque et en revint chargé d'échantillons, et le paléontologue **Richard Owen** (1804-1892), qui annonça en 1842 la découverte de reptiles disparus, les dinosaures. Les « trésors » du musée sont réunis dans la **Cadogan Gallery** *(mezzanine de la section verte)*.

- Un **œuf de manchot empereur**, rapporté de l'Antarctique en 1911 par une expédition scientifique qui espérait, à partir de son embryon, confirmer l'hypothèse d'un lien entre reptiles et oiseaux.

- L'**herbier de George Clifford★** : catalogué au XVIIIe s. par le Suédois Carl von Linné, il contient les 3 461 plantes que Clifford, ancien directeur de la Compagnie des Indes néerlandaises, avait réunies dans son jardin.

- Les **dents d'iguanodon** trouvées dans le Sussex en 1822 par **Mary Mantell** ; son mari avait nommé ce dinosaure herbivore ainsi parce que ses dents présentaient des similitudes avec celles d'un iguane.

- Le **fossile d'un ichtyosaure★★**. Lorsqu'elle trouva le squelette complet de ce « dauphin du Jurassique », sur la côte du Dorset, **Mary Anning** (1799-1847) avait à peine 12 ans ; par la suite, elle devint chercheuse de fossiles.

- **Os de moa**. Cet oiseau de Nouvelle-Zélande ne volait pas et pouvait mesurer 2 m ; il semble qu'il ait disparu au début du XVe s. parce que les Maoris le chassaient et consommaient ses œufs en abondance.

- Des **restes d'un dodo**, oiseau de l'océan Indien, apparenté au pigeon, qui ne volait pas et se nourrissait de graines. Découverte en 1598 sur l'île Maurice par des marins hollandais, l'espèce se serait éteinte à la fin du XVIIe s.

- Les **papillons** collectionnés au milieu du XIXe s. dans l'archipel malais par **Alfred Russel Wallace**. Ce spécialiste des coléoptères avait émis l'idée que les couleurs voyantes des papillons pouvaient être un moyen de se protéger des prédateurs.

- L'**archéoptéryx★★** du Jurassique, découvert en 1861 en Allemagne, est le fossile le plus précieux du musée et le plus ancien oiseau découvert à ce jour. Darwin y vit un chaînon intermédiaire entre dinosaures archaïques et oiseaux modernes.

♥ PAUSE AU SCIENCE MUSEUM
Energy Café, au r.-d.-ch. du Science Museum (XV A/B2 5) ☎ 0870.870.4868 ; t.l.j. 10 h-17 h 30. Un self-service tonique et design, qui affiche des salades équilibrées et des plats chauds à petits prix. Un peu bruyant aux heures de pointe.

16 De Knightsbridge aux Kensington Gardens • 285

■ **Science Museum**** XV A/B2
Exhibition Rd, SW7 • M° South Kensington • ☎ 0870.870.4868 • www.sciencemuseum.org.uk • ouv. t.l.j. 10 h-18 h ; f. 24-26 déc. • accès libre, sf expositions temporaires et cinéma Imax 3D • self-service « Energy Café » au r.-d.-ch. :
→ Bonne adresse p. 284.

Très populaire auprès des enfants (plus d'un tiers des trois millions de visiteurs annuels sont des scolaires), le **musée des Sciences**, grâce à toutes sortes d'installations interactives, cherche à sensibiliser le public aux différentes technologies et aux questions d'actualité : l'évolution du climat, nos besoins en énergie, les mystères de la génétique…

● ***The Secret Life of the Home*** *(au sous-sol)*. L'exposition explore l'univers des **appareils ménagers** : fer à repasser, bouilloire à thé (1902), glacière en bois utilisée entre 1880 et 1920…

● ***Energy Hall*** *(r.-d.-ch.)*. Coup de projecteur sur les premiers héros de la **révolution industrielle**, comme l'Écossais James Watt (1736-1819), dont on peut voir ici l'**atelier***, ou Richard Trevithick (1771-1833), inventeur des Cornouailles à qui l'on doit une machine à vapeur plus puissante et plus économique que celle de Watt.

● ***Making the Modern World*** *(r.-d.-ch.)*. En vedette des **innovations technologiques** qui ont marqué la société anglaise de 1750 à nos jours : la légendaire **locomotive*** à vapeur *Rocket* (« fusée ») de George Stephenson qui réussit à parcourir le trajet Liverpool-Manchester à la vitesse, inimaginable en 1829, de 40 km/h.

● ***Cosmos and Culture*** *(1er étage)*. Quelques découvertes de l'**astronomie** peu connues comme celle de l'Anglais Thomas Harriot (1560-1621) qui, quatre mois avant Galilée, observa la Lune au télescope et en dessina les cratères.

● ***Telecommunications*** *(1er étage)*. La section débute par l'invention de William Cooke et Charles Wheatstone : un **télégraphe** à aiguilles aimantées, expérimenté avec succès en 1837 sur une ligne de 2 km entre Euston et Camden.

● ***Computing*** *(2e étage)*. L'évolution des **ordinateurs**, depuis la « machine analytique » (1871) du visionnaire Charles Babbage jusqu'au calculateur Ferranti Pegasus de 1959.

● ***Ships*** *(2e étage)*. Tour d'horizon de la **navigation**, du modeste canot au plus grand des transatlantiques. Voir le **coracle**, embarcation traditionnelle en vannerie recouverte d'une peau enduite de goudron, qu'utilisaient encore dans les années 1970 les pêcheurs de saumon sur la rivière Teifi (pays de Galles).

● ***Flight*** *(3e étage)*. Les passionnés de **machines volantes** s'arrêteront devant la réplique du planeur des frères Wright (1903) et devant l'**avion** d'Amy Johnson, la première femme à effectuer un vol solo entre Londres et l'Australie (19 000 km, en 1930).

■ **Royal Albert Hall*** XV A2
Kensington Gore, SW7 • M° South Kensington • bus n°s 9, 10 et 52 • ☎ 0845.401.5045 • www.royalalberthall.com • vis. guidées sur rés. (plein tarif : 12 £).
La **salle de concert** dont rêvait le prince Albert a fini par voir le jour en 1871 : son architecte (**Francis Fowke**), inspiré, semble-t-il, par les plans du premier Opéra de Dresde) lui a donné la forme d'un cirque de brique rouge, orné d'une frise en terre cuite évoquant le Triomphe des arts et des sciences. À l'intérieur, 5 500 places permettent d'assister à des concerts de rock et de pop, à des galas de charité, à des lectures de poésie… mais surtout, chaque été, aux célèbres « Proms » de la BBC *(→ encadré p. 286).*

▲ Vue du Royal Albert Hall ; au premier plan, le Royal College of Music.

Proms in London

Les Henry Wood Promenade Concerts, plus communément dits « **The Proms** », ont été inaugurés en 1895 par un jeune chef d'orchestre, Henry Wood, qui voulait populariser la musique classique. Depuis, ces concerts ont lieu chaque été, huit semaines durant, et sont retransmis par la BBC. La dernière soirée, la plus courue, débute par la marche n° 1 des *Pomp and Circumstance* d'Edward Elgar et s'achève sur l'hymne national. Un grand nombre de spectateurs enthousiastes assistent aux concerts debout : on les appelle *promenaders*.

BBC Proms : de juil. à sept. • rés. des places dès le mois de mai sur www.bbc.co.uk/proms • ☎ 0845.401.5040 (depuis la France : ☎ 0044/20.7589.8212) • au Royal Albert Hall (porte n° 4 ou 12).

Sachez que les billets (de 8 à 88 £) partent très vite : 100 000 tickets sont vendus dans les 12 premières heures ! Mais, chaque jour, 1 400 *promming tickets* à 5 £ sont mis en vente pour le soir même au Royal Albert Hall (porte n° 12).

■ Royal College of Music XV A2

Prince Consort Rd, SW7 • *M° South Kensington* • ☎ *020.7591.4300* • *www.rcm.ac.uk* • *ouv. mar.-ven. 11 h 30-16 h 30* • *accès libre.*

Au sous-sol se cache une petite collection d'**instruments de musique anciens** : guitare portugaise, épinette vénitienne, oud syrien, clavicytherium allemand… La pièce la plus étonnante est le **Wetheringsett Organ Soundboard**, découvert en 1977 derrière une cloison dans une ferme du Suffolk. Ce que l'on prenait pour une vieille porte de laiterie était en fait le sommier d'un orgue anglais du XVIe s., autrement dit le dispositif permettant de distribuer l'air aux tuyaux en fonction des touches et des registres sélectionnés. À partir de ce cadre en bois, les facteurs Goetze et Gwynn sont parvenus à déterminer les dimensions exactes des tuyaux et à reconstruire, en 2002, un orgue comme il en existait en Angleterre avant que les iconoclastes protestants ne les détruisent à peu près tous (XVIe-XVIIe s.).

2 Le Victoria and Albert Museum★★★

☞ PLAN XV P. 283.

Fondé en 1852 à l'initiative du prince Albert, le « V&A » (pour les intimes) est aujourd'hui, avec 2 250 000 objets, le plus grand musée des Arts décoratifs du monde. Et même si l'on n'y expose en permanence que 60 000 œuvres, il vaut à lui seul le voyage ! Ce fabuleux entrepôt constitue en effet une source inépuisable de découvertes, tant ses collections sont variées : textiles des Indes, majolique italienne, mobilier Arts and Crafts, moulages d'architecture... Elles sont réparties sur six niveaux à l'intérieur d'un bâtiment de style éclectique conçu par Aston Webb, et dont la première pierre fut posée en 1899 par la reine Victoria.

Accès : Cromwell Rd, SW7 XV A-B2 • M° South Kensington (Circle Line ; District Line ; Piccadilly Line).

Visite : ouv. t.l.j. 10 h-17 h 45, ven. 10 h-22 h • ☎ 020.7907.7073 • www.vam.ac.uk • accès libre sf expositions temporaires • vis. guidées gratuites à 10 h 30, 12 h 30, 13 h 30 et 15 h 30.

Combien de temps : comptez de 3 à 4 h.

■ Niveau 0 (salles 1-10c)
Réouv. prévue fin 2014.
Moyen Âge, Renaissance et XVIIe s. européens.

● **Salle 8 : chandelier de Gloucester**★★ (1113). Longtemps conservé au trésor de la cathédrale du Mans, il appartenait, à l'origine, aux bénédictins de l'abbaye de Gloucester (à l'ouest d'Oxford). Son décor en cuivre doré, qui symboliserait le combat du Vice et de la Vertu, rappelle le bestiaire des manuscrits enluminés de l'époque : mêmes rinceaux peuplés de créatures hybrides et de dragons ailés.

● **Salle 10a : gobelet d'Edenhall**★. Selon une légende anglaise, ce précieux verre du XIVe s., sans doute rapporté de Syrie par un croisé ou un marchand, aurait été fabriqué par des fées. La noble famille du Cumberland qui le détenait était censée perdre sa fortune le jour où ce talisman serait brisé : aussi a-t-il traversé les siècles intact !

■ Niveau 1 (salles 16-50)
Quatorze salles dédiées aux **arts appliqués** en Chine, Inde et Corée, au Japon et au Moyen-Orient • neuf salles de **sculptures** • la section *Fashion*

✐ MUSÉE EN MOUVEMENT
Le V&A redéploie régulièrement ses collections et réaménage ses intérieurs, ce qui implique la **fermeture de certaines salles**. Calendrier précis sur le site du musée, rubrique « Gallery Closures ».

♥ PAUSE AU V&A
V&A Café, accès par la salle 16a (XV B2 6) ☎ 020.7907.7073 ; t.l.j. 10 h-17 h 15 (ven. 21 h 30). Salades composées, plats chauds, sandwichs, thé et scones... Une cantine bien pratique dans un cadre historique *(photo p. 11)* : la salle verte a été décorée par William Morris et Edward Burne-Jones !

Le V&A en 10 jalons
- Le **chandelier de Gloucester**★★ (s. 8)
- La **robe de cour**★★★ dite « mantua » (s. 40)
- Le **tapis d'Ardabil**★★★ (s. 42)
- La **collection des moulages**★★ (Cast Courts) (s. 46)
- Les **cartons de Raphaël**★★ (s. 48a)
- Les **British Galleries**★★ (s. 52-58b)
- Les **portes de la laure de Kiev**★★★ (s. 71)
- La **salle 125**★★★
- La **Dr. Susan Weber Gallery**★★ (s. 133-135)
- La **collection de céramiques**★★★ (s. 136-146)

> **Un tour d'Europe des monuments**
>
> Les **Cast Courts** du V&A sont un peu l'équivalent britannique du musée de Sculpture comparée qu'Eugène Viollet-le-Duc avait initié à Paris en 1879 et qui occupe aujourd'hui une aile du palais du Trocadéro. Les moulages à taille réelle ont été réalisés à des fins pédagogiques : ils devaient permettre aux étudiants qui ne pouvaient s'offrir un voyage sur le continent d'admirer les chefs-d'œuvre de l'architecture. Ils reproduisent donc les monuments les plus emblématiques du patrimoine européen : la colonne de Trajan (Rome), le portail de la cathédrale de Saint-Jacques-de-Compostelle, la porte d'une église en bois de Norvège, une croix d'un cimetière de l'île de Man...
> Parmi ces copies figure le célèbre *David* de Michel-Ange (salle 46b), conservé à Florence. Lorsque la reine Victoria le vit pour la première fois, en 1857, elle se dit choquée par la nudité de la statue. Le musée dut commander à un atelier une feuille de vigne en plâtre et promettre de l'accrocher à chaque visite royale.

> ✎ MUSÉE EN GUERRE
> Durant la Seconde Guerre mondiale, le V&A sert de cantine à la Royal Air Force et d'école aux enfants évacués de Gibraltar. Toutes les collections sont mises à l'abri : dans un tunnel du métro, dans des châteaux du Somerset ou du Wiltshire... Seuls les **cartons de Raphaël** (salle 48a), bien trop larges pour être déménagés, resteront sur place, emmurés derrière des coffrages de briques !

(mode) présente ses collections par roulement, passant en revue les modes au Royaume-Uni : culte du kimono dans les années 1905-1915, robes du soir spéciales charleston...

● **Salle 40** : *mantua court dress****. En anglais, le mot *mantua* désigne une robe de soie rococo sur grands paniers, richement brodée de fleurs, que les aristocrates anglaises portaient à la cour dans les années 1740-1750. Elle était si large (1,50 m) qu'on ne pouvait passer les portes que de profil.

● **Salle 41 : tigre de Tipu*** (ou Tippoo). Ce curieux objet fut réalisé vers 1793 à la demande de Tipu, sultan de Mysore (Inde), farouche ennemi de l'Angleterre. Il s'agit d'un automate grandeur nature représentant un tigre en train de dévorer un soldat européen. À l'intérieur du fauve, un orgue mécanique imite le râle de la victime.

● **Salle 42 : tapis d'Ardabil***** *(éclairé 10 mn toutes les demi-heures)*. Superbe tapis du N.-O. de l'Iran (1539), acquis par le musée en 1893 sur recommandation de William Morris. Son fond bleu (530 nœuds/cm^2 !) est parsemé d'une profusion de fleurs stylisées. La différence de taille entre les deux lampes de mosquée, de part et d'autre du médaillon central à 16 lobes, serait délibérée : elle rappellerait que seul Dieu est capable de perfection.

● **Salles 46, 46a et 46b : Cast Courts****. Impressionnante collection de moulages reproduisant des détails de monuments européens *(→ encadré)*.

● **Salle 48a : cartons de Raphaël****. En 1514, le pape Léon X décida de décorer la partie inférieure de la chapelle Sixtine de tapisseries illustrant les vies des apôtres Pierre et Paul. C'est Raphaël qui fut chargé de peindre les *modelli*, ces cartons préparatoires que les liciers devaient transposer en tapisserie dans leurs ateliers de Bruxelles. En 1623, Charles Ier acheta les cartons pour la manufacture de Mortlake *(→ encadré p. 296)*. Ils sont propriété de la reine.

● **Salle 50a : jubé de Bois-le-Duc****. Bon nombre d'églises, aux Pays-Bas, étaient autrefois dotées d'un jubé, sorte de tribune séparant la nef du chœur. Celui-ci, réalisé en marbre belge, albâtre anglais et pierre de Caen, provient de la cathédrale de Bois-le-Duc ('s-Hertogenbosch, en néerlandais) qui était, au XVIIe s., un bastion du catholicisme. Son riche décor aurait été sculpté entre 1600 et 1613.

▲ Les Cast Courts du Victoria and Albert Museum : un florilège de la sculpture européenne, en reproduction grandeur nature !

■ Niveau 2 : British Galleries★★ (salles 52-58b)

Exposition sombre mais instructive de décors intérieurs britanniques des années 1500-1760, provenant d'édifices disparus. L'occasion de s'initier aux styles Tudor et jacobéen *(→ p. 77)*.

● **Salle 52 : salon de musique de Norfolk House★★**. Son décor exubérant, qui associe trophées d'armes, allégories des arts et têtes d'Apollon (le dieu de la Musique), provient du pied-à-terre londonien des ducs de Norfolk sur Saint James's Square (démoli en 1938). Il a été réalisé vers 1750 par un architecte piémontais, **Giovanni Battista Borra**, qui a longtemps travaillé pour la cour de Savoie.

● **Salle 52 : chambre de Badminton House★★**. Les chinoiseries étaient à la mode au XVIIIe s., dans les chambres des dames de la haute société. En témoigne le lit de la quatrième duchesse de Beaufort, conçu par **John et William Linnell** (1752) : coiffé d'un toit en pagode et gardé par des dragons dorés, il rappelle assez les pavillons de thé qui agrémentaient les jardins à l'anglaise de l'époque.

● **Salle 54a : lit Melville★★**. Le premier comte de Melville, secrétaire d'État en charge de l'Écosse, avait commandé ce spectaculaire lit d'apparat (1700) en prévision de la visite de Guillaume III dans sa nouvelle propriété du Fife, Melville House. Le roi n'est jamais venu, mais le lit a conservé intactes, ce qui est rarissime, ses tentures d'origine : 85 m de velours de Gênes et 114 m de soie de Chine !

● **Salle 56 : cabinet de John Evelyn★★**. En 1813, on a découvert, bien cachés à l'intérieur de ce cabinet, les carnets dans lesquels le mémorialiste **John Evelyn** (1620-1706) relatait la décadence de la cour sous le règne de Charles II. Le cabinet est décoré de 19 panneaux marquetés de pierres dures par le Florentin **Domenico Benotti**. Evelyn les avait achetés lors de son séjour en Italie en 1664.

● **Salle 56c**. Les **vitrines★★** reflètent à merveille le formidable engouement des Anglais pour l'Asie. Les manufactures du royaume importent des ▶▶▶

L'esthétique Arts and Crafts

Très florissant de 1880 à 1910, le mouvement artistique que l'on désigne sous le nom *Arts and Crafts* (littéralement, « arts et artisanats ») a joué un rôle majeur dans le renouveau des arts décoratifs en Grande-Bretagne et exercé une forte influence à l'étranger. Il a vu le jour en Angleterre vers 1860 sous l'impulsion d'un critique, John Ruskin, et d'un décorateur, William Morris, tous deux préoccupés par les méfaits de la révolution industrielle.

■ Les principes du mouvement

L'Exposition universelle de 1851 à Londres, qui a attiré six millions de curieux au Crystal Palace *(photo p. 88)*, a aussi laissé perplexes plusieurs artistes et intellectuels de l'ère victorienne, voyant là un indescriptible fatras où se côtoient des articles industriels à l'esthétique médiocre, des produits fabriqués en série qu'ils jugent peu propices à l'épanouissement des ménages. Ils rejoignent l'avis de John Ruskin (1819-1900) pour qui l'industrialisation a des effets néfastes à la fois sur l'art et sur la qualité de vie des ouvriers. Une réforme, disent-ils, s'impose d'urgence :

▲ Le nom de William Morris reste étroitement lié à la cinquantaine de papiers peints qu'il a conçus durant sa carrière. Il affectionnait les couleurs naturelles (il les détrempait de manière à leur donner une tonalité pastel) et les motifs floraux : tantôt stylisés, comme dans le modèle *Acanthus* (1875), tantôt chargés de luxuriantes guirlandes, à la manière des tapisseries mille-fleurs du Moyen Âge.

▶ William Morris a réalisé plusieurs décors intérieurs selon le même principe : « N'ayez rien dans vos maisons que vous ne sachiez être utile ou croyiez être beau » (*Beauty of Life*, 1880).

◀ À ses débuts, Charles F. A. Voysey (1857-1941), auteur de nombreux cottages autour de Londres, est très proche du mouvement, même s'il est plus concepteur qu'artisan. Dès 1883, il dessine des motifs de papiers peints, des tapis de laine et d'élégants meubles, dont ce secrétaire en chêne de 1896.

il faut retourner à des méthodes de fabrication plus artisanales et à une vie plus simple, en harmonie avec la nature, loin de Londres où l'environnement se dégrade (fumées d'usines, smog, etc.). Artisans et ouvriers sont encouragés à s'installer à la campagne, désormais desservie par les chemins de fer, à cultiver leur potager et à s'entourer uniquement de produits de l'artisanat. Ces idées, que l'on qualifie parfois d'utopiques, constituent le socle du mouvement Arts and Crafts.

■ **William Morris, le pionnier**
Fasciné par le Moyen Âge et lecteur assidu des théories de Ruskin, **William Morris** (1834-1896) sera leur plus ardent défenseur. Créateur aux multiples talents, il s'est consacré à partir de 1857 aux arts dits « mineurs » : après avoir décoré l'appartement qu'il partageait avec les préraphaélites Burne-Jones et Rossetti, au 17 Red Lion Square, il fonde en 1861 la société Morris & Co. avec une poignée de décorateurs convaincus que l'artisanat seul peut garantir une haute qualité esthétique. L'entreprise vend sur catalogue des fauteuils en bouleau teinté de vert sombre, inspirés de sièges traditionnels du Sussex, des tapis, des vitraux, des chintz imprimés et des papiers peints à motifs floraux. Fort de ce succès, Morris ouvre un magasin en 1877 sur Oxford Street, puis sa propre usine en 1881 à Merton Abbey (près de Wimbledon), sur le modèle des ateliers artisanaux du Moyen Âge où créateur et fabricant ne faisaient qu'un. Les pièces produites sont remarquables par leur finition, la qualité des matières premières et des teintures naturelles. Malheureusement, leur prix, plus élevé que Morris ne l'aurait souhaité, les réserve à une clientèle restreinte.

■ **Une production diversifiée**
Un autre atelier incarne parfaitement les idéaux du mouvement Arts and Crafts : celui fondé par **Charles Robert Ashbee** (1863-1942), disciple de Morris et apôtre, comme lui, du courant socialiste qui se développe alors en Grande-Bretagne. En 1888, il fonde à Whitechapel, quartier populaire de l'East End, une communauté d'artisans, la *Guild and School of Handicraft*, qui produit des meubles, de l'argenterie, du fer forgé et, à partir de 1893, des bijoux simples mais originaux, d'inspiration naturaliste. En 1902, Ashbee transfère ses ateliers en pleine nature : 150 ouvriers partent s'installer avec leur famille dans les collines des Cotswolds, dans le sud-ouest de l'Angleterre. Le Victoria and Albert Museum (→ *p. 287*) conserve plusieurs des créations d'Ashbee et de Morris.

▶▶▶ articles orientaux, mais sont aussi poussées à produire, dès 1680, de nombreuses imitations : papier peint à motifs chinois, mobilier laqué à la japonaise, *palampores* (couvre-lits) brodés d'étoffes en provenance du sud-est de l'Inde…

■ Niveau 2 (salles 62-64b)
Moyen Âge et Renaissance. La plupart des objets proviennent de France, d'Allemagne et d'Italie.

• **Salle 63 : plat en émail de Jean Court**★★. La délicate technique de l'émail peint sur cuivre, apparue à Limoges à la fin du XVe s., était très prisée dans les années 1540. La matière vitreuse permettait de jouer sur les différentes tonalités de gris. Détail intéressant : au dos du plat figure un masque couronné de plumes (aztèques ?), qui pourrait faire allusion à la conquête du Mexique.

• **Salle 64 : coffre d'Elizabetta Gonzaga**★★. Comme il associe les blasons des Gonzague de Mantoue et des Montefeltre d'Urbino (deux familles influentes dans l'Italie du XVe s.), on pense que ce superbe *cassone* a été réalisé en 1488, à l'occasion du mariage d'Elizabetta avec Guidobaldo da Montefeltro. D'après l'inventaire de sa dot, la mariée en avait 19 autres du même genre !

• **Salle 64 : portes du palais de Gubbio**★★. À la mort des derniers ducs de Montefeltre, leur palais en Ombrie fut vidé de son mobilier. Le *studiolo* (cabinet d'étude) est aujourd'hui conservé au MET de New York, mais le V&A possède une paire de portes en noisetier, délicatement incrustées d'ornements en fusain par **Giuliano da Maiano**, le meilleur ébéniste toscan du XVe s.

• **Salle 64a : marqueterie de bois**★★. Entre 1430 et 1530, de nombreux moines du N. de l'Italie sont passés maîtres dans l'art de juxtaposer des lamelles de bois différents pour décorer le mobilier ecclésiastique (armoires, stalles…) de vues de villes en perspective ou de natures mortes en trompe-l'œil. Ce panneau-ci a été marqueté par **Raffaello da Brescia** pour un monastère des environs de Bologne.

■ Niveau 3 (salles 65-117)
Albâtre, bronze, fer, tapisserie, vitrail… Les collections, réparties ici en fonction des matériaux et des techniques, permettent de suivre en détail l'évolution des arts appliqués.

• **Salle 71 : portes de la laure de Kiev**★★★. Selon la tradition, ces sublimes portes d'iconostase (cloison couverte d'icônes) auraient été offertes par Catherine II de Russie au monastère orthodoxe de Kiev. Les bas-reliefs de 1784 évoquent la naissance du Christ, son entrée à Jérusalem et les quatre évangélistes.

• **Salles 91-93 : joaillerie** (Bollinger Gallery). Une précieuse sélection de bijoux historiques (pendentifs offerts par Élisabeth Ire à ses courtisans, diamants portés par Catherine II de Russie, tiare de Joséphine de Beauharnais…) et un très bel ensemble de créations modernes signées Lalique, Tiffany ou Cartier.

• **Salle 94 : tapisseries des Devonshire**★★. Ces œuvres appartenaient jusqu'en 1957 aux ducs de Devonshire. Elles illustrent le passe-temps favori de la noblesse au Moyen Âge : la chasse (au cerf, au sanglier, etc.). On ignore où elles ont été tissées (Arras ?), mais le style des costumes invite à situer leur création vers 1430.

• **Salle 114c : jubé d'Hereford**★★. Durant sa carrière d'architecte, **George Gilbert Scott** (1811-1878) s'est employé à « remédiévaliser » plusieurs églises d'Angleterre. Pour la cathédrale d'Hereford, il a recréé en 1862 l'ancien jubé

(→ salle 50a), non pas en bois ou en pierre comme ceux du Moyen Âge, mais en fer forgé, cuivre et laiton peint. Sous le règne de Victoria, ce décor pseudo-gothique était considéré comme un pur chef-d'œuvre.

■ **Niveau 4 : British Galleries★★ (salles 118-125c)**
Tour d'horizon des styles en vogue aux XVIIIe-XIXe s., du néoclassicisme au mouvement Arts and Crafts.

● **Salle 118 : maquette du salon des Northumberland★★**. De 1770 à 1775, **Robert Adam** avait aménagé à l'angle de Trafalgar Square un salon tout en miroirs, bois doré et panneaux de verre pour un couple flamboyant de la société londonienne, le duc et la duchesse de Northumberland. Le salon a été démoli en 1874, mais la maquette (2001) donne une petite idée du style néoclassique cher au décorateur.

● **Salle 118 : console de Brookshaw★★**. Les partisans du style néoclassique affectionnaient les meubles d'appoint, particulièrement les consoles semi-circulaires en bois. Celle-ci, œuvre de l'ébéniste **George Brookshaw** (1751-1823), s'orne de motifs pastoraux, inspirés de gravures d'Angelica Kauffmann.

● **Salle 120 : Strawberry Room★★**. Cette petite pièce en pin, autrefois située au 1er étage d'une maison du Kent (Lee Priory), près de Canterbury, illustre bien le goût pour le gothique qui s'empare de l'Angleterre dès le XVIIIe s. : le plafond, dessiné par **James Wyatt** (1746-1813), imite les voûtes nervurées des églises médiévales. Les miroirs dissimulent les étagères d'une bibliothèque.

● **Salle 122 : cabinet d'Augustus W. N. Pugin★★**. En plein XIXe s., le prolifique Pugin, ardent défenseur du gothic *revival* (→ *encadré p. 88*), appliquait au mobilier les formes typiques de l'architecture du Moyen Âge : rosaces, pinacles, arcs en ogive… Ce cabinet en chêne, d'aspect médiéval, a été spécialement créé pour l'Exposition universelle organisée à Hyde Park en 1851.

● **Salle 125 : Grove Room★★**. En 1877, l'architecte **John H. Chamberlain** avait construit, pour un homme d'affaires de Birmingham, une maison qui combinait le néogothique et l'Orient selon les principes de l'*aesthetic movement* : le boudoir lambrissé de sycomore est décoré de porcelaines de la période Kangxi (1660-1720 environ).

Le bleu Wedgwood

Josiah Wedgwood (1730-1795), durant toutes ses années d'apprentissage, n'a eu de cesse de perfectionner les grossières poteries de sa région natale, le Staffordshire, dans l'espoir d'en faire d'élégantes céramiques et de conquérir une plus large clientèle. En 1761, il réalise de superbes pièces en forme de fruits ou de légumes (théière chou-fleur, saucière melon…) et réussit à s'établir à son propre compte. Très vite, il reçoit des commandes du palais de Buckingham, devient le fournisseur de la famille royale (1766) et expose à Soho le meilleur de sa production : vaisselle en biscuit blanc, camées en terre cuite imitant le porphyre, vases en grès noir décorés dans le goût « étrusque ».

En 1774, il découvre que, en ajoutant du sulfate de baryum à la pâte, on obtient une porcelaine dure d'une grande finesse : la poterie jaspée *(jasperware)*. Il a la bonne idée de la colorer d'un bleu de cobalt pâle et de l'orner, avec l'aide du sculpteur John Flaxman, de délicats bas-reliefs. Le succès est immédiat. Wedgwood réalise un service de table de 952 pièces pour Catherine II de Russie et reproduit en poterie jaspée le vase de Portland, une pièce romaine du Ier s. av. J.-C., (aujourd'hui au British Museum, → *p. 200*). Ce pur chef-d'œuvre, conservé au V&A (salle 118), marque l'apogée de sa carrière. La manufacture fondée par le « père de la céramique anglaise » existe toujours… dans le Staffordshire.

- **Salle 125 : papiers peints de William Morris★★★**. Superbes échantillons des fameux revêtements à motifs floraux dessinés par le pionnier du mouvement Arts and Crafts *(→ théma p. 290-291)* et imprimés au moyen de bois gravés.
- **Salle 125 : secrétaire de Charles F. A. Voysey★★★**. L'architecte Voysey, autre figure clé du mouvement Arts and Crafts, a conçu en 1896 cet élégant bureau en chêne, une pièce unique qui séduit par la sobriété de ses lignes et la forme originale de ses charnières. Notez comment l'une d'elles s'étire et s'élargit jusqu'à former au milieu de la porte une plaque ornementale (scène champêtre).
- **Salle 125 : chaises de Charles Rennie Mackintosh★★★**. Ce type de chaises à haut dossier, dont l'appuie-tête est ajouré d'une découpe en forme de mouette, est devenu un classique du design. Il fut inventé en 1897 par le génial décorateur écossais Mackintosh, qui faisait partie des Glasgow Four, groupe de quatre étudiants issus de l'école des beaux-arts de Glasgow.

■ Niveau 4 (salles 127-131)
Section plus modeste consacrée, pour l'essentiel, aux formes de l'**architecture** (maquettes) et au **verre** contemporain.

■ Niveau 6 : Dr. Susan Weber Gallery★★ (salles 133-135)
Cinq siècles d'histoire en 200 **meubles**, pour mieux révéler les différentes techniques mises en œuvre par les ébénistes : laque, marqueterie, dorure à la feuille… L'occasion de voir de plus près les méthodes de Thomas Chippendale, Robert Adam ou Eileen Gray.

■ Niveau 6 : Ceramic Study Galleries★★★ (salles 136-146)
Une collection prodigieuse ! La **salle 137** égrène les divers centres de fabrication de la **majolique** italienne ; quelques vitrines des **salles 138 et 139** mettent en avant la production britannique, notamment la manufacture de Wedgwood *(→ encadré p. 293)*.

3 Kensington Gardens★★

Le parc qui sert de coulisses au palais de Kensington a pris véritablement forme au début du XVIIIe s., grâce à la reine Anne, qui a fait bâtir l'orangerie, et à la reine Caroline : c'est elle qui est à l'initiative du lac Serpentine, destiné aux promenades en barque, du Round Pond, étang octogonal à l'origine, et des différentes allées qui rayonnaient à partir du salon du Roi. Lorsque la famille royale se retirait à Richmond *(→ Escapades autour de Londres, p. 324)*, les jardins étaient ouverts au public. Le Tout-Londres s'y rendait alors pour voir et être vu…

Accès : XV B2 • M° South Kensington (Circle, District ou Piccadilly Lines).

Lignes de bus : 9, 10 et 52.

Visite : www.royalparks.org.uk • ouv. de 6 h au crépuscule • entrée libre.

Combien de temps : 2 h 30 à 3 h.

■ Albert Memorial★★ XV A2
On peut le juger pompeux, mais ce monument de 53 m de hauteur, érigé en 1872 à la gloire du prince consort, est un pur exemple du style victorien. **George Gilbert Scott** a entouré la figure assise d'Albert de 178 personnages sculptés symbolisant les différents continents, l'industrie, le commerce, les arts…

▲ L'Albert Memorial : un hommage monumental de la reine Victoria à son défunt mari.

■ Serpentine Galleries** XV A/B1
☎ *020.7402.6075* • *www.serpentinegalleries.org* • *ouv. mar.-dim. 10 h-18 h ; f. 24-26 déc. et 1ᵉʳ janv.* • *vis. gratuite.*

La galerie Serpentine organise chaque année cinq expositions d'art contemporain et invite un architecte de renom à créer en été, juste à côté, un pavillon éphémère. Elle est doublée, depuis 2013, de la **Serpentine Sackler Gallery** *(photo p. 11)*, aménagée dans un ancien dépôt de munition reconverti par l'architecte **Zaha Hadid** sur l'autre rive, juste en face *(accès par le Serpentine Bridge, → prom.* ❻ *)*.

■ Kensington Palace** XV A1
Kensington Gardens, W8 • *Mᵒ Queensway ou High Street Kensington* • *bus nᵒˢ 9, 10, 49, 52 et 70* • ☎ *0844.482.7777* • *www.hrp.org.uk* • *ouv. t.l.j. 10 h-17 h, de mars à oct. 10 h-18 h* • *plein tarif : 17 £.*

En 1689, l'asthmatique Guillaume III, qui venait tout juste d'épouser Marie II, cherchait une résidence de campagne pour échapper aux brouillards de la Tamise et au dédale du vieux palais officiel de Whitehall *(→ Banqueting House, p. 133)*. Il fit l'acquisition d'un manoir perdu au bout des champs et confia à **Christopher Wren** le soin de le transformer en résidence royale. Après la mort de Georges II (1760), le palais perdit son aura et servit peu à peu de « dortoir » aux membres secondaires de la famille. Lady Diana y vécut jusqu'à sa mort, en 1997. Depuis 2013, Kensington est la résidence de William et Catherine, mais une aile est ouverte au public.

☞ PLAN XV P. 283.

✐ UN PASS ROYAL
La carte d'adhésion aux Historic Royal Palaces (plein tarif : 45 £) permet un accès gratuit, illimité et coupe-file pendant un an aux palais de Kensington, Hampton Court, Kew, à la Banqueting House et à la Tour de Londres. Rens. : ☎ 0844.482.7788 ; www.hrp.org.uk/supportus/membership

♥ CAFÉT' AU JARDIN
The Orangery, au N. du palais de Kensington, W8 (XV A1 **7**) ☎ 020.3166.6113 ; t.l.j. 10 h-17 h. Une serre lumineuse et pleine de charme aux beaux jours, où l'on sert brunch, lunch et *afternoon tea* (23 £). La spécialité ? Le Tregothnan (un thé de Cornouailles) accompagné de scones à l'orange.

> ### Les tentures de Mortlake
>
> Jacques I{er}, fils de Marie Ire Stuart, était très jaloux du succès des ateliers de tapisserie que le Français Henri IV avait ouverts aux Gobelins en 1609. Aussi décida-t-il, pour les concurrencer, de fonder en 1619 une manufacture anglaise à Mortlake, près de Kew, et d'y embaucher des Flamands réputés pour leurs talents de liciers. Cinquante ouvriers, pressés de fuir les Pays-Bas en proie aux guerres de Religion, répondirent à l'appel de Jacques. Bon nombre d'entre eux étaient originaires d'Audenarde et protestants. Sous le règne de Charles Ier, ils produisirent des tentures exceptionnelles qui restituaient avec finesse les carnations, les effets de l'eau et les textures naturelles. Certains y ont laissé leur monogramme (**Hillenberch, Gootens, Ophalfens**). Plusieurs ont été naturalisés anglais : Benood devint ainsi Bennett.
>
> Mais le succès fut de courte durée : faute de financements suffisants, la manufacture dut fermer en 1704. Les pièces issues de Mortlake sont donc rarissimes. La plus célèbre est la série du V&A réalisée d'après les cartons de Raphaël (→ p. 288). Les autres ont pour thèmes le triomphe de César, les cinq sens, les douze mois de l'année, les chasses, les histoires de don Quichotte et Sancho Pança… En France, le musée Labenche de Brive (Corrèze) en conserve aussi quelques spécimens.

Le parcours de visite est organisé en trois itinéraires distincts : K (King), V (Victoria), Q (Queen).

● **Itinéraire K***** (**The King's State Apartments**).
Cette élégante suite de salles a été décorée sous le règne de Georges Ier (1714-1727) par le peintre **William Kent**, qui avait appris, durant son long séjour à Rome, l'art baroque du trompe-l'œil.

– **Salle de la Coupole***** (**Cupola Room**). Le peintre a ici appliqué la recette avec grande habileté : cette fastueuse salle fait l'effet d'être plus haute qu'elle ne l'est en réalité.

– **Escalier du Roi***** (**King's Staircase**). Ses murs s'ornent d'un **trompe-l'œil** comme on en trouve dans les palais vénitiens tels que le palazzo Grassi : des pages et des courtisanes à l'éventail, accoudés à une balustrade. Il s'agit de peintures sur panneaux de bois et non de fresques murales comme on pourrait le supposer. Au plafond, Kent a inséré son propre portrait, tenant une palette de peintre.

D'après le marchand Duvelleroy, fournisseur de la reine Victoria, il y avait un langage très codifié de l'**éventail**. Selon la façon de l'agiter, il pouvait signifier : « Vous avez gagné mon cœur », « Vous êtes cruel » ou « Attention, mon mari approche », etc. Sur les murs de l'escalier du Roi, les courtisanes semblent toutes dire « Non, je suis déjà mariée » ou « Vos flatteries m'ennuient » *(→ aussi The Fan Museum, p. 314)*.

– **Salle du Conseil privé**** (**The Privy Chamber**). Au plafond, une peinture de Kent représente Mars, dieu de la Guerre (hommage à Georges, dernier roi à avoir mené ses troupes à la bataille), aux côtés de Minerve. La déesse romaine de la Sagesse est une allusion à Caroline, qui invitait à la cour de nombreux artistes et scientifiques ; Isaac Newton serait venu dans cette pièce exposer sa théorie sur la gravitation. Aux murs, les **tapisseries** évoquant les mois de l'année sortent de la **manufacture de Mortlake** *(→ encadré)*.

▲ La rivière Serpentine sépare les Kensington Gardens (à droite, à l'ouest) de Hyde Park (promenade 6).

– **Salon du Roi** (King's Drawing Room). La toile de **Giorgio Vasari**, *Vénus et Cupidon*★ (1543), était l'un des tableaux préférés du roi Georges. Le peintre Hogarth *(→ encadré p. 117)* jugeait la Vénus trop grassouillette et « plus laide qu'une cantinière ». En 1735, la reine Caroline profita que son époux était parti à Hanovre pour remplacer les tableaux du salon par des portraits de Van Dyck. À son retour, Georges, furieux, insista pour que sa Vénus soit remise en place !

– **Galerie du Roi**★★ (The King's Gallery). En 1835, la mère de Victoria prit la curieuse décision de diviser cette belle galerie damassée de rouge en trois pièces. Elle a retrouvé, depuis, ses proportions et son décor d'origine : un cycle de toiles au plafond illustrant les aventures d'Ulysse, et, sur les murs, des peintures italiennes signées le Tintoret, Bassano et Palma le Jeune.

● **Itinéraire V**★★ (Victoria Revealed).
Un parcours intéressant qui met en lumière les principaux événements de la vie de Victoria : son premier conseil privé dans le Salon rouge, le matin même où elle devint reine en 1837 ; l'Exposition de 1851 ; la mort du prince consort en 1861 ; le jubilé de diamant en 1897. À noter *(salle 2)*, le charmant **portrait miniature**★ du jeune Albert par William Ross (1839).

● **Itinéraire Q** (The Queen's State Apartments).
Moins clinquants, plus cosy, les appartements aménagés par **Christopher Wren** (1689-1694) pour la reine Marie II sont aujourd'hui assez dégarnis. Toutefois, la **Queen's Gallery**★ conserve ses miroirs admirablement sculptés par Grinling Gibbons et quelques-unes des porcelaines que Marie II affectionnait tant ; son mari Guillaume de Nassau était gouverneur des Pays-Bas, d'où elle avait rapporté 787 pièces de Delft, de Chine et du Japon. Au mur, *Portrait du tsar Pierre le Grand* par Godfrey Kneller (1698).

⑰ Notting Hill et Holland Park★★

Situation : West End • plan XVI p. 299 ; plan général h. pl. par A3 • plan du métro p. 364-365.

De ces deux quartiers très résidentiels de l'Ouest londonien, Notting Hill est le plus « bobo » et le plus médiatique : son marché du samedi attire les foules, tout comme son carnaval importé des Caraïbes. Plus confidentiel, Holland Park concentre la plus forte densité de millionnaires de la capitale. Pourtant, jusqu'en 1850, l'un comme l'autre n'étaient que vertes prairies : les rues en arc de cercle *(crescent)* et les jardins privés de Notting Hill ont été tracés sur les terres des Ladbroke, le long de leur hippodrome ; quant aux aristocratiques villas de Holland Park, elles ont été bâties sur le pourtour des champs des lords Holland. Aujourd'hui, le Holland Walk permet de relier à pied les deux domaines : empruntez ce sentier, il est presque bucolique !

À ne pas manquer

Le musée de Leighton House★★★	303
La maison de Linley Sambourne★★★	305
Le marché de Portobello Road★★	301
Le Design Museum★★ *(à partir de 2015)*	305

Départ : M° Ladbroke Grove XVI A1, au N. de Notting Hill (Circle Line ; Hammersmith & City).

Bus : les lignes n°s 27 ou 28, qui font la navette entre Westbourne Grove, Notting Hill Gate et Kensington High St., raccourcissent la promenade d'une bonne demi-heure.

Combien de temps : à pied, comptez 2 h 30 pour Notting Hill et 2 h 30 pour Holland Park, en empruntant le Holland Walk.

Le meilleur moment : si vous n'aimez pas la foule, évitez le samedi, où Pembridge Rd (entre Notting Hill Gate et Portobello Rd) est envahie de badauds.

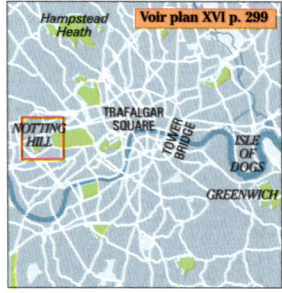

■ Blenheim Crescent★ XVI A1

Cette charmante rue, l'une des dernières aménagées (1864), est très populaire depuis la sortie du film de Roger Michell, *Coup de foudre à Notting Hill* (1999). Les fans de Julia Roberts et de Hugh Grant ne manquent jamais de se faire photographier devant le n° 13, où se rencontrent pour la première fois les deux protagonistes : ***The Notting Hill Bookshop*** *(lun.-ven. 9 h-19 h, sam. 8 h 30-19 h, dim. 10 h-18 h).*

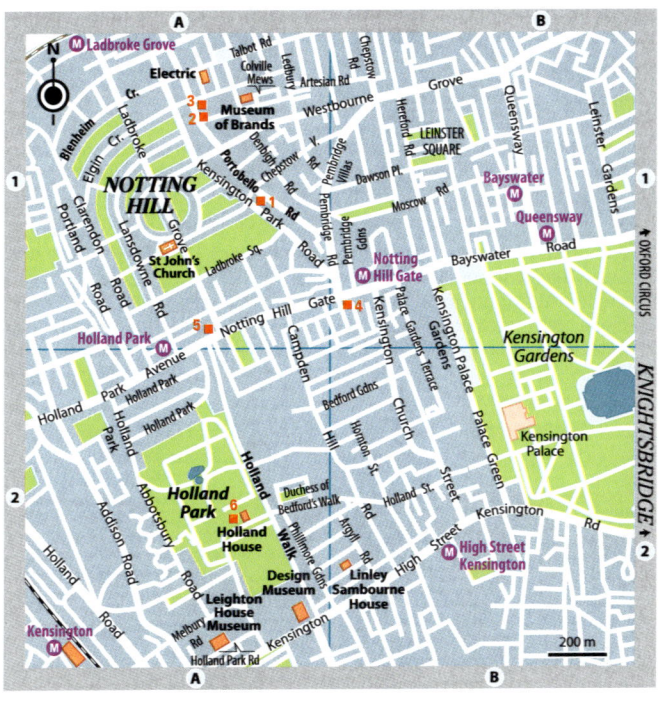

Plan XVI : Notting Hill et Holland Park (promenade 17).

● **Electric**★ *(191 Portobello Rd, W11* ☎ *020.7908.9696* • *www.electric cinema.co.uk* • *places plein tarif à partir de 18 £)*. À l'angle de Blenheim Crescent et Portobello Road, ce **cinéma** est l'un des plus vieux de Londres (1911). Et l'un des plus cossus : 65 fauteuils de cuir avec repose-pieds et guéridon, des sofas dotés de plaids en cachemire… Durant la Première Guerre mondiale, il a été vandalisé par des habitants du quartier qui soupçonnaient le gérant, d'origine allemande, d'utiliser les projecteurs pour guider les zeppelins. Selon toute vraisemblance, cette rumeur avait été colportée par le patron d'un cinéma concurrent. En revanche, il semble que le sinistre John Reginald Christie, *alias* « l'étrangleur de Rillington Place », l'un des plus grands *serial killers* du Royaume-Uni dans les années 1940-1950, y ait vraiment travaillé de temps à autre comme projectionniste.

■ **Museum of Brands, Packaging & Advertising**★★ XVI A1
2 Colville Mews, Lonsdale Rd, W11 • *Mº Ladbroke Grove ou Notting Hill Gate* • ☎ *020.7908.0880* • *www.museumofbrands.com* • *ouv. mar.-sam. 10 h-18 h, dim. 11 h-17 h ; f. durant le carnaval de Notting Hill (→ encadré p. 300), 24-26 déc. et 1ᵉʳ janv.* • *entrée payante.*
Robert Opie (né en 1947) a commencé très jeune à collectionner tout ce qui, d'ordinaire, se jette à la poubelle : papiers d'emballage, bouteilles, canettes, briques de lait… Sur le demi-million de documents en tout genre que compte aujourd'hui sa collection, seuls 12 000 sont exposés dans les vitrines du

musée, fondé en 2005 par cet archéologue de la société de consommation. Assez pour mesurer l'évolution des stratégies publicitaires mises en œuvre par les fabricants.

La machine à remonter le temps commence par l'**ère victorienne**. Les premières « marques » n'étaient alors connues que de la bourgeoisie aisée : dans les années 1880, les condiments Heinz ne pouvaient s'acheter, à Londres, que chez le très chic *Fortnum & Mason*. Parmi celles qui se sont imposées à un plus large public entre 1900 et 1930, beaucoup nous sont encore familières : Perrier, Schweppes, Lipton, la vaisselle Pyrex, le dentifrice Gibbs…

La section la plus intéressante retrace **les années 1940-1950**. Durant la Seconde Guerre mondiale, les restrictions, mais aussi le patriotisme, ont affecté le conditionnement des articles : on a même produit, en Grande-Bretagne, des rouleaux de papier toilette à l'effigie de Hitler ! La fin de la période de rationnement (1954) a ouvert la voie à une incroyable diversification des formes et des couleurs, qui a envahi aussi bien les pochettes de disques que les packs de lessive !

Spots TV, codes-barres… : les dernières vitrines reflètent la mondialisation de la publicité depuis les *seventies*. L'émergence de nouveaux marchés va de pair

Les Caraïbes à Notting Hill

À la fin des années 1950, de jeunes *teddy boys* (blousons noirs) hostiles à la présence grandissante d'Antillais à Londres avaient coutume de se rendre dans le quartier de Notting Hill, alors très pauvre, pour y « casser du Noir ». Afin de rendre confiance aux Antillais et de jeter des passerelles entre les différentes communautés, la Trinidadienne **Claudia Jones** (1915-1964), fondatrice du journal *The West Indian Gazette*, eut l'idée d'y organiser un **carnaval**. L'événement connut aussitôt (1959) un vif succès. Dans les années 1970, la police, attisée par le National Front, essaya à plusieurs reprises de le faire interdire, mais, de nos jours, les autorités y voient une preuve de la bonne intégration des immigrés.

Le dernier week-end d'août, le *Mas* (dérivé de « mascarade ») draine un million de spectateurs aux rythmes du reggae jamaïcain, de la soca et du calypso, deux styles musicaux typiques de Trinidad. Le quartier est interdit à la circulation, seules les stations de métro Holland Park et Paddington restent ouvertes. Le moment le plus attendu est le lundi, où paradent les *steelbands* (percussionnistes sur bidons), les écoles de samba et les groupes en costumes, dans des odeurs de *jerk chicken* (poulet mariné épicé), de noix de coco glacée et d'autres spécialités antillaises.
Rens. : www.nottinghill-carnival.co.uk

▲ Dans Portobello Road, les couleurs sont aussi aux façades des immeubles !

avec celle des produits dérivés : le mariage du prince Charles avec Lady Di, suivi par 700 millions de téléspectateurs, a généré une floraison de tasses dont les anses avaient parfois la forme des oreilles de Charles !

■ Portobello Road Market** XVI A1

*Portobello Rd, entre Golborne Rd (au N.) et Westbourne Grove (au S.), W10 • M° Notting Hill Gate ; le sam., plutôt M° Ladbroke Grove • www.portobelloroad.co.uk • **antiquités**, entre Chepstow Villas et Elgin Crescent (sam. 9 h-16 h) • **fruits et légumes**, entre Elgin Crescent et Talbot Rd (t.l.j.) • **neuf en vrac**, de Talbot Rd au Westway • **mode**, autour du Westway • **occasion**, de Cambridge Gardens à Golborne Rd.*

Portobello Road doit son nom à une ville du Panamá prise par la flotte britannique en 1739. Désertée en semaine, bondée les samedis d'été (surtout à partir de 11 h 30), cette longue rue qui traverse tout Notting Hill a été aménagée, elle aussi, dans les années 1860.

Son **marché** vaut le déplacement, même s'il se fait chaque saison plus touristique. On y pratique sans chichis l'art du *swag* : deux articles pour le prix d'un, trois au prix de deux… et, en fin de journée, on y brade en cockney les derniers légumes : « *Parnd a box !* » (1 £ le lot !). Il y a un peu de contrefaçon par-ci par-là, mais 42 étals d'authentiques brocanteurs. Une vraie tranche de vie !

À la hauteur de Chepstow Villas, tourner à dr. pour rallier Ladbroke Grove.

♥ **SHOPPING**
Highland Store,
59 a Portobello Rd, W11
(XVI A1 1) ☎ 020.7405.5123 ;
le sam. Beau choix d'articles écossais : écharpes, plaids, pulls, kilts, *sporrans* (pochettes) et autres accessoires.

♥ **SUR LE POUCE**
• **Gail's**, 138 Portobello Rd, angle Lonsdale Rd, W11 (XVI A1 2). Bonne boulangerie avec sandwichs, salades fraîches et soupes du jour.

• **Casa Nova**, 140 Portobello Rd, W11 (XVI A1 3) ; t.l.j. 10 h-19 h. S'il n'y a plus de place au *Gail's*.

♥ **RESTAURANT**
Geales, 2 Farmer St., W8
(XVI B1 4) ☎ 020.7727.7528 ;
www.geales.com ; f. lun. midi.
Une adresse de *fish and chips* déjà historique, ouverte en 1939.
Les spécialités font la part belle aux produits de la mer
(autour de 15 £).

☞ PLAN XVI P. 299.

◢ FAN DE JIMI HENDRIX ?
Remontez Lansdowne Crescent jusqu'aux n°s 21-22 : c'est là que le chanteur-guitariste est mort d'une overdose de barbituriques en 1970.

♥ RESTAURANTS
• *The Mitre*, 40 Holland Park Ave., W11 (XVI A1 **5**) ☎ 020.7727.6332 ; www.themitreW11.co.uk ; lun.-ven. 12 h-24 h, sam. 9 h-24 h, dim. 9 h-23 h. Brasserie-pub avec terrasse et petits plats maison. Comptez 15 £ pour une brème au safran ou des tortellinis aux artichauts et champignons.

• *Holland Park Café*, Holland Park, W8 (près de la réception entrée S. ; XVI A2 **6**) ☎ 020.7602.6156 ; 9 h 30-18 h 30. Sous les arcades, une cafétéria avec muffins, smoothies, paninis et café équitable.

■ **Autour de Saint John's Church**★★ XVI A1
Le sommet de Notting Hill, d'où les spectateurs assistaient aux courses de l'hippodrome, constituait autrefois le cœur du domaine des Ladbroke. On y a bâti (1845) l'église Saint John, dans le goût néogothique, et, tout autour, des enfilades très homogènes et très chics de **maisons victoriennes**★★ et de **squares privés**★★. Le plus grand est Ladbroke Square Garden, mais il y en a 16 en tout, accessibles à l'occasion de l'**Open Garden Squares Weekend** *(en juin • 10 £ • rens. www.opensquares.org).*

À l'extrémité S. de Ladbroke Grove, traverser Holland Park Ave. pour emprunter le sentier **Holland Walk**.

■ **Holland Park**★★ XVI A2
Entre Holland Park Ave. et Kensington High St., W8 • M° Holland Park (puis 10 mn de marche sur Holland Walk jusqu'à l'entrée centrale, « Duchess of Bedford Walk Entrance ») ou M° High Street Kensington (plus proche de l'entrée S.) • ouv. t.l.j. de 7 h 30 à la tombée de la nuit • accès libre.
Lorsque sir Walter Cope, chambellan du Trésor, a créé ce parc en 1591, il s'étendait presque jusqu'à la Tamise. Aujourd'hui, il n'occupe plus que 22 ha mais il est public, et c'est l'un des plus paisibles et des plus romantiques de l'Ouest londonien. On peut y jouer au cricket, aux échecs, au tennis…
Faute de moyens, les derniers propriétaires du parc ont dû céder (à partir de 1860) les terrains situés dans la partie S., à la lisière de Kensington High Street. Des peintres et des sculpteurs en vogue à l'époque les ont achetés pour y faire construire leurs maisons d'artiste et ont fini par y former une petite colonie, le « Holland Park Circle ». C'est actuellement l'une des zones résidentielles les plus chères de Londres : en général, une villa s'y vend plus de 10 millions de livres.

• **Holland House** *(rens. : ☎ 0845.371.9122 • www.yha.org.uk).* Cope avait fait bâtir, dans le parc, un grand **manoir** que ses héritiers, les lords Holland, remodelèrent dans le style italien, pour lequel ils montraient un goût très prononcé. L'édifice fut malheureusement bombardé en 1940 : seule a survécu l'**aile est**★, convertie en auberge de jeunesse ; les ruines de l'aile O. ont été investies par un **théâtre en plein air**.

• **Les jardins.** Le parc, à l'origine, était agrémenté de vergers que Cope était fier de montrer à ses hôtes. Il leur interdisait toutefois de cueillir les cerises, car la reine devait pouvoir les voir, si elle venait à passer.

▲ Le jardin japonais de Holland Park.

Les jardins ont souffert, mais il reste de **jolis parterres** dans le Dutch Garden (jardin hollandais) et un charmant **jardin japonais★** (Kyoto Garden), avec carpes koï, chute d'eau et bambous.

Sortir du parc par Ilchester Gate.

■ **Leighton House Museum★★★** XVI A2
12 Holland Park Rd, W14 • M° High Street Kensington • ☎ 020.7602.3316 • www.leightonhouse.co.uk • ouv. mer.-lun. 10 h-17 h 30 ; f. 24-26 déc. et 31 déc.-1ᵉʳ janv. • entrée payante • vis. guidées gratuites mer. et dim. à 15 h (durée : 1 h 30).
Cette grosse demeure de brique rouge, où vécut **Frederic Leighton** (1830-1896), l'un des peintres les plus influents de l'ère victorienne, est considérée comme le meilleur exemple d'une maison d'artiste en Grande-Bretagne. Elle a été édifiée d'après les plans de **George Aitchison**, ami de Leighton. De 1864 à 1890, l'architecte n'a cessé de l'agrandir, en fonction des besoins du maître : une fascinante Salle arabe, qui faisait office de fumoir, des escaliers séparés (un pour les modèles, un autre pour les acheteurs potentiels) et un lumineux atelier d'hiver.

● **Library★**. Dans la **bibliothèque**, le grand tableau, attribué à un disciple du Tintoret, représente l'*Apothéose de Marcantonio Bragadin* (1571). Le Vénitien, gouverneur de Chypre, avait vaillamment résisté à l'invasion ottomane mais fut défait par le sultan Selim II. Au lieu d'être envoyé en Crète, comme l'exigeait le traité de reddition, il fut torturé et écorché vif. Sa peau remplie de paille fut portée comme un trophée jusqu'à Constantinople.

● **Arab Hall★★★** *(photo p. 13)*. La **Salle arabe** s'inspire du palais de la Zisa (Palerme), que Leighton avait dû voir lors de son séjour en Sicile. On y retrouve tous les ingrédients chers à l'architecture musulmane : fontaine centrale, dôme, versets du Coran… Même les trompes d'angle rappellent les *muqarnas* en nids-d'abeilles ! La pièce doit son charme aux **carreaux★★** des XVIᵉ-XVIIᵉ s. rapportés de Damas, que le céramiste **William De Morgan** a soigneusement intégrés dans le décor et restaurés : on remarque à peine que le perroquet de g., sur le panneau S.-E., est une copie (celui de dr. est d'origine). La **frise de mosaïques★** a été réalisée à Venise par les ateliers Salviati.

- **Dining Room.** Dès la mort de Leighton (1896), ses œuvres furent dispersées en salles des ventes. La maison de l'artiste devint une coquille vide. Quelques peintures de sa main ont pu être rachetées au fil des ans : c'est le cas d'*Orphée et Eurydice★* (1864), sur le mur S. de la **salle à manger**.

- **Staircase Hall★★**. La **cage d'escalier** prend pour modèle la cour intérieure d'un palais vénitien du XVIe s., le palazzo Centani. Son décor, en revanche, obéit aux principes de l'*aesthetic movement*, qui entendait retrouver le sens du beau en juxtaposant le meilleur de cultures différentes : vases japonais, mosaïque de Pompéi, céramiques d'Iznik… Le paon, juché sur un coffre de mariage turc du XVIIe s., est le symbole de ce mouvement.

- **Studio★**. Du vivant de l'artiste, l'**atelier** était encombré de chevalets, de vernis odorants et de toiles à différents stades d'exécution. Il reste aujourd'hui quelques études de paysage, réalisées durant ses voyages en Écosse, en Italie et

La vie d'artiste à « Kens »

Même s'ils n'étaient pas très fortunés, les **Sambourne** s'efforçaient de suivre les rites de la haute bourgeoisie du quartier. **Edward** commençait sa journée par une balade à cheval jusqu'à Richmond Park ou par une virée à bicyclette (c'était très *trendy* vers 1895) autour de Battersea Park. Après quoi, il rentrait dessiner car, pendant 40 ans, il a travaillé comme illustrateur et dessinateur humoristique (pour le magazine satirique *Punch*). Il fut également photographe : la baignoire, à l'étage, lui servait surtout à développer ses clichés ! Il passait ses après-midi au club et ses soirées au théâtre avec Marion, ou recevait à dîner quelques voisins du « Holland Park Circle ».

Marion, assistée de deux servantes et d'un cocher, s'occupait de l'intendance selon un calendrier très précis : le matin, shopping à « Kens » (Kensington High Street) ; le mardi, jour où ses amies venaient prendre le thé, on frottait l'argenterie ; le mercredi, on briquait le cellier ; le jeudi, on faisait les poussières. Chaque vendredi, Linley devait rendre son dessin à la rédaction de *Punch*. Le couple passait souvent le week-end à la campagne, chez des amis. À l'automne, il se rendait en Écosse. L'hiver, pour échapper au smog londonien, il séjournait au bord de la mer, près de Ramsgate (au nord de Douvres).

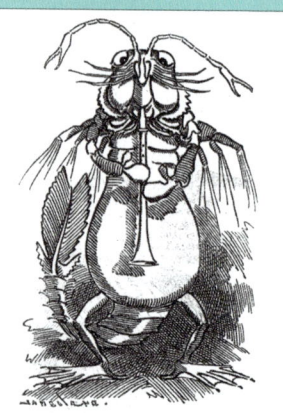

▲ « Un ancêtre de Darwin », dessin d'Edward Linley Sambourne pour le *Punch* du 10 décembre 1887. La légende précise : « Notre ancêtre était un animal respirant dans l'eau, doté d'une queue pour nager et d'un crâne imparfait. »

au Proche-Orient, et une œuvre de 1852, *La Mort de Brunelleschi**. La « serre » attenante a été conçue pour permettre à Leighton de travailler aussi en hiver : en effet, à l'époque, le succès d'un artiste reposait tout entier sur les œuvres qu'il soumettait, fin mars-début avril, au jury de la Royal Academy of Arts.

● **Silk Room.** Sur le mur tendu de **soie** *(silk)* verte sont accrochées les pièces maîtresses de la collection de Leighton : des tableaux de peintres **préraphaélites** *(→ encadré p. 145)*. L'alcôve (la « tanière » du peintre) est dotée d'un **moucharabieh**** : logette garnie d'un grillage en bois permettant de voir sans être vu, achetée sans doute au Caire en 1868.

■ **Design Museum**** XVI A2
Earl's Court, High St. Kensington • Mº High Street Kensington.
À la fin de l'année 2015, l'ancien **Commonwealth Institute**, remanié par l'architecte **John Pawson**, accueille les collections du musée jusque-là visibles au 28 Shad Thames *(→ p. 251)*.

■ **Linley Sambourne House***** XVI B2
18 Stafford Terrace, W8 • Mº High Street Kensington • ☎ 020.7602.3316 • www.rbkc.gov.uk/museums • vis. de mi-sept. à mi-juin, mer. à 11 h 15, 14 h 15 et 15 h 30, sam.-dim. à 11 h 15 ; tours en costume sam.-dim. à 13 h, 14 h 15 et 15 h 30 • accès payant • rés. recommandée.
Vue de l'extérieur, la demeure d'**Edward Linley Sambourne** (1844-1910) et de son épouse Marion, bâtie en 1868, ne diffère en rien des autres maisons victoriennes de Stafford Terrace, paisible rue en retrait de Kensington High Street. Mais l'intérieur, conservé en l'état par leurs descendants, donne un merveilleux aperçu des goûts de la bourgeoisie londonienne à la fin du XIXe s.

Edward et Marion affectionnaient beaucoup deux styles britanniques de leur temps : le **mouvement Arts and Crafts** *(→ théma p. 290-291)* et le **mouvement esthétique**, si friand de références japonaises *(→ encadré ci-contre)*. Mais ils éprouvaient aussi, surtout Edward, un goût prononcé pour les bibelots et les meubles : le plus original est le **buffet*** de la salle à manger, peut-être conçu par l'ébéniste Bruce Talbert. Au fil des ans, leur accumulation compulsive finit par compromettre l'harmonie originelle : en 1877, les murs de l'étroite cage d'escalier avaient presque disparu derrière 300 photos et dessins ; çà et là, des papiers peints gaufrés et dorés importés du Japon étaient venus recouvrir en partie les **papiers peints**** de **William Morris** !

18 L'Isle of Dogs et Greenwich★★

Situation : dans l'Est londonien, sur les deux rives de la Tamise • plan XVII p. 307 ; plan général détachable h. pl. par F3 • plan du métro p. 364-365.

À ne pas manquer

Le Museum of London Docklands★★	308
Canary Wharf★★	309
La vue de Greenwich depuis Island Gardens★★	310
Le *Cutty Sark*★★	311
Le musée de la Marine★★	312
L'observatoire de Greenwich★★	314

En aval de Wapping, le fleuve décrit une belle boucle au milieu de deux paysages très différents. Côté nord, l'Isle of Dogs, qui se donne à Canary Wharf des airs de quartier d'affaires : de ses anciens docks a émergé un petit « Manhattan-sur-Tamise », désert le week-end mais bruissant de traders et de yuppies en semaine. Côté sud, Greenwich, ancienne villégiature royale, dont l'élégance classique tranche avec cette image postmoderne. Pour passer d'une rive à l'autre, rien de plus simple : ces deux facettes de l'Est londonien sont reliées par un tunnel piétonnier et par un métro en partie aérien, le Docklands Light Railway (DLR).

1 L'Isle of Dogs★★

✍ **UNE ÎLE AUX CHIENS ?**
On ignore l'origine du nom « Isle of Dogs », qui figure pour la première fois sur une carte de 1588. S'agit-il vraiment de *dogs* (chiens) ou d'un surnom ? Qui dériverait de *ducks* (canards), de *Dutch* (Néerlandais), ou d'un autre mot ?

Ce méandre de la Tamise a incroyablement changé durant les dernières années. De 1800 à 1975, il avait tout de la zone portuaire : grues rouillées, épaisses fumées, dockers miséreux… Depuis sa rénovation sous l'égide de la London Docklands Development Corporation, l'Isle se présente comme une seconde City, plus jeune, plus high-tech, mieux desservie (on est à 15 mn du London City Airport en DLR), qui pratique aux beaux jours l'art du jogging sur les quais et du déjeuner en terrasse autour de son temple de la finance, One Canada Square.

Accès : DLR West India Quay XVII A1.

Lignes de bus : les n°s 135 et D3 ont leur terminus sur l'Isle (Crossharbour) ; la première assure la jonction avec l'East End (Shoreditch, Aldgate), la seconde longe la rive g. depuis Wapping.

Combien de temps : 2 h 30 à 3 h, selon le temps consacré à la visite du musée.

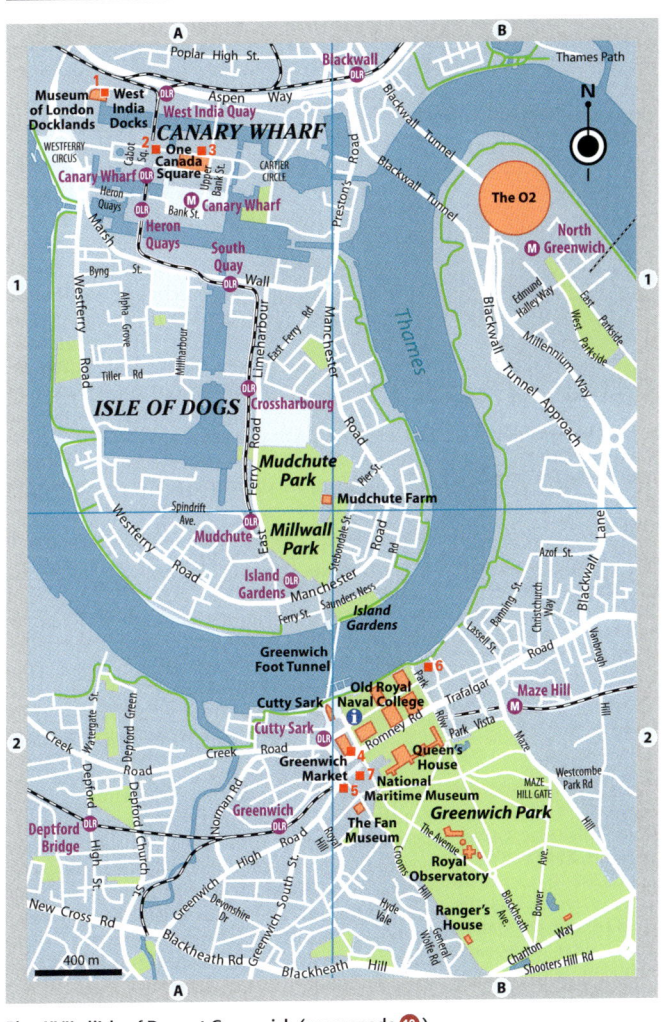

Plan XVII : l'Isle of Dogs et Greenwich (promenade 18).

■ West India Docks★ XVII A1
Hertsmere Rd, E14 • DLR West India Quay.

À l'origine de ces docks, un groupe de Londoniens propriétaires de plantations dans les Caraïbes *(West Indies)*, qui avaient besoin de nouveaux entrepôts pour mettre en lieu sûr leurs précieuses cargaisons de sucre et de rhum. En 1802, ils font construire ici, à leurs frais, les premiers docks « clos » de Londres. Assez vastes pour accueillir 600 navires, entourés d'un mur de 6 m de hauteur et gardés par une patrouille, ces docks s'avèrent très fonctionnels : on peut y décharger les bateaux en quatre jours au lieu de quatre semaines ! Ils ont fermé leurs portes en 1980, seuls ont subsisté deux des neuf entrepôts *(warehouses)*.

▲ Le nouveau visage de l'Isle of Dogs intègre les vestiges de l'ancienne activité des docks.

■ **Museum of London Docklands**✱✱ XVII A1
No. 1 Warehouse, West India Quay, E14 • DLR West India Quay • ☎ 020.7001.9844 • www.museumoflondon.org.uk/docklands • ouv. t.l.j. 10 h-18 h ; f. 24-26 déc. • accès libre.

À l'intérieur de cet **ancien entrepôt** de sucre et de thé, qui a échappé au Blitz de septembre 1940, un musée retrace l'histoire du port de Londres et de la Tamise, depuis l'arrivée des Romains jusqu'à la régénération de Canary Wharf. On y apprend une foule de détails intéressants sur le fonctionnement des docks mais aussi sur les difficiles conditions de vie des ouvriers du port.

Pour une visite chronologique, commencer au niveau 3.

☞ **EN SAVOIR PLUS**
Sur la Tamise et les docks, reportez-vous au théma p. 270-271.

• **La Tamise.** Une minutieuse **maquette**✱ de l'ancien « London Bridge » montre l'état du pont vers 1440, avec sa chapelle au centre, ses échoppes – il y en avait 138 en 1358 ! – et ses robustes avant-becs *(starlings)* qui protégeaient les piles du courant. Le lord-maire de Londres, responsable du pont, entretenait en permanence 21 commis, chargés de réparer les *starlings* et de percevoir les droits de douane.

♥ **CAFÉ ET RESTAURANT**
Rum & Sugar, No. 1 Warehouse, West India Quay, Canary Wharf, E14 (XVII A1 **1**) ☎ 020.7538.2702. Très agréable café, au r.-d.-ch. du Museum of London Docklands. Le restaurant (mar.-sam. 11 h-23 h, dim. 11 h-18 h) sert des assiettes à partager (10-13 £), une salade de poulet façon Caraïbes et plusieurs sortes de rhums jamaïcains.

• **L'essor du commerce.** Entre 1600 et 1798, Londres était le principal port du royaume. De retour des Indes ou d'Amérique, les bateaux déchargeaient leurs marchandises sur les *Legal Quays* (quais de la Douane), dont on peut voir ici une **reconstitution**✱. Les navires baleiniers, au nombre de 150 en 1821, avaient leur propre dock à Rotherhithe, sur la rive S., dans la boucle en amont de la Tamise. Comme les rues de Londres étaient éclairées à l'huile de rorqual, on chassait activement les cétacés dans les eaux du Groenland.

• **Sucre et esclavage.** Une section très instructive sur le rôle de la capitale britannique dans le commerce triangulaire. Londres était le 4e port négrier du monde après Liverpool, Bahia et Rio de Janeiro par le nombre de ses expéditions, mais le 1er pour ce qui est des profits *(→ encadré p. 309)*. Le musée conserve de nombreux documents sur l'esclavage, dont les **registres** de Thomas et John Mills, propriétaires de plantations dans les Petites Antilles (Saint-Kitts-et-Nevis) vers 1760.

À titre de réparation

On sait que la traite négrière a généré des richesses colossales pour les planteurs des colonies britanniques (Bahamas, Barbade, Bermudes, Grenadines…). On sait moins que l'abolition de l'**esclavage** a contribué à les enrichir encore !

Au lendemain de l'*Abolition Act* (décret de 1833), le gouvernement britannique prit en effet la décision d'accorder des compensations… non pas aux affranchis, qui en auraient eu sans doute bien besoin pour se loger et commencer une nouvelle vie, mais aux anciens propriétaires, pour la perte de leurs « biens ». Plus de 3 000 familles de l'ère victorienne reçurent ainsi de généreuses sommes dont le montant dépendait du sexe de leur ancien esclave, de son âge et du territoire où il avait travaillé : un esclave en Guyane valait plus qu'en Jamaïque. Le député James Blair, domicilié à Marylebone, reçut par exemple 83 530 £ (ce qui équivaudrait aujourd'hui à 65 millions de livres) en dédommagement de la perte des 1 598 esclaves qu'il possédait en Guyane britannique.

Selon l'historien Nick Draper, de l'University College London, seules quelques familles auraient reversé une partie de ces sommes à des œuvres philanthropiques ou les auraient injectées dans l'industrie naissante…

- **La ville et le fleuve.** Ici sont retracés les développements des différents docks de Londres (belle **maquette**★ des bassins de Saint Katharine, → *p. 248*) et les principaux événements liés à la Tamise entre 1800 et 1840 : régates et processions, foires sur le fleuve gelé *(frost fairs)*, percement du tunnel entre Wapping et Rotherhithe (1825-1843).
- **Sailortown.** Habile reconstitution d'un **quartier de marins**★, comme Londres en comptait plusieurs jusqu'au début du XIXe s. : à Bermondsey, Greenwich, Shadwell… Le plus célèbre était celui de Wapping (→ *p. 249*), véritable dédale de ruelles sombres, d'échoppes et de tavernes où venaient se distraire les matelots en goguette.
- **Les *docklands* depuis 1945.** La dernière section du musée se penche sur les différents projets élaborés au début des années 1980 afin de réhabiliter les anciens docks et de relancer l'économie de l'Est londonien. Le chantier qui s'est ouvert en 1988 a été le plus grand d'Europe à l'époque : une forêt de grues sur 22 km^2, une flottille de barges, des milliers d'ouvriers venus d'Irlande, du Portugal et d'Italie…

La passerelle « Wren Landing » conduit tout droit à Cabot Sq., dans Canary Wharf.

■ Canary Wharf★★ XVII A1
Au N.-O. de l'Isle of Dogs, entre West India Dock et South Dock • station DLR ou M° Canary Wharf (Jubilee Line).

Ce **quartier d'affaires**, bâti en partie sur l'eau, est le cœur du grand chantier de régénération des *docklands* et le symbole du capitalisme des années 1980. En surface, 2 centres de conférences et 33 immeubles de bureaux, signés pour certains par d'illustres architectes (les n°s 8 et 33 Canada Square sont dus à **Norman Foster**). En sous-sol, deux stations de métro/DLR et un immense centre commercial. Le tout porte le nom d'un ancien entrepôt de fruits en provenance des îles Canaries. Une promenade entre Westferry Circus et Cartier Circle permet de se faire une idée de l'ampleur du projet.

▲ Canary Wharf côté sud. L'édicule au premier plan signale l'accès au tunnel piéton qui relie Greenwich par-dessous la Tamise. Une expérience peu banale !

♥ **SHOPPING**

Shopping Mall, Canary Wharf, E14 (XVII A1 2). Il s'étire sur plusieurs niveaux entre Cabot Sq. et Churchill Pl. Le plus attrayant est le Promenade Level avec 94 enseignes (mode, chausseurs, supermarchés...).

♥ **RESTAURANT**

Canteen, The Park Pavilion, 40 Canada Sq., E14 (XVII A1 3) ☎ 0845.686.1122 ; lun.-ven. 7 h 30-23 h, sam. 9 h-23 h, dim. 10 h-19 h. Salades, steaks, pies, sausages et autres spécialités britanniques servies avec le sourire dans un cadre high-tech.

● **One Canada Square**★. Building le plus spectaculaire, même s'il se contente de reprendre les formes du World Financial Center de New York, édifié non sans mal grâce à une firme canadienne réputée pour convertir des friches industrielles en villes nouvelles (architecte : **César Pelli**, 1991). Jusqu'à l'inauguration du Shard en 2012 (→ p. 267), c'était le plus haut gratte-ciel de Londres : 235 m et 50 étages, occupés par Barclays, Clearstream, J. P. Morgan, Shell... Seul le rez-de-chaussée en marbre est accessible au public.

■ **Autour d'Island Gardens**★ XVII A2-B1
Au S. de l'Isle of Dogs, face à Greenwich • DLR Island Gardens.
Envie d'espaces verts ou de marche à pied ? Les modestes **Island Gardens** XVII B2 *(en sortant de la station, suivre « Island Gardens » ou « Douglas Path »)* offrent un superbe **panorama**★★ sur Greenwich : on se croirait devant le tableau de Canaletto conservé au National Maritime Museum (*Vue de Greenwich depuis le fleuve*, 1752 ; → p. 312).
Plus étendu, le **Millwall Park** XVII A2, au N. de la station DLR, invite à la balade : il y a là des prairies, un centre équestre et même une ferme, **Mudchute Farm** *(accès par Pier St. • ☎ 020. 7538.9530 • www.mudchute.org • ouv. mar.-dim. 8 h-16 h • entrée libre).* Et pour flâner le long du fleuve, il suffit d'emprunter le **Thames Path** en direction de l'embarcadère Masthouse Terrace Pier.

2 Greenwich★★★

☞ PLAN XVII P. 307.

Si le méridien de longitude zéro qui la traverse est responsable de la notoriété de Greenwich (on ne prononce pas le *w*), il ne doit pourtant pas faire oublier que, dès le XVe s., la ville connaissait la faveur des souverains : séduits par son charme tranquille, ils s'y sont fait construire de superbes résidences d'agrément. L'harmonieuse symétrie des bâtiments de l'ancien Collège naval ou les ravissantes perspectives du parc qui sert d'écrin à l'Observatoire contribuent à rendre la promenade aussi agréable que captivante.

ⓘ TOURIST INFORMATION CENTRE
Pepys House, 2 Cutty Sark Gardens, SE10 (XVII A/B2)
☎ 0870.608.2000 ;
www.visitgreenwich.org.uk ;
ouv. t.l.j. 10 h-17 h ; f. 24-26 déc.

Départ : Greenwich Pier XVII A2.

Accès : DLR, station Cutty Sark • bus 129, 177, 180, 188, 286, 386 • **Greenwich Foot Tunnel** XVII A-B2 sous la Tamise qui, depuis 1902, permet de rallier Greenwich à pied en 10 mn *(accès par la tour de brique coiffée d'un dôme en verre)* • **bateau** de la Thames Clippers (www.thamesclippers.com) • **téléphérique panoramique** entre Greenwich Peninsula et Royal Victoria Docks, à l'E. de la ville (Emirates Air Lines Cable, réduction avec l'*Oyster Card*).

Combien de temps : une demi-journée pour les sites principaux • une journée entière pour tout voir.

■ Cutty Sark★★ XVII A2
King William Walk, SE10 • ☎ *020.8858.4422* • *www.rmg.co.uk* • *t.l.j. 10 h-17 h, dernière entrée à 16 h ; f. 24-26 déc., 31 déc.-1er janv.* • *plein tarif : 12,50 £ (billet combiné avec l'Observatoire : 20 £).*
Avec sa coque étroite, son étrave tranchante et son importante voilure qui lui faisaient battre des records de vitesse, ce **clipper** *(photo p. 13)* est le seul survivant de la course du thé qui enfiévra les mers dans la 2e moitié du XIXe s. : voulant déguster sans délai les premières récoltes de l'année, la société victorienne poussait les armateurs dans une lutte contre la montre pour raccourcir le temps de transport depuis la Chine. En 1869, l'ouverture du canal de Suez disqualifia les clippers, l'année même du lancement du *Cutty Sark…* Ce dernier s'illustra à partir de 1877 dans le transport de la laine australienne, puis en 1922 cessa toute activité commerciale pour devenir un navire-école. Aujourd'hui rendu à son apparence de 1872, il est posé sur une structure de verre qui permet de l'admirer sous toutes ses coutures.

♥ MARCHÉS
• ***Greenwich Market***, entre King William Walk et Greenwich Church St., SE10 (XVII B2 **4**) ;
www.greenwichmarketlondon.com
Les étals de ce marché couvert, bordé de boutiques et de pubs ouverts toute la semaine, se spécialisent : dans les antiquités les mar., jeu. et ven. (10 h-17 h 30) ; dans l'artisanat les mar., mer., sam. et dim (10 h-17 h 30).

• ***Clock Tower Market***, 166 Greenwich High Rd, SE10 (après le Cafe Rouge ; XVII B2 **5**) ;
www.clocktowermarket.co.uk ;
ouv. les w.-e. et j. fériés 10 h-17 h.
Un joyeux bric-à-brac de brocante et de curiosités en tout genre pour ce marché dont la modestie n'a d'égale que l'originalité.

☞ PLAN XVII P. 307.

■ **Old Royal Naval College★** XVII B2
Cutty Sark Gardens, SE10 • ☎ 020.8269.4747 • www.ornc.org • ouv. t.l.j. ; f. 24-26 déc. • entrée libre • vis. guidées payantes à thèmes, t.l.j. à 12 h et 14 h.
Ouvrant une imposante perspective sur la Queen's House *(→ ci-après)*, la belle symétrie des édifices classiques, dessinés par **Christopher Wren** en 1696, se dresse sur les bords de la Tamise, à l'emplacement de l'ancienne résidence des Tudors où étaient nés Henri VIII et ses deux filles, les futures Marie Ire et Élisabeth Ire. Englobant un palais que Charles II y avait fait construire en 1660 pour rivaliser avec Versailles, ce vaste complexe fut conçu pour servir d'hospice aux marins retraités sans ressources ou invalides. Reconverti en école de la marine en 1873, il abrite dorénavant l'université de Greenwich et le département de musique du Trinity Laban Conservatoire.

♥ PUB
Trafalgar Tavern, Park Row, SE10 (XVII B2 **6**) ☎ 020.8858.2909 ; www.trafalgartavern.co.uk ; lun.-jeu. 12 h-23 h, ven.-sam. 12 h-24 h, dim. 12 h-22 h 30. Quartier général des libéraux au XIXe s., ce pub historique (bâti en 1837) continue à servir, à côté des plats traditionnels anglais, la délicieuse friture de poisson qui fit sa notoriété.

● **Painted Hall★** *(t.l.j. 10 h-17 h)*. Une véritable explosion baroque attend le visiteur derrière les portes de ce qui devait, à l'origine, servir de salle à manger aux pensionnaires de l'hospice. Mais le somptueux cycle de peintures dont la décora **James Thornhill** (le peintre de la coupole de Saint Paul) entre 1708 et 1727 la rendit si célèbre qu'elle attira aussitôt les curieux : la visite coûtait alors trois pence. L'ovale principal du plafond est orné d'un ***Triomphe de la Paix et de la Liberté sur les forces de la Tyrannie★★***, où Guillaume III d'Orange écrase sous son pied Louis XIV, dont il combattait les ambitions européennes.

♥ SUR LE POUCE
Heap's Sausages, 8 Nevada St., SE10 (XVII B2 **7**) ☎ 020.8293.9199 ; www.heapssausages.com ; lun.-jeu. 9 h-17 h, ven. 9 h-22 h, sam.-dim. 9 h-19 h. À consommer sur place ou à emporter, à la menthe, à l'ail, au poivre rouge, aux pommes ou en friand, les saucisses *home made* qui sont vendues ici sont considérées par beaucoup comme les meilleures d'Angleterre.

● **Chapel★** *(lun.-sam. 10 h-17 h, dim. 12 h 30-17 h)*. Après l'incendie qui ravagea en 1779 la chapelle dessinée par Wren, c'est à **James Stuart l'Athénien** que fut confiée sa réédification. Comme l'indique son surnom, ce dernier remit avec succès au goût du jour les formes et l'ornementation de la Grèce antique. Les motifs polychromes du plafond, tout comme l'alternance de fenêtres et de niches où, pour des raisons de budget, ont été peintes des statues en trompe-l'œil, sont directement inspirés de modèles grecs étudiés par l'architecte au cours de ses voyages. À l'autel, *Le Naufrage de saint Paul à Malte★* (1789) est de la main de **Benjamin West**.

■ **National Maritime Museum★★** XVII B2
Park Row, SE10 • ☎ 020.8858.4422 • www.rmg.co.uk • ouv. t.l.j. 10 h-17 h, jeu. 10 h-20 h ; f. 24-26 déc., 31 déc.-1er janv. • entrée libre.
Au-delà de la formidable **histoire navale** du Royaume-Uni, superbement illustrée par des collections de peintures, gravures, maquettes, sextants, chronomètres marins et bateaux anciens,

ce magnifique musée expose les problématiques liées à l'**exploitation des océans**. Installé depuis 1937 dans les anciens locaux d'une école, bâtie en 1810 dans le prolongement et dans le style de la Queen's House *(→ ci-après)*, il est devenu le plus vaste musée de la Marine au monde.

● La **cour de Neptune**, sous son immense verrière, est le pivot de la visite, point de rencontre entre passé et présent. Y sont exposées notamment la figure de proue et la galerie du gaillard d'arrière du *HMS Implacable*, ancien *Duguay-Trouin*, navire français capturé en 1805 lors de la bataille de Trafalgar.

● La somptueuse **barge royale**★★★ dorée à l'or fin, qui est exposée au rez-de-chaussée, fut construite en 1732 pour le prince de Galles Frédéric (fils aîné de Georges II) ; elle servit jusqu'en 1849 aux promenades fluviales des souverains et de leur famille.
Fleuron de la collection, l'**uniforme**★★ *(salle 6)* que portait lord Nelson à Trafalgar, percé du trou de la balle qui lui fut fatale, et taché de son sang. À voir aussi, les **vitraux**★★★ qui ornaient le siège de la Baltic Exchange (société de contrats de transports maritimes) sur Saint Mary Axe jusqu'en 1991 : ils furent réalisés en 1922 par **John Dudley Forsyth** en hommage aux 60 membres de la compagnie qui perdirent la vie pendant la Première Guerre mondiale.

■ **Queen's House**★ XVII B2
Park Row, SE10 • ☎ *020.8858.4422* • *www.rmg.co.uk* • *ouv. t.l.j. 10 h-17 h ; f. 24-26 déc., 31 déc.-1er janv.* • *vis. gratuite.*
Probablement inspirée de la villa Médicis de Poggio a Caiano (près de Florence), cette demeure fut construite entre 1616 et 1638 sur les plans d'**Inigo Jones**. Avec son escalier en fer à cheval, sa loggia qui donne sur le jardin et ses formes géométriques très pures, elle est la première véritable villa Renaissance d'Angleterre. La mort en 1619 d'Anne de Danemark, l'épouse de Jacques Ier à laquelle la villa était destinée, mit fin momentanément aux travaux. La construction reprit 10 ans plus tard pour Henriette-Marie, la sœur de Louis XIII qui avait épousé Charles Ier.

De la décoration d'origine ne subsistent que le beau sol de marbre du **Great Hall**, les **grotesques**★ de la chambre de la reine et le magnifique **escalier**★★ en spirale (Tulip Staircase) qui fit sensation à l'époque car il était le premier modèle en porte-à-faux (sans pilier central) d'Angleterre.

Les salles de la villa abritent aujourd'hui la **collection de peintures** du National Maritime Museum *(→ ci-avant)*. On y verra des portraits royaux, dont celui d'**Henri VIII**★★ peint par un disciple de Holbein et celui d'**Élisabeth Ire**★, une œuvre caractéristique de l'école anglaise du XVIe s. ; le blanc et le noir dont la reine est vêtue symbolisent respectivement l'Innocence et la Constance. Également des portraits réalisés par Peter Lely, William Hogarth ou Joshua Reynolds.

▲ Regardant le fleuve, la Queen's House s'inscrit dans la perspective ouverte par les deux ailes de l'Old Royal Naval College.

■ Fan Museum★ XVII B2

12 Crooms Hill, SE10 • ☎ 020.8305.1441 • www.thefanmuseum.org.uk • mar.-sam. 11 h-17 h, dim. 12 h-17 h • entrée payante.

Brodés, peints ou gravés, en dentelle, en plume ou en velours, montés sur un manche en bois, en ivoire, en nacre ou en or serti de pierres précieuses, les **éventails** *(fans)* de ce petit musée privé sont tous des pièces uniques d'époque. Cet accessoire, qui existait déjà dans l'Antiquité, réapparaît au XVIIᵉ s. dans les cours occidentales, alors réservé aux dames de l'aristocratie. Il faut attendre le siècle suivant pour le voir se démocratiser, en particulier grâce à l'utilisation de la gravure, qui rend possible la production en série et modère nettement le prix.

Au rez-de-chaussée, l'évolution des éventails, du XVIIᵉ s. à nos jours, est illustrée par un échantillon des milliers d'exemplaires que compte la collection ; à l'étage, expositions temporaires thématiques.

■ Greenwich Park★ XVII B2

Accès derrière le National Maritime Museum, dans le prolongement de King William Walk • www.royalparks.org.uk • ouv. t.l.j. à 6 h, f. entre 18 h et 21 h 30 selon la saison • accès libre.

Bien qu'aménagé par **André Le Nôtre**, cet immense parc, qui fait toujours partie des domaines royaux, tient plus du jardin à l'anglaise, qu'il est devenu au XVIIIᵉ s., que du classicisme français du XVIIᵉ s., dont seules quelques allées rectilignes conservent la trace. Au S.-E., de grandes baies permettent d'apercevoir les cerfs du **Wilderness Deer Park**, vaste enclos qui leur est réservé. Depuis les hauteurs du parc, superbe **vue**★★ sur les boucles de la Tamise et sur les gratte-ciel de la City.

■ Royal Observatory★★ XVII B2

Point culminant du parc • www.rmg.co.uk • ouv. t.l.j. 10 h-17 h ; f. 24-26 déc., 31 déc.-1ᵉʳ janv. • accès payant pour Flamsteed House, Meridian Courtyard et Planetarium (possibilités de billet combiné).

La recherche d'une technique fiable pour calculer la **longitude** occupa de nombreux scientifiques au XVIIIᵉ s. : l'absence d'une méthode précise permettant aux bateaux de connaître leur position est-ouest était à l'origine de bien des accidents de navigation. **Christopher Wren** édifia cet observatoire dès 1675, à la demande de Charles II.

• **Flamsteed House.** La petite maison de brique rouge n'a pas changé d'apparence depuis son premier occupant, l'astronome **John Flamsteed** (1646-1719). C'est dans la salle des étoiles (aujourd'hui Octagon Room) qu'il parvint à démontrer que la

---

Un dôme pour le millénaire

À la pointe d'une presqu'île lovée dans une boucle de la Tamise, au nord-est de Greenwich, un immense complexe de loisirs dessiné par **Richard Rogers** a vu le jour en janvier 2000, à l'occasion du nouveau millénaire. La tour Eiffel tiendrait couchée sous ce gigantesque dôme, bâché de blanc, suspendu à 12 mâts jaunes dressés vers le ciel ! Baptisé **Millennium Dome**★, il est aussi connu sous le nom de sa principale salle de spectacle, O_2 **Arena**, qui peut contenir plus de 20 000 spectateurs. Devenue un haut lieu de la vie culturelle et sociale de Londres, elle accueille des concerts d'envergure et des manifestations omnisports.

Onze salles de cinéma, des restaurants et des bars, un centre d'innovation Nissan où tester les inventions de demain, un studio de télévision ouvert à tous ceux qui ont une idée d'émission à présenter, O_2 Bubble, un lieu réservé aux expositions temporaires, et l'IndigoO_2, pour l'organisation de concerts à taille plus humaine, complètent le dispositif.

The O_2 : *Peninsula Sq., SE10* **XVII B1** • *Mᵒ North Greenwich* • ☎ *020.8463.2000 • www.theo2.co.uk*

▲ Depuis 1833, une boule rouge coulisse, chaque jour de beau temps, sur un mât en haut de Flamsteed House. Elle y grimpe à partir de 12 h 58, pour retomber à 13 h précises. Cela permettait aux marins de la Tamise de régler leur chronomètre, dont l'exactitude était indispensable pour ensuite calculer la longitude en mer.

Terre tourne à un rythme régulier et à établir un tracé précis de la position des étoiles grâce à l'observation chronométrée de leur franchissement du méridien de Greenwich.

● **Meridian Courtyard.** Le **méridien**, adopté internationalement en 1884 comme repère de longitude zéro, marque la limite entre les hémisphères est et ouest. Il fournit à la planète entière le Greenwich Mean Time (GMT), aujourd'hui plus souvent appelé Coordinated Universal Time (UTC). Enjambant la ligne qui matérialise le méridien sur le sol de la cour, les touristes se font photographier un pied dans chaque hémisphère.

Dans le bâtiment, ajouté au XVIIIe s. pour abriter la riche collection d'instruments de mesure du temps et de la longitude de l'Observatoire, ne manquez pas la **galerie du Temps★**, où sont exposés les chronomètres de marine mis au point par **John Harrison** (1693-1776 ● → *Clockmakers' Museum, p. 227*). Leur fiabilité a permis aux marins britanniques de se repérer enfin de façon précise au cours de leurs expéditions.

● **Astronomy Centre et Peter Harrison Planetarium★.** Un cône tronqué dont le toit en verre reflète les différents états du ciel… Face à l'entrée, un panneau incite les visiteurs à poser leur main sur la plus vieille chose qu'ils toucheront jamais : un morceau de **météorite★** de plus de quatre milliards d'années ! Les pièces suivantes permettent de comprendre la formation de l'univers depuis le big-bang, de se mettre dans la peau d'un astronome en guidant une mission spatiale et d'entreprendre un magnifique voyage dans les étoiles grâce aux **spectacles★★** du planétarium *(toutes les 45 mn env.)*.

■ **Ranger's House★** XVII B2

Chesterfield Walk, Blackheath, SE10, sur le côté S.-O. du parc ● ☎ 020. 8853.0035 ● www.english-heritage.org.uk ● horaires variables ● vis. payante.

Cette élégante **maison georgienne**, construite au tout début du XVIIIe s. par un vice-amiral ayant fait fortune dans le commerce du thé, fut agrandie par ses propriétaires successifs avant de devenir, en 1816, la résidence des gardiens du parc. Transformée en club privé au XXe s, elle abrite depuis 2002 la belle collection d'art réunie par **Julius Wernher** (1850-1912), industriel spécialisé dans l'exploitation des mines de diamant : peintures de Filippo Lippi, œuvres de maîtres hollandais, ivoires médiévaux, bijoux et bronzes Renaissance… Au printemps, faites un tour dans la belle **roseraie** derrière la maison.

Par Croom's Hill puis Greenwich Church St., on revient à la station DLR Cutty Sark.

⑲ Hampstead et Highgate★★

Situation : Grand Londres ; Hampstead est au N. de Regent's Park et Camden Town, Highgate au N.-E. • plan XVIII p. 317 ; plan général détachable h. pl. par B1 • plan du métro p. 364-365.

À ne pas manquer	
Hampstead Heath★★★	320
Highgate Cemetery★★★	322
La Fenton House★★	317
La Kenwood House★★	320
Flask Walk★	318

Loin des trépidations du centre-ville, cette promenade est une incursion dans l'univers ouaté de ces deux anciens villages intégrés au Grand Londres en 1965. Avec leurs ruelles étroites qui épousent les ondulations des collines, leurs sages alignements de demeures georgiennes, le luxe discret de leurs maisons-musées à l'atmosphère feutrée, ces quartiers cossus sont séparés par l'immense étendue vallonnée de Hampstead Heath. Dès le XVIIIe s., la bonne société londonienne prit l'habitude de s'y installer. Les artistes et les écrivains, attirés par la tranquillité bucolique du voisinage et par la beauté sauvage du parc, optèrent pour Hampstead ; ils ouvrirent la voie aux nombreux « people » qui résident aujourd'hui de part et d'autre de la lande.

Après un tour dans les quelques rues commerçantes au charme désuet et aux vitrines colorées, poursuivez par une flânerie poétique entre les tombes moussues du charmant cimetière de Highgate. Et pour terminer la journée, poussez la porte de l'un des pubs historiques du quartier.

Accès : M° Hampstead (Northern Line, dir. Edgware) XVIII A2 ; bus n°s 46, 168, 210, 214, 268, C2, C11 • pour se rendre directement à Highgate : M° Archway (Northern Line) h. pl. XVIII par B1 ; bus n°s 210, 214, 271, 390, C11.

Combien de temps : 4 h en comptant la visite d'une ou deux maisons-musées.

Le meilleur moment : évitez si possible les lundis et mardis, jours de fermeture de la plupart des musées.

■ Church Row XVIII A2

Avec son alignement un peu sévère de *terraced houses*, ces maisons en brique attenantes fermées par des grilles en fer forgé (→ *encadré p. 79*), ses toits percés de lucarnes et ses fenêtres soulignées de blanc, cette rue compte parmi les exemples

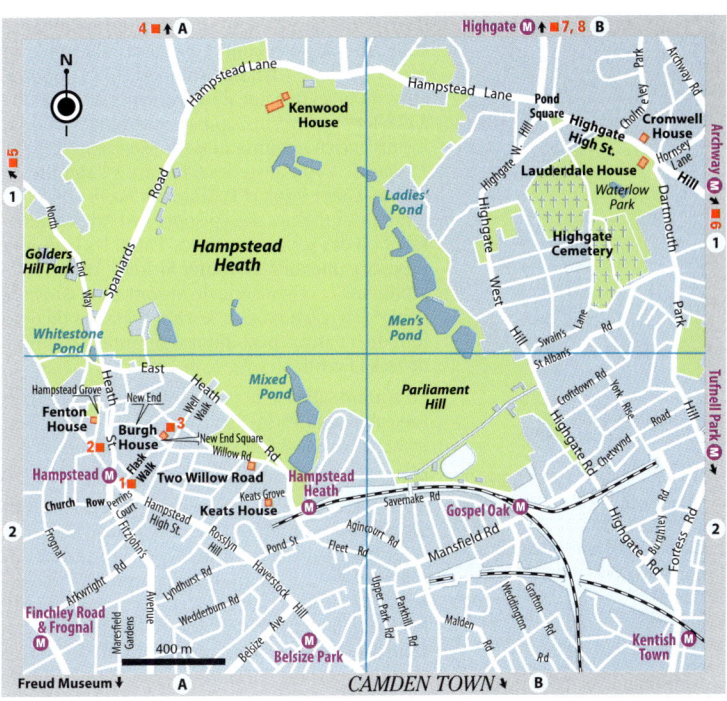

▲ Plan XVIII : Hampstead et Highgate (promenade ⓳).

d'**architecture georgienne** les mieux conservés de Londres. Au bout de la rue, dans le petit cimetière entourant l'église Saint John at Hampstead, furent enterrés, entre autres personnalités, le peintre paysager John Constable et le célèbre horloger inventeur du chronomètre marin, John Harrison.

■ **Fenton House**✶✶ XVIII A2

Hampstead Grove, NW3 • M° Hampstead • ☎ 020. 7435.3471 • www.nationaltrust.org.uk/fenton-house • ouv. de mars à oct. mer.-dim. 11 h-17 h, de nov. à Noël sam. et dim. 11 h-16 h • entrée payante, billet combiné avec Two Willow Road.

Remarquablement préservée depuis sa construction à la fin du XVIIe s., cette grande bâtisse de brique brune, la plus ancienne de Hampstead, est un superbe exemple des maisons d'agrément où les riches marchands, au XVIIIe s., venaient se reposer du tumulte de la ville. Elle a conservé sa robuste apparence extérieure, reflet de l'esprit pragmatique de la bourgeoisie d'affaires britannique.

La décoration intérieure traduit en revanche les goûts de ses différents propriétaires. Seuls les balustres torsadés de l'escalier principal sont

☞ MANIFESTATIONS À HAMPSTEAD

• Le week-end de la Semaine sainte, **grande foire** dans Hampstead Heath.

• Début juillet, **Hampstead Summer Festival** : concerts, attractions, marché...

d'origine. La maison abrite une importante **collection de porcelaines★** anglaises, allemandes et orientales du Xe (dynastie chinoise Song) au XIXe s. ainsi qu'une vingtaine d'**instruments de musique à clavier★★** (clavecins, épinettes, virginals…) dont le plus ancien remonte au XVIe s. *(Rockingham Room, 1er étage)*. À voir aussi, les **tableaux à l'aiguille** du XVIIe s. *(Green Room et Rockingham Room, 1er étage)* ayant pour thèmes des épisodes de l'Ancien Testament ou des scènes pastorales. Parmi les peintures exposées, une toile de **Walter Sickert** (1860-1942) représente le célèbre aria de Mozart *Là ci darem la mano★* *(Porcelain Room, r.-de-ch.)*. Certaines théories font de cet artiste post-impressionniste le complice de Jack l'Éventreur, voire le meurtrier lui-même…

En sortant, allez faire une petite promenade dans l'agréable **jardin★** clos ; son plan est resté quasiment inchangé depuis 1860.

♥ **PUBS HISTORIQUES**
• *The Flask*, 14 Flask Walk, NW3 (XVIII A2 **1**) ☎ 020.7435.4580 ; www.theflaskhampstead.co.uk ; lun.-jeu. 11 h-23 h (restau 22 h), ven.-sam. 11 h-24 h (restau 23 h), dim. 12 h-22 h 30 (restau 21 h). Avec ses céramiques en façade, ce vieux pub victorien propose une bonne sélection de bières à déguster au comptoir avec un *scotch egg*, dans la belle salle de restaurant ou en terrasse aux beaux jours. Plats de résistance de 10 à 14 £.

• *The Holly Bush*, 22 Holly Mount, NW3 (XVIII A2 **2**) : → encadré p. 319.

♥ **PAUSE BUCOLIQUE**
The Buttery Cafe, Burgh House (XVIII A2 **3**) ☎ 020.7794.3943, mer.-ven. 11 h-17 h 30, sam.-dim. 9 h 30-17 h 30. Gâteaux et petits plats frais faits maison à consommer dans le joli jardin aux beaux jours.

■ **Flask Walk★** XVIII A2

Il ne reste aujourd'hui qu'une fontaine désaffectée à l'emplacement du puits (plus bas, dans Well Walk) dont l'eau, mise en bouteilles sur place au XIXe s., aurait donné son nom à la rue. Mais les vitrines des pubs et des boutiques qui bordent dans sa partie piétonne cette jolie rue semblent tout droit issues d'un livre d'images victorien. Ensuite, Flask Walk prend une allure de village champêtre avec ses maisons précédées de minuscules jardins touffus.

■ **Burgh House★** XVIII A2

New End Sq., NW3 • ☎ *020.7431.0144* • *www.burghhouse.org.uk* • *ouv. mer.-ven. et dim. 12 h-17 h, f. lun., mar. et sam.* • *entrée libre* • *café (→ Bonne adresse ci-contre)* • *concerts plusieurs fois par mois.*

L'arrivée du XVIIIe s. ayant définitivement sonné le glas des structures en bois et des toits à pignon, les maisons particulières se transformèrent en de vastes rectangles de brique aux sobres façades percées de fenêtres coulissantes ; la Burgh House en est un parfait exemple. Construite en 1704, alors que le quartier était renommé pour ses eaux thermales ferrugineuses, la maison doit son nom au révérend **Allatson Burgh** (1769-1856). Cet homme ascétique au caractère sévère considérait la musique comme l'« antidote au poison insidieux inoculé par les romans » ; c'est pourquoi il ajouta à la maison le vaste **salon** qui accueille encore régulièrement des concerts.

Après avoir été habitée par la fille de l'écrivain Rudyard Kipling, puis être devenue un centre communautaire où se retrouvaient les habitants

▲ Après-midi tranquille à Hampstead.

du quartier, la Burgh House fut choisie en 1979 pour abriter un **musée** consacré à l'**histoire de Hampstead** *(au 1ᵉʳ étage)*.

■ Two Willow Road★ XVIII A2

2 Willow Rd, NW3 • ☎ 020.7435.6166 • www.nationaltrust.org.uk/2-willow-road • ouv. de mars à oct. mer.-dim. 11 h-17 h ; vis. guidées à 11 h, 12 h, 13 h et 14 h • entrée payante.

Témoin de l'âge d'or où Hampstead ravit à Chelsea son statut de village d'artistes progressistes, cette maison est l'œuvre de l'architecte hongrois **Ernö Goldfinger** qui la dessina en 1938 pour sa propre famille. Le rationalisme fonctionnel de la façade est caractéristique du style moderniste que Goldfinger avait développé à Paris au contact d'Auguste Perret ou de Le Corbusier ; il suscita des réactions épidermiques. Ian Fleming, le père de James Bond, montra par exemple sa désapprobation en baptisant un de ses dangereux personnages du nom de l'architecte.

À l'intérieur, la pureté des volumes est préservée par un constant souci de fonctionnalité : nombreux placards dans l'épaisseur des murs, cloisons amovibles, portes pliantes, meubles dessinés sur mesure, éclairages savamment étudiés… Rien n'est laissé au hasard. Aux murs, œuvres d'Ursula Blackwell, l'épouse britannique d'Ernö, mais aussi de Picasso, de Max Ernst ou de Henry Moore.

■ Keats House Museum XVIII A2

10 Keats Grove, NW3 • ☎ 020.7332.3868. • ouv. de mars à oct. mar.-dim. 13 h-17 h, de nov. à fév. ven.-dim. 13 h-17 h • entrée payante.

C'est dans cette demeure de style Régence, constituée à l'époque de deux maisons jumelées, que le célèbre poète romantique **John Keats** vécut de 1818 à 1820 et qu'il écrivit, entre autres, sa célèbre

Pubs d'antan

Murs lambrissés, comptoirs patinés et cuivres étincelants plantent le décor des pubs historiques de Hampstead dont l'atmosphère délicieusement surannée se prête à merveille à la survivance d'innombrables légendes.

Ainsi, pas moins de trois fantômes hanteraient toujours ***The Spaniards Inn*** *(Spaniards Rd, NW3,* A1 **4** *• ☎ 020.8731.8406 • www.thespaniardshampstead.co.uk • lun.-mar. 12 h-23 h, mer.-ven. 12 h-24 h, sam.-dim. 12 h-22 h 30)*, une auberge d'octroi ouverte en 1585 et transformée en pub au XVIIIᵉ s. : celui de Dick Turpin, un brigand de grand chemin pendu en 1739, celui d'une mystérieuse femme vêtue de blanc, et celui de Juan Porero, un ancien propriétaire des lieux qui mourut dans un duel fratricide.

Dans une ruelle de Hampstead Village, ***The Holly Bush*** *(22 Holly Mount, NW3* A2 **2** *• ☎ 020.7435.2892 • www.hollybushhampstead.co.uk • lun.-sam. 12 h-23 h, dim. 12 h-22 h 30)* résiste fermement à toute modernisation susceptible d'altérer l'atmosphère cosy de ses deux grandes cheminées d'époque.

Bien que récemment réaménagé en gastropub avec cuisine apparente, ***The Old Bull and Bush*** *(North End Way, Golders Green, NW3* A1 **5** *• ☎ 020.8905.5456 • www.thebullandbush.co.uk • lun.-sam. 11 h-23 h, dim. 12 h-22 h 30) a* conservé son apparence extérieure d'origine. Il compta parmi ses clients les peintres Constable, Hogarth et Reynolds.

Ode à un rossignol. C'est là aussi, qu'il fit la rencontre de Fanny Brawne, dont il tomba éperdument amoureux. Malgré leurs fiançailles, le mariage n'eut jamais lieu, car Keats mourut à Rome en 1821, terrassé par la tuberculose qu'il était allé y soigner.

L'aménagement intérieur de la maison est en grande partie conforme à celui que Keats connut. Parmi les objets exposés se trouvent un médaillon renfermant une boucle de cheveux de Fanny, des lettres de la main du poète, des livres annotés par ses soins et des objets variés du quotidien.

▪ Hampstead Heath*** XVIII A1-B2

Station Hampstead Heath ou Gospel Oak (London Overground Line) • ouv. 24 h/24 (parc non clôturé dans sa partie S. • nombreuses pistes cyclables.

Voici le plus grand espace vert de Londres. L'immensité, la diversité et l'aspect sauvage de cette superbe lande vallonnée en font un véritable morceau de campagne à la ville, une promenade champêtre d'exception très prisée des Londoniens. S'y succèdent des prairies verdoyantes et fleuries, des bosquets touffus où nichent des renards et des hérissons, des étendues d'eau peuplées d'oiseaux, des étangs et des sentiers buissonniers qui épousent les courbes des collines.

• **Parliament Hill**** XVIII B2. Point culminant de la ville, cette colline offre une des plus belles **vues de Londres**, dont on distingue parfaitement les principaux monuments. Très appréciée des joggers, qui la grimpent allégrement, elle est aussi le point de ralliement des amateurs de cerfs-volants le dimanche matin.

• **Ponds.** Conçus à l'origine pour servir de réserve d'eau, ces étangs ont largement contribué à la réputation du parc depuis que, à la fin du XIXe s., de courageux Londoniens prirent l'habitude de venir y couler quelques brasses avant de se rendre au travail. Protégés des regards par des bosquets d'arbres centenaires, trois d'entre eux sont dorénavant officiellement ouverts à la baignade tout au long de l'année. Le **Men's Pond** *(interdit aux moins de 8 ans)* est réservé aux hommes qui s'y baignent nus tandis que le **Ladies' Pond** XVIII B1, celui aux eaux les plus limpides, est le domaine exclusif des femmes. Les couples et les familles se retrouvent au **Mixed Pond** XVIII A2, de loin le plus fréquenté aux beaux jours.

• **Golders Hill Park** XVIII A1 *(ouv. t.l.j. de 7 h 30 au coucher du soleil)*. À l'O. de North End Way, on parvient à ce joli parc *(photo p. 14)* qui fera le bonheur des plus jeunes grâce à son petit zoo, à son aire de jeux, à son enclos à daims et à ses deux petits étangs, dont l'un est enjambé par un pont en dos d'âne et peuplé de myriades de cygnes et de canards.

▪ Kenwood House** XVIII A1

Hampstead Lane, dans le parc • M^o Hampstead Heath ou station de train Gospel Oak (London Overground Line) ; bus n° 210 • ☎ 020.8348.1286 • www.english-heritage.org.uk • ouv. t. l. j. 10 h-17 h ; f. 24-26 déc., 31 déc. et 1er janv. • Brewhouse Cafe : ouv. t. l. j. 9 h-18 h, d'oct. à mars 9 h-16 h ou 9 h-17 h ; f. 24-25 déc. • accès libre.

Cette villa de campagne dominant la lande est l'œuvre de l'architecte écossais **Robert Adam** qui, en 1764, la remodela en style néoclassique pour son propriétaire, William Murray, comte de Mansfield. Côté N., il éleva un imposant portique à fronton. À l'intérieur, les décors s'inspirent du palais de Dioclétien à Split (en Croatie) : décors sculptés en stuc, rinceaux et grotesques s'entrelacent sur des fonds pastel bleus, jaunes, mauves… Avec son plafond voûté,

▲ Au sommet de Hampstead Heath, Kenwood House, réalisation de Robert Adam, est encore plus belle à l'intérieur qu'à l'extérieur en raison de ses décors somptueux.

décoré de peintures du Vénitien **Zucchi**, et ses absides dissimulées derrière des colonnes, la **bibliothèque**★★ (Great Room) est considérée comme l'un des plus beaux intérieurs anglais du XVIIIe s.

Léguée à la nation en 1927, Kenwood renferme aujourd'hui la **collection de tableaux d'Edward Guinness**, le célèbre brasseur irlandais. À voir en particulier, dans la salle à manger, le *Portrait de Pieter Van den Broecke*★ par **Frans Hals** (1633), l'*Autoportrait aux deux cercles*★★ de **Rembrandt** (v. 1665) qui montre l'artiste ruiné mais stoïque, et la *Joueuse de guitare* de **Vermeer**★ (v. 1672), mais aussi des œuvres du Vénitien Francesco Guardi et de sir Joshua Reynolds *(→ encadré p. 141)*.

Dans l'aile opposée, le salon de musique présente des œuvres de **Thomas Gainsborough**, dont *Mary Countess Howe*★ (v. 1764), beau portrait en pied à l'élégance aristocratique. Les salles du 1er étage réunissent la collection des comtes de Suffolk, constituée d'une série de portraits de personnalités éminentes à l'époque du roi Jacques Ier (r. 1603-1625) et réalisés, entre autres artistes, par William Larkin.

■ **Highgate Village**★ XVIII B1
M° Highgate ou Archway (Northern Line) ; bus n°s 210, 214 et 271.
Du haut de sa colline, ce petit quartier se bat pour préserver son cachet et sa singularité en essayant de résister au mieux aux constructions modernes et à l'envahissement des enseignes internationales. Sa position éminente à quelques lieues du centre de Londres, tout comme la qualité réputée de son air, séduisit dès le XVIIe s. les aristocrates et les riches marchands qui y construisirent leurs résidences secondaires. Fidèle à cette tradition, Highgate est aujourd'hui devenu l'une des banlieues résidentielles les plus chères de Londres. La haute société ainsi que de nombreuses stars de la scène ou du grand écran habitent les villas néogothiques que l'on aperçoit en se promenant dans les environs de **Swain's Lane** *(photo p. 157)*.

Panique à Highgate...

Au début des années 1970, une vague de terreur collective déferla sur la capitale britannique. À la suite du témoignage d'un adepte de l'occultisme, qui raconta avoir croisé dans le cimetière de Highgate une figure grise aux yeux rouges qu'il considérait être une créature surnaturelle, de nombreuses déclarations plus ou moins semblables inondèrent les journaux. Selon les versions, l'apparition prenait la forme d'un spectre coiffé d'un chapeau, d'une silhouette à bicyclette, d'une femme vêtue de blanc, d'un visage flou... certains assurant même avoir entendu des voix murmurer ou des cloches sonner. Ces témoignages pour le moins variés attirèrent l'attention d'un autre féru d'ésotérisme, qui livra sa version des faits : lors d'un rituel satanique dans un caveau du cimetière, un groupe de jeunes occultistes aurait réveillé un vampire qui reposait là depuis deux siècles. Alimenté par le souvenir du corps d'Elizabeth Siddal, l'épouse du peintre Dante Gabriel Rossetti, qui aurait été retrouvé intact des années après sa mort, le mythe du vampire de Highgate se répandit rapidement, semant l'épouvante dans le quartier.

♥ PIZZERIA
Fabrizio, 34 Highgate Hill, N19 (h. pl. XVIII par B1 6) ☎ 020.7561.9073 ; www.fabriziolondon.co.uk ; f. lun. et mar. soir. Un véritable Romain qui sert de délicieuses pizzas au mètre sur lesquelles on peut faire se côtoyer quatre goûts différents ! Idéal pour partager. Prix serrés.

♥ SALON DE THÉ
High Tea of Highgate, 50 Highgate High St., N6 (h. pl. XVIII par B1 7) ☎ 020.8348.3162 ; www.highteaofhighgate.com ; mar.-jeu. 10 h-18 h, ven. 8 h 30- 18 h, sam.-dim. 11 h-18 h. Un salon de thé accueillant avec sélection de gâteaux et vaisselle rustique dans la plus pure tradition britannique.

♥ SHOPPING
Cancer Research UK, 72 Highgate High St., N6 (h. pl. XVIII par B1 8) ☎ 020.8341.6330 ; lun.-mer. et ven.-sam. 9 h 30-17 h 30, jeu. 9 h 30-19 h, dim. 11 h 30- 17 h 30. Un *charity shop* dont les vêtements et accessoires d'occasion témoignent de l'aisance financière des donateurs. Avec un peu de patience, on trouvera à coup sûr la petite merveille griffée qui manquait à notre garde-robe !

À la sérénité du triangle formé par les rues Highgate West Hill, South Grove et **Pond Square*** s'oppose l'animation de **Highgate High Street** où alternent pubs, restaurants et boutiques installés dans de belles maisons georgiennes. Un peu plus haut, au début de North Road, la **Highgate School**, aujourd'hui privée, fut fondée en 1565 pour dispenser instruction et bonne éducation aux enfants des classes défavorisées. Les bâtiments actuels en brique rouge datent du XIXe s. De nombreuses maisons du XVIIIe s. bordent encore **Highgate Hill**, la rue en pente raide qui conduit au métro Archway. C'est ici que fut installé en 1884 le premier tramway tiré par un câble de Londres.

Au début de The Bank, une ruelle surélevée qui relie Highgate Hill à Cholmeley Park, la **Cromwell House** *(104 Highgate Hill)* fut construite dans les années 1630. Contrairement à ce que semble indiquer son nom, elle n'a rien à voir avec le fondateur de la Ire République. Les maisons suivantes *(n°s 106-110)*, avec leurs colonnes toscanes, datent de la même époque mais furent considérablement remaniées au XVIIIe s.

Juste en face, à l'entrée de Waterlow Park, la **Lauderdale House**, un ancien manoir du XVIe s., a été transformée en centre culturel avec restaurant.

■ Highgate Cemetery*** XVIII B1

Swain's Lane, N6 • ☎ 020.8340.1834 • www.highgatecemetery.org • cimetière est : ouv. de mars à oct. lun.-ven. 10 h-17 h, sam., dim. et fêtes 11 h- 17 h ; f. à 16 h le reste de l'année ; entrée 4 £ • cimetière ouest : vis. guidées uniquement, sur rés. lun.-ven. à 13 h 45, sans rés. les sam., dim. et fêtes toutes les 30 mn de 11 h à 15 h ; entrée 12 £ incluant l'entrée au cimetière est. ☞ PLAN XVIII P. 317.

Oubliez les allées tracées au cordeau, les graviers calibrés et la végétation sagement taillée des cimetières dont on n'ose déranger le sévère ordonnancement. Ici, l'exubérance de la végétation qui reprend en toute liberté ses droits sur la pierre sculptée des tombeaux crée une atmosphère romantique, envoûtante et mystérieuse plus propice à la rêverie qu'à la désolation.

Ouvert en 1839 pour la bonne société victorienne qui souhaitait rendre un vibrant hommage à ses morts, ce cimetière peuplé d'oiseaux et de renards, est tout à la fois traversé de chemins sinueux qui s'enfoncent dans les sous-bois et d'allées aux mises en scène grandiloquentes. La **partie O.**, la plus ancienne, est ponctuée d'émouvantes sculptures et de monuments néogothiques caractéristiques du goût victorien, que les commentaires des guides égayeront d'anecdotes variées.

▲ Atmosphère romantique en diable au cimetière de Highgate.

À voir encore

■ **Freud Museum★** h. pl. XVIII par A2
20 Maresfield Gardens, NW3, Hampstead • M° Finchley Road (Jubilee ou Metropolitan Line) ou Hampstead (Northern Line) ; bus n° 13, 82, 113, 187 et 268 • ☎ 020.7435.2002 • www.freud.org.uk • ouv. mer.-dim. 12 h-17 h ; f. 25-26 déc. et 1er janv. • entrée payante.

À défaut de vous y allonger, vous pourrez voir ici le célèbre divan recouvert d'un tapis iranien sur lequel prenaient place les patients du docteur **Sigmund Freud**, le principal théoricien de la psychanalyse. Car c'est dans cette maison, où il vécut avec sa famille de juin 1938 jusqu'à sa mort en septembre 1939, qu'il installa son cabinet de consultation. On y admire sa collection d'antiquités égyptiennes, grecques, romaines et orientales, ainsi que sa riche bibliothèque et le mobilier des XVIIIe et XIXe s. qu'il avait pu emporter avec lui en quittant l'Autriche, son pays natal, afin d'échapper aux persécutions des nazis contre les juifs.

20 Escapades autour de Londres

Situation : Grand Londres et comté du Yorkshire • à l'O. de Londres, au bord de la Tamise en amont • plan du métro p. 364-365.

À ne pas manquer	
Les jardins de Kew★★★	324
Le palais de Hampton Court★★★	329
Le château de Windsor★★★	333
Richmond★★	327

D ans les larges boucles que dessine la Tamise à l'ouest de la capitale, les souverains britanniques ont bâti au fil des siècles forteresses et palais, à la fois expression de leur goût des arts et reflet de leur puissance. Ces résidences d'agrément, entourées de jardins et de parcs aujourd'hui ouverts à tous, offrent une belle échappée loin de la fièvre londonienne et permettent de goûter un peu du faste des demeures royales. De belles excursions, faciles à réaliser dans la journée en transport en commun.

1 Kew Gardens★★★

❶ INFORMATIONS
Victoria Gate (Kew Rd)
☎ 020.8332.5655 ; www.kew.org

🚌 FORFAIT TRANSPORT
L'*Oyster Card* (→ p. 31) ne peut être utilisée pour se rendre au château de Windsor, mais elle est valable pour les jardins de Kew, Richmond et Hampton Court.

Situation : à 17 km S.-O. de Londres • Grand Londres.

Créés en 1759, les jardins botaniques royaux de Kew rassemblent aujourd'hui, sur 130 hectares, plus de 33 000 variétés de plantes cultivées en extérieur ou sous de grandioses serres victoriennes. Pour profiter au mieux du parc, des roseraies, des jardins japonais ou méditerranéens, ou encore découvrir ses galeries d'art et ses musées, prenez un panier pique-nique et passez-y la journée !

Accès : métro par la District Line, depuis la station Embankment (Londres, **pl. gén. C3**) ; 32 mn de trajet • **train** depuis Waterloo Station (Londres, **pl. gén. C/D4** ; départ toutes les 5-10 mn) jusqu'à Richmond, puis **métro** (District Line) ; 20-25 mn de trajet • en **voiture** par l'A4 • **entrée** par Victoria Gate, sur Kew Rd, à 400 m du M° Kew Gardens.

Combien de temps : une bonne demi-journée.

Visite : jardins botaniques, serres et **galeries** ouv. à partir de 9 h 30 ; f. variable selon la saison • f. 24-26 déc. • plein tarif : 16 £ • vis. guidées gratuites à 11 h, 12 h et 13 h 30, durée 1 h.

Une histoire royale

En 1631, Samuel Fortrey, un riche marchand de Londres, se fait construire près du hameau de Kew une belle demeure hollandaise. Cette Dutch House devient résidence royale en 1728, lorsque Georges II, qui séjourne alors à Richmond Lodge (1 km au sud), y installe une partie de sa famille. Mais c'est à la **princesse Augusta**, la veuve du prince de Galles Frederick, que l'on doit la création du jardin botanique, en 1759. Sous la direction du botaniste William Aiton, puis de son fils, aidé de l'explorateur Joseph Banks, des plantes exotiques du monde entier sont étudiées puis acclimatées dans les jardins de Kew. Ainsi est inaugurée une tradition de recherche scientifique et de conservation dont témoigne, aujourd'hui encore, un herbier riche de plus de sept millions de variétés.

■ Les jardins royaux

À la mort de la princesse Augusta (1772), son fils Georges III et son épouse Charlotte de Mecklembourg-Strelitz font réaménager les jardins, où ils acclimatent les plantes rapportées par le capitaine Cook et Joseph Banks de leurs voyages d'exploration des terres australes.

● **Kew Palace** *(ouv. d'avr. à sept. 9 h 30-17 h 30)*. L'ancienne **Dutch House** a été restaurée dans son état de 1804. Avec ses petites pièces intimes et

🚢 KEW EN BATEAU
Westminster Passenger Service Association, ☎ 020.7930.2062 ; www.wpsa.co.uk ; d'avr. à oct. ; 12 £ l'aller simple. Navettes fluviales de Westminster à Kew ; durée 1 h 45 ; embarquement au Westminster Pier, Victoria Embankment (pl. gén. C4).

♥ CAFÉTÉRIA
Orangery Restaurant, au N. des jardins botaniques, proche de Kew Palace ; fév.-mars, 10 h-16 h 30, d'avr. à août 10 h-17 h 30, sept.-oct. 10 h-17 h, nov.-janv. 10 h-15 h 15.
Pour profiter à la fois de la belle orangerie de Chambers et d'une cuisine chaleureuse et un brin exotique : agneau braisé à la cannelle, menthe et grenade, crabe de Cornouailles au lait de coco et poivre rose... Plats de 10 à 13 £.

🎫 UN PASS ROYAL
La carte d'adhésion aux Historic Royal Palaces (plein tarif : 45 £) permet un accès gratuit, illimité et coupe-file pendant un an aux palais de Kew, Hampton Court et Kensington, à la Banqueting House et à la Tour de Londres.
Rens. : ☎ 0844.482.7788 ; www.hrp.org.uk/supportus/membership

◀ Tropiques à Londres dans la serre aux palmiers des Kew Gardens.

chaleureuses couvertes de lambris peints et meublées dans le style georgien, c'est un modèle de retenue, loin du faste royal traditionnel. À noter en particulier : le buste de cire de Georges III, copie de l'original créé par Madame Tussaud en 1810 ; le portrait de la princesse Charlotte à l'âge de 17 ans (Johann Georg Ziesenis, 1760-1765), qui décida George à l'épouser ; l'orgue (1740) sur lequel les royaux époux aimaient jouer Händel.

● **Queen's Garden.** À l'arrière est recréé un jardin du XVIIe s. planté de sauge de Russie, de lavande, de santoline et de légumes. **William Chambers** (1723-1796), l'architecte de la princesse Augusta, est l'auteur de la **pagode** (1762), de l'**orangerie** (1761), des **temples** d'Aréthuse, d'Éole et de Bellone ainsi que d'un **arc romain** en ruine, inspiré de l'antique, dans l'esprit des jardins pittoresques. Au S.-O. du parc, le charmant **Queen Charlotte's Cottage** *(ouv. d'avr. à sept. sam.-dim. 10 h-16 h)* évoque les haltes royales au cours des promenades dans le parc.

■ Les jardins, les bois, le lac

● Les nombreux jardins qui ponctuent le parc offrent de magnifiques paysages tout au long de l'année. Le **Grass Garden**, au N.-E., est planté de 550 variétés de graminées (herbes, céréales, bambous) qui forment un délicieux tapis de végétation ondulant et bruissant au vent. Autres stars : la **roseraie** et ses 54 variétés de roses *(derrière la serre aux palmiers ● floraison de juin à août)*, le **jardin japonais** *(proche de la pagode)*, les **jardins d'azalées**, de **rhododendrons** et de **magnolias** *(tous sur la rive N. du lac)*.

● Une galerie circulaire d'observation, **Xstrata Treetop Walkway** *(accès par Holy Walk)*, permet une balade dans une canopée de châtaigniers, de tilleuls et de chênes à 18 m au-dessus du sol. L'**arboretum** possède quelques spécimens d'arbres anciens, notamment un chêne de Lucombe (1773) et le tulipier de Virginie du jardin des azalées (v. 1770).

● Le **lac** (1861) et ses îlots de verdure constituent une réserve naturelle que viennent à peine troubler les lignes ondoyantes du **Sackler Crossing**, une passerelle dessinée par l'architecte minimaliste John Pawson.

■ Les serres

● **Palm House** (1848). Dans l'écosystème d'une forêt tropicale, des dizaines de variétés de palmiers et de plantes d'Afrique (aile S.), d'Amérique (au centre), d'Asie, d'Australie et du Pacifique (aile N.), pour beaucoup menacées de disparition.

Des galeries et des femmes

À l'extrémité est du parc, non loin de Victoria Gate, une galerie expose les œuvres réalisées par l'illustratrice botanique **Marianne North** (1830-1890) lors de ses voyages en Jamaïque, au Japon, à Ceylan et en Inde dans les années 1870. À l'opposé de la tradition botanique victorienne, qui isole son sujet, elle dessine les plantes dans la profusion de leur environnement naturel : autres végétaux, insectes... À son retour de voyage, elle offre sa collection aux jardins de Kew, avec une galerie pour l'abriter (James Fergusson, 1882). Le décor rappelle le style colonial indien, une claire-voie supérieure apporte un éclairage parfait aux 832 peintures botaniques, accrochées bord à bord sur tous les murs de la galerie, par grandes zones géographiques.

Les amateurs pourront découvrir les dessins et aquarelles botaniques de la collection réunie par **Shirley Sherwood** et présentée dans la galerie adjacente.

▲ La Tamise à Richmond.

● **Waterlily House** (1852). En été, elle offre le spectacle de ses nénuphars géants (jusqu'à 2 m) et de ses fleurs de lotus.

● **Temperate House** (1863 • *f. jusqu'en 2018 pour restauration*). Au S. des jardins, elle rassemble des variétés des régions tempérées, dont l'étonnant oiseau de paradis.

● **Princess of Wales Conservatory** (1987). La serre la plus sophistiquée, gérée par ordinateur, n'abrite pas moins de 10 écosystèmes, des régions les plus arides aux zones tropicales. Au programme : plantes carnivores, cactus, arum titan (la plus grande fleur du monde !), baobabs, sauriens en liberté…

● **Davies Alpine House** (2006). Les conditions d'un climat alpin dans un paysage de rochers.

2 Richmond★★

Situation : à 18 km S.-O. de Londres • Grand Londres.

Située sur les rives de la Tamise, en amont de Kew, Richmond a longtemps prospéré autour de son château royal, sous le patronage des Plantagenêts et des Tudors. Au XVIIIe s., la cité attire aristocrates et riches négociants dont les demeures, bâties autour du Green, témoignent de la splendeur georgienne. Richmond n'a rien perdu de son chic et son parc royal en fait une destination week-end très prisée des Londoniens.

Accès : métro par la District Line • **train** depuis Waterloo Station (Londres, pl. gén. C/D4) ; départ toutes les 5-10 mn ; 20-25 mn de trajet • en **voiture** par l'A4 et l'A316.

Combien de temps : une demi-journée.

ⓘ INFORMATIONS
☎ 020.8891.1411.

♥ RESTAURANT
The White Swan, Old Palace Lane, Richmond ☎ 020.8940.0959 ; www.whiteswanrichmond.co.uk ; lun.-ven. 12 h-15 h et 18 h-21 h 45, sam. 12 h-16 h et 18 h-22 h, dim. 12 h-15 h 30 et 18 h-21 h. Très bonne table pour découvrir une cuisine de pub moderne dans un cadre chaleureux. Spécialités (de 14 à 16 £) : souris d'agneau, saucisses de gibier, risotto de courges rôties.

■ Richmond Green

Cet immense carré de **pelouse** bordé d'arbres est le cœur historique de Richmond. C'est ici, côté S.-O., entre le Green et la Tamise, qu'Édouard III (r. 1327-1377) bâtit le palais de Shene, reconstruit et rebaptisé **Richmond Palace** par Henri VII dans les années 1500. Le palais qui a vu grandir Henri VIII, et qui accueillit Charles Quint pour sceller l'alliance contre la France, est détruit par la République après l'exécution de Charles Ier. Il n'en subsiste aujourd'hui que la **Palace Gate House** (porte) et la **Old Palace House** *(à g. • pas de vis.)* ainsi que, sur le Old Palace Yard, les bâtiments de la **Wardrobe**, où l'on remisait les vêtements royaux.

Dès le milieu du XVIIe s., la demande des riches marchands de Londres, soucieux de faire des investissements et de fuir la peste qui ravage la capitale en 1665, puis l'arrivée de courtisans dans le sillon de Georges II (r. 1727-1760) inaugurent l'ère des belles demeures.

Sur **Old Palace Terrace**, la rangée de sept maisons mitoyennes et, plus bas, la grande demeure avec ses portes à colonnes sont typiques du style William and Mary (d'après Guillaume III et Marie II, fin XVIIe s.).

Au S.-O. du Green, les quatre maisons adjacentes de **Maids of Honour Row** (1724) rappellent l'arrivée des dames d'honneur de Caroline d'Anspach, l'épouse de Georges II, dont la cour s'était alors installée à Richmond Lodge, au cœur du Old Deer Park *(→ ci-après)*.

Côté S.-E., le pub *The Cricketers* (1770) évoque le sport traditionnellement pratiqué sur le Green pendant l'été depuis les années 1650. Plus haut, l'étroite **Brewers Lane** et ses échoppes datent d'Élisabeth Ire (r. 1558-1603), tandis que les n°s 10, 11 et 12 sur le Green ramènent aux premières heures du XVIIIe s.

■ Little Green

Au N.-E. du Green, il s'agit d'un ancien terrain de *bowling green*, le jeu de boules anglais sur gazon. En face se dresse la belle façade de *terracotta* du **Richmond Theatre** (1899), l'un des plus populaires de la région. Il est l'œuvre de **Frank Matcham**, l'architecte du Coliseum et du Palladium à Londres. À l'angle du Little Green et du Green, notez les deux grandioses **villas victoriennes**, dans le style italianisant.

■ Les rives de la Tamise

À l'angle O. du Green, **Old Palace Lane**, bordée de cottages blancs fin XVIIIe s., mène aux bords du fleuve. Immédiatement sur la g., la **Asgill House** est une villa palladienne des années 1760. Sur la dr., au-delà de la voie ferrée, les 150 ha de l'ancienne chasse royale de **Old Deer Park** s'étendent jusqu'aux jardins botaniques royaux de Kew *(→ p. 324)*. Il est aujourd'hui occupé par le parcours 18 trous du **Richmond Park Golf**. À g., en amont du fleuve, débute une très belle balade romantique le long de **Cholmondeley Walk** ; passé le **Richmond Bridge** (1774), on poursuit sur un chemin de halage, en contrebas de belles demeures georgiennes (aujourd'hui luxueux hôtels et restaurants).

Pour l'accès piéton au parc de Richmond, poursuivre le chemin à travers la prairie de Petersham Meadows.

■ Richmond Park

*Accès par Richmond Gate (au sommet de Richmond Hill) ou par Petersham Gate (bus n°s 65 ou 371 depuis Richmond Station) • ouv. de 7 h 30 au coucher du soleil • entrée gratuite • **attention aux cerfs**, en particulier en sept.-oct. (période du rut).*

Le plus grand parc de Londres fut entouré d'un mur d'enceinte par Charles Ier (1637) pour en faire une chasse royale. C'est à la pugnacité du brasseur

John Lewis (1713-1792) que l'on doit son ouverture au public, acquise contre Georges II. Au S. du parc, la **Ladderstile Gate** (de *ladder*, « échelle ») commémore la méthode que Lewis utilisait alors pour y pénétrer.

Cette vaste étendue de bois, de lande et de fleurs sauvages (plus de 1 000 ha) est désormais une **réserve naturelle**. Plus de 600 cerfs, chevreuils et daims y évoluent en totale liberté, croisant très souvent le chemin des promeneurs.

● Au S., **Isabella Plantation** fleurit toute l'année, grâce à de somptueux tapis d'azalées et de rhododendrons de diverses variétés.

● Au sommet du **King Henry's Mound**, le panorama★★ sur Londres et sa région est saisissant : par beau temps, la vue porte jusqu'au dôme de la cathédrale Saint Paul. Cette éminence est située dans les jardins de **Pembroke Lodge**, demeure georgienne (John Soane) dont la terrasse est idéale pour un *afternoon tea*.

3 Hampton Court Palace★★★

Situation : 18 km S.-O. de Londres ● Grand Londres (district de Richmond).

Lové dans une boucle de la Tamise, au milieu d'un parc remarquable qui fut l'un des terrains de chasse favoris des souverains, ce palais royal est à la fois un fabuleux témoignage Tudor et un chef-d'œuvre du baroque anglais. Ses tourelles crénelées et ses frontons classiques dissimulent une décoration et une collection d'art dont le faste et la richesse sont à l'image des deux grands rois dont il fut la résidence préférée, Henri VIII et Guillaume III d'Orange (William III).

Accès : train depuis Waterloo Station (Londres, pl. gén. C/D4) ; départ toutes les 30 mn ; 35 mn de trajet ● en **voiture** par l'A3 puis l'A308.

Combien de temps : une demi-journée.

Visite : ouv. t.l.j. ; f. 24-26 déc. ● **palais et labyrinthe** : d'avr. à oct. 10 h-18 h, de nov. à mars 10 h-16 h 30 ; f. des caisses 1 h avant ● **jardins sud** (Privy Garden, Pond Garden) : d'avr. à sept. 10 h-18 h, d'oct. à mars 10 h-17 h 30 ● **autres jardins** : d'avr. à sept. 7 h-20 h, d'oct. à mars 7 h-18 h ● plein tarif : 19 £ (toutes vis.), audioguide inclus ; possibilité d'acheter un billet pour le labyrinthe slt ou pour les jardins.

 INFORMATIONS
Hampton Court Road
☎ 0844.482.7777
ou 020.3166.6000 ;
www.hrp.org.uk ; t.l.j. 9 h-17 h.

UN PASS ROYAL
La carte d'adhésion aux Historic Royal Palaces (plein tarif : 45 £) permet un accès gratuit, illimité et coupe-file pendant un an aux palais de Hampton Court, Kew et Kensington, à la Banqueting House et à la Tour de Londres.
Rens. : ☎ 0844.482.7788 ; www.hrp.org.uk/supportusmembership

♥ **CAFÉTÉRIA**
Tiltyard Café, accès par Tiltyard Gardens ☎ 020.3166.6971 ; d'avr. à oct. 10 h-18 h, nov.-mars 10 h-16 h 30. Soupes, sandwichs, buffet de salades, *fish and chips* ou gastronomie Tudor (ragoût de porc braisé, tourte au fromage, tarte aux noix...), avec vue sur les jardins. Plats de 10 à 12 £.

Un peu d'histoire

Thomas Wolsey, le puissant cardinal-ministre d'Henri VIII (r. 1509-1547), est à l'origine des premiers développements du palais, à partir de 1514. Quinze ans plus tard, Wolsey déchu de ses offices et privé de ses biens, Hampton Court Palace devient propriété de la Couronne et résidence royale. Mais c'est à **Guillaume III** (r. 1689-1702) et à **Marie II** (r. 1689-1694) que l'on doit la création, à l'E. et au S., du palais baroque, ce « Versailles » anglais imaginé par **Christopher Wren** et **William Talman**, décoré des fresques d'**Antonio Verrio** et des sculptures de **Grinling Gibbons**. En 1760, Georges III délaisse Hampton Court au profit de Buckingham Palace. Le palais est alors subdivisé en appartements privés, alloués à des courtisans puis à des personnages ayant rendu de grands services au pays. En 1838, la jeune reine Victoria, dans un geste de générosité envers ses sujets, fait ouvrir au public les salles d'apparat et les jardins. Dévastés par un incendie en 1986, les appartements du roi ont été restaurés dans un état plus fidèle à celui des années 1700.

■ L'histoire du jeune Henri VIII
Wolsey Rooms • accès par Base Court.
Cette exposition permanente documente les premières années du règne d'Henri VIII. Thomas Wolsey joue alors un rôle prééminent, en particulier dans la diplomatie anglaise, qui oscille entre l'alliance avec François Ier et celle avec Charles Quint. Ce dernier, neveu de Catherine d'Aragon, obtiendra du pape Clément VII qu'il refuse d'annuler le mariage de sa tante avec Henri VIII, provoquant ainsi la chute de Wolsey. Parmi les peintures Tudors exposées, *Le Camp du Drap d'or* (anonyme ; 1545) dépeint la rencontre grandiose entre Henri VIII et François Ier près de Calais, en 1520.

■ Les cuisines d'Henri VIII
Accès par Base Court.
Au N. du palais, cet immense complexe culinaire ressuscite la splendeur de la cour des Tudors.

■ Le Great Hall et les appartements d'Henri VIII
Accès par Base Court et Anne Boleyn's Gatehouse.
● Reconstruit en 1532 sur la grande salle des appartements Tudors de Wolsey, le **Great Hall** est le témoin unique de la splendeur de la cour des Tudors. Il est décoré des armoiries d'Henri VIII et d'Anne Boleyn. Les **tapisseries** d'Abraham qui recouvrent les murs, brodées de fils d'or, comptent parmi les plus importantes des collections royales.

🖉 NAISSANCE DE LA RELIGION ANGLICANE

En 1531, le pape refuse d'annuler le mariage d'**Henri VIII** et Catherine d'Aragon. Le roi rompt alors toute relation avec Rome et se proclame chef suprême de l'Église d'Angleterre. Ainsi naît l'anglicanisme, une branche du christianisme qui accorde aux prêtres et aux évêques le droit de se marier et d'avoir des enfants avant ou après leur ordination.

C'est aussi pour avoir refusé de cautionner ce divorce que l'humaniste **Thomas More** mourut exécuté.

À la table d'Henri VIII

La démesure des cuisines des Tudors révèle la montée en puissance du phénomène de cour au gré de la centralisation du pouvoir par Henri VIII. La cour ne compte alors pas moins de 600 membres que le roi se doit de nourrir, faisant ainsi la démonstration de sa générosité et de sa richesse. Citron et amandes du bassin méditerranéen, sucre d'Irak, gingembre de Chine, rien n'est trop rare ni trop cher pour s'attacher la loyauté des courtisans. Les cuisines royales, alors divisées en 55 salles (boucherie, bâtiment des bouillons, cour des poissons, rôtisserie, boulangerie, confiserie...), sont d'une efficacité extraordinaire pour l'époque. À la fin du XVIe s., sous Élisabeth Ire, elles peuvent servir 1 240 bœufs, 8 200 moutons, 2 330 cerfs, 1 870 cochons par an... Leur approvisionnement exerçait sur la campagne environnante une pression si forte que la cour ne pouvait résider trop longtemps à Hampton Court.

▶ La charpente du Great Hall de Hampton Court Palace fut choisie sur blochets, semblable à celle de Westminster Hall, pour sa puissante symbolique royale.

Le cadre somptueux des banquets de la cour servait aussi, au quotidien, de cantine aux 800 serviteurs de la suite d'Henri VIII.
À l'arrière, la **grande salle des gardes** (Great Watching Chamber) marquait l'entrée des appartements d'apparat (détruits au XVIIIe s.) ; son plafond à cloisons porte les armoiries d'Henri VIII et de Jeanne Seymour, sa troisième épouse (→ encadré p. 122).

● La **galerie royale** (hantée par le fantôme de Catherine Howard, la cinquième épouse) possède de beaux portraits de la Renaissance anglaise et mène vers la **chambre du conseil**, où se décidaient les affaires du royaume. C'est du **balcon royal** (plafond de James Thornhill) surplombant la **chapelle royale** que le roi assistait aux offices. Lors des grandes occasions, il portait la couronne d'apparat (fondue en 1649 par Cromwell), dont une copie fidèle est exposée sous vitrine.

■ **Les appartements de Guillaume III (William)**
Aile S. du palais.
● Côté **cour de la Fontaine** (Fountain Court), Wren a créé une galerie pour exposer les cartons des tapisseries des *Actes des Apôtres* de Raphaël, acquis par Charles Ier en 1623. Les originaux, visibles au Victoria and Albert Museum (→ p. 287), sont remplacés par des copies de 1697.

● Côté **jardin privé** (Privy Garden), une longue galerie conçue sur le modèle de Versailles dessert les appartements du roi. On y accède par l'**escalier du Roi** (The King's Staircase), où Antonio Verrio a peint Guillaume III sous les traits d'un Alexandre le Grand dominant un groupe d'empereurs romains : rappel de la victoire du roi protestant qui chassa le catholique Jacques II (James II).

● À l'étage, la **salle des gardes**, décorée de plus de 2 800 armes et armures, commande l'accès à la **première antichambre** (Presence Chamber), où l'on voit un portrait équestre de Guillaume III par sir Godfrey Kneller (1701). Les tapisseries illustrent les travaux d'Hercule, issues de la collection d'Henri VIII, ont été choisies par Guillaume III lui-même. La **salle à manger** (sculptures sur bois de Grinling Gibbons) rappelle la cérémonie du dîner en public, à laquelle le souverain sacrifiait peu. La **salle d'audience** (Privy Chamber), au centre de la galerie, était le haut lieu des réceptions royales. En saluant le monarque, les visiteurs de haut rang ne pouvaient pas manquer la grandiose perspective sur le jardin privé ; ni, face au trône, le portrait de Charles Ier, grand-père de Guillaume III, décapité en 1649.

● La **chambre d'apparat**, l'une des plus somptueuses du palais, doit son plafond à Verrio. Le roi préférait la **petite chambre** voisine, tendue de taffetas jaune et décorée, au plafond, d'un *Mars sur les genoux de Vénus* (Verrio). Homme privé et grand travailleur, Guillaume III passait beaucoup de temps dans le **cabinet de travail** (Closet) attenant, d'où il pouvait aisément rejoindre ses **appartements privés**, au rez-de-chaussée. C'est là qu'il se détendait avec quelques intimes, jouant aux échecs au milieu des peintures italiennes et hollandaises des XVIe-XVIIe s.

Le **Middle Closet** possède une belle série de tableaux sur le thème de la nuit, dont une *Libération de saint Pierre* du Hollandais Hendrick Van Steenwyck le Jeune (1619), empreinte de drame et de mystère. De l'**orangerie**, où l'on abritait les orangers pendant l'hiver, le roi gagnait la **salle à manger privée**, toute lambrissée de chêne et décorée des *Beautés de Hampton Court* (1691), huit portraits de dames de la cour réalisés par **Godfrey Kneller**.

■ Les appartements de la reine

Construits pour **Marie II**, ils furent laissés inachevés à la mort de la souveraine (1694). Leur apparence actuelle doit beaucoup à sa sœur Anne (r. 1702-1714), au roi Georges II (r. 1727-1760) et à son épouse Caroline.

● Dans l'**escalier de la Reine**, déjà pourvu d'une rampe en fer forgé de Jean Tijou, William Kent ajoute une série de trompe-l'œil inspirés de la Rome antique. Sur Fountain Court, la **salle des gardes** et l'**antichambre** sont l'œuvre du brillant architecte baroque **John Vanbrugh**, qui en dessina aussi les cheminées monumentales (sculptures de Gibbons).

● Avec ses peintures allégoriques et son décor exubérant imitant le marbre et le bronze (Verrio), le **salon de la Reine** est l'un des chefs-d'œuvre du palais. Une autre allégorie grandiose (James Thornhill) orne le plafond à voussures de la **chambre de la reine**, au-dessus du lit d'apparat en damas cramoisi. La **galerie de la Reine** est décorée d'une série de tapisseries du XVIIe s. contant l'histoire d'Alexandre le Grand et de céramiques bleues de Delft, notamment d'étonnants vases à tulipes.

■ Les salles georgiennes

Plus modestes et plus intimes que les appartements d'apparat, il s'agit des appartements privés de **Georges II** et de la reine **Caroline**. Ils ont été restaurés et meublés comme en 1737 : lambrissés de chêne, décorés de tapisseries, de porcelaines chinoises et de toiles de maîtres.

● Le **cabinet de toilette**, équipé d'une fontaine en marbre et d'une baignoire, nous introduit dans l'intimité de la reine. Dans l'aile E. de Clock Court, la **suite du duc de Cumberland**, créée pour le second fils de Georges II, fut reconstruite par William Kent sur d'anciens appartements d'Henri VIII. Ces pièces possèdent aujourd'hui une belle collection de peintures baroques des XVIIe-XVIIIe s. Le **cabinet Wolsey** a conservé son décor Tudor : boiseries sculptées, frise gravée de la devise du cardinal et de peintures de la Passion du Christ du XVIe s.

■ Les jardins

Tudor, Stuart, Orange ou Hanovre, toutes les familles régnantes ont laissé leur marque sur les 25 ha de jardins du palais.

● À l'E., devant les appartements de la reine, le **jardin des Fontaines** (vers 1690) comprenait à l'origine 13 fontaines, dont une seulement a subsisté. Les ifs géants, taillés en cônes, furent ajoutés par la reine Anne au début du XVIIIe s.

● Côté S., au pied des appartements du roi, s'étend le **jardin privé** (Privy Garden). L'original de 1702, jardin géométrique à la française, a été recréé avec ses parterres découpés, ses ifs coniques et ses statues.

▲ Le jardin privé de Hampton Court.

• À l'O., près de la Tamise, Guillaume III aimait s'isoler dans la **Banqueting House** *(pas de vis.)*, signée William Talman (v. 1700) et magnifiquement décorée par Verrio. Devant les jardins de l'étang, l'**orangerie inférieure** (Lower Orangery), construite par Wren, accueille désormais « Les Triomphes de César » (1485-1506) d'**Andrea Mantegna**, une série de neuf tableaux acquise par Charles Ier en 1629. Plus à l'O. encore, la **grande treille** (Great Vine), plantée en 1768, produit chaque année près de 300 kg de raisins.

• Le **Labyrinthe** (Maze), au cœur des **jardins sauvages** (Wilderness) au N. du palais, évoque les divertissements de la cour au XVIIIe s.

4 Windsor Castle★★★

Situation : à 40 km O. de Londres • comté du Yorkshire.

Perché sur une colline dominant la Tamise, au cœur d'un parc boisé de 2 000 hectares, le château de Windsor est à la fois la plus ancienne résidence royale et le plus vaste château habité dans le monde. La reine Élisabeth II y demeure officiellement un mois à Pâques et en juin, lors des cérémonies de l'ordre de la Jarretière et des courses hippiques du Royal Ascot. À deux pas de la forteresse royale, la petite ville de Windsor offre une promenade agréable à travers ses rues anciennes, entre restaurants et commerces.

Accès : train depuis Paddington Station (Londres, pl. gén. A3), avec changement à Slough ; départ toutes les 10 à 30 mn ; 30-45 mn de trajet • en **voiture** par l'A4 puis la M4.

Combien de temps : 2 h 30.

Visite : de nov. à fév. 9 h 45-16 h 15, de mars à oct. 9 h 45-17 h 15 ; f. des caisses 1 h 15 avant • f. 25-26 déc. et lors des réceptions officielles • plein tarif : 19 £, audioguide inclus • le billet est valable 1 an après validation en fin de visite par un agent d'accueil.

Relève de la garde : d'avr. à juil., lun.-sam. 11 h ; d'août à mars, 1 j./2.

De la forteresse au palais royal

Initiée par Guillaume le Conquérant il y a près de mille ans, la forteresse de Windsor prend son apparence gothique sous Édouard III (r. 1327-1377) et se dote d'une chapelle dédiée à saint Georges au siècle suivant. Après la Restauration (1660), Charles II, inspiré par son cousin de France Louis XIV, fait de Windsor un petit Versailles anglais. Sous la houlette de **Hugh May**, aidé d'**Antonio Verrio** et de **Grinling Gibbons**, le château se transforme en sublime palais baroque. Son apparence actuelle doit cependant beaucoup à Georges IV (r. 1820-1830) et à l'architecte **Jeffry Wyattville**. L'extérieur est alors remodelé pour accentuer son caractère gothique ; à l'intérieur, les appartements de Charles II, avec leur décor peint et sculpté, sont pour l'essentiel sacrifiés, tandis que les nouveaux appartements privés, créés dans l'aile E., adoptent un style français très en vogue à l'époque. Le château traverse un âge d'or avec le long règne de Victoria : à la fois retraite rurale et palais magnifique où la reine peut loger sa famille et entretenir les grands de ce monde.

La maison des Windsor

En juillet 1917, face au sentiment anti-allemand, Georges V adopte pour la maison royale le nom de Windsor, afin de cacher la filiation germanique des Saxe-Cobourg et Gotha. Pendant la Seconde Guerre mondiale, les jeunes princesses Élisabeth et Margaret (1930-2002) vivent au domaine et jouent des pantomimes dans la salle Waterloo. Épargné par le Blitz (1940-1941), Windsor est en partie détruit en 1992 par un terrible incendie. Après cinq ans d'une restauration minutieuse et onéreuse (37 millions de livres), le château retrouve son lustre juste à temps pour célébrer les noces d'or de la Reine, en 1997.

■ Round Tower
Middle Ward (cour centrale).

Dans les années 1820, l'ancien **donjon**, qui était l'élément défensif principal de la forteresse, fut surélevé pour mieux correspondre à l'idéal romantique du château gothique. Ses précieuses Archives royales ne se visitent pas, mais le **chemin de ronde** *(accès en août-sept. sur vis. guidée)* offre une très belle **vue** sur Home Park, Londres et la vallée de la Tamise.

La Porte normande donne accès à l'aile N. du Quadrangle (cour) et aux State Apartments.

■ State Apartments
Upper Ward (cour supérieure).

Lieux de vie publique et officielle des souverains, les **Grands Appartements** offrent une plongée dans le faste de la monarchie.

ⓘ INFORMATIONS
Guichet à l'entrée
☎ 020.7766.7304 • www.royalcollection.org.uk/visit/windsorcastle

✏ ACCÈS RESTREINT
• Le château peut être entièrement fermé au public pour des visites privées ou officielles. La présence de la reine est indiquée par le Royal Standard, le drapeau officiel du souverain, qui flotte au-dessus du donjon. Se renseigner avant d'y aller.

• Quelques salles de l'aile E., les appartements privés de Georges IV, ne se visitent que d'octobre à mars.

• La partie S. forme les appartements privés d'Élisabeth II (pas de vis.).

☞ MANIFESTATIONS À WINDSOR
• En mai, **Royal Windsor Horse Show** : concours hippique (www.rwhs.co.uk).

• En juillet, **Royal Windsor Rose Show** : exposition de roses (http://rwrhs.com).

♥ BONNE ADRESSE
Clarence Brasserie, 8-9 Church St., Windsor ☎ 0175.385.2707 ; www.clarencebrasserie.co.uk ; t.l.j. 12 h-15 h et 18 h-23 h. Ce salon de thé, dans le style cottage chic, est aussi une bonne brasserie où déguster spécialités italiennes et anglaises. Plats entre 9 et 18 £.

✏ À NOTER
La **Grande Cuisine**, en fonction depuis près de 750 ans, est la plus ancienne du pays ! À découvrir en visite guidée, du 1er janv. au 14 fév. et en août-sept. ; rés. obligatoire.

▲ L'allure médiévale du château de Windsor a été renforcée au XIXᵉ s.

● L'étonnante **maison de poupée de la reine Marie** fut créée en 1924 par l'architecte Edwin Luytens pour l'épouse de Georges V. Cette reconstitution au 1/12 d'une demeure aristocratique londonienne n'a rien d'un jeu pour enfant : eau et électricité sont disponibles à tous les étages, qui sont décorés de milliers d'objets et de meubles d'une minutie prodigieuse.

● La **galerie** mène, à travers le **musée de la Porcelaine** (China Museum) et ses collections de vaisselles d'apparat, au **Grand Escalier**. Sous de belles voûtes en éventail néogothiques, le **Grand Vestibule** expose une collection hétéroclite d'armes et d'objets, dont la balle de mousquet ayant frappé la poitrine de l'amiral Nelson.

● La **salle Waterloo** fut créée par Wyattville pour accueillir les portraits réalisés par **sir Thomas Lawrence** (Wellington, Pie VII, Alexandre Iᵉʳ de Russie, etc.) célébrant la victoire des Alliés sur Napoléon le 18 juin 1815. Le plafond en carène renversée, percé d'une claire-voie, rappelle la coque des navires de la Royal Navy à l'époque de Nelson.

● **Appartements du Roi.** Comme à l'époque de Victoria, le **salon du Roi** (King's Drawing Room) regroupe des toiles de Rubens, dont un portrait de Philippe II d'Espagne, et des œuvres d'Antoon Van Dyck. Dans la **chambre**, le lit à baldaquin porte les tentures installées lors de la visite d'État de Napoléon III et de Marie-Eugénie en 1855. L'espace restreint de la **petite chambre** avait la préférence de Charles II. Elle réunit des œuvres de Jan Bruegel *(Adam et Ève dans le jardin d'Éden)*, de Rembrandt et de Hans Holbein le Jeune. Le **cabinet du Roi** (King's Closet) est dédié à la Renaissance italienne (Giovanni Bellini, Lorenzo Lotto, Jacopo Bassano…).
La **salle à manger** offre une vision quasi intacte du Windsor baroque de Charles II : lambris de chêne, sculptures de Gibbons, tapisseries et *Banquet des dieux* de Verrio… La décoration, riche et virtuose, est somme toute assez mesurée, illustrant bien la répugnance de l'Angleterre aux outrances baroques continentales.

● **Appartements de la Reine.** Le **salon de la Reine** (Queen's Drawing Room) est, depuis Wyattville, tendu de damas et décoré de stucs. Il réunit une belle collection de portraits royaux (Henri VIII d'après Hans Holbein le Jeune,

Élisabeth Iʳᵉ, Édouard VI). La **salle de bal** est célèbre pour ses chandeliers de cristal, ses portraits royaux de Van Dyck et son mobilier en argent massif créé pour Guillaume III (consoles, miroirs ; fin XVIIᵉ s.). Le décor XVIIᵉ s. de la **salle d'audience** et de la **salle d'attente** (Queen's Presence Chamber) a également survécu. Enfin, la **salle des gardes**, qui marquait l'entrée des appartements de la Reine, est depuis Georges IV un musée des hauts faits militaires de l'Empire.

● **Salle Saint-Georges.** C'est ici qu'ont lieu les dîners de gala lors des visites d'État. Le chef-d'œuvre baroque dû à Verrio fut entièrement redécoré par Wyattville, qui en profita pour supprimer la chapelle royale attenante. Détruit par l'incendie de 1992, le plafond fut remplacé par une impressionnante charpente sur blochets très semblable à celle de Westminster Hall (→ p. 124).

● **Appartements privés de Georges IV** (Semi-State Apartments *● dans l'aile E. du château ● accès par la salle de la Lanterne : Lantern Lobby*). Le **Salon vert** et le **salon Crimson** illustrent le goût de Georges IV pour le style français. Seule la **Grande Salle à manger** incorpore des éléments gothiques. La **Grande Salle de réception**, de style rococo, était la salle de bal. La **salle du Trône et de la Jarretière** (Garter Throne Room), dominée par un portrait d'Élisabeth II, est le cadre de la remise de l'**ordre de la Jarretière** aux nouveaux compagnons (→ encadré).

■ **Saint George's Chapel**
Lower Ward (basse cour) ● f. dim. à la vis. ● offices religieux dim. à 8 h 30, 10 h 45, 11 h 15, 17 h 15.
La chapelle (1475-1528) est le second lieu de sépulture royale après Westminster Abbey : Charles Iᵉʳ, Henri VIII et Jeanne Seymour reposent dans le chœur, éclairé par des vitraux du XVIᵉ s. Les colonnes élancées, les hautes fenêtres et les voûtes en éventail sont typiques du style gothique perpendiculaire (→ *Henry VII's Chapel, p. 128, dans l'abbaye de Westminster*).

La **chapelle-mémorial du prince Albert** date des XIIIᵉ et XVIᵉ s., mais le stupéfiant décor intérieur – mosaïques vénitiennes, marqueteries de marbre, sculptures – fut créé dans les années 1860 par **sir George Gilbert Scott** pour commémorer l'époux de la reine Victoria, mort au château en décembre 1861.

L'ordre de la Jarretière

Cet ordre de chevalerie est le plus élevé et le plus ancien de la monarchie anglaise. Il fut institué en 1348 par **Édouard III** après la victoire de Crécy sur le roi de France et la prise de Calais, dans une référence évidente au roi Arthur et aux grands actes de chevalerie. L'ordre rassemblait alors le souverain, le prince de Galles et 24 chevaliers compagnons qui s'étaient battus aux côtés du roi. Sa devise, « Honni soit qui mal y pense » (Honte à ceux qui y voient du mal), restituerait les mots prononcés par Édouard III lorsqu'il redonna à la comtesse de Salisbury, sa maîtresse, la jarretière qui avait glissé de sa jambe durant les festivités de la victoire.

Depuis le 600ᵉ anniversaire de la fondation de l'ordre (1948), la cérémonie a lieu chaque année à Windsor à la mi-juin. C'est l'occasion pour tous les membres de se retrouver lors d'un office à la chapelle Saint George, le cœur spirituel de l'ordre. Outre Élisabeth II et le prince Charles, les compagnons sont des personnalités politiques et militaires. Parmi d'autres, l'ancien Premier ministre John Major et lord Sainsbury, président éponyme de la chaîne de supermarchés et membre de la Chambre des lords.

▶ Insigne de chancelier de l'ordre de la Jarretière (or et émaux, 1825).

En savoir plus

QUELQUES PAGES POUR ALLER PLUS LOIN

Lexique	338
Bibliographie	342
Filmographie	345
Index des Bonnes adresses	347
Index des encadrés	352
Index général	354
Plan du métro	364

▲ *The Strawberry Thief*, tissu imprimé réalisé par William Morris en 1883, caractéristique du style Arts & Crafts (Londres, Victoria and Albert Museum).

Lexique

■ Formules usuelles

Bonjour   Good morning *(le matin)*, Good afternoon *(l'après-midi)*
Bonsoir   Good evening
Bonne nuit   Good night
Au revoir   Goodbye (bye)
À bientôt   See you soon
Salut   Hello, Hi
S'il vous plaît   Please
Excusez-moi !   Excuse me, sorry
Pouvez-vous m'aider ?   Can you help me (please) ?
Quelle heure est-il ?   What time is it ?
Je voudrais…   I would like (to + *verbe*)
D'accord   All right, okay
Merci (beaucoup)   Thank you (very much)
De rien   You're welcome, Don't mention it

Qu'y a-t-il ?   What is happening ? What's wrong ?
Je ne sais pas   I don't know
Parlez-vous français ?   Do you speak French ?
Je ne parle pas anglais   I don't speak English
Je ne comprends pas   I don't understand
Pourriez-vous répéter, s'il vous plaît ?   Could you repeat please ?
Comment dit-on… en anglais ?   How do you say… in English ?
Qu'est-ce que c'est ?   What is this / that ?
M. Smith à l'appareil ! *(téléphone)*   Mr Smith speaking !

Je voudrais parler à…   I would like to speak to…
Ne quittez pas !   Hold the line !
Répondeur   Answering machine

■ Se déplacer

À droite / À gauche   To the right / To the left
Dessus / Dessous   Above / Below
En face de   Opposite to
Haut / Bas   High / Low
Près / Loin   Next / Far
Amende   Fine
Au tournant   At the corner
Carrefour   Crossroads
Carte d'embarquement   Boarding card
Garage (de réparation)   Garage (for retails)
Guichet   Ticket office
Location de véhicules   Car hire
Parking public   Car park
Passage piéton   Zebra crossing
Sans plomb   Lead-free
Station-service   Gas station
Ticket aller-retour   Return ticket
Virage   Bend, turn

Pouvez-vous me montrer où nous sommes sur la carte ?   Can you show me where we are on the map please ?
Pouvez-vous m'indiquer comment aller à… ?   Could you show me how to go to… ?
Quel est le moyen le plus rapide pour… ?   Which way is the quickest to go to… ?

Quelques repères pour le visiteur

Abbey Abbaye	**District, area** Quartier, faubourg	**Roundabout** Rond-point
Bridge Pont	**Garden** Jardin	**Slope** Pente
Castle Château	**Gate** Porte	**Square** Place
Church Église	**Hill** Colline	**Station** Gare
Circular Périphérique	**Lane** Ruelle	**Tower** Tour
Circus Place	**Motorway** Autoroute	**Walk** Allée, promenade
City hall Hôtel de ville	**Road** Route	**Way** Passage

Combien de temps pour aller à… ?
How long does it take to go to…
Quel bus va à… ? Which bus goes to… ?
Où est la route pour… ?
Which way is it for… ?
Où puis-je trouver un taxi ?
Where can I find a taxi/cab ?
Pourriez-vous m'emmener à… ?
Can you take me to… ?
Arrêtez-vous ici Stop here
Pourriez-vous m'attendre Can you wait (for me) a few minutes ?
Pourriez-vous me faire un reçu ?
Can I have a receipt ?
Je suis en panne My car broke down

■ À l'hôtel
Ascenseur Lift
Blanchisserie Laundry
Chambre simple / double
Single / double room
Chauffage Heating
Chaussons Slippers
Clé Key
Climatisation Air-conditioning
Dentifrice Toothpaste
Drap Sheet
Eau chaude Hot water
Étage Floor
Fer à repasser Flat iron
Lit double Double bed
Prise électrique Plug, socket
Rasoir Shaver
Serrure Lock
Toilettes Toilet, restroom

J'ai réservé une chambre au nom de…
I have a reservtation in the name of…
Est-ce que le petit déjeuner est compris ?
Is the breakfast included ?
À quelle heure est servi le petit déjeuner
What time is breakfast served ?
Je quitte ma chambre, pourriez-vous préparer ma note ? I'm leaving, can you prepare the bill please ?

■ À table
Petit déjeuner Breakfast
Déjeuner Lunch
Dîner Dinner
Assiette Plate
Bouteille Bottle
Carte Board
Carte des vins Wine list
Couteau Knife
Cuillère Spoon
Dessert Dessert
Fourchette Fork
Hors-d'œuvre Starter
Menu (du jour) Menu
Pichet Jug
Pourboire Tip
Serviette Napkin
Serveur / Serveuse Waiter / Waitress
À point Medium
Bien cuit Well done
Saignant Rare
Beaucoup / Peu Many / Little
Plus / Moins More / Less
Bon / Mauvais Good / Bad
Suffisant Enough
Chaud Hot
Froid Cold
Tiède Lukewarm
Cru Raw
Cuit Cooked, done
Frit Fried
Grillé Grilled
Rôti Roast

C'est pour emporter / pour manger sur place To take out / To eat here
J'aimerais réserver une table (en terrasse) I would like to reserve / book a table (outside)
Il manque un verre A glass is missing
Pouvez-vous nous conseiller… ?
Can you recommend… ?
Quel est le plat du jour ?
What is the dish of the day ?
Je vais prendre… I'll have…
Pouvez-vous nous apporter… ?
Can you bring us… ?
L'addition, s'il vous plaît !
The bill please !
Gardez la monnaie ! Keep the change !

■ Boissons
Bière Beer
Bière blonde (légère) Lager (Ale)
Bière brune Stout
Bière pression Draught beer
Bière blonde amère Bitter
Café au lait Coffee with milk
Chocolat chaud Hot chocolate
Cidre Cider
Coca light Diet coke

Dans votre assiette

Artichoke Artichaut
Asparagus Asperges
Beans Haricots
Beef Bœuf
Blueberry Myrtille
Boiled egg Œuf à la coque
Bread Pain
Butter Beurre
Cabbage Chou
Cauliflower Chou-fleur
Cheese Fromage
Chick-peas Pois chiches
Chicken (wings) (Ailes de) Poulet
Chips Frites
Chop Côtelette
Chutney Condiment aigre-doux
Cod Cabillaud
Coley Colin
Crayfish Écrevisse
Duck Canard
Eggs Œufs
Fish (pie) (Tourte au) Poisson
Fried egg Œuf au plat
Goat cheese Fromage de chèvre
Gravy Sauce à la viande
Ham Jambon
Herring Hareng
Ice cream Glace
Jacket potato Pomme de terre au four
Jam Confiture
Lamb Agneau
Leek Poireau
Mash Purée
Meat Viande
Mushroom Champignon
Mustard Moutarde
Mutton Mouton
Oil Huile
Onion Oignon
Pasta Pâtes
Peas Petits pois
Pepper Poivre
Poached egg Œuf poché
Pork Porc
Porridge Bouillie de flocons d'avoine
Potato Pomme de terre
Prawns Crevettes roses
Relish Condiment
Rib Côte
Rice Riz
Salad Salade
Salmon Saumon
Salt Sel
Sausage Saucisse
Scrambled eggs Œufs brouillés
Seabass Bar
Seafood Fruits de mer
Shepherd's pie Hachis parmentier anglais
Shrimps Crevettes grises
Soup (of the day) Soupe (du jour)
Spinach Épinard
Strawberry Fraise
Sugar Sucre
Sugar-free Sans sucre
Tuna Thon
Veal Veau
Vegetables Légumes
Veggie Végétarien
Vinegar Vinaigre

Eau du robinet Tap water
Eau plate / gazeuse Still water / Sparkling water
Glaçon Ice (cube)
Infusion Herbal tea
Jus d'orange Orange juice
Lait Milk
Vin blanc / rouge / rosé White wine / Red wine / Rosé
Vin chaud Mulled wine

■ Shopping

Blanc / Noir White / Black
Bleu Blue
Cher / Bon marché Expensive / Cheap
Fait à la main Handmade
Grand / Petit Big / Small
Gratuit Free
Jaune Yellow
Marron Brown
Orange Orange
Ouvert / Fermé Open / Closed
Rose Pink
Rouge Red
Vert Green
Violet Purple

Appareil photo Camera
Banque Bank
Boucles d'oreille Earring
Bracelet Bracelet
Collier Necklace
Distributeur de billets Cash dispenser
Grand magasin Deparment store
Imperméable Raincoat
Marché Market
Montre Watch
Mouchoir Tissue, handkerchief
Parapluie Umbrella
Piles Battery
Porte-monnaie Purse
Prix Price
Réductions Bargains
Sac à main Handbag

Sac en plastique   Plastic bag
Soldes   Sales
Taille   Size

À quelle heure ferment les magasins ?
   What time do the shops close ?
Je ne fais que regarder   I'm just looking
Combien coûte… ?   How much is… ?
Prenez-vous les cartes de crédit ?
   Do you take / accept credit cards ?
Faut-il payer en espèces ?
   Do I have to pay in cash ?
Prenez-vous une commission ?
   Do you charge a commission ?
Où se trouvent les cabines d'essayage ?
   Where are the fitting rooms ?
Je prends ces chaussures
   I will take these shoes
Je voudrais échanger cette jupe
   I would like to return this skirt
C'est trop long / court / serré / grand
   It is too long / short / tight / large

■ Services

Adresse   Address
Ambassade (française)
   (French)Embassy
Boîte aux lettres   Letterbox
Caisse   Checkout
Carte d'identité   Identity card (ID)
Carte postale   Postcard
Code postal   Postcode
Commissariat de police   Police station
Exposition   Exhibition
Handicapé   Disabled
Hôpital   Hospital
Lettre   Letter
Médicaments   Drug
Passeport   Passport
Pharmacie   Chemist's
Policier   Policeman
Poste   Post office
Recommandé   Registered (mail, letter)
Téléphone   Phone
Timbres   Stamps

Je voudrais des renseignements sur…
   Could you give me some information about… ?
Je voudrais un médicament contre la toux   I would like a cough medicine
Je voudrais changer … € en £
   I would like to change … € in pounds
Est-ce qu'il y a des espaces fumeurs ?
   Is there somewhere I could smoke ?

■ Le temps

Ce matin   This morning
À midi   At noon / midday
Cet après-midi   This afternoon
Ce soir   This evening
Minuit   Midnight
Avant-hier   (The day) Before yesterday
Hier   Yesterday
Aujourd'hui   Today
Demain   Tomorrow
Après-demain   (The day) After tomorrow
Jour férié   Bank holiday
Semaine   Week

Lundi   Monday
Mardi   Tuesday
Mercredi   Wednesday
Jeudi   Thursday
Vendredi   Friday
Samedi   Saturday
Dimanche   Sunday

Janvier   January
Février   February
Mars   March
Avril   April
Mai   May
Juin   June
Juillet   July
Août   August
Septembre   September
Octobre   October
Novembre   November
Décembre   December

■ Compter

0	Zero / O	60	Sixty
11	Eleven	70	Seventy
12	Twelve	80	Eighty
13	Thirteen	90	Ninety
14	Fourteen	100	One hundred
15	Fifteen	101	One hundred and one
16	Sixteen		
20	Twenty	200	Two hundred
21	Twenty-one	1 000	One thousand
25	Twenty five	1 020	One thousand and twenty
30	Thirty		
40	Fourty	2 000	Two thousand
50	Fifty		

Bibliographie

Histoire

BETHMONT R., *Histoire de Londres : aux sources d'une identité contradictoire*, Tallandier, coll. « Approches », 2011. Du Moyen Âge à nos jours, l'histoire turbulente d'une ville aux multiples visages, qui se réinvente sans cesse. Une approche autant économique que sociale et culturelle.

CAPDEVILLE V., *L'Âge d'or des clubs londoniens : 1730-1784*, Honoré Champion, 2008. À consulter pour son étude méticuleuse d'une institution de la vie londonienne au XVIIIe s., véritable école du savoir-vivre pour le *gentleman* anglais. Avec liste de membres et règlements intérieurs.

CHASSAIGNE P., *Histoire de l'Angleterre, des origines à nos jours*, Flammarion, coll. « Champs Histoire », 2008. Les moments clés de l'histoire du pays, de la conquête romaine à nos jours en passant par l'époque saxonne et l'affirmation d'une puissance mondiale. Facile d'accès.

CHASSAIGNE P. et ESPOSITO M.-C., *Londres, la ville-monde*, Vendémiaire, coll. « Chroniques », 2013. Un essai instructif qui permet de mieux cerner l'identité de la ville. Plusieurs pages sont consacrées à l'ère victorienne, qui fit de Londres l'agglomération la plus peuplée de la planète.

COTTRET B., *Histoire de l'Angleterre* : de Guillaume le Conquérant à nos jours, Tallandier, coll. « Texto », 2011. S'arrête sur des personnages significatifs et des notions clés telles que le schisme qui a fondé l'anglicanisme. Moins « académique » qu'on ne pourrait le croire de prime abord.

CRÉTÉ L., *Les Tudors*, Flammarion, coll. « Champs Histoire », 2012. La vie et le règne des cinq souverains (Henri VII, Élisabeth Ire...) de cette mythique dynastie. Une fresque sanglante, teintée d'amours contrariées, de fratricides, de persécutions et de guerres. Grand public.

JOHNSON B., *Une autre histoire de Londres*, Robert Laffont, 2013. Maire de Londres depuis 2008, l'excentrique « BoJo » esquisse un portrait des personnalités qui ont fait de sa ville ce qu'elle est.

MILES B., *Ici Londres ! Une histoire de l'underground londonien depuis 1945*, Rivages, coll. « Rivages Rouge », 2012. Un excellent récit de l'âge d'or de la contre-culture, qui débute dans le Londres bohème de l'après-guerre. On y croise Francis Bacon, John Lennon, Mick Jagger…

TAMES R., *Londres*, National Geographic, coll. « Voyages dans l'Histoire », 2012. Quartiers et monuments y sont présentés sous l'éclairage de leur histoire, de la fondation de la ville à nos jours. Textes accompagnés de schémas et de cartes.

TOMBS I. et TOMBS R., *La France et le Royaume-Uni : des ennemis intimes*, Armand Colin, coll. « La France et le monde », 2012. Le regard croisé de deux historiens, l'un anglais, l'autre française, sur l'histoire des guerres, alliances et jalousies entre la France et l'Angleterre, depuis le XIXe s.

Londres aujourd'hui

APPERT M., BAILONI M. et PAPIN D., *Atlas de Londres*, Autrement, 2012. Plus de 120 cartes et photos pour mieux saisir la richesse et la complexité d'une métropole en perpétuelle mutation.

BAILONI M. et PAPIN D., *Atlas géopolitique du Royaume-Uni : les nouveaux défis d'une vieille puissance*, Autrement, 2009. Des cartes économiques, religieuses, électorales… et les clés pour mieux comprendre les problématiques d'un État multinational en pleine révolution identitaire.

BERBÉRI C., *Le Royaume-Uni face à l'euro*, L'Harmattan, 2012. Examine les positions de la société (milieux d'affaires, syndicats, presse) et des principaux partis envers la monnaie unique.

LERUEZ J. (sous la dir. de), *Londres et le monde : stratèges et stratégies britanniques*,

Autrement, 2005. Une analyse fine de la place de la Grande-Bretagne dans les relations internationales.

Pickard S., *Les Anglais*, Le Cavalier Bleu, coll. « Idées reçues », 2007. Le cricket, la reine, le thé… : si l'on revisitait les clichés à propos d'un peuple à part, les Anglais ?

Roudaut C., *Ils sont fous ces Anglais ! Chroniques insolites et insolentes d'une Angleterre méconnue*, Éditions du Moment, 2012. Un regard aiguisé et souvent très drôle sur une société déroutante où l'excentricité et l'autodérision restent des valeurs refuge.

Arts

■ Architecture

Fregni M.-C., *Vivre à Londres : architectures d'aujourd'hui*, Actes Sud, 2009. Pour se faire une idée des habitations réalisées à Londres par des architectes libérés de toutes contraintes publiques.

■ Peinture

Auf der Heyde A., *Le Musée de la National Gallery : Londres*, Eyrolles, coll. « Les grands musées », 2009. Historique de l'institution et présentation des œuvres majeures.

Gage J., *Turner*, Citadelles et Mazenod, 2010. Retrace la carrière de Turner, de la naissance du paysagiste au « touriste » professionnel, en passant par le rôle de l'Académie et celui des mécènes.

Lobstein D., *Monet et Londres*, À Propos, 2004. Explore la relation que Monet, fasciné par la Tamise, a entretenue au fil du temps avec la capitale britannique. Une période méconnue de la vie de l'artiste.

Morel G., *Les Préraphaélites*, Place des Victoires, 2013. Un livre abondamment illustré sur les œuvres incontournables mais aussi plus confidentielles de Rossetti, Burne-Jones et Alma-Tadema.

Ogée F., *J. M. W. Turner, les paysages absolus*, Hazan, 2010. Cette monographie de 400 pages replace l'œuvre du peintre dans le contexte social et artistique de Londres.

Penny N., *La National Gallery de Londres, la sélection du Directeur*, Scala, 2011. Nicholas Penny y commente les 32 tableaux du musée qui lui tiennent particulièrement à cœur. Intelligent.

Planche J.-L., *Made in London*, Alternatives, coll. « Art urbain », 2011. Aux yeux du promeneur attentif, Londres se révèle un véritable « mille-feuille » visuel. Petite anthologie de ces peintures murales, pochoirs et collages qui en font l'une des villes les plus bariolées d'Europe.

William Hogarth, 1697-1764, Louvre-Hazan, 2006. La 1re exposition française consacrée au peintre Hogarth a fait l'objet d'un remarquable catalogue doublé d'un essai critique. En bibliothèque ou d'occasion.

■ Cinéma

Pilard P., *Histoire du cinéma britannique*, Nouveau Monde éditions, 2010. Fictions, téléfilms… : un panorama solidement documenté du cinéma britannique, des années 1920 à nos jours.

Rousselet F., *Et le cinéma britannique entra en guerre*, Cerf-Corlet, coll. « 7e Art », 2010. Pour découvrir des cinéastes et des acteurs de talent mais aussi les idéologies véhiculées dans les années 1939-1945. Par le fondateur du festival Écrans britanniques.

Thomas E., *Ken Loach : cinéma et société*, L'Harmattan, 2009. Le regard du célèbre réalisateur sur trois de ses thèmes de prédilection : l'engagement politique, le monde du travail et la famille.

■ Musique

Bousquet O. et Devillard A., *Streets of London : l'histoire du rock dans les rues de Londres*, Le Mot et le reste, 2012. Un guide des lieux phares et des recoins les plus secrets du Londres des Beatles et de la new wave. Vingt-cinq quartiers, six itinéraires et une foule d'anecdotes.

Hermann Cl., *Henry Purcell*, Actes Sud, 2008. Par une spécialiste de la musique baroque anglaise, un voyage au cœur de Londres sous le règne des derniers Stuarts. Avec discographie.

Hill T., *The Beatles : quatre garçons dans le vent*, Place des Victoires, 2008. Rétrospective du parcours du groupe mythique, nourrie d'articles du *Daily Mail* et de nombreuses photos inédites.

Littérature

■ Écrivains britanniques

ALI M., *Sept mers et treize rivières*, 10/18, coll. « Domaine étranger », 2006. Une jeune Bangladaise épouse un homme choisi par son père et s'installe avec lui à Londres. D'abord soumise à son destin, elle finira par prendre le contrôle de son existence.

BOYD W., *Orages ordinaires*, Points, 2011. Un climatologue change d'identité et rejoint des marginaux sur les rives de la Tamise. À lire surtout pour sa description d'un Londres *underground*.

COE J., *Les Nains de la mort*, Gallimard, Folio n° 3711, 2002. Les confessions de William, jeune musicien fauché, nous font découvrir, loin des clichés, le Londres des boîtes de jazz et des HLM.

DICKENS C., *Oliver Twist*, De Borée, 2012. L'histoire d'un orphelin exploité, maltraité et recueilli par des brigands. Le romancier y restitue avec réalisme les bas-fonds londoniens.

DOYLE A. C., *Treize enquêtes* élémentaires de *Sherlock Holmes*, Librio, 2009. Petit recueil des meilleures enquêtes du détective de Baker Street. Écrites entre 1891 et 1913.

FORSTER E. M., *Howards End*, 10/18, coll. « Domaine étranger », 2006. Par un observateur subtil de la société britannique, un admirable portrait de Londres à travers trois familles, à l'heure où la société victorienne se fissure et où les idées progressistes gagnent du terrain. Indémodable.

HORNBY N., *Haute fidélité*, 10/18, coll. « Domaine étranger », 2010. Quand Rob, disquaire de Highbury, dresse avec humour le bilan de sa vie amoureuse. Le roman d'un auteur culte né en 1957.

KUREISHI H., *Le Bouddha de banlieue*, 10/18, coll. « Domaine étranger », 2010. Dans le Londres des années 1970, Karim, né de père pakistanais et de mère anglaise, multiplie les expériences en tout genre. Par le scénariste de *My Beautiful Laundrette* (→ *Filmographie*).

LODGE D., *La Chute du British Museum*, Rivages, 2014. Les tribulations d'Adam Appleby dans le brouillard londonien : un roman des plus comiques, truffé de cocasseries, parodies et pastiches.

MCEWAN I., *Samedi*, Gallimard, Folio n° 4661, 2008. L'existence paisible d'un neurochirurgien réputé dans le quartier de Fitzrovia est mise en péril lorsqu'il se retrouve au milieu d'une manifestation contre la guerre en Irak. Une métaphore de la fragilité de la civilisation occidentale.

WATERS S., *Ronde de nuit*, 10/18, coll. « Domaine étranger », 2007. Quatre Londoniens que rien ne semble lier tentent de reprendre leurs marques après les terribles mois du Blitz (sept. 1940-mai 1941).

WAUGH E., *Ces corps vils*, Robert Laffont, coll. « Pavillons poche », 2011. Dans le quartier de Mayfair, un couple d'aristocrates frivoles et hédonistes s'abandonne à une succession de mondanités. Un petit bijou d'ironie sur la jeunesse dorée londonienne des années 1930.

WOOLF V., *Mrs Dalloway*, Gallimard, Folio n° 2643, 2014. Une élégante Londonienne livre ses impressions et ses souvenirs. Un chef-d'œuvre de la plus grande romancière anglaise du XXe s.

■ Autres auteurs

CÉLINE L.-F., *Guignol's Band I et II*, Gallimard, Folio n° 2112, 1989. Une tribu de Français a trouvé refuge auprès de la faune interlope de Leicester Square. Pour les inconditionnels de Céline.

DELVAILLE B., *Le Goût de Londres*, Mercure de France, coll. « Le Petit Mercure », 2004. De Thomas De Quincey à Charles Dickens et Julien Gracq, une petite anthologie de la ville cosmopolite.

MORAND P., *Londres* suivi de *Le Nouveau Londres*, Folio, n° 5405, 2012. « À leur amour de l'excentricité on peut juger déjà que les Anglais furent un grand peuple » : des clubs aux pubs, une encyclopédie à la gloire de la capitale britannique qui fut la plus durable passion de Morand.

WILDE O., *Le Portrait de Dorian Gray*, Flammarion, coll. « GF », 2006. Fantastique et philosophique à la fois, ce roman d'un jeune dandy fut qualifié d'immoral à sa parution, en 1890.

■ Correspondances, essais

BARNES J., *Lettres de Londres*, Gallimard, Folio n° 3027, 1998. Quatorze chroniques désopilantes écrites par un Londonien dans lesquelles Margaret Thatcher et la famille royale en prennent pour leur grade.

■ BD

JACOBS E. P., *La Marque jaune*, Blake et Mortimer, volume 6, 1996. De Scotland Yard à Park Lane, en passant par la Tour de Londres et les docks de la Tamise, le Londres des années 1950 est reconstitué dans ce chef-d'œuvre de la BD classique.

Pratique

Le Guide de conversation du Routard : anglais, Larousse-Hachette Livre, 2013. Ce petit usuel de 272 pages comprend du vocabulaire, des phrases usuelles, des notions de grammaire, des aperçus culturels et même une sélection du parler « d'jeuns ».

JACQUEMIN F. ET GIORGIS-COMTE M., *À table avec la reine d'Angleterre*, Agnès Viénot, 2012. Pour découvrir la cuisine de la Cour d'Angleterre : fish and chips with mushy peas, Victoria sponge cake, Queen pudding…

RAMSAY G., *Les Bons Petits Plats de Gordon Ramsay*, Tana, 2011. Un livre de recettes originales concoctées par le célèbre chef anglais. Accessible aussi aux débutants.

WASILIEV A., *Un goûter à Londres*, Marabout, coll. « Les petits plats », 2012. Au menu, une trentaine de pâtisseries britanniques : cake aux fruits confits, *crumbles*, *shortbreads*, etc.

Filmographie

APTED Michael, ***Le monde ne suffit pas***, 1999. Le 19e *James Bond*, à voir pour la course-poursuite sur la Tamise, qui a nécessité sept semaines de tournage !

BOUCHAREB Rachid, ***London River***, 2009. Après un attentat terroriste, la rencontre de deux parents – l'un musulman, l'autre chrétienne – à la recherche de leurs enfants disparus. Poignant.

BOYLE Danny, ***28 jours plus tard***, 2002. Par le réalisateur des mémorables *Petits meurtres entre amis* et *Trainspotting*, un film d'horreur, postapocalyptique, tourné dans les rues totalement désertées de Londres.

CORNELIUS Henry, ***Passeport pour Pimlico***, 1949. Les habitants de Pimlico (au sud de Westminster) découvrent que leur quartier ferait partie du duché de Bourgogne et proclament leur indépendance. Cette satire de l'austérité de l'après-guerre est une référence dans l'histoire du cinéma britannique.

CRONENBERG David, ***Les Promesses de l'Ombre***, 2007. Plongée sanglante dans l'univers des réseaux de prostitution et de la mafia russe à Londres. Avec Viggo Mortensen.

CUARÓN Alfonso, ***Les Fils de l'homme***, 2006. Film de science-fiction dans un Londres en proie au chaos. À voir pour la scène de l'attaque terroriste sur Fleet Street.

CUKOR George, ***My Fair Lady***, 1964. À Covent Garden, un professeur de diction tente de transformer en dame de la haute société une fleuriste *cockney* (Audrey Hepburn). Film musical.

FREARS Stephen, ***Dirty Pretty Things***, 2002. Le réalisateur de *My Beautiful Laundrette* (1985), tourné dans une laverie de South Lambeth, a choisi le nord-est londonien (Dalston) pour traiter un autre sujet choc : des immigrés illégaux sont acculés à vendre leurs organes pour survivre ;

—, ***The Queen***, 2006. Un remarquable film sur les coulisses du pouvoir : Tony Blair (Michael Sheen) essaie de rapprocher Élisabeth II (Helen Mirren) de ses sujets éplorés après la mort de la princesse Diana.

GAVRON Sarah, ***Rendez-vous à Brick Lane***, 2007. Adapté du best-seller de Monica Ali, *Sept mers et treize rivières* (→ *Bibliographie*), le portrait touchant d'une jeune Bangladaise vivant au milieu du racisme ordinaire et du fondamentalisme rampant.

GREENGRASS Paul, *La Vengeance dans la peau*, 2007. Plusieurs scènes de ce film d'espionnage et d'action, 3e volet de la saga « Jason Bourne », ont été tournées à Charing Cross et Waterloo.

HEREK Stephen, *Les 101 Dalmatiens*, 1996. Une créatrice de mode, qui a ses bureaux sur Minster Court, fait kidnapper des dalmatiens pour s'en faire un manteau. Avec Glenn Close en Cruella.

HITCHCOCK Alfred, *Frenzy*, 1972. Un classique, tourné en bonne partie dans le quartier de Covent Garden : le pub où Blaney était employé est le *Nell of Old Drury*, Bob Rusk vivait au 3 Henrietta Street.

HOOPER Tom, *Le Discours d'un roi*, 2010. Avec l'aide d'un orthophoniste aux méthodes peu conventionnelles, le roi Georges VI (Colin Firth) réussit à surmonter son bégaiement. Tourné au 33 Portland Place et dans le quartier de Saint James (Lancaster House).

HOPKINS Joel, *Last Chance for Love*, 2009. Quand un Américain (Dustin Hoffman) et une Londonienne (Emma Thompson) se baladent dans Londres. Une plaisante comédie romantique qui a pour toile de fond Millennium Bridge, Somerset House, Belsize Park et Southbank Centre.

HUGHES Albert et Allen, *From Hell*, 2001. En 1888, un inspecteur de Scotland Yard (Johnny Depp) part dans les rues malfamées de Whitechapel sur les traces de Jack l'Éventreur. Certains intérieurs sont reconstitués avec grand soin (la chambre de Mary Kelly au 13 Miller's Court).

JORDAN Neil, *La Fin d'une liaison*, 1999. Adaptée d'un roman de Graham Greene, l'histoire romanesque de deux amants passionnés dans une Angleterre en guerre.

KUBRICK Stanley, *Orange mécanique*, 1971. Tourné à Londres et dans sa banlieue, ce film d'anticipation d'une rare violence fut retiré des écrans en Grande-Bretagne pendant 27 ans.

LEIGH Mike, *Naked*, 1993. Obligé de quitter sa Manchester natale, le chaotique Johnny (David Thewlis) dérive dans les rues de Soho. Un film sombre et désabusé qui vaut au réalisateur une première reconnaissance publique. Son dernier opus : une biographie du peintre Turner (*Mr. Turner*, 2014).

LESTER Richard, *A Hard Day's Night*, 1964. Lorsque les Beatles arrivent à Londres pour donner un concert… Musical et inventif ! Plusieurs scènes ont été tournées à la gare de Marylebone.

MACKENZIE John, *Du sang sur la Tamise*, 1980. À l'aube du thatchérisme, un « parrain » local en quête d'une nouvelle virginité veut réaménager les docks en vue des prochains Jeux olympiques. Une perle du cinéma britannique trop rarement diffusée. Avec Helen Mirren.

MADDEN John, *Shakespeare in Love*, 1998. Cette fiction, tournée en partie à Barnes (à l'ouest de Londres), s'inspire de la vie du dramaturge au moment où il écrivait *Roméo et Juliette*, à l'été 1593.

MEDAK Peter, *Les Frères Krays*, 1990. Comment les jumeaux Reggie et Ronnie, violents et chefs de gang, étendent leur domination sur le quartier de Shoreditch.

MICHELL Roger, *Coup de foudre à Notting Hill*, 1999. Jolie comédie romantique, avec Julia Roberts dans le rôle d'une actrice hollywoodienne et Hugh Grant en libraire de Notting Hill.

NEWELL Mike, *Quatre mariages et un enterrement*, 1994. Comédie romantique avec Hugh Grant, Andie McDowell et… l'église Saint Bartholomew the Great.

RADFORD Michael, *1984*, 1984. Où l'on retrouve Londres, capitale d'Oceania, dominée par un gouvernement totalitaire. D'après le roman de George Orwell.

RITCHIE Guy, *Sherlock Holmes*, 2009. Un thriller dérivé des personnages créés par A. C. Doyle et tourné, entre autres lieux, dans le cimetière de Brompton. Avec Jude Law dans le rôle du docteur Watson.

STEVENSON Robert, *Mary Poppins*, 1964. Ce célèbre film d'animation, tourné en studio (Disney) et traité à la manière d'une comédie musicale, a pour cadre Londres à la fin de l'époque édouardienne.

WINTERBOTTOM Michael, *Wonderland*, 1999. Portrait intime d'une famille le temps d'un long week-end de novembre. Avec une superbe bande-son de Michael Nyman.

Index des Bonnes adresses

LES PLANS DE LONDRES

- Plan I   p. 96
- Plan II   p. 110
- Plan III   p. 122
- Plan IV   p. 150
- Plan V   p. 164-165
- Plan VI   p. 176
- Plan VII   p. 188
- Plan VIII   p. 207
- Plan IX   p. 223
- Plan X   p. 232
- Plan XI   p. 238
- Plan XII   p. 244
- Plan XIII   p. 258-259
- Plan XIV   p. 273
- Plan XV   p. 283
- Plan XVI   p. 299
- Plan XVII   p. 307
- Plan XVIII   p. 316
- Plan général détachable en fin d'ouvrage

☞ *Dans les adresses de cet index, le 1er report au plan renvoie aux **plans détaillés des promenades**, le 2e au **plan général détachable**.*

☞ *Les adresses suivies d'un **numéro en rouge** sont localisées sur les plans de promenade.*

RESTAURANTS

● Trafalgar, Soho, St James

Arbutus, 63-64 Frith St., W1D
I A1 ; pl. gén. H6 — 35

Avenue, 7-9 St James's St., SW1A
IV B1 3 ; B4 — 160

Bill's, 36-44 Brewer St., W1F
I A2 12 ; C3 — 107

Dean Street Townhouse, 69-71 Dean St., W1D
I A1 10 ; C3 — 107

Matsuri, 15 Bury St., SW1Y
IV B1 4 ; B3 — 161

Portrait Restaurant, National Portrait Gallery, St Martin's Pl., WC2
I B2 2 ; C3 — 97

Princi, 135 Wardour St., W1F
I A1 11 ; C3 — 107

Quaglino's, 16 Bury St., SW1Y
IV A/B1 5 ; B3 — 161

Seafresh Fish Restaurant, 80-81 Wilton Rd, SW1V
h. pl. IV par A2 1 ; B4 — 153

Vasco & Piero's Pavilion, 15 Poland St., W1F   I A2 14 ; C3 — 107

● Westminster et Holborn

Rex Whistler Restaurant, Tate Britain, Millbank, SW1P
III A3 3 ; C5 — 136

Osteria dell'Angolo, 47 Marsham St., SW1P
III A3 2 ; C4 — 132

The Cinnamon Club, 30-32 Great Smith St., SW1P
III A2 1 ; C4 — 132

The Vincent Rooms, 76 Vincent Sq., SW1P   h. pl. III par A3 4 ; C4 — 136

● Mayfair, Marylebone, Camden Town

Al Hamra, 31-33 Shepherd Market, W1J
V C2 9 ; B3 — 170

Atari-Ya, 20 James St., W1U
VI B3 2 ; B3 — 175

Babbo, 39 Albemarle St., W1S
V D1 3 ; B3 — 167

Burger & Lobster, 29 Clarges St., W1J
V C2 8 ; B3 — 170

Casa Malevo, 23 Connaught St., W2
V A1 10 ; A3 — 172

The Connaught, Carlos Pl., W1K
V C1 6 ; B3 — 35, 170

Dorchester, Park Lane, W1K
V C2 ; B3 — 35

Feng Shang Princess, Cumberland Basin, Prince Albert Rd, NW1
VI A1 11 ; B1 — 185

Haché, 24 Inverness St., NW1
VI B1 9 ; B1 — 183

Princess Garden, 8-10 North Audley St., W1K V C1 7 ; B3 170

Roti Chai, 3 Porman Mews, W1H VI A3 1 ; B3 175

Royal Academy of Arts Restaurant, Burlington House, W1J V D1 2 ; B3 166

Royal China, 24-26 Baker St., W1U VI A3 4 ; B3 177

● Bloomsbury et St Pancras

Fitzroy Tavern, 16 Charlotte St., W1T VII A2 8 ; C2 194

Great Court Restaurant, British Museum, Great Russel St, SW1 VII A/B2 10 ; C2/3 195

Honey & Co, 25A Warren St., W1T VII A2 7 ; B2 194

Indian YMCA, 41 Fitzroy Sq., W1T VII A2 5 ; B2 194

North Sea Fish Restaurant, 7-8 Leigh St., WC1H VII B1 2 ; C2 189

Paolina's, 181 King's Cross Rd, WC1X VII B1 3 ; C2 191

Roka, 37 Charlotte St., W1T VII A2 9 ; C3 194

Sardo, 45 Grafton Way, W1T VII A2 6 ; B2 194

● City, East End, Tower Bridge

The Clerkenwell Kitchen, 27-31 Clerkenwell Close, EC1R X A1 1 ; D2 235

The Dickens Inn, Marble Quay, St Katharine's Way, E1W XII A1 2 ; E3 249

Goodman, 11 Old Jewry, EC2R IX B1 4 ; E3 230

Hawksmoor, 157a Commercial St., E1 XI A2 8 ; E2 241

Osteria del Mercato, 13-15 Leadenhall Market, EC3V IX B1/2 5 ; E3 229

Smith's, 22 Wapping High St., E1W XII B2 3 ; F3 249

Sweetings, 39 Queen Victoria St., EC4N IX A2 2 ; D3 224

● Southbank et Southwark

Cantina, angle Park St. et Clink St., SE1 XIII C1 6 ; D3 269

George Inn, 77 Borough High St., SE1 XIII C2 7 ; E4 269

Oxo Brasserie, Oxo Tower, SE1 XIII B1 4 ; D3 263

Tate Restaurant, Tate Modern, Bankside, SE1 XIII B/C1 ; D3 264

● Chelsea, Kensington, Notting Hill

Dinner, 66 Knightsbridge, SW1X XV B2 ; B4 35

Geales, 1 Cale St., SW3 XIV A1 5 ; A5 275

Geales, 2 Farmer St., W8 XVI B1 4 ; h. pl. gén. par A3 301

Gordon Ramsay, 68 Royal Hospital Rd, SW3 XIV A2 ; A5 35

Holland Park Café, Holland Park, W8 XVI A2 6 ; h. pl. gén. par A4 302

Ledbury, 127 Ledbury Rd, W11 h. pl. XVI par B1 ; h. pl. gén. par A3 35

The Mitre, 40 Holland Park Ave., W11 XVI A1 5 ; h. pl. gén. par A3 302

The Pheasantry, 152 King's Rd, SW3 XIV A1 1 ; A5 274

The Restaurant, Natural History Museum, Cromwell Rd, SW7 XV A/B2 4 ; A4 283

Tom's Kitchen, 27 Cale St., SW3 XIV A1 4 ; A5 275

● Isle of Dogs et Greenwich

Canteen, The Park Pavilion, 40 Canada Sq., E14 XVII A1 3 ; h. pl. gén. par F3 310

● Highgate

Fabrizio, 34 Highgate Hill, N19 h. pl. XVIII par B1 6 322

● Autour de Londres

Orangery Restaurant, Kew Gardens, Richmond, TW9 h. pl. gén. par A5 325

The White Swan, Old Palace Lane, Richmond, TW9 h. pl. gén. par A5 327

CAFÉS, SALONS DE THÉ

● Trafalgar, Soho, St James

Café in the Crypt, St Martin in the Fields, Trafalgar Sq., WC2 I B2 3 ; C3 94

Index des Bonnes adresses

Espresso Bar, National Gallery,
Trafalgar Sq., WC2
I B2 ; C3 — 109

Monmouth Coffee, 27 Monmouth St., WC2
I B1 8 ; C3 — 104

The National Café, National Gallery,
Trafalgar Sq., WC2
I B2 ; C3 — 110

The National Dining Rooms,
National Gallery, Trafalgar Sq., WC2
I B2, C3 — 110

Portrait Café, National Portrait Gallery,
St Martin's Pl., WC2
I B2 1 ; C3 — 96

● **Westminster et Holborn**

Djanogly Café, Tate Britain, Millbank,
SW1P III A3 3 ; C5 — 136

The Courtauld Gallery Café,
Somerset House, Strand, WC2R
VIII A2 5 ; C3 — 211

Thames Foyer, Savoy Hotel, Strand, WC2R
VIII A2 1 ; C3 — 209

● **Mayfair, Marylebone, Camden Town**

Laville, 453 Edgware Rd, W2 pl. gén. A2 — 185

Waterside Café, Warwick Crescent,
The Little Venice Pool, W2 pl. gén. A2 — 185

● **Bloomsbury et St Pancras**

The Espresso Room,
31-35 Great Ormond St., WC1N
VII B2 1 ; C2 — 188

● **City, East End, Tower Bridge**

Cafe at St Paul's, St Paul's Cathedral,
EC4M   IX A1 1 ; D3 — 224

Café Below, St Mary le Bow,
Cheapside, EC2V IX A1 3 ; D3 — 224

Grazing, 28 Shad Thames, SE1
XII A2 4 ; E4 — 253

● **Southbank et Southwark**

Riverside Terrace, Royal Festival Hall,
Belvedere Rd, SE1
XIII A2 2 ; C3 — 262

Roof Garden Café, Queen Elizabeth Hall,
Belvedere Rd, SE1
XIII A1 3 ; C3 — 262

Tate Café, Tate Modern, Bankside, SE1
XIII B/C1 ; D3 — 264

● **Chelsea, Kensington, Notting Hill**

Central Hall Café, Natural History
Museum, Cromwell Rd, SW7
XV A/B2 3 ; A4 — 283

Energy Café, Science Museum,
Exhibition Rd, SW7
XV A/B2 5 ; A4 — 284

Fernandez & Wells, 8 Exhibition Rd, SW7
XV B2 2 ; A4 — 282

The Orangery, Kensington Gardens, W8
XV A1 7 ; h. pl. gén. par A4 — 295

V&A Café, Victoria and Albert Museum,
Cromwell Rd, SW7 XV B2 6 ; A4 — 287

● **Hampstead et Highgate**

High Tea of Highgate,
50 Highgate High St., N6 h. pl. XVIII
par B1 7 ; h. pl. gén. par B1 — 322

The Buttery Cafe, Burgh House,
New End Sq., NW3
XVIII A2 3 ; h. pl. gén. par B1 — 318

● **Autour de Londres**

Tiltyard Café, Hampton Court Rd, KT8
h. pl. gén. par A5 — 329

PUBS, BISTROTS, BRASSERIES, RESTAURATION RAPIDE

● **Westminster et Holborn**

The Coal Hole, 91-92 Strand, WC2R
VIII A2 2 ; C3 — 209

The Devereux, 20 Devereux Court, WC2R
VIII B2 7 ; C3 — 214

The Old Bank of England, 194 Fleet St.,
EC4   VIII B1 9 ; D3 — 215

The Seven Stars, 53-54 Carey St., WC2A
VIII B1 10 ; D3 — 217

The Wellington, 351 Strand, WC2R
VIII A2 3 ; C3 — 209

Tom's Kitchen, Somerset House, WC2R
VIII A2 4 ; C3 — 209

● **Mayfair, Marylebone, Camden Town**

Camden Town Brewery,
55-59 Wilkin Street Mews, NW5
h. pl. VI par B1 12 ; h. pl. gén. par B1 — 186

Paul Rothe & Son,
35 Marylebone Lane, W1U
VI B3 3 ; B3 — 175

Orrery Epiceries,
55 Marylebone High St., W1U
VI A/B3 7 ; B2 — 180

● **City, East End, Tower Bridge**

Jamaica Wine House, St Michael's Alley, Cornhill, EC3V
IX B2 6 ; E3 — 230

New Armouries, Tower of London, Tower Hill, EC3N
XII A1 1 ; E3 — 244

Poppies, 6-8 Hanbury St., E1
XI A2 5 ; E2 — 238

St John Bar and Restaurant,
26 St John St., EC1M
XI A1 7 ; D2 — 240

St John Bread & Wine,
94-96 Commercial St., E1
XI A2 6 ; E2 — 240

● **Southbank et Southwark**

Canteen, Royal Festival Hall, Belvedere Rd, SE1
XIII A2 1 ; C3 — 262

Teapod, 83 Bermondsey St., SE1
XIII D2 8 ; E4 — 271

● **Chelsea, Kensington, Notting Hill**

Casa Nova, 140 Portobello Rd, W11
XVI A1 3 ; h. pl. gén. par A3 — 301

Gail's, 138 Portobello Rd, W11
XVI A1 2 ; h. pl. gén. par A3 — 301

The Pie Man, 16 Cale St., SW3
XIV A1 3 ; A5 — 275

● **Isle of Dogs et Greenwich**

Heap's Sausages, 8 Nevada St., SE10
XVII B2 7 ; h. pl. gén. par F4 — 312

Rum & Sugar, No. 1 Warehouse, West India Quay, Canary Wharf, E14
XVII A1 1 ; h. pl. gén. par F3 — 308

Trafalgar Tavern, Park Row, SE10
XVII B2 6 ; h. pl. gén. par F3 — 312

● **Hampstead et Highgate**

The Flask, 14 Flask Walk, NW3
XVIII A2 1 ; h. pl. gén. par B1 — 318

The Holly Bush, 22 Holly Mount, NW3
XVIII A2 2 ; h. pl. gén. par B1 — 319

The Old Bull and Bush, North End Way, Golders Green, NW3
XVIII A1 5 ; h. pl. par B1 — 319

The Spaniards Inn, Spaniards Rd, NW3
XVIII A1 4 ; h. pl. gén. par B1 — 319

● **Autour de Londres**

Clarence Brasserie, 8-9 Church St., Windsor, SL4 h. pl. gén. par A4 — 334

SHOPPING, MODE

● **Westminster et Holborn**

Aram Store (design), 110 Drury Lane, WC2B VIII A1 6 ; C3 — 209

● **Mayfair, Marylebone, Camden Town**

Beatles Store (tout sur les Beatles),
231-233 Baker St., NW1 VI A3 8 ; B2 — 180

Cyberdog (gadgets), Stables Market, NW1
VI B1 10 ; B1 — 186

Richard James (tailleur de luxe),
38 Savile Row, W1S
V D1 4 ; B3 — 168

Vivienne Westwood (haute couture),
44 Conduit St., W1S
V D1 11 ; B3 — 168

● **Bloomsbury et St Pancras**

Gagosian Gallery (galerie d'art),
6-24 Britannia St., WC1X
VII B1 4 ; C2 — 191

● **La City, East End, Tower Bridge**

A Child of the Jago (vêtements),
10 Great Eastern St., EC2A
XI A1 9 ; E2 — 241

Rough Trade (disquaire), Old Truman Brewery, 91 Brick Lane, E1
XI A2 4 ; E2 — 240

● **Southbank et Southwark**

Helen Yardley Gallery (tapis),
3-5 Hardwidge St., SE1
XIII D2 9 ; E4 — 271

● **Chelsea, Kensington, Notting Hill**

Highland Store (articles d'Écosse),
59 a Portobello Rd, W11
XVI A1 1 ; h. pl. gén. par A3 — 301

Skandium (meubles),
245-249 Brompton Rd, SW3
XV B2 1 ; A4 — 282

The Shop at Blue Bird (mode),
350 King's Rd, SW3 h. pl. XIV par B2 2 ;
h. pl. gén. par A5 — 274

- **Isle of Dogs et Greenwich**

Shopping Mall (centre commercial),
Canary Wharf, E14
XVII A1 2 ; h. pl. gén. par F3 — 310

- **Highgate**

Cancer Research UK (boutique solidaire),
72 Highgate High St., N6 h. pl. XVIII
par B1 8 ; h. pl. gén. par B1 — 322

ÉPICERIE FINE, DOUCEURS

- **Trafalgar, Soho, St James**

Balthazar (boulangerie), 8 Russel St.,
WC2B I B1/2 5 ; C3 — 99

Berry Bros. & Rudd (vins et spiritueux),
3 St James's St., SW1A IV B1 2 ; B4 — 160

Maison Bertaux (pâtisserie),
28 Greek St., W1D I B1 9 ; C3 — 106

Neal's Yard Dairy (fromagerie),
17 Shorts Gardens, WC2
I B1 7 ; C3 — 104

Paxton and Whitfield (fromagerie),
93 Jermyn St., SW1Y
IV B1 6 ; B3 — 161

Scoop (glacier), 40 Shorts Gardens, WC2
I B1 6 ; C3 — 104

Scoop (glacier), 53 Brewer St., W1F
I A2 13 ; C3 — 104

Tea Palace (thé),
12 Covent Garden Market, WC2E
I B1/2 4 ; C3 — 99

- **Westminster et Holborn**

Twinings (thé), 216 Strand, WC2
VIII B2 8 ; D3 — 215

- **Mayfair, Marylebone, Camden Town**

Cadenhead's Whisky Shop and Tasting Room (whisky), 26 Chiltern St., W1U
VI A/3 5 ; C2 — 177

Fortnum & Mason (grande épicerie),
181 Piccadilly, W1A
V D2 1 ; B/C3 — 162

Postcard teas (thé), 9 Dering St., W1S
V C1 5 ; B3 — 168

- **Southbank et Southwark**

Konditor & Cook (pâtisserie),
22 Cornwall Rd, SE1
XIII B2 5 ; D4 — 263

MARCHÉS

- **Mayfair, Marylebone, Camden Town**

Marylebone Farmers' Market (terroir),
Cramer St. Car Park, W1U
VI A3 6 ; B3 — 45, 177

- **City, East End , Tower Bridge**

Backyard Market (marché aux puces),
Brick Lane, E1
XI A1 3 ; E2 — 238

Brick Lane Market (marché aux puces),
Brick Lane, E1
XI A1 2 ; E2 — 45, 238

Columbia Road Flower Market (fleurs),
Columbia Rd, E2
XI A1 11 ; E2 — 45, 242

Exmouth Market (alimentaire),
Exmouth St, EC1
h. pl. XII par B1 ; h. pl. gén. par F3 — 45

Kingsland Waste Market
(marché aux puces), Kingsland Rd, E2
h. pl. XI par A1 10 — 242

- **Southbank et Southwark**

Bermondsey Square Antiques Market (brocante), angle Bermondsey St. et Long Lane, SE1
XIII D3 10 ; E4 — 271

Borough Market (alimentaire),
8 Southwark St., SE1
XIII C2 ; D/E3 — 45, 268

- **Chelsea, Kensington, Notting Hill**

Portobello Road Market (antiquaires),
Portobello Rd, W10
VI A1 ; h. pl. gén. par A3 ; — 45

- **Isle of Dogs et Greenwich**

Clock Tower Market (brocante),
166 Greenwich High Rd, SE10
XVII B2 5 ; h. pl. gén. par F4 — 311

Greenwich Market (antiquités, artisanat),
entre King William Walk et Greenwich Church St., SE10
XVII B2 4 ; h. pl. gén. par F4 — 311

Index thématique des encadrés

■ Architecture, urbanisme

Les quartiers qui montent	67
La course aux gratte-ciel	68-69
Le dernier chic : la pierre de Normandie	76
Les *terraced houses*	79
Gothique, le retour	88
Buckingham Palace : démesure ou nécessité ?	149
Two Temple Place, un caprice de millionnaire	213
Le siège de la Lloyd's : une usine à gaz ?	229
Millennium Dome : un dôme pour le millénaire	314

■ Beaux-arts, design

Le baroque selon Wren	80-81
La National Gallery en 15 chefs-d'œuvre	111
Un test risqué (*Scènes de la vie de Griselda*)	112
La Tate en 15 chefs-d'œuvre	137
La France sur la sellette (*Le Bœuf rôti de la bonne vieille Angleterre*, de Hogarth)	139
Les portraitistes anglais : à chacun son style	141
Turner, ou l'embrasement	142-143
Les préraphaélites : l'énigmatique PRB	145
Le British Museum en 15 chefs-d'œuvre	197
La découverte du trésor de Sutton Hoo : intuition féminine !	204
La méthode Lely	211
John Soane : le souvenir de l'Italie	220
La Mecque du Street Art	242
Sir Conran, un designer de renom	252
La sculpteur Barbara Hepworth : Dame Barbara	264
Le Victoria and Albert Museum en 10 jalons	287
Les Cast Courts du V&A : un tour d'Europe des monuments	288
L'esthétique Arts and Crafts	290-291
Le bleu Wedgwood	293
Les tentures de la manufacture de Mortlake	296
La galerie Marianne North aux Kew Gardens	326

■ Gastronomie

Des étoilés abordables	35
Le porto : une invention britannique	38
Londres, capitale mondiale de la gastronomie	65
Au marché du Borough	266

■ Géographie, environnement

La campagne à la ville	156-157
Balade le long du Regent's Canal	184-185
La Tamise : un long fleuve pas si tranquille	270-271
Flânerie bucolique au Battersea Park	278

■ Histoire, biographies

Vague de langues	74
Clubs privés : montrer patte blanche	82
« Railwaymania » ou le développement des transports à l'époque victorienne	86-87
Metroland, du paradis à l'enfer ?	91
Le Kit-Cat Club	97
Les premiers *tubes*	100
Soho... *so hot* !	106
« Swinging London »	108
Femme d'Henri VIII : un métier à haut risque	122
A very bad guy (Guy Fawkes, Jacques Ier et la conspiration des Poudres)	125
La pierre de Scone à l'abbaye de Westminster : un trône bien lesté	127

Index thématique des encadrés

Churchill, une icône britannique	135
Un réveil pas comme les autres	151
George Brummell : *dandy or not dandy* ?	158
Camden Town : histoire d'une ébullition	183
L'aiguille de Cléopâtre	208
Fleet Street, la rue de la presse	216
Les princes de la Tour de Londres	247
Florence Nightingale : une infirmière de choc	255
Les hauts faits du croiseur *Belfast*	268
Cheyne Walk, la rue des célébrités	277
Edward et Marion Sambourne : la vie d'artiste à « Kens »	304
À titre de réparation (après l'abolition de l'esclavage)	309
Panique à Highgate…	322
À la table d'Henri VIII	330
L'ordre de la Jarretière	336

■ Littérature, musique, théâtre, cinéma

Singing London	51
Sur le devant de la scène	102-103
Händel, un virtuose né	169
Scandale à Bloomsbury	190
Samuel Johnson : du sens des mots	219
Saint Bartholomew the Great, lieu de tournage : plus vrai que nature	235
Jusqu'au bout de l'angoisse…	236-237
Proms in London (au Royal Albert Hall)	286

■ Société

Londres, cinquième ville de France	55
Londres en bref	56
One Hyde Park, ghetto pour milliardaires	59
La mode « made in London »	60-61
La « Saison »	63
Les écoles : un système hétérogène	72
Parlement britannique : les lords et les MPs	123
Une couronne indéboulonnable	152
Le Speaker's Corner, une tribune pour tous	173
Les membres du Handlebar Club : moustachus et fiers de l'être !	179
Les Inns of Court, temples du droit	218
Tel maire, telle ville	227
Le Chelsea Football Club, petit parmi les grands	276

■ Traditions, art de vivre

La bière et les gens	36-37
Petit déj' à l'anglaise	39
Parades royales	130-131
La relève de la garde : un ballet réglé comme du papier à musique	154
Le Pearly Costmonger's Harvest Festival : l'aumône en costume de lumière	225
Tour de Londres : qui va là ?	246
Les Caraïbes à Notting Hill	300
Pubs d'antan à Hampstead	319

■ Vie pratique

Londres gratuit	12
Vivre à la londonienne	16
London on line	21
Urgences	28
L'*Oyster Card*	31
Poids et mesures	40
Perte ou vol de votre carte de crédit	41
Le *London Pass*	42
Chasseurs d'images	43
Des marchés pour vos emplettes	45
Shopping pour tous les goûts	46-47
Téléphoner à Londres	49
Au marché du Borough	266
O_2 : un dôme pour le millénaire	314

Index

Les nombres en **gras** signalent un traitement plus développé ; les numéros de page en bleu indiquent une carte ou un plan ; ceux en *italique*, une illustration séparée de l'entrée correspondante :
City Hall : nom de lieu • *Keats, John* : nom de personne • Street art : mot-clé.

30 Saint Mary Axe (Gherkin)   *68*, *69*, 230

A

Adam, Robert   171, 208, 293, 320
Adelphi, The   **208**
Admiralty Arch   *155*, **158**
Aéroports   29
Aitchison, George   303
Albert Bridge   **277**
Albert de Saxe-Cobourg-Gotha, prince   88, 285, 287, 294, 336
Albert Memorial   **294**, *295*
Alexander, Daniel Asher   250
Alfred le Grand   76
All Hallows by the Tower   **248**
All Souls Church   **179**
Ambassades   39
Angles   75
Anglicanisme   330
Anne Boleyn   122
Anne de Clèves   122
Apsley House   **170**
Argent   22, **40**, 129
Armée   130, 154, 279. *Voir aussi* Guerre
Arts and Crafts   **290–291**
Arts décoratifs   287
Ashbee, Charles Robert   291
Astor, William Waldorf   213
Astronomie   285, 315
Augusta, princesse   325

B

Bacon, Francis   145, 263
Bacon, Nathaniel   138
Bank of England   **227**
Bank of England Museum   **227**

Banqueting House   **133**
Barbican, quartier   **231**, 232
Barbican Centre   **233**
Baroque   **80–81**
Barry, Charles   121
Bateaux   33, 250, 266, 268, 285, 311, 312
Battersea, quartier   **278**
Battersea Park   **278**
Battersea Power Station   279
Beale, Mary   139
Bedford Square   **187**
Bellini, Giovanni   112
Benotti, Domenico   289
Bentham, Jeremy   192
Berwick Street   **107**
Bettes, John   137
BFI Imax   260
BFI Southbank   **260**
Bières   **36–37**, 38
Big Ben   48, **120**
Bishopsgate   **230**
Blake, William   **147**
Blenheim Crescent   **298**
Bloody Mary (Marie Ire Tudor)   129
Bloomsbury, quartier   **187**, 188
Bloomsbury, groupe de   **190**
Bomberg, David   145
Bonfire Night   125
Borough, quartier   258, **261**
Borough Market   45, **266**
Borra, Giovanni Battista   289
Botticelli, Sandro   211
Boudicca   74, 75
Boulle, André Charles   177
Bow Lane   224
Braque, Georges   264

Brick Lane **239**
Brick Lane Market **45**
British Library 68, **191**
British Museum 69, **195**, 197
Broadcasting House **179**
Broadwick Street **53**
Brompton, quartier **281**, 283
Brompton Oratory **282**
Brontë, sœurs 97
Brookshaw, George **293**
Bruegel l'Ancien, Pieter 211
Brummell, George **158**
Buckingham, quartier **148**, 150
Buckingham Palace **148**, 149
Burgh, Allatson 318
Burgh House **318**
Burlington Arcade **167**
Burne-Jones, Edward 144
Burra, Edward 145
Bus **32**
Butler's Wharf **252**
Byron, lord 97
Bywater Street *274*

C

Cabbadge & Frocks Market 47
Cabines téléphoniques 48
Cadogan Hall 273
Camden High Street **182**
Camden Lock **184**
Camden Lock Market **186**
Camden Market **183**
Camden Theatre 183
Camden Town 174, **176**, **182**, **183**
Campin, Robert 210
Canaletto 118, 179
Canary Wharf 70, **309**
Canova, Antonio 171
Caravage 117
Carlton House Terrace **155**
Carlyle, Thomas 276
Carnaby Street **108**
Cartes de crédit 22, 41
Catherine d'Aragon 122
Catherine Howard 122

Catherine Parr 122
Cavendish, George 167
Celtes 73
Chamberlain, John H. 293
Chambers, William 151, 209, 326
Champollion, Jean-François 197
Change 22, **40**, 129
Chapeaux 45
Chaplin, Charlie 257
Charing Cross Railway Station **206**
Charity shops 47
Charles II 78
Charles Dickens Museum **189**
Charterhouse **234**
Chaussures 45
Cheesegrater (Leadenhall Building) 69, 230
Chelsea, quartier **272**, 273
Chelsea FC **276**
Chelsea Flower Show **280**
Chelsea Green **275**
Chelsea Old Church **277**
Chelsea Physic Garden **279**
Chemin de fer **86–87**, 186
Cheyne Row 275, **276**
Cheyne Walk **277**
Chinatown **105**
Choucair, Saloua Raouda 264
Christ Church **240**
Christie's 161
Church House **132**
Church Row **316**
Churchill, Winston 135
Churchill War Rooms **135**
Cinéma 66, 99, **101**, 235, 236–237, 256, 260, 299, **345**
City *13*, *93*, **221**, 223
City Hall 267, **269**
Clarence House **155**
Claude, empereur 74
Cleopatra's Needle **207**, 208
Clockmakers' Museum **227**
Clubs 71, **82**, 179
Code postal 41
Coliseum **98**
Columbia Road Flower Market **45**

COMÉDIES MUSICALES **51**, **103**
COMMUNAUTÉS 56, 82
Communes, Chambre des **123**, **124**
Conran, Terence **252**, **283**
Constable, John 84, 140, **147**, 226
CONVERSATION PIECE 141
Copley, John Singleton 226
Coram, Thomas 189, 190
Corrège 172
County Hall **256**
COURONNEMENT 126, 127, 245
Courtauld, Samuel 210
Courtauld Gallery **210**
Covent Garden, quartier 76, 94, **96**, 98, 103
Covent Garden Market **99**
Covent Garden Piazza **98**
Cranach l'Ancien, Lucas 113
Criterion Theatre 163
Crivelli, Carlo 111
Croft, Henry **225**
Cromwell, Oliver 78
Cromwell House **322**
Crosby, Theo **265**
Crystal Palace 88, 173
CUISINE **33**, 330
Cutty Sark **311**

D

Daddi, Bernardo 210
Dance l'Aîné, George 228
DANDYSME 158
Dean's Yard **132**
Delacroix, Eugène 179
Delaroche, Paul 118
Dennis Severs' House **241**
Design Museum **252**, 305
DESSERTS 35
Diana, princesse (Lady Di) 173
Dickens, Charles 97, 189, 253
DOCKLANDS 248, 251, **308**, 309
Docks 243, 244, 307
DOCTEUR JEKYLL ET MISTER HYDE **236**
Doré, Gustave 87
Downing Street **132**
Dr Johnson's House **219**

Dracula 237
Drouais, François-Hubert 117
Duke of York's Column **155**

E

East End **231**, 232, 238, 236-237
ÉCONOMIE 56
Édouard le Confesseur 76, 128
Édouard III 336
ÉGYPTIENNE, CIVILISATION 193, **196**, 208, 228
Eleanor's Cross **207**
Electric, cinéma **299**
ÉLECTRICITÉ 49
Elgin, lord 196, 199
*Élisabeth I*ʳᵉ 129, 313
Élisabeth II 58, 91, 151
Elizabeth Tower (Big Ben) **120**
ENGLISH BREAKFAST 39
ENSEIGNEMENT **72**
ÉPICERIE 45
ÉPIDÉMIES 77, 85, 271
ÉPOUVANTE 236-237, 319, 322
ESCLAVAGE 308, **309**
ESPACES VERTS 67, **156-157**, 184-185.
    Voir aussi Jardins
Evelyn, John 289
Execution Dock **250**
Exmouth Market 45
EXPOSITION UNIVERSELLE DE 1851 88, 290

F

Fagan, Michael 151
FAMILLE ROYALE 58
Fan Museum **314**
Fashion & Textile Museum **269**
Fawkes, Guy 125
Fenton House **317**
FESTIVAL OF BRITAIN **257**
FÊTES ET MANIFESTATIONS 51, 66, 130-131, 225, 300
FINANCE 64, 82
FISH AND CHIPS 34
Fitzrovia **188**, 193
Fitzroy Tavern 193, 194
Flamsteed, John 314
Flamsteed House **314**

Flask Walk   318
Fleet Street   216, 236
Florence Nightingale Museum   255
FOOTBALL   276, 278
Fortnum & Mason   46, **165**
Foster, Norman   68, 69, 196, 269
Foundling Museum   **189**
Fowke, Francis   285
Fragonard, Jean-Honoré   178
FRANÇAIS   55, 106, 139
French Protestant Church   106
Freud, Sigmund   323
Freud Museum   **323**
Friedrich, Caspar David   118
FROMAGES   34
FROST FAIRS   270

G

Gabriel's Wharf   **261**
Gainsborough, Thomas   83, 139, 140, **141**, 178, 321
GARDE, RELÈVE DE LA   **19**, **154**
Garden Museum   **255**
GASTRONOMIE   35, **65**
GASTROPUBS   33
Geffrye Museum of the Home   **242**
Georges Ier   79, 296
Georges III   83
Georges IV   84, 336
GEORGIENNE, ARCHITECTURE   79
Gertler, Mark   145
Gheeraerts le Jeune, Marcus   138
Gherkin (30 Saint Mary Axe)   68, 69, 230
Gibbons, Grinling   223, 330, 334
Gibbs, James   95, 213
Gilbert, Albert   163
Gilbert, Alfred   159
Gilman, Harold   145
GIN   36, 38
Giorgione   114
Giuliano da Maiano   292
Glebe Place   275
Golden Hinde II   **266**
Golden Jubilee Bridges   206
Golders Hill Park   **320**
Goldfinger, Ernö   319

Golub, Leon   263
Gossaert, Jan (dit Mabuse)   114
GOTHIC REVIVAL   88
GOTHIQUE, STYLE   88
Gower, John   267
GRAND INCENDIE   80
GRAND LONDRES   89, 227
GRANDE PUANTEUR   271
GRANDS MAGASINS   46
Grant Museum of Zoology   **193**
GRATTE-CIEL   **68-69**, 70
Gray's Inn   217
Green Park   **159**
GREENWICH, MÉRIDIEN DE   315
Greenwich, quartier   306, **307**, **311**
Greenwich Park   **314**
Gresham, Thomas   228
Grey, Jane   118
Grosvenor Square   **170**
Guards Museum   **154**
GUERRE   90, 131, 135, 255, 268, 279, 288. Voir aussi Armée
Guildhall   **225**
Guildhall Art Gallery   **226**
Guillaume le Conquérant   77
Guillaume III   330, **331**
Guinness, Edward   321

H

Hackney   67
Hadid, Zaha   69, 295
Hals, Frans   178
Hamilton, Richard   146
Hamilton, William   196
Hampstead, quartier   316, 317
Hampstead Heath   5, 157, **320**
Hampton Court Palace   **329**
Handel House Museum   **169**
Händel, Georg Friedrich   169
Harris, Arthur (Bomber Harris)   214
Harrison, John   227, 315
Harrods   46, **281**
Hartung, Hans   263
Hatchard's   **165**
Hawksmoor, Nicholas   127, 240
Hay's Galleria   **268**

Haymarket **98**, 103
Hayward Gallery **259**
Heartfield, John 263
Henri VII 128
Henri VIII 77, **122**, 313, **330**
Henry de Reynes 127
Hepworth, Barbara **264**
Her Majesty's Theatre 98
Heron Tower 230
Herzog & De Meuron 69, 262
Highgate, quartier **316**, 317, 322
Highgate Cemetery **322**
Highgate Village **321**
Highmore, Joseph 139
Hinton Saint Mary **202**
Hippodrome 105
Hirst, Damien 146
HMS Belfast 267, **268**
Hockney, David 146
Hogarth, William **117**, **139**, 141, 190
Holbein le Jeune, Hans 113, 141, 277
Holborn **206**, 207, **215**
Holland House **302**
Holland Park 298, 299, **302**
Holmes, Sherlock 181
Holy Trinity Church **273**
Hooke, Robert 230
Horse Guards Arch **133**
Horse Guards Parade 130, **134**
HORSE-TRAM 87
House of Parliament
 (Westminster Palace) **121**
Household Cavalry Museum **134**
Hoxne, trésor de **202**
HUGUENOTS 106. *Voir aussi* Protestants
Hunt, William 145, 223
Hyde Park 157, **172**, 173

I

IMMIGRATION 55, 106
Imperial War Museum **255**
Inner Temple **214**
Inns of Court **218**
Institute of Contemporary Arts **155**
INSTITUTIONS 56, 123, 124, 152, 227.
 Voir aussi Monarchie

INTERNET 21, 42
Island Gardens **310**
Isle of Dogs **306**, 307

J

Jack l'Éventreur **237**
Jacobs, Edgar P. 237
Jacques Ier 78
James, John 169
Jamme Masjid **239**
JARDINS **156–157**, 255
JARRETIÈRE, ORDRE DE LA **336**
Jeanne Seymour 122
Jermyn Street **160**
Jewel Tower **125**
Jewish Museum **182**
Johnson, Samuel **219**
Jones, Horace 229, 234, 250
Jones, Inigo 78, 98, 100, 133, 159, 313
JOURS FÉRIÉS 41
JOYAUX DE LA COURONNE 245
Joyce, James 97
JUIFS 182

K

Kalf, Willem 115
Keats, John 319
Keats House Museum **319**
Kensington, quartier 281
Kensington Gardens 283, **294**
Kensington Palace **295**
Kent, William 296
Kenwood House 5, **320**
Kew Gardens **324**
King's Cross 67, 87
King's Road **274**
KIT-CAT CLUB **97**
Knightsbridge **281**, 283

L

Lambeth, quartier 254, **255**, 258
Lambeth Palace **255**
Langham Hotel 179
LANGUE 74, **338**
Lasdun, Denys 261

Index • Law Courts – National Portrait Gallery • 359

Law Courts (Royal Courts of Justice) **215**
Lawrence, Thomas 141, **335**
Le Nôtre, André 314
Leadenhall Building (Cheesegrater) *69*, 230
Leadenhall Market *27*, **229**
Legorreta, Ricardo 269
Leicester Square **105**, 157
Leighton, Frederic 303
Leighton House Museum **303**
Lely, Peter 139, **211**
Léonard de Vinci 111
Lewis, échiquier de **201**
Liberty, magasin 108
Lincoln's Inn **217**
Lindow, homme de **202**
Linley Sambourne House **305**
Linnell, John et William 289
Littérature 236–237, **342**
Little Venice **185**
Lloyd Webber, Andrew 103
Lloyd's **229**
London Bridge 308
London Dungeon 256
London Eye 256, **257**
London Film Museum **101**, **256**
London Pass 42
London Pavilion 163
London Transport Museum **100**
London Zoo **181**
Lord-maire (Lord Mayor) 77, 131, **227**
Lords, Chambre des **123**
Lorrain, Claude 115

M

Mackintosh, Charles Rennie 294
Madame Tussauds Museum **180**
Mall, The **155**
Manet, Édouard 212
Mansion House **228**
Marble Arch **173**
Marchés **45**, 47, 99, 170, 183, 186, 226, 229, 234, 240, 241, 301
Marie Stuart 129
Marie Ire Tudor (Bloody Mary) 129
Marie II 330, **332**

Marque jaune, La 237
Marylebone, quartier **174**, 176
Marylebone Farmers' Market 45
Matisse, Henri 263
May, Hugh 334
Mayfair *19*, **162**, 164-165
Meléndez, Luis 118
Memling, Hans 112
Merz, Marisa 265
Météo 21
Métro **32**, 87, 91, **100**, 364-365
Metsys, Quentin 113
Michel-Ange 166
Michelin House **282**
Middle Temple Hall **213**
Mildenhall, trésor de **202**
Millais, John Everett 144, 145, 226
Millennium Dome 68, **314**
Millwall Park 310
Mode 44, 58, **60-61**, 269, 288
Modigliani, Amedeo 212
Monarchie 58, 126, 127, 130–131, 148, 152, 156, 158, 245
Monet, Claude 119, 212
Monnaie 22, **40**, 129
Monument, The **230**
Moore, Henry 168
More, Thomas 277
Morris, William **290-291**, 294, 337
Morrison, Arthur 237
Mortlake, manufacture de **296**
Moyen Âge 201, 232
Museum of Brands, Packaging & Advertising **299**
Museum of London 232
Museum of London Docklands **308**
Museum of the Order of Saint John **235**
Musique 50, 51, 66, 169, 286

N

Nash, John 84, 108, 149, 154, 155, 173, 179, 181
National Army Museum **279**
National Gallery **109**, 110, 111
National Maritime Museum **312**
National Portrait Gallery 96

National Theatre 260
Natural History Museum 283
Neal Street 104
Neal's Yard 104
Neasden, temple de 57
Nelson, Horatio 95, 224
Nelson Column 95
New Bond Street 167, **168**
Newton, Isaac 191
Nightingale, Florence 255
NORMANDS 74, 75, 76
North, Marianne 326
Notre-Dame-de-France 105
Notting Hill **298**, 299
Nouvel, Jean 69

O

O$_2$ Arena (Millennium Dome) 68, **314**
OBJETS TROUVÉS 40
Odeon 105
Old Bond Street **167**
Old Compton Street **106**
Old Royal Naval College 81, **312**
Old Spitalfields Market **240**
Old Truman Brewery **240**
Oliver's Wharf 249
OMNIBUS 86
One Canada Square **310**
One Hyde Park **59**
One New Change 69
Open Air Theatre 181
Opie, Robert 299
Osborn, Emily Mary 144
OUTLETS 47
Owen, Richard 284
Oxford Street **175**
Oxo Tower 261
OYSTER CARD 31

P

Palace Theatre 102
Paolozzi, Eduardo 191
PARADES **130–131**
Park Crescent 180
Parlement 121, **123**, 130

Parliament Hill **320**
Parliament Square 132
PARTHÉNON 199
Patinir, Joachim 115
PÂTISSERIE 48
PAUVRETÉ 59, 78
PEARLY COSTERMONGERS' HARVEST FESTIVAL **225**
Pearson, John L. 213
Penone, Giuseppe 264
Penrose, Roland 239
Petrie Museum of Egyptian Archeology 193
Petticoat Lane Market **241**
PHARMACIES 40
Phoenix Garden 157
Photographers' Gallery **107**
PHOTOGRAPHIE 43
Piano, Renzo 69, 268
Piccadilly, quartier 162, **163**, 164-165
Piccadilly Circus **162**
Pickering Place **160**
Piero della Francesca 112
POIDS ET MESURES 40
POISSONS 34
POLITESSE 43, 62
Pollock's Toy Museum **194**
Ponds **320**
POP-UP SHOPS 47
POPPY DAY (Remembrance Sunday) 131
Portland Place **179**
Portland, vase de **200**
PORTO **38**
Portobello Road **301**
Portobello Road Market 45, **301**
PORTRAIT 96, **141**
Potter, Neal 283
POUDRES, CONSPIRATION DES **125**
POURBOIRE 43
PRÉRAPHAÉLITES **145**
PRESSE 42, **216**
Pretty, Edith May 201
Princess Diana Memorial **173**
Priory Church of Saint John **235**
PROMS, THE **286**
PROTESTANTS 77, 83. *Voir aussi* Huguenots

Pubs 33, **36–37**, 71, 319
Pugin, Augustus W. N. 88, 121, 293

Q

Quant, Mary 60, 274
Queen Alexandra Memorial **159**
Queen Elizabeth Hall **259**, 260
Queen Victoria Memorial 155
Queen's House **313**
Queen's Walk 254, 261, 271

R

Raffaello da Brescia 292
Ranelagh Gardens **280**
Ranger's House **315**
Raphaël 113, 288
Regent Street 7, **108**
Regent's Canal **184–185**
Regent's Park 181
Religions 72, 83, 330
Rembrandt 115, 178
Remembrance Sunday 131
Reynolds, Joshua 140, **141**
Rich Mix, cinéma 12
Richmond **327**
River Bus 254
Rogers, Richard 68, 229, 314
Rolling Stones 108
Romaine, époque 73, **198**, **202**, 232
Roman Bath **213**
Roman, style 76
Rosette, pierre de **197**
Rossetti, Dante Gabriel 145, 226
Rothko, Mark 263
Round House **186**
Royal Academy of Arts **166**
Royal Albert Hall **285**, 286
Royal College of Music **286**
Royal Court Theatre 272
Royal Courts of Justice **215**
Royal Exchange **228**
Royal Festival Hall **258**
Royal Hospital **279**
Royal Institute of British Architects 180
Royal Observatory **314**

Royal Opera House **101**
Royal Theatre Drury Lane **101**
Rubens 116, 133
Ruskin, John 290
Russell Square **188**
Russell, hôtel 189

S

Saatchi Gallery **274**
Saint Bartholomew the Great **234**, 235
Saint Bride's **216**
Saint Christopher's Place 175
Saint Clement Danes **214**
Saint Dunstan in the West **216**
Saint George's Hanover Square Church **169**
Saint James, quartier 148, 150, 154
Saint James's Church **164**
Saint James's Palace 154, **158**
Saint James's Park **154**, 156
Saint James's Street **160**
Saint John's Church **302**
Saint John's Gate **235**
Saint Katharine Docks 84, **248**
Saint Lawrence Jewry **226**
Saint Luke's Church **275**
Saint Margaret's Church **125**
Saint Martin in the Fields **95**
Saint Martin's Lane **98**
Saint Mary le Bow **224**
Saint Mary le Strand **213**
Saint Pancras, gare **190**
Saint Pancras, quartier **187**, 188
Saint Pancras Parish Church **192**
Saint Pancras Renaissance London Hotel **190**
Saint Paul's Cathedral 93, **221**
Saint Paul's Church **99**
Saint Saviour and Saint Mary Overie (Southwark Cathedral) **266**
Saint Saviour's Dock **253**
Saint Stephen Walbrook 81, **228**
Sambourne, Edward Linley **304**, 305
Santé 23, 43, 85
Savage, James 275
Savile Row 168

Savoy Chapel 209
Savoy Hotel 209
SAXONS 75
Schad, Christian 263
Science Museum 285
SCONE, PIERRE DE **127**
SCOTLAND YARD 84
Scott, George Gilbert 190, 292, 294, 336
Scott, Giles Gilbert 262
Sea Life London Aquarium **256**
SÉCURITÉ 44, 83
Selfridges 46, 175, 233
Serpentine Galleries *11*, **295**
Seurat, Georges 119
Seven Dials **104**
Severs, Dennis 241
Shad Thames **251**
Shakespeare, William **102**, 265
Shakespeare's Globe **102**, **265**
Shard, The 69, **267**
Shepherd Market **170**
Sherlock Holmes Museum 17, **181**
SHOPPING 44, **46–47**
Shoreditch 67, 237
Siberechts, Jan 139
Sickert, Walter 318
Sir John Soane's Museum **219**
Sloane, Hans 195, 272, 284
Sloane Square *13*, **272**
Sloane Street **273**
Smithfield, quartier **231**, *232*
Smithfield Market **234**
Soane, John 219, **220**, 227
Soho, quartier 94, *96*, **105**, 106
Soho Square **106**
SOLDES 44
Somerset House **209**
Sotheby's 168
South Bank **255**, *258*
South Kensington **281**, *283*
Southbank Centre **257**
Southwark, quartier 254, *258*, **261**
Southwark Cathedral **266**
Speakers' Corner **173**
SPECTACLES **102–103**
Spencer House **159**

Spitalfields **238**, *238*
SQUARES **157**
Stables Market **186**
Stamford Stadium 276
Staple Inn 78, **219**
STATE OPENING OF PARLIAMENT 130
Steen, Jan 178
Stephen, John 108
Stevenson, Robert Louis 236
Stirling, James 146
Stoker, Bram 237
Strand **206**, *207*
Stratford 67, 69
STREET ART **242**
Stuart, dynastie 77
Stuart, James (dit l'Athénien) 160, 312
Stubbs, George 140
Sutton Hoo, trésor de **201**
Sutton, Thomas 235
Swain's Lane *14*, 321
SWINGING LONDON **108**

T

Talkie-Walkie (20 Fenchurch Street) 69
Talman, William 330
TAMISE **270–271**, 308
Tamise, rive sud 254, *258-259*
Tate Britain **136**, 137
Tate Modern **261**
TAXIS 32
Tech City 65
TÉLÉPHONE 48, 49
Telford, Thomas 248
Temple, quartier **213**
Temple Bar **216**
Temple Church **214**
TEMPLIERS, ORDRE DES 213
TERRACED HOUSES **79**, 181, 316
Thames Barrier 271
Thames Path **310**
Thatcher, Margaret 92
THÉ 38, 39
Theatre Royal Haymarket 98
THÉÂTRES 50, **102–103**, 265
Thomas Carlyle's House **276**

Index • Thornhill – Young British Artists • 363

Thornhill, James 222, 312
Tiepolo, Giambattista 118, 211
Tite Street 279
Titien 114
Tobacco Dock 250
Todd, Sweeney 236
Tour de Londres 76, **243**
Tower 42 230
Tower Bridge **243**, 244, 250
Tower of London 76, **243**
TRAFALGAR, BATAILLE DE 95
Trafalgar Square 85, **94**, 96
TRANSPORTS EN COMMUN 31, 72, **86–87**, 100
TROOPING THE COLOUR 130
TUBE (Métro) **32**, 87, 91, 100, 364-365
Tudor, dynastie 77, 330
Turner, Joseph Mallord William 115, 117, 140, **142–143**, 147
Tussaud, Marie 181
Two Temple Place 213
Two Willow Road 319

U

Uccello, Paolo 110
University College London **192**
URBANISME 67, 79, 80, 84, 89, 183, 248
URGENCES 28, 39

V

V&A (Victoria and Albert Museum) **287**
V&A Museum of Childhood **242**
Van Dyck, Antoon 97, 138, 141
Van Eyck, Jan 111
Van Gogh, Vincent 119, 212
Vasari, Giorgio 297
Vélasquez 116, 171, 177
VÉLOS 33, 72
Vermeer de Delft 116
Véronèse 113
VÊTEMENTS, TAILLES DE 44
VIANDES 34
Victoria I 85, 149, 287, 288, 297
Victoria and Albert Museum **287**
Victoria Embankment Gardens 207
Victoria Tower 123

VICTORIENNE, ÈRE 85, 300
VINS 38
Voysey, Charles F. A. 291, 294

W

Wallace Collection **175**
Wanamaker, Sam 265
Wapping High Street 249
Wardour Street **106**
WATERLOO, BATAILLE DE 172
Watteau, Antoine 178
Webb, Aston 158
Wedgwood, Josiah 293
Wellington, duc de 171, 224
Wellington Arch **172**
Wellington Barracks 154
Wellington Museum 170
West, Benjamin 140
West India Docks 307
Westminster, quartier 76, **120**, 122
Westminster Abbey **126**
Westminster Cathedral **152**
Westminster Hall 124
Westminster Palace **121**
Westminster School 132
Westwood, Vivienne 61
White Cube Gallery **161**
Whitechapel, quartier 237, **238**, 238
Whitechapel Art Gallery **239**
Whitehall 120, 122, **132**, 133
Wilson, Colin St John 68
Windsor, dynastie 334
Windsor Castle **333**
Wolfe-Barry, John 250
Wolsey, Thomas 330
World's End Pub 183
Wren, Christopher 10, **80–81**, 164, 215, 221, 224, 225, 228, 230, 280, 295, 297, 312, 314, 330
Wyatt, James 293
Wyattville, Jeffry 334

Y

YEOMAN WARDER 246
York Water Gate **208**
YOUNG BRITISH ARTISTS 66, 146

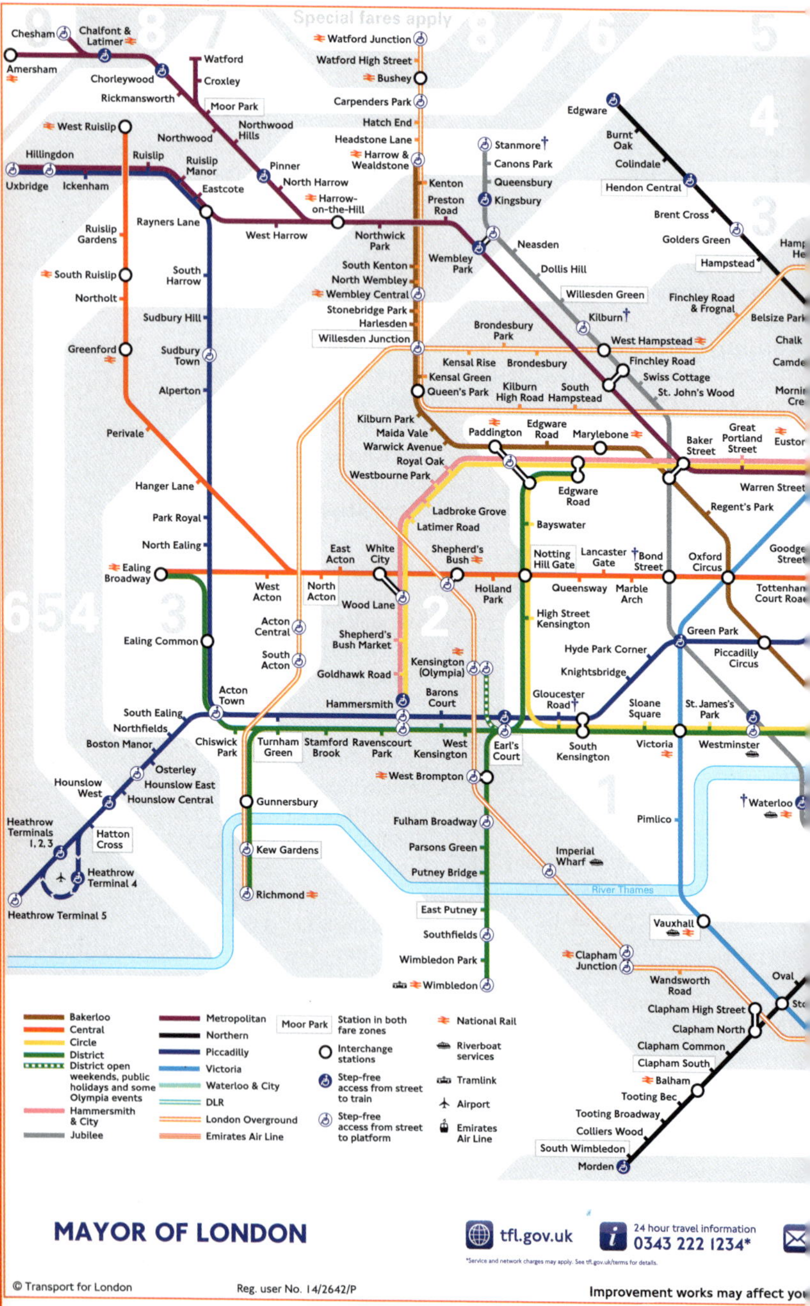
Special fares apply
Chesham
Chalfont & Latimer
Amersham
Chorleywood
Rickmansworth
Watford
Croxley
Moor Park
Watford Junction
Watford High Street
Bushey
Carpenders Park
Hatch End
Headstone Lane
Harrow & Wealdstone
Kenton
Preston Road
Northwood
Northwood Hills
Pinner
North Harrow
Harrow-on-the-Hill
West Harrow
West Ruislip
Hillingdon
Uxbridge
Ickenham
Ruislip
Ruislip Manor
Eastcote
Rayners Lane
Ruislip Gardens
South Ruislip
Northolt
Greenford
Perivale
Hanger Lane
South Harrow
Sudbury Hill
Sudbury Town
Alperton
Park Royal
North Ealing
Ealing Broadway
Ealing Common
Northwick Park
South Kenton
North Wembley
Wembley Central
Stonebridge Park
Harlesden
Willesden Junction
Wembley Park
Stanmore
Canons Park
Queensbury
Kingsbury
Neasden
Dollis Hill
Willesden Green
Kilburn
West Hampstead
Finchley Road & Frognal
Finchley Road
Swiss Cottage
St. John's Wood
Edgware
Burnt Oak
Colindale
Hendon Central
Brent Cross
Golders Green
Hampstead
Belsize Park
Chalk
Brondesbury Park
Kensal Rise
Brondesbury
Kensal Green
Queen's Park
Kilburn High Road
South Hampstead
Kilburn Park
Maida Vale
Warwick Avenue
Paddington
Edgware Road
Marylebone
Baker Street
Great Portland Street
Royal Oak
Westbourne Park
Ladbroke Grove
Latimer Road
Edgware Road
Warren Street
Regent's Park
Bayswater
Notting Hill Gate
Lancaster Gate
Bond Street
Oxford Circus
Queensway
Marble Arch
Tottenham Court Road
East Acton
White City
Shepherd's Bush
Holland Park
West Acton
North Acton
Wood Lane
Acton Central
South Acton
Shepherd's Bush Market
Goldhawk Road
Kensington (Olympia)
High Street Kensington
Hyde Park Corner
Green Park
Piccadilly Circus
Knightsbridge
Gloucester Road
Sloane Square
St. James's Park
Barons Court
Hammersmith
Acton Town
South Ealing
Northfields
Boston Manor
Osterley
Hounslow East
Hounslow Central
Hounslow West
Chiswick Park
Turnham Green
Stamford Brook
Ravenscourt Park
West Kensington
Earl's Court
South Kensington
Victoria
Westminster
Waterloo
West Brompton
Gunnersbury
Kew Gardens
Richmond
Fulham Broadway
Parsons Green
Putney Bridge
Imperial Wharf
Pimlico
River Thames
East Putney
Southfields
Wimbledon Park
Wimbledon
Clapham Junction
Vauxhall
Oval
Wandsworth Road
Clapham High Street
Clapham North
Clapham Common
Clapham South
Balham
Tooting Bec
Tooting Broadway
Colliers Wood
South Wimbledon
Morden
Heathrow Terminals 1, 2, 3
Hatton Cross
Heathrow Terminal 4
Heathrow Terminal 5
Bakerloo
Central
Circle
District
District open weekends, public holidays and some Olympia events
Hammersmith & City
Jubilee
Metropolitan
Northern
Piccadilly
Victoria
Waterloo & City
DLR
London Overground
Emirates Air Line
Moor Park
Station in both fare zones
Interchange stations
Step-free access from street to train
Step-free access from street to platform
National Rail
Riverboat services
Tramlink
Airport
Emirates Air Line
MAYOR OF LONDON
tfl.gov.uk
24 hour travel information
0343 222 1234*
*Service and network charges may apply. See tfl.gov.uk/terms for details.
© Transport for London
Reg. user No. 14/2642/P
Improvement works may affect yo

Plan du métro • 365

Direction :	Nathalie Bloch-Pujo
Direction éditoriale :	Cécile Petiau
Responsable de collection :	Béatrice Hemsen-Vigouroux
Rédactions des introductions :	Frédérique Andréani (correspondante du *Point* à Londres) et Jean-Philippe Follet (historien)
Rédaction générale :	Nathalie Campodonico et Jean-Philippe Follet, avec la collaboration de Célia Chalfoun et Bertrand Lauzanne
Édition :	Joël Ambroggi et Béatrice Hemsen-Vigouroux, avec la collaboration d'Emma Shindo
Lecture-correction :	Michel Mazoyer et Fabienne Texier
Cartographie :	Frédéric Clémençon et Aurélie Huot
Mise en pages :	Étienne Hénocq
Couverture :	Susan Pak Poy (conception et réalisation)
Fabrication :	Audrey Detournay, Nathalie Lautout
Informatique éditoriale :	Lionel Barth

CRÉDIT PHOTOGRAPHIQUE : Age Fotostock/A. Michael : p. 84 ; Art Media : p. 11 ht g., 83, 337 ; Axiom Photographic : p. 137 ; C. Bowman : p. 13 ht g., 102 bas, 157 bas dr. ; The Cartoon Collector : p. 270 bas ; J. Castle : p. 7 ; Dea Picture Library : p. 114, 142, 192 ; Dorling Kindersley/UI : p. 78 ; Dosfotos : p. 14 ; Fine Art Images : p. 119, 143 ht ; D. Finlay : p. 157 ht ; P. E. Forsberg : p. 194 ; Fotosearch RM : p. 290 bas ; T. Graham : p. 218 ; S. Grandadam : p. 13 mil. g. ; Guildhall Library & A : p. 5, 37 ht ; W. Helsel : p. 331 ; R. Herrett : p. 168, 184 ht ; J. Hoare : p. 319 ; Image Asset Management : p. 143 bas ; B. Kadic : p. 13 mil. dr., 146, 215 ; Keystone Archives : p. 103 ht, 108 ; R. Leaver : p. 185 bas, 297 ; P. Libera : p. 157 bas g. ; D. Lyons : p. 201 ; Museum of London : p. 86, 90 ; NMeM/SSPL : p. 92 ; P. Robinson : p. 159 ; S. Román : p. 184 bas dr. ; G. Rooney : p. 95 ; S. C. E. Ubiqui : p. 61 ht ; SM/SSPL : p. 88 ; Stapleton Historical : p. 290 ht ; SuperStock : p. 123, 178 ; TPX : p. 138 ; S. Vidler : p. 104, 153 ; Werner Forman Archive : p. 193, 198 ; Zoonar/Elena Elissee : p. 93, 271 bas • **N. Campodonico :** p. 161 • **Corbis**/Bettmann : p. 60 bas ; S. Bianchetti : p. 237 bas ; A. Copson : p. 260 ; P. Cunningham : p. 60 ht ; S. Doran : p. 189 ; W. Glen : p. 185 ht ; J. Gourley : p. 131 bas ; M. Listri : p. 171 ; Heritage Images : p. 270 ht ; R. Kaestner : p. 76 ; G. Mendel : p. 55 ; Pool Photograph : p. 131 ht ; P. Riches : p. 63 ; John Stillwell/PA Wire/Pool : p. 58 ; S. Vidler : p. 11 mil. g., 68 bas, 100 • **Hemis**/J. Arnold : p. 11 bas g., 81 ht ; R. Harding : p. 280, 321 • **Leemage**/Aisa : p. 116, 141 ; Costa : p. 87 ht ; De Agostini : p. 237 bas ; Fine Art Images : p. 113 ; Heritage Images : p. 80, 87 bas, 226, 304 ; L. Ricciarini : p. 166, 336 ; MP : p. 236 ; NMM : p. 211 ; Photo Josse : p. 111, 144 ; SSPL : p. 135 ; SuperStock : p. 147, 212 • **René Mattes :** p. 9 bas g., mil. dr. et mil. g., 11 ht dr., 13 bas g. et ht dr., 17, 27, 36, 37 bas, 46, 48, 53, 61 bas, 65, 71, 99, 103 bas, 107, 121, 126, 128, 134, 149, 163, 173, 180, 200, 203, 205, 222, 245, 249, 264, 267, 276, 289 • **Shutterstock**/AC Manley : p. 242 ; Anthony Shaw Photography : p. 191 ; B. Aldridge : p. 303 ; Baloncici : p. 301 ; T. Arhelger : p. 11 ht mil. ; A. Barker : p. 256 ; Bikeworldtravel : p. 19, 32, 47 ht dr., 51, 130 bas, 225, 282 ; Ph. Bird : p. 196 ; D. Breckwoldt : p. 68 ht ; J. Chambers : p. 233 ; M. Chapman : p. 69, 333 ; D. Cline : p. 323 ; chrisdorney : p. 13 bas dr., 155, 156, 175, 208, 253, 315 ; Dafinka : p. 9 ht dr. ; E. Dijour : p. 11 mil. ht dr. ; Cl. Divizia : p. 75, 269 ; Dutourdumonde Photography : p. 130 ht ; R. Ellis : p. 11 bas dr., 57, 79, 274 ; P. French : p. 9 bas dr. ; godrick : p. 262, 310 ; M. Good : p. 47 bas ; M. Gonda : p. 271 ht ; T. Ibrom : p. 300, 313 ; IndustryAndTravel : p. 251 ; Kamira : p. 183 ; Kiev.Victor : p. 81 bas, 217, 240, 246, 277, 295, 308, 325 ; knin : p. 184 bas g. ; Lee Torrens : p. 47 ht g. ; P. J Martin : p. 265 ; McGaul : p. 286 ; Meoita : p. 278 ; mikec-photo : p. 172 ; Monkey Business Images : p. 35 ; Neftali : p. 102 ht ; NigelSpiers : p. 239 ; Padmayogini : p. 66 ; pcruciatti : p. 327 ; sloukam : p. 335 ; Thinglass : p. 72 ; C. Weber : p. 229 • **Wikimedia Commons**/Los Angeles County Museum of Art : p. 291.

Conformément à une jurisprudence constante (Toulouse, 14.01.1987), les erreurs ou omissions involontaires qui auraient pu subsister dans ce guide, malgré nos soins et les contrôles de l'équipe de rédaction, ne sauraient engager la responsabilité de l'Éditeur.

Régie exclusive de publicité : Hachette Livre ; contact : Valérie Habert ☎ 01 43 92 32 52. Le contenu des annonces publicitaires insérées dans ce guide n'engage en rien la responsabilité de l'Éditeur.

© **HACHETTE LIVRE** (Hachette Tourisme), 2014
43, quai de Grenelle, 75015 Paris • www.guideshachette.com

Les Guides Bleus sont sur Facebook : www.facebook.com/GuidesBleus

Tous droits de traduction, de reproduction et d'adaptation réservés pour tous pays.

Notes personnelles

Edité par Hachette Livre (43, quai de Grenelle, 75905 Paris Cedex 15)
Photogravé par Quat'Coul Photogravure (30, rue du Château d'Eau, 75010 Paris
Imprimé par Lego SPA (viale dell'Industria, 36100 Vicenza, Italie)
Achevé d'imprimer le 08/09/2014
Dépôt légal : septembre 2014 • Collection 01 - Édition 01
ISBN : 978-2-01-245199-5 • 24-5191-2

guides•bleus

La culture sous un nouveau jour

France • Bretagne Nord ∗ Bretagne Sud ∗ Châteaux de la Loire ∗ Corse ∗ Côte d'Azur ∗ Franche-Comté ∗ Languedoc-Roussillon ∗ Limousin ∗ Marseille ∗ Nord-Pas-de-Calais ∗ Normandie ∗ Paris ∗ Pays basque (France et Espagne) ∗ Pays de la Loire

Monde • Andalousie ∗ Belgique : les villes d'art ∗ Chine : de Pékin à Hong Kong ∗ Égypte ∗ États-Unis : Côte Est et Sud ∗ États-Unis : Ouest américain ∗ Grèce continentale ∗ Inde du Sud ∗ Italie du Sud ∗ Japon ∗ Jordanie ∗ Lacs italiens, Milan et la Lombardie ∗ Londres ∗ Madrid ∗ Maroc ∗ Mexique ∗ New York ∗ Norvège ∗ Portugal ∗ Rajasthan et Gujarat ∗ Rome ∗ Florence et la Toscane ∗ Tunisie ∗ Turquie ∗ Venise